Magazin Für Die Neue Historie Und Geographie, Angelegt Von A.f. Büsching

You are holding a reproduction of an original work that is in the public domain in the United States of America, and possibly other countries. You may freely copy and distribute this work as no entity (individual or corporate) has a copyright on the body of the work. This book may contain prior copyright references, and library stamps (as most of these works were scanned from library copies). These have been scanned and retained as part of the historical artifact.

This book may have occasional imperfections such as missing or blurred pages, poor pictures, errant marks, etc. that were either part of the original artifact, or were introduced by the scanning process. We believe this work is culturally important, and despite the imperfections, have elected to bring it back into print as part of our continuing commitment to the preservation of printed works worldwide. We appreciate your understanding of the imperfections in the preservation process, and hope you enjoy this valuable book.

Magazin
für die
neue
Historie und Geographie,
angelegt von
D. Anton Friderich Büsching,
Königl. Preußischem Oberconsistorialrath, Director des Gymnasiums im grauen Kloster zu Berlin, und der davon abhängenden beyden Schulen.

Ein und zwanzigster Theil.

Mit Churfürstl. Sächsischem gnädigstem Privilegium.

Halle,
verlegt von sel. Johann Jacob Curts Witwe. 1787.

Vorrede.

Die Vollendung und Ausfertigung dieses Theils des Magazins fällt in eine Zeit, in welcher ich mit vielen und mannichfaltigen Arbeiten zu sehr überhäuft bin, als daß ich in dieser Vorrede von allen Abschnitten desselben so viel sagen könnte, als ich gern davon vorläufig sagen mögte. Ich muß mich kurz fassen.

Die erste Abtheilung betrifft Deutschland, und hat folgende Unterabtheilungen.

Den Anfang machen Briefe des Herzogs Friedrich von Sachsen, aus dem Hause Weißenfels, welcher 1715 zu Dahme in der Nieder-Lausitz starb. Sie betreffen seine Anforderungen an das Amt Ummendorf in dem Herzogthum Magdeburg, dienen aber auch zur Kenntniß seiner Familie und seiner Person, und beyläufig enthalten sie manche Nachricht und Anmerkung, die der Forscher der politischen Geschichte gebrauchen kann. Ich habe sie alle von des Herzogs eigenen Handschriften abdrucken lassen. Der Rath Joh. Theodor Jablonski, an den sie gerichtet, und von dem sie beantwortet sind, ist in der gelehrten Welt nicht unbekannt.

Das Lagerbuch des Bisthums Paderborn ist eine Fortsetzung der Lagerbücher von Ländern des westphälischen Kreises, welche ich schon in diesem Magazin geliefert habe, und ehemals in dem siebenjährigen Kriege der Generallieutenant von Bawr gesammlet hat.

Die Beyträge zu der Geschichte des dreyßigjährigen Krieges betreffen den niedersächsischen Kreis, und sind von alten gleichzeitigen Papieren abgedruckt. Sie dienen zur Kenntniß des damaligen Kriegeswesens einiger Länder und unterschiedener Personen, und meines Wissens sind sie noch nicht gedruckt gewesen.

Es gehöret auch des Herrn Oberconsistorialpräsidenten von der Hagen Plan zur bessern Einrichtung der Armencasse, und der Vertheilung der Allmosen in Berlin, zu dieser ersten Abtheilung, ob er gleich erst S. 483 anfängt, weil ich desselben späte habhaft geworden bin. Ich las nemlich gegen das Ende des vorigen Jahrs, da schon beynahe die zwey ersten Alphabete dieses Theils gedruckt waren, im eilften Stück des historischen Portefeuille S. 528 eine Nachricht von diesem Plan, welche eine grosse Erwartung von demselben erweckte. Nun war ich zwar

schon

Vorrede.

schon lange überzeuget, daß der Herr Verfasser nichts gemeines liefere, aber die Wichtigkeit und Schwierigkeit der Materie, welche der Plan betrift, machte mich doch sehr begierig, ihn bald zu sehen. Ich nahm mir also die Freyheit, den Herrn Verfasser um denselben zu bitten, der auch, nach seiner grossen Güte gegen mich, gleich willfährig war, ihn mir mitzutheilen. Nun fand ich, daß er wohlüberdachte und erhebliche Verbesserungen der bisherigen hiesigen Einrichtung des Armenwesens, und neue des Beyfalls und der Ausführung würdige Vorschläge enthalte, und diese Wahrnehmung erregte in mir den Wunsch, daß er gedruckt werden mögte. Ich hatte kurz vorher von dem königl. portugiesischen Minister zu Turin, D. Rodrigo de Souza Coutinho, der auf alle gute Einrichtungen, Verfassungen, Anstalten und Vorschläge, die zum gemeinen Nutzen gereichen, sehr aufmerksam ist, und für sein Vaterland als ein ächter Patriot sorget, einen Brief bekommen, in welchem er mich abermals bat, ihm alle gedruckte Nachrichten von dem Armenwesen, von den Hospitälern, Zucht- und Arbeitshäusern, u. s. w. in den königl. preußischen Staaten zu überschicken, und wünschte also zu solcher Sammlung auch diesen Plan zu bekommen. Denn ob ihm gleich die landesfürstliche Bestätigung fehlet, so ist er doch schon als Privatarbeit eines in der abgehandelten Materie erfahrnen Mannes, dem sie wichtig ist, der darüber nachgedacht und nachgeforschet hat, der entdeckten Fehlern und Mängeln abgeholfen zu sehen, auch neue und ergiebigere Quellen der Hülfsmittel für die zunehmenden Armen und Nothleidenden zu entdecken wünschet, einer öffentlichen Prüfung und dankbaren Aufnahme werth. Er wird auch, wenn er bekannt wird, durch die Erfahrung und das Nachdenken eines und des andern Einwohners unserer Stadt, der an einem ähnlichen Plan arbeitet, oder gearbeitet hat, vielleicht in einem und dem andern Stück noch vollkommener gemacht, und alsdenn seine Ausführung allgemein begehret werden. Mit diesem Gedanken erfüllet, bat ich den Herrn Oberconsistorialpräsidenten um gütige Erlaubniß, diesen Plan in den 21sten Theil meines Magazins für die Historie und Geographie bringen zu dürfen, ich bat auch, der Verlegerin desselben zu bewilligen, daß sie eine Anzahl besonderer Abdrücke von dem Plan verkaufen dürfe, damit er destomehr bekannt werde. Beydes ist geschehen, und ich glaube, dadurch etwas Gemeinnütziges befördert zu haben. Was nun den Inhalt der Schrift anbetrift, so hat der

Herr

Vorrede.

Herr Verfasser, nach der vorläufigen gegründeten Anmerkung, daß es schwerer sey, als man es sich gemeiniglich vorstellet, die Allmosen zweckmäßig, das ist, so zu vertheilen, daß durch dieselben der wahre Arme und Elende verhältnißmäßige Unterstützung erhalte, und daß sie nicht an unwürdige Müßiggänger verschwendet werden; die bisherige Einrichtung der Armencasse beschrieben, ihre Fehler angegeben, und zugleich Vorschläge zu derselben Abschaffung, und einer bessern Einrichtung gethan. Um zu bestimmen, wie viel Unterstützung hülfsbedürftigen Personen und Familien wiederfahren müsse, untersuchet er, wie viel hier eine Person zum nothdürftigen Unterhalt täglich und monatlich unumgänglich gebrauche? Diese Untersuchung ist bey dem Plan neu, wichtig und nothwendig. Er rechnet auf einen Mann täglich 2 Groschen, auf eine Frau, welche bey dem Mann ist, und also weder Quartier noch Holz bezahlen darf, 2 Gr. 1 pf. auf eine Wittwe mit 4 und mehr Kindern, welche wegen der Kinder ein eigenes Quartier haben muß, 1 Gr. 9 pf. auf eine Wittwe mit 2 bis 3 Kindern, welche zusammen mit einer Familie in einem Quartier wohnet, 1 Gr. 5 pf. wenn Eltern oder Wittwen mehr Kinder haben, auf ein Kind im ersten Jahr, da es an der Brust ist, weiter nichts, als daß der säugenden Mutter täglich 4 pf. mehr gegeben werden; auf ein Kind von 2 bis 5 Jahren, 9 pf. auf ein Kind von 5 bis 12 Jahren täglich 1 Groschen. Diese Sätze vertheidiget er, und führet sie aus. Nach denselben muß nun der Grad der Bedürfniß des Armen bestimmet, oder ausgemacht werden, ob er im Stande sey, entweder die Hälfte, oder ein Drittel, oder ein Viertel seines Unterhalts zu verdienen? alsdenn ergiebet sich von selbst, wie viel er noch entweder an Gelde, oder Brodt, aus der Armencasse zur Hülfe haben müsse, um die Nothdurft des Lebens zu haben. Ein jeder Armer muß nach den Kräften seines Alters und seiner Gesundheit arbeiten. Das Spinnen der Wolle ist die allerleichteste und gemeinste Arbeit, zu welcher schon ein Kind von 4 bis 6 Jahren tauglich ist, und durch dieselbige werden auch die Wollenmanufacturen unterstützet. Der Herr Verfasser läßt sich in den vielfältigen besondern Zustand der Armen ein, um seine Vorschläge demselben gemäß einzurichten. Er will, daß den Kindern nur bis ins 12te Jahr Allmosen gegeben werden sollen. Um den Zustand der Armen genauer und schärfer zu untersuchen, verlanget er zu den bisherigen 2 Armeninspectoren noch einen dritten

Vorrede.

ten, und anstatt des einzigen Wundarztes für die Armen, sechs, nemlich in jedem der 3 vorgeschlagenen Reviere der Stadt, deren jedes seinen Armeninspector haben soll, zwey Wundärzte, er giebet auch die genauen Vorschriften an, welche den Inspectoren und Wundärzten ertheilet, und von ihnen beobachtet werden müssen; er zeiget auch, wie die Austheilung der Brodte an die Armen geschehen müsse, u. s. w. Weil die Anzahl der Armen hieselbst, durch die eingerissene Ueppigkeit und Sittenlosigkeit, erstaunend gestiegen ist, so thut er Vorschläge, wie die Einnahme der Armencasse vermehret werden könne? Sie wird gewöhnlichermassen durch die monatliche Hauscollecte, welche jetzt wenig beträgt, und durch die jährliche Hauscollecte verschaffet. Der Herr Verfasser thut gute Vorschläge, wie es versuchet werden könne, die erste Collecte einträglicher zu machen; was aber die zweyte ehedessen von ihm vorgeschlagene Collecte anbetrifft, so verschafft sie zwar schon eine beträchtliche Summe, weil die Herren Prediger sie in Gesellschaft guter Bürger anstellen: diese können aber von den vornehmsten Einwohnern der Stadt, aller ihrer Bemühungen ungeachtet, doch nicht so viel erlangen, als dieselben geben könnten, und billig geben sollten, sondern sie werden entweder ganz abgewiesen, oder mit etwas Wenigen abgefertiget. Die Erfahrung hat schon lange in andern Ländern gelehret, was ein vornehmer Herr und eine vornehme Frau ausrichten können, wenn sie sich in gottesdienstlichen, Hof- und Lustgesellschaften mit der Sammlung für die Armen bemühen, und der Herr Oberconsistorialpräsident von der Hagen selbst, hat bey der ersten Einführung der Neujahrs-Hauscollecten durch die bey hohen und vornehmen Personen persönlich angestellte Sammlung, so wie ein preis- und nachahmungswürdiges Muster, also auch einen Beweis gegeben, was für die Armen zusammengebracht werden könne, wenn Standespersonen sich für dieselben bemühen wollten. Auf die königliche Hülfe kommet allerdings viel an, man kann sie auch mit Zuversicht erwarten. In einer Nachschrift giebet der Herr Verfasser die angenehme Nachricht, daß sich eine Anzahl angesehener hiesiger Bürger edelmüthig erkläret habe, die Stelle der ehemaligen Deputirten bey der Armencasse unentgeldlich zu übernehmen, und dafür zu sorgen, daß die Bedürfnisse der Armen genauer erforschet und bestimmet werden, und die Almosen zweckmäßiger vertheilet würden. Diese Anerbietung verdienet je eher je lieber angenommen und genutzet zu werden,

denn

Vorrede.

denn es kommet bey dem Armenwesen auf die Zuziehung und Hülfleistung solcher freywilligen Bürgerdeputirten unbeschreiblich viel an. Der Herr Verfasser thut auch Vorschläge, worin ihre Beschäftigungen bestehen können. Zuletzt liefet man noch Verzeichnisse des bisherigen Ertrags der eingekommenen verschiedenen Beyträge für die Armen, welche in die Armencasse eingeflossen sind.

Die zweyte Abtheilung gehet Rußland an, und es ist der dritte Theil des Tagebuchs des großfürstlichen Oberkammerherrns von Bergholz, welches er von 1721 bis 25 in Rußland geführt hat. Es enthält dasjenige, was er 1723 täglich angemerket hat. In der Handschrift stehet gewiß dreymal mehr, als man hier gedruckt findet; ich habe aber mit grosser Mühe alles, was gar zu klein und unerheblich war, ausgestrichen, und nur dasjenige beybehalten, was für Geographie und Geschichte brauchbar war, und dieses werden die Geographen, die politischen Geschichtschreiber, die Biographen, und die Sammler der Nachrichten von Familien, aufsuchen und finden. Es war mein Vorsatz, denselben Proben von demjenigen, was sonst nirgends vorkommt, und doch nützlich und nöthig zu wissen ist, in dieser Vorrede zu geben, es muß aber wegen Zeitmangels unterbleiben. Es ist nun noch der vierte Theil dieses Tagebuchs, für das Jahr 1724 und einen Theil des 1725sten, übrig, der in dem 22sten Theil des Magazins erfolgen soll.

Die dritte Abtheilung bestehet aus zwey historischen Abhandlungen, die der gelehrte Herr Reichsfreyherr von Bock in französischer Sprache aufgesetzet, und mir mitgetheilet hat. Es ist eben derselbige, aus dessen Feder in den 17ten Theil dieses Magazins ein paar Aufsätze gekommen sind, und sie enthalten merkwürdige historische Untersuchungen über den Zoroaster und Confucius, und über den Sabeismus, die neu sind, und den Kennern und Forschern dieser Materien zu vielen Untersuchungen Veranlassungen geben werden.

Die vierte Abtheilung, welche Polen angehet, liefert erstlich Nachrichten von dem in Warschau am 2ten October v. J. eröfneten sechswöchentlichen ordentlichen Reichstage, welche von einem sehr geschickten Mann zu Warschau aufgesetzet sind, der sie so abgefasset hat, daß sie zugleich zur Kenntniß der jetzigen polnischen Staatsverfassung dienen; und zweytens die Fortsetzung meiner neuesten Geschichte der

Evan-

Vorrede.

Evangelischen beyder Confeßionen im Königreich Polen und Großherzogthum Litauen, nemlich die Geschichte der Jahre 1785 und 1786. Sie ist mit allen zu derselben nöthigen Urkunden begleitet und unterstützet, auch mit unabgeänderter Freymüthigkeit geschrieben. Was daraus erlernet werden könne, habe ich zum Theil in den Anmerkungen am Ende angegeben; das Uebrige kann ich dem eignen Urtheile der verständigen Leser überlassen. Berlin, am 7ten April 1787.

Büsching.

Inhalt.

I. Deutschland.

1. Friedrichs, Herzogs von Sachsen, Briefe an den Rath Johann Theodor Jablonski, über seine ummendorfische Angelegenheiten, von 1703 bis 1715. S. 3 — 70
2. Lagerbuch des Bisthums Paderborn. S. 71 — 144
3. Einige Beyträge zu der Geschichte des dreyßigjährigen Krieges, welche den niedersächsischen Kreis betreffen. S. 145 — 176
4. Plan zur bessern Einrichtung der Armencasse, und der Vertheilung der Almosen in Berlin, entworfen von dem Herrn Oberkonsistorialpräsidenten Philipp von der Hagen. S. 433 — 472

II. Rußland.

Tagebuch, welches der großfürstliche Oberkammerherr Friedrich Wilhelm von Bergholz von 1721 bis 24 in Rußland geführet hat, drittes Stück von 1723. S. 178 — 360

III. Zwey historische Abhandlungen des Herrn Joh. Nic. Stephan Reichsfreyherrn von Bock.

1) sur Zoroastre & Confucius, S. 361 — 384
2) sur l'Histoire du Sabéismus. S. 385 — 432

IV. Polen.

1. Nachrichten von dem Reichstage zu Warschau 1786. S. 475 — 488
2. Büschings neueste Geschichte der Evangelischen beyder Confeßionen in Polen und Litauen, von den Jahren 1785 und 86. S. 489 f.

Deutschland.

I.
Friderichs,
Herzogs von Sachsen,
Briefe
an den Rath Johann Theodor Jablonski,

über

seine ummendorfische Angelegenheit,

von 1703 bis 1715.

Unmittelbar von den Original-Handschriften abgedruckt.

I.

Monsieur le Conseiller!

Aus dessen jüngsthin an meinen Herrn Bruder, Herzog Heinrichen, abgelassenem Schreiben habe ich vergnügt ersehen, daß derselbe auf erstgedachtes meines Brudern Ersuchen sich ganz willig hat finden lassen, und mir in meiner ummendorfischen Angelegenheit an die Hand zu gehen sehr höflich erbothen. Es erweiset derselbe mir hierunter einen besonderen Gefallen, und ich versichere ihm gegentheils, daß ich Gelegenheit suchen werde, alle Mühwaltung, so er darinnen haben wird, mit behörigem Danke erkennen, und ihm hinwieder beliebige Gefälligkeiten erzeigen zu können. Nun würde ich ohne fernere Säumniß ihm von erwehnter ummendorfischen Sache die benöthigte Nachricht zu geben nicht ermangelt haben, woferne die darinnen enthaltene Urkunden so geschwinde hätten können abgeschrieben werden, auch ein und andere Hindernisse sich nicht noch darzu ereignet, welche mich solches, bis Se. königl. Majestät von Magdeburg in Berlin wieder werden angelanget seyn, auszusetzen genöthiget haben; nach dessen Erfolg werde ich ohngesäumt vollkommenen Unterricht in der Sache schriftlich ertheilen, oder wohl gar jemand abschicken, so dieses mündlich und ausführlicher verrichten möge.

Ich

Friderichs, Herzogs von Sachsen, Briefe an Joh. Theob. Jablonski.

Ich versichere denselben nochmalen aller Erkenntlichkeit, und verharre unausgesetzt

Monsieur

Zerbst,
den 20. Jan. 1703.

Vôtre très-affectionné
Frederic, Duc de Saxe.
Mppr.

2.

Dessen an mich abgefassenes vom 23sten passato habe wohl, jedennoch erst verwichenen Sonnabend, erhalten, und weil ich darinnen die nochmalige Versicherung von demselben finde, daß er sich meiner ummendorfischen Affaire halber vor mich zu interessiren beständig resolviret ist, so habe für die hierunter bezeigte Gutheit hierdurch nochmalen geziemenden Dank abstatten, und meinem Secretarium, wie ich neulichst bereits geschrieben, mit solchem abfertigen wollen, damit er demselben die benöthigte Nachricht überbringen, und mit dem Herrn Rathe überlegen möge, auf was Maasse die Sache in Zukunft mit bestem Nutzen angegriffen, und wieder in Gang gebracht werden könne. Derselbe wird so gut seyn, und von solchem Secretario der Sachen Beschaffenheit sich vortragen lassen, auf dessen Relation ich mich in allem beziehe; darneben den Herrn Rath versichere, daß ich für alle Mühwaltung, so derselbe meinetwegen haben wird, mich erkenntlich erzeigen, und unausgesetzt verbleiben werde.

Monsieur le Conseiller

Zerbst,
den 13. Febr. 1703.

Vôtre fort-obligé
Frederic, Duc de Saxe.
Mppr.

3.

Dessen Antwortschreiben vom 17ten hujus hat mir mein Secretarius wohl überbracht, und dabey ausführlich rapportiret, was er mit dem Herrn Rathe meiner ummendorfischen Angelegenheit halber gesprochen, und wohin dessen Meynung gezielet.

zielet. Weil ich nun jetzo mich nicht in dem Stande befinde, daß ich eine Reise nach Berlin unternehmen kann, so habe ich resolviret, ein Handschreiben an den Herrn Oberkammerherrn, Grafen von Wartenberg, immittelst abgehen zu lassen, damit die Sache nicht gänzlich in Vergessenheit gestellet werden möge. Ich habe gedachten Oberkammerherrn an dasjenige darinnen erinnert, warum denselben ich bereits vormalen gebeten, und ihn zugleich ersuchet, daß, wenn einiger Zweifel wegen meiner Gerechtsame vorhanden wäre, er dem Herrn Rathe Audience verstatten, und solchen sich durch ihn benehmen lassen mögte. Nun habe ich das Vertrauen zu dem Herrn Rathe, er werde Beygeschlossenes dem Oberkammerherrn einhändigen, und dabey mein Interesse, so viel als möglich ist, beobachten, auch allenfalls nöthige Remonstration thun; hingegen glauben, daß ich für alle hierunter habende Mühwaltung erkenntlich seyn, und unausgesetzt verharren werde

Monsieur le Conseiller

Zerbst,
den 24. Febr. 1703.

Vôtre tres-obligé
Frederic, Duc de Saxe.
Mppr.

Jablonski Anmerkung. Das eingeschlossene Schreiben habe dem Oberkammerherrn eingehändiget, welcher mir befohlen, über einige Zeit mich wieder zu melden, weil er indessen sich in der Sache informiren wolle.

4.

Dessen beyde Schreiben vom 23 und 26sten passato habe wohl erhalten, und daraus ersehen, was es für eine Bewandniß mit denen an Holland überlassenen gothaischen Trouppen habe; ich danke schönstens für die hierunter sich gegebene Mühwaltung, und werde hoffentlich in wenig Tagen Gelegenheit haben, ein mehrers von der Ursache, so mich Anfrage zu halten veranlasset hat, mit demselben mündlich zu sprechen. Sonst will ich hoffen, daß das Schreiben, so mein Secretarius auf meinen Befehl jüngsthin an denselben hat abgehen lassen, und darinnen er sich wegen Prinz Johann Wilhelms von Gotha erkundiget hat, überkommen seyn werde; ich habe seit diesem die Nachricht erhalten, daß selbiger von dannen wieder abgereiset ist, und wenn ich dieses ein Paar Tage eher erfahren, hätte ich nicht nöthig gehabt, dem Herrn Rath abermalen Mühe zu verursachen. Was die überschrieschriebene Zeitung von der Dethronisation des Königs in Polen anlanget, so ist wohl im geringsten nicht daran zu zweifeln, zumalen solche von so vielen Orten her confirmiret wird; die darauf erfolgenden bösen Suites lehret die Zeit, und dörfte der polnische Zustand in der Confusion mehr zu = als abnehmen. Womit denselben göttlicher Obhut empfehle, für alle mir erweisende Gefälligkeit obligirt, und allstets verbleibe

meines vielgeliebten Herrn Raths

Zerbst,
den 1. März 1703.

dienstwilliger
Friderich, Herzog zu Sachsen.
Mppr.

5.

Ich bin demselben obligirt, daß er das von mir ihm recommendirte Schreiben so wohl versorgen, und anbey in Beantwortung dessen, welches ich an denselben abgehen lassen, sich so accurat erweisen, und dorneben berichten wollen, was der Herr Oberkammerherr, Graf von Wartenberg, auf das erstere für eine Antwort mündlich ertheilet hat. Die Worte klingen gut, und wäre zu wünschen, daß der Effect damit accordiren mögte. Damit nun die Sache nicht wieder in Vergessenheit gerathen möge, so ersuche den Herrn Rath freundlich, die Gelegenheit in Acht zu nehmen, und weil es erweldtem Oberkammerherrn selbst beliebet hat, meiner ummendorfischen Affaire halber Erinnerung zu thun ⁊c.

Zerbst,
den 3. März 1703.

6.

Pro Memoria,
dem Oberkammerherrn überreicht, den 9ten März 1753.

Es haben Se. churfürstl. Durchl. zu Brandenburg ⁊c. weiland Friedrich Wilhelm, glorwürdigsten Andenkens, mit Frauen Johanna Walburgen, verwittibten Herzogin zu Sachsen, auch hochsel. Gedächtnisses, unterm dato den 7ten October 1687, einen Vergleich getroffen, kraft dessen hochgedachte fürstl. Frau Witwe von an dem Amt Ummendorf ad dies vitae habenden Nießbrauch, samt Dero daselbst

ange-

angeschafften Inventario, und allem, was sie von dem Ihrigen dahin verwendet, abtreten, auch sothanen Amts Gefälle von vorhergegangenem Termino Trinitatis an sich enthalten, hingegen höchstgenannte Se. churfürstl. Durchlaucht Deroselben oder Dero Erben dafür 26000 Rthlr. in bevorstehender Leipziger Messe durch Anweisung auf so viel von den Geldern, welche Ihro kaiserl. Majest. gegen Abtretung der Lichtensteinischen Förderung, Ihro churfürstl. Durchl. zu entrichten versprochen, bezahlen lassen; oder im Fall solche Zahlung nicht erfolgen sollte, anderweite baare Vergnügung, kraft eines besondern Eviction-Scheins leisten, und letztlich Dero fürstl. Prinzen, Herzog Friedrich und Herzog Moritzen, mit zwo Expectantien auf die hohe Stifter zu Magdeburg und Halberstadt, gnädigst versehen sollen und wollen. Als aber sich hierauf begeben, daß die Zahlung auf die ausgestellte Anweisung nicht erfolget, und immittelst vorhochgedachte fürstl. Frau Witwe dieses Zeitliche gesegnet, ist man an Seiten Sr. churfürstl. Durchl. auf die Meinung gefallen, daß sothane Zahlung nun nicht mehr gefodert, sondern dagegen eingewendet werden möge: wie der beschehene Vergleich, als ein unvollkommenes, und von dem einen so wenig als dem andern Theil erfülletes Werk, ipso jure zerfallen, indem die nach demselben erfoderte Tradition des Amts Ummendorf nicht erfolget; nunmehr aber, nach eingefallenem Absterben der fürstl. Frau Witwe, die Sache in den Stand gerathen, daß nichts mehr tradiret werden könne, sondern Se. churfürstl. Durchl. besagtes Amt ohne einige Gegen-Praestanda in Possession zu nehmen befugt gewesen; welche um so vielmehr cessiren müßten, weil sie eine gar zu grosse Laesion mit sich führen würden, wie solches in denen churfürstl. an Herrn Herzog Johann Adolphen zu Sachsen-Weissenfels erlassenen Schreiben und ausgestellten Resolutionen, unterm 8ten Febr. und 5ten Jun. 1688, mit mehrern enthalten. Nun haben hierauf Herzog Friedrich, als auf erfolgtes Absterben Dero Herrn Bruders, Herzog Moritzens, alleiniger Erbe Ihrer Frau Mutter, mehrhochgedachter fürstl. Frau Witwe, nach erlangter Majorennität nicht ermangelt replicando vorzustellen, welchermassen der getroffene Vergleich als vollkommen und verbindlich zu achten, indem er beyderseits vollzogen und ausgewechselt worden, zu einem Contractu consensuali aber ein mehrers nicht erfodert werde; Se. churfürstl. Durchl. glorwürdigsten Andenkens auch denselben also dafür gehalten, indem sie die wirkliche Anweisung auf das Kaufgeld herausgegeben, und deren Eviction auch auf die Erben, durch eine besondere Verschreibung unterm 11ten October 1687 versichert; dagegen das Original der Verschreibung über den Usum fructum von dem fürstl. Hofmeister Volkern, mit besonderer Gratulation, zu eigenen hohen Händen angenommen; überdas durch Dero magdeburg. Cammer sich des Amts Ummendorf Einkünfte, sammt allem so daselbst befindlich gewesen, alsofort angemasset; welches alles für eine vollkommene Tradition zu halten sey, um so vielmehr, weil

Usus

an Johann Theodor Jablonski.

Usus fructus, tanquam res incorporalis, anders nicht als durch Zurückgebung des Documenti tradiret werden können; die fürstl. Frau Witwe ebenfalls auf keine andere solennere Weise in solchen Nießbrauch immittirt worden; auch die Beamten nicht in ihrer, sondern Sr. churfürstl. Durchl. Pflichten gestanden, und die Schlüssel zu den Thoren und Zimmern in ihren Händen gehabt; und wenn ja noch etwas zu praestiren übrig geblieben wäre, solches von den Erben geleistet werden sollen und mögen; die vorgegebene Laesion aber darum keine statt habe, dieweil die Qualität des Contractus, daß er nemlich wie in allen emtionibus spei auf Gewinn und Verlust gestanden, nicht unbekannt gewesen; und wenn es Gott anders gefallen, solcher zu Sr. churfürstl. Durchl. grossen Vortheil gedeihen können, wie Dieselben in einem an die magdeburgische Kammer diessfalls erlassenen gnädigsten Rescript vom 6ten September 1687 selbst erkennen. Und endlich nebst dem Usu fructu auch das Inventarium samt den Meliorationen, so zusammen über 5000 Thlr. betragen, imgleichen an denen Nutzungen des letzten Jahres, so andernfalls den Erben gehören sollen, an die 4000 Thlr. überlassen worden, und Sr. churfürstl. Durchl. wirklich zu gute gekommen.

Wann denn sothanige Vorstellung auf so vielen angeführten bekannten rechtsbeständigen Gründen ruhet, so beharren Se. fürstl. Durchl. in der Hofnung, es werde dermaleinst Reflexion darauf gemacht, und Dero billigmäßigen Suchen allergnädigst statt gegeben werden.

7.

Zerbst, den 17ten März 1703.

Dessen Schreiben vom 10ten hujus hat mir mein Secretarius dieser Tage bey meiner Wiederkunft wohl eingehändiget, und ich habe daraus gerne vernommen, daß es scheinet, als wenn der Herr Oberkammerherr meiner ummendorfischen Angelegenheit sich ernstlich annehmen wollte. Damit nun das Eisen, weil es noch warm ist, geschmiedet werden könne, so habe ich ein Memorial an Se. königl. Majest. fertigen lassen, auch an den Oberkammerherrn eigenhändig geschrieben, und gedachtes Memorial ihm aufs beste recommendiret, von beyden aber dem Herrn Rathe hiermit eine Abschrift communiciren wollen, damit er, was ich gesuchet, wissen, und sich in der Negotiation darnach richten könne. Ich habe zwar das Memorial kurz einrichten lassen, und darinnen mich auf mein vorhergehendes vom 18ten May 1700 bezogen, doch will ich hoffen, daß ich nicht unrecht daran gethan haben werde; sollte aber ja das erste Memorial, wie es manchmal zu geschehen pflegt, aus den Händen gekommen seyn, so kann er solches durch beygefügtes, so ich zu diesem Ende abschreiben lassen, ersetzen, auch aus den Privat-Acten, so ich ihm durch meinen

Secretarium jüngsthin einhändigen lassen, dem Oberkammerherrn auf Verlangen ferner Nachricht ertheilen, auch alles dasjenige, was derselbe mir nützlich zu seyn erachtet, jedesmal thun und verrichten, als wenn er hierzu solenniter bevollmächtiget wäre, und wird er mir einen grossen Gefallen dadurch erzeigen, ich aber solchen mit realem Danke zu erwiedern nicht ermangeln. Sonst könnte es nicht schaden, daß die Copie von dem Memoriale, so an königl. Majestät gerichtet ist, dem Oberkammerherrn communiciret würde, denn ich habe das Original, welches ich in gedachten Oberkammerherrns Schreiben eingeschlossen, besiegeln lassen; doch stelle dem Herrn Rathe frey, was er diesfalls für nöthig erachten wird, verlasse mich in allem auf seine mir bekannte Dexterität, und bitte beygefügtes dem Oberkammerherrn, nebst meinem Complimente, ohnschwer einzuhändigen 2c.

8.

Copia eines Memorials an Se. königl. Majestät in Preussen.

Allerdurchlauchtigster Großmächtigster König,
Allergnädigster Herr!

Ew. königl. Majest. geruhen gnädigst in geziemender Devotion sich vortragen zu lassen, welchergestalt zwischen Dero Herrn Vaters glorwürdigsten Andenkens churfürstl. Gnaden, und meiner hochsel. Frau Mutter Gnaden, ein Receß wegen Abtretung des Amts Ummendorf errichtet, und dieser letztern eine gewisse Summe Geldes, nebst einigen andern Conditionen, stipuliret worden. Nun habe Ew. königl. Majest. ich bereits vor 3 Jahren in einem allergehorsamsten Supplicate um die Erfüllung bemeldten Recessus unterthänigst angelanget, bis dato aber noch keine gewierige Resolution erhalten können. Derowegen habe ich mich gemüßigt gefunden, Ew. königl. Majest. nochmalen hierdurch unterthänigst anzugehen, und allergehorsamst zu bitten, daß Sie Dero angebornen königl. Clemenz und Generosité nach meiner Bitte allergnädigst deferiren, und eine erwünschte Resolution ertheilen lassen wollen. Solche hohe königl. Gnade gereichet zu Ew. königl. Majest. immerwährenden Ruhm, und ich verharre in behöriger Soumission

Ew. königl. Majestät 2c.

Zerbst,
den 17. März 1703.

9.

Copia eines Schreibens an Se. Excellenz den Herrn Oberkammerherrn Grafen von Wartenberg ꝛc.

Hochgeborner Graf,
Hochgeehrter Herr Oberkammerherr!

Daß Ew. Excellenz mein jüngsthin an Sie abgelaßenes Schreiben so gütig aufgenommen, und dabey durch Dero vielgültige Remonstration bey Sr. königl. Majestät in Preußen meine ummendorfische Angelegenheit zu secundiren durch den Herrn Rath Jablonski mich versichern laßen, solches erkenne ich mit geziemender Dankbarkeit, und wollte nichts angenehmers wünschen, als Vermögen zu haben, Ew. Excellenz hinwieder dienen zu können. Nun sollte zwar in Ermangelung deßen billig anstehen, Ihnen diesfalls weitere Incommodité zu machen, weil aber Ew. Excellenz von selbst so gütig seyn, und an die Hand zu geben belieben, wie daß ich nochmalen mit einem unterthänigsten Memorial einkommen, und solches Ihnen zusenden mögte, damit Sie selbiges Sr. königl. Majestät einhändigen könnten, so habe beygefügtes fertigen laßen, und Ew. Excellenz solches aus einer ganz besondern Confidence zusenden wollen, mit angehängter dienstlicher Bitte, Dieselben belieben sothanes Sr. königl. Majestät vorzutragen, und Dero höchstgültigem Pouvoir nach die Sache dahin zu befördern, damit eine erwünschte allergnädigste Resolution auf mein unterm 18ten May des 1700ten Jahres abgelossenes Memorial erfolgen möge. Ew. Excellenz erzeigen mir hierunter eine ganz ungemeine Faveur, welche ich nach allem Vermögen zu erwiedern mir höchst angelegen werde seyn laßen, und mit aller Ergebenheit allstets verbleibe

Ew. Excellenz ꝛc.

Zerbst,
den 17. März 1703.

Den 27sten März habe dem Herrn Chwalkowski aufgewartet, der mir zum Bescheid gegeben, wie er von Herzen wünschte, Sr. Durchl. nach der schuldigen zu Ihnen tragenden Hochachtung zu dienen, daher es ihm leid, daß in der gegenwärtigen Sache er vor Sie etwas auszurichten sich nicht getraue, indem die Acta mit so vielen Berichten, und sonderlich einem, so der Herr von Meinders aufgesetzt, angefüllet, welche alle dahin schließen, daß aus dem pro fundamento angeführten Transact, als welcher nicht zum

Stand gekommen, der König nichts schuldig sey. Und wenn nun wegen des Inventarii Satisfaction begehret würde, so müßte er bekennen, daß bey gegenwärtigen schweren Zeiten die ordinairen Einkünfte so erschöpft, daß daraus etwas zu nehmen eine lautere Unmöglichkeit. Wenn aber Se. Durchl. etwas vorzuschlagen wüßten, so ausser dem Ordinairen herkommen könnte, wolle er es ihm aufs beste angelegen seyn lassen, begehrte solches Sr. Durchl. nebst Versicherung seines Respects und Ergebenheit zu versichern. Beyläufig gedachte er, daß vielleicht etwas zu erhalten contribuiren könnte, wenn Se. Durchl. sich an diesem Ort selbst sehen liessen. Hievon habe eod. Sr. fürstl. Durchl. unterthänigst Bericht gethan.

Jablonski.

10.

Aus dessen letzthin an mich abgelassenem Schreiben vom 27sten passato habe ich ersehen, daß man sich in Berlin meiner Affaire halber schon wieder geändert, und den alten Tanz wieder aufzuspielen angefangen hat. Es ist die Chicane, so an allen Höfen der heutigen unchristlichen Manier nach eingerissen; doch ist mir noch lieb, daß die Sache an den Herrn von Chwalkowski gewiesen worden; es ist dieser ein ehrlicher Mann, und ich habe das Vertrauen zu ihm, daß wenn derselbe den Vortrag bey Sr. königl. Majest. thun sollte, derselbe zugleich meine Momenta, so bey denen Acten zu finden seyn, oder noch durch die Deduction, so der Herr Rath in denen Privat-Acten haben wird, dazu gebracht werden könnten, mit vortragen, und darinnen sein Gewissen und den erlangten Ruhm eines honnêten Mannes menagiren würde. Doch stünde dahin, ob man auch solche attendirte, denn die Gemüther seynd bey Hofe unterschiedlich, und gegen einen honnet Homme finden sich 100 Finanzenfresser und basses Leute, welche das Honestum in schlechte Consideration ziehen, und ritterliche Thaten begangen zu haben vermeynen, wenn sie des Herrn Cammer mit einem Wörthelchen bereichert haben, und erwegen nicht, ob es jure oder injuria geschehen. Alleine was ist zu thun? ein schwerer Stein ist nicht weit zu werfen, und ich muß endlich dasjenige, was ich nicht ändern kann, mit Geduld ertragen. Ich sehe aus der ganzen Sache, daß eine Reise nach Berlin zu thun mir nöthig seyn wird, und ich muß mich auch endlich dazu resolviren, ungeachtet ich die dazu erfordernde Unkosten als etwas Verlohrnes werde achten müssen. Ob man aber die Sache inzwischen ein wenig ruhen lässet, oder dieselbe poussiret, darüber mögte wohl des Herrn Raths Meynung und guten Rath haben, wie ich denn auch denselben hierum freundlich ersuchet haben will; denn die Reise alsofort anzutreten, mich noch nicht resolviren kann. Die Art einer fremden Cammer Vorschläge

schläge zu thun, wie sie von extraordinairen Einkünften bezahlen könne, ist lächerlich, und hat der Herr Rath solche zuvor wohl errathen. Es muß ein kluger Kerl gewesen seyn, der sie inventiret hat; ob sie aber denen Herren und ihren Ministris zu allegiren reputirlich sey, lasse ich andere judiciren rc.

Zerbst,
ben 3. April 1703.

Den 7ten April Sr. fürstl. Durchl. begehrtermaßen meine Meynung dahin eröfnet, daß wegen der nur allzu sehr eingerissenen falschen Cammer-Maximen wenig Hoffnung übrig sey, per directum in der Sache fortzukommen, einen indirectum modum aber zu finden sehr schwer sey. Die Sache ferner zu treiben, würde nichts anders seyn, als eine nochmalige Repulsam holen wollen. Den Oberkammerherrn zu gewinnen sey eine vergebliche Mühe. Bey der Cammer und deren Präsidenten wäre etwas auszurichten, wenn man von seinem Principio abweichen, und bloß das Inventarium und fructus indebite perceptos fordern wollte; ob aber solches zu rathen, stünde dahin. Zum wenigsten müßte alles zuvor concertirt, und mit dem Herrn Chwałkowski, sonderlich wegen der Vorschläge zur Zahlung, ausgemacht seyn, ehe es zu einem anderweiten Vortrag käme, und hiezu würde eine Reise anher dienen.

Jablonski.

II.

Ich habe von guter Hand erfahren, daß Se. königl. Majest. in Preussen verwilliget, daß diejenigen Gelder, so die Unterthanen für die Güter, welche ihnen erblich verpachtet worden, statt eines Kauf-Pretii jetzo zahlen müssen, zu Abtragung derer alten Schulden angewendet werden sollten, und davon ein rechter Fond gemachet, dem Herrn Oberhofmarschall, Grafen von Wittgenstein, auch bereits eine starke Post auf seine Praetension daraus bezahlet worden. Weil ich nun in denen Gedanken stehe, daß wenn diese Sache erst erzähltermaßen sich verhalten sollte, solche zu Facilitirung meiner ummendorfischen Angelegenheit dienen könnte, weil auf solche Art ein Vorschlag gethan werden könnte, wie ich zu meiner Befriedigung, ohne daß man die ordentlichen Revenües angreifen dörfte, gelangen könnte; als ersuche den Herrn Rath, dieserwegen ohnschwer sich zu erkundigen, und mir sodann Nachricht davon zu ertheilen rc.

Zerbst,
ben 24. Jul. 1703.

Den 28sten Jul. darauf geantwortet, daß die aus den Erbpachten verhofften Gelder langsam einkommen, zu der Destination nicht zureichen, und, nachdem die Erbpacht nicht weiter fortgestellt wird, nunmehr cessiren.

Jablonski.

12.

Ich ersehe aus dessen Schreiben vom 7ten May, daß die Maximen der heutigen Kameralisten mir wenig Hoffnung übrig lassen, zu meiner rechtmäßigen Forderung zu gelangen, und sollte ich es fast diesen Leuten nicht verüblen, daß sie auf ihren aus Noth ergriffenen Principiis verbleiben, weil es ihnen bey Verlust ihrer Ehre und Güter anderst zu sentiren verboten ist. So lange auch der grosse Staat und erschreckliche Depensen bey denen Höfen im Schwange gehen, so lange werden auch dergleichen unrechtmäßige, schändliche und unchristliche Maximes nicht abgeschaffet werden. Von meiner Praetension so schlechterdings abzustehen, und die Restitutionem indebite perceptorum und des Inventarii zu suchen, halte ich nicht für rathsam, weil sodann vielmehr Chicanen von ihnen gemachet werden dörfen, indem sie klaren Briefen und Siegeln zuwider etwas zu leugnen sich nicht entblöden, wie vielmehr würden sie bey diesen Puncten wichtige Excusen formiren, da es sodann auf Commissiones, Untersuchungen und Rechnungen ankommen dörfte, welches eben die rechten Wege sind, dadurch man in ein immerwährendes Labyrinth gerathen, und das Fegfeuer bey Lebzeiten erjagen kann. An des Herrn Chwalkowski Aufrichtigkeit trage ich keinen Zweifel, aber es wird auf selbigen alleine nicht ankommen, und wenn auch dieses wäre, so würde derselbe doch nicht thun dörfen, was er für billig, sondern was er seinem Herrn für nützlich hielte. Und wo wollte ich auch Vorschläge zu meiner Vergnügung zu gelangen thun können, welche die Camerales nicht viel besser wissen sollten? Ich glaube, daß, wenn dergleichen verlanget wird, es eben so viel zu bedeuten hat, als wenn man einem die Schuld gar leugnet. Enfin, ich sehe wohl, daß ich eine Reise nach Berlin werde thun müssen, doch ist es mir jetzo ohnmöglich, dahero die Sache, bis ich Zeit dazu bekomme, ruhen mag ec.

Zerbst,
den 17. April 1703.

Den 21sten April Sr. fürstl. Durchl. geantwortet, wie in der That bedenklich sey, von der Hauptforderung abzuweichen, und nicht eher zu rathen, als wenn erstlich keine Hoffnung mehr übrig, damit jemals aufzukommen, und zweytens vorher genugsame Versicherung erlanget wäre, daß die Restitutio in debitum zulänglich und richtig erfolgen werde.

Den

Den 2ten Jun. hat mich der Herr Chwalkowski entboten, und gesaget, wie er Gelegenheit gefunden, Sr. Majest. besonders Sr. fürstl. Durchl. Sache vorzutragen, die aber von der Hauptforderung so wenig, als von Erstattung des Inventarii, etwas hören wollen, daß er genugsam verspüret, wie Sie diesfalls ganz eingenommen wären. Worauf er weiter gegangen, und erkundiget, ob Se. Majest. geneigt wären, aus besonderer Betrachtung Sr. Durchl. einige Wohlthat zu erweisen, oder auch in Dero Kriegsdiensten Ihnen einen anständigen Platz zu verleihen, da denn Se. Majest. zu dem ersten sich ganz willig bezeiget, und daß hiezu Vorschläge geschehen mögten, begehret; bey dem zweyten aber, weil vorjetzo keine Stelle ledig, angestanden, doch auch es nicht abgeschlagen; welches Sr. fürstl. Durchl. zu vermelden, und daß er es nicht weiter bringen können, zu berichten der Herr Chwalkowski mir anbefohlen, wie ich auch mit heutiger Post gethan.

Jablonski.

13.

Zerbst, den 9. Jun. 1703.

Aus dessen an mich abgelassenem Schreiben vom 2ten hujus habe ich ersehen, was der Herr Hofkammerpräsident Chwalkowsky wegen meiner ummendorfischen Angelegenheit mit demselben gesprochen hat. Nun weiß ich zwar nicht, warum ermeldter Herr Chwalkowsky sich vor mich interessiret, indem ich solches niemalen um denselben verschuldet habe, und muß ich denken, daß solches par honnêteté geschiehet; gleichwohl aber vernehme ich aus des Herrn Raths überschriebener Relation so viel, daß Se. königl. Majest. in meiner Sache ziemlich praeoccupiret sind, und es das Ansehen hat, als wenn wenig zu erlangen seyn dörfte, wofern nicht durch einen andern Umschlag einiges Aequivalent zu Wege gebracht wird. Die Vorschläge, so der König ihm an die Hand zu geben von mir praetendiret, dörften zu ersinnen mir schwer genug fallen, es sey denn, daß er die 2 Praebenden mir conferiren, und mich in seinen Kriegsdiensten emploiren wollte, und ich bin bey Durchlesung dessen Schreibens fast auf die Gedanken gerathen, daß wenn ich die letzteren suchen sollte, alle Hofnung darinnen zu reüssiren, mir nicht abgeschnitten wäre. Ehe und bevor aber ich etwas weiter in der Sache unternehme, so habe ich denselben um seinen guten Rath ersuchen wollen, und würde mich der Herr Rath höchlich obligiren, wenn er mir seine Meynung darüber offenherzig entdecken wollte, ob er nemlich wohl glaubet, daß, wenn ich Kriegsdienste ihres Orts zu suchen resolvirete, ich darinnen reüssiren dörfte? und ob der Herr Hofkammerpräsident im Discourse dieserwegen sich nicht deutlicher herausgelassen habe? Ich will hoffen, es

werde

werde der Herr Rath mir hierinnen willfahren, und werde ich sobann meine Mesures darnach nehmen, und nach Endigung meiner Sauerbrunnencur, so ich jetzo anzufangen genöthiget worden, eine Reise nach Berlin thun. Immittelst habe beykommendes Schreiben an den Herrn von Chwalkowsky abgehen lassen ꝛc.

Den 12ten Jun. habe von Sr. fürstl. Durchl. Befehl, nebst einem Schreiben an den Herrn Chwalkowski, erhalten, welches demselben den 14ten Jun. zugestellet, und von ihm, nebst gar verbindlicher Beantwortung des Compliments, zur Antwort so viel vernommen, daß Se. königl. Majest. alle Vacantien der hohen Stifter denen Rittern des neuen Ordens gewidmet, also daß darauf die geringste Rechnung nicht zu machen. Ob zu Kriegsdiensten einige Hoffnung sey, könne er beständig nicht versichern; aus der bey dem König vermerkten Zuneigung aber habe er so viel abgenommen, daß, wenn Se. fürstl. Durchl. eine Reise anher thun wollten, dieselbe hoffentlich nicht vergeblich seyn dörfte. Er an seinem Ort wäre bereit, und wünschte zu Dero Dienst und Vergnügen viel beyzutragen.

Jablonski.

14.

Zerbst, den 30. Jun. 1703.

Dessen an mich abgelassenes vom 16ten hujus habe wohl erhalten, und daraus ersehen, daß ich gar schwer zu meiner Satisfaction gelangen werde, woferne es nicht per indirectum geschiehet, und ich durch einen andern Weg zu einem Aequivalent gelange. Der von dem Könige gefaßte Schluß, wegen Collation derer in den Hochstiftern heimfallenden Praebenden, so en faveur der Ritter des neuen Ordens gemachet worden, benimmet mir fast alle Hoffnung, quoad hoc punctum etwas ersprießliches auszurichten, ob mir gleich solches von dem hochsel. Churfürsten versprochen, und von dem Könige selbst auch solch Versprechen wiederholet worden. Dahero wohl auf nichts mehr als die Kriegsdienste zu reflectiren seyn wird, und ich bin für dessen mir hierunter ertheilten guten Rath demselben obligirt, und werde solchem zufolge mich noch diesen Sommer in Berlin einfinden, doch dörfte solches schwerlich auf nächst bevorstehenden Geburtstag geschehen, weil meine Equipage nicht so eingerichtet ist, daß ich an einem so prächtigen Hofe bey dergleichen Festin damit erscheinen dörfte, und werde ich hoffentlich besser thun, wenn ich aussen bleibe, als ohne erfordernde hochzeitliche Kleider mich dabey einstelle. Sonst zweifle ich nicht, daß ich zu Berlin noch gute Freunde antreffen werde, welche sich meinetwegen portiren dörften, und wird der Herr Feldmarschall mir wenigstens nicht entgegen seyn ꝛc.

15.

Ich bin demselben obligirt, daß er sich die Mühe gegeben, und von Sr. königl. Majest. in Preussen Ankunft in Berlin, und deren künftigen Aufenthalt, mir in seinem Schreiben vom 27sten passato gütige Nachricht ertheilen wollen. Ich werde meine Mesures darnach nehmen, und, so bald es möglich seyn will, mich ihres Orts einfinden, wobey ich denselben freundlich ersuche, mich excusirt zu halten, daß ich nicht eher geantwortet habe. Ich bin diese Woche bey meinem Herrn Bruder in Barby gewesen, und erst gestern Abend von dannen wieder zurückgekommen, welches mich daran verhindert hat. Sonst gehet allhier ein Bruit, doch ohne rechten Grund, als wenn die Stadt Thorn, nachdem sie sich an die Schweden ergeben, von diesen Sr. königl. Majest. in Preussen wäre eingeräumet, und von Dero Truppen besetzet worden, so hätten auch diese letzteren in dem elbingischen Territorio und dem Bisthum Ermeland ein gleiches gethan. Sollte der Herr Rath hiervon einige Gewißheit haben, würde mir derselbe einen sonderbaren Gefallen erzeigen, wenn er mir dieserwegen einige Nachricht zu ertheilen belieben wollte ꝛc.

Zerbst,
den 3. Nov. 1703.

16.

Zerbst, den 10. Nov. 1703.

Daß derselbe in seinem angenehmen Antwortschreiben vom 6ten hujus die verlangte Nachricht wegen der Stadt Thorn mir so prompt ertheilen wollen, dafür bin ich demselben höchlich obligirt, und ist gleich Anfangs der neulichst gemeldte Bruit mir verdächtig vorgekommen, indem ich nicht wohl glauben konnte, daß der König in Schweden diesen Ort so leicht abandonniren, und einem andern überlassen würde, welchen zu erobern so viel Mühe und Kosten erfordert hat, und der bey noch währendem Kriege demselben so vortrüglich ist. Sonst habe ich vernommen, und es hat mein Herr Bruder, Herzog Heinrich von Barby, selbst mir vor ganz gewiß gesaget, daß Ihro königl. Majest. von Preussen in kurzem nach Preussen gehen würden. Nun zweifle ich nicht, daß der Herr Rath hiervon ganz genaue Nachricht haben werde, und würde mir derselbe einen besondern Gefallen erweisen, wenn er mir part davon zu geben belieben wollte, damit ich meine Mesures darnach nehmen könnte ꝛc.

17.

Zerbst, den 19. Febr. 1704.

Ich habe nun in langer Zeit keine Nachricht von dessen vergnügtem Wohlseyn erhalten, und deswegen gegenwärtige Zeilen abgehen lassen, von Herzen wünschend, daß solche denselben bey vergnügtem Zustande antreffen mögen. Hiernächst möchte ich wohl zuverläßige Nachricht haben, ob die gothaischen Truppen, so vormals der König in Preussen übernommen hatte, und nunmehr in holländischen Diensten stehen, von dem Hause Gotha denen Holländern gegeben worden, oder ob der König in Preussen solche dahin überlassen, oder ob er nur dabey concurriret, und ob er noch bey selbigem die Disposition in totum oder nur pro parte habe. Sollte nun der Herr Rath diesfalls einige Wissenschaft haben, würde mich derselbe höchlich obligiren, wenn er mir einigen Part davon zu geben belieben wollte. Dafern aber demselben hiervon nichts bekannt, so weiß ich nicht, ob ich mir die Freyheit nehmen darf, denselben freundlich zu ersuchen, die Gutheit für mich zu haben, und dieserwegen ohnschwer Erkundigung einzuziehen, auch hernachmals, was derselbe davon Zuverläßiges erfahren können, mir, so bald es möglich, zu überschreiben, indem gewisser Ursachen halber ich überaus gerne Nachricht deswegen haben mögte, und werde ich in Zukunft solche demselben entdecken; ich bitte aber nicht übel zu nehmen, daß durch dergleichen Commission ihm beschwerlich bin ꝛc.

18.

Dessen an mich abgelassenes unter dem 24sten passato habe ich allhier zurecht erhalten, und sage ich für den in selbigem abgestatteten wohlmeynenden Wunsch zu meiner Badecur freundlichen Dank; es hat solche noch zur Zeit gar wohl operiret, Gott helfe ferner, und verleihe, daß derselbe beständiger Gesundheit geniessen, und vollkommen vergnügt seyn möge. Was das bestellte Pitschaft anlanget, so wird mir lieb seyn, wenn ich solches bey meiner Retour haben kann. Hiernächst vermelde, daß ich den Herrn Geheimenrath Chwalkowski allhier gefunden habe, welcher gleichfalls der Badecur sich bedienet. Er hat aus freyen Stücken von meiner ummendorfischen Angelegenheit zu reden angefangen, und mir ein gleiches als dem Herrn Rath vormalen gesagt. Er will zwar nicht zugeben, daß der Contract, welchen ich zum Fundamente meiner Praetension allegire, seine Vollkommenheit erlanget habe, daß mir aber des Inventarii wegen Satisfaction gegeben, und mir sonst einige Douceurs erwiesen werden müßten, hält er für billig, und bleibet beständig dabey, daß zu Ausmachung meiner Angelegenheit meine Gegenwart höchst

Carlsbad,
den 5. Jun. 1703.

19.

Deſſen an mich abgelaſſenes vom 14ten hujus habe ich nebſt den Beylagen zurecht erhalten, und hat der Herr Geheimerath Chwalkowski ſich alles Gutes, wie ich bereits gemeldet, meiner bekannten Angelegenheit wegen, erbothen, dabey aber, wie vormals gegen denſelben, erinnert, daß Se. königl. Majeſt. dieſerhalben ſehr praeoccupiret wären, und in den Gedanken ſtünden, daß meine Praetenſion nicht gegründet wäre, indem der Contract auf Seiten meiner hochſel. Frau Mutter nicht adimpliret worden. Es iſt das alte Lied, doch konnte er nicht leugnen, daß wegen des Inventarii, und der verſprochenen Canonicate, mir eine billigmäßige Satisfaction gegeben werden müßte, zu deren Erlangung meine Gegenwart, wie er meynte, viel contribuiren dörfte, wobey er ſich erboth, ſo viel in ſeinem Vermögen ſtünde, dazu beyzutragen. Sonſt konnte man wohl merken, daß er von der Juſtice meiner Sache eines ganz anderen perſuadiret iſt, obgleich das Intereſſe ſeines Herrn ihm ſolches zu bekennen nicht verſtattet. Wegen meines Pitſchafts hat es ſchon Zeit bis ich wieder nach Zerbſt komme, welches, ſo Gott will, nächſt künftigen Sonnabend geſchehen wird, indem ich mit gutem Contentement die Cur abſolviret habe, morgen von hier aufbreche, und recta nach Zerbſt reiſe, daher auch derſelbe ſeine Briefe in Zukunft wieder dahin gehen laſſen wolle ꝛc.

Carlsbad,
den 23. Jun. 1704.

20.

Für die zu meiner glücklichen Wiederkunft aus dem Carlsbade in ſeinem letzteren Schreiben vom 28ſten paſſato abgeſtattete Gratulation ſage ich freundlichen Dank, und wünſche gegentheils, daß der Höchſte den Herrn Rath bey vollkommener Geſundheit und allem erſinnlichen Vergnügen beſtändig erhalten wolle. Sonſt bin ich nunmehro faſt gänzlich entſchloſſen, eine Reiſe nach Berlin zu thun, und zu ſehen, ob ich meiner bekannten Affaire wegen etwas ausrichten könne. Nun zweifle ich nicht, daß ein gutes Tempo mir ſonderbar beförderlich ſeyn dörfte; alleine ich weiß nicht, ob bey jetziger Zeit, da der Hof nicht beſtändig an einem Orte ſich aufhält, ſondern

bald

bald da, bald dort sich divertiret, ich solche meine Reise mit Avantage sollte antreten können; dahero mir derselbe einen besondern Gefallen erweisen würde, wenn er mir diesfalls seine Meynung zu entdecken belieben wollte. *) Nachdem man mich allhier auch ganz gewiß versichern wollen, daß einige Veränderung ihres Orts, bey dem Kriegs-Etat vorhanden wäre, und sollte der Herr Generalfeldmarschall von Barfuß das Commando wieder bekommen, so glaube ich, daß mir nicht undienlich seyn würde, wenn ich meine Reise so lange aufschöbe, bis es wegen des Chefs seine Richtigkeit hätte. Ich bitte mir hierüber gleichfalls dessen guten Rath aus 2c.

Zerbst,
den 5. Jul. 1704.

21.

Daß derselbe in seinem Schreiben vom 12ten hujus der bewußten Angelegenheit halber mir dessen guten Rath ertheilen wollen, dafür bin ich demselben obligirt, und ich begreife ganz wohl, daß in Abwesenheit des Hofes ich nichts zu Berlin nütze seyn dörfte; ich werde demnach so lange noch in Ruhe stehen müssen, bis der König seinen beständigen Aufenthalt wieder daselbst nimmt, sodann will ich sehen, was diesfalls sich wird thun lassen. Den Herrn Rath aber ersuche ich freundlich, so gut zu seyn, und sobald derselbe erfähret, daß der König wieder in seine Residenz zu kehren, und daselbst zu bleiben gesonnen seyn sollte, mir ohnschwer Part davon zu geben 2c.

Zerbst,
den 19. Jul. 1704.

22.

Ich habe demselben bereits so oft Mühe gemachet, daß ich billig Bedenken tragen sollte, dem Herrn Rath mit abermaliger Commission beschwerlich zu fallen. Weil es aber dennoch derselbe erlaubet, und ich auch zu ihm vor andern ein ganz besonderes Vertrauen habe, so nehme mir nochmalen die Freyheit, und übersende beykommendes Paquet an den Herrn geheimden Kammerrath Luben, welchem er bey dessen Ueberreichung meinetwegen ein Compliment abzustatten belieben wird. Es sind in solchem ein Schreiben an erstgedachten geheimden Kammerrath, nebst einer
Deduction,

*) So lange die Sommerlust währet, ist nichts zu thun. Eine beygeschriebene Anmerkung des Jablonski.

An Johann Theodor Jablonski.

Deduction, welche derselbe auch bereits in seinen Acten finden wird, und denen dazu gehörigen Documenten, imgleichen ein Schreiben an den Herrn Oberkammerherrn, und darinnen ein Memorial an Se. königl. Majest. in Preussen, eingeschlossen, welches letztere auch in Copia zu dessen Nachricht beygefüget ist. Die beyden Briefe an den Herrn Oberkammerherrn und geheimden Kammerrath bestehen aus Complimenten, mit angehängter Bitte, daß sie meiner bey Gelegenheit eingedenk seyn, und mir in meiner Gerechtsame assistiren mögten. Daferne nun der Herr geheimde Kammerrath von dieser Affaire, wie ich nicht zweifle, mit demselben zu sprechen anfangen sollte, wird derselbe mein Bestes ohnschwer dabey beobachten, und diejenigen Scrupel, so haben sich ereignen mögten, ihm benehmen ꝛc.

Zerbst,
den 19. Jul. 1704.

Den 22sten Aug. Schreiben von Sr. Durchl. mit Befehl und einem Paquet an Herrn geheimden Kammerrath Luben empfangen. Solches habe alsofort übergeben, und bin wegen der Antwort auf morgen um 8 Uhr verwiesen worden.

Den 23sten Aug. dem Herrn Luben aufgewartet, und von demselben zur Antwort erhalten, daß er die Schriften überlesen, und das an den Oberkammerherrn lautende Schreiben selbst alsofort dem Herrn — — zum Vortrag behändigen wolle, damit er es wieder zu finden wisse, weil es sonst auf die Kammer geschickt, und da verlegt werden mögte, wovon Sr. Durchl. in Antwort berichtet.

Jablonski.

23.

Erste Beylage.

Durchlauchtigster Großmächtigster Churfürst!

Ew. churfürstl. Gnaden kann in ziemender und freundvetterlicher Devotion ich zu erinnern nicht unterlassen, zweifle auch nicht, Sie werden selbsten annoch in gütigstem Andenken haben, welchermassen weiland Dero Herrn Vaters Gnaden meine Frau Mutter, Fr. Johanna Walpurgis, verwitwete Herzogin zu Sachsen, den ihr ad dies vitae verschrieben gewesenen Usum fructum des Amts Ummendorf wieder abgetreten, und hochgedachte Sr. churfürstl. Gnaden hingegen ihr 26000 Thaler dafür bezahlen, auch hiernächst mich und meinen in Gott selig verstorbenen Bruder,

Herrn

Herrn Herzog Moritzen, bey denen Stiftern Magdeburg und Halberstadt, und zwar einen jeden mit einer Major-Praebenda, so in dem ersten Turno electorali nach erlangter Mündigkeit vacant würde, providiren zu lassen versprochen, massen dann hierüber ein richtiger Contract abgehandelt, und von beyden Theilen vollzogen; insonderheit aber anstatt der baar versprochenen Zahlung von Seiten Sr. churfürstl. Gnaden, eine Assignation auf die lichtensteinischen Gelder, die Sie damalen bey Ihro kaiserl. Majest. zu fordern gehabt, ertheilet; hingegen von meiner Frau Mutter die Original-Verschreibung über angeregten Usum fructum zurückgegeben, und solche Sr. churfürstl. Gnaden zu freyer Disposition gänzlich überlassen worden, dieser getroffene Contract aber hernach, als meine Frau Mutter bald darauf verstorben, von Sr. churfürstl. Gnaden daher nicht erfüllet werden wollen, weil meine Frau Mutter sich obligat gemachet, noch bey währenden ihrem Jure Usufructuario deroselben das Amt Ummendorf cum omni causa abzutreten und einzuräumen, und derowegen denen Rechten nach erfordert würde, daß, wenn die dafür versprochene Summe Geldes ihrer Seits gezahlet werden sollte, gedachtes Amt stipulirtermassen, und also Sr. churfürstl. Gnaden zu der Zeit, da Sie sonst kein Recht dazu gehabt, hätte cediret und übertragen werden müssen, welches in keine Weise geschehen, noch geschehen können, indem Gott es also geschickt, daß meine Frau Mutter, noch ehe und bevor die Traditio des Amts geschehen, und da sie dasselbe noch wirklich in Possession und Genuß gehabt, aus dieser Zeitlichkeit abgefordert worden, bey welcher Bewandniß der beschehene Vergleich als ein unvollkommenes und so wenig von dem einen als dem andern Theile erfülltes Werk gleichsam ipso Jure wieder zerfallen, und nachdem durch diesen unvermutheten Todesfall vorerwähntes Jus Usufructuarium cessiret, sie proprio Jure und ohne alle in gedachten Vergleich enthaltene beschwerliche Gegenpraestanda das Amt Ummendorf wieder in Possession zu nehmen wohl befugt gewesen, zumalen solche Gegenpraestanda sich insgesammt auf die Cedirung des an Seiten meiner Frau Mutter verkauften Rechts referirten, und weil die Sache nachgehends in eum casum verfallen, daß von ihr weiter nichts cediret werden können, solche Gegenpraestanda ebenmäßig und um so viel mehr cessiren müßten, indem es eine gar zu grosse und nullo Jure bestehende Laesion mit sich führen würde, wenn Se. churfürstl. Gnaden eine so ansehnliche Summe Geldes entrichten, und dafür nichts anders, als was ihr ohne dem proprio Jure zugestanden, wieder bekommen sollten. Gleichwie nun diesen Rationibus Ew. churfürstl. Gnaden selbst, nach bald hierauf erfolgten tödtlichen Hintritt Dero in Gott hochsel. ruhenden Herrn Vaters, in einer an meines in Gott auch selig entschlafenen Herrn Bruders, Herzog Johann Adolphs zu Sachsen-Weissenfels Liebden, in währender meiner Minorennität, unterm dato Cöln an der Spree denn 5ten Julii 1688 ertheilten Resolution Beyfall gegeben, ich aber nach erlangter vor meiner Majorennität diese Sache selbst in Erwegung gezogen, und befunden, daß die Tradition durch Zurückgebung der über den verhandelten Usum fructum an das Amt Ummendorf meiner Frau Mutter ausgestellten Original-Verschreibung alsobald nach beschehener Handlung wirklich geschehen, und Ew. churfürstl. Gnaden Herr Vater glorwürdigsten Andenkens sich des überlassenen Usus fructus noch bey lebenszeit meiner Frau Mutter angemasset, auch selbigen vor ihrem Todesfall eine ziemliche Zeit genützet, ferner diese Tradition auf keine andere Weise, als durch Extradition desjenigen Instrumenti Originalis, worinnen der Usus fructus meiner Frau Mutter verschrieben gewesen, geschehen mögen, überdies alles sie selbst anders in den Usum fructum nicht gewiesen worden, als bloß durch die Original-Verschreibung, absque omni alio actu immittendi in possessionem, also denselben als ein Jus incorporale auch anders nicht zurückgeben können, als per redditionem documenti originalis, hierüber von Sr. churfürstl. Gnaden bey Dero Leben eine andere Tradition nicht begehret noch paciscret worden, sondern dieselbe mit Zurückgebung der Original-Verschreibung zufrieden gewesen, und den Contract allerdings vor vollkommen gehalten, indem sie eine Anweisung auf das Kaufgeld herausgegeben, und dieses sonst nicht würden gethan haben, auch selbst nicht mehr zu praetendiren gehabt, weil der Beamte und die Unterthanen jederzeit in Dero Pflichten gestanden, und solche meiner Frau Mutter niemalen einige Pflicht geleistet, zudem der Beamte die Schlüssel zu denen Thoren und Zimmern gehabt; dahingegen meine Frau Mutter nur eine blosse usu fructuaria gewesen, eo ipso aber, da sie gegen die ihr ausgestellte Anweisung die Original-Verschreibung über den Usum fructum zurückgeben, solchen ad manus Sr. churfürstl. Gnaden resigniret und tradiret; wie denn Se. churfürstl. Gnaden selbst die Original-Verschreibung von Dero Hofmeister Völkern mit einer besondern Gratulation angenommen, und dabey sie versichern lassen, daß die veraccordirte Kaufsumme richtig bezahlet werden sollte: also gehet mir gar sehr zu Herzen, daß Ew. churfürstl. Gnaden auf eine so harte und widrige Meynung gefallen, lebe aber anbey der freundvetterlichen Zuversicht, Sie werden sich in Betrachtung angeführter Umstände etwas gütiger bezeigen, und allenfalls, wenn über Verhoffen Dieselben noch nicht hinlänglich seyn sollten, ferner zu erwegen in Gnaden geruhen, daß, wenn gleich gesetztenfalls keine Tradition bey meiner Frau Mutter Leben geschehen wäre, jedoch der getroffene Contract dahero für ein unvollkommen Werk nicht zu halten, sintemal derselbe nach gemeinen und kaiserlichen Rechten, sobald als beyde Contrahenten einig gewesen, seine Verbindlichkeit erlanget, und actio emti venditi fundiret worden, weil es ein Contractus consensualis ist, und die Traditio Rei zu dessen Perfection nicht gehöret; hingegen wenn ein Kauf einmal richtig geschlossen und abgehandelt worden, der Käufer das versprochene Kaufgeld zu bezahlen schuldig, wenn gleich das verkaufte Gut vor der

Tradi-

Tradition zu nichte gehet, oder auch, wie hier, ein verkauffter Usus fructus durch den Tod des Usufructuarii verlischet, und nichts tradiret werden kann, welches sogar unwidersprechlich in Rechten gegründet ist, daß, wenn gleich der getroffene Contract auf Seiten meiner Frau Mutter sein Implementum nicht erlanget hätte, welches er doch obberührtermasse nach allerdings erlanget, dennoch Ew. churfürstl. Gnaden Herr Vater die Kauffsumme zu bezahlen obligiret gewesen, zumalen zu obangeführten Motiven noch kömmet, daß die verkaufte Nutzniessung einer solchen Qualität ist, daß sie gar leicht exspiriren kann, Se. churfürstl. Gnaden aber nichts destoweniger ein dergleichen auf eines Menschen Leben beruhendes Jus an sich zu kauffen Beliebung getragen, also die Qualität ihr nicht unbekannt gewesen, und folglich bey dem ganzen Handel einige Laesion nicht vorhanden seyn kann, indem beyde Contrahenten wissentlich und freywillig den Contract auf Gewinn und Verlust, wie in emtionibus spei zu geschehen pfleget, mit einander geschlossen; auch solcher, wenn meine Frau Mutter noch 30 oder mehr Jahre gelebet, sowohl Ew. churfürstl. Gnaden selbst, als Dero Herrn Vaters Gnaden sehr ersprießlich gewesen wären, und also sie, da Gott ein anders durch tödtlichen Hintritt derselben gefüget sich dem Eventum ebenmäßig gefallen lassen müssen, wie denn Ew. churfürstl. Gnaden Herr Vater in einem an Dero Regierung zu Halle unterm dato den 6sten Sept. 1687 ertheilten Rescript, wovon hierbey Abschrift sub Sig⊙. O zu befinden, selbst dergleichen Rationes, wodurch. Se. churfürstl. Gnaden zu oftangeregten Contract bewogen worden, höchstbedächtig geführet, und dieses um so viel mehr billig zu seyn scheint, weil Sr. churfürstl. Gnaden die Zahlung auch denen Erben zu leisten zugesaget; und also hieraus allenthalben erhellet, daß, wenn gleich keine Tradition erfolget wäre, dennoch eine zu Recht beständige Action vorhanden, indem, wie vorher berühret, die Sache sine culpa meiner Frau Mutter in den Stand gerathen, daß nun nichts tradiret werden könnte. Wenn dann diesem allen nach auch meine Frau Mutter mit dem verkauften Usu fructu das Inventarium auf 4700 Thaler, und alle Meliorationes, die zum wenigsten auch 500 Thaler betragen, weniger nicht an Nutzungen, die ihr oder Dero Erben im letzten Jahre bis zu ihrem tödtlichen Hintritt zugekommen wären, an die 3800 Thaler überlassen, also zusammen Ew. churfürstl. Gnaden und Dero Herrn Vater an die 9000 Thaler wirklich mit überkommen; hergegen ich diese sammt dem Interesse nun 10 Jahr lang und drüber mit Schaden entbehren müssen, und der Billigkeit sehr zuwider laufen würde, wenn ich, was meiner Frau Mutter ohnstreitig gewesen und gehöret, verlieren sollte. So trage zu Ew. churfürstl. Gnaden ich das zuverläßige Vertrauen, Sie werden, in Erwegung dieser und anderer vorher berührter Motiven und Umstände, bey Dero vorhin in dieser Sache gefaßten Resolution nicht beharren, sondern vielmehr nach Dero weltgepriesenen Aequanimität, durch Adimplirung des einmal zwischen Dero

glorwür=

glorwürdigsten Herrn Vater und meiner Frau Mutter richtig abgehandelten Contractus der Welt ferner darlegen, wie hoch Ihro angelegen sey, desselben Facti zu praestiren; Ew. churfürstl. Gnaden hiermit freundvetterlich und inständig ersuchend, Sie wollen in Gnaden geruhen, vorher angeführte Bewandtniß der Sachen nochmalen nach Dero angebornen Gütigkeit zu beherzigen, und mir darauf wirkliche Erfüllung obangeführten Contractus wiederfahren und angedeyen zu lassen. Dieses werde ich als eine besondere Gnade mit unvergeßlichem Ruhm und Dank gegen Sie und Dero hohes churfürstliches Haus lebenslang erkennen, in freundvetterlicher Devotion verbleibend

Ew. churfürstl. Gnaden ꝛc.

Zerbst,
den 18. May 1700.

24.
Zweyte Beylage.

Allerdurchlauchtigster Großmächtigster König,
Allergnädigster Herr!

Ew. königl. Majest. geruhen allergnädigst sich zu entsinnen, was ich bereits vormals wegen eines Recesses, so zwischen Dero Herrn Vaters churfürstl. Gnaden glorwürdigsten Andenkens, und meiner gleichfalls in Gott ruhenden Frau Mutter Gnaden, über den Usum fructum des Amts Ummendorf errichtet worden, allergehorsamst gebeten habe; wann aber, allergnädigster König und Herr, ich bis hieher in meinem Suchen unglücklich gewesen bin, und keine erwünschte Resolution darauf erhalten mögen, Ew. königl. Majest. weltgepriesene hohe Clemenz und Generosité jedennoch mir feste Hoffnung machet, daß Ew. königl. Majestät mich nicht hülflos, sondern Dero königl. Hulde bey meiner Gerechtsame geniessen lassen werden: so habe durch gegenwärtiges mit geziemender Veneration nochmalige Ansuchung zu thun, und um eine allergnädigste gewierige Entschliessung allerunterthänigst zu bitten mich erkühnet, und gleichwie ich diesfalls an allergnädigster Erhörung keineswegs zweifele, immassen solches den Ruhm von Ew. königl. Maj. st. Clemenz vermehren wird; also soll es mir auch unaufhörlich Anlaß geben, mit aller Soumission und schuldigsten Respect dafür lebenslang zu seyn ꝛc.

Zerbst,
den 18. Aug. 1704.

25.

Aus deſſen Antwortſchreiben vom 23ſten hujus habe ich erſehen, daß derſelbe das recommendirte Paquet an den Herrn geheimden Kammerrath Luben wohl beſorget, und mit ihm geſprochen, dieſer auch alles Guten ſich erbothen hat. Es iſt zu wünſchen, daß die Werke mit den Worten übereinſtimmen mögen, und würde ich mich nicht wenig erfreuen, wenn durch dieſen Mann etwas fruchtbarliches ausgerichtet werden könnte, zumal ich denken müßte, daß ein ſonderlich Fatum mir den Weg zu Ausführung der Sache gebahnet hätte, indem ich recht unvermuthet in die Bekanntſchaft deſſen gerathen bin. Man muß das Beſte hoffen, und erwarten, wie es Gott ſchicken will ꝛc.

Zerbſt,
den 30. Aug. 1704.

26.

Ich habe geſtern recht unverhofft ein Schreiben von dem Herrn Oberkammerherrn Grafen von Wartenberg bekommen. Weil ich nun verſichert bin, daß derſelbe an demjenigen, was mich vergnüget, Antheil zu nehmen pfleget, ſo habe demſelben gedachtes Schreiben hiermit abſchriftlich zu communiciren nicht Umgang nehmen können, und ob ich gleich noch nicht weiß, was man mir eigentlich zur Satisfaction ausgeſetzet, ſo machen mich doch die von dem Herrn Oberkammerherrn in ſeinem Schreiben gebrauchten Expreſſiones glauben, man werde bey Ertheilung der Reſolution die Billigkeit beobachtet haben. Sonſt wird der Herr Rath aus dem Schreiben des Herrn geheimden Kammerrath Luben, ſo mein Secretarius demſelben jüngſtens überſendet hat, erſehen haben, welchergeſtalt er mir gerathen hat, daß ich an den Herrn Oberhofmarſchall, Grafen von Wittgenſtein, meiner Affaire halber ſchreiben, und mich um deſſen Aſſiſtence bewerben mögte; nachdem aber das Schreiben von dem Oberkammerherrn eingelaufen iſt, ſo habe damit angeſtanden, und glaube, daß ſolches rebus ſic ſtantibus unnöthig ſeyn wird, an deſſen Statt habe ich an mehrgedachten Oberkammerherrn ein Dankſagungsſchreiben, und eines dergleichen Inhalts an den Herrn geheimden Kammerrath Luben abgehen laſſen, und ſolche hierbey überſenden, darneben denſelben freundlich erſuchen wollen, daß er deren Beſorgung über ſich nehmen mögte, und würde mir ein ganz beſonderer Gefallen erzeiget werden, wenn derſelbe das erſtere ſelbſt zu überreichen, und per indirectum die gefallene Reſolution zu erfahren ſich bemühen wollte ꝛc.

Zerbſt,
den 16. Sept. 1704.

P. S.

P. S.

Ich vermuthe, daß der Herr Oberkammerherr bey jetziger Jahrszeit nicht zu Hause seyn dörfte, daher ersuche den Herrn Rath, daß er den Brief an denselben wohl besorgen lassen wolle, damit er ihm bald zu Händen kommen möge.

Den 19ten Sept. Schreiben von Sr. Durchl. mit Einschlüssen an den Oberkammerherrn und Herrn Luben erhalten, welche sofort abgegeben, doch keinen unter Ihnen selbst gesprochen. Der Herr Grabe aber gab mir Nachricht, daß die ummendorfsche Sache im Geheimenrath durch den Herrn Chwalkowski vorgetragen, und das Kaufgeld zwar abgesprochen, die Erstattung aber des Inventarii bewilliget worden. Die Expedition werde in der Hofkammer zu finden seyn.

Den 20sten Sept. habe bey dem Herrn Cramer um die Expedition gefragt, der mir berichtet, daß weiter nichts als ein Rescript an die Kammer zu Halle angegeben, um Bericht von der Aestimation des Inventarii zu thun, solch Rescript aber noch nicht abgegangen, und noch auf die Unterschrift warte. Worauf ich gebeten, dasselbe zurückzuhalten, und mir zuzustellen, damit Se. Durchl. es selbst introduciren lassen können, wozu mir auch Hoffnung gemacht worden, und habe ich von allem Sr. Durchl. unterthänigst rapportirt.

Jablonski.

27.
Beylage.

Durchlauchtigster Fürst!

Ew. Durchl. haben mir jüngsthin Ihre Sache wegen des Amts Ummendorf recommendiret, und deshalb ein Memorial an Se. königl. Majestät überschicket. Selbiges ist gestern in dem geheimen Rath in favorablen Terminis vorgetragen, auch eine königl. Resolution darauf erhalten worden, welche Ew. Durchl. wo nicht in allen, doch in einigen Stücken der Sache Beschaffenheit nach vergnügen wird. Ich wünsche, daß bey vielen Gelegenheiten ich erweisen könne die aufrichtige Dienstergebenheit, womit ich verbleibe Ew. Durchl.

Schönhausen,
den 13. Sept. 1704.

gehorsamster Diener
Graf von Wartenberg.

28.

Der vorgestrige Posttag hat genugsam bekräftiget, daß ich in demjenigen Schreiben, welches ich am verwichenen Dienstage an Ew. Hochedl. habe abgehen lassen, nicht unrecht gemuthmasset habe, daß die darauf folgende Post die durch des Herrn Oberkammerers Excellenz erweckte Freude leichtlich vermindern dörfte. Die beykommende Abschrift eines Briefs von dem Herrn geheimden Kammerrath Luben, so vorgestern eingelaufen ist, wird dasjenige, was ich schreibe, deutlicher erklären; und Ew. Hochedl. werden daraus ersehen, daß, ausser dem Anfange und dem Ende, wenig Trost darinnen zu finden ist. Denn was den Anfang anlanget, so ist derselbe in so weit gut, daß man gegentheiliger Seiten nur zu etwas sich verstehet, der Schluß des Briefes aber kann Hoffnung machen, daß, wenn Se. Durchl. sich selbst einfinden, noch ein mehreres erlanget werden könnte. Der in der Mitte des Briefs gethane Vorschlag findet nicht den geringsten Ingressum, denn eines Theils werden meines gnädigsten Herrns hochfürstl. Durchl. Ihre Durchl. von Anhalt-Zerbst zu vertreiben niemals suchen, und andern Theils ein Regiment (wenn es ja so seyn soll) von des Königs Gnade erwarten, schwerlich aber eines zu kaufen sich entschliessen, zumalen sie auch letztenfalls die geringste Satisfaction nicht erlangeten. Von den Canonicaten ist zur Zeit auch noch nichts erwehnet worden, und es scheinet fast, daß man ihres Orts diesen Punct lieber mit Stillschweigen übergehen mögte. Enfin, der Anfang hat, wie bey andern, also auch bey dieser Affaire seine Schwierigkeiten, doch ist meines Erachtens viel gewonnen worden, daß man es nur erst dazu gebracht hat, und dörften ihre Durchl. durch eine Reise, wozu sie sich werden entschliessen müssen, viel Hindernisse aus dem Wege räumen können ꝛc.

Zerbst,
den 20. Sept. 1704. Beyer.

29.

Beylage.

Durchlauchtigster Fürst,
Gnädigster Herr!

Mit grosser Mühe habe ich es endlich dahin gebracht, daß man vorerst resolviret, Ew. Durchl. das Inventarium von Ummendorf zu bezahlen. Weil Se. königl.
Majest

Majest. auch für Ew. Durchl. wohl portiret sind, und des Oberkammerern Excellenz für Sie ebenfalls als ein getreuer Diener gesorget; so hoffe, daß es hierbey nicht bleiben werde, sondern daß Ew. Durchl. noch wohl ein Regiment davon tragen dörften, weshalb heute in meinem Hause, allwo der Herr Obristl. Brand mit zugegen war, wegen Ihrer fürstl. Durchl. zu Anhalt-Zerbst Regiment ein Vorschlag geschahe; Ew. Durchl. wollen es mit hochgedachter Sr. Durchl. überlegen, vielleicht treten Sie Ihnen solches gegen ein gewisses Stück Geld, wozu Sie die 4000 Thaler von Ummendorf emploiren, oder Ihnen ein Jahr die Einkünfte davon nachlassen, und umsonst dienen könnten. Sie geben mir nur en confidence von allem Nachricht, und sobald Sr. königl. Majest. von der Hirschbrunst, wohin wir künftigen Montag gehen, wieder zurückkommen, begeben Sie sich nur selbst anhero, Sie werden angenehm, und ich zeitlebens seyn

Ew. Durchlaucht

Berlin,
den 16. Sept. 1704.

unterthänig-treu und gehorsamster
Diener
Luben.

30.

Ich bin demselben höchlich verbunden, daß er abermals sich Mühe für mich gegeben, und sowohl die überschickten Briefe an den Herrn Oberkammerherrn und den Herrn geheimden Kammerrath Luben besorget, als auch wegen der in dem Geheimdenraths-Collegio gefallenen Resolution sich erkundiget, und mir davon Nachricht ertheilet hat. Der Herr Geheimerath Chwalkowski hat mir jüngsthin im Carlsbade versprochen, daß er bey sich ereignender Gelegenheit alles mögliche für mich thun wollte; und ich merke wohl, daß er alles beym jetzigen Vortrage mag gethan haben, was nur immer in seinen Kräften gestanden hat, und muß der König überaus von der widrigen Meynung eingenommen seyn, daß sogar ein weniges zu meiner Satisfaction ausgeworfen worden. Gewißlich, wenn ich nichts mehr als die 4000 Thaler bekommen sollte, so erhielte ich in der That nicht einen einzigen Groschen, indem der Amtmann Pflüger eine so hohe Forderung, wo nicht gar eine höhere, des Inventarii wegen an mich machet, wovon aber noch zur Zeit eben nichts zu erwehnen ist. Zu geschweigen, daß wegen der Canonicate auch nichts erwehnet worden, daher es fast scheinet, als wenn man über die verwilligten 4000 Thaler mir weiter nichts geben wollte. Nun lässet zwar der Anfang sich sehr schwer und geringe an, allein ich lasse doch nicht alle Hoffnung fahren, und glaube, daß bey fernerweitigen Remonstrationibus die Sache sich noch geben, und bey meiner künftigen Anwesenheit eine gnädigere Resolution von Sr. königl. Majest. auszuwürken seyn werde. Immittelst muß man ein wenig laviren, und sehen, was für ein Bericht von der hallischen Kammer erfolgen wird. Wobey den Herrn Rath freundlich ersuche, sich nochmalen für mich zu bemühen, und gegenwärtigen Brief an den Herrn geheimen Kammerrath Luben zu besorgen, auch dahin zu trachten, damit ich das Rescript an die Kammer in Halle erhalten möge, auf daß ich jemanden zugleich mit dahin senden könne, welcher meine Nothdurft beobachtet. Dafern aber solches Rescript nicht zu erlangen seyn sollte, so muß ich vergnügt seyn, wenn ich nur den Tag erfahren kann, an welchem man es von Berlin abgehen lässet, so werde ich doch auch jemanden nach Halle senden, und daselbst vigiliren lassen. Könnte ich das Rescript in Abschrift erlangen, wäre es um so viel desto besser, und würde mir derselbe einen ganz besonderen Gefallen erzeigen, wenn dieserwegen ferner für mich zu sorgen er die Gutheit haben wollte. Ich erkenne die mir hierunter erzeigte Willfährigkeit mit schuldigem Danke, und verharre anbey ohne alle Ausnahme

meines vielgeliebten Herrn Raths

Zerbst,
den 23. Sept. 1704.

dienstbeflissenster
Friderich, Herzog zu Sachsen.
Mppr.

31.

Dessen an mich abgelassenes vom 4ten hujus habe ich mit gestriger Post wohl erhalten, und daraus ersehen, daß endlich das bewußte Rescript einmal ausgefertiget worden. Ich habe es mit genauer Attention durchgelesen, aber nicht das geringste, wie derselbe wohl muthmasset, darinnen gefunden, so mich hätte vergnügen können. Nichts destoweniger bin ich dem Herrn Rath für die hierunter gehabte Mühwaltung höchlich verbunden, und werde vollends das Ende dieses Spiels mit Geduld abwarten, und sehen, wo es hinaus will. Ich bin der widrigen Ausgänge bereits sattsam gewohnt, und werde also in diesen, von welchem ich gleichfalls fürchte, daß er nicht nach Wunsch ausschlagen werde, mich gar leichte schicken können, zumalen bey jetzigen bösen und geldlosen Zeiten ich nicht alleine bin, welcher das Seinige, so ihm von Gott und Rechts wegen zukömmt, nicht erlangen kann. Ungeachtet nun schlechte Hoffnung in dieser Affaire übrig ist, so habe ich doch für rathsam befunden, alle möglichste Praecaution darinnen anzuwenden, und deswegen an einen in Halle schreiben lassen, der daselbst mein Bestes observiren, und sich bemühen soll, damit ein pflichtmäßiger Bericht nicht nach der neuen, sondern alten deutschen Façon

abge-

abgestattet werden möge; vielleicht giebet Gott noch ein extraordinaires Glück ꝛc.

Zerbst,
den 7. October 1704.

32.

Gestern erhielten Sr. hochfürstl. Durchl. ein Schreiben von dem Herrn geheimen Kammerrath Luben, worinnen er ihnen rieth, daß sie eind nach Berlin zu kommen belieben mögten. Nun ist es ihrer Durchl. unmöglich, bey noch anhaltender Messe solche Reise zu bewerkstelligen, ja sie halten dafür, daß die causa impulsiva auch nicht so beschaffen sey, daß sie sich deswegen übereilen sollten, zumalen Ihro Durchl. gar nicht zu dem vorgeschlagenen Regiment incliniren. Denn sie weder ein Regiment zu kaufen, noch auch Prinz Anton Günthers Durchl. von welchem sie noch nicht gehöret haben, daß er solches zu quittiren entschlossen sey, einige Ombrage zu machen gesonnen sind. Sonst haben Sr. hochfürstl. Durchl. Ihro sonderbare Gedanken über diesen Brief gehabt, und mir solchen Ew. Hochedlen zu communiciren, auch Ihrentwegen einen freundlichen Gruß abzustatten befohlen, welches ich hiermit unterthänigst verrichten sollen. Gleichwie ich nun keinesweges zweifle, daß Ew. Hochedlen allerhand Anmerkungen darüber machen werden, also versichere Dieselben, daß Sie Ihro Durchl. obligiren würden, wenn Dieselben Ihr videtur ihnen zu entdecken sich die Mühe geben wollten ꝛc.

Zerbst,
den 14. October 1704.

Beyer.

33.
Beylage.

Durchlauchtigster Fürst,
Gnädigster Herr!

Ew. Durchl. melde unterthänigst im Vertrauen, daß mit Ihrer Durchl. Anton Günthers Regiment etwas hier vor ist, so mir von einem guten Freunde, welchen der Obristl. von Brand kennet, gestochen worden, dergestalt, daß Sie Ursache zu vigiliren, und anhero zu eilen haben, zuvor aber wollen sie mit Ihrer hochgedachten

dachten Durchlaucht, wie der Herr von Brand mündlich vorgestellet haben wird, reden, und die Sache unter sich ausmachen, sonst ein Tertius Ihnen in die Wege kommen, und mir diesen unterthänigen Vorschlag zu Wasser machen wird; ich habe es in Eil unterthänig melden sollen, der ich in beharrlicher Devotion lebenslang verbleibe

Ew. Durchlaucht

Potsdam,
den 11. October 1704.

unterthänig = und gehorsamster
Diener
Luben.

P. S.

Weil ich heute das Glücke gehabt, und wegen Ew. Durchl. Anliegen (wegen des Regiments) mit des Herrn Oberkämmerern Excellenz zu sprechen, so finden dieselben vor gut, daß Ew. Durchl. cito anhero kommen, welches ich zu melden nicht unterlassen sollen, insonderheit da ich diese Sachen vor Ew. Durchl. wohl disponiret befinde, auch da periculum in mora seyn will; ich beharre ut in litteris. Potsdam, den 12ten October 1704.

34.

Hier will man Nachricht haben, daß Prinz Johann Wilhelm von Sachsen-Gotha sich in Berlin, wiewohl incognito, aufhalten soll; dahero den Herrn Rath ich freundlich ersuche, diesfalls ohnschwer Erkundigung einzuziehen, und mir, ob es sich so verhalte, Part zu geben. Die Ursache, welche mich darnach zu fragen beweget, werde bey Gelegenheit mündlich entdecken ꝛc.

Zerbst,
den 30. Dec. 1704.

35.

Ich bin demselben höchlich verbunden, daß er sich bis anhero meinethalber so öfters Mühe gemachet, und von einem und dem andern auf Verlangen Part gegeben, auch noch letzlich in puncto des Bedenkens wegen der bewußten Dames seine Gedanken eröfnet hat. Es soll mir recht lieb seyn, wenn ich eben das Tempo treffen, und in Abwesenheit der bewußten hohen Person nach Berlin kommen kann, wie ich denn alle mögliche Anstalt zu Beschleunigung solcher Reise mache, und fürchte ich nur, der König werde länger ausser Berlin bleiben, als man jetzo meynet, welches sodann auch mein Concept zu meinem sonderbaren Verdrusse verrücken dörfte.

Hier=

Hernächst habe ich dem Herrn Rath vermelden wollen, wie ich nunmehro die Nachricht erhalten, daß die Kammer in Halle anbefohlnermaßen den Bericht an Se. königl. Majest. in Preussen abgestattet hat. Es mag selbiger, wie meine Kundschaft lautet, nicht allzu favorable vor mich eingerichtet, und darinnen enthalten seyn, wie sich Quittungen fänden, daß das Inventarium zum Theil bezahlet, den Rest aber der Amtmann in Ummendorf zu erstatten schuldig wäre. Ich begreife nicht, wo die Quittungen herkommen, noch wer solche ausgestellet haben sollte, der Bericht muß mehrere Erläuterung geben, und würde mir derselbe eine besondere Gefälligkeit erweisen, wenn er die Abschrift von erst erwehntem Berichte zu erlangen sich bemühen wollte ꝛc.

Zerbst,
den 27. Jan. 1705.

Den 3ten Febr. mit dem Herrn Kammerpräsidenten selbst geredet, weil der Secretarius Kramer den Bericht zu communiciren Bedenken gehabt; welcher solches zwar auch abgeschlagen, daneben aber versichert, daß der Bericht Sr. Durchl. nicht zuwider, und er, wie bisher, also ferner nach Vermögen zu einer guten Endschaft beytragen wollte, wovon allen Sr. Durchl. Bericht erstattet.

Jablonski.

36.

Dessen an mich abgelassene zwey Schreiben vom 31sten passato und 3ten hujus seynd mir wohl eingehändiget worden, und statte ich freundlichen Dank ab, daß er sich abermals meinetwegen bemühen, und meiner bewußten ummendorfischen Angelegenheit halber vigiliren wollen. Es ist mir lieb zu vernehmen, daß der Bericht, welchen die hallische Kammer eingeschicket hat, mir nicht entgegen seyn soll, doch habe immittelst so viel erfahren, daß auf Assignation meines sel. Bruders, Herzog Johann Adolphs, dem Amtmann Pflüger wegen des Inventarii im Amte Ummendorf, 4165 Thaler gezahlet worden. Ob dessen Praetension aber richtig ist, und so viel betragen hat oder nicht, kann ich nicht wissen, sondern stehe in den Gedanken, daß gedachter Amtmann das meiste indebite erhoben, und die Assignation sub et obreptitie herausgebracht hat, welches bey der Untersuchung sich finden muß. Sonst bin ich über die Zeitung von der Königin Todesfall sehr erschrocken, und fürchte, daß solcher meiner Angelegenheit, wie der Herr Präsident Chwalkowski gemeynet hat, einen ziemlichen Anstand geben dörfte, und werde ich zu Vermeidung der Depensen meine Ueberkunft wohl so lange ausstellen müssen, bis ich höre, daß der Hof die Geschäfte wieder reassumiret. Immittelst werde ich meine Leute, so ich zu dieser Reise gebrauche, in die ihres Orts erfordernde Trauer kleiden können. L'Etat actuel de la Pologne habe ich, der andere Tractat aber, welcher l'état present de la Cour de Pologne intituliret ist, soll jetzo erst herausgekommen seyn, und die Portraits der königl. polnischen Ministrorum mit ziemlichen lebendigen Farben abmalen, daher ich auch selbigen gerne haben mögte ꝛc.

Zerbst,
den 7. Febr. 1705.

37.

Dessen an mich abgelassenes vom 21sten passato ist in meiner Abwesenheit richtig eingelaufen, und habe ich bey meiner Wiederkunft mit sonderbarem Vergnügen daraus ersehen, daß derselbe von seiner Krankheit wieder genesen ist. Der grundgütige Gott, welcher so weit geholfen, der helfe ferner, und gebe, daß er bald zu vorigen und vollkommenen Kräften wieder gelangen, und sehr viel und lange Jahre dergleichen schweren Anstoß und Zufall nicht wieder bekommen möge. Wobey ich den Herrn Rath versichere, daß wenn einige Gelegenheit sich ereignen sollte, demselben einigen Gefallen erzeigen zu können, ich solche nicht unnützlich vorbeystreichen lassen werde. Nächst diesem kann demselben nicht verhalten, daß ich vor einigen Wochen an den Herrn geheimen Kammerrath Luben geschrieben, bis dato aber keine Antwort erhalten habe. Nun hat mir selbiger vormalen jederzeit gar promt geantwortet, und verursachet sein Stillschweigen die Sorge in mir, er dörfte anders Sinnes geworden seyn, und meine Partie vielleicht gar quittiret haben, indem er vielleicht in den Gedanken stehet, man habe ihm vorsetzlich verschwiegen, daß das ummendorfische Inventarium mehrentheils bereits bezahlet wäre, womit er aber mir zu viel thut, denn ich habe solches selbst nicht gewußt, sondern erst neulichst erfahren. Damit ich aber hinter die Wahrheit komme, so will ich an gedachten Herrn geheimen Kammerrath, welcher nunmehr den Adelstand angenommen haben soll, schreiben, und nochmals sehen und versuchen, was er thun will ꝛc.

Zerbst,
den 3. März 1705.

38.

Ich bin heute Mittag von Magdeburg allhier wieder angelanget, allwo ich der königl. Leichenceremonie zugesehen, und zugleich den bewußten guten Freund gesprochen habe; es hat sich selbiger nochmalen alles Guten gegen mich erbothen, und
ein

ein und andere wohlmeynende Anschläge mir ertheilet, welche ich demselben bey unserer Gott gebe glücklichen Zusammenkunft mündlich zu entdecken mir vorbehalte, zumalen es durch Schreiben ohnedem füglich nicht geschehen kann. Nun würde ich die so lang verschobene Berliner Reise auf abermaliges Anrathen oberwehnten guten Freundes länger nicht trainiret haben, woferne der weissenfelsche Zustand meines Herrn Bruders Liebden und mich nicht nöthigte, eine Tour nach Weissenfels zu thun, und unsere Appennagia auf einen beständigern Fuß zu setzen, damit wir beyderseits inskünftige besseren Staat als bis anhero darauf machen können. Weil nun dieses auf nächstkünftigen Freytag, geliebt es Gott, geschehen soll, ich aber nicht wissen kann, wenn ich wiederkommen dörfte, so ersuche den Herrn Rath freundlich, die Briefe, wenn er mir seine angenehme Correspondence zu continuiren beliebet, an Herrn Secretarius Ludwigen nach Leipzig ohnschwer zu senden, welcher sodann selbige fernerweit besorgen wird. Nach geendigter solchen weissenfelschen werde ich die andere Reise nicht ferner aufschieben, und sodann ihres Orts mich einfinden ꝛc.

Zerbst,
den 17. März 1705.

39.

Ich bin demselben verbunden, daß er mir in seinem Schreiben vom 21sten hujus von der vorhabenden Reise Sr. königl. Majest. in Preussen nach Potsdam Nachricht zu ertheilen belieben wollen, und bedaure ich nichts mehr, als daß meine hiesige Angelegenheiten mir nicht vergönnen, des jetzigen favorablen Tempo mich zu bedienen. Alleine ich habe den hiesigen Zustand gar elend angetroffen, und weiß ich nicht, wenn ich wieder von hier werde abreisen können, denn es nicht rathsam zu seyn scheinet, daß ich, ehe und bevor meine Affaire zum Stande gebracht ist, von hinnen gehe, zumal die künftigen Zeiten anrathen, auf guter Huth zu stehen, und des Meinigen wegen mir mehrere Sicherheit geben zu lassen; denn der Zustand allhier wird von Tage zu Tage schlimmer, und wissen die hiesigen Ministri fast keinen Rath mehr, wie die Sache ferner anzufangen oder solche zu redressiren ist, indem die Unordnung gar zu sehr überhand genommen, und der Hund allzu tief in die Küche gegucket hat. Weil nun meine Subsistence daher kommen muß, ich aber vor allen Dingen dafür zu sorgen Ursache habe, so kann ich, so gerne als ich auch immer wollte, meine berlinische Reise eher nicht antreten, bis die hiesigen Angelegenheiten gänzlich abgethan seyn, sodann aber werde ich mich ferner nichts davon abhalten lassen. Sonst mögte ich wohl wissen, ob man nicht in Berlin eine manierlich schwarz überzogene Kutsche, sie sey gleich mit oder ohne Magazin, für Geld gelehnet bekommen könnte, für die Zeuge wollte ich schon sorgen, und solche nebst den Wappen mitbringen; ist es erlaubt, so ersuche den Herrn Rath diesfalls, wenn es ohne sonderbare Mühe geschehen kann, ohnschwer Erkundigung einzuziehen, und mir davon einigen Part zu geben 2c.

Weissenfels,
den 27. März 1705.

40.

Ich bin demselben obligirt, daß er abermals sich meinethalber Mühe zu geben so willig sich hat finden lassen, und vernehme ich mit sonderbarer Compassion, daß ihm wiederum eine Beschwerlichkeit zugestossen ist, mit angehängtem wohlmeynendem Wunsche, daß gegenwärtige Zeilen den Herrn Rath bey vollkommen restituirter Gesundheit anzutreffen das Glücke haben mögen. Hiernächst vermelde demselben zur Nachricht, daß ich nunmehro gleich nach den Feyertagen meine berlinische Reise anzutreten, und ein Paar von meinen dienstbaren Geistern auf nächstkünftige Mittwochen voran zu schicken feste entschlossen bin; ich ersuche demnach denselben, ihnen in einem und dem andern, wenn sie sich anbefohlenermassen melden werden, mit seinem guten Rathe beyzuspringen 2c.

Zerbst,
den 11. April 1705.

41.

Durch diese wenige Zeilen habe ich mich dessen Wohlseyns nicht allein erkundigen, sondern auch für die bey meiner Anwesenheit sich meinetwegen gegebene Bemühung freundlichen Dank abstatten wollen, von Herzen wünschend, daß solche denselben vollkommen vergnügt anzutreffen das Glück haben mögen. Was mich anlanget, so melde, daß ich nächst verwichenen Freytag allhier glücklich wieder angelanget bin, und, Gott sey Dank, bey leidlicher Gesundheit mich noch befinde 2c.

Zerbst,
den 2. Jun. 1705.

42.

Ich bin demselben obligirt, daß er auf mein abgelassenes so promt antworten, und die vormalen gepflogene Correspondence zu continuiren den Anfang wieder machen wollen. Nächst diesem ersuche den Herrn Rath, bey sich ereignender Gelegenheit dem

dem Herrn Geheimenrath von Chwalkowski mein Compliment zu machen, und mir
deſſen gutes Andenken und Vorſorge in meinen Angelegenheiten ohnſchwer auszubitten. Allhier läuft ein Bruit, als ſolte der Terminus der königl. Leichenbegängniß
weiter hinaus ſeyn geſetzet worden. Dieſe Relation aber findet bey mir ſchlechten
Glauben, und bitte mir dieſfalls zuverläßige Nachricht zu ertheilen ꝛc.

    Zerbſt,
den 13. Jun. 1705.

43.

Daß derſelbe ſo gut geweſen, und ſich jüngſthin erkläret hat, auf mein Anſinnen
an einem loco tertio ſich einzufinden, und mit mir Unterredung zu pflegen, ſolches
erkenne ich mit allem Danke. Ich ſtehe jetzo mit denen Weiſſenfelſern, ſo etwas
gelindere Saiten aufzuziehen anfangen, in Tractaten, und muß erwarten, ob ſolche
zum Stande kommen werden, widrigenfalls aber werde demſelben einen Ort bene-
men, wo wir einander ſprechen, und ich deſſen guten Raths, welchen ich mir aus
einer beſonderen Confidence ausbitte, mich bedienen könne. Hiernächſt nehme ich
die Freyheit, beyliegendes Schreiben an denſelben zu addreſſiren, und ihn freundlich zu erſuchen, daß er ſolches zu beſorgen ohnſchwer belieben wolle. Der Herr
Geheimerath von Meder wird, daferne deſſen Quartier demſelben nicht bekant
ſeyn ſolte, in des Herrn Generalfeldmarſchalls Behauſung oder auch auf der Poſt
leichte zu erfragen ſeyn, und wird derſelbe mich ſehr obligiren, wenn er ſich bemühen will, bey Ueberreichung deſſen um eine kleine Antwort anzuhalten, und ſich
ohnſchwer zu offeriren, daß er ſolche, wenn ſie ihm zugeſendet werden ſolte, wieder richtig übermachen wollte ꝛc.

    Zerbſt,
den 2. Nov. 1705.

44.

Ew. Hochedlen geehrteſtes Schreiben vom 30ſten paſſato habe ich eben zu der Zeit
erhalten, da ich im Begriffe war meine Obliegenheit durch einige Zeilen zu beobachten, und würde es mit voriger Poſt bereits geſchehen ſeyn, woferne die groſſen
Kopfſchmerzen mich nicht daran verhindert hätten. Sonſt erſehe aus erſtgemelde-
tem Schreiben, daß der Herr Huyſſen in der bewußten Affaire noch immer auf eine
poſitive Erklärung dringet, ich kann dieſes auch ſelbigem nicht verdenken, weil ich
und ein anderer ein gleiches begehren würde, wenn man an ſeiner Stelle wäre.
Dieſe iſt nun, wie Ew. Hochedlen bekannt, quod non, die Urſache aber iſt mir

    ſelbſt

selbst unbewußt, und halte ich dafür, daß man in dessen Anzeigung, wie die nicht allzu tief studierten Advocaten zuweilen weißlich zu practiciren pflegen, nur in generalibus bleibt, und eben keine speciale Ursache, ausser die man von denen Verwandten bereits erwehnet, allegiret. Enfin, Ew. Hochedlen werden alles am besten zu machen wissen, deren Dexterität das übrige anheim gestellet wird. Sr. hochfürstl. Durchlaucht, der Herzog zu Weissenfels, seynd allerdings mit einer sehr schweren Krankheit behaftet, und läßt ihm solche weder Tags noch Nachts Ruhe; nun hat es sich zwar mit ihm ein wenig gebessert, ob es aber Bestand haben werde, lehret die Zeit. Sonst weiß ich fast nicht, ob eine Aenderung des Lebens an der gedachten Person zu hoffen sey, indem man während der Krankheit auf nichts solides gedacht hat, und nur bemühet gewesen ist, den Carneval, als die Brunnquelle solcher Maladie, welche die reissende Gicht genennet wird, anzustellen. Es ist auch dieses Bachusfest allbereits angegangen, obgleich der Herzog noch krank ist, und dessen Prinzessin Tochter an Blattern darnieder lieget. Was mit Eckharten passiret ist, weiß jedermann, jure an injuria? de hoc alii judicent, wiewohl ich noch keinen angetroffen, der es gebilliget hätte. Der neue heißt von Bielen, soll ein braver Mann seyn, er hat sich aber nicht wie der vorige fangen lassen, und Geld hergeschossen; seine Intention mag gut seyn, wenn man ihr nur Gehör giebt. Doch zweifle ich, daß es geschehen werde: denn wenn eines Menschen Gemüthe erst einmal in der Vanität, Wollust und Ueppigkeit ersoffen ist, so höret es selten diejenigen rathen, welche dergleichen nicht billigen, und ohne dergleichen Rath kann dem weissenfelsenschen Kammerunwesen nicht remediret werden. Herzog Heinrichs und meines gnädigsten Herrns hochfürstl. Durchl. haben vorige Messe keinen Groschen bekommen können, welches leider allerhand Verhinderungen in unseren Desseins causiret ꝛc.

Zerbst,
den 2. Febr. 1706.

Beyer.

45.

Es seynd nun zwey Posttage vorbey gestrichen, ohne daß ich für den in Ew. Hochedlen unter dem 27sten passato an mich abgelassenem Schreiben ertheilten wohlmeynenden und höchst vernünftigen Rath gedanket, und dadurch dem diesfalls an mich ergangenem gnädigsten Befehle ein unterthänigstes Genügen geleistet hätte. Ich verrichte es demnach hierdurch, und bitte meiner hierinnen gebrauchten Saumseligkeit gütigst zu pardonniren. Was sonst die Sache selbst anlanget, so befinde ich alle von Ew. Hochedlen vorgeschlagene drey Wege, die Weissenfelser zur Raison zu bringen, für richtig und gut, wenn nur in Sachsen Recht allemal Recht wäre,

oder

ober ohne gewiſſe Conſiderationes jedem, ohne Anſehen der Perſon, mitgetheilet
würde; alleine gleich wie man darauf bey jetzigen böſen Zeiten keinen gewiſſen Staat
machen kann, alſo fället in der That einem recht ſchwer, einen Weg zu erwählen,
weil man ſo leicht darauf ſtraucheln, und wohl gar dadurch in ein verdrießliches
Labyrinth gerathen kann. Doch der erſte Weg, die vergönnete Poſſeſſion in denen
zur Hypothek verſchriebenen Aemtern zu nehmen, iſt ohne Zweifel der kürzeſte, und
hielte ich ſelbigen auch für den beſten, zumalen meines gnädigſten Herrns hochfürſtl.
Durchl. hierinnen ein Praecipuum für Herrn Herzog Heinrichs hochfürſtl. Durchl.
haben, indem nicht nur Ihnen die Aemter Sitchenbach und Wendelſtein zur Hypo=
thek de novo verſchrieben, ſondern auch in ſolchem Vergleiche ihnen die eigenmäch=
tige Poſſeſſion zu ergreifen vergönnet worden, und, quod probe notandum, ſo haben
die daſigen Beamten hochgedachter meines gnädigſten Herrns Durchl. den Hand=
ſchlag in hunc caſum bereits gegeben, daher man leichtlich nicht vermuthen ſollte,
daß die Weiſſenfelſer, wider gegebenes Wort, Brief und Siegel, ſich opponiren
könnten, wenn man ſich unſer Seits des juris competentis bedienen wollte. Doch
man fürchtet, man mögte Weiſſenfelſer Seiten diejenigen, ſo die Poſſeſſion ergrif=
fen, armata manu zu depoſſidiren ſuchen, welches ſchimpflich wäre, wenn man
weichen müßte; und ob ich gleich vorgeſtellet, daß man hernachmals deſto profita=
bler ex ſpolio agiren könnte, ſo hat doch ſolche meine ſchlechte Meynung, welche ich
bereits vorm Jahre geheget, keinen Ingreſſum (abſonderlich in Barby) gefunden.
Die Sache im Hofgerichte anhängig zu machen, ſcheinet denen Herren Räthen in
Barby nicht e dignitate partium zu ſeyn, ratio eſt in promtu, und wenn ich auch
offenherzig reden ſoll, ſo könnte der nöthige Nachdruck zur Execution leichtlich feh=
len, worauf Ew. Hochedl. bereits ſelbſt hochvernünftig reflektiret haben. Alſo iſt
nur noch das dritte Mittel, nemlich an die churfürſtl. Regierung zu Dresden ſich zu
wenden, noch übrig; ob nun gleich auch hier gar vieles zu bedenken vorfället, weil
man daſelbſt zu viel Egard (wegen der nächſten Anwartſchaft zur Chur) auf
Weiſſenfels machet, und man bey der eingeriſſenen Confuſion faſt keine Sache
unter Privat- geſchweige dergleichen Perſonen, wie in numero caſu anzutreffen, zur
Execution bringen kann, ſo wird man doch aus Noth gedrungen, und weil kein
anderer Weg mehr als der nach Wien, welchen ich nicht rathen mag, übrig iſt,
wohl den letzteren ergreifen müſſen, und ſehen, was man dabey ausrichten könne;
wenn anderſt nicht etwan praeter omnem ſpem et opinionem W. ihr Wort halten,
und noch vor Oſtern das ſchuldige abtragen, welches, daß es geſchehen möge, ich
von Herzen wünſche ꝛc.

Zerbſt,
den 9. März 1706.

Beyer.

46.

Ich bin demselben sehr verbunden, daß er mir in meinem Ansinnen gewillfahret, und seine Meynung über die beschehene Anfrage offenherzig entdecket hat; ich wünsche nichts mehr, als Gelegenheit zu haben, solche Willfährigkeit auf einige Art danknehmig zu erkennen. Die Zeiten sind ungemein böse, und so beschaffen, daß durch ordentliche Wege ich schwerlich zu dem Meinigen werde gelangen können; dennoch haben meines Bruders Lbd. und ich zu allem Ueberflusse noch einmal die Güte tentiren wollen, und dahero abermals an den ungezogenen Vetter in Weissenfels, welcher mit Schweden nicht allzu wohl stehen mag, ein Schreiben abgehen lassen, und darinnen uns erkundiget, was wir sowohl der Zahlung des Rückstandes als der versprochenen Anweisung halber vor jetzo zu hoffen hätten; sollte die Antwort nicht nach Wunsche fallen, so werden wir alsdenn unsere Mesures ganz anders nehmen, und, wie ich im Vertrauen melde, versuchen, ob per intercessionem Sr. königl. Majest. in Preussen wir in unserem Dessein bey Sr. königl. Majest. in Schweden reüssiren können. Man bescheidet sich zwar wohl, daß dieses nicht eben der richtigste Weg, alleine was kann man thun bey jetziger Bewandniß, da derjenige, welcher billig sollte, nicht helfen kann, daher wird hoffentlich uns auch nicht so gar übel ausgeleget werden können, daß wir der von Merseburg und Zeitz uns gebahnten Spur nachgehen, und aus äusserster Noth gedrungen uns quovis modo zu retten suchen. Der Herr Rath sey so gut, und überlege dieses nochmalen genau bey sich, und überschreibe mir sodann dessen hiervon hegende Sentiments. Die Noth hat kein Gesetze, und können wir bey jetzigem Zustande, da wir gar nichts in Jahr und Tag bekommen, und noch keine Hoffnung das geringste zu erlangen haben, unsere Condition nicht leichte deterioriren. Ich wünschte zwar wohl mündlich mit demselben von dieser Materie zu sprechen, weil aber solches schwerlich so bald geschehen dörfte, so ersuche denselben, doch demjenigen, welcher etwa in kurzem nach Berlin diesfalls gesendet werden dörfte, mit Rath und That an die Hand zu gehen ꝛc.

Barby,
den 24. Sept. 1706.

Inhalt der Antwort des Jablonski.

Der vorgefallene Einbruch macht die Sache schwerer als vorhin, weil dadurch die Commercia gestöret, folglich die Mittel zur Satisfaction gehemmet werden.

Die schwedische Hülfsanrufung ist inadaequat,

1)

1) quia agitur de re contentiosa, ubi nisi ordinarium implorare non licet, und kann sine offensione nicht zugehen.
2) Schweden ist nicht im Stande zu helfen, weil er sich der Oberherrschaft des Landes nicht anmasset, also noch keine Jurisdiction fundirt hat.
3) Der publicirte Stillstand setzet die Sachen in den vorigen Stand, und lässet so viel weniger zu, von der Jurisdictione-ordinaria abzugehen.
4) Es wird vergeblich seyn, und durch eine Gegenvorstellung von Weissenfels alles leicht umgestossen werden.
5) Das Exempel von Merseburg und Zeiz ist weit unterschieden, weil Schweden mit ihnen de jure suo, non tertii, transigirt.
6) Ein anders wäre es, wenn Weissenfels die Aemter gutwillig cediren wollte, da man Salvaguarden auszubitten kein Bedenken machen dörfte.

47.

Daß derselbe in der bewußten Angelegenheit mir seinen guten Rath ertheilet, und solche fernerweit zu besorgen über sich genommen, hat mir mein mit gestriger Post zurückgekommener Secretarius weitläuftig rapportiret. Ich bin demselben dafür obligirt, und statte für die hierunter abermals bezeigte Gutheit schuldigen Dank ab, ersuche den Herrn Rath anbey freundlich, in solcher zu continuiren, und das Werk nunmehr in Gottes Namen zu entâmiren. Sonst habe ich die wartenslebische Antwort hierbey in originali communiciren wollen, und wird derselbe daraus ohnschwer zu ersehen belieben, daß ich preußischer Seiten keines grossen Widerspruchs mich zu befahren, sondern die Permission, meine Fortune anderwärts zu suchen, mit gar deutlichen Worten erhalten habe. Es ist demnach nichts mehr übrig, so das bewußte Werk anzufangen einiges Bedenken verursachen könnte, daher ich zu dem Herrn Rathe das Vertrauen habe, er werde gestalten Sachen nach darinnen seine Officia vor mich anwenden 2c.

Zerbst,
den 10. May 1707.

48.

Ich bin gestern Nachmittags bey guter Zeit allhier wieder angelanget, und habe meines gnädigsten Herrns hochfürstl. Durchl. bey leiblicher Gesundheit angetroffen,

anbey was zwischen Ew. Hochedlen und meiner Wenigkeit in der bewußten Angelegenheit verabredet und geschlossen worden, unterthänigst rapportiret, wie Ew. Hochedl. aus der Inlage mit mehreren zu ersehen belieben werden. Erstgedachte Se. Durchl. seynd für die abermals von Ew. Hochedlen übernommene Bemühung ihnen verbunden, und erwarten nunmehro, wie das Werk gehen werde, wozu von dem Höchsten ich allen glücklichen Success aus treusten Herzen apprecire, und Ew. Hochedlen versichere, daß sie für keinen Unerkenntlichen sich bemühen werden. Sonst zweifle ich nicht, es werde die bewußte Antwort bey ersterer Durchlesung Ew. Hochedlen zu allerhand Nachdenken Anlaß geben, und gestehe ich willigst, daß ein gleiches sie bey mir Anfangs gewirket; nachdem ich aber solches zum andern- und drittenmale durchstudieret, so habe ich gefunden, daß derjenige, welcher es concipiret, so deutlich die gesuchte Permission zu ertheilen Bedenken getragen, und solche auf einige Art zu temperiren sich bearbeitet, aber eben nicht gänzlich, wie er wohl gesollt, und man gewünschet, exprimiret hat. Doch es ist nicht zu vermuthen, daß die Principal-Person so würde geschrieben haben, wie sie wirklich schreibet, wenn Se. königl. Majest. nicht zuerst darüber wäre sondiret, und Dero allergnädigste Genehmhaltung eingeholet worden. Gesetzt auch, man hätte solches unterlassen, und eine Faute begangen, so könnte man solcher allenfalls sich zu seinem Nutzen bedienen, und die Verantwortung andern überlassen. Man wird nun wohl unser Seits wieder antworten müssen, und ich ersuche Ew. Hochedlen dienstlich, mir dero videtur darüber zu eröfnen, und ohnschwer zu melden, wie solche am füglichsten eingerichtet werden könnte, und ob man noch etwas, oder nichts zu erinnern und zu negiren habe. Ich vor mich sollte glauben, daß es genug wäre, wenn man für die ertheilte Antwort und ausgewürkte Permission, auch übriges obligeante Anerbiethen, dankte, das letztere acceptirte, und versicherte, daß wenn man sich zu etwas resolviren sollte, man Nachricht davon geben, und dessen guten Beyrath sich darüber ausbitten würde; worüber Ew. Hochedlen Gutachten ohnschwer ich mit nächstem erwarte, anbey aber nicht zweifle, daß dieselben das Werk nunmehro in Gottes Namen anfangen, und die Zeit möglichst zu menagiren suchen werden. Der bewußten Person Resolution ist ferme, worauf sie sicher bauen können. Sonst sagt man hiesiges Orts, als sollte Prinz Eugenius König in Polen werden. Bey dem moskowitischen Gesandten Ismailow, so von Berlin aus an den kaiserlichen Hof gehen wollen, sollen die Schweden viele Briefe von grosser Wichtigkeit (und welche unterschiedliche Höfe abgehen lassen und geschrieben haben) bekommen, den Gesandten aber selbst alsofort wieder losgelassen, und alles Geld und Gut restituiret, wegen der Schriften aber vorgegeben haben, daß solche durch die Räuber, wofür man schwedischer Seiten die Partheygänger ausgiebt, zerrissen worden. Si credere fas est. Denn ratio est in promtu, weils die Schweden
sagen.

sagen. Von dem Aufbruche der Schweden aus Sachsen höret man bis dato nichts zuverläßiges ꝛc.

Zerbst,
den 10. May 1707.

Beyer.

49.

Aus dessen Schreiben vom 14ten hujus habe ich ersehen, daß derselbe in der bewußten Angelegenheit meinetwegen sich Mühe zu geben zwar über sich genommen, noch zur Zeit aber das Werk wegen der nur unter gewissen Vorbehalt erlangten Permission anzufangen Bedenken trägt. Nun ist zwar nicht ohne, daß solche einigermassen restringiret zu seyn scheinet, allein ich finde doch nicht, mit was für Raison man mir die gesuchte Erlaubniß, mein Glück anderwärts zu suchen, abschlagen, oder mein Vorhaben durch eine verdriesliche Unterbrechung verhindern könnte, da man selbst mich zu employren nicht gesonnen ist, ich auch von dem Hofe nichts genossen, ja nicht einmal dasjenige, so mir von Gott und Rechts wegen ex alio capite zugehöret, erlangen können. Ich würde auch kein sonderlich Bedenken tragen, dem Hofe von der obhandenen Affaire mehrere Ouverture zu geben, allein so lange die fremden Gäste in Sachsen seyn, darf ich es nicht wagen, weil es vor der Zeit éclatiren dörfte, und diese mir vielen Schaden thun, und auch wohl gar meinem Hause, davon ich herstamme, meinetwegen Verdruß zufügen könnten, indem sie doch alles nach ihrem Gutdünken und Gefallen, es sey gleich recht oder unrecht, einzurichten pflegen. Ob ich nun gleich mein Dessein besagter Ursachen wegen verlangtermassen nicht eröfnen können, so habe ich doch dem Herrn Generalfeldmarschalle wieder geschrieben, mir aber die Freyheit genommen, den Herrn Rath mit der Besorgung gedachten Schreibens abermals zu bemühen. Wobey ich solches in Abschrift übersende, und denselben ersuche, die Antwort, wenn sie ihm anderst zugestellet werden sollte, zu erbrechen, um die benöthigten Mesures in etwas darnach nehmen zu können, das Werk aber immer in Gottes Namen ohne ferneren Aufschub ohnmaßgeblich zu entamiren, und versichert zu seyn, daß mich nichts von meinem Propos, als Gottes Gewalt, abwendig machen und verhindern soll. Die Zeit verfliesset, und man verliehrt zuweilen ein Tempo, so nicht wieder zu erlangen ist; daher ich auch hoffe, daß er mir hierinnen sich gefällig erzeigen wird ꝛc.

Zerbst,
den 20. May 1707.

50.

Die Meynung, so Ew. Hochedlen in dero letzteren Zeilen über die bewußte Antwort hegen, ist mir auch gleich bey ersterer Ueberlesung derselben eingefallen, und habe ich alsofort geschlossen, daß das Quomodo vorhergehen, und dem Hofe man mehrere Ouverture geben müßte, wenn man nicht fürchten wollte, daß allerhand verdrießliche Hindernisse dadurch anwachsen mögten. Ich habe zwar in meinem Schreiben, darauf dero letztere Antwort vom 14ten dieses erfolget ist, ein anderes vorgegeben, um dero Sentiment darüber desto gründlicher zu erlangen; allein ich bin bereits eines andern innerlich überzeuget gewesen. Nachdem auch Jhro Durchl. gar vernünftig ermessen, daß noch etwas zurück ist, so nachgeholet werden muß, so haben sie an des Herrn Generalfeldmarschalls Excellenz abermal ein Schreiben, und zwar in etwas nähern Terminis, abgehen lassen, und die Copie davon ihnen communiciret, damit sie dessen Inhalt daraus ersehen könnten, und wenn ja etwas Bedenkliches darinnen anscheinen sollte, selbiges an sich behalten, und zurückschicken, anbey ihre Meynung deutlich darüber zu eröffnen belieben mögten. Sollte aber diesfalls kein Bedenken vorhanden seyn, so werden sie solches zu besorgen die Gutheit haben, und sehen, ob sie die Antwort darauf zu erlangen vermögen, damit sie solche zu Ersparung der Zeit erbrechen, und nach beschehener Durchlesung Jhro Durchl. übersenden können. Immittelst aber wäre wohl, jedoch unmaßgeblich, der Anfang in der Sache zu machen, weil die unumschränkte Permission doch nothwendig erfolgen muß, und unter keinerley raisonnablen Praetext versaget werden kann. Auf den Montag, geliebt es Gott, werde ich mit Sr. Durchl. nach Leipzig gehen, von dannen vielleicht etwas Neues zu berichten seyn dörfte. rc.

Barby,
den 20. May 1707.

Beyer.

51.
Beylage.

Copia eines an den Herrn Generalfeldmarschall Grafen von Wartensleben, de dato Barby den 20sten May 1707, abgelassenen Schreibens rc.

P. P.

Ew. Excellenz geehrtes Antwortschreiben vom 26sten passato habe ich richtig erhalten, und daraus ersehen, welchergestalt keine grosse Apparence zu meinem wirklichen

lichen Employ in königl. preußischen Diensten für mich vorhanden ist, und Ew. Excellenz der Meynung seynd, daß Se. königl. Majest. meine etwa sonst habende Veues sich nicht entgegen seyn lassen, sondern selbige vielmehr gnädigst befördern dörften, anbey sich selbst gütig erkläret, mein Vorhaben, daferne ihnen ich solches eröfnen würde, nach Vermögen zu secundiren. Für die in Ertheilung so promter Antwort und Resolution mir erzeigte hohe Gütigkeit sage ich geziemenden Dank, bleibe für die zuletzt angehängte höfliche Offerte Ew. Excellenz höchlich verbunden, und vermelde auf dero Verlangen, daß ich nichts anders mir vorgenommen, noch intendire, als nur mein Métier, nemlich den Krieg, welchem ich von Jugend an gefolget bin, zu prosequiren. Es seynd auch bereits mir dießfalls unterschiedliche Vorschläge von mehr als einem Orte gethan worden, allein ich habe noch zur Zeit mich nirgendswo ohne erhaltene Permission einlassen wollen oder können, versichere aber Ew. Excellenz bey fürstl. wahren Worten, daß bey keinem Potentaten, der ein Feind von dem deutschen Reiche ist, als nemlich Frankreich, und dergleichen, mich niemalen werde trachten zu engagiren; glaube und hoffe aber dabey, es werde Sr. königl. Majest. in Preussen, meinem allergnädigsten Herrn, und dem Hofe übrigens nicht zuwider seyn, daß ich mein Glück suche, wo ich es nur finden kann. Ew. Excellenz bitte schlüßlich mir Dero aufrichtige Freundschaft und fernerweitige Vorsorge zu gönnen, und gegentheils von mir vollkommen persuadiret zu seyn, daß, obgleich das Glück mir nicht fügen will, ihres Orts wirklich employret zu werden, und von dero preißwürdigem Commando zu profitiren, ich dennoch allen Respect und Estime vor sie conserviren, und ohne Ausnahme seyn und bleiben werde

Ew. Excellenz ꝛc.

52.

Demselben vermelde hierdurch, daß der Geheimerath von Schweinitz in Magdeburg vorgestern, und also in turno regio, nachdem er Tages vorhero von der Treppe hinunter gestürzet, und den Kopf entzwey geschlagen hat, verschieden, und dadurch eine Vacanz in dem hohen Stift zu Magdeburg entstanden ist. Nachdem nun nicht nur in dem bekannten ummendorfischen Recesse unter andern mir und meinem Bruder, Herzog Moritzen sel. die Expectanz auf 2 Major-Praebenden damals gegeben, nachmals auch solches von Jhro königl. Majest. in Preussen de dato Potsdam den $\frac{15}{18}$ Febr. 1688 in einem Schreiben, und noch selbigen Jahres in einer dem weissenfelsischen Geheimenrath von Loß ertheilten gnädigsten Resolution unterm 5ten Junii wiederholet, und uns solche versprochene Canonicat-Praebenden wirklich zu

confe-

conferiren verſichert worden iſt, als habe ich, ſo bald ich von dem Abſterben abgedachten Herrn von Schweinitz die Nachricht erhalten, reſolviret, mich dieſerwegen bey dem königl. preußiſch. Hofe durch Schreiben zu melden, und ſolche durch einen Expreſſen, nemlich meinen Secretarium, abzuſchicken. Ich habe auch ſolche meine Entſchlieſſung ſogleich bewerkſtelliget, es iſt aber mein Secretarius ſo unglücklich geweſen, und in der Nacht mit dem Wagen umgeworfen, und an der rechten Hand gequetſchet, dadurch aber genöthiget worden, unverrichteter Sache wieder zurück zu kehren. Ob nun gleich ich in meinem Deſſein dadurch um kein geringes zurück geſetzet worden bin, und andere Competenten, worunter der Herr Generallieutenant von Nkamer ſich befindet, viel Zeit vor mir gewonnen haben, ſo habe ich dennoch die Reſolution gefaſſet, mich lieber ſpäte als gar nicht zu melden; weil ich aber jetzo keinen einzigen Bekannten in Berlin als den Herrn Rath habe, dem ich mich hierinnen vertrauen könnte, ſo nehme ich mir die Freyheit, abermals Mühe zu machen, und ihn zu erſuchen, daß er die Gutheit vor mich haben, und beygehendes Schreiben an den Herrn Oberkammerherrn Grafen von Wartenberg, (worinnen ein Memorial an Se. königl. Majeſt. beygeſchloſſen iſt,) zu übergeben belieben wolle. Daferne aber der Herr Rath etwan wider Vermuthen ſich unpäßlich befinden, oder auch ſonſten wohl gar Bedenken tragen ſollten, dieſer Affaire ſich anzunehmen, ſo könnte die Ueberreichung dem von Steinhauſen, welchen, wie mir geſagt worden, derſelbe ſchon kennet, committiret und anvertrauet werden. Hiernächſt habe ich nicht unerinnert laſſen wollen, daß wenn etwan ein Praetendent mit mir in dieſer Sache concurriren, und zu viel Gewichte haben ſollte, man verſuchen, ob man ihn dahin diſponiren könnte, die jetzige Praebende, wie bereits mehrmalen geſchehen, mit mir bis zu Wiederentſtehung dergleichen Caſus zu theilen, und wäre ſolchenfalls nur zu ſehen, ob ſodann ich dieſe Avantage zu behalten vermöchte, daß ich als Canonicus introduciret würde. In Summa, es ſtehet alles auf dem Glücke, und ich muß erwarten, was Gott mir davon zugedacht hat. Sollten aber alle Stricke reiſſen, und ich auch hierinnen als der älteſte Expectant nicht regardiret werden, ſo wäre zu tentiren, ob man nur bey ſolcher Gelegenheit einen Expectanz-Brief cum Clauſula anteferri der Zukunft wegen in die hohen Stifter Magdeburg und Halberſtadt extrahiren, damit man auf dem Verweigerungsfall doch ſehen könnte, wie der Hof gegen mich geſonnen ſey, und ob ich jemals was oder gar nichts zu hoffen hätte ꝛc.

Barby,
den 4. Nov. 1707.

P. S.

Es wird dem Herrn Rath ohne allen Zweifel bekannt ſeyn, daß alle erledigte Canonicat-Praebenden denen Invalides anheim fallen, und von dieſen redimiret werden

ben müssen, dahero dem Herrn Rath ich auch frey stelle, bey dem Herrn General-Oberempfänger von Kraut, welcher mit der Invaliden-Cassa zu thun hat, sich zu melden, und ihn zu disponiren zu suchen, daß er der Sache wenigstens nicht entgegen seyn möge. Er hat mich vormals aller Freundschaft versichert, dessen er bey solcher Gelegenheit erinnert, und mein Compliment an ihn gemachet werden könnte.

53.

Dessen beyde Schreiben vom 7. und 8ten hujus habe ich hiesiges Ortes richtig erhalten, und daraus ersehen, daß er meinem abermaligen Ansinnen deferiret, und das Negotium wegen des in dem hohen Stift zu Magdeburg erledigten Canonicats über sich genommen, auch solches bereits entamiret hat. Ich bin vor die hierunter mir bezeigende Gefälligkeit demselben höchlich obligirt, und vermelde auf die von ihm mir ertheilte Nachricht, daß Se. königl. Majest. in Preussen, als Ihnen von dem fürstl. Hause Weissenfels das Amt Burg abgetreten worden, dem Herzog von Weissenfels auf ein halb Canonicat die Expectanz gegeben haben, welches zum Eclaircissement desjenigen, was der Herr Hofrath Grabe referiret, dienen kann. Was aber die Sache selbst betrift, so finde ich nicht, wie Weissenfels mir mit Rechte könne vorgezogen werden, da meine Expectanz weit älter als diejenige ist, so Weissenfels ertheilet worden; und so viel das Domcapitel anlanget, so disputiret man zwar nicht, was selbigem von Sr. königl. Majest. wegen des zweyten Monats zugestanden worden, erinnert aber dabey nur dieses, daß solches denenjenigen, welche vor dem getroffenem Vergleich bey Ausmachung der domcapitularischen Quartae die Expectanz, und also einigermassen ein Jus quaesitum gehabt, dadurch nicht hat praejudiciren können, auch nicht zu glauben ist, daß solches zu thun Se. königl. Majest. als der gerechteste und generöseste Herr von der Welt, jemalen gesonnen gewesen, dahero auch des Domcapitels Einwurf mir als einem, der expectativam noch vor besagtem Vergleiche bekommen, hoffentlich nicht schaden, sondern Se. königl. Majest. mir eine Gnade ohne den geringsten Nachtheil zu erweisen Gelegenheit, und den füglichsten Praetext geben kann. Ich habe mehrere Nachricht dieserwegen einzuholen nach Magdeburg geschrieben, und werde, wenn ich solche überkomme, demselben ungesäumt Part davon geben 2c.

Zerbst,
den 12. Nov. 1707.

P. S.

Ich sehe sonderbar gerne, daß derselbe meiner Angelegenheit halber an den Herrn Hofrath Graben sich addressiret hat. Es ist dessen Aufrichtigkeit und gute

Con-

Conduite mir von vielen andern gerühmet worden, und kann derselbe data occasione ihn nomine meo freundlich grüssen, und bitten, daß er sich vor mich in dieser billigen Sache zu interessiren nicht entgegen seyn lassen wollte; ich werde die vor mich hierunter tragende Sorgfalt, wenn die Sache zum erwünschten Ende kömmt, mit realem Danke erwiedern, und kann er nur 100 bis 200 Thaler pro honorario solchenfalls nach Gutbefinden versprechen, und versichert seyn, daß ich solche alsofort, wenn ich den zu Introducirung in das Domcapitel benöthigten königl. Befehl erhalte, übermachen werde. Sollte der Herr Rath es auch für nöthig halten, daß ich an den Herrn Hofrath Graben selbst schriebe, so werde auf ertheilte Nachricht solches auch sofort bewerkstelligen, doch erwarte zuvor dessen Meynung hierüber. Sonst mögte ich gerne wissen, ob die Klage wider den Hofrath Heuckenrott in Magdeburg eingegeben worden, und wie weit man in derselben Sache avanciret ist. Hier will verlauten, daß dieser reife Haushalter während seines Arrestes ein gutes Theil seines Verstandes verlohren habe, auf welchem Fall man mit Recht von ihm sagen kann, daß die, die da reich werden wollen, in Versuchung fallen. So habe auch hierdurch ich mich erkundigen wollen, ob von Wien noch keine Antwort eingelaufen ist, auf welchem Fall ich wohl den Herrn Rath freundlich ersuchen wollte, dieserhalben durch ein Paar Zeilen ohnschwer Erinnerung zu thun. Datum ut in litteris.

54.

Aus dessen unter dem 19ten dieses an mich abgelassenem Schreiben habe ich ersehen, daß derselbe mit dem Herrn Hofrath Graben, und auch mit dem Herrn Geheimenrath von Ilgen, meiner Angelegenheit wegen gesprochen, aber von beyden schlechten Trost diesfalls bekommen hat. Ich habe mir gleich Anfangs wenig Gutes prognosticiret, weil ich noch niemalen ihres Orts die geringste douceur erlangen können, muß aber nun erwarten, wie die königl. Resolution, und die Antwort obermeldten Herrn Geheimenraths, worauf man mich vertrösten lassen, klingen wird. Immittelst statte ich schuldigen Dank ab, daß der Herr Rath sich meinethalber so viel Mühe gegeben, und ersuche denselben freundlich, die Gutheit noch zu haben, und zum Final solcher meiner Sache mir wo möglich die königl. Resolution und des Herrn von Ilgen Antwort auf mein Schreiben zu procuriren, damit aus solchen ich wenigstens erfahren möge, ob ich der Zukunft wegen etwas oder nichts zu hoffen habe. Wie die Definitiva des Hofes in der heuckenrottischen Sache lauten werde, muß man erwarten; ich halte aber dafür, daß, wenn die Landschaft das Ihrige wegnimmt, die übrigen Creditores ein leeres Nachsehen haben werden. Weil ich auch

auch aus deſſen Schreiben erſehe, daß er abermals an den Herrn H. nach W. geſchrieben, ſo trage ich Verlangen nach der Antwort von daher, und bitte mir, wenn ſolche eingehet, davon baldigen Part aus ꝛc.

Garby,
den 26. Nov. 1707.

55.

Ich nehme mir die Freyheit, beygehendes Memorial an Sr. königl. Majeſt. in Preuſſen, wegen der Canonicat-Affaire, an den Herrn Rath zu ſenden, und denſelben freundlich zu erſuchen, daß er die Gutheit haben, und ſolches beſtens beſorgen, auch dahin ſich bearbeiten wolle, daß ich eine Reſolution, und zwar, wenn es anders möglich iſt, eine angenehme und gewierige erlangen möge. Sonſt zweifle ich nicht, es werde derſelbe den Herrn Reſidenten von der Lith geſprochen haben, und bin ich curieux zu vernehmen, was dieſer für eine Antwort ertheilet hat; zumalen die Zeit heranrücket, und wir heuer eine frühe Campagne haben dörften ꝛc.

Garby,
den 13. Febr. 1708.

Den 9ten Febr. auf Sr. Durchl. Befehl mit dem Herrn Geſandten von Lith geſprochen, und von ihm das Verſprechen erhalten, daß er an den Fürſten Mentſchikof dieſer Sache wegen ſchreiben wolle. H. *) ſey vermuthlich in Ungnaden, weil in mehr denn ſechs Monaten vom Hofe an ihn nichts eingelaufen.

Jablonski.

*) Vermuthlich Heuking.

56.

Aus deſſen an mich abgelaſſenem Schreiben vom 11ten hujus habe ich erſehen, daß derſelbe mit dem Herrn Envoyé von Lith desjenigen wegen, warum ich den Herrn Rath jüngſthin gebeten, geſprochen hat; gleichwie nun für die hierunter gehabte Bemühung demſelben mich verbunden erkenne, alſo ſtatte ich auch freundlichen Dank ab, daß er die Gutheit haben, und von der darauf erhaltenen Antwort mir Part geben wollen. Es iſt ſolche gar höflich, und erſuche ich den Herrn Rath, bey ſich ereignender Occaſion dem Herrn Envoyé ſolcherhalben zu danken, und ſelbigen, wiewohl unbekannt, meiner Ergebenheit zu verſichern, daneben je zuweilen, wenn es deſſen Geſchäfte leiden wollen, Anfrage zu thun, und die Sache in gutem Gedächtniß zu erhalten. Ich werde nun mit aller Geduld die Reſolution von dem zariſchen

zarischen Höfe abwarten, und sehen, wie solche fallen wird. Sonst kann man aus der ertheilten Nachricht gar leicht begreifen, warum die Antwort von dem Herrn H. ausgeblieben, von welchem ich in den Gazetten gelesen habe, daß er durch Ungarn und Polen seinen Rückweg nach dem Zar genommen, und der Ragozzy ihm zu seiner Sicherheit einen Paß gegeben habe. Schlüßlich recommendire demselben diese, und meine andere Angelegenheit wegen des Canonicats; nochmalen zu bestmöglichster guter Vorsorge, und habe das Vertrauen zu seiner mir bekannten Dexterité, er werde die Sachen aufs beste incaminiren, und mein Interesse nach Vermögen befördern 2c.

Barby,
den 12. Febr. 1708.

57.

Dessen Schreiben vom 5ten dieses habe ich mit voriger Post ganz wohl erhalten, und daraus ersehen, daß er mit dem Herrn von S. der bekannten Affaire halber abermals zu sprechen Gelegenheit genommen, und gar eine favorable Antwort von ihm erhalten hat. Ich bin dem Herrn Rathe höchlich obligirt, daß er sowohl das von mir ihm aufgetragene Compliment abstatten, als auch die darauf erhaltene Antwort mir zur Nachricht melden wollen, und ersuche denselben freundlich, fernerweit die Gutheit zu haben, und hierinnen auch sonst mein Interesse nach Vermögen zu befördern. Die polnischen Conjuncturen dörften nach der letzteren Action, so bey Grodno vorgegangen seyn soll, eine ganz andere Gestalt gewinnen, und meinem formirten Dessein auch keine geringe Hinderung geben, welches mir recht nahe gehet. Allein ich bin dergleichen Contretems ziemlich gewohnt, indem mir von Jugend auf solche gar öfters zugestoßen seynd. Ich mögte diese meine Affaire wohl mit demselben rebus sic stantibus etwas genauer überlegen, und dessen vernünftigen Beyrath darüber vernehmen; dafern es dem Herrn Rathe nicht grosse Incommodité verursachen sollte, wollte ich mir wohl eine kleine Unterredung diesfalls ausbitten, zu welcher sodann, wenn ich in Dahme seyn werde, ein Ort zwischen da und Berlin, nemlich auf dem halben Wege, genommen werden könnte. Ich erwarte dessen Erklärung hierüber, und werde sodann einen Ort dazu vorschlagen, auch alle Kosten willigst tragen. Die Correspondence kann derselbe ohnschwer nur über Cotbus, Lübben und Lucka auf Dahme gehen lassen, als auf welcher Route sie verhoffentlich ganz sicher wird können bestellet werden. Ich werde nächstkünftigen Donnerstag oder Freytag, geliebt es Gott, in Dahme seyn, und mich daselbst sogleich erkundigen, ob die Correspondence

dence noch bequemer eingerichtet werden könne; auf welchen Fall ich sodann in Zeiten davon Nachricht ertheilen werde ꝛc.

Barby,
den 10. März 1708.

Den 20ſten April mit dem Herrn Envoyé geſprochen, und erfahren, daß ſeine Briefe von zwey Monaten in Königsberg geblieben, weil ſie ſicher nicht durchkommen können: daß er ſie zurückkommen laſſe, und durch einen andern Weg eheſtens ſchreiben wolle: daß er Verlangen trage, Sr. Durchl. wenn Sie zu Dahme ſeyn würden, aufzuwarten.

Jablonſki.

58.

Deſſen an mich abgelaſſenes vom 21ſten hujus iſt richtig eingegangen, und habe ich daraus erſehen, daß derſelbe den moſcowitiſchen Geſandten, Herrn von der Lith, in bekannter Angelegenheit geſprochen hat. Ich danke dem Herrn Rath für die hierunter gehabte Bemühung und ertheilte Nachricht freundlich, und finde die Raiſon, welche obgedachter Geſandte wegen noch nicht eingelaufener Antwort vorgeſchützet hat, ganz glaublich und plauſible, und iſt mir zugleich lieb zu vernehmen, daß ſolcher nunmehr einen andern Weg zu ſicherer Beſtellung ſeiner Briefe gefunden hat; dahero ich auch vermuthe, daß bey dergleichen Umſtande die Antwort nicht mehr allzu lange auſſen bleiben werde, und man muß bis dahin noch in Geduld ſtehen. Sonſt habe in deſſen Schreiben wahrgenommen, daß mehrgemeldter Herr Geſandter mich zu ſprechen Verlangen trägt, ich weiß aber nicht, ob ich ſo bald wieder nach Dahme gehen dörfte, bin auch nicht in dem Stande, jemanden nach Würden daſelbſt zu bedienen, weil alldort gebauet wird, und noch alles in größter Confuſion ſich befindet, daher an erſterwehntem Orte eine Entrevüe füglich nicht wird angeſtellet werden können. Sollte aber eine Zuſammenkunft für nöthig erachtet werden, ſo werde ich mich auf Verlangen des Herrn Geſandtens in loco tertio einzufinden nicht ermangeln, da wir denn ohne groſſes Aufſehen in der Stille einander ſprechen könnten; doch glaube ich, es werde dieſes bis die poſitive Antwort von dem moſcowitiſchen Hofe einläuft, Anſtand haben können, wiewohl ich auch, wenn es verlanget wird, eher dazu bereit und willig bin. Wegen der Canonicat-Affaire wird derſelbe ſchon noch ein Tempo finden, den Herrn Geheimenrath von Ilgen zu ſondiren; ich weiß, daß man nicht allemal dieſen Miniſter zu sprechen bekommen kann, und muß gar ein gut Gestirn regieren, wenn er sich antreffen lässet ꝛc.

Barby,
den 30. April 1708.

59.

Nachdem ich eine Tour nach den Niederlanden, um, wo möglich, noch dem Ende der Campagne mit beyzuwohnen, zu thun entschlossen bin, so habe ich hierdurch das Adieu sagen, und meine Angelegenheiten demselben in solcher meiner Abwesenheit zu gutem Andenken recommendiren wollen, mit angehängter freundlichen Bitte, es wolle der Herr Rath bey sich ereignender Occasion die Gutheit haben, und solcherhalben besorgt seyn, auch mein Interesse nach Vermögen befördern helfen ꝛc.

Barby,
den 7. Sept. 1708.

60.

Ich bin vor einigen Tagen glücklich allhier wieder angelanget, habe aber auf der Rückreise viel Ungemach von der grossen Kälte ausgestanden. Ich habe demnach von solcher meiner Retour demselben Part geben wollen, und werde mich erfreuen, wenn diese Zeilen so glücklich seyn, und ihn, wie ich denn wünsche, bey vergnügtem Wohlergehen antreffen. Nächst diesem würde mir derselbe einen besondern Gefallen erzeigen, wenn er ohnschwer bey dem Herrn Geheimenrath von Ilgen noch einmal anzufragen belieben wollte, ob Se. königl. Majestät in Preussen auf mein letzt übersendetes und durch den Herrn Rath übergebenes gehorsamstes Memorial noch nichts zu resolviren beliebet hätten. Ich trage grosses Verlangen eine categorische Antwort darauf zu erlangen, und werde dem Herrn Rath mich verbunden erachten, wenn er mir nur eine Resolution zu Wege bringet, wenn sie auch gleich nicht nach Wunsche klingen sollte; indem ich gerne wissen mögte, ob ich in meinen Angelegenheiten, und absonderlich wegen des mir promittirten Canonicats, bey ihrem Hofe etwas oder nichts zu hoffen habe ꝛc.

Barby,
den 28. Jan. 1709.

Den 8ten Febr. dem Herrn von Ilgen aufgewartet, und zur Antwort erhalten,
1) wozu eine Renovation, wenn er die Expectanz schon hat; 2) die Sache sey

an Johann Theodor Jablonski.

sey im andern Stand, und die Praebenden den Rittern destinirt; 3) man werde keine Expectantien mehr gestehen; doch, wenn er Copiam des damaligen Schreibens wieder bekommen könne, wolle er sehen, was dabey zu thun.

Jablonski.

61.

Weil aus dessen werthen Zeilen vom 23sten passato ich ersehen, daß derselbe die übersendete Abschrift des vormalen eingegebenen Memorials an Se. königl. Majest. in Preussen dem Herrn Geheimenrath von Ilgen behändiget hat, so erwarte ich nunmehro, ob und was für eine Antwort darauf erfolgen werde. Was die contra Hamrathen im Druck herausgekommene Sententiam betrifft, so mögte ich solche wohl haben, und würde derselbe mir einen besondern Gefallen erweisen, wenn er mir selbige procuriren könnte, sollte sie auch gleich höher, als sie sonst bezahlet worden, zu stehen kommen. Von Medern ist mir sonst geschrieben worden, daß seine Creditores an dem königl. preußischen Hofe eingekommen wären, und gebeten hätten, daß gedachter Goldmann edictaliter citiret, und, wenn er nicht compariren sollte, in effigie an den Galgen gehenket werden mögte. Ich weiß zwar nicht, was ich hiervon glauben soll, dieses aber kann ich gar wohl begreifen, daß wegen des bewußten Wechselscheins ich nichts bekommen werde, zumal da Heuckenrott als principalis debitor nicht solvendo ist, und noch dazu auf der Citadelle zu Magdeburg gar feste sitzet. Ich ersuche demnach den Herrn Rath, mir erstgedachten Wechselschein ohnschwer zu remittiren. Hiernächst überschicke in einem Schächtelgen zwey Münzen, welche man mir geschenket, und dabey gesaget hat, daß es zwey heidnische Opferpfennige wären. Es hat ein Bauer in Sachsen deren einen grossen Kessel voll vorm Jahre in der Erde gefunden, und sind per tertium diese zwey Stücke von solchen mir zu Theil worden; dieweil ich aber gerne zuverläßig wissen mögte, ob es Opferpfennige seyn oder nicht, so habe dem Herrn Rath solche übersenden, und ihn zugleich ersuchen wollen, bey habender Muse solche ohnschwer dem königl. Antiquario zu zeigen, und dessen Meynung darüber zu vernehmen, auch nachmals mir davon Part zu geben. Schlüßlich habe auch dem Herrn Rath melden wollen, daß diese Woche, geliebt es Gott, ich noch von hier abreisen, und nach Dresden gehen, auch wohl einige Wochen allda verbleiben, und die Angelegenheiten, so ich daselbst habe, zum Stande zu bringen suchen werde; ich bitte mir aber seine Correspondence dabey aus, und können sowohl das wöchentliche Raisonnement, als die ordinairen nova, nur par Coûvert an den Postmeister in Zerbst, so Junack heisset,

spedi-

spediret werden, mit welchem ich schon werde verabreden lassen, wie er solche weiter besorgen soll, daß sie ganz richtig gehen ꝛc.

Barby,
den 4. März 1709.

62.

Ich bin demselben sehr obligirt, daß er sich wiederum zu zweymalen bemühet, und mit dem Herrn Geheimenrath von J'gen meiner Angelegenheiten halber zu sprechen, auch mir von dem, was dabey vorgegangen und ihm zur Antwort ertheilet worden, in zweyen Schreiben vom 9ten und 16ten hujus part zu geben belieben wollen. Ich ersehe daraus so viel, daß man mir nicht gerne etwas geben will, und doch auch so platterdings mich abzuweisen Bedenken träget, und daher die finale Resolution trainiret. Dieweil aber unter andern excuses vorgeschützet wird, daß das vormals überschickte Memorial sich nicht finden wolle, und daher ein neues zu übersenden in Vorschlag gebracht worden, so lasse ich mir dieses expediens gefallen, und werde, sobald ich nach Barby oder in die Nachbarschaft komme, gedachtes Memorial verlangter Maßen fertigen lassen, und dem Herrn Rath überschicken, damit auch diesem Praetexte abhelfliche Maße gestellet werden möge. Ich habe Gelegenheit genommen, mit dem königl. preußischen Envoyé allhier, dem Kammerherrn von Marschall, solcher meiner ummendorfischen Affaire halber zu sprechen, ich werde auch solches vor meiner Abreise, welche künftige Woche, geliebt es Gott, wohl erfolgen dörfte, noch einmal thun, und sodann von allem, was diesfalls vorgegangen, demselben benöthigte Nachricht ertheilen. Uebrigens statte ich auch den behörigen Dank ab, daß er wegen der neulichst communicirten Pfennige sich bemühen wollen, und ersehe aus dessen Schreiben, daß solche unter die Nummos bracteatos zu zählen, und keine heidnische Opferpfennige, wie man vorgeben wollen, seyn. Derselbe beliebe solche bis zum Erfolge meiner Retour bey sich zu behalten, und sodann ohnschwer zu remittiren ꝛc.

Dresden,
den 22. März 1709.

63.

Ich bin demselben obligirt, daß er meinethalber sich so viel Mühe gegeben, und meine bekannte Angelegenheit ihres Orts bishero mit aller Sorgfalt tractiret hat, welches die königl. Antwort, davon beygehende Copie communicire, genugsam bezeuget.

get. Es ist dieses Königl. Schreiben am vergangenem Sonnabend über Magdeburg eingegangen, und ich war nichts weniger als dessen vermuthend. Ist es mir erlaubet, so ersuche den Herrn Rath, mir sein Viderur über solches Schreiben zu eröfnen ꝛc.

Barby,
den 9. Dec. 1709.

64.
Beylage.

Von Gottes Gnaden Friedrich, König in Preussen, Marggraf zu Brandenburg ꝛc. ꝛc. tot. Tit. Unsern freundlichen Gruß, und was wir mehr Liebes und Gutes vermögen, zuvor, hochgeborner Fürst, freundlich lieber Vetter. Aus Ew. Liebden freundvetterlichen Schreiben vorigen Jahres haben wir ersehen, was Sie wegen der von Unsers in Gott ruhenden Herrn Vatern Gnaden Ihro ertheilten Versicherung auf eine Praebende bey dem Thumcapitel zu Magdeburg ferner vorstellen, und deshalb von Uns verlangen. Was Wir nun Ew. Liebden deßhalb vorhin schon versprochen, darbey bleibt es, Sie werden aber belieben, dieserwegen so lange in Gedult zu stehen, bis sich eine wirkliche Vacanz ereignen wird, und sich alsdenn wieder melden, da Wir Uns dann wegen dieses Ihres Desiderii weiter erklären werden. Die Wir Ew. Liebden zu Erweisung angenehmer Gefälligkeiten stets bereit. Gegeben Cölln an der Spree, den 2ten Dec. 1709.

Ew. Liebden

freundwilliger Vetter
Friedrich, R.

An des Herrn Herzogen Friedrichs zu Sachsen Durchl. wegen der von Ihm verlangenden Praebende bey dem Thumcapitel zu Magdeburg.

Graf v. Wartenberg.

65.

Dessen an mich abgelassene Schreiben vom 14ten und 24sten dieses habe ich ganz richtig erhalten, und daraus ersehen, was derselbe von dem Königl. preußischen Antwortwortschreiben vor Sentiments führet. Man hätte zwar allerdings Ursache zu wünschen, daß solches etwas vollkommener, und dem geschehenem Ansuchen gemässer, absonderlich aber die verlangte Clausula anteferri darinnen exprimiret wäre; doch wenn man sonst das Versprechen zu erfüllen gesonnen ist, so wird auch dieses genug seyn, im Gegentheil aber nichts helfen, wenn alle nur erwünschte und heilsamste Clausulæ darinnen anzutreffen gewesen wären. Die Zeit wird bey sich ereignendem Falle alles lehren, wenn ich solchen anderst erlebe, und sodann klärlich zeigen, wie man es jetzo gemeynet. Immittelst statte ich nochmaln den behörigen Dank ab, daß der Herr Rath in dieser Angelegenheit sich meinethalber so gar viel Mühe geben, und auf mein Bitten über mehr erwehntes königl. Schreiben mir seine Gedanken eröfnen wollen. Ich glaube sonst, daß der Herr Oberkämmerer Graf von Wartenberg zu dessen Ausfertigung etwas contribuiret hat, und habe daher solcherhalben in beygehendem Schreiben ein Compliment abzustatten, und zu der jetzigen Jahrszeit zu gratuliren Anlaß rc.

Barby,
den 30. Dec. 1709.

66.

Nachdem ich letztverwichene Neujahrs-Messe in Leipzig die Gelegenheit gehabt, mit dem königl. preußischen Obermarschall Herrn Grafen von Witgenstein nicht alleine bekannt zu werden, sondern auch von meinen ihres Orts habenden Angelegenheiten ihm einige Ouverture zu machen, und gedachter Herr Obermarschall mir angerathen, daß wegen meiner Canonicat-Sache ich mich nochmals melden, und eine nähere Resolution von Sr. königl. Majest. in Preussen zu erlangen suchen sollte, indem es ja leichtlich geschehen könnte, daß ich ausser Landes zu gehen genöthiget würde; als habe ich diesfalls ein Memorial an hocherwehnte Se. königl. Majest. fertigen lassen, und mit solchem an den Herrn Oberkämmerern Grafen von Wartenberg mich addreßiret, bey solcher Occasion auch an den Herrn Obermarschall geschrieben, und den Brief an den Herrn Geheimenkammerrath von Luben zu fernerweitiger Vorsorge recommendiret, anbey die Freyheit genommen, beyde an den Herrn Rath zu spediren, und ihn freundlich zu ersuchen, daß er die Gutheit haben, und die Beyschlüsse an den Herrn Oberkämmerer und Herrn von Luben ohnschwer bestens bestellen lassen wolle. Sollte es seine Gelegenheit vergönnen, und er wollte sich die Mühe geben, das Schreiben an den Herrn Oberkämmerer selbst einzuhändigen, würde mir ein desto grösserer Gefallen geschehen, und derselbe vielleicht ein Tempo überkommen, durch einige mündliche Remonstrationes mein Interesse zu befördern. Ich habe zu dessen bedürfender Nachricht das Memorial, so an Se.

königl.

königl. Majest. abgegangen, demselben hierbey in Copia communiciren wollen, und bitte nicht ungedultig zu werden, daß ich so gar öfters den Herrn Rath bemühe, und so wenig Erkenntlichkeit bezeige, ich hoffe aber noch Occasion dazu zu erlangen, und in der That zu erweisen ꝛc.

Barby,
den 7. Merz 1710.

67.
Beylage.

Ew. königl. Majest. haben in Dero unter dem 2ten Dec. vorigen Jahres ertheilten allergnädigsten Resolution mich zu versichern beliebet, daß es bey dem, was Sie vorhin schon wegen einer Praebende bey dem Thumcapitel zu Magdeburg mir gnädigst versprochen, sein Verbleiben hätte, und mögte ich so lange in Gedult stehen, bis eine wirkliche Vacanz sich ereignete, und mich alsdann wieder melden, da Sie sich wegen meines Desiderii weiter erklären würden. Ich statte dannenhero, mit Ew. königl. Majest. allergnädigster Erlaubniß, vor solche mir abermalen ertheilte gütigste Versicherung den unterthänigsten Dank ab, und zweifele keinesweges, es werde Ew. königl. Majest. in Erwegung, daß ich so viele Jahre bereits die Expectanz gehabt, allergnädigste Intention dahin abzielen, daß bey ersterer Begebenheit ich solcher hohen Gnade wirklich geniessen möge. Dieweil aber, allergnädigster König und Herr, es sich gar leicht zutragen könnte, daß meines Engagements halber ausser Landes mich zu begeben gemüßiget werden dörfte, und also die erforderte Vigilanz bey sich ereignendem Fall nicht anzuwenden, noch mich befohlnermassen zu melden vermögte, so unterstehe mich, Ew. königl. Majest. unterthänigst zu ersuchen, daß Sie, Dero Gnade vollkommen zu machen, und mir hierinnen zu prospiciren, auch dem löblichen Thumcapitel zu Magdeburg in Gnaden anzubefehlen geruhen wollen, daß bey entstehender ersteren Vacanz die Praestanda per Procuratorem statt meiner geschehen, und ich sodann zur wirklichen Perception der mir zugesagten Canonicat-Praebende gelangen möge. Die hierunter mir erzeigende königl. Propension und Huld werde ich Zeitlebens mit aller geziemenden Devotion zu demeriren mir angelegen seyn lassen, und in behöriger Soumission ersterben

Ew. königl. Majestät ꝛc.

Barby,
den 7. Merz 1710.

An
Se. königl. Majest. in Preussen ꝛc.

68.

Ich bin demselben sehr verbunden, daß er die Gutheit gehabt, und meinem Ansinnen gewillfahret, auch die recommendirten Schreiben so wohl besorget hat. Es thut mir aber leid, daß er nach der Zeit, auch sogar die Antworten zu procuriren, viele vergebene Wege und Mühe sich gemacht. Es ist dieses meine Intention niemaln gewesen, indem ich wohl weiß, daß es seine Geschäfte nicht leiden, und auch über dieses die Herren Ministres zu Berlin ihre Schreiben durch die Posten zu spediren gewohnet seyn; immaßen der Herr Oberkämmerer Graf von Wartenberg sowohl, als der Geheimekammerrath von Luben, mir bereits mit letzterer Post geantwortet. Es hat der erstere mich versichert, daß er das an ihn addressirte Schreiben Sr. königl. Majest. eingehändiget hätte, und dessen Inhalt bey seinem allergnädigsten Könige nach allem Vermögen zu secundiren nicht ermangeln würde. Der Herr Geheimekammerrath von Luben hat gleichfalls sich zu allem Guten erboten. Was nun beydes vor eine Wirkung haben werde, muß man von der Zeit erwarten 2c.

Barby,
den 22. März 1710.

69.

Dieweil auf mein letzthin an Se. königl. Majest. in Preussen abgelassenes unterthänigstes Memorial bis dato keine Resolution überkommen, und ich von dem Herrn Rath erfahren, daß die Sache dem Herrn Geheimenrath von Ilgen zur Expedition übergeben worden, so habe alsofort geglaubet, daß an selbigen ein Ersuchungsschreiben man diesfalls würde abgehen lassen müssen. Nachdem ich aber auch erwogen, daß dergleichen ich vormalen schon gethan, aber keine Antwort erhalten, auch solcher Ministre sich sonst allemal gegen mich gar widersinnig bezeiget, so habe billig damit angestanden, jedennoch auf des Herrn Raths Gutbefinden endlich solches noch zu thun resolviret, und in Beyliegendem bewerkstelliget, zugleich aber auch an den Herrn Oberkämmerer einige Zeilen mit abgehen lassen, und meiner Angelegenheit wegen Erinnerung gethan, beyde aber wiederum an denselben zu adressiren mir die Freyheit genommen, mit freundlicher Bitte, er wolle solche mit seiner guten Bequemlichkeit ohnschwer zu besorgen belieben 2c.

Barby,
den 19. May 1710.

70.

70.

Ich bin dem Herrn Rath obligirt, daß er die Gutheit gehabt, und die jüngsthin übersendeten Schreiben an den Herrn Oberkämmerer, Grafen von Wartenberg, wie auch an den Herrn Geheimenrath von Ilgen, zu besorgen über sich genommen. Und weil aus dessen Antwortschreiben vom 24sten hujus ersehen, daß gedachte beyde Ministri, nebst dem königl. Hofe, sich zu Potsdam befinden, und derselbe also zu wissen verlanget, wie und auf was Art ich solche Briefe bestellet haben mögte, als vermelde, daß der Brief an den Herrn Oberkämmerer vorgeschlagenermaßen gar füglich durch den Herrn Hofrath Graben besorget werden kann. So viel aber den Herrn Geheimenrath von Ilgen betrift, so wird das an ihn haltende Schreiben durch die Post, in Entstehung anderer Gelegenheit, bestellet werden können, weil es sonst zu alt werden dörfte, wenn man, bis zu dessen Rückkehr nach Berlin, solches an sich halten wollte ꝛc.

Berlin
den 31. May 1710.

71.

Die jetzige Revolution an ihrem Hofe macht keinen geringen Bruit, und zweifle keinesweges, daß solche noch allerhand Aenderungen nach sich ziehen, ja wohl gar mehrere treffen dörfte; wie denn schon gemurmelt wird, daß der Herr geheime Rath von Bartholdi darbey impliciret sey. Es ist dieses gewisser Ursachen halber mir nicht lieb zu hören gewesen, und ersuche denselben freundlich, mir davon mit nächstem ohnschwer zuverläßige Nachricht zu ertheilen. Dafern auch dieses, wie ich wünsche, sich nicht wahr befinden, mit erwehntem Minister aber in Zukunft sich noch etwas ereignen sollte, so bitte mir diesfalls schleunigen part aus ꝛc.

Dahme
den 3. Jan. 1711.

72.

Es hätte derselbe nicht nöthig gehabt, vor das jüngsthin übersandte schlechte Präsent in seinem Schreiben vom 24sten passato so höflichen Dank abzustatten. Ich erinnere mich mehr als zu wohl, daß ich gar tief in seine Schuld gerathen bin,

bin, ich werde aber auf Mittel und Wege bedacht seyn, mich solcher, wo nicht ganz, doch wenigstens eines Theils zu entledigen, und habe ich das kleine Geschenke zu keinem anderen Ende gethan, als nur zu zeigen, daß diejenige Mühwaltung, so der Herr Rath so oft und viel meinetwegen sich gegeben, nicht ganz und gar von mir aus der Acht gelassen worden. Derselbe wolle demnach so gut seyn, und mit diesem geringen Anfange so lange vor Willen nehmen, bis ich reelleren Abtrag zu thun vermag, anbey aber sicherlich glauben, daß solcher ohnfehlbar erfolgen werde. Daß verwichenen 13ten passato mich mit der verwitweten Frau Reichsgräfin von Promnitz, gebornen Gräfin Reuß, vermählet habe, kann demselben nicht mehr unbekannt seyn, ich würde auch vorlängst hiervon Notification ertheilet haben, wenn die hiesigen vielen Occupationes mich nicht daran verhindert hätten. Ich verrichte es dahero noch hierdurch, und wünsche in diesem meinem neuen Stande viel Gelegenheit zu haben, denselben allerhand annehmliche Gefälligkeiten erweisen zu können. Von denen in Pommern stehenden Truppen, welche gemeiniglich das craßauische Corps genennet werden, deren Mouvements, Force und führenden Desseins, wird hiesigen Orts zwar sehr viel, jedoch diversimodè geredet. Weil ich nun gerne etwas Gewisses und Zuverläßiges davon haben und erfahren möchte, anbey nicht zweifle, daß man ihres Orts diesfalls genau informiret seyn wird, so wollte wohl den Herrn Rath freundlich ersucht haben, mir etwas Speciales, und zwar mit nächstem, davon ohnschwer zu überschreiben ꝛc.

Dresden,
den 9. März 1711.

73.

Dessen letzteres Schreiben vom 17ten März habe ich ganz wohl erhalten, und statte vor die zu meiner Vermählung abgelegte wohlmeynende Gratulation den behörigen Dank ab, wünsche anbey Gegentheils demselben alles nur ersinnliche Vergnügen, Prosperität und Zufriedenheit. Nächst diesem bin dem Herrn Rath auch sehr obligirt, daß er mir den Gefallen erzeigen, und von des in Pommern stehenden schwedischen Corps Zustande einigen part mitzutheilen sich die Mühe geben wollen. Daferne derselbe einige mehrere Nachricht davon erlangen sollte, so wollte ich wohl, wenn es ohne dessen besondere Mühwaltung geschehen könnte, mir einigen part davon ausbitten. Von einer starken Niederlage derer Tartern, welche sie gegen die Moßkowiter erlitten, ist hiesigen Orts sehr viel Redens, allein ich kann mir nicht einbilden, daß dieser flüchtige und räuberische Feind so viel 1000 Mann könne eingebüsset

gebüsset haben, als fast durchgängig gesaget wird. Ich werde zum Anfange der künftigen Woche von hier wieder nach Dahme gehen, daher ich hinführo, dessen angenehme Correspondence daselbst erwarte ꝛc.

Dresden,
den 27. Merz 1711.

74.

Ich bin auf unterschiedliche Art dessen Schuldener, und unter andern auch sogar wegen einer Antwort auf dessen an mich abgelassenes Schreiben vom 29sten Dec. a. p. darinnen er mir zu dem damaligen Zeitwechsel zu gratuliren, und viel Gutes anzuwünschen sich die Mühe gegeben. Nun ist es zwar ziemlich späte, wenn man im Julio dasjenige verrichtet, was im Januario geschehen sollen, doch halte ich vor besser, dergleichen langsam zu thun, als gar zu unterlassen. Ich statte demnach den behörigen Dank diesfalls ab, und versichere den Herrn Rath, daß ich dasjenige, was meine Abwesenheit und Maladie mich dazumalen durch die Feder zu wünschen behindert, in Gedanken verrichtet, und Gott vor dessen beständiges Wohlseyn gebeten habe. Ich werde auch solches zu allen Zeiten thun, und mich jedesmal erfreuen, so oft ich die angenehme Nachricht von dessen vergnügtem Zustande erlangen, und Occasion finden werde, demselben mein Wohlwollen auf einige Art und Weise wirklich bezeigen zu können. Hiernächst dörfte dem Herrn Rath, wie ich muthmasse, nicht unbekannt seyn, daß in dem Haag wöchentlich ein französisches Blatt gedruket, so Misantrope genennet wird. Ich zweifle nicht, daß er solches werde gelesen haben, und würde demselben obligirt seyn, wenn er mir solchenfalls sein Judicium darüber zu eröfnen belieben wollte. Dafern aber diese Pieces demselben nicht bekannt seyn, er aber Verlangen träget, einige davon zu lesen, so werden deren etliche zu communiciren nicht ermangeln. Uebrigens bitte die bisherige angenehme Correspondence ohnschwer zu continuiren, und versichere denselben, daß gleichwie solche ausser Landes und in meiner Maladie zu einem besonderem Plaisir mir gedienet, also ich solche bey meinen jetzo gesunden Tagen nicht weniger aestimiren werde; gestalt alles, so von demselben kömmt, vor andern mir ganz angenehm ist ꝛc.

Drehna,
den 2. Julii 1712.

75.

Nachdem am verwichenen 27. curr. der Domherr von Geist zu Magdeburg verstorben, und also durch dessen Todesfall bey dem hohen Stift daselbst eine Prachede, so dermalen Se. königl. Majest. in Preussen zu conferiren haben, erlediget worden, dem Herrn Rath aber annoch sonder Zweifel beywohnet, wasmassen höchstgedachte Se. königl. Majest. mir die Versicherung gegeben, bey ereigneter Vacanz mich damit zu begnaden, auch hierndchst unter dem 18ten Jun. 1710. an das Domcapitel allergnädigst befohlen, (wie dann die Beylage mit mehrern weiset,) eveniente casu mir solche Assurance wirklich angedeihen zu lassen. Als nun die Nothdurft erheischet, bey dem Werk nicht zu säumen, so habe ich diesfalls an Se. königl. Majest. ein allerunterthänigstes Memorial abfassen lassen, und selbiges (weil mir bey der Veränderung des Ministerii bey Hof nicht bekannt, an wen man sich mit Nutzen dieserhalben addressiren könne,) an den Herrn Rath zu gütiger Besorgung durch gegenwärtigen expressen Läufer übersenden wollen, anbey denselben ganz freundlich ersuche, sothane Bemühung ohnschwer zu übernehmen, und die Sache dahin belieben zu richten, daß besagtes Memorial Sr. königl. Majest. sicher überreichet, und, wo anders möglich, ich mit allergnädigster Resolution bald versehen werden möge ꝛc.

Dahme,
den 30. Sept. 1712.

P. S.

Uebrigens habe das Memorial an Se. königl. Majest. zu des Herrn Raths besserer Nachricht mit anschliessen wollen, und soferne derselbe nicht nöthig findet, den abgeschickten Läufer warten zu lassen, kann derselbe nur bald seinen Rückweg nehmen.

Den 1sten Octobr. Schreiben von Sr. Durchl. mit Einschluß an Se. königl. Majest. um die erledigte Stelle bey dem hohen Stift zu Magdeburg.

Den 2ten Octobr. Als obiges Schreiben des Herrn von Ilgen Exc. übergeben, und dieselben mir geantwortet, daß solche Stelle dem Herrn Oberschenken von Schlippenbach allbereits vergeben, sie aber doch das Schreiben vortragen, und sehen wollten, wie weit es zu bringen; so habe solches alsofort durch den abgelassenen eigenen Boten an Se. hochfürstl. Durchl. berichtet.

76.
Erste Beylage.

Friedrich, König in Preussen.

Unsere ꝛc. Es ist euch gutermassen bekannt, wie von Unsers in Gott ruhenden Herrn Vaters Gnaden dem Prinzen Friedrich zu Sachsen-Weissenfels eine Anwartung auf eine Praebende bey dortigem Domcapitel ertheilet, und selbige nachhero von Uns renovirt und confirmirt worden. Wann nun ermeldten Prinzens Liebden sich deshalb weiter bey Uns gemeldet, und Wir deroselben die Versicherung wiederfahren lassen, daß sie bey ersterer sich ereignenden Gelegenheit mit einer solchen Praebende versehen werden sollten: so befehlen Wir euch hierdurch allergnädigst, euch hiernach allergehorsamst zu achten, eveniente casu dem Prinzen den Effect solcher ihm gegebenen Versicherung wirklich angedeihen zu lassen. Seynd 2c. Charlottenburg, den 18. Junii 1710.

An
das Domcapitel zu Magdeburg.

77.

Zweyte Beylage.

Ew. königl. Majest. weltgepriesene Clemence machet mich hoffen, Dieselben werden in keinen Ungnaden vermerken, daß ich mich erkühne, abermal Ew. königl. Majest. mit Gegenwärtigem allerunterthänigst anzugehen, und anbey allergehorsamst vorzustellen, wie daß am 27sten curr. durch den Todesfall des Herrn von Geist, gewesenen Subsenioris und Domherrn bey dem hohen Stift zu Magdeburg, eine Praebende erlediget und vacant worden. Wann dann nun, allergnädigster König und Herr, Ew. königl. Majest. sothane Praebende dermalen allergnädigst zu conferiren zustehet, Dieselbe sich auch allergnädigst zu erinnern belieben, welchergestalt Ew. Majest. unter dem 2ten Dec. 1709. mir die allergnädigste Assurance ertheilet, daß es bey dem, was Ew. Majest. mir vorhin deshalben allergnädigst verheissen, verbleibe, auch hiernächst am 18ten Jun. 1710. dem Domcapitel zu Magdeburg allergnädigst anbefohlen, eveniente casu mir den Effect sothaner allergnädigsten Versicherung angedeyen zu lassen.

Ob nun wohl nicht zweifele, es werde gedachtes Domcapitel sothanem höchstgedachtem allergnädigstem Befehl gebührend Folge leisten, so habe ich doch, meiner allerunterthänigsten Obliegenheit nach, billig zu seyn erachtet, Ew. königl. Majest. sothaner Versicherung halber, zuförderst nochmals allerunterthänigsten Dank abzustatten, und danebst allergehorsamst zu bitten, Ew. königl. Majest. wollen nunmehro in hohen königl. Gnaden geruhen, mir solche vacante Praebende allergnädigst zu conferiren, und den wirklichen Effect Dero königl. Hulde und Propension geniessen lassen, welches ich denn Zeitlebens mit tiefstem Respect erkennen, und in geziemender Devotion beständig verharren werde, Ew. königl. Majestät 2c.

78.

Ich erkenne mich schuldig, demselben ganz freundlichen Dank abzustatten, vor die Mühwaltung, so der Herr Rath bey Ueberreichung des letzten Schreibens auf sich nehmen wollen. Es ist zu bedauren, daß man, ungeachtet der königl. Versicherung, sich abermals übergangen sehen muß; immittelst, und weil die Sache nicht ganz schlechterdings abgeschlagen worden, so ersuche den Herrn Rath nochmals, die Gutheit zu haben, und bey Gelegenheit den Herrn geheimen Etatsrath von Ilgen der Sache zu erinnern, und dessen Antwort zu vernehmen; ich glaube, wann man mir helfen wollte, mögte sich noch wohl Gelegenheit zeigen, indem man mir vor gewiß sagen wollen, ob wäre der Herr Geheimerath von Prinz mit einem sehr heftigen hitzigen Fieber befallen, daß man auch an seinem Aufkommen zweifelte. Ich werde also die Schickung des Glücks abwarten müssen, und sehen, was mir solches mit der Zeit bringen wird ꝛc.

Dahme,
den 4. Octobr. 1712.

Den 11ten Octobr. nochmals Schreiben von Sr. fürstl. Durchl. gehabt.

Den 15ten Octobr. geantwortet, daß von dem Herrn von Ilgen die Antwort erhalten, wie er beklage, daß Sr. fürstl. Durchl. vorjetzo nicht gewillfahret werden könne, weil sie zu spät kommen; es werde also eine königl. Antwort zwar nicht nach Wunsch, aber mit neuer Vertröstung aufs Zukünftige erfolgen.

79.

Dessen beliebtes Antwortschreiben vom 15ten passato habe ich zwar wohl erhalten, allein meiner Abwesenheit halber nicht sogleich beantworten können. Dieweil nun Sr. königl. Majestät in Preussen Resolution und Antwort auf mein Schreiben immittelst eingegangen, so habe solche hierbey in Abschrift communiciren wollen. Es zeiget solche genugsam, daß ich abermals leer ausgegangen, und obgleich die Worte mir nicht alle Hoffnung bey künftig entstehender Vacanz abschneiden, so weiß ich doch nicht, ob ich jemalen den Effect davon verspühren werde, indem ich bishero an dem königl. preussischen Hofe nichts als leere und gute Worte erlangen können, und meine anwachsende Jahre benehmen mir fast alle Hoffnung, daß ich des königl. Versprechens jemals geniessen werde. Dem sey nun wie ihm sey, so wird man doch Geduld haben, und von dem Glücke und der Zeit erwarten müssen, ob und was es einem zuwenden will ꝛc.

Dresden,
den 9ten Febr. 1712.

an Johann Theodor Jablonski.

80.

Beylage.

Das von Sr. königl. Majestät in Preussen an Se. Herrn Herzog Friedrichs zu Sachsen-Weissenfels hochfürstl. Durchl. abgelassenes Schreiben.

Von Gottes Gnaden Friedrich, König in Preussen ꝛc. tot. tit. Unseren freundlichen Gruß und was Wir mehr liebes und Gutes vermögen zuvor, hochgeborner Fürst, freundlich lieber Vetter. Aus Ew. Liebd. freund-vetterlichen Schreiben vom 30sten Septemb. jüngsthin, haben Wir vernommen, was Sie, occasione der durch Absterben des von Geist vacant gewordenen Praebende bey dem Dohmstift zu Magdeburg, an Uns gelangen lassen wollen. Nun erinnern Wir uns zwar ganz wohl des Ew. Liebd. gethanen Versprechens, es würden auch Dieselbe bey dem jetzigen Fall den Effect davon empfunden haben, wenn Wir nicht aus sonderbaren und erheblichen Ursachen über dieses vacant gewordene Canonicat schon vor Einlangung Ew. Liebd. Schreibens anderweit disponiret hätten, es werden also Dieselben bis zu einer anderen Gelegenheit sich zu gedulten belieben, da Wir alsdann Ew. Liebd. den Effect der Ihnen ertheilten Versicherung angedeyen zu lassen nicht ermangeln werden, und verbleiben indessen Deroselben zu Erweisung angenehmer Gefälligkeiten stets bereit. Gegeben Cölln an der Spree, den 8ten Octob. 1712.

Friedrich R.

Ilgen.

81.

Unvorgreifliche Gedanken wegen ummendorfischen zweyen Contrahenten verhandelten Ususfructus, und deshalb noch zu fordern habenden Pretii.

1.

Weil der in Verhandlung des ummendorfischen Ususfructus zwischen beyderseits Contrahenten fast vor 26 Jahren in Anno 1687 per aversionem überhaupt getroffene

troffene Contractus consensualis δυπλευρος s. bilateralis ut ab utraque parte obligatorius schon bey Schliessung desselben ex traditione concessionis de usufructu et solutione pretii in continenti Zug um Zug adimpliret werden sollen, verhandlender Seits demselben auch bey Lebzeit beyderseits Contrahenten Genüge geschehen, an Seiten erhandlenden Theils aber, so lange beyderseits Contrahenten gelebet, zu Adimplirung desselben man zwar Anstalt gemachet, und zur Zahlung des veraccordirten versprochenen Pretii Assignation gegeben, nach verhandlenden Theils nach geschlossenem Contract bald erfolgtem Todesfall man aber denselben zu adimpliren, unter allerhand vorgewandten Exceptionen sich geweigert, und zur Zahlung des versprochenen Pretii man sich nicht gestehen wollen, sondern wenn die Zahlung solches Pretii gefordert und urgiret worden, man allemal abschlägliche Resolution von sich gegeben, und verhandlenden Theils Erben damit abgewiesen, bis nicht nur auch erhandlender Theil, sondern auch dessen Successor darüber verstorben, und mit erhandlenden Theils Successoris successore die Sache nun auszumachen sey; so wird dahero man zuforderst wohl zu erwegen haben, wie die Sache füglich anzugreifen, solche dem Gegentheil gründlich beyzubringen, und wenn man gegenseits, wie zu vermuthen, auf derer Antecessorum Principia fallen möchte, wie dieselbe glücklich auszuführen, und zum guten Ende zu bringen sey. Hierbey nun

2.

wegen füglicher Angreifung der Sachen zuforderst zu deliberiren seyn würde, ob man die Sache zuerst aussergerichtlich durch gütliche Anmahnung mit Schreiben an den Gegentheil und dessen Bediente, entweder durch Compromiss per Arbitros impartiales, oder durch eine von beyderseits Partheyen etwa beliebte impartiale gütliche Privatcommission, doch also, daß durch solche arbitrarische oder privatcommissarische Erörterung der Sachen denen Partheyen kein Nachtheil geschähe, jedem Theile seine Jura salva et integra verbleiben, kein laudum darinnen ertheilet, sondern wie man die Sache befinde, an beyderseits Principalen zu ihrer Nothdurft und fernerer Ausführung der Sache referiret werde, untersuchen zu lassen, und was man darzu vor Arbitros zu gebrauchen und zu admittiren? oder aber, ob man die Sache gerichtlich anzuheben, und was man vor einen Judicem, entweder Judicium Aulico-Caesareum oder Cameram Imperialem Wetzlariensem, darinnen zu erwählen rathsam halte? alsdenn

3.

solche Sache dem Gegentheil gründlich beyzubringen, ersteren Falls auf einige bey Gegentheil wohlvermögende Mittelspersonen, sonderlich auch auf Gegentheils Bediente, von welchen solche Sache etwa dependire, viel ankommen, und solche Mittelspersonen zu finden, und dieselben sammt Gegentheils Bedienten zu solchem gründlichen

Vor-

Vortrag und unpartheyischer Vorstellung zu disponiren und zu bewegen, Sorge und Fleiß anzuwenden. Wenn aber die Sache in Güte nicht verfangen wollte, sodann andernfalls wohl dem kaiserl. Reichshofrath, der in der Sache wohl fürs bequemste Judicium zu halten, die Sache ausführlich vorzustellen, und entweder kaiserl. Mandatum de solvendo Capitals und Interesse, juncta comminatione de immittendo in obligatam pro hoc debito Hypothecam, oder dafern man dieses nicht beliebe, sondern man zuvor lieber Untersuchung der Sachen geschehen lassen wolle, kaiserl. Commission an jemand, die Sache zu untersuchen, die Güte zu tentiren, in Entstehung der Güte aber von der Sache zu referiren, anbey Notificatorium cum mandato an Gegentheil, einen Nebencommissarium vorzuschlagen, und confirmiren zu lassen, zu extrahiren seyn würde, also

4.

auf solche Art, wie dafür zu halten, die Sache entweder durch gütliche Composition, oder via juris judiciali processu summario executivo, allenfalls auch wohl transactione, zur Endschaft gereichen könnte; jedoch aber, weil processu judiciali Unwillen zu besorgen, amicabilis compositio, wenn dieselbe verfangen, und zu erhalten stehe, wohl das beste Mittel, aus der Sache zu kommen, seyn möchte.

5.

Zu einer Mittelsperson, wenn durch königl. polnische und churfürstl. sächsische Zuschrift es geschehen könnte, ohnmaßgeblich der königl. polnische und churfürstl. sächsische Envoyé, Herr Baron von Manteufel, wenn selbiger die Mühe übernehmen wollte, die Sache Gegentheil mit guter Manier beyzubringen, auch gegenseitigen mit der Sache etwa zu thun bekommenden Bedienten solche bestens zu imprimiren, nicht undienlich seyn möchte, bevorab, da von Gegentheils Bedienten die Sache vorzutragen, und darinnen was zu verrichten, sich wohl niemand gerne möchte gebrauchen lassen wollen. Obiges alles jedoch besserer Ueberlegung und sonst gefälliger Beliebung überlassen und anheim gestellet wird.

Dat. B. den 5ten August.
1713.

82.

Von Gottes Gnaden Friedrich Wilhelm, König in Preussen ꝛc. ꝛc. ꝛc. Unsere Freundschaft und was Wir mehr Liebes und Gutes vermögen zuvor. Hochgeborner Fürst, freundlich lieber Vetter. Wir haben aus Ew. Liebd. freundvetterlichen Schreiben vom 22sten Novemb. letzthin mit mehrem ersehen, was Dieselbe wegen einer vermeinten Forderung von 26000 Rthlr. auf Unser Amt Ummendorf, weitläuftig vorzustellen belieben wollen; können aber nicht umhin Ew. Liebd. darauf in freundvetterlicher Antwort zu melden, was gestalt, nach Anweisung derer vorhandenen Acten, diese Sache bereits in Anno 1688 weitläuftig ventiliret, und darbey befunden worden, daß erwehntes Amt Ummendorf mit Recht nicht anzuhalten sey, solche 26000 Thlr. abzuführen, und daß Unsers hochseligen Herrn Großvaters, Churfürst Friedrich Wilhelms Gnaden, des sel. Herrn Herzogs, Johann Adolphs Liebd. bereits unterm $\frac{8}{18}$ Februarii ernannten 1688sten Jahres in eben dergleichen Terminis geantwortet; so können Wir davon keineswegs abgehen, vielweniger kann Uns angemuthet werden, dasjenige, wozu weder Unsers Herrn Großvaters Gnaden noch Unsers in Gott ruhenden Herrn Vaters königl. Majestät sich schuldig erachtet, zu bezahlen, sondern ersuchen vielmehr Ew. Liebd. freundvetterlich, von dieser ungegründeten Praetension abzustehen. Dero Wir sonsten zu Erweisung angenehmer Gefälligkeiten stets willig und bereit verbleiben. Gegeben Berlin, den 5ten Decembr. 1713.

Ew. Liebd.

freundwilliger Vetter,

Friedrich Wilhelm.

An des Herrn Herzog Friedrichs zu Sachsen Durchl. zu Dahme Antwortschreiben und Vorstellung, daß die Forderung von 26000 Rthlr. an das Amt Ummendorf ganz ungegründet seyn.

Kamecke.

83.
Schreiben des Herzogs an den Grafen Manteufel.

Hochwohlgeborner Freyherr,
Hochgeehrter Herr Geheimterrath!

Daß Ew. Excellenz eine Zeither meiner ummendorfischen Angelegenheit halber sich Mühe zu geben, darüber die königl. preußischen Ministros zu sondiren, und in specie mit dem Herrn Kammerpräsidenten von Kamecken zu verschiedenen malen ausführlich dieserwegen zu conferiren, auch mir so aufrichtige Ouverture von der Situation derer Affaires durch eine prompte Antwort zu machen belieben wollen, erkenne ich mit dem verbindlichsten Danke, und wünsche hinwieder Gelegenheit zu haben, Ew. Excellenz viele annehmliche Gefälligkeiten erweisen zu können. Ich bin unglücklich, daß nachdem nunmehro so lange Jahre in der Sache vergeblich gearbeitet, und so viel Zeit darüber verloren, ich nicht einmal so viel erlangen können, daß man nur den Wohlstand beobachtet, und wenigstens dem Scheine nach mir dasjenige Recht, so auch dem Geringsten nicht versaget wird, concediret hätte. Nachdem man aber sogar allen Egard und Billigkeit auf die Seite gesetzt, und doch meine Praetension nicht unrecht, sondern in jure wohl fundiret ist, so mache ich mir ein Gewissen, eine so ansehnliche Post auf des Gegentheils blosse Verneinung zu negligiren und fahren zu lassen, sondern es wird hoffentlich nunmehro mir auch nicht zu verdenken seyn, wenn den königl. preußischen Hof ich länger nicht menagire, sondern an einen höhern Ort mich wende, und zu billigmäßiger Satisfaction zu gelangen versuche. Ew. Excellenz aber bin ich nochmals obligiret, daß sie mir ihre Freundschaft, obschon ohne Frucht hierinnen comprobiren wollen, ich bitte mir solche fernerweit aus, und verharre gegentheils unveränderlich, Ew. Excellenz ——

84.

Ew. Hocheblen vermelde ich hierdurch in höchster Bestürzung zur dienstlichen Nachricht so viel, daß weiland Se. hochfürstl. Durchl. mein gnädigster Fürst und Herr, den 16ten dieses Abends ¼ auf 8 Uhr dieses Zeitliche mit dem Ewigen verwechselt, und wir allhier allerseits in die tiefste Betrübniß und einen erbarmenswürdigen Zustand durch diesen ganz unvermutheten Todesfall gesetzet worden. Se. hochsel. Durchl. kamen den 12ten dieses von Barby und Zerbst sehr krank wieder zurück, und prognosticirten sich gleich, daß sie sterben würden. Ihre Krankheit war ein extraordinair starkes und hitziges Fleckfieber, von Seitenstechen begleitet. Sie haben den ersten Tag auf der Reise von Wittenberg hieher gleich Convulsiones gehabt, und als den 5ten Tag ein Steckfluß darzu kam, so war es in wenig Stunden gar aus. Wir haben Deren entseelten Körper öfnen, und selbigem eine trockene Balsamirung geben lassen, da man denn gefunden, daß Lunge und Leber gutentheils anbrüchig, die Milze ganz verfaulet, das Pericordium angewachsen, in der Gallenblase aber keine Galle vorhanden, sondern alle ins Gebüte geschlagen gewesen. Diese Umstände sollte man aus seinem Gesichte, welches zeither wie Lilien und Rosen unter einander geblühet, fast ohnmöglich haben judiciren können, zumal er tagtäglich zugenommen, und corpulenter geworden, doch ist auch dessen Fett sehr schwammicht gewesen, und dörften Se. Durchl. wenn sie länger leben sollen, Gefahr gelaufen haben, von der Wassersucht incommodiret zu werden. Ich würde vor 8 Tagen Ew. Hochedlen Nachricht von diesem ganz unversehenem Todesfalle ertheilet haben, woferne meine Traurigkeit mir zu schreiben vergönnen wollen, und ich nicht stante pede nach Weissenfels gehen, und die Notification hiervon überbringen müssen. Ich bin heute erst revertiret, und von der Reise überaus müde, doch habe ich meine Schuldigkeit länger nicht ausstellen sollen, wollte wünschen, daß ich eine andere Nouvelle überschreiben sollte, denn ich bin versichert, daß Ew. Hochedlen nebst mir diesen theuren Fürsten, welcher jederzeit überaus viel auf sie gehalten, wegen seiner vielen grossen Herren heut zu Tage ziemlich rar beywohnenden Gemüthsgaben, bedauren helfen, und mit unserem allgemeinen Malheur eine gütige Compassion haben werden 2c.

Beyer.

Dahme,
den 23. April 1715.

2.

Lagerbuch
des
Bisthums Paderborn.

Amt Beverungen.

Städte, Dörfer, Bauerschaften und freye Häuser.	Freye Häuser.		Schatzbare Häuser.				Summa Häuser reduc. in Vollmeyer	Darinnen befinden sich		Einfache Schatzung.		
	Klöster, adel. u. Meyereyen.	Geistliche und Privat.	Vollmeyer.	½ Meyer.	¼ Meyer.	Brinksitzer.		Vorhand. Pferde Stück	Statum für Pferde Stück	Rthlr.	fl.	pf.
Beverungen, Stadt, fürstlich.	—	—	18	69	43	86	74	—	—	60	—	—
Darinnen das fürstliche Amthaus, zwey fürstliche Mühlen, sechs Privat-Mühlen.	—	9	—	—	—	—	9	—	—	—	—	—
Dalhausen, Dorf, der Abtey Gehrden zugehörig.	—	—	3	30	11	22	24	—	—	23	—	—
Darinnen 1 Freyhaus, 1 Krug, 3 Mühlen } Abtey Gehrden.	—	5	—	—	—	—	5	—	—	—	—	—
Haarbrück, Dorf, von Spiegel.	—	—	4	18	9	20	18	—	—	15	—	—
Herstelle, Dorf, fürstlich.	—	—	6	56	14	30	41	—	—	24	—	—
Darinnen ein Amthaus, fürstlich,	—	1	—	—	—	—	1	—	—	—	—	—
ein Mönchkloster, Minoriten.	1	—	—	—	—	—	1	—	—	—	—	—
Kemperfeld, adel. Gut, Gebrüder v. Spiegel.	1	—	—	—	—	—	1	—	—	—	—	—
Wurgesen, Dorf, fürstlich.	—	—	3	25	10	21	21	—	—	15	—	—
Darinnen ein adel. Haus, von Breden.	1	—	—	—	—	—	1	—	—	—	—	—
Summa	3	15	34	198	87	179	196	—	—	137	—	—

des Bisthums Paderborn.

Amt Bocke.

Städte, Dörfer, Bauerschaften und freye Häuser.	Freye Häuser		Schatzbare Häuser				Summa Häuser reduc. in Vollmeyer	Darinnen befinden sich		Einfache Schatzung		
	Klöster, adel. u.Repercyen	Geistliche und Privati	Vollmeyer	½ Meyer	¼ Meyer	Brinksitzer		Vorspann Pferde Stück	Stellung für Pferde Stück	Rthlr.	fl.	pf.
Anreppe und Leste, Baurschaft, fürstlich.	—	—	9	14	—	24	19	—	—	15	—	—
Bentfeld, Baurschaft, fürstlich.	—	—	5	6	9	10	12	—	—	} 16		
Heddinghausen, Baurschaft, fürstlich.	—	—	1	1	—	1	2	—	—			
Espenlacke, adelich Haus, in die Ring=Baurschaft gehörig, v. Amelunken.	1	—	—	—	—	—	1	—	—	—	—	—
Garffeler Baurschaft, fürstlich.	—	—	8	4	—	—	10	—	—	11	10	6
Hörster Baurschaft, fürstlich.	—	—	6	1	2	5	8	—	—	8	10	6
Ochtringhausen, Baurschaft, fürstlich.	—	—	4	—	1	1	4	—	—	7	—	—
Rebbecker Baurschaft { Dedinghausen, fürstlich.	—	—	2	1	1	—	3	—	—	} 27		
Mantinghausen, fürstlich.	—	—	5	5	—	6	8	—	—			
Merringhausen, fürstlich.	—	—	3	6	—	—	6	—	—			
Rebbecke, fürstlich.	—	—	3	3	4	5	6	—	—			
Ring=Baurschaft { Ring oder Bocke, fürstlich. Untern Eichen, fürstlich. Heidwinkel, fürstlich.	—	—	9	10	10	35	21	—	—	20	—	—

Büschings Magazin XXI. Theil.   K   Ferner

Ferner Amt Bocke.

Städte, Dörfer, Bauerschaften und freye Häuser.	Freye Häuser. Klöster, adel. u. Niederzenen.	Freye Häuser. Geistliche und Privat.	Schatzbare Häuser. Vollmeyer.	Schatzbare Häuser. ½ Meyer.	Schatzbare Häuser. ¼ Meyer.	Schatzbare Häuser. Brinksitzer.	Summa Häuser reduc. in Vollmeyer.	Darinnen befinden sich Vorspann-Pferde. Stück	Darinnen befinden sich Stellung für Pferde. Stück	Einfache Schatzung. Rthlr.	gl.	pf.
Schweller Baurschaft { Holthusen, fürstlich.	—	—	6	6	4	—	10					
Schwelle, nebst Schweller-Hof, fürstlich.	—	—	4	3	—	—	6			20		
Winkhusen, mit Schultenhof, fürstlich.	—	—	3	5	—	2	6					
Fürstenbergerhof v. Fürstenberg.	1	—	—	—	—	—	1					
Thuler, Baurschaft, fürstlich.	—	—	4	30	10	27	25	—	—	21		
Darinnen ein adel. Haus, von Alten.	1	—	—	—	—	—	1					
Werlar, Baurschaft, fürstlich.	—	—	7	5	10	—	12	—	—	12		
Wittenborg, in Winkhausen, ein adel. Haus, von Fürstenberg zu Hedringen.	1	—	—	—	—	—	1					
Summa	4	—	79	100	51	116	162	—	—	158	—	—

des Bisthums Paderborn.

Hauptstrassen, Landwege, Flüsse und Brücken befinden sich im Amt Bocke.

Hauptstrassen und Landwege.

1. Eine Hauptstrasse, kommt von Lippstadt durch Mettinghausen bey dem Wirthshause Kinkung vorbey, auf Bocke, und ferner neben Scharmede her auf Paderborn.

2. Kann solche Strasse von Lippstadt über Mettinghausen, über eine von den Franzosen fahrbar gemachte Heide auf die Sudtmühle, Delbrück vorbey, auf den Sand über Neuhaus nach Paderborn, gar füglich gebraucht werden.

3. Eine Landstrasse, kommt von Stadt Gesecke über die Kuhbrücke auf Bocke, ist aber bey schlechtem Wetter nicht fahrbar.

Flüsse, und darüber gehende Brücken.

1. Die Lippe fliesset von Neuhaus her zwischen Anreppe und Bentfeldt, Bocke, Schwelle, Verlar, Folsen, Mantinghausen, Garffeler, Hörste, Rebbecke, und Dedinghausen vorbey auf Lippstadt.

Zu Bocke ist eine neue Brücke über die Lippe, die aber von den Franzosen ruinirt, und nur mit Brettern zur Passage belegt ist.

Sonst sind keine Brücken, ausser einigen von Bäumen gemachten Passagen, zum Uebergehen.

2. Der Heyerfluß, der von Salzkotten kommt, läuft Winkhausen vorbey, und fällt zu Schwelle in die Lippe, hat zu Winkhausen einen hölzernen Fußsteig, und zu Schwelle eine schlechte hölzerne Fahrbrücke.

3. Ein Bach, kommt von Stadt Gesecke beym Brand zum Baum vorbey, allwo eine schlechte hölzerne Fahrbrücke über denselben, ferner Graffelen vorbey, und fällt in die Lippe.

4. Kommt ein Bach von Thule und Gesselen, fliessen vor Bocke, an der Seite von Paderborn hin, zusammen, und fällt in die Lippe, auf dieser Seite wird dadurch gefahren und geritten, läuft aber zuweilen stark an, und ist alsdann nur durch den darauf befindlichen langen Fußsteig zu paßiren.

Herrschaft Bühren.

Städte, Dörfer, Bauerschaften und freye Häuser.	Freye Häuser. Klöster, adel. u. Meyerhöfe. Geistliche und Privati.	Schatzbare Häuser.				Summa Häuser reduc. in Vollmeyer	Darinnen befinden sich Vorspann Pferde	Gattung für Pferde	Einfache Schatzung.		
		Vollmeyer	½ Meyer	¼ Meyer	Brinksitzer		Stück	Stück	Rthlr.	ßl.	pf.
Barkhausen, Dorf, Jesuit. Colleg. zu Bühren.	—	4	2	3	6	7	—	—	3	7	—
Bühren, Stadt, Jesuit. Colleg. zu Bühren. Darinnen das Collegium, 1 Meyerey, 3 Mühlen } den Jesuiten, 1 Mühle, Kloster Holzhausen.	4	20	24	39	79	57	—	—	100	—	—
						4					
Eickhoff, Dorf, Jesuit. Colleg. zu Bühren.	—	2	3	2	5	5	—	—	4	—	—
Hart, Dorf, Jesuit. Colleg. zu Bühren.	—	2	6	12	24	11	—	—	6	14	—
Hegesdorff, Dorf, ½ fürstl. ½ Jesuit. Colleg.	—	12	12	14	29	25	—	—	17	4	8
Holzhausen, Nonnenkloster, Bernhardinessen.	1	—	—	—	—	1	—	—	—	—	—
Kebinghausen, Dorf, Jesuit. Colleg. zu Bühren.	—	2	2	1	1	3	—	—	2	16	4
Ringelstein, ein altes Castel, dabey 2 Mühlen, Jesuit. Colleg. zu Bühren.	2	—	—	—	—	2	—	—	—	—	—

des Bisthums Paderborn.

Noch Herrschaft Bühren.

Städte, Dörfer, Bauerschaften und freye Häuser.	Freye Häuser. Klöster, adel. u. Meyereyen. Geistliche und Privat.	Schatzbare Häuser.			Summa Häuser reduc. in Vollmeyer	Darinnen befinden sich		Einfache Schatzung.		
		Vollmeyer.	Meyer. 1/2	Meyer. 1/4	Brinksitzer.		Vorsp. Pferde Stück	Ställung für Pferde Stück	Rthlr.	gl.	pf.
Sibbinghausen, Dorf, Jesuit. Colleg. zu Bühren.	—	4	12	13	26	17	—	—	12	—	—
Steinhaus, Dorf, Jesuit. Colleg. zu Bühren.	—	8	7	22	44	23	—	—	16	—	—
Wolbreyen, 1 Meyereyn, Jesuit. Colleg. zu Bühren.	1	—	—	—	—	1	—	—	—	—	—
Weiberg, Dorf, Jesuit. Colleg. zu Bühren.	—	7	10	8	17	16	—	—	10	—	—
Weine, Dorf, Jesuit. Colleg. zu Bühren.	—	2	11	10	20	13	—	—	8	—	—
Summa	8	—	63	99	124	251	185	—	—	180	—	—

Hauptstrassen, Landwege und Brücken befinden sich in der Herrschaft Bühren.

Hauptstrassen und Landwege.

1. Eine Hauptpassage kommt von Steinhaus, gehet durch die Stadt Bühren ins Sendfeldt.

Brücken.

1. Vor der Stadt Bühren ist eine passable Brücke.

Amt

Lagerbuch
Amt Dellbrück.

Städte, Dörfer, Bauerschaften und freye Häuser.	Freye Häuser. Klöster, adel. u. Reyereyen	Geistliche und Privat.	Schatzbare Häuser. Vollmeyer	½ Meyer	¼ Meyer	Brinksitzer	Summa Häuser reduc. in Vollmeyer	Darinnen befinden sich Vorspann Pferde Stück	Stellung für Pferde Stück	Einfache Schatzung. Rthlr.	fl.	pf.
Dellbrück, Dorf, fürstlich.	—	—	30	—	20	40	40	—	—	13	20	2
Dellbrück, Dorfbauerschaft, fürstlich.	—	—	15	13	7	17	25	—	—	35	15	7
Huwelhof, Bauerschaft, fürstlich.	—	—	2	4	30	81	23	—	—	34	9	2
Darinnen 1 Conduction.	1											
Ostenland, Bauerschaft, fürstlich.	—	—	21	20	15	48	41	—	—	86	6	—
Northagen, Bauerschaft, fürstlich.	—	—	18	3	6	17	23	—	—	10	16	4
Sudhagen, Bauerschaft, fürstlich.	—	—						—	—	12	2	1
Westenholz, Bauerschaft, fürstlich.	—	—	18	18	7	60	36	—	—	62	18	11
Westerloh und Osterloh, Bauerschaft, fürstlich.	—	—	17	17	11	53	35	—	—	67	7	9
Summa	1	—	121	75	96	316	223	—	—	319	9	—

Hauptstrassen, Landwege und Brücken befinden sich im Amt Dellbrück.

Hauptstrassen und Landwege.

1. Hauptstraße, kommt von Neuenkirchen durch die Bauerschaften Ostenland und Osterlohe auf Sande.
2. Eine Hauptstraße, kommt von dem lippischen neuen Dorfe Haustenbeck, durch das Kirchspiel Hüwelhoff, Bauerschaft Ostenland, und Dorf-Bauerschaft Dellbrück, ins Amt Bocke, und auf Lippstadt.
3. Eine Straße, von Neuhaus durch das Kirchspiel Hüwelhoff auf Bielefeld.
4. Eine Straße, kommt von der neuen Brücke durch Westerloh und Dorf-Bauerschaft Dellbrück auf Bocke.
5. Eine Straße, kommt von Rittberg durch die Bauerschaften Westerloh, Northagen und Dorf-Bauerschaft Dellbrück auf Paderborn.

Brücken.

1. Eine passable Brücke bey der neuen Brücke über die Furtbach.
2. Eine passable Brücke bey den Hollwieden über die Dieckwässerbach.
3. Eine passable Brücke in der Bauerschaft Northagen beym Stapelbaum.
4. Zwey passable Brücken in der Dorfschaft Dellbrück an der Sandmühle.
5. Eine passable Brücke in Bülenbrink.
6. Eine passable Brücke in der Bauerschaft Westerloh, bey der Westerloher Mühle.
7. Eine passable Brücke in der Bauerschaft Westenholz über den Glennefluß.

Oberamt Dringenberg. Borgentricker District.

Städte, Dörfer, Bauerschaften und freye Häuser.	Freye Häuser. Adel., adel., u.Meyereyen, Geistliche und Privat.	Schatzbare Häuser. Vollmeyer.	½ Meyer.	¼ Meyer.	Brinksitzer.	Summa Häuser reduc. in Vollmeyer	Darinnen befinden sich Vorspann Pferde Stück	Attalaria für Pferde Stück	Einfache Schatzung. Rthlr. fl. pf.
Aldorpsen, adel. Pachtgut, Fähnrich v. Spiegel.	1	—	—	—	—	1	—	—	1 — —
Auenhausen, Dorf, v. Westphalen.	—	3	6	2	6	7	—	—	10 — —
Borgentrick, Stadt, fürstlich.	—	12	68	38	78	65	—	—	150 — —
Darinnen ein adel. Haus, v. Druchtleben.	1	—	—	—	—	—	—	—	— — —
Der Hardehauserhof, Abtey Hardehausen.	1	—	—	—	—	2	—	—	— — —
Borgholz, Stadt, fürstlich.	—	19	48	14	29	50	—	—	60 — —
Darinnen ein adel. Haus, v. Westphalen.	1	—	—	—	—	2	—	—	— — —
Ein adel. Haus, v. Juden.	1	—	—	—	—	—	—	—	— — —
Dinkelburg, adel. Gut, Drost v. Westphalen.	1	—	—	—	—	1	—	—	— — —
Hainholz, adelich Haus, v. Druchtleben.	1	—	—	—	—	1	—	—	— — —
Natingen, Dorf, v. Juden.	—	2	5	6	13	8	—	—	10 — —
Darinnen ein adel. Haus, v. Druchtleben.	2	—	—	—	—	2	—	—	— — —
Ein adel. Haus, v. Juden.									
Natzungen, Dorf, fürstlich.	—	12	14	11	22	25	—	—	34 — —
Darinnen ein adel. Haus, v. Sieghart.	1	—	—	—	—	1	—	—	— — —
Rothe, Dorf, v. Juden.	—	5	6	4	10	10	—	—	18 — —
Tiedelsen, Dorf, v. Juden.	—	9	10	1	2	15	—	—	20 — —
Wintersen, Pachthof, fürstlich.	1	—	—	—	—	1	—	—	3 — —

des Bisthums Paderborn.

Oberamt Dringenberg. Borgentricker District.

Städte, Dörfer, Bauerschaften und freye Häuser.	Freye Häuser. Klöster, adel. u. Meyereyen	Freye Häuser. Geistliche und Privat.	Schatzbare Häuser. Vollmeyer.	Schatzbare Häuser. ½ Meyer.	Schatzbare Häuser. ¼ Meyer.	Schatzbare Häuser. Brinksitzer.	Summa Häuser reduc. in Vollmeyer	Darinnen befinden sich Vorspann-Pferde Stück	Darinnen befinden sich Stallung für Pferde Stück	Einfache Schatzung. Rthlr. gl. pf.
Bühne, Dorf, v. Spiegel.	—	—	4	15	13	28	18	—	—	24 — —
Darinnen 5 Mühlen, Gebrüdere v. Spiegel.	2½	—								
Ein adel. Haus, die Förderburg, Gebrüdere v. Spiegel.	1	—								
Ein Winterhof, v. Droſt.	1	—								
Ein Haus Rothenburg, Fr. Majorin v. Spiegel.	1	—					7½			
Ein adel. Haus, bewohnet vom Herrn von Kanne, Landdroſt v. Spiegel.	1	—								
Ein adel. Haus, Capitain von Spiegel.	1	—								
Cörbecke, Dorf, darinnen zwey Teichmühlen, ½ fürſtlich, ½ v. Spiegel.	1	—	8	25	25	32	34	—	—	38 — —
Dahlheim, ein adel. Haus, Duhmdechant v. Spiegel.	1	—					1			
Daſeburg, Dorf, von Spiegel.	—	—	4	20	10	20	19	—	—	25 — —
Darinnen 4 Mühlen, demſelben.	2	—					2			

Herrſchaft Deſenberg.

Oberamt Dringenberg. Borgentricker District.

Städte, Dörfer, Bauerschaften und freye Häuser.	Freye Häuser. Klöster, adel. Geistliche und Privat.	Schatzbare Häuser. Vollmeier.	Schatzbare Häuser. Meyer.	Schatzbare Häuser. ½ Meyer.	Schatzbare Häuser. Brinksitzer.	Summa Häuser reduc. in Vollmeier.	Darinnen befinden sich Vorspannpferde. Stück	Darinnen befinden sich Stallung für Pferde. Stück	Einfache Schatzung. Rthlr.	gl.	pf.
Noch Herrschaft Desenberg.											
Oberklingenberg, ein adelich Haus, Cammerherr v. Spiegel.	2	—	—	—	—	2	—	—	—	—	—
Unterklingenberg, ein adelich Haus, Landdrost v. Spiegel.											
Manrode, Dorf, von Spiegel.	—	3	10	6	14	11	—	—	16	—	—
Mudenhagen, Dorf, von Spiegel.	—	1	6	5	12	7	—	—	8	—	—
Niederuwelgönne und Oberuwelgönne, zwey adeliche Häuser, den Herrn Duhmdecanus von Spiegel.	2	—	—	—	—	2	—	—	—	—	—
Rösenbeck, Dorf, von Spiegel.	—	4	20	10	20	19	—	—	25	—	—
Darinnen ein adelich Haus, v. d. Decken.	1	—	—	—	—	1	—	—	—	—	—
Rothenburg, ein adel. Haus, Fr. Majorin von Spiegel.	1	—	—	—	—	1	—	—	—	—	—
Summa	28	—	86	253	145	286	315	—	—	442	—	—

des Bisthums Paderborn.

Hauptstrassen, Landwege und Brücken befinden sich im Borgentricker District, und Herrschaft Oesenberg.

Hauptstrassen und Landwege.

1. Eine Landstrasse, kommt von Schweckhausen, Amts Peckelsheim, berühret Auenhausen, und gehet nach Beverungen.
2. Eine Landstrasse, kommt von Paderborn, berühret Titelsen, und führet auf Drenke, Stifts Corvey, und Beverungen, Stifts Paderborn.
3. Eine Hauptstrasse, kommt von Rinteln über Muddenhagen nach Cassel, wird aber von der Post nicht mehr gefahren.
4. Eine Hauptstrasse, kommt von Rinteln, gehet über Carlshaven, Helmarshausen, Deisel, Trendelburg, Stammen und Hoffgeismar nach Cassel.
5. Ein Landweg, der mit Stabeisen befahren wird, so aus dem Waldeckischen über das ohnweit Bühne gelegene Holz der Eichhagen, über Warburg, Borgentrick nach Beverungen geht. Ist aber ein schlechter Weg, besonders wegen des von Haarbrück nach Beverungen gehenden Steinweges.

Brücken.

1. Unter dem Flecken Borchholz gehet der passable Bach Jordan vorbey.
2. Ueber dem Flecken noch ein kleiner Bach, der eine passable Brücke hat.
3. Unter dem Flecken ein kleiner passabler Bach ohne Brücken.
4. Eine Brücke liegt vor Natzungen über einem Bach.
5. Eine passable Brücke über die Echel, liegt bey Lütgeneder.
6. Unter der Stadt eine Brücke mit einem Bogen über einen kleinen Bach.
7. Zwischen Rösebeck und Daseburg ist eine passable Brücke über die Eschel, und eine kleine passable Brücke über die Rheebecke.
8. Ohnweit Dahlheim ist eine Brücke über die Diemel, die dem Hrn. Thumdechant von Spiegel zu Halberstadt zuständig, und bloß zur Connexion dessen Güter Dahlheim und Uebelgönne, angelegt, wird aber zum öftern von der angeschwollenen Diemel ruiniret.
8. Vor Warburg ist eine Hauptbrücke über die Diemel, über welche die Landstrasse von Paderborn nach Cassel gehet.

Oberamt Dringenberg. Brackelscher District.

Städte, Dörfer, Bauerschaften und freye Häuser.	Freye Häuser. Klöster, adel. u. Meyereyen.	Freye Häuser. Geistliche und Privat.	Schatzbare Häuser. Vollmeyer.	Schatzbare Häuser. ½ Meyer.	Schatzbare Häuser. ¼ Meyer.	Schatzbare Häuser. Brinksitzer.	Summa Häuser reduc. in Vollmeyer	Dorinnen befinden sich Vorspanns-Pferde Stück	Dorinnen befinden sich Stallung für Pferde Stück	Einfache Schatzung. Rthlr.	fl.	pf.
Apenburg, adelich Haus und Meyerey, Drost v. Hartshausen.	2	—	—	—	—	—	2	—	—	—	—	—
Beller, Dorf, von Asseburg.	—	—	4	5	4	8	9	—	—	10	—	—
Bellersen, Dorf, von Hartshausen.	—	—	8	20	12	36	26	—	—	26	—	—
Böckendorf, Dorf, von Hartshausen.	—	—	9	19	12	24	25	—	—	21	—	—
Böckerhof, adel. Gut und Meyerey, Drost von Hartshausen.	2	—	—	—	—	—	2	—	—	—	—	—
Brackel, Stadt, fürstlich.	—	—	37	46	76	154	98	—	—	200	—	—
Darinnen ein Mönchkloster, Capuciner.	1	—	—	—	—	—	1	—	—	—	—	—
Brackel, Hausleute auf der Grade oder Mühle, fürstlich.	—	—	1	—	6	14	4	—	—	6	—	—
Brackel, ohnweit davon das Nonnenkloster, Augustinessen.	1	—	—	—	3	—	2	—	—	—	—	—
Erkelen, Dorf, von Asseburg.	—	—	18	35	15	32	43	—	—	40	—	—
Heinhauserhof, Meyerey, Hofrath Reine.	1	—	—	—	—	—	1	—	—	—	—	—
Hembsen, Dorf, von Asseburg.	—	—	3	12	22	44	20	—	—	28	—	—

Oberamt Dringenberg. Brackelscher District.

Städte, Dörfer, Bauerschaften und freye Häuser.	Freye Häuser		Schatzbare Häuser.				Summa Häuser reduc. in Vollmeyer.	Darinnen befinden sich		Einfache Schatzung.		
	Klöster, adel. u. Meyereyen	Geistliche und Privat.	Vollmeyer.	Meyer. ½	Meyer. ¼	Brinksitzer.		Vorspann Pferde Stück	Haltung für Pferde Stück	Rthlr.	fl.	pf.
Heerste, Dorf, von Asseburg.	—	—	12	21	10	22	28	—	—	20	—	—
Hinnenburg, adelich Gut, von Asseburg.	1	—	—	—	—	—	1	—	—	—	—	—
Jaber Meyer, Meyerey, von Asseburg.	1	—	—	—	—	—	1	—	—	—	—	—
Istrup, Dorf, von Asseburg.	—	—	10	18	11	23	24	—	—	15	—	—
Oldenbergen, Dorf, von Harthausen.	—	—	7	22	9	20	23	—	—	18	—	—
Rheder, Dorf, Geh. Rath von Mengersen.	—	—	6	9	4	9	13	—	—	6	—	—
Darinnen ein adel. Haus, demselben.	1	—	—	—	—	—	1	—	—	—	—	—
Riesel, Dorf, von Asseburg.	—	—	16	26	3	6	31	—	—	25	—	—
Rüstemeyer oder Rüstenhof, Meyerey, von Asseburg.	1	—	—	—	—	—	1	—	—	2	—	—
Schleiferhof, Meyerey, Oberhofmeister von Asseburg.	1	—	—	—	—	—	1	—	—	—	—	—
Septemeyer, Meyerey, von Asseburg.	1	—	—	—	—	—	1	—	—	3	—	—
Spitzerhof, Meyerey, Nonnenkloster zu Brenkhausen, im Corveyischen.	1	—	—	—	—	—	1	—	—	—	—	—
Summa	14	—	131	233	187	392	359	—	—	422	—	—

Hauptstrassen, Landwege und Brücken befinden sich im Brackelschen District.

Hauptstrassen und Landwege.

1. Eine Hauptstrasse, gehet von Driburg durch Brackel nach Höxter, welche aber sehr schlecht bis Brackel ist, von da aber durch Hembsen nach Höxter passable.
2. Die übrigen Wege, als von Dringenberg, Börchholz, Beverungen, Nieheim und von Börden nach Brackel, sind passable.

Brücken.

1. Die Nette, die durch Rheder, Erkelen, Beller und Hembsen fliesset, hat eine Fahrbrücke, die Sutheimer Brücke genannt, zwischen Rheder und Brackel, und eine Fahrbrücke zwischen Erkelen und Brackel.
2. Die Oh, fliesset durch Herste, Istrup und Riesel.
3. Die Brucht, fliesset von Bellersen nach Brackel, und hat keine Fahrbrücken, und ist ausser Wasserfluthen passable.

Oberamt Dringenberg. Driburger District.

Städte, Dörfer, Bauerschaften und freye Häuser.	Freye Häuser.		Schatzbare Häuser.				Summa Häuser rechr. inWohnher	Darinnen befinden sich		Einfache Schatzung.		
	Klöster, adel. u. Meyerchen	Geistliche und Privat.	Vollmeyer.	Meyer. 1/2	Meyer. 1/4	Brinkfiger.		Vorspanns-Pferde Stück	Stallung für Pferde Stück	Rthlr.	gl.	pf
Allenhausen, Dorf, von Asseburg.	—	—	8	11	14	29	21	—	—	25	—	—
Bembüren, lastbare Meyerey, die eingegangen, 13 Bauren zu Reelsen.	1	—	—	—	—	—	1	—	—	—	—	—
Bucke, Dorf, fürstlich.	—	—	8	18	9	20	22	—	—	15	—	—
Driburg, Stadt, fürstlich.	—	—	13	64	61	50	67	—	—	60	—	—
Erpentrup, Dorf, von Donop.	—	—	3	3	4	9	7	—	—	4	—	—
Darinnen ein adel. Haus, demselben.	1	—	—	—	—	—	1	—	—	—	—	—
Langenland, Dorf, von Donop.	—	—	3	6	4	8	8	—	—	6	—	—
Reelsen, Dorf, Graf v. Hartshausen.	—	—	12	6	7	16	19	—	—	20	—	—
Darinnen ein adel. Haus, von Oynhausen.	1	—	—	—	—	—	1	—	—	—	—	—
Summa	3	—	47	108	99	132	147	—	—	130	—	—

Oberamt Dringenberg. Immediater District.

Städte, Dörfer, Bauerschaften und freye Häuser.	Freye Häuser		Schatzbare Häuser.				Summa Häuser redue, in Vollmeyer	Darinnen befinden sich		Einfache Schatzung.		
	Klöster, adel. u. Meyereyen.	Geistliche und Privat.	Vollmeyer.	1 Meyer.	½ Meyer.	Brinksitzer.		Vorsp. Pferde Stück	Haltung für Pferde Stück	Rthlr.	ßl.	pf.
Altenheerse, nebst Wippermannshof, Dorf, Stift Nienheerse.	—	—	8	24	6	13	23	—	—	20	—	—
Dringenberg, Stadt, fürstlich.	—	—	21	33	17	35	46	—	—	50	—	—
Darinnen das Amthaus, 1 Meyerey, fürstlich. 2 Mühlen,	1 — —	1 2	—	—	—	—	4	—	—	—	—	—
Fronhausen, Dorf, von Buchholz.	—	—	6	7	3	6	11	—	—	16	—	—
Gerden, Stadt, fürstlich.	—	—	18	28	21	43	43	—	—	40	—	—
Darinnen eine Abtey, Benedictinernonnen.	1	—	—	—	—	—	1	—	—	—	—	—
Hampenhausen, Dorf, Abtey Gehrden.	—	—	7	2	1	—	8	—	—	6	—	—
Helle, Conduction, Stift Nienheerse.	1	—	—	—	—	—	1	—	—	—	—	—
Herbram, Dorf, von Westphalen.	—	—	7	8	9	18	16	—	—	16	—	—
Darinnen 2 adel. Häuser, demselben.	2	—	—	—	—	—	2	—	—	—	—	—
2 Oeconomien, demselben.	2	—	—	—	—	—	2	—	—	—	—	—
Kleinenberg, Stadt, fürstlich.	—	—	5	73	8	17	46	—	—	40	—	—
Woselbst 3 fürstl. Mühlen.	—	3	—	—	—	—	3	—	—	—	—	—
Külsen, Dorf, Stift Nienheerse.	—	—	5	5	4	8	11	—	—	12	—	—

Ober-

Oberamt Dringenberg. Immediater District.

Städte, Dörfer, Bauerschaften und freye Häuser.	Freye Häuser Klöster, adel. u. Meyereyen.	Geistliche und Privat.	Schatzbare Häuser. Vollmeyer.	½ Meyer.	¼ Meyer.	Brinksitzer.	Summa Häuser reduc. in Vollmeyer	Darinnen befinden sich Vorspann Pferde Stück	Stallung für Pferde Stück	Einfache Schatzung. Rthlr.	fl.	pf.
Neuenheerse, Dorf, Stift Neuenheerse.	—	—	10	22	24	50	33	—	—	34	—	—
Darinnen das Stift, adeliche Dames.	5	—	—	—	—	—	5	—	—	—	—	—
Pastors und Stiftsbediente.	—	9	—	—	—	—	9	—	—	—	—	—
Rothenhausische Oeconomie, fürstlich.	1	—	—	—	—	—	1	—	—	—	—	—
Sandebeck, Dorf, fürstlich.	—	—	9	14	18	36	25	—	—	35	—	—
Satzische Meyerey, fürstlich.	1	—	—	—	—	—	1	—	—	—	—	—
Schmechten, Dorf, von Assburg.	—	—	7	7	8	18	15	—	—	16	—	—
Schwaney, Dorf, von Westphalen.	—	—	43	26	14	30	63	—	—	36	—	—
Siddesen, Dorf, fürstlich.	—	—	15	14	3	8	24	—	—	25	—	—
Willebadessen, Stadt, fürstlich.	—	—	43	40	13	27	70	—	—	45	—	—
Darinnen ein Nonnenkloster, Benedictinessen. 3 Meyereyen, Kloster Willebadessen.	4	—	—	—	—	—	4	—	—	—	—	—
Summa	18	15	204	303	149	309	467	—	—	391	—	—

Oberamt Dringenberg. Nieheimer District.

Städte, Dörfer, Bauerschaften und freye Häuser.	freye Häuser. Klöster, adel. u. Meyereyen.	Geistliche und Privati	Schatzbare Häuser. Vollmeyer	½ Meyer	¼ Meyer	Brinksitzer	Summa Häuser reduc. in Vollmeyer	Darinnen befinden sich Vorspann Pferde Stück	Stallung für Pferde Stück	Einfache Schatzung. Rthlr. fl. pf.
Erwitzen, Dorf, von Borch.	—	—	5	2	4	10	8	—	—	12 — —
Exterenbrock, Conduction, Abtey Hardehausen.	1	—	—	—	—	—	1	—	—	— — —
Holthausen, Dorf, von Borch.	—	—	15	3	2	5	18	—	—	20 — —
Darinnen ein adel. Gut, demselben.	1	—	—	—	—	—	1	—	—	— — —
Horsthof, bey Erwitzen, Pachthof, v. Borch.	1	—	—	—	—	—	1	—	—	— — —
Merlsen, Dorf, von Ketteler.	—	—	6	4	2	6	9	—	—	13 — —
Darinnen ein adel. Haus, demselben.	1	—	—	—	—	—	1	—	—	— — —
Nieheim, Stadt, fürstlich.	—	—	32	101	19	39	92	—	—	150 — —
Darinnen ein adel. Haus, von Ketteler.	1	—	—	—	—	—	2	—	—	— — —
Der Jesuiterhof, den Jesuiten.	1	—	—	—	—	—		—	—	— — —
Oynhausen, Dorf, von Spiegel.	—	—	16	14	10	21	28	—	—	33 — —
Pömpsen, Dorf, fürstlich.	—	—	9	17	11	24	23	—	—	20 — —
Darinnen der Bösenhof, von Vogelius.	1	—	—	—	—	—	1	—	—	— — —
Schönenberg, Dorf, von Ketteler.	—	—	5	2	1	4	7	—	—	5 — —
Hiddesermeyer, bey Erwitzen, Meyerey, v. Borch.	1	—	—	—	—	—	1	—	—	1 — —
Summa	8	—	88	143	49	109	193	—	—	254 — —

des Bisthums Paderborn

Hauptstrassen, Landwege und Brücken befinden sich im Nieheimer District.

Hauptstrassen und Landwege.	Brücken.
1. Ein passabler Fuhrweg, kommt von Altenbecken, gehet durch Nieheim nach Breidenborn.	1. Eine passable Brücke über die Beverbache, zwischen Nieheim und Ewersen, Amt Oldenburg.
	2. Eine passable Brücke zwischen Nieheim und Stadt Steinheim bey Wöhlbergen über die Bever.

Oberamt Dringenberg. Peckelsheimer District.

Städte, Dörfer, Bauerschaften und freye Häuser.	Freye Häuser.		Schatzbare Häuser.				Summa Häuser reduc. in Vollmeyer.	Darinnen befinden sich		Einfache Schatzung.		
	Klöster, adel. u. Meyereyen.	Geistliche und Privat.	Vollmeyer.	Meyer. 1/2	Meyer. 1/4	Brinksitzer.		Vorspann Pferde Stück	Stallung für Pferde Stück	Rthlr.	fl.	pf.
Borninghausen, Dorf, von Amelunxen.	—	—	1	—	5	10	4	—	—	7	—	—
Darinnen ein adel. Haus, demselben.	1	—	—	—	—	—	1	—	—	—	—	—
Dettmarsen, Dorf, fürstlich.	—	—	3	—	—	—	3	—	—	5	—	—
Dössel, Dorf, fürstlich.	—	—	5	9	8	16	14	—	—	20	—	—
Drankhausen, Dorf, von Spiegel.	—	—	—	6	—	1	3	—	—	4	—	—
Eissen, Dorf, fürstlich.	—	—	2	12	10	22	13	—	—	26	—	—
Enger, Meyerey, von Schaade.	—	—	—	2	1	4	2	—	—	2	—	—
Dabey ein adelich Haus, demselben.	1	—	—	—	—	—	1	—	—	—	—	—
Grossen Eder, Dorf, fürstlich.	—	—	6	10	24	50	23	—	—	45	—	—
Helmeren, bey Peckelsheim, Dorf, v. Spiegel.	—	—	4	1	6	14	8	—	—	8	—	—
Darinnen ein adel. Haus, demselben.	1	—	—	—	—	—	1	—	—	—	—	—
Hohenweipel, Dorf, fürstlich.	—	—	9	12	16	32	23	—	—	20	—	—
Ickenhausen, Dorf, fürstlich.	—	—	4	4	3	6	8	—	—	8	—	—
Kornhaus, bey Peckelsheim, Meyerey, Kloster Abelinghof.	1	—	—	—	—	—	1	—	—	—	—	—

des Bisthums Paderborn.

Oberamt Dringenberg. Peckelsheimer District.

Städte, Dörfer, Bauerschaften und freye Häuser.	Freye Häuser.		Schatzbare Häuser.				Summa Häuser reduc. in Vollmeyer.	Darinnen befinden sich		Einfache Schatzung.		
	Klöster, adel. u. Menreyen	Geistliche und Privat.	Vollmeyer.	½ Meyer.	⅓ Meyer.	Brinksitzer.		Vorspann Pferde Stück	Stallung für Pferde Stück	Rthlr.	fl.	pf.
Löwen, Dorf, fürstlich.	—	—	6	12	13	28	19	—	—	20	—	—
Lütken Eder, Dorf, fürstlich.	—	—	9	19	11	22	24	—	—	28	—	—
Niesen, Dorf, von Buchholz.	—	—	7	3	5	11	11	—	—	24	—	—
Darinnen ein adel. Haus, demselben.	1	—	—	—	—	—	1	—	—	—	—	—
Peckelsheim, Stadt, fürstlich.	—	—	18	18	39	80	47	—	—	100	—	—
Darinnen die spiegelsche Burg, von Spiegel zu Helmeren.	1	—	—	—	—	—		—	—	—	—	—
Ein adel. Haus, v. Oberg.	1	—	—	—	—	—	3	—	—	—	—	—
Ein Freyhaus, der fürstliche Richter.	—	1	—	—	—	—		—	—	—	—	—
Riepen, adelich Haus, von Geismar.	1	—	—	—	—	—	1	—	—	—	—	—
Schweckhausen, Dorf, von Spiegel.	—	—	1	—	3	7	3	—	—	10	—	—
Darinnen ein adel. Haus, Rittmeister v. Spiegel.	1	—	—	—	—	—	1	—	—	—	—	—
Wölsen, Dorf, von Buchholz.	—	—	1	—	7	15	5	—	—	8	—	—
Willegassen, Dorf, von Spiegel.	—	—	—	3	2	5	3	—	—	6	—	—
Summa	9	1	76	111	153	323	223	—	—	341	—	—

Hauptstrassen, Landwege und Brücken befinden sich im Peckelsheimer District.

Hauptstrassen und Landwege.

1. Eine passable Hauptstrasse, kommt von Warburg über Hohenweipel, durch die Feldmark bey Schweckhausen nach Brackel.
2. Ein Weg, kommt aus dem Waldeckischen über Ossendorf, Mörde und Dettmarsen durch die peckelsheimische Feldmark bis Niesen, auf Siddesen, Brackel vorbey, nach Pyrmont.

Brücken.

1. Eine steinerne Brücke zwischen Schweckhausen und Brackel über die Nette.
2. Eine kleine passable steinerne Brücke über die Cluesbach, bey Dettmarsen.
3. Eine kleine passable steinerne Brücke auf der Echelte, bey Lützen-Eber.

Oberamt Dringenberg. Warburger District.

Städte, Dörfer, Bauerschaften und freye Häuser.	Freye Häuser. Klöster, adel. u. Meyereien.	Freye Häuser. Geistliche und Privat.	Schatzbare Häuser. Vollmeyer.	Schatzbare Häuser. ½ Meyer.	Schatzbare Häuser. ¼ Meyer.	Schatzbare Häuser. Brinksitzer.	Summa Häuser reduc. in Vollmeyer.	Darinnen befinden sich Vorspann Pferde. Stück	Darinnen befinden sich Stallung für Pferde. Stück	Einfache Schatzung. Rthlr.	fl.	pf.
Bönenburg, Dorf, Abtey Hardehausen.	—	—	8	24	7	14	24	—	—	20	—	—
Calenberg, Stadt, fürstlich.	—	—	3	7	2	6	8	—	—	12	—	—
Darinnen 1 Conduction, fürstlich.	1	—	—	—	—	—	1	—	—	—	—	—
Dahlheim, Dorf, Dohmdechant v. Spiegel.	—	—	4	2	2	6	6	—	—	8	—	—
Darinnen ein adel. Haus, demselben.	1	—	—	—	—	—	1	—	—	—	—	—
Germete, Dorf, von Canstein.	—	—	8	13	9	20	19	—	—	20	—	—
Hardehausen, Abtey, Bernhardinerorden.	1	—	—	—	—	—	1	—	—	—	—	—
Herlingshausen, Dorf, von Malsburg.	—	—	8	8	7	15	16	—	—	—	—	—
Menne, Dorf, von Wreden.	—	—	8	13	3	6	16	—	—	16	—	—
Darinnen ein adel. Haus, demselben.	1	—	—	—	—	—	1	—	—	—	—	—
Nörden, Dorf, Abtey Hardehausen.	—	—	9	8	6	12	16	—	—	18	—	—
Darinnen 1 freye Scheune, Abtey Hardehausen.	1	—	—	—	—	—	1	—	—	—	—	—
Ossendorp, Dorf, fürstlich.	—	—	13	24	7	14	29	—	—	20	—	—
Rimmecke, Dorf, Abtey Hardehausen.	—	—	8	10	14	29	20	—	—	30	—	—
Darinnen ein freyer Hof, Abtey Hardehausen.	1	—	—	—	—	—	1	—	—	—	—	—

Oberamt Dringenberg. Warburger District.

Städte, Dörfer, Bauerschaften und freye Häuser.	Freye Häuser. Klöster, adel. u. Meyereyen.	Freye Häuser. Geistliche u. Privat.	Schatzbare Häuser. Vollmeyer.	Schatzbare Häuser. ½ Meyer.	Schatzbare Häuser. ¼ Meyer.	Schatzbare Häuser. Brinksitzer.	Summa Häuser reduc. in Vollmeyer	Darinnen befinden sich Vorspannpferde Stück	Darinnen befinden sich Stellung für Pferde Stück	Einfache Schatzung Rthlr.	gl.	pf.
Scherwede, Dorf, Abtey Hardehausen.	—	—	20	40	13	27	47	—	—	28	—	—
Darinn 1 fr. Zehndscheune, Abtey Hardehausen.	1	—	—	—	—	—	1	—	—	—	—	—
Warburg, die alte Stadt, fürstlich.	—	—	18	52	33	66	61	—	—	250	—	—
Die neue Stadt, fürstlich.	—	—	26	87	33	65	86	—	—			
In der Altstadt ein Mönchkloster, Dominicaner.	1	—	—	—	—	—	1	—	—	—	—	—
Ein adelich Haus, die cansteinische Burg.	1	—	—	—	—	—	1	—	—	—	—	—
In der Neustadt der Hardehauser Hof, der Abtey	1	—	—	—	—	—	1	—	—	—	—	—
Der Stern, Freyhaus, Kloster Wormeln.	—	1	—	—	—	—	1	—	—	—	—	—
Welda, Dorf, von Haxthausen.	—	—	8	17	13	26	23	—	—	35	—	—
Darinnen ein adel. Gut, demselben.	1	—	—	—	—	—	1	—	—	—	—	—
Westen, Dorf, von Calenberg.	—	—	6	6	2	6	10	—	—	20	—	—
Darinnen 2 adel. Häuser, Oberhaus und Unterhaus, demselben.	2	—	—	—	—	—	2	—	—	—	—	—
Wormeln, Dorf, Kloster Wormeln.	—	—	6	6	4	10	11	—	—	15	—	—
Darinnen ein Nonnenkloster, Bernhardinessen.	1	—	—	—	—	—	1	—	—	—	—	—
Summa	14	1	153	317	155	322	407	—	—	492	—	—

Haupt-

des Bisthums Paderborn.

Hauptstrassen, Landwege und Brücken befinden sich im Warburger District.

Hauptstrassen und Landwege.

1. Eine Hauptstrasse, kommt von Paderborn, gehet Scherwede vorbey, allwo eine andere Strasse, die von Meerhof kommt, sich mit dieser vereiniget, ferner Rimmecke vorbey, durch Ossendorp und Stadt Warburg, über Dahlheim nach Cassel.
2. Eine Landstrasse, kommt aus dem Waldeckschen, auf den rothen Anger, durch die Diemel, nach Hohenwepel.

Brücken.

1. Zwischen Rimmecke und Ossendorf ist eine fahrbare Brücke über die Diemel.
2. Zwischen Warburg und Dahlheim ist die sogenannte lange Brücke über die Diemel passable.

Nota. Die Diemel ist bey Westheim bey nicht zu hohem Wasser passable.

3. Bey Wormelen ist eine fahrbare Brücke beym Steinwege über die Twiste, die bey Welda.

Die Nauer fliesset bey Bonenburg vorbey, und fällt bey Ossendorf in die Diemel, ist bey nicht zu hohem Wasser passable.

Amt Lichtenau.

Städte, Dörfer, Bauerschaften und freye Häuser.	Freye Häuser.		Schatzbare Häuser.				Summa Häuser reduc. in Vollmeyer.	Darinnen befinden sich		Einfache Schatzung.		
	Klöster, adel. u. Meyereyen.	Geistliche und Privat.	Vollmeyer.	Meyer.	Meyer.	Brinksitzer.		Vorspann-Pferde Stück	Stallung für Pferde Stück	Rthlr.	gl.	pf.
Asselen, Dorf, fürstlich.	—	—	12	18	6	14	24	—	—	16	—	—
Ebbinghausen, Dorf, von Brenken.	—	—	10	8	3	7	16	—	—	8	—	—
Grund-Steinheim, Dorf, v. Westphalen.	—	—	10	12	6	14	19	—	—	20	—	—
Hartmüller, eine Mühle, fürstlich.	—	1	—	—	—	—	1	—	—	1	—	—
Hackenberg, Dorf, fürstlich.	—	—	8	6	3	6	13	—	—	7	—	—
Holtheim, Dorf, v. Calenberg, v. Spiegel.	—	—	12	14	5	11	22	—	—	12	—	—
Iggenhausen, Dorf, von Schiller.	—	—	8	12	5	11	17	—	—	18	—	—
Lichtenau, Stadt, fürstlich.	—	—	30	40	16	34	58	—	—	80	—	—
Darinnen eine Burg, fürstlich.	1	—	—	—	—	—	1	—	—	—	—	—
Dabey drey Mühlen, fürstlich.	3	—	—	—	—	—	3	—	—	—	—	—
Gutheim, adel. Haus, von Oynhausen.	1	—	—	—	—	—	1	—	—	—	—	—
Dabey eine Mühle, demselben.	1	—	—	—	—	—	1	—	—	—	—	—
Summa	6	1	90	110	44	97	176	—	—	162	—	—

des Bisthums Paderborn.

Hauptstrassen, Landwege und Brücken befinden sich im Amt Lichtenau.

Hauptstrassen und Landwege.

1. Eine Hauptstrasse, gehet von Paderborn durch Grundsteinheim und Stadt Lichtenau nach Kleinenberg, im Oberamt Dringenberg, und ferner nach Cassel.

Brücken.

1. Eine steinerne Brücke bey Lichtenau, eine bey Grundsteinheim, } über kleine Flüsse. die aber nur bey seltener Aufschwellung der Wasser gebrauchet werden, da diese kleine Flüsse sonst jederzeit passable sind.

Amt Lügde.

Städte, Dörfer, Bauerschaften und freye Häuser.	Freye Häuser		Schatzbare Häuser.				Summa Häuser reduc. in Vollmeyer	Darinnen befinden sich		Einfache Schatzung.		
	Klöster, adel. u. Mengereyen	Geistliche und Private	Vollmeyer	Meyer	½ Meyer	Brinksitzer		Vorspann Pferde Stück	Stallung für Pferde Stück	Rthlr.	gl.	pf.
Lügde, Stadt, fürstlich.	—	—	4	12	170	213	79⅜	—	145	110	—	—
Darinnen ein adel. Haus, Drost v. Mengersheim.	1	—	—	—	—	—	1	—	—	—	—	—
Ein Mönchkloster, Franciscaner.	1	—	—	—	—	—	1	—	—	—	—	—
Eine Mühle, denselben.	—	1	—	—	—	—	1	—	—	—	—	—
1 Papiermühle, =	—	1	—	—	—	—	1	—	—	—	—	—
Ein Krug, =	—	2	—	—	—	—	2	—	—	—	—	—
1 Ziegelhütte, =	—	1	—	—	—	—	1	—	—	—	—	—
Humborner Mühle, Thumcapitel.	—	1	—	—	—	—	1	—	—	—	—	—
Ein freyes Haus, dem Scharfrichter.	—	1	—	—	—	—	1	—	—	—	—	—
Ein adel. Haus, v. Post.	1	—	—	—	—	—	1	—	—	—	—	—
Ein adelich Haus, von Kessenbrock.	1	—	—	—	—	—	1	—	—	—	—	—
Ein adelich Haus, von Hiddessen zu Warburg.	1	—	—	—	—	—	1	—	—	—	—	—
Harzberg, die Einwohner sind Coloni vom Fürsten von Waldeck.	—	7	—	—	—	—	7	—	11	—	—	—
Summa	5	13	4	12	170	213	97⅜	—	156	110	—	—

Hauptstrassen, Landwege und Brücken befinden sich im Amt Lügde.

Hauptstrassen und Landwege.	Brücken.
1. Ein Landweg, gehet von Stadt Lügde nach Hameln.	1. Eine passable Brücke beym Niederthor zu Lügde über die kleine Eymer.
2. Ein Postweg, gehet von Stadt Lügde auf Elbrinxen nach Huxar.	2. Eine passable Brücke beym Oberthor zu Lügde über die kleine Eymer.
3. Ein Weg, gehet von Stadt Lügde auf Schieder nach Paderborn.	3. Eine halbe Stunde vor der Stadt ist eine kleine Brücke über die Wermelte.
4. Gehet ein Weg von Stadt Lügde auf Arzen und Barrendorf.	4. Befindet sich bey des Scharfrichters Hause vor dem Oberthor eine hölzerne Brücke über die grosse Eymer.
	5. Vor dem Brückthor ist eine Brücke über die grosse Eymer, welche die Franzosen Anno 1758 ruiniret haben, und noch nicht wieder hergestellet ist.

Amt Neuhaus.

Städte, Dörfer, Bauerschaften und freye Häuser.	Freye Häuser Klöster, adel. u. Meyereyen	Geistliche und Privat.	Schatzbare Häuser. Vollmeyer	½ Meyer	¼ Meyer	Brinksitzer	Summa Häuser reduc. in Vollmeyer	Bespann. Pferde Stück	Stallung für Pferde Stück	Einfache Schatzung Rthlr.	fl.	pf.
Alfen, Dorf, von Brenken.	—	—	12	7	31	9	24	—	—	25	—	—
Darinnen ein adel. Haus, von Imsen.	1	—	—	—	—	—	1	—	—	—	—	—
Altenbecken, Dorf, fürstlich.	—	—	6	9	13	57	21	—	—	15	—	—
Benhusen, Dorf, von Westphalen.	—	—	10	4	15	—	16	—	—	20	—	—
Busch, Dorf, von Calenberg.	—	—	—	5	—	9	4	—	—	4	10	6
Clüsener, ein Meyerhof, der eingegangen, von Imsen.	—	—	—	—	—	—	—	—	—	—	5	3
Dalem, Kloster, Augustinermönche.	1	—	—	—	—	—	1	—	—	—	—	—
Dedinkhausen, adelich Haus und Meyerey, von Harthausen.	2	—	—	—	—	—	2	—	—	2	—	—
Döhren, Meyerey, von Westphalen.	—	—	—	2	—	—	2	—	—	3	—	—
Dörnhagen, Dorf, von Calenberg.	—	—	3	3	10	—	6	—	—	11	10	6
Eggeringhausen, Dorf, von Brenken.	—	—	2	7	23	—	11	—	—	16	—	—
Else, Richteramt, fürstlich.	—	—	5	12	14	22	17	—	—	26	10	6
Else mit Gesselen, Schulzenamt, fürstlich.	—	—	6	9	5	7	13	—	—	16	—	—
Feldrohm und Kempen, Dorf, fürstlich.	—	—	—	4	4	16	5	—	—	8	—	—

Ferner

des Bisthums Paderborn.

Ferner Amt Neuhaus.

Städte, Dörfer, Bauerschaften und freye Häuser.	Freye Häuser. Klöster, adel. u. Meyereyen.	Freye Häuser. Geistliche und Privati.	Schatzbare Häuser. Vollmeyer.	Schatzbare Häuser. Meyer. 1/2	Schatzbare Häuser. Meyer. 1/4	Schatzbare Häuser. Brinksitzer.	Summa Häuser reduc. in Vollmeyer.	Darinnen befinden sich Vorspann-Pferde Stück	Darinnen befinden sich Stallung für Pferde Stück	Einfache Schatzung. Rthlr. fl. pf.
Kirch-Borken, Dorf, Kloster Abelinghof.	—	—	11	20	52	9	35	—	—	35 — —
Marienloh, Dorf, von Haxthausen.	—	—	—	2	3	21	4	—	—	13 — —
Darinnen ein adel. Hof, demselben.	1	—	—	—	—	—	1	—	—	— — —
Mehrhof, Dorf, Kloster Dalem.	—	—	8	16	40	40	31	—	—	23 — —
Neuenbecken, Dorf, fürstlich.	—	—	6	12	26	15	20	—	—	28 — —
Darinnen des Richters Haus, fürstlich.	—	1	—	—	—	—	1	—	—	— — —
Neuhaus, Flecken, fürstlich.	—	—	24	19	69	29	54 ⎫	—	—	22 — —
Tüne, Bauerschaft, fürstlich.	—	—	19	—	—	2	19 ⎭	—	—	— — —
In Neuhaus befinden sich noch: die fürstl. Residenz.	—	—	—	—	—	—		—	—	— — —
Adel. Häuser. v. Bösand.	1	—	—	—	—	—	⎫	—	—	— — —
von Brenken.	1	—	—	—	—	—	3	—	—	— — —
von Mengersen.	1	—	—	—	—	—	⎭	—	—	— — —
Geistliche u. Privathäuser: Pastorat.	—	1	—	—	—	—	⎫	—	—	— — —
Wibberts Erben.	—	1	—	—	—	—	3	—	—	— — —
Hanschenhof.	—	1	—	—	—	—	⎭	—	—	— — —
Nort-Borken, Dorf, von Oynhausen.	—	—	6	12	46	—	24	—	—	20 — —
Darinnen zwey adeliche Häuser, v. Oynhausen, v. Cammerrath Bianco.	2	—	—	—	—	—	2	—	—	— — —
Distrup, Dorf, Kloster Dalem.	—	—	2	4	25	25	13	—	—	17 — —

Ferner

Ferner Amt Neuhaus.

Städte, Dörfer, Bauerschaften und freye Häuser.	Freye Häuser. Klöster, adel. u. Meyereyen.	Freye Häuser. Geistliche und Privati.	Schatzbare Häuser. Vollmeyer.	Schatzbare Häuser. ½ Meyer.	Schatzbare Häuser. ¼ Meyer.	Schatzbare Häuser. Brinksitzer.	Summa Häuser reduc. in Vollmeyer	Darinnen befinden sich Vorspann-Pferde. Stück	Darinnen befinden sich Stallung für Pferde. Stück	Einfache Schatzung. Rthlr.	fl.	pf.
Paderborn, Stadt, fürstlich.	—	—	111	434	82	117	363	—	—	250	—	—
Darinnen Adeliche und Klöster. Adeliche Höfe,												
von Imsen.	1											
v. Bucholz.	1											
v. Harthausen.	1											
v. Asseburg.	1											
v. Westphalen.	1											
Thumherren-Höfe, denenselben.	15											
Klosterhöfe.												
Bödeckerhof.	1											
Hardehäuserhof.	1						29	—	—	—	—	—
Mannsklöster.												
Abdinghof.												
Jesuiten-Collegium.	4											
Observanten.												
Capuciner												
Nonnenklöster.												
Gokirchen.												
Capucinessen.	3											
Franciscanernonnen.												
Geistliche und Privati.												
Geistl. Curien, zum Thum	—	35										
Canonicat-Curien, zum Busdorf.	—	9					114	—	—	—	—	—
Geistl. Curien, zu selbigem.	—	18										
Pastoral-Häuser.	—	4										
Stadt- u. Kanzleybediente.	—	48										

Noch

des Bisthums Paderborn.

Noch Amt Neuhaus.

Städte, Dörfer, Bauerschaften und freye Häuser.	Freye Häuser.		Schatzbare Häuser.				Summa Häuser redurc. in Vollmeyer	Darinnen befinden sich		Einfache Schatzung.		
	Klöster, adel. u. Mayereyen.	Geistliche und Privati.	Vollmeyer.	Meyer. ½	Meyer. ¼	Brinksitzer.		Vorspann Pferde Stück	Stallung für Pferde Stück	Rthlr.	fl.	pf.
Sand { Bentfeld.	—	—	1	—	2	—	2					
Auf den Höfen.	—	—	2	1	3	—	3					
Heddinghausen.	—	—	1	3	3	—	3					
Gesselen.	—	—	—	3	3	2	3					
Nesthausen.	—	—	—	1	6	2	2			37	10	6
Dorf Sand.	—	—	1	4	6	12	6					
In der alten Senne, nebst Holzhoff.	—	—	3	2	2	2	5					
Stückenbrock, Kirchspiel, fürstlich.	—	—	6	13	8	56	22	—	—	10	—	—
Wewer, Dorf, von Brenken.	—	—	5	5	53	—	21	—	—	21	—	—
Darinnen zwey adeliche Häuser, von Brenken und von Imsen.	2	—	—	—	—	—	2	—	—	—	—	—
Ein freyes Wirthshaus.	—	1	—	—	—	—	1	—	—	—	—	—
Summa	41	119	252	611	536	452	909	—	—	624	5	3

Büschings Magazin XXI. Theil.

Amt Oldenburg.

Städte, Dörfer, Bauerschaften und freye Häuser.	Freye Häuser. Häuser adel. u.Meyereyen	Freye Häuser. Geistliche und Privati	Schatzbare Häuser. Vollmeyer	Schatzbare Häuser. ½ Meyer	Schatzbare Häuser. ¼ Meyer	Schatzbare Häuser. Brinksitzer	Summa Häuser reduc. in Vollmeyer	Darinnen befinden sich Vorspann Pferde Stück	Darinnen befinden sich Stallung für Pferde Stück	Einfache Schatzung. Rthlr. fl. pf.
Benneckeburg, vide Papenhöven.	—	—	—	—	—	—	—	—	—	—
Bremerburg, Dorf, fürstlich.	—	—	4	6	2	6	8	—	—	8
Breitenhaupt, 2 adeliche Häuser, von Kanne und von Wolwill.	2	—	—	—	—	—	2	—	—	—
Collerbeck u. Langenkamp, Dorf, fürstlich.	—	—	8	16	12	25	22	—	—	23
Eilbrexerborn, Dorf, fürstlich.	—	—	7	2	—	2	8	—	—	12
Eilwersen, Dorf, fürstl.	—	—	3	7	1	4	7	—	—	8
Entrup, Dorf, fürstl.	—	—	12	14	6	14	22	—	—	25
Ewersen, Dorf, fürstl.	—	—	8	18	8	16	21	—	—	18
Grewenburg, zwey adel. Häuser, Gr. v. Oynhausen u. Hr. v. Oynhausen.	2	—	—	—	—	—	2	—	—	—
Hagedorn, Dorf, fürstlich.	—	—	3	4	—	—	5	—	—	—
Hohehaus, vide Löwendorf, v. Metternicht.	—	—	—	—	—	—	—	—	—	—
Kargensiek, vide Sommersellen.	—	—	—	—	—	—	—	—	—	—
Langenkamp, vide Collerbeck.	—	—	—	—	—	—	—	—	—	—
Löwendorf, Sommer und Hohehaus, Dorf, von Metternicht.	—	—	—	—	—	—	—	—	—	24
Zu Löwendorf ist ein adel. Haus, v. Metternicht.	1	—	—	—	—	—	1	—	—	—

Ferner

Ferner Amt Oldenburg.

Städte, Dörfer, Bauerschaften und freye Häuser.	Freye Häuser.		Schatzbare Häuser.				Summa Häuser reduc. in Vollmeyer	Darinnen befinden sich		Einfache Schatzung.		
	Klöster, adel. u. Mevereyen	Geistliche und Privat.	Vollmeyer.	Meyer. 1/2	Meyer. 1/4	Brinksitzer.		Vorspann Pferde Stück	Stattung für Pferde Stück	Rthlr.	fl.	pf.
Lütken Wendelbrede, vide Papenhöven.												
Marienmünster, Abtey, Benedictinerorden.	1						1					
Münsterbrock, Dorf, fürstlich.			5			1	5			12		
Oldenburg, eine fürstliche Burg, bewohnt durch den Hrn. v. Oynhausen, ½ paderbörnisch, ½ lippisch.	1						1					
Darinnen ein Amthaus, fürstlich.		1					1					
Papenhöven, Benneckeburg und Lütken Wendelbrede, Dorf, fürstlich.			6	18	6	14	18			15		
Rolessen, Dorf, fürstlich.			6	10	5	11	14			15		
Sommer, vide Löwendorf, v. Metternicht.												
Sommersellen und Kargensiek, Dorf, von Oynhausen.			16	20	12	24	32			32		
Tiedenhausen, adel. Haus, Graf von Harthausen.	1						1					
Summa	8	1	78	115	52	117	171	—	—	192	—	—

Nota. In diesem Amt Oldenburg sind keine Haupt- und Poststrassen, und die Wege von einem Dorf zum andern sind durch das Gesinde und nasse Wetter impassable gemacht.

Da keine grosse Flüsse und Bäche darinnen, so fallen auch die Brücken von selbsten weg.

Gogra-

Gograviat Salzkotten.

Städte, Dörfer, Bauerschaften und freye Häuser.	Freye Häuser. Klöster, adel. u. Meyereyen, Geistliche und Privat.	Schatzbare Häuser. Vollmeyer.	½ Meyer.	¼ Meyer.	Brinksitzer.	Summa Häuser reduc. in Vollmeyer.	Darinnen befinden sich Vorhanne Pferde Stück	Erziehung für Pferde Stück	Einfache Schatzung. Rthlr.	fl.	pf.
Hof zum Brock, adel. Hof, v. Vogelius.	1	—	—	—	—	1	—	—	—		
Creveteburg, ein unbewohnt adelich Haus, von Brenken.	1	—	—	—	—	1	—	—	—		
Dreckburg, adel. Haus, Dohmprobst v. Asseburg	1	—	—	—	—	1	—	—	—		
Enkhusen, Bauerschaft, v. Brenken.	—	2	8	14	11	11	—	46	20	—	
Salzkotten, Stadt, fürstlich.	—	31	60	37	76	80	—	—	150		
Ohnweit davon die Ohley Mühle, fürstlich.	1	—	—	—	—	—	—	—	—		
Ursprung und Wietsen, Dorf, letzteres ist ein Meyergut, fürstlich.	1	1	11	26	26	16	—	—	14		
Grossenverne, Kirchspiel, von Brenken.	—	7	8	42	33	26	—	116	37	17	6
Kleinenverne, Kirchspiel, v. Brenken.	—	1	4	—	—	3	—	15	2	3	6
Verneburg, ein unbewohntes adeliches Haus, v. Brenken.	1	—	—	—	—	1	—	—	—		
Wietsen, vide Ursprung, fürstlich.	—	—	—	—	—	—	—	—	—		
Wanscheid, Freyhaus, von Boarsius.	1	—	—	—	—	1	—	—	—		
Summa	6	1 42	91	119	142	142	—	177	223	20	—

Hauptstrassen, Landwege und Brücken befinden sich im Gograviat Salzkotten.

Hauptstrassen und Landwege.	Brücken.
1. Eine Landstrasse, kommt von Gesecke, gehet über die Heydemarch durch Stadt Salzkotten nach Paderborn und Neuhaus.	
2. Ein Weg, kommt von Gesecke, gehet über die Heydemarch durch Stadt Salzkotten nach Tudorf und Paderborn.	
3. Eine Landstrasse, gehet aus dem Sauerlande bey Kleinen-Werne vorbey ins Dellbrückfche.	3. Bey Kleinen-Werne ist eine Fußbrücke über die Heyer. Der Fluß ist mit Wagen und Pferden passable.
4. Ein Weg, gehet von Salzkotten nach Bühren.	4. Nahe bey Salzkotten ist eine Fußbrücke über die Heyer. Der Fluß ist mit Wagen und Pferden passable.
5. Ein Weg von Kreveteburg gehet ins Amt Bocke.	5. Bey der Kreveteburg ist eine Brücke über die Heyer. Der Fluß ist mit Wagen und Pferden passable.

Amt Steinheim.

Städte, Dörfer, Bauerschaften und freye Häuser.	freye Häuser. Klöster, adel. u.Meyereyen.	freye Häuser. Geistliche und Privati.	Schatzbare Häuser. Vollmeyer.	Schatzbare Häuser. ½ Meyer.	Schatzbare Häuser. ¼ Meyer.	Schatzbare Häuser. Brinksitzer.	Summa Häuser reduc. in Vollmeyer.	Darinnen befinden sich Vorspann-Pferde. Stück	Darinnen befinden sich Stallung für Vieh. Stück	Einfache Schatzung. Rthlr.	fl.	pf.
Bergheim, Dorf, fürstlich.	—	—	30	8	9	20	39	—	—	33	—	—
Dollenhof, Meyerey, von Ketteler.	—	1	—	—	—	—	1	—	—	—	—	—
Eickholz, der Vorderhof, Graf von der Lippe, der Hinterhof, von Waitz und von Amboten.	2	—	—	—	—	—	2	—	—	—	—	—
Der Müller daselbst.	—	—	1	—	—	—	1	—	—	—	—	—
Himminghausen mit Keilberg, Dorf, von Donop.	—	—	12	—	6	13	15	—	—	10	—	—
Darinnen ein adel. Haus, dem Capitain v. Donop.	1	—	—	—	—	—	1	—	—	—	—	—
Keilberg, vide Himminghausen.												
Menzenbrock, adel. Hof, Graf von der Lippe.	1	—	—	—	—	—	1	—	—	—	—	—
Ottenhausen, Dorf, Graf von der Lippe.	—	—	19	12	6	13	28	—	—	25	—	—
Darinnen ein adel. Haus, demselben.	1	—	—	—	—	—	1	—	—	—	—	—

Ferner

Ferner Amt Steinheim.

Städte, Dörfer, Bauerschaften und freye Häuser.	Freye Häuser.		Schatzbare Häuser.				Summa Häuser reduc. in Vollmeyer.	Darinnen befinden sich		Einfache Schatzung.		
	Klöster, adel. u. Mevereyen.	Geistliche und Privati.	Vollmeyer.	1 Meyer.	¼ Meyer.	Brinksitzer.		Vorspann Pferde Stück	Stellung für Pferde Stück	Rthlr.	sl.	pf.
Steinheim, Stadt, fürstlich.	—	—	55	118	31	63	130	—	—	150	—	—
Darinnen der Pollhof, von Oynhausen.	1	—	—	—	—	—	1	—	—	—	—	—
Vinsebeck, nebst Engelmann und Köster, Dorf, Graf von der Lippe.	—	—	35	19	7	15	48	—	—	30	10	6
Darinnen ein adel. Haus, Geh. Rath v. d. Lippe.	1	—	—	—	—	—	1	—	—	—	—	—
Wörden, Stadt, fürstlich.	—	—	13	19	12	24	29	—	—	40	—	—
Darinnen die Burg, Geh. Rath v. Harthausen.	1	—	—	—	—	—	1	—	—	—	—	—
Der Mörchehof, Abtey Marienmünster.	1	—	—	—	—	—	1	—	—	—	—	—
Grossen Wendelbrede, Dorf, von Harthausen.	—	—	5	7	2	6	10	—	—	6	—	—
Wintrup, adelich Haus, Graf von der Lippe.	1	—	—	—	—	—	1	—	—	—	—	—
Summa	10	1	170	183	73	154	311	—	—	294	10	6

Thum-Capitular-Oerter.

Städte, Dörfer, Bauerschaften und freye Häuser.	Freye Häuser.		Schatzbare Häuser.				Summa Häuser reduc in Vollmeyer	Darinnen befinden sich		Einfache Schatzung.		
	Kloster, adel. u. Meyerey.	Geistliche und Privat.	Vollmeyer.	½ Meyer.	¼ Meyer.	Brinksitzer.		Vorspann-Weide Stück	Stallung für Weide Stück	Rthlr.	fl.	pf.
Attelen, Dorf, Thumcapitel.	—	—	11	30	41	32	40	—	—	36	—	—
Blankenrode, Conduction, Thumcapitel.	1	—	—	—	—	—	1	—	—	—	—	—
Bredenborn, Stadt, Thumcapitel.	—	—	18	27	26	52	45	—	—	50	—	—
Darinnen das Amthaus, demselben.	—	1	—	—	—	—	1	—	—	—	—	—
Dahl, Dorf, Thumcapitel.	—	—	22	6	12	26	31	—	—	28	—	—
Ettelen, Dorf, Thumcapitel.	—	—	7	28	31	64	37	—	—	47	—	—
Hamborn, Meyerey, Thumcapitel.	1	—	—	—	—	—	1	—	—	3	—	—
Hausen, Dorf, Thumcapitel.	—	—	8	27	16	32	30	—	—	30	—	—
Darinnen eine Oeconomie, demselben.	1	—	—	—	—	—	1	—	—	—	—	—

Noch

des Bisthums Paderborn.

Noch Thum-Capitular-Oerter.

Städte, Dörfer, Bauerschaften und freye Häuser.	Freye Häuser		Schaßbare Häuser				Summa Häuser reduc. in Vollmeyer	Darinnen befinden sich		Einfache Schaßung		
	Klöster, adel. u. Meyereyen	Geistliche und Privat.	Vollmeyer	½ Meyer	¼ Meyer	Brinksitzer		Vorspann Pferde Stück	Stallung für Pferde Stück	Rthlr.	fl.	pf.
Hengelarn, Dorf, Thumcapitel.	—	—	6	11	37	28	24	—	—	33	—	—
Kleyhof, Meyerey, Thumcapitel.	1	—	—	—	—	—	1	—	—	—	—	—
Lippspringe, Stadt, Thumcapitel.	—	—	16	36	21	44	45	—	—	60	—	—
Darinnen der Renthof, demselben.	—	1	—	—	—	—	1	—	—	—	—	—
2 Conductions, demselben; 1 Conduction, Geh. Rath v. Westphal; 1 Conduction, Capitain von Harthausen.	4	—	—	—	—	—	4	—	—	—	—	—
Meyer zur heiligen Seel, eine Meyerey, die ohne Haus, und eingegangen, Thumcapitel.	—	—	—	—	—	—	—	—	—	1	—	—
Scharmede, Dorf, Thumcapitel.	—	—	7	12	8	17	17	—	—	15	—	—
Summa	8	2	95	177	192	295	279	—	—	303	—	—

Amt Wewelsburg.

Städte, Dörfer, Bauerschaften und freye Häuser.	freye Häuser		Schatzbare Häuser.				Summa Häuser reduc. in Vollmeyer	Darinnen befinden sich		Einfache Schatzung.		
	Klöster, adel. u. Meyereien	Geistliche und Privat.	Vollmeyer	½ Meyer	¼ Meyer	Brinksitzer		Vorspann-Pferde Stück	Stallung für Pferde Stück	Rthlr	gl	pf
Uden, Dorf, fürstlich.	—	—	3	14	52	10	24	—	—	12	16	—
Bödecken, Kloster, Augustinermönche.	1	—	—	—	—	—	1	—	—	—	—	—
Brenken, Dorf, von Brenken.	—	—	3	72	16	69	29	—	—	31	—	—
Darinnen 1 adel. Haus, 1 Krug, 2 Mühlen, 3 freye Häuser, demselben.	1 1 2 3	—	—	—	—	—	7	—	—	—	—	—
Erdberenburg, (Erdberenberg) adl. Gut, v. Brenken.	1	—	—	—	—	—	1	—	—	—	—	—
Graffelshof, Conduction, Kloster Bödecken.	1	—	—	—	—	—	1	—	—	—	—	—
Haaren, Dorf, fürstlich.	—	—	10	23	30	61	37	—	—	18	—	—
Helmeren, am Sandfeld, Dorf, fürstlich.	—	—	12	16	15	30	28	—	—	18	—	—
Niedern Türpe, Dorf, fürstlich.	—	—	14	28	15	32	36	—	—	29	—	—
Obern Türpe, Dorf, fürstlich.	—	—	5	5	16	25	15	—	—	14	10	6
Tingelhof, Conduction, Kloster Bödecke.	1	—	—	—	—	—	1	—	—	—	—	—
Wewelsburg, Dorf, fürstlich.	—	—	11	37	19	38	39	—	—	7	7	—
Darinnen ein Amthaus und eine Mühle, fürstlich.	—	2	—	—	—	—	2	—	—	—	—	—
Summa	11	2	58	195	163	265	221	—	—	130	12	6

des Bisthums Paderborn.

Hauptstrassen, Landwege und Brücken befinden sich im Amt Wewelsburg.

Hauptstrassen und Landwege.

1. Eine passable Landstraffe, kommt von Paderborn, gehet durch Wewer, Ober-Tudorf, den Scheelen Krug über Brenken vorbey, auf Hemmen, Amts Ruthe.
2. Eine passable Landstraffe, kommt von Paderborn, durch Paderborn, Haaren, und gehet nach Essentho, und auch nach Stadt Wünneberg.
3. Eine passable Strasse, kommt von Gesecke, führet durch Brenken über Fürstenberg her, nach Essentho.
4. Eine passable Strasse, kommt von Salzkotten, führet durch Nieder-Tudorf auf Haaren rc.

Brücken.

1. Im Dorf Brenken sind 2 steinerne passable Brücken über die Alme.
2. Zwischen Brenken und dem adelichen Hause Erdberenberg sind 2 inpassable hölzerne Brücken über die Alme.
4. Zu Niedern-Tudorf ist eine passable Brücke über die Alme.
5. Zu Aben } ist eine passable Brücke
6. Zu Graffeln } über die Alme.
7. Die Brücke zu Wewelsburg ist wegen der umliegenden Berge nicht wohl passable.

Amt Wünneberg.

Städte, Dörfer, Bauerschaften und freye Häuser.	Freye Häuser. Klöster, adel. u. Meyereyen	Geistliche und Privat.	Schatzbare Häuser. Vollmeyer	½ Meyer	¼ Meyer	Brinksitzer	Summa Häuser reduc. in Vollmeyer	Darinnen befinden sich Vorspann-Pferde Stück	Stallung für Vieh Stück	Einfache Schatzung. Rthlr.	gl.	pf.
Bleywesch, Dorf, fürstlich.	—	—	9	12	10	21	20	—	—	10	—	—
Essentho, Dorf, Graf von Plettenberg.	—	—	8	22	12	24	25	—	—	15	—	—
Darinnen eine Meyerey, demselben; eine Oeconomie, von Westphalen.	2	—	—	—	—	—	2	—	—	—	—	—
Fürstenberg, Dorf, von Westphalen.	—	—	40	58	36	73	87	—	—	40	—	—
Darinnen adel. Häuser: 1 dem Drost 1 dem Hofrath v. Westphalen. 1 Frau Majorin	3	—	—	—	—	—	3	—	—	—	—	—
Das Amthaus, fürstlich.	—	1	—	—	—	—	1	—	—	—	—	—
2 Mühlen, v. Westphalen.	—	2	—	—	—	—	2	—	—	—	—	—
Leyberg, Dorf, fürstlich.	—	—	7	24	17	35	28	—	—	15	—	—
Darinnen eine fürstliche Mühle.	—	1	—	—	—	—	1	—	—	—	—	—
Wohlbedacht, eine Oeconomie, v. Westphalen.	—	—	—	—	—	—	—	—	—	—	—	—
Wünneberg, Stadt, fürstlich.	—	—	—	—	—	—	—	—	—	—	—	—
Summa	5	4	64	116	75	153	169	—	—	80	—	—

Hauptstrassen, Landwege und Brücken befinden sich im Amt Wünneberg.

Hauptstrassen und Landwege.

1. Eine Poststrasse, kommt von Stadt Bühren, gehet über Essentho und Stadtberge ins Cöllnische.

2. Eine Landstrasse, kommt von Paderborn über Haaren, Amts Wewelsburg, gehet an der Ecke der städtischen Feldmark hin, und fällt bey Wohlbedacht in die Strasse Num. 1. und lauft mit solcher nach Essentho ꝛc.

3. Gehet ein Fahrweg von Bühren durch das Gentfeld nach Merhoff, der aber fast impassable.

Brücken.

Nota. Die Brücken, über den hier befindlichen kleinen Bach, sind gar nicht sonderlich.

Recapi-

Recapitulation

sämmtlicher Aemter, Klöster, adelichen und freyen, auch schatzbaren Häusern, sodann Vorspanns- und Stallung für Pferde, imgleichen der einfachen Schatzung des Stifts Paderborn.

Aemter.	Freye Häuser. Klöster, adel. u. Meyereyen	Geistliche und Privat.	Schatzbare Häuser. Vollmeyer.	½ Meyer.	¼ Meyer.	Brinksitzer.	Summa Häuser reduc. in Vollmeyer.	Darinnen befinden sich Vorspanns Pferde Stück	Stallung für Pferde Stück	Einfache Schatzung. Rthlr.	gl.	pf.
Beverungen.	3	15	34	198	87	179	196	—	—	137	—	—
Bocke.	4	—	79	109	51	116	162	—	—	158	—	—
Herrschaft Bühren.	8	—	63	99	124	251	185	—	—	180	—	—
Dellbrück.	1	—	121	75	96	316	223	—	—	319	—	—
Oberamt Dringenberg. Borgentricker Distr.	28	—	86	259	145	286	315	—	—	442	—	—
Brackelscher Distr.	14	—	131	233	187	392	359	—	—	422	—	—
Driburger District.	3	—	47	108	99	132	147	—	—	130	—	—
Immediater Distr.	18	15	204	303	149	309	467	—	—	391	—	—
Nieheimer District.	8	—	88	143	49	109	193	—	—	254	—	—
Peckelsheimer Distr.	9	1	76	111	153	323	223	—	—	341	—	—
Warburger District.	14	1	153	317	155	322	407	—	—	492	—	—
Lichtenau.	6	1	90	110	44	97	176	—	—	162	—	—
Lügde.	5	13	4	12	170	230	97	—	156	110	—	—
Neuhaus.	41	119	252	611	536	452	909	—	—	624	5	3
Oldenburg.	8	—	—	—	—	—	—	—	—	192	—	—
Salzkotten.	6	1	42	91	119	146	142	—	—	224	—	—
Steinheim.	10	1	170	183	73	154	311	—	—	294	10	6
Thum-Capitular-Oerter.	8	2	95	177	192	295	279	—	—	303	—	—
Wewelsburg.	11	2	58	195	163	265	221	—	—	130	12	6
Wünneberg.	5	4	64	116	75	153	169	—	—	80	—	—
Summa										5386	16	3

Alphabetisches Register

von den

im

Bisthum Paderborn

befindlichen Ortschaften und freyen Häusern.

A.

A.

Pagina.	Städte, Dörfer, Bauerschaften und freye Häuser.	Explication.	Possessores.	Amt.	District.	Summa Häuser reduc. in Bäumener.	Einfache Schatzung. Rthlr. fl. pf.
22	Aden,	Dorf,	fürstlich.	Wewelsburg.	=	—	— — —
6	Aldorpsen,	adel. Pachtgut,	Fähnrich v. Spiegel.	Dringenberg.	Borgentrick.	—	— — —
16	Alfen, Darinnen	Dorf, 1 adel. Haus,	v. Brenken. von Imsen.	Neuhaus.	Landvogtey.	—	— — —
9	Altenhausen,	Dorf,	v. Asseburg.	Dringenberg.	Driburg.	—	— — —
16	Altenbecken,	Dorf,	fürstlich.	Neuhaus.	=	—	— — —
10	Altenheerse, mit Wippermanns Hof,	Dorf,	Stift Neuenheerse.	Dringenberg.	Immediater District.	—	— — —
2	Anreppe mit Leste,	Bauerschaft,	fürstlich.	Bocke.	=	—	— — —
8	Apenburg,	adelich Haus u. Meyerey,	Drost von Harthausen.	Dringenberg.	Brackel.	—	— — —
14	Asselen,	Dorf,	fürstlich.	Lichtenau.	=	—	— — —
21	Atteien,	Dorf,	Thumcapitel.	Thumcapitel.	=	—	— — —
6	Auenhausen,	Dorf,	v. Westphalen.	Dringenberg.	Borgentrick.	—	— — —

B.

von den im Bisthum Paderborn befindlichen Ortschaften.

Pagina.	B. Städte, Dörfer, Bauerschaften und freye Häuser.	Explication.	Possessores.	Amt.	District.	Summa Häuser reduc. in Vollmeyer.	Einfache Schatzung. Rthlr. fl. pf.
4	Barkhausen,	Dorf,	Jesuiten-Colleg. zu Bühren.	Herrschaft Bühren.	*	—	—
8	Beller,	Dorf,	v. Asseburg.	Dringenberg.	Brackel.	—	—
8	Bellersen,	Dorf,	von Harthausen.	Dringenberg.	Brackel.	—	—
16	Benhausen,	Dorf,	von Westphalen.	Neuhaus.	Landvogtey.	—	—
18	Benneckeburg,	vid. Papenhöven	*	Oldenburg.	*	—	—
2	Bentfeld mit Heddinghausen,	Bauerschaft, Bauerschaft,	fürstlich. fürstlich.	Bocke. Bocke.	* *	—	16
16	Bentfeld,	vide Sand,	fürstlich.	Neuhaus.	*	—	—
9	Bemburen,	eine lastbare Meyeren, die eingegangen,	13 Bauren zu Reelsen,	Dringenberg.	Driburg.	—	—
20	Bergheim,	Dorf,	fürstlich.	Steinheim.	*	—	—
1	Beverungen,	Stadt,	fürstlich.	*	*	74	60
	Darinnen {	das Amthaus 2 Mühlen, 6 Mühlen,	fürstlich. Privati.	Beverungen. * *	* * *	9	—
21	Blankenrode,	Pachthof,	Thumcapitel.	Thumcapitel.	*	—	—
23	Bleywesch,	Dorf,	fürstlich.	Wünneberg.	*	—	—
22	Bödecken,	Kloster,	Augustiner-Mönche.	Wewelsburg.	*	—	—
8 {	Böckendorf, nebst Böckerhof,	Dorf, adel. Gut u. Meyerey,	von Harthausen. von Harthausen.	Dringenberg. Dringenberg.	Brackel. Brackel.	—	—
13	Bönenburg,	Dorf,	Abtey Hardehausen.	Dringenberg.	Warburg.	—	—
6	Borgentrick,	Stadt,	fürstlich.	*	*	65	150
	Darinnen {	ein adelich Haus, der Harbehauser Hof,	von Druchtleben. Abtey Hardehausen.	Dringenberg. *	Borgentrick. *	1 1	— —

B.

Pagina.	Städte, Dörfer, Bauerschaften und freye Häuser.	Explication.	Possessores.	Amt.	District.	Summa Häuser reduc. in Vollmeyer.	Einfache Schatzung.		
							Rthlr.	gl.	pf.
6	Borchholz,	Stadt,	fürstlich.	Dringenberg.	Borgentrick.	50	60	—	—
	Darinnen {	1 adel. Haus,	von Westphalen.						
		1 adel. Haus,	von Juden.			2			
12	Borninghausen	Dorf,	v. Amelunxen.	Dringenberg.	Peckelsheim.	4	7	—	—
	Darinnen	1 adel. Gut,	demselben.			1			
11	Bösenhof,	vide Pömpsen,	v. Vogelius.	Dringenberg.	Nieheim.				
8	Brackel,	Stadt,	fürstlich.			98	200	—	—
	Darinnen	1 Mönchkloster,	Capuciner.			1			
8	Brackel,	Hausleute auf der Breda,	fürstlich, nebst der Mühle.	Dringenberg.	Brackel.	4	6	—	—
8	Ohnweit Brackel	das Nonnenkloster.	Augustinessen.			2			
21	Bredenborn,	Stadt,	Thumcapitel.	Thumcapitel.		54	50		
	Darinnen	1 Amthaus.							
18	Breitenhaupt,	adelich Haus,	von Wollwil.	Oldenburg.		2			
			von Hanne.						
18	Bremerburg,	Dorf,	fürstlich.	Oldenburg.		8	8	—	—
22	Brenken,	Dorf, { Krug, 2 Mühlen, 1 adel. Haus, 3 freye Häuser.	v. Brenken.	Wewelsburg.					
	Darinnen								
19	Hof zum Brocke.	adelich Haus,	v. Vogelius.	Comm̄iat Saltkotten.					
6	Bühne,	Dorf,	Herrschaft Desenberg.						
	Darinnen {	5 Mühlen, 4 adel. Häuser, der Winterhof.	von Spiegel. von Droft.	Dringenberg.	Borgentrick.				
9	Bucke,	Dorf,	fürstlich.	Dringenberg.	Driburg.				
4	Bühren,	Stadt,	Jesuiten-Collegium daselbst.		Herrschaft Bühren.	57	100	—	—
	Darinnen {	3 Mühlen, 1 Meyerey, 1 Jesuit. Colles. 1 Mühle	demselben. Kloster Holzhausen.			4			
16	Busch,	Dorf,	v. Calenberg.	Neuhaus.	Landvogtey.	4	4	10	6

C.

von den im Bisthum Paderborn befindlichen Ortschaften. 123

Pagina.	C. Städte, Dörfer, Bauerschaften und freye Häuser.	Explication.	Possessores.	Amt.	District.	Summa Häuser reduc. in Vollmeyer.	Einfache Schatzung. Rthlr. Gl. Pf.
13	Calenberg, Darinnen	Stadt, 1 Conduction	fürstlich. fürstlich.	Dringenberg.	Warburg.	8 1	12
16	Clüsener,	1 Meyerhof, der eingegangen.	von Imsen.	Neuhaus.			
18	Collerbeck mit Langenkamp	Dorf,	fürstlich.	Oldenburg.			
6	Cörbecke. Darinnen	Dorf, zwey Teichmühlen.	½ fürstlich, ½ Herrschaft Desenberg.	Dringenberg.	Borgentrick.		
19	Creweteburg,	ein unbewohntes adeliches Haus.	v. Brenken.	Gograviat Salzkotten.			

Q 2

D.

D.

Pagina.	Städte, Dörfer, Bauerschaften und freye Häuser.	Explication.	Possessores.	Amt.	District.	Summa Häuser reduc. in Vollmener.	Einfache Schatzung.		
							Rthlr.	fl.	pf.
21	Dahl,	Dorf,	Thumcapitel.	Thumcapitel.	=	—	—	—	—
13	Dahlheim,	Dorf,	v. Spiegel.			—	—	—	—
	Darinnen	1 adel. Haus,	Domdechant v. Spiegel.	Dringenberg.	Warburg.	—	—	—	—
16	Dalem,	Kloster,	Augustiner-Mönche.	Neuhaus.	=	—	—	—	—
1	Dalhausen,	Dorf,	Abtey Gehrden.			—	—	—	—
	Darinnen	das Klostergehrdische Haus, der Krug, 2 Mühlen	derselben.		Beverungen.	—	—	—	—
6	Daseburg,	Dorf,	von Spiegel, Herrschaft Desenberg.	Dringenberg.	Borgentrick.	—	—	—	—
	Darinnen	4 Mühlen.				—	—	—	—
5	Dellbrück,	Dorf,	fürstlich.	Dellbrück.	=	—	—	—	—
5	Dellbrück,	Dorfbaurschaft,	fürstlich.	Dellbrück.		—	—	—	—
2	Dedinghausen,	viele Rebbecker Baurschaft.	fürstlich.	Bocke.	=	—	—	—	—
16	Dedinkhausen,	adel. Haus und Meyerey.	v. Haxthausen.	Neuhaus.	=	—	—	—	—
12	Dettmarsen,	Dorf,	fürstlich.	Dringenberg.	Peckelsheim.	—	—	—	—
6	Dinkelborg,	adelich Haus,	Drost v. Westphalen.	Dringenberg.	Borgentrick.	—	—	—	—
16	Döhren,	Meyerey,	v. Westphalen.	Neuhaus.	=	—	—	—	—
12	Dössel,	Dorf,	fürstlich.	Dringenberg.	Peckelsheim.	—	—	—	—
20	Dollenhof,	Meyerey,	von Kettler.	Steinheim.	=	—	—	—	—
16	Dörrnhagen,	Dorf,	v. Calenberg.	Neuhaus.	Landvogtey.	—	—	—	—
12	Drankhausen,	Dorf,	v. Spiegel.	Dringenberg.	Peckelsheim.	—	—	—	—
19	Dreckburg,	adelich. Haus,	Thumpropst v. Asseburg.	Gograviat Saltzkotten.	=	—	—	—	—
9	Driburg,	Stadt,	fürstlich.	Dringenberg.	Driburg.	—	—	—	—
10	Dringenberg,	Stadt,	fürstlich.	Dringenberg.	immed. District.	46	50		
	Darinnen ½ Stund v. d. Stadt	das Amthaus, eine Meyerey, zwey Mühlen	fürstlich.	Dringenberg.		4			

E.

von den im Bisthum Paderborn befindlichen Ortschaften.

Pagina.	E. Städte, Dörfer, Bauerschaften und freye Häuser.	Explication.	Possessores.	Amt.	District.	Summa Häuser reduc. in Wohnhäuser.	Einfache Schatzung.		
							Rthlr.	gl.	pf.
14	Ebbinghausen,	Dorf,	v. Brenken.	Lichtenau.		16	8		
16	Eggeringhausen	Dorf,	v. Brenken.	Neuhaus.	Landvogtey.	11	16		
4	Eickhof,	Dorf,	Jesuiten-Collegium zu Bühren.	Herrschaft Büren		5	4		
20	Eickholz,	der Vorderhof,	Gr. v. d. Lippe. von Weichs,	Steinheim.		2			
		der Hinterhof,	von Amboten						
		der Müller	daselbst.			1			
18	Eilbrexerborn,	Dorf,	fürstlich.	Oldenburg.		8	12		
18	Eilwersen,	Dorf,	fürstlich.	Oldenburg.		7	8		
12	Eissen,	Dorf,	fürstlich.	Dringenberg.	Peckelsheim.	13	26		
16	Else,	Richteramt,	fürstlich.	Neuhaus.		17	26	10	6
16	Else mit Gesselen,	Schulzenamt	fürstlich.	Neuhaus.		11	16		
						2			
19	Enkhusen,	vide Kirchspiel Verne.		Engraviat Salzketten.					
12	Enger,	adelich Gut und Meyerey,	v. Schade.	Dringenberg.	Peckelsheim.	3	2		
8	Erkelen,	Dorf,	v. Asseburg.	Dringenberg.	Brackel.	43	40		
22	Erdberenburg,	adelich Haus,	v. Brenken.	Wewelsburg.		1			
9	Erpentrup,	Dorf,	v. Donop.	Dringenberg.	Driburg.	7	4		
	Darinnen	1 adel. Haus.				1			
11	Erwitzen,	Dorf,	v. Borch.	Dringenberg.	Nieheim.	8	12		
2	Espenlacke,	adelich Haus, in die Ringbauerschaft gehörig.	von Amelunxen.	Bocke.		1			
18	Entrup,	Dorf,	fürstlich.	Oldenburg.		22	25		
23	Essento,	Dorf,	Graf von Plettenberg.	Amt Wünneberg.		25	15		
	Darinnen	1 Oeconomie	demselben.	Wünneberg.		2			
		1 Oeconomie	v. Westphalen.						
21	Ettelen,	Dorf,	Thumcapitel.	Thumcapitel.		37	47		
18	Ewersen,	Dorf,	fürstlich.	Oldenburg.		21	18		
11	Exterenbrock,	Condition,	Abtey Hardehausen.	Dringenberg.	Nieheim.	1			

F.

Pagina.	F. Städte, Dörfer, Bauerschaften und freye Häuser.	Explication.	Possessores.	Amt.	District.	Summa Häuser reduc. in Wohnhäuser.	Einfache Schatzung. Rthlr. ßl. pf.
16	Feldrohm,	vide Kempen.		Neuhaus.			
10	Frohnhausen,	Dorf,	v. Bocholz.	Dringenberg.	immed. District	11	16
23	Fürstenberg,	Dorf,	v. Westphalen.	Wünneberg.		87	40
	Darinnen	2 Mühlen, 3 adel. Häuser, der Renthof,	demselben. fürstlich.	item.		6	
2	Fürstenberger Hof,	vide Schweller Baursch.		Bocke.			

G.

von den im Bisthum Paderborn befindlichen Ortschaften. 127

Pagina.	Städte, Dörfer, Bauerschaften und freye Häuser.	Explication.	Possessores.	Amt.	District.	Summa Häuser reduc. in Vollmeyer.	Einfache Schatzung.		
	G.						Rthlr.	fl.	pf.
2	Garffeler,	Bauerschaft,	fürstlich.	Bocke.	=	10	11	10	6
10	Gerden,	Stadt,	fürstlich.	Dringenberg.	Immed. District	43	40	—	—
	Darinnen	eine Abtey,	Benedictiner-Nonnen.	=	=	1			
13	Germete,	Dorf,	v. Kanstein.	Dringenberg.	Warburg.	19	20	—	—
16	Geffelen,	vide Else.	=	Neuhaus.	=				
16	Geffelen,	vide Sande.	=	Neuhaus.	=				
22	Graffelshof,	Conduction.	Kloster Böddecken.	Wewelsburg.	=	1			
18	Gräffenberg,	zwey adeliche Häuser.	den Grafen u. Gebrüdern v. Oynhausen	Oldenburg.	=	2			
12	Grossen Eder,	Dorf,	fürstlich.	Dringenberg.	Peckelsheim.	23	45	—	—
14	Grund Steinheim,	Dorf,	v. Westphalen.	Lichtenau.	=	19	20	—	—

H.

Alphabetisches Register

Pagina.	H. Städte, Dörfer, Bauerschaften und freye Häuser.	Explication.	Possessores.	Amt.	District.	Summa Häuser reduc. in Vollmeyer.	Einfache Schatzung. Rthlr. fl. pf.
1	Haarbrück,	Dorf,	Gebr. v. Spiegel.	Beverungen.	=	18	15 — —
22	Haaren,	Dorf,	fürstlich.	Wewelsburg.	=	37	18 — —
14	Hartmüller,	eine Mühle,	fürstlich.	Lichtenau.	=	1	1 — —
14	Hackenberg,	Dorf,	fürstlich.	Lichtenau.	=	13	7 — —
18	Hagedorn.	Dorf,	=	Oldenburg.	=	5	— — —
21	Hamborn,	Meyerey,	Thumcapitel.	Thumcapitel.	=	1	3 — —
10	Hampenhausen,	Dorf,	Abtey Gehrden.	Dringenberg.	Immed. District.	8	6 — —
13	Hardehausen,	Abtey,	Bernhardiner Mönche.	Dringenberg.	Warburg.	1	— — —
4	Harth,	Dorf,	Jesuiten Colleg. zu Bühren.	Herrschaft Bühren.	=	11	6 14 —
21	Hausen,	Dorf,	Thumcapitel.	Thumcapitel.	=	30	30 — —
	Darinnen	1 Oeconomie,	demselben.			1	
2	Heddinghausen,	vid. Bentfeld	—	Bocke.	=		
16	Heddinghausen,	vid. Sand.	—	Neuhaus.	=		
4	Hegesdorf,	Dorf,	halb fürstlich, halb Jesuit Coll. zu Bühren.	Herrschaft Bühren und Wünneberg.	=	25	14 4 8
2	Heidwinkel,	vid. Ring-	Baurschaft	Bocke.	=	—	
8	Heinhauser Hof,	Meyerey,	Hofr. Peine.	Dringenberg.	Brackel.	1	— — —
6	Heinholz,	adelich Haus,	v. Druchtleben.	Dringenberg.	Borgentrick.	1	— — —
10	zur Helle,	Conduction,	Stift Neuenheerse.	Dringenberg.	Immediater District	1	— — —
22	Helmeren am Sentfeld,	Dorf,	fürstlich.	Wewelsburg.	=	28	18 — —
12	Helmeren bey Peckelsheim,	Dorf,	v. Spiegel.	Dringenberg.	Peckelsheim.	8	8 — —
	Darinnen	1 adel. Haus,	demselben.			1	— — —
8	Hembsen,	Dorf,	v. Asseburg.	Dringenberg.	Brackel.	20	28 — —
21	Hengelarn,	Dorf,	Thumcapitel.	Thumcapitel.	=	24	33 — —
10	Herbram,	Dorf,	v. Westphalen.	Dringenberg.	Immed. District.	16	16 — —
	Darinnen	2 adl. Häuser, 2 Oeconomien				4	— — —

H.

von den im Bisthum Paderborn befindlichen Ortschaften.

Pagina.	H. Städte, Dörfer, Bauerschaften und freye Häuser.	Explication.	Possessores.	Amt.	District.	Somma Häuser reduc. in Vollmeyer.	Einfache Schatzung.		
							Rthlr.	gl.	pf
13	Herlinghausen,	Dorf,	v Malsburg.	Dringenberg.	Warburg.	16	—	—	—
8	Herste,	Dorf,	v. Asseburg.	Dringenberg.	Brackel.	28	20	—	—
1	Herstelle,	Dorf,	fürstlich.	Beverungen.	=	41	24	—	—
	Darinnen	1 Amthaus,	fürstlich.	—	—	1			
		1 Mönchklost.	Minoriten.			1			
11	Hiddeser Meyer,	Meyerey.	v. Borch.	Dringenberg.	Nieheim.	1	1	—	—
20	Himminghausen mit Heilberg,	Dorf,	Cap. v. Donop.	Steinheim.	=	15	10	—	—
	Darinnen	1 adel. Haus,	demselben.	—	—	1			
8	Hinneburg,	adel. Haus.	Oberhofmeister von Asseburg.	Dringenberg.	Brackel.	1			
2	Hörster	Baurschaft	fürstlich.	Bocke.	=	8	8	10	6
16	Auf den Höven,	vide Sand.	=	Neuhaus.	=				
18	Hohehaus,	v. Löwendorf,	=	Oldenburg.					
12	Hohenweipel,	Dorf,	fürstlich.	Dringenberg.	Peckelsheim.	23	20	—	—
11	Holthausen,	Dorf,	v. Borch.	Dringenberg.	Nieheim.	18	20	—	—
	Darinnen	1 adel. Haus,	demselben.			1			
14	Holtheim,	Dorf,	v. Calenberg. v. Spiegel.	Lichtenau.	=	22	12	—	—
2	Holthusen,	v. Schweller	Baurschaft.	Bocke.					
4	Holzhausen,	Nonnenklost.	Bernhardinessen.	Herrschaft Bühren.	=	1			
16	Holzgrebenamt,	vide Sand.	=	Neuhaus.	=				
16	Holzhof, zur alten Senne gehörig.	vide Sand.	=	Neuhaus.					
11	Horsthof, bey Erwitzen.	Pachthof,	v. Borch.	Dringenberg.	Nieheim.	1			
5	Hüwelhof,	Baurschaft,	fürstlich.	Dellbrück.	=	23	34	9	2
	Darinnen	1 Conduction							

Pagina.	I. Städte, Dörfer, Bauerschaften und freye Häuser.	Explication.	Possessores.	Amt.	District.	Summa Häuser reduc. in Vollmeyer.	Einfache Schatzung.		
							Rthlr.	ßl.	pf.
8	Jaber Meyer,	Meyerey,	v. Asseburg.	Dringenberg.	Brackel.	1	2	—	—
12	Ickenhausen,	Dorf,	fürstlich.	Dringenberg.	Peckelsheim.	8	8	—	—
14	Iggenhausen,	Dorf,	v. Schiller.	Lichtenau.	=	17	18	—	—
8	Istrup,	Dorf,	v. Asseburg.	Dringenberg.	Brackel.	24	15	—	—

K.

von den im Bisthum Paderborn befindlichen Ortschaften.

Pagina.	K. Städte, Dörfer, Bauerschaften und freye Häuser.	Explication.	Possessores.	Amt.	District.	Summa Häuser reclae. in Vollmeyer.	Einfache Schatzung.		
							Rthlr.	fl.	pf.
18	Kargenstock,	vide Sommersellen.		Oldenburg.		—			
4	Kebinghausen,	Dorf,	Jesuit. Colleg. zu Büren.	Herrschaft Büren.		3	2	16	4
20	Keilberg,	vide Himminghausen.		Steinheim.		—			
16	Kempen mit Feldrohm,	Dorf,	fürstlich.	Neuhaus.		7	8		
1	Kemperfeld,	adelich Gut,	Gebrüder v. Spiegel.	Beverungen.		1			
16	Kirchborken,	Dorf,	Kloster Abelinghof.	Neuhaus.	Landvogten.	35	35		
10	Kleinenberg, Darinnen	Stadt, 5 Mühlen,	fürstlich.	Dringenberg.	Immediater District.	46 3	40		
21	Kleyhof,	Conduction,	Thumcapitel.	Thumcapitel.		1			
6	Ober-Klingenburg,	adelich Gut,	Kammerherr v. Spiegel.	Dringenberg.	Borgentrick.	1			
6	Unter-Klingenburg,	adelich Gut,	Landdrost v. Spiegel.	Dringenberg.	Borgentrick.	1			
12	Kornhaus, bey Peckelsheim.	Meyerey,	Kloster Abelinghof.	Dringenberg.	Peckelsheim.	1			
10	Külesen,	Dorf,	Stift Neuenheerse.	Dringenberg.	Immediater District.	11	12		

L.

L.

Pagina.	Städte, Dörfer, Bauerschaften und freye Häuser.	Explication.	Possessores.	Amt.	District.	Summa Häuser reduc. in Vollmeyer.	Einfache Schatzung.		
							Rthlr.	fl.	pf.
18	Langenkamp,	v. Collerbeck.	=	Oldenburg.	=				
9	Langenland,	Dorf,	von Donop.	Dringenberg.	Driburg.	8	6	—	
2	Leste,	vid. Anreppe.	=	Bocke.	=				
23	Leiberg,	Dorf,	=	=	=	28	15		
	Darinnen	1 Mühle,	fürstlich.	Wünneberg.	=	1			
14	Lichtenau,	Stadt,	fürstlich.	Lichtenau.	=	58	80		
	Darinnen	1 Burg,	fürstlich.			4			
		3 Mühlen,	fürstlich.						
21	Lipspring,	Stadt,	Thumcapit l.	Thumcapitel.	=	45	60	—	
	Darinnen	2 Conductions	Thumcapitel.						
		1 Conduction	v. Westphalen.						
		1 Conduction	v. Harthausen.	=		5			
		der Renthof,	Thumcapitel.						
12	Löwen,	Dorf,	fürstlich.	Dringenberg.	Peckelsheim.	19	20	—	
18	Löwendorf mit Sommer und Hohehaus,	Dorf,	v. Metternicht.	Oldenburg.	=		24		
	Zu Löwendorf ist	1 adel. Haus,	v. Metternicht.	=	=	1			
15	Lügde,	Stadt,	fürstlich.	Lügde.	=	97	110	—	
	Darinnen	1 adel. Haus,	v. Metternicht.	=	=	1			
12	Lütken-Eder,	Dorf,	fürstlich.	Dringenberg.	Peckelsheim.	24	28	—	
18	Lütken-Wendelbrede,	vide Papenhöven.	=	Oldenburg.	=				

M.

von den im Bisthum Paderborn befindlichen Ortschaften.

M.

	Städte, Dörfer, Bauerschaften und freye Häuser.	Explication.	Possessores.	Amt.	District.	Summa Häuser incluc. in Vollmeyer	Einfache Schatzung.		
							Rthlr.	fl.	pf.
6	Mannrode,	Dorf,	Herrsch. Desenberg, v. Spiegel.	Dringenberg.	Borgentrick.	11	16		
2	Mantinghausen,	v. Rebbecker Baurschaft.		Bocke.	=				
6	Marienloh, Darinnen	Dorf, ein adel. Hof,	v. Harthausen.	Neuhaus.	Landvogtey.	4 1	13		
6	Mehrhof,	Dorf,	Kloster Dahlen.	Neuhaus.	=	31	23		
3	Menne, Darinnen	Dorf, 1 adel. Haus,	v. Breden.	Dringenberg.	Warburg.	16 1	16		
18	Marienmünster	Abtey,	Bernhardiner-Orden.	Oldenburg.	=	1			
20	Menzenbrock,	adelicher Hof,	Geh. Rath von der Lippe.	Steinheim.	=	1			
11	Merlsen, Darinnen	Dorf, 1 adel. Haus,	v. Kettler.	Dringenberg.	Nieheim.	9 1	13		
2	Mettinghausen,	v. Rebbecker Baurschaft.		Bocke.	=				
21	Meyer zur heil. Seel,	eine Meyerey ohne Haus, die eingegangen.	Thumcapitel.	Thumcapitel.	=	—	1		
6	Mudbenhagen,	Dorf,	Herrsch. Desenberg, v. Spiegel.	Dringenberg.	Borgentrick.	7	8		
18	Münsterbrock.	Dorf,	fürstlich.	Oldenburg.	=	5	12		

N.

Pagina.	N. Städte, Dörfer, Bauerschaften und freye Häuser.	Explication.	Possessores.	Amt.	District.	Summa Häuser reduc. in Vollmeyer.	Einfache Schatzung. Rthlr. gl. pf.
6	Natingen,	Dorf,	v. Juden.	Dringenberg.	Borgentrick.	8	10 — —
	Darinnen	1 abel. Haus,	v. Druchtleben.	=	=	2	— — —
		1 abel. Haus,	v. Imsen.	=	=		
6	Natzungen,	Dorf,	fürstlich.	Dringenberg.	Borgentrick.	25	34 — —
	Darinnen	1 abel. Haus,	v. Sieghart.	=	=	1	
16	Nesthausen,	vide Sand.	*	Neuhaus.	=		
16	Neuenbecken,	Dorf,	fürstlich.	Neuhaus.	=	20	28 — —
	Darinnen des	Richters Haus,	fürstlich.	=	=	1	
10	Neuenheerse,	Dorf,	Stift Neuenheerse.	Dringenberg.	Immed. District.	33	34 — —
	Darinnen	das Stift,	adel. Damen, Pastoren und Stiftsbediente.	=	=	14	
16	Neuhaus, nebst der Thune,	Flecken,	fürstlich.	Neuhaus.	=	54	22 — —
		Baurschaft,	fürstlich.	=	=	19	
	In Neuhaus befinden sich:	Die fürstliche Adeliche Häuser,	Residenz, von Bösund. von Brenken. von Mengersen.	=	=	3	
		Privathäuser,	Pastorat und Privati.	=	=	3	
22	Niedern-Türpe,	Dorf,	fürstlich.	Wewelsburg.	=	36	29 — —
6	Nieder-Dewelgönne,	adelich Haus,	Domdechant v. Spiegel.	Dringenberg.	Borgentrick.	1	
11	Nieheim,	Stadt,	fürstlich.	Dringenberg.	Nieheim.	92	150 — —
	Darinnen	1 abel. Haus, der Jesuitenhof,	v. Kettler. den Jesuiten.	=	=	2	
12	Niesen,	Dorf,	v. Bocholz.	Dringenberg.	Peckelsheim.	11	24 — —
	Darinnen	1 abel. Haus,	demselben.	=	=	1	
13	Nörden,	Dorf,	Kloster Hardehausen.	Dringenberg.	Warburg.	16	18 — —
	Darinnen	1 fr. Scheune		=	=	1	
16	Nortborken,	Dorf,	v. Oynhausen.	Neuhaus.	Landvogtey.	24	20 — —
	Darinnen	1 adelich Haus, 1 adelich Haus, 1 fr. Wirthshaus	v. Oynhausen. Cam. R. Bianco. v. Oynhausen.	=	=	3	
5	Nordhagen mit Sudhagen,	Bauerschaften,	fürstlich.	Dellbrück.	=	23	10 16 4 / 12 2 1

O.

von den im Bisthum Paderborn befindlichen Ortschaften. 135

Pagina.	O. Städte, Dörfer, Bauerschaften und freye Häuser.	Explication.	Possessores.	Amt.	District.	Summa Häuser reduc. in Wulmeyer.	Einfache Schatzung.		
							Rthlr.	ßl.	pf.
22	Obern-Türpe,	Dorf,	fürstlich.	Wewelsburg.	=	15	14	10	6
13	Obern-Dewelgönne,	adelich Haus,	Domdechant v. Spiegel.	Dringenberg.	Warburg.	1	—		
2	Ochtringhausen,	Baurschaft,	fürstlich.	Bocke.	=	4	7	—	
16	Distrup,	Dorf,	Kloster Dalem.	Neuhaus.	=	13	17	—	
8	Oldenbergen,	Dorf,	v. Harthausen.	Dringenberg.	Brackel.	23	18	—	
18	Oldenburg,	die fürstl. Burg bewohnt der Hr. v. Oynhausen.	½ fürstlich, ½ lippisch.	Oldenburg.	=	1	—		
	Darinnen	das Amthaus	fürstlich.			1	—		
13	Ossendorf,	Dorf,	fürstlich.	Dringenberg.	Warburg.	29	20	—	
5	Ostenland,	Baurschaft,	fürstlich.	Dellbrück.	=	41	86	6	—
20	Ottenhausen,	Dorf,	v. d. Lippe.	Steinheim.	=	28	25	—	
	Darinnen	1 adel. Haus,	demselben.		=	1	—		
11	Oynhausen,	Dorf,	v. Spiegel.	Dringenberg.	Nieheim.	28	33	—	

P.

Pagina.	P. Städte, Dörfer, Bauerschaften und freye Häuser.	Explication.	Possessores.	Amt.	District.	Summa Häuser reduc. in Wöhnmeyer	Einfache Schatzung. Rthlr. fl. pf.
47	Paderborn,	Stadt,	fürstlich.	Neuhaus.	=	363	250 — —
		Adel. Häuser,	v. Jansen. v. Bochholz. v. Haxthausen. v. Asseburg, v. Westphalen.				
		Thumherren-Höfe,	denenselben.				
	Adel. u. Klöster.	Klosterhöfe.	Bödeckerhof. Hardehäuserhof.	=	=	29	— — —
		Mannsklöster.	Abdinghof. Jesuit. Colleg. Observanten. Capuciner.				
		Nonnenklöster.	Gokirchen. Capucinessen. Franciscaner-Nonnen.				
	Geistl. u. Privat-	Geistl. Curien, Canonicat- und geistl. Curien, Pastoral-Häuser. Stadt- und Canzleybediente	zum Thum. zum Busdorf.	=	=	114	— — —
18	Papenhöven, Benneckeburg, Lütken-Wendelbrede.	Dorf,	fürstlich.	Oldenburg.	=	18	15 — —
12	Peckelsheim,	Stadt,	fürstlich.	Dringenberg.	Peckelsheim.	47	100 — —
	Darinnen	die spiegelische Burg, 1 adelich Haus, der Richter,	von Spiegel zu Helmeren. von Oberg. fürstlich.	=	=	3	— — —
11	Pömbsen,	Dorf,	fürstlich.	Dringenberg.	Nieheim.	23	20 — —
	Darinnen	der Bösenhof	v. Vogelius.	=	=	1	— — —

R.

von den im Bisthum Paderborn befindlichen Ortschaften. 137

R. Städte, Dörfer, Bauerschaften und freye Häuser.	Explication.	Possessores.	Amt.	District.	Summa Häuser reduc. in Völlmeyer	Einfache Schatzung. Rthlr. gl. pf.
Rebbecke,	v. Rebbecker	Baurschaft.	Bocke.	=	—	
Rebbecker Baurschaft. {Dedinghausen.	=	=	=	=	3	
Mantinghausen.	Dorf,	fürstlich.	Bocke.	=	8	27
Mettinghausen.	=	=	=	=	6	
Rebbecke.	=	=	=	=	6	
Reelsen,	Dorf,	Graf v. Harthausen.	Dringenberg.	Driburg.	19	20
Darinnen	1 adel. Haus,	v. Oynhausen.	=	=	1	
Rheder,	Dorf,	Geh. Rath v. Mengersen.	Dringenberg.	Brackel.	13	6
Darinnen	1 adel. Haus,				1	
Richteramt,	vide Else.		Bocke.	=	—	
Ripen,	adelich Haus,	v. Geismar.	Dringenberg.	Peckelsheim.	1	
Riesel,	Dorf,	v. Asseburg.	Dringenberg.	Brackel.	31	25
Rimmeke,	Dorf,	Abtey Harbehausen.	Dringenberg.	Warburg.	20	30
Darinnen	1 freyer Hof,				1	
Ring-Baurschaft. {Ring oder Bocke, Untern Eichen, Heidwinkel,	Bauerschaften,	fürstlich.	Bocke.	=	21	20
Ringelstein, und	alt Castel, 2 Mühlen,	Jesuit. Colleg. zu Büren.	Herrschaft Büren.	=	2	
Rösbeck,	Dorf,	v. Spiegel.	Dringenberg.	Borgentrick.	19	25
Darinnen	1 adel. Haus,	v. Decken	=	=	1	
Rolessen,	Dorf,	fürstlich.	Oldenburg.	=	14	15
Rothe,	Dorf,	v. Juden.	Dringenberg.	Borgentrick.	10	18
Rothenburg,	adelich Haus,	v. Spiegel.	Dringenberg.	Borgentrick.	1	
Rothenhausische	Oeconomie,	fürstlich.	Dringenberg.	immed.District.	1	
Rüstemeyer oder Rüstenhof,	adel. Meyerey,	v. Asseburg.	Dringenberg.	Brackel.	1	2

Büschings Magazin XXI. Theil.   S   S.

Pagina.	S. Städte, Dörfer, Bauerschaften und freye Häuser.	Explication.	Possessores.	Amt.	District.	Summa Häuser reduc. in Vollmeyer.	Einfache Schatzung. Rthlr. ſl. pf.
19	Salzkotten,	Stadt,	fürstlich.	Gograviat Salzkotten.	=	80	150 — —
	Ohnweit davon	die Ohleymühle,	=	=	=	1	
17	Sand, vide	Sand.	=	Neuhaus.	=		
17	Sand { Bentfeld. Hebbinghausen. Auf den Höfen. Gesselen. Neshausen. Dorf Sand. In der alten Senne, nebst Holzhoff.	Das Holzgrewenamt,	fürstlich.	Neuhaus.	=	2 3 3 3 2 6 5	37 10 6
10	Sandebeck,	Dorf,	fürstlich.	Dringenberg.	Immed. District.	25	35 — —
10	Salzische	Meyerey,	fürstlich.	Dringenberg.	Immed. District.	1	
21	Scharmede,	Dorf,	Thumcapitel.	Thumcapitel.	=	17	15 — —
13	Scherwede, Darinnen	Dorf, 1 Zehndscheune,	Abtey Hardehausen.	Dringenberg.	Warburg.	47 1	28 — —
8	Schleiffershof,	Meyerey,	Oberhofmeister von Asseburg.	Dringenberg.	Brackel.	1	
10	Schmechten,	Dorf,	v. Asseburg.	Dringenberg.	Immed. District.	15	16 — —
11	Schönenberg,	Dorf,	v. Ketteler.	Dringenberg.	Nieheim.	7	5 — —
10	Schwaney,	Dorf,	v. Westphalen.	Dringenberg.	Immed. District.	63	36 — —
12	Schweckhausen, Darinnen	Dorf, 1 adel. Haus,	Rittmeister v. Spiegel.	Dringenberg.	Peckelsheim.	3 1	10 — —
2	Schwelle mit Schwellerhof,	v. Schweller	Baurschaft.	Bocke.	=		

S.

von den im Bisthum Paderborn befindlichen Ortschaften. 139

Pagina.	S. Städte, Dörfer, Bauerschaften und freye Häuser.	Explication.	Possessores.	Amt.	District.	Summa Häuser reduc. in Vollmeyer.	Einfache Schatzung.		
							Rthlr.	fl.	pf.
2	Holthusen,	Baurschaft,	fürstlich.	Bocke.	∫	10			
2	Schnelle mit Schwellerhof,	Baurschaft,	fürstlich.	Bocke.	∫	6	20		
2	Winkhusen mit Schultenhof,	Baurschaft,	fürstlich.	Bocke.	∫	6			
2	Fürstenbergerhof,	adelicher Hof,	v. Fürstenberg.	Bocke.	∫	1			
17	Schulzenamt,	vide Else.	∫	Neuhaus.	∫	—			
17	In der alten Senne,	vide Sand.	∫	Neuhaus.	∫	—			
8	Seppecke Meyer,	Meyerey,	v. Asseburg.	Dringenberg.	Brackel.	1	3		
10	Siddesen,	Dorf,	fürstlich.	Dringenberg.	Immed. District.	24	25		
4	Siddinghausen,	Dorf,	Jesuit. Colleg. zu Bühren.	Herrschaft Bühren.	∫	17	12		
18	Sommer, vide	Löwendorf.	∫	Oldenburg.	∫	—			
18	Sommerselln mit Korgensteck,	Dorf,	v. Oynhausen.	Oldenburg.	∫	32	32		
8	Spitzerhof,	Meyerey,	Nonnenkloster Brenthausen im Corveyischen.	Dringenberg.	Brackel.	1			
4	Steinhaus,	Dorf,	Jesuit. Colleg. zu Bühren.	Herrschaft Bühren.	∫	23	16		
20	Steinheim, Darinnen	Stadt, der Pollhof,	fürstlich. v. Oynhausen.	Steinheim. ∫	∫ ∫	130 1	150		
17	Stuckenbrock,	Kirchspiel,	fürstlich.	Neuhaus.	∫	22	10		
5	Südhagen, vid.	Nordhagen.	∫	Dellbrück.	∫				
14	Sutheim, Dabey	adelich Haus, eine Mühle,	v. Oynhausen.	Lichtenau.	∫	2			

Pagina.	T. Städte, Dörfer, Bauerschaften und freye Häuser.	Explication.	Possessores.	Amt.	District.	Summa Häuser reduc. in Vollmeyer.	Einfache Schatzung.	
							Rthlr.	gl. pf.
18	Tiedenhausen,	adelich Haus,	Graf von Harthausen.	Oldenburg.	,	1	—	
6	Tietelsen,	Dorf,	v. Juden.	Dringenberg.	Borgentrick.	15	20	
22	Tingelhof,	Conduction,	Kloster Bödecken.	Wewelsburg.	,	1		
2	Thuler, Darinnen	Baurschaft, 1 adel. Haus.	fürstlich. von Alten.	Bocke.	,	25 1	21	
16	Thune, vide	Neuhaus.	,	,	,			

U.

U. Städte, Dörfer, Bauerschaften und freye Häuser.	Explication.	Possessores.	Amt.	District.	Summa Häuser reduc. in Vollmeyer.	Einfache Schatzung. Rthlr. fl. pf.
Untern Eichen, Upsprung mit Wielsen,	vide Ring, Dorf, 1 Meyergut,	Baurschaft. fürstlich.	Bocke. Gogroviat Salzkotten.		16 1	14

V.

V.

Pagina.	Städte, Dörfer, Bauerschaften und freye Häuser.	Explication.	Possessores.	Amt.	District.	Summa Häuser reduc. in Wöllmeyer.	Einfache Schatzung.		
							Rthlr.	ßl.	pf.
2	Verlar,	Bauerschaft,	fürstlich.	Bocke.	*	12	12	—	—
19	Verne { Grossen Verne. Kleinen Verne. Enkhusen.	Kirchspiel,	v. Brenken.	Gograviat Salzkotten.	* * *	26 3 11	60	—	—
19	Verneburg,	adelich Haus,	v. Brenken.	Gograviat Salzkotten.	*	1	—	—	—
	Vielsen, vide Upsprung.		*	*	*				
20	Vinsebeck, nebst dem Engelmann und Küster.	Dorf,	Geh. Rath v. d. Lippe.	Steinheim.	*	48	30	10	6
	Darinnen	1 adel. Haus,				1			
12	Völsen.	Dorf,	v. Bocholz.	Dringenberg.	Peckelsheim.	5	8	—	—
20	Vörden,	Stadt,	fürstlich.	Steinheim.	*	29	40	—	—
	Darinnen	die Burg, der Mönchehof,	Geheimderrath v. Harthausen Abtey Marienmünster.		*	2			
4	Volbrexen,	1 Meyeren,	Jesuit. Colleg. zu Bühren.	Herrschaft Bühren.	*	1	—	—	—

W.

von den im Bisthum Paderborn befindlichen Ortschaften.

Pagina.	W. Städte, Dörfer, Bauerschaften und freye Häuser.	Explication.	Possessores.	Amt.	District.	Summa Häuser reduc. in Wöllmeyer	Einfache Schatzung. Rthlr. fl. pf.
19	Wanschied,	1 Freyhaus,	v. Vogelius.	Gograviat Salzkotten.	″	1	—
13	Warburg,	die Altstadt, die Neustadt,	fürstlich. fürstlich.	Dringenberg. Dringenberg.	Warburg. Warburg.	61 86	250
	In der Altstadt	1 Mönchkloster, 1 adel. Haus,	Dominicaner, die cansteinische Burg.	″	″	3	
	In der Neustadt	der Hardehäuserhof, der Stern, Freyhaus,	der Abtey, Kloster Wormelen.	″	″	1	
4	Weiberg,	Dorf,	Jesuit. Colleg. zu Büren.	Herrschaft Büren.	″	16	10 —
4	Weina,	Dorf,	Jesuit. Colleg. zu Büren.	Herrschaft Büren.	″	13	8 —
13	Welda,	Dorf,	v. Harthausen.	Dringenberg.	Warburg.	23	35 —
	Darinnen	1 adel. Haus,	demselben.			1	
20	Grossen Wendelbrede,	Dorf,	v. Harthausen.	Steinheim.	″	10	6 —
13	Westen,	Dorf,	v. Calenberg.	Dringenberg.	Warburg.	10	20 —
	Darinnen zwey adeliche Häuser:	das Oberhaus, das Unterhaus,	demselben.	″	″	2	
5	Westenholz,	Bauerschaft,	fürstlich.	Dellbrück.	″	36	62 18 11
5	Westerloh,	Bauerschaft,	fürstlich.	Dellbrück.	″	35	63 4 9
22	W. welsburg,	Dorf,	fürstlich.	Wewelsburg.	″	39	7 7 —
	Darinnen	das Amthaus 1 Mühle,	fürstlich.	″	″	2	
17	Wewer,	Dorf,	v. Brenken.	Neuhaus.	Landvogtey.	21	21
	Darinnen	1 adel. Haus, 1 dito, 1 Wirthshaus,	v. Brenken. von Imsen. v. Brenken.	″	″	3	

W.

Pagina.	W. Städte, Dörfer, Bauerschaften und freye Häuser.	Explication.	Possessores.	Amt.	District.	Summa Häuser reducir. in Vollmeyer.	Einfache Schatzung.		
							Rthlr.	gl.	pf.
12	Willegassen,	Dorf,	v. Spiegel.	Dringenberg.	Peckelsheim.	3	6		
10	Willebadessen,	Stadt,	fürstlich.	Dringenberg.	Immed. District.	70	45		
	Darinnen	1 Nonnenkloster, 2 Meyereyen,	Benedictinessen denenselben,			4			
2	Winkhausen mit Schultenhof,	v. Schweller	Bauerschaft,	Bocke.					
6	Wintersen,	Pachthof,	fürstlich.	Dringenberg.	Borgentrick.	1	3		
20	Wintrup,	adelich Haus,	Major v. d. Lippe	Steinheim.		1			
2	Wittenborg,	adelich Haus in Winkhausen.	von Fürstenberg zu Herdingen,	Bocke.		1			
23	Wohlbedacht,	eine Oeconomie,	v. Westphalen dem Nonnenkloster daselbst.	Wünneberg,		1			
13	Wermelen,	Dorf,		Dringenberg.	Warburg.	11	15		
	Darinnen	1 Nonnenkloster,	Bernhardinessen			1			
23	Wünneberg,	Stadt,	fürstlich.	Wünneberg,		38	40		
1	Wurgessen,	Dorf,	fürstlich.	Beverungen.		21	15		
	Darinnen	1 adel. Haus,	v. Vreden.			1			

3. Einige

3.

Einige Beyträge

zu der

Geschichte des dreyßigjährigen Krieges,

welche

den niedersächsischen Kreis

betreffen.

I.

Resolution der Fürsten vnd Stende des löblichen Niedersechsischen Creisses Abgesandten, den 20sten Febr. 1624. consentirt, deren Original wieder zurückgegeben worden.

Der hochwürdigsten, hochwürdigen, durchleuchtigsten, durchleuchtigen, hochgebornen Fürsten, auch ehrnvesten und hochweisen, dieses löblichen Niedersechsischen Creisses Stende, Räthe, Bottschafter und Gesandten haben angehöret und vernommen, was im Nahmen des durchleuchtigen, hochgebornen Fürsten und Herrn, Herrn Georgen, Herzogen zu Braunschweig und Lüneburg, unsers gnedigen Herrn, und der sembtlichen dieses Creisses bestalten hohen Officirern, der auch durchleuchtige, hochgeborne Fürst und Herr, Herr Friederich, Pfalzgraff bey Rhein, Herzog in Beyern, Graff zu Veldenz und Sponheimb, unser gnediger Herr, am 16ten dieses durch S. F. G. Zugeordnete, im Creißrath proponiren lassen, welches sie, nebenst dem gnedigen und freundlichen Zuentbieten, auf diesem Haubtpunkt beruhend befunden, daß, obwol S. F. G. als General-Feld-Obrister und sembtliche hohe Officirer, zufolg des am 8ten Februarii abgewichenen 1623sten Jahrs beschlossenen Defensionswerks in des löblichen Creisses Pflicht genommen, mit Bestallungsbriefen, gegen Herausgebung gewönlichen Reversales, versehen, daruf dem Creisse bis in den dreyzehenden Monat aufwertig gewesen, in Hoffnung, dahingegen des versprochenen Soldts monatlich zu rechter Zeit behig zu werden, dennoch mehr als genugsamb bekandt, daß insgemein nur 1 Monat gyt gemachet, die übrigen 12 Monaten aber, beschehenen vielfeltigen Erinneras ungeachtet, bis dato unabgestattet blieben, endtlich auch das Kriegsvolk zu Roß und Fueß licentiret und abgedanket; dannenhero so wenig nötig als rathsamb, in deren Feldobersten-Ambt und hoher Officirer zu continuiren, auch beide Leibcompagnien lenger in Diensten zu behalten, sondern es gesonnen vielmehr S. F. G. gnedig, die hohen Officirer aber bäthen mit Fleiß, noch bey wehrendem Creißtage, die ohnfeilbare Verfügung zu thuen, daß, vermög ufgetragener Plenipotenz, die Rechnung vom General-Pfenningmeister ufgenommen, was an Soldt, Tractament und verursachten Unkosten noch hinterstellig, sambt dem Abzugs-Monat, mit gutem Reichsgelde abgetragen, S. F. G. wie auch die hohen Officirer ihrer Pflicht erlassen, und gegen Einhändigung der Reversalen die Bestallungsbriefe erhoben,

auch

des dreyßigjährigen Krieges.

auch durch lengern Verzug dem Creiſſe nicht weitere Koſten und Beſchwernuß zugezogen werden möchten, geſtalt dann S. F. G. und die hohen Officirer das von Fürſten und Stenden, ſie des Generalaten und höhere Kriegsbeſtallungen gewürdiget, ſich freundlich und gnedig, auch unterthenigſt, unterthenig und dienſtlich bedanketen, alles nach mehrem Inhalt abgelegter mündlichen Werbung, und übergebenen ſchriftlichen Memorials. Gleichwie nun gegen S. F. G. und die ſembtlichen hohen Officirer ſich Räthe, Bottſchaften und Geſandten des gnedigen und freundlichen Zuentbietens unterthenig und freundlich bedanken; alſo erinnern ſie ſich mit mehrem, aus was bewegenden Urſachen Fürſten und Stende von Jahr mit der Tripelhülf in triplo, auch noch halb ſo viel zum Nachzuge ſich gefaßt zu machen, vorabſcheidet, das geworbene Volk Ihre F. G. als General untergeben und angewieſen, die hohen Officia beſtellet, und was ihnen im Nienburgiſchen Abſchied zum monatlichen Solde deputiret und verordnet worden. Es wollen auch Ihre F. G. und die hohen Officirer ſich verſicheren, daß Fürſten und Stende ganz geneigt und begierig und wol gewillet geweſt, den aſſignirten Sold monatlich zu rechter Zeit einzuliefern und abzutragen, da es im vorigen Stande, darin ſie ſich zur Zeit der ufgerichteten Defenſions-Verfaſſung befunden, verblieben, die laufen ſich nit wider alles Sinnen und Vermuthen alteriret, die Unterthanen bey ihrem noch übrigen weinigen Vermügen gelaſſen, und nit eins und des andern Ort, durch langwierige Einquartierung, vielfeltige Durchzüge, unertregliche Exactiones, unbillige Benennungen, und andere unzehliche Preſſuren, hart beſchweret, gedrücket, ausgemangelt, und genzlich erſchöpft worden, allermaſſen ſolches des Herrn Generals F. G. und den hohen Officirern mehr als gut bekandt, und nit gnungſam beſeufzet werden kan; dannenhero ſich auch anweſende Räthe, Bottſchaften und Geſandten unterthenigſt getröſten, und genzlich verſehen, S. F. G. und offterwehnte hohe Officirer werden ihnen den eufferſten Zuſtand der armen Unterthanen zu Herzen gehen laſſen, mit denſelben Gedult haben, die vor Augen ſtehende notoriſche Impoſſibilität bedenken, und übel nit vermerken, daß Fürſten und Stende jeder ſeiner Gelegenheit nach mit Abforderung und Licentirung ihres geworbenen Volks endlichen verfahren müſſen, haben ſie anders den weinig noch verhandenen Reſt erhalten, und nicht alles zu Schumpff und Boden gehen laſſen wollen.

Seynd nun mit S. F. G. und den hohen Officirern wol einig, daß rebus ſic ſtantibus, ſo wenig von nöthen als rathſam zu erachten, in den hohen Officirer und Beſtallungen lenger zu continuiren. Sie haben auch Verordnung gethan, daß des Pfenningmeiſters Ludwig Ziegemeyers übergebene Rechnung durch die hierzu deputirte mit Fleiß durchſehen, gegen die ausgefertigte Beſtallungsbriefe und aufgerichtete Abſcheide gehalten, von Poſten zu Poſten calculiret, und hernach alles in pleno referiret

feriret worden. Weil dann daraus sowol dem begriffenen Memorial befunden, daß das ganze Fundament besagter Rechnung auf obgerührten Nienburgischen Deputation Abscheid, auch der Herren Kriegsräthe, im Namen und anstatt dero gnedigst und gnedigen Herren Committenten gemachte Ordinanz und aufgerichtete Bestallungen gesetzt, ist es aus erheblichen Bedenken, und weil bey Regierung einer Armée deren im Nienburgischen Abscheide gesagten Ambten zu embehren nicht wol müglich gewest, darbey gelassen, jedoch mit dieser Erclerung, obwol ermeltes Pfennungmeisters Rechnung bis uf den 16. Martii negstkünftig, nebst noch einem Monat zum Abdanken extendiret worden, daß doch Räthe, Bottschafter und Gesandten der zuverlässigen Hoffnung, es werden die hohen Officirer nit allein den letzten, sondern auch den Abdanks = Monat schwinden und fallen lassen, in Anmerkung, daß den Bestallungen diese Clausul expresslich einverleibet, so lang das Defensionewerk wehret, und das Volk unterhalten wird, in den Abscheiden auch der Abdanks = Monat nit bewilliget, die Bestallungen daruf nicht gerichtet, auch Räthe, Gesandten und Bottschaften denselben passiren zu lassen nit befehliget, haben demnach solche 2 Monate an jeder Bestallung gekürzet, daruf nach Anleitung der Rechnung den Calculum sothergestalt gezogen, wie beyliegender Extract mit mehrem thut ausweisen.

Und wie nun des Herrn Pfalzgrafen F. G. als zu diesem Creißtage deputirter hochansehnlicher Ambassadeur hieraus gnedig zu erspüren, daß anwesende Räthe, Bottschaften und Gesandten die Billigkeit vor Augen haben, und sich der Müglichkeit nach accommodiren, also haben dieselben ferner in Rath gezogen, und sorgfältig erwogen, durch was zureichendes Mittel zu so viel Geldes zu gelangen, darvon sembtlichen hohen Officirern zum allerforderlichsten ihr monatlicher Soldt, unbeschadet was einer oder der ander ihme auf Gutwilligkeit noch möchte defalviren lassen, konnte abgestattet werden; sie vernehmen aber aus des Creißeinnehmers Rechnung, daß der allerweinigste Theil die verabscheideten 28 Monat in die Creiß = Casse völlig eingeliefert, man hat auch bey gepflogener Consultation befunden, daß etliche Stende Compensationes fürzuwenden, etliche sich der Retention wegen zugefügter Schaden gebrauchen wollten, andere totalem Remissionem berührter 28 Monate, oder Moderationem derer Ursachen gesucht, daß Land und Leut zu Grund verherget und verderbet, etliche auch den Creiß zu Erlangung der letzten 14 Monate an andere Oerter, dahin ihnen die herrschaftlichen abgerissenen Häuser und Aembter gezogen, vorwiesen.

Nun ist man zwar im Werk gewesen, diesen Exceptionen ihre abhessliche Maß zu geben; als aber auch hierdurch viel Zeit verspildet, die Resolution aufgezogen, Ihre F. G. mit nicht geringer Beschwer noch lenger ufgehalten werden wollen, haben

ten sembttliche Räthe und Abgesandten, ungeachtet es ihren Instructionen schnurstracks zuwider gelauffen, amore boni publici, die Compensationes (ausser deme was des Herrn Creißobersten J. G. an der Liquidation aus erheblichen Bedenken passiret, auch etlichen hohen Kriegs-Officirern, nach Ausweisung der Rechnung, zuvorhin baar ausgezahlet worden,) in Gleichnüß die vorgeschützte Retention und Anweisung vor diesmal genzlich ausgesetzet, darnebenst gegen die ihrigen Stende, so Remission oder Moderation gebeten, sich entschuldiget, wie ihrem Suchen, zumal jetziger Zeit, da die Bezahlung so stark urgiret wurde, nicht könnte Statt gegeben werden, und demnach sich vereiniget, daß jeder Fürst und Stand seinen Rest an vielbesagten 28 Monaten, zum allerlängsten in der vollen Wochen nach dem heiligen Ostern, und also nach Quasimodogeniti, schiers künftig, an guter Reichsmünze, zu gewisser ohnfeilbarer Contentirung der hohen Officirer, vollstendig erlegen, bezahlen und einbringen, sich auch darwider mit keiner Compensation, Retention, Anweisung, Remission oder Moderation zu Schutz haben solle und wolle. Zum Fall aber einer oder mehr hieran säumig befunden, soll und will der Creiß den oder dieselbigen zu Leistung der Schuldigkeit ernstlich und ungesäumbt anzuhalten wissen.

Damit aber solcher Zweck desto ehe und gewisser erreicht, wollen Räthe, Gesandten und Bottschaften mit den hohen Officirern noch vor Ausgang des Creißtages gütlich retractiren und handeln, ob sie zu solchem geringen Anstand, auch Acceptirung der Mittel, so ihnen vorgeschlagen werden sollen, zu disponiren, dero Behuf sie dann allbereits anhero erfordert worden, und setzet man ausser allen Zweifel, sie werden sich persönlich einstellen, zur Handelung bequemen, als ehrliebende getreue wolerkannte Patrioten zu austräglichen, billigen Mitteln verstehen, und mit ihrem geliebeten Vaterlande, wann ihnen auch gleich noch an den 12 Monaten, oder so viel es einem jeden Jnhalt des Extracts austreget, etwas nachzulassen angemuthet werden sollte, nicht den schweresten Stein heben, in Betracht sie ihres Tractements genugsamb versichert, und es nun umb eine geringe Frist zu thuen; dahergegen bey den höchsten Potentaten ein- und ausserhalb Reichs nicht ohngewöhnlich, den hohen Officirern Restzettuln zu geben, womit sie sich auch, in Entstehung anderer Mittel, wann sie nur des Capitals halber ohn Gefehr, wol contentiren lassen, und alsdann anwesenden Räthen, Bottschaften und Gesandten nit unwissend, wie gleichwol J. F. G. an dero fürstl. hohen vornehmen Ort, hierben gute Officia zu præstiren wol vermögen, so ersuchen anstatt ihrer gnedigst, gnedigen Herren und Obern sie J. F. G. hiermit für sich, unterthenig, bittend sie geruhen, nicht allein des löbl. Niedersächsischen Creisses Erclerung, Erbieten, und vorstehende Handelung ihrer gnedig gefallen zu lassen, sondern auch guten Vorschub befördern, und Erinnerung zu thuen, damit die hohe Officirer des Creisses wolmeinende auffrechte Intention respectiren, in gütliche Com-
muni-

munication und Handelung sich einlassen, billige und wolpracticirliche Mittel nicht ausschlagen, und als getreue Patrioten, denen salus publica und ihres nothleidenden Vaterlandes Wolfahrt recht angelegen, (wie man dann dessen genugsam assecuriret,) sich würklich und in der That also bezeigen und erweisen, wie Fürsten und Stände respective freundliches, gnedigstes, gnediges, unterthäniges und gutes Vertrauen zu ihnen gerichtet stehet.

Es haben auch Räthe, Gesandten und Bottschaften ihren Herrschaften und Obern die zuletzt geschehene Danksagung, Entschuldigung und Resignation gehabter Bestallungen gebührlich hinterbracht. Thun in dero Namen dieselbe hiemit unterthänig und freundlich acceptiren, und wollen des Herrn Feldobersten wie auch Ihre J. F. G. G. gar nit zweifelen, worinnen Fürsten und Stände J. J. F. G. G. und den sembtlichen Officirern mit Freundschaft und wolgefälligen Diensten, auch gnedigem und günstigem guten Willen werden erweisen können, daß sie zu allen fürfallenden Occurenzien daran nichts werden lassen abgehen.

Und haben dieses J. F. G. zur Resolution und anstatt der Abdankung unterthänig anfügen wollen, seynd derselben unterthänige, und den sembtlichen hohen Officirern respective gehorsame, freundwillige Dienste zu erzeigen geflissen. Urkundlich mit der anwesenden Räthen, Bottschaften und Gesandten Siegel bekräftiget, Signatum Braunschweig, den 29sten Februarii Anno 1624.

(L. S.)	(L. S.)	(L. S.)	(L. S.)
		Diese beyde Siegel seyn nit bedruckt.	
(L. S.)	(L. S.)	( )	( )
(L. S.)	(L. S.)	(L. S.)	(L. S.)
(L. S.)	(L. S.)	(L. S.)	(L. S.)
	(L. S.)		

2.

Was der hochwürdigst, durchleuchtigsten, hochwürdigen, durchleuchtigen, hochgebornen, auch ehrnvesten, hoch= und wolweisen, des löblichen Niedersechsischen Creisses Fürsten und Stände, uf jetzigem Creißtage zu Braunschweig anwesende Räthe, Bottschaften und Gesandten, die Wolehrwürdige, Woledle, Gestrenge, Edle, Mannhafte, Ehrnveste und Hochgelarte, durch ihres Mittels Deputirte uf die am 16ten erst verwichenen Monats beschehene Proposition sich in Antwort schriftlich vernehmen lassen, solches haben die durchleuchtig, hochgeborne Fürsten und Herren, Herr George, Herzog zu Braunschweig und Lüneburg, Herr Friederich und Herr Christian, Pfalzgraffen bey Rhein, Herzogen in Beyern, Graffen zu Veldenz und Sponheimb, respective Feldobrister, Generallieutenant, Lieutenanten über die Cavallerie und Infanterie, auch andere hohe Kriegs=Officiren, dahin haubtsächlich eingenommen, daß Räthe, Bottschaften und Gesandten neben ihren F. F. F. G. G. G. und ihnen vor rathsam ermessen, daß mit ihrer, der hohen Officirer, Abdankung fürgeschritten, und so viel, was den versprochenen Soldt anlanget, dem Newenburgischen Bescheid nachgangen werde. Aber bey Ersehung des Pfenningmeisteers Rechnung hatte man, nach Inhalt zugleich übergebenen Extracts, den dreyzehnten Monat=Soldt, wie auch den Monat zum Abzuge darumb gekürzt, daß die Bestallungen mit Erlaß= und Abforderung des Kriegsvolks für diesem erloschen, auch der Abdanks=Monat nirgend versprochen, darauf neben Bedenkung der Zahlungsmittel befunden worden, daß der weinigste Theil die bewilligte 28 Monat geliefert, und sich dessen mit Votwand Compensation und Rerention, auch Ansuchen umb Remission und Moderation entbrechen wollen, womit sie doch ausserdeme, was des Herrn Creißobersten F. G. passiret, und etlichen hohen Kriegs=Officierern bereits baar ausgezahlet, abgewiesen, und weiter beliebet, daß in der Woche nach Quasimodogeniti, was an ermeldten 28 Monaten noch hinterstellig, erlegt, die Säumigen zur Schuldigkeit ernstlich angemahnet; auch mit denen nacher Braunschweig verschriebenen hohen Officirern noch bey diesem Creißtage ein Anstand und Bewilligung der vorgeschlagenen Mittel in Güte erhandelt werden solle, der Zuversicht, man werde mit Fürsten und Stenden bey erstgerürtem Nachlaß an den zwolf Monaten, dieweil auch bey höheren Potentaten Restzettul zu geben nicht ungebräuchlich, den schweresten Stein nicht heben; wie dann schließlichen die Resignation gehabter Bestallungen gebürlich hinterbracht, acceptiret, auch obiges alles zur Resolution und Anstand der Abdankung vermeldet wurde.

Wie nun hochermeldte J. F. F. F. G. G. G. und semblichen hohen Officirer diese so lang berathschlagte Resolution mit etwas Befremdbung vorkommen; also haben

haben sembtliche Räthe, Bottschaften und Gesandten sie hinwiederumb erinnerlich anfügen wollen, das Ihre F. F. G. G. und sie theils vor Jahren Frist, auch bey jetziger letztern Kriegs-Expedition aus eiferig getreuer Neigung gegen das geliebte Vaterland und allgemeines Wesen, sich ob höchst- hoch- und wolgedachten Creisses Fürsten und Stenden mit Pflichten williglich verwandt gemacht, der Andacht und Meinung, bey solcher Verfassung Gottes Ehr, des geliebten Vaterlands ruhigen Stand, Wachsthumb und Ufnehmen nach bester Möglichkeit zu befördern, ihnen selbsten weitern Nachruhm und Ehr zu erwerben, fürter auch vor solche ihre gutherzige Mühwaltung allerendts übliche Recompens zu geniessen, desfalls Ihre F. F. G. G. und sie dem ausgegebenen fürst- und ehrlichen, so oft wiederholten Worten und Versprechnüssen, auch uf gehabte Plenipotenz und Vollmacht, ausgegebenen Bestallungen, wie billig, ohne Hinterdenken getrauet, und sich daruf bis anhero vestiglich verlassen; sie hetten aber nachgehend in der That mehrseltig befunden, daß obgleich alles heilsamblich und wol berathschlaget, und zum öftern verabscheidet, dennoch fast in keinen Puncten richtige Würcklichkeit erfolget, und zwar das ganze Kriegswesen, bis zu Ende, in Zerrüttung, auch grössesten Theils aller Nothwendigkeiten, so zum Ernst und Feldlager gehörig, entblösset verblieben; dergestalt, wann Gott nit ins Mittel getreten, daß bey deren mehrmahls veranlasseten Zusammenführungen Ihren F. F. G. G. und ihnen von des Creisses eigene Soldatesca höchster Schimpf und Gefahr unumbgänglich begegenen müssen, zu geschweigen, daß das fürgesteckte Ziel auch im wenigsten zu erreichen gewesen.

Darzu auch ferner dies gerathen, daß der in allen Bestallungen so richtig verheissener Soldt niemals zu rechter Zeit consentiret, besondern die Zahlungstermin vom 21sten Febr. jetzt abgelaufenen Jahrs, bis Montags nach Palmarum, fürter Jubilate uf den 22sten Julii, Michaelis, Martini, Christmonat, und schliesslich diese Creissversammblung verschoben, auch ohnangesehen so vieler von Fürsten und Stenden selbsten, auch dero vornehmen Räthen, Bottschaften und Gesandten gemachter Abschiede, sambt vorhochgedachter des Herrn Creiss- und Feldobersten F. F. G. G. beweglich abgangenen Erinnerungsschreiben, in so geraumer Zeit nur ein Monat gereicht und ausgezahlet worden. Inmittelst Ihre F. F. G. G. und sie andere löbliche Kriegs-Occasionen hindansetzen, beym Haubtquartier und sonsten, wohin jeglicher commandirt, ufwarten, ohne einig habenden Vortheil, alles, so zum Unterhalt für sie, ihre unterhabende Kriegs-Officier und Diener vonnöthen, um baare Pfenning aufs teurist erkaufen, dero Behuff und oberwehnten Mangels des Soldts, schwere Geldposten umb hohes Interesse mühesamblich erheben, und ihren fürstl. und ufrichtigen Credit nottringlich ufs eusserste vertiefen müssen, darüber sie numehr, wie leicht zu erachten, dermassen erschöpft, daß wann die Zahlung nit alsobald erfolget,
und

und die gegebene Parole, auch Hand und Siegel erfüllet und ausgelöset werden sollen, Ihre F. F. F. G. G. G. und sie in höchste Disreputation und Nachtheil geführet werden sollen.

Um so viel weiniger dieselbe sich versehen können, daß bey den ersten Puncten man den bereits becräftigten dreyzehnten Monat kürzen, und die völlige Bezahlung uf zwölf Monat stellen sollen, in Erwegung nit allein die zu End der Resolution gemeldte irrig acceptirte Abdankung Ihren F. F. G. G. G. und ihnen nit in Sinn kommen können, besonderen sie auch dem Kriegsbrauch und Herkommen nach mit nichten gehalten noch verpflichtet, sich ohne baar Geld und völlige Befriedigung abdanken zu lassen, oder aber über die zwölf monatliche Patienz noch ferner vergeblich zu dienen oder ufzuwarten; derwegen dieselbige berührte zwölf Monat zu gänzlicher Bezahlung nicht annehmen können noch wollen, versehen sich zu höchst= hoch= und wolbesagten Fürsten und Stenden, auch dero Räthen, Bottschaften und Abgesandten freundlich auch unterthänigst, unterthänig, günstig und gnediglich, auch freund= und dienstlich, sie werden hieneben sich mit nichten difficultiren, und den Sold, bis ein jeglicher seines Rests allerdings vergnügt, continuiren, und ohnweigerlich reichen lassen.

So viel dann vors andre den geforderten Abdanks=Monat betrift, weiß männiglich, der das Kriegswesen in Ungarn und sonsten im heil. Reich teutscher Nation versucht, daß derselbe, zumahl bey schlechten Kriegsvortheilen, deren hie gar keine verhanden, üblich herbracht. Es erinnern sich auch damalige zur Beeidigung verordnete Commissarien gutermassen, daß Ihren F. F. F. G. G. G. sembtlichen hohen Officierern, wie sonsten Herkommens, durchaus kein Anrittgeld geben, und ihnen weiter versprochen, daß alles uf den alten teutschen Fueß sollte gerichtet werden, worumten sie gleichenfalls den geringsten Zweifel tragen, man werde ihm also Folge leisten, den Abzugs=Monat ihnen sembtlich gut thun, auch der General=Abrechnung dasselbe bey allen Posten einverleiben lassen.

Mehr und am dritten, befinden hoch= und wolermeldte Ihre F. F. G. G. G. und sembtliche hohen Officirer, daß uf dem ersten Blat dessen von den Deputirten überreichten Memorials, des Generalmajorn und obersten Lieutenanten über die Cavallerie, Curdt Plato Schloen, genannt Gehlen, Kriegsraths=Bestallung ausgelassen; alldieweiln aber bekannt, daß derselbige von obhochernannten Herrn Creißobersten F. G. gleich zu Anfang der Verfassung zum Kriegsrath bestellet, solche Stelle auch mit würklichem Rathbestallungs Unterzeichnung, sambt anderer, so berührter Charge anhengig, achtehalb Monat lang, und bis Levin von Hudenberg darzu vermucht,

Büschings Magazin XXI. Theil.   u   vertre-

vertreten, der Herren nach- und zugeordenten F. F. F. G. G. G. auch ihren Kriegsräthen den gemachten Sold, wie man glaubwürdig berichtet, für sich selbst bereits einhändig gemacht; so sehen Ihre F. F. F. G. G. G. und sie keine Ursach, warumb dasselbe, so den übrigen gereicht, ihme, Herrn Generalmajorn über die Cavallerie, entzogen, oder was dem einen Fürsten und Stande erlaubet, dem andern könne verwöhrt und abgeschnitten werden. Weinigers nit rügt, ob dem andern Blatt gesagten Memorials des Herrn Generalmajorn über die Infanterie, Niclaus Kraussen von Morsse, wegen seines Lieutenanten Johann Fabricii 75 Rthlr. gekürzt, befindet sich auch, daß derselbe uf nachfolgenden Blättern nit benannt, sondern ganz cassiret, und vorbeygangen worden. Dabey Ihre F. F. F. G. G. G. und semtlichen hohen Officirern die Kriegsräthe, Bottschaften und Abgesandten gönst- und gnediglich ersuchen, auch freund- und dienstlich bitten, sie wollen aus des heiligen Reichs Executions-Ordnung und Abscheiden ohnbeschweret zu Gemüthe führen, wie weit des Creiß- und Feldobersten Ambt bey Bestellung des Felds sich erstrecke, imgleichen, daß an allen Orten und Enden der Welt, wo einige ordentliche Kriegs-Expeditionen vorgehen, dem Generalmajorn über die Infanterie ein Lieutenant gehalten wird, der bey dieser Anstalt umb so viel mehr nöthig gewesen, dieweil gedachter Generalmajor was der Regiment noch Compagnie gehabt, deren Officirer er zum Nothfall sich bedienen können, aus welchem Grunde dann mehrhochernannten Herren Creiß- und Feld-Obersten F. F. G. G. nit Umbgang haben mögen, ihme, Fabricio, den monatlichen Sold zu versprechen, welche fürstl. Zusage übrigen Fürsten und Stende Abgesandten, wider die Gebühr, Billigkeit und Kriegsgebrauch, darüber man aller unpassionirten Welt Urtheil wol leiden kann, mit nichten umbstossen, sondern vielmehr denselben williglich und ohn allen Mangel erstatten, auch von Defalcation der 75 Rthlr. einen Abstand nehmen werden. Imgleichen leben semtliche hohe Officirer der genzlichen Zuversicht, dieweil des durchleuchtigen hochgebornen Fürsten und Herrn, Herrn Otten, Herzogen zu Braunschweig und Lüneburg, F. G. gleich andern Oberstlieutnanten, ihre Unterofficirer mit schweren Kosten angenommen und unterhalten, auch bey derselben nit bestanden, das hochernannten Herrn Generals F. G. und den Kriegsräthen, denen die Nahmen zugesandt, sie mit vorgestellet, besonders man an der Benennung der Personen vergnüget gewesen, und dero weiter nichts zugemuthet hat, man werde auch des völligen Tractaments uf berührte Officirer sich gefugsamb nit entbrechen können.

Fürter verspüren sein, des Herrn Feldobersten F. G, daß uf dero Leibcompagnie Curaßierer an Tractament monatlich 9 Fl. abgezogen, welche sowol von des Herrn Creißobersten F. G. als andern Stenden allesambt bey ihren Compagnien zu Roß ohne einig Beschwerd gut gemacht, also in dem Abscheid zu Uelzen Anno 1619

des dreyßigjährigen Krieges.

1619 den 25ſten Octobr. ufgerichtet, beliebet, zweifeln doch gleicher Weiſe nit, Räthe, Bottſchafften und Abgeſandten, bey ſolcher in allem etwa uf 105 Rthlr. ſich belaufenden Summa kein weitere Beſchwerd machen werden.

Bey der Leib-Compagnie vernehmen erſt-hochgedacht Ihre F. F. G. G. G. mit Verwunderung, daß man für monatlichen Sold und Tractament nit 1545 Rthlr. 20 Gr. beſondern allein 1333 Rthlr. 8 Gr. paſſieren laſſen will, und entſinnen ſich zwar aus den Abſchelden, wie viel Heubter insgemein unter eine Compagnie gehören, auch was vor Tractament darauf gegeben werden ſolle. Gleichwol ſo viel die Anzahl der Heubter anlanget, wird aus dem Creißabſcheid vom 8ten Februarii Anno 1623 berichtet, daß zwarn die Compagnien gleich ſeyn ſollen, wo es noch res integra, und ſich gefüglich will thun laſſen. Es führe auch des Herrn Creißoberſten nach- und zugeordenten F. F. F. F. G. G. G. G. unter deren Hand und Siegel beſchehener öffentlicher Anſchlag clerlich im Munde, daß mann die Compagnien mehr denn 200 ſtark, die übrigen ihren monatlichen Sold billig empfahen. Ueberdies iſt es anderme, daß dieſe Compagnie, gleich deren zu Roß, hochgedachten Ihrer F. G. als Generals, zu Beſchützung Dero fürſtl. Perſon, auch umb mehren Reſpects willen, mit einhelligen Schluß von Fürſten und Stenden gewilliget, und dann fürter allen Kriegserfahrnen bekandt, daß dergleichen Leibcompagnien gemeiniglich aus dem Kern der Soldateſca zuſammenbracht werden, der Urſachen an Tractament und ſonſten vor allen andern merklichen Freyheiten und beſſerer Vortheil ſie allenthalben zu genieſſen. Es giebt auch die gefertigte, den Kriegsrdthen vorgezeigte, und von denſelben untergezeichnete Muſterrolle heiter an Tag, daß 25 Mann über die gewöhnliche Zahl der 200 von Anfange dieſer Kriegsbereitſchaft bis uf jetzige Stunde unterhalten, welche Rolle von denſelben ſo wenig widerſprochen, daß auch von Theils unter ihnen, ihren F. G. gleichſamb die Herrſchaften, uf beſchehen Zuſchreiben, damit gar wol friedlich, ohne dunkel angezeigt worden. So iſt fürter ſembtlichen Räthen, Bottſchaften und Abgeſandten noch unentſunken, daß vermöge oberwehnten Abſcheides vom 8ten Februarii hochgedachten Generals F. G. etliche Trabanten, und dann zu der Heerpaucken, dem Brauch nach, gehörige zwölf Trompeter, ſollen auch billigmäßig gehalten werden; daß aber Dieſelbe, den Creiß dardurch zu erleichteren, ſich der Trabanten ganz begeben, und an vier Trompetern erſettiget geweſen, bey welchen letzten Poſten der acht Trompeter allein monatlich 200 Rthlr. erſparet, iſt den anweſenden Kriegsrdthen wol wiſſend, bannenhero S. F. G. ihr mit nichten einbilden können, daß man mit ſolchem Anmuthen Dero begegenen, und Ihre dem Creiß in abgedachte und andere Wege mit Zuſetzung des Ihrigen, inſonderheit bey den Leibcompagnien, erwieſene Gutherzigkeit nit mehr erkennen ſollen, wie aber denn können und wollen ſie ſich mit ſolcher Laſt ermelbte 25 Soldaten zu unterhalten, auch eine Leibcompagnie gebührendes Tractament aus ihrem Seckel zu geben, keinesweges beladen, besondern gesinnet günstig und gnädiglich, man wolle sich hierunter der Billigkeit bescheiden, und es bey dem Aufschlag der 1545 Rthlr. beruhen lassen.

Dem Conducteur von den Werken, Henning Hasemann, geschicht nit wenig ungütlich, daß demselben die geringe Zulag der monatlichen 10 Fl. nit mag gegönnt werden, angesehen derselbe mit Bevestung des Haubt- und anderer Quartier über grosse Arbeit gehabt, und bey solcher Mühewaltung dennoch uf seinen Kosten hin und wieder vielfältig reisen müssen; dahero auch hierben es so genau nit zu nehmen, Räthe, Bottschaften und Abgesandten gebührlich ersucht und gebeten werden.

Ferner die zu Behuef der Artillerie von derselben Generaln Jobst Andreassen von Wallhaussen bestallte verschiedene Personen, als Controlleurn Marx Radeland, vier Constabels, Conductorn von den Rißwerken, und Conductorn von Materialien und Tambourin betreffend, hat man ufm Creißtag zu Braunschweig den 9ten August jüngsthin dahin geschlossen, daß Büchsenmeister, und was sonsten zur Artillerie vonnöthen, verschafft, also daß der wenigste Mangel daran verspüret werden solle. Wie es nun zum Feldlager gerathen, und die Stücke sambt ihrer Zugehör fortbracht und gebraucht werden sollen, hat ihme, Herrn Generaln über die Artillerie, Craft tragender Eid und Pflichten, vorgedachte Personen, deren man bey derselben Estat durchaus nit zu entbehren, zu bestellen obliegen wollen, der ohngezweifelten Zuversicht vor-höchst- und hochgedachte Fürsten und Stende dieselbe gut machen, und besagter nothwendigen Sorgfalt halber wolernanntem Herrn Generaln über die Artillerie kein ohnverdientes Nachteil ufwälzen werden.

Was dann vors vierdte bey den Zahlungsmitteln entstandene Beschwerlichkeiten anreichen thut, lassen zwar Ihre F. F. F. G. G. G. und sembtliche hohe Officirer solche an ihrem Ort beruhen, jedoch müssen sie es dafür halten, daß die angezogene Alteration der Leufte nun lengst vergangen, und bey denen vor diesem gepflogenen Zusammenkünften solcher Punct wol mögen abgehandelt werden. Da auch die bewilligte 28 Monate, nach Besage des Creisses Abscheides vom 9ten Aug. jüngsthin §. Ob man wol zum 14. ꝛc. zu rechter Zeit einbracht, und sie zu Befriedigung der hohen Officirer und Leibcompagnien, nit aber zu Absindung Proviantmeisters und anderer, die dem Creisse weder Dienst noch Ufwartung gethan, angewendet wurde, bey Aberetung des Nachstands diesmal so viel, da geringere Beschwerlichkeiten sich erzeigen, dies aber haben sie gantz unvermuthlich bey diesen Pucten angemerket, daß vor höchst- hoch- und wolermeldten Fürsten und Stende Räthen, Bottschaften und Abgesandten nur von 28 Monaten, so bey weitem ihre reducirte Summa der 150003 (den

Em=

des dreyßigjährigen Krieges.

Empfang und Abgang ungerechnet,) nit austragen, Meldung thun, und fast verstehen geben wollen, gleichsamb man darmit weitern Ansprüche sich zu entfreyen, denn fürter mit den hohen Officirern, zumahln den eingesessenen, umb Nachlaß an vorbesagten zwölf Monaten, auch Anstand bis uf Quasimodogeniti, alsdenn das Geld allererst uffkommen soll, zu handeln gesinnet.

Gleich aber Ihre F. F. F. G. G. G. und Dero Mit-Interessenten auf erstverstandene 28 Monaten nit bestallt noch angenommen, sondern der Vernunft und natürlichen Billigkeit gemäß, daß ihnen ihre Bestallungsgelder so lange beederseits respective beschehene Verpflichtung dauren, völlig, ohne einigen Abzug, vorab nach gehabter jährigen Gedult, dermahl einhändig gemacht werden; so können Ihre F. F. F. G. G. G. so wenig, als einer aus der übrigen hohen Officirer Mittel, zu Reßzetteln nit verstehen; sintmahl sie auch die verlaufene und theils noch in frischem Angedenken schwebende Exempel darbey nit wenig schrecken, insonderheit aber durch Eingangs geclagte Saumbsahl grossentheils der hohen Officirer nunmehr in den Stand gerathen, daß wann es nit bald zu baarer schleunigster Bezahlung gedeyen solte, dieselben ehrlichen Leute, so mit Schmerzen uf die nach einander erfolgete Convent-Zahlungstermin, und endlich diesem Creißtage ihr Absehen und Vertröstung gehabt, beydes ihnen Hoffnung beraubet, und gegen ihre F. F. G. G. G. und die ihrigen mit Arresten, Repressalien, und andern an theils Oerten in Gebrauch schwebenden scharfen Zwangsmitteln, zu höchster Beschimpfung, den negsten verfahren würden.

Es wissen zwar Ihre F. F. F. G. G. G. und sembtliche hohe Officirer, daß zeweiln auch höhere Potentaten die ihrigen mit Reßzetteln zu befriedigen angewöhnt; hergegen aber wollen die anwesende löbl. Räthe, Bottschaften und Gesandten nit ausser Acht lassen, daß dieselben uf viel Jahr und nit Monat Krieg führen, woselbst die Länge der Zeit und eine einige Occasion allen Abgang erstatten könne, zu geschweigen, daß es daselbsten die Vortheil aus den verschiedenen Quartieren jetzt ermeldten Verzug grossentheils wieder einbringen; sie seyn aber dessen versichert, daß gewiß kein einig Exempel niemal sich begeben, da man dreyzehen Monat gedienet, nur 1 Monat Sold gehabt, und neben so ansehentlichen Abzug und ihres Ermessens unbilliger Defalcation, mit Reßzetteln sey bezahlet worden.

Zu dem vorgeschlagenen Nachlaß an den zwölf Monaten mögen mehr-hoch- und wolermeldte hohe Officirer sich aus obdeducirten Ursachen auch dannenhero nit bequemen, daß der grösseste Theil des erwartenden Soldes bereits lengst von andern erborget, ufgangen, und vielen, ja den meisten kaum ein Zehrpfenning, ihrem Stande und Wesen gemäß, ohnedaß übrig bleiben wird.

Uf

Uf den bey diesen Puncten angedeuteten Anstand bis uf Quasimodogeniti, sein Ihre F. F. F. G. G. und andere hohe Officirer sich keines andern ercleren, dann daß so lange die Zahlung verbleibt, der Sold laufen, und sie von Monaten zu Monaten, nach laut der Zusage und Bestallungen, contentiret seyn müssen, auch bey gegenwärtigem Zustand, da aller Vorrath zerrunnen, baar Geld haben.

Negst diesem allen ist den anwesenden Räthen, Bottschafften und Gesandten nit unwissend, als weder Creißtage, noch vielfältige von vorhochgedachten Creiß- und Feldobersten F. F. G. G. an semtlichen Fürsten und Stende ergangene bewegliche Erinnerungen, gar nichts verfangen wollen, daß Ihre F. F. F. G. G. G. und Mit-Interessirten ihre Noth und Gelegenheit durch vornehme kostbare Gesandtschaften an des Herrn Administratoris des Primat- und Erzstiffts Magdeburg, Erzbischoffen zu Bremen, und Herzog Friederich Ulrich zu Braunschweig und Lüneburg, F. F. F. G. G. G. freundlich und unterthenig, letztlich auch bey jetziger löbl. Versambhung clagen und vorbringen, darüber, wie ohnschwert zu ermessen, bey diesen schweren Zeiten merklichen hohen Kosten tragen und ufwenden müssen; sintemahl dann derselbe zum weinigsten aus eins Theils der Fürsten und Stende Saumbsahl und Verzüglichkeit, Ihrer F. F. G. G. G. und ihnen zugestanden, auch dergestalt ihre Besoldung zur Sollicitatur kaum erklecklich; also können sie auch solche Zehrungskosten Fürsten und Stende mit nichten entheben, besondern versehn sich ohnfeilbarlich, ob schon bey dem Memorial der Deputirten darvon keine Nachricht verhanden, Fürsten und Stenden, auch derselben löbl. Räthe, Bottschaften und Gesandte werden sich die Erstattung gutwillig belieben, auch an den Creiß deshalber nothdürftigen Befehl ergehen lassen, gestalt solches hiermit günst- und gnedigilch gesonnen, auch freund- und dienstlich gebeten wird.

Schließlichen thun Ihre F. F. F. G. G. G. und semtliche hohe Officirer offt wolermeldte anwesende Räthe, Bottschaften und Gesandten treuherzig ermahnen, erinnern, auch freund- und dienstlich ersuchen und bitten, sie wollen doch bey jetziger Bequemigkeit zu bewegtem Gemüthe ziehen, wie hoch ihre gnedigst und gnedigen Herrschaften und Obern löbl. Reputation und guter wohlerbrachter Namen, Ausgeben, und unwiederruflich Parole, auch theils Hand und Siegel hierbey interessiret, wie hoch diesem löbl. Creiß an deme gelegen, daß Ihre F. F. F. G. G. G. und die Officirer semtlich bey gutem auch willfehrig und dienstlichen Contento erhalten, auch das geclagte Unvermögen, und befundene grosse Mängel vielmehr zugedecket, dann zu des Creisses Nachtheil und Disreputation von den Unwilligen ausgebreitet werden. Da auch künftig man vornehme Cavallier wiederumb bedürftig, was Beförderung und Schaden dies Unwesen und ganz unverschuldete Proceduren erwecken und zuwege bringen.

gen. Fürter, da man der einen oder andern gar aus der Patienz setzen sollte, daß dessen Herrschaften, Diener und Unterthanen (daß doch Ihre F. F. G. G. G. und sie, die an Glimpf und aller Menschmüglichkeit bishero nichts erwinden lassen, gerne vermieden sehen wollen,) uf Begebenheit mit schmertzlichen Unstatten entgelten möchten, und solchemnach dahin wirklich und schleunigst rathen und thaten, daß dasselbige, was in gegenwertigen Fall die Reichssatzungen befehlen, was mehr angezogene Creißabscheid und Versprechnüssen, neben der Ehrbar= und Billigkeit selbsten ohnvermeidlich erheischen, auch doch endlich nach langem Verzug vollstendig gewilliget, und dargeschafft werden muß, ohnweigerlich eilfertigst geleistet, und zur Hand bracht, Ihre F. F. F. G. G. G. auch, und sembtliche hohe Officirer, von andern Occasionen, die bey dieser Frühlingszeit verhanden, und in geringer Weil versäumet, nun lenger nit abgehalten werden.

Wann dann über alle geschöpfte Zuversicht auch diese so treu gemeinte aufrichtige Erinnerung leer ausgehen sollte, wollen Ihre F. F. G. G. G. und sie des Verfolges, da er nicht allerdings zu eines jeglichen Belieben ausschlagen sollte, vor Gott und menniglich entschuldiget seyn; und zu den gehorsamen Fürsten und Stenden das sichere Wertrauen tragen, sie werden und wollen diesfalls, wie hiebevor verabscheidet, gegen die Widersetzliche mit ihnen würklich umbtreten, allermassen man solches freund= dienstlich, unterthenigst und unterthenig bitten, auch günstig und gnedig gesinnen thut.

Zur allerletzt befremdet Ihre F. F. G. G. G. und sembtliche hohe Officirer die am Ende der Resolution befindliche Acceptation beschehener Abdankung nit wenig, denn das erste weder aus ihren Worten noch Schriften, darin erster Abrechnung, folgends der Zahlung, endlich der Abdankung gedacht, zu erzwingen, das ander aber, im Mangel Geld so weinig annehmblich als löblich und Herkommen. Derwegen Räthe, Bottschaften und Abgesandten Ihre F. F. G. G. G. und Mit=Intereßirte ungütlich nicht verdenken werden, daß sie gedachte anstatt einer Erlassung ihnen unwissend eingehändigte Resolution zu mehrer ihrer Verwahrung hiemit originaliter wiederumb einschaffen, und solches haben Ihre F. F. G. G. G. und sie zu Eröffnung ihrer schließlichen Gemüthsmeynung den anwesenden Räthen, Bottschaften und Gesandten etwas umbständlich, wie auch ferner andeuten wollen, daß mehr hochgedachten Herrn General=Feldobersten und Pfalzgraf Christians F. G. sambt den übrigen hohen Officirern mit göttlicher Verleihung künftigen Mittwochen, den 3ten hujus, allhie persönlich anlangen, ihre endliche cathegotische Wiederantwort vernehmen, und diese Angelegenheit zu Endschaft ihres Theils befarderen wolle. Bleiben daneben oftwolgedachten Räthen, Bottschaften und Gesandten mit gönstig und gnedigen Willen, wohl beygethan, auch zu freundlich= und geflissenden Diensterweisung allezeit erbietig. Geben Ohoeff, den 1sten Martii Anno 1624.

3.

Zu wissen, daß heute dato zwischen Uns, von Gottes Gnaden Christian, erwehltem Bischowe des Stifts Minden, Herzogen zu Braunschweig und Lüneb. und von desselben Gnaden Uns, Franz Carln, Herzogen zu Sachsen, Engern und Westphalen, wegen zwölf Compagnien zu Roß und acht Compagnien zu Fuß, welchen Wir, Herzog Christian, auf acht Wochen lang den Laufplatz in Unsern Landen zu verstatten, nachfolgende Vergleichung getroffen und geschlossen, daß erstlich die Quartier für besagte Reuter und Soldaten mit Unserm, Herzogs Christians, Vorwissen und Belieben, gemacht, und ausgetheilet werden, und dabei Unsere eigne, wie auch Unser Prälaten, Adelichen, Landtsassen, Prediger, Domherren und anderer Geistlichen Häuser und Wohnungen von der Einquartierung genzlich befreyet seyn sollen.

Fürs ander, Wir Herzog Christian des Herzog Franz Carln Lbdn. eins für alles zu Tractament, Werb- und Stabgeldern, und wie es sonsten einen Namen haben mag, Unsern freundlichen lieben Vettern, Dranebergischer und Harburgischer Linien, Quoten mit eingeschlossen, derentwegen Wir, Herzog Franz Carln, Uns an solche Quotam wollen verweisen lassen, in nachfolgenden Terminen acht und sechzig tausend Reichsthaler, als zum erstenmahl so fürderlichst als möglich, zwanzig tausend, hernach über vierzehn Tage, anstatt des andern Termins, funfzehen, dann zum dritten wiederumb, nach Ablauf vierzehn Tage, funfzehen tausend, und letztlich, den Rest, als achtzehen tausend Reichsthaler, nach verflossenen zweyen Monaten, von der Zeit an zu rechnen, wenn das Volk genzlich ausgeführet, und dies Fürstenthumb quittiret, auszahlen und erlegen sollen und wollen.

Dagegen versprechen und zusagen Wir, Herzog Franz Carl, daß gegen vorgemeldte Tractament, Werb- und Stabgelder, alles, was auf Unserm und Unserm Staat, wie auch Reuter und Soldaten, ohne Unterscheid, sie seyn beschaffen wie sie wollen, Underhalt und Verpflegung gehen wird, von Uns und ihnen, ausbescheiden Holz und Feurung, es sey gleich was es wolle, selbst gestanden und verschaffet, und in billigem Werth, Inhalts darüber gemachten Taxordnung, bezahlet, das Volk, so bald der dritte Termin ausgezahlet, genzlich aus diesen Landen abgeführet, das Ausreiten und Auslaufen auf die Straßen, zu Behinderung der Commercien und Beschwerung der Reisenden, und anderer Leute, durchaus nicht verstattet, noch Sr. Herzog Christians Lbdn. an Dero Zollen zu Wasser und Lande keine Eintracht gethan; und da jemanden einiger Schade und Beschwerung zugefüget, wenns nur bey dem Quartier, daraus der Schade geschehen, denunciiret und angezeiget, derselbe

selbe erstattet, und an jedem Termin allemahl decourtiret und abgezogen werden soll.

Wie wir Uns denn noch mehr anheischig machen und verpflichten, daß soviel mensch- und möglich, bey Ihrer königl. Majest. zu Schweden aus- und zuwegebringen, daß Sr. Herzog Christians Lbdn. Land hierüber nicht allein bey dieser, wehrenden Zeit des Sammelplatzes, sondern auch so lang als diese verwilligte Gelder den in der Alliance gesetzten Hülfgeldern adaequiret, und dagegen ab- und todtgerechnet werden, mit keinen Einquartierungen und Assignationen beleget oder beschwert, dann des Obristen von der Heyden Regiment aus seinen, Herzog Christians Landen, unverzüglich fortgeschaffet, und die von Herzog Georg zu Braunschweig und Lüneburg zu Blocquirung der Vestung Wolfenbüttel geforderte Proviant forderlichst losgemacht, und sonsten allenthalben solche Disciplin und Ordre gehalten werden soll, daß die Leute in den Städten und auf dem Lande bey dem Ihrigen und ihrer Haus- und Feldarbeit sicherlich verbleiben können, und in keinerley Weise noch Wege bedrenget und beschweret werden sollen. Alles getreulich und ohne Gefehrde. Dessen zu Urkund und fester unverbrüchlicher Haltung haben Wir obgemelte Fürsten diese Vergleichung so zwiefach vollenzogen, mit eignen Händen untergeschrieben, und mit Unseren fürstlichen Secreten becrefftiget. So geschehen und geben zu Zell, den 18ten Augusti Anno 1632.

Christian. Mppr.   Frantz Carl.

(L. S.)

4.

Copia Inſtructionis, ſo des königl. ſchwediſchen Reichs-Canzlers Excell. im Nahmen Ihro königl. Majeſt. zu Schweden mir endsbenannten, Dero königl. Majeſt. geheimbten Hof- und Kriegesrath von Steinberg, gnädig ufgetragen.

Soll er praemiſſis praemittendis zu Anfangs Sr. Fürſtl. Gn. meine unterwillige Dienſte, nebſt andern geziemenden Curialien, praeſentiren, haubtſächlich aber vermelden und fürtragen: es wüßten Se. Fürſtl. Gn. ſich ab dem weltkundigen Verlauf in guter Behältnüß gnädig zu beſcheiden, welchergeſtalt der geſambten evangeliſchen Churfürſten und Stände Eſtat in Teutſchland, wie der durchleuchtigſte, großmächtige Fürſt und Herr, Herr Gurſtaff Adolpff, der Schweden, Gothen und Wenden König, Großfürſt in Finland, Herzog zu Eheſten und Carelen, Herr über Ingermanland ꝛc. mit Dero beyhabenden Armee Anno 1630 uf des Reichs Boden anländeten, von ihrem mächtigſten Feinde dermaſſen niedergeſchlagen, zerriſſen und gedempfet geweſen, daß kein vernünftiger erfahrner Patriot ſich im geringſten einbilden können, daß derſelbe ohne beſonder wunderſahme extraordinaire Hülffe Gottes des Almechtigen durch einzige blickende menſchliche Mittel wieder ufgerichtet, zuſammengefüget, und in ſolchen Valor empor gehoben werden können, daß die evangeliſche Stände nicht alleine das Aequilibrium gegen ſolche ihre unverſöhnliche Feinde, ſondern auch eine mächtige Ueberwage erreichet hetten, ja vielmehr jedermenniglich es dafür ungezweifelt gehalten, daß alle teutſche Freyheit, in Religions- und Profan-Sachen, ſchon verloren, und wer nicht wolte die Religion, als den höchſten und die weite Welt übertreffenden Schatz, viel lieber changiren, als in ſtetiger Furcht und ungewiſſer Hoffnung, Land, Leut, Haus, Hoff, Haab und Güter behalten, den Elendsſtab zur Hand greiffen, und aus dem Vaterland weichen mußte.

Denn obwol die evangeliſche Churfürſten und Stände ſich Anno 1630 zu Leipzig zuſammen gethan, und ſich einer nothwendigen Defenſions-Verfaſſung verglichen, ſo wäre doch am Tage, daß der Feind durch ſeine auf den Beinen habende überaus groſſe Macht, erſtlich alle Ober-Craiſe, ehe und bevor ſie, vermöge des Leipziger, ſonſt ſehr wohlgemeinten Schluſſes, zu einiger Force gelangen können, überzogen, dieſelben gänzlich desarmirt, und alſo wohlgemeldtem Schluß alles Effects entöhnigt, damit hernacher im ferneren Progres den Unter-Craiſen eine ſolche Furcht eingejagt, daß ſich daſelbſt kein Fürſt oder Stand zu der geringſten Armatur regen bürffen. Und obſchon der durchleuchtigſte und hochgeborne Fürſt und Herr, Herr Hans Georg, Her-

Jog

zog zu Sachsen, Gülich, Cleve und Berg, des heil. römischen Reichs Erz-Marschall und Churfürst ꝛc. von den feindlichen Armeen, aus wolbekannten gewissen Ursachen, darunter noch so weit und lang übersehen, und zu der Unvermeidlichkeit versparet worden, bis J. churfürstl. Durchl. sich in etwas zu armiren angefangen, so wäre doch nichts destoweniger reichskundig wahr, daß die höchstgemeldte glorwürdigste königl. Majest. zu Schweden, hochpreißlichen Gedächtnisses, durch Dero siegreiche Waffen, nechst Gott, den Feind J. churfürstl Durchl. so lange, und schier in die anderthalb Jahr, vom Halse gezogen, und abgehalten, bis J. churfürstl. Durchl. über die zu Leipzig behandelte Proportion Ihres Theils stärker anwerben, und zu einem zimblichen Gros gelangen können.

Wobey dann die besonders eyferige und hohe Affection J. königl. Majest. gegen S. churfürstl. Durchl. zu Sachsen, und die gesambte evangelische Churfürsten, Fürsten und Stände, in gute Obacht zu ziehen, indem J. königl. Majest. alle andere eigennützigen hochwichtigen Considerationen hindangesetzet, ihre Intentiones, proprio omnino motu, ja vieler erwiesener Offensionen ungeachtet, einzig und allein dahin gelenket und gerichtet, welchermassen sie S. churfürstl. Durchl. zu Sachsen, als den Rest des evangelischen Wesens in Teutschland, retten, und dardurch das zerfallene Wesen wieder aufrichten mögten, welches darumb von keinem unpaßionirten evangelischen Herzen umb so viel weiniger in Zweifel zu ziehen, dieweil sie den Oderstrom, woran Deroselben eigenem Estat sehr hoch gelegen gewesen, mit einer geringen Armee bewahret gelassen, die Seekanten, welche J. königl. Majest. Sicherheit noch mehrers als die Oder concerniret gehabt, andern Ihren Officirern zu purgiren anvertrauet, Sie aber selber mit Dero Haupt-Armee zwar nach dem Elbstrom, aber dergestalt, mit nicht geringen Hazard J. königl. Person, Cron und Zepters geeilet, daß sie uf alle begebende Nothfälle J. churfürstl. Durchl. secundiren, und also für den totalen Ruin des evangelischen Wesens vielmehr, denn für ihres selbeigenen Status stehen könnten, gestalt sie dann dero Behuff die Stadt Werben, nebst dem anliegenden Platze, zu Ihrem Posto gefasset, sich, alle andere ereugte statliche Occasiones hintansetzend, etliche viel Wochen, mit nicht geringen Difficultäten, patientiret, und dem Feind, welcher sonst J. churfürstl. Durchl. hervorwachsende Armatur gleichsamb im Kraut ohnschwer erdempfen mügen, dahin zu sich gezogen.

Wie nun endlich der Feind, die Hörner daselbst abgelaufen, retiriren müssen, und sich wieder zu der Chur-Sachsen genähert, hetten J. königl. Majest. wiederumb Ihr höchstes Absehen uf J. churfürstl. Durchl. gehabt, darumb Ihren Posto zu Werben quittiret, Ihre an dem Oderstrom hinterlassene Armee zu Alten-Brandenburgl an sich gezogen, also den Oderstrom so lang entblösset, und Ihre Märsche zu der Chur-Sachsen, alles zu mehr verstandenem Intent, in schleunigster Müglichkeit gerichtet.

Dieweil sie aber in dem andern Nachtquartier avisiret worden, welchergestalt der General Graf von Tylli sein Haubtquartier zu Halle genommen, und seine sehr mächtige und grosse Armee in der Nähe darherumb dergestalt logiret gehabt, daß nicht zu zweiflen gewesen, es würde nunmehr den so lang versparten Rest der Chur-Sachsen gelten, hetten J. königl. Majest. aus sothaner sorgfeltigen Liebe, J. churfürstl. Durchl. durch eine eilende Beschickung dahin beweglichst disponiren lassen: demnach der General Tylli J. churfürstl. Durchl. durch solche ausgeübte und zusammengewehnte Armee an Macht unvergleichlich überlegen, sie in einer Nacht von der Elbe, also von J. königl. Majest. abschneiden, und dadurch das ganze evangelische Wesen zu Boden richten, (allermassen dann Gott nimmer gnung zu danken, daß er des Generals von Tylli Augen so weit verblendet gehabt,) daß sie von Leipzig mit Dero neugeworbenen viel schwächern Armee eilend ufbrechen, den Rücken an den Elbstrom setzen, und sich mit J. königl. Majest. würklich conjungiren, sociiren und alliiren möchten, gestalt dann erfolget, daß J. churfürstl. Durchl. solchem heilsamen Rath in allem gefolget, und im Augusto Anno 1631 nacher Torgaw retiriret, auch uf J. königl. Majest. anderweit Schickung mit J. königl. Majest. und Dero Königreiche und Landen sich dahin für sich und Ihre Churfürstenthumb und Lande in solchem hochheiligen Werke zu Torgaw am 1sten Septembris desselben Jahrs bey Deroselben churfürstl. Wort und christlichem Gewissen vestiglich alliirt und verbunden, daß J. churfürstl. Durchl. ihre Trouppen von J. königl. Majest. Trouppen, so lange die Gefahr vom Feinde wehren würde, nicht abnehmen, noch einigen Frieden ohne J. königl. Majest. und (wie sich zu Recht ungezweifelt verstehet,) Dero mitbeschriebenen Consens tractiren und schliessen wollten.

Dies recapitulirten nun Se. Excell. nicht der Andacht, daß sie weder J. churfürstl. Durchl. noch einzigem Stande des Reichs die königl. schwedische Meriten ungezimbt ufrücken wollen, sondern einzig und allein zu dem Ende, J. fürstl. Gn. dadurch nur erinnerlich zu Gemüth zu führen, welchergestalt Gott der Allmächtige J. königl. Majest. zu diesem hohen Werke erwehlet und erwecket, auch wunderlich prosperiret: wie derowegen J. churfürstl. Durchl. mit denselben, J. königl. Majest. und Dero Erbinnen, Dero jetzigen königl. Majest. und Cron Schweden, ad praemium restauratae collapsae patriae ex avitae libertatis tam in ecclesiasticis, quam profanis, welches gewiß alle Aestimation ohne Masse übertreffe, nach göttlicher sonderbahrer Anleitung hoch verbunden. Und zwar umb so vielmehr, dieweil Gott solches durch den in der auf solche höchstnöthige christliche Alliance den 7ten ejusdem bey Leipzig erfolgten

Schlacht

des dreyßigjährigen Krieges.

Schlacht bescherten siegreichen Event, gleich als durch ein clares Oraculum, publiciret, und zu erkennen gegeben, wen seine Allmacht, zu Wiederaufrichtung des gefallenen evangelischen Wesens, den Ständen aus der Höhe zugesandt, dieselbe auch dafür erkennen sollten.

Es würden auch bis an solche Conjunctur so wenig J. churfürstl. Durchl. als auch andere evangelische Stände einziger würcklichen Assistence und Hülffleistung für sich, und auffer J. königl. Majest. Dienste, dadurch sie sich J. königl. Majest. königlicher Erclerung und Offerten im geringsten theilhaftig gemacht hätten, anziehen können, da gleichwol J. königl. Majest. unterdessen den Feind aus Pommern, folgends aus der Marck Brandenburgk und Mecklenburgk alleine, zuletzt aber nach solcher Victori, als dem Fundament aller daruf begebenen glücklichen Progressen, durch Ihre Haubt-Armee und deren höchst vernünftige Direction, aus mehrentheils Vortheilen im Reich, also von der Ostsee an, bis in Lothringen und unter die Alpen, nicht ohne zuvor fast nie gehörte wundersame Schickung Gottes, in so kurzer Zeit geschlagen und vertrieben, dadurch die evangelische Stände ingesambt so weit eliberiret, daß sie successive zu den Waffen mit greiffen, und mit J. königl. Majest. sich conjungiren können.

Wann auch an andern Orten man dem Feinde mit solchem Ernst uf dem Tache gesessen, und ihn constringiret hette, daß er sich mehrers nicht, als wo J. königl. Majest. zu commendiren gehabt, recolligiren und verstercken können, würde man gewiß den Feind in solche Enge getrieben haben, daß man des endlichen Ziels, eines christlichen, ehrbaren, sichern und allgemeinen durchgehenden Friedens, mit göttl. Beystand, sich fürlengst würcklich erfreuen mögen. Wie unabwendlich J. königl. Majest. die churfürstl. Durchl. zu Sachsen bis an Ihr glorwürdigstes seligstes Ende geliebet hätten, das stünde ferner ab deme zu hellem Tage, daß J. königl. Majest. aller andern nützlichen Desseinen und eingehabten Vortheilen hindangesetzet, J. churfürstl. Durchl. und Dero Land und Leute zum andernmahl im November 1632sten Jahrs mit Deroselben edlisten Blut und siegreichen Tod dem Feinde aus dem Rachen gerissen.

Ob nun wol S. Excellenz die ganze ehrbare vernünftige Welt, sowol Freund als Feind, sicher urtheilen lassen könnten, ob sich auch ein frembder Potentat für sich, seine Erben, Königreich, Land und Leute umb eine frembde Republique höher verdient machen könnte, da hingegen ob mit einzigem Fundament natürlicher Billigkeit, aller Völker Rechte und ehrbaren Herkommen zu behäubten, daß solchen victoriösen vindicis collapsae Reipublicae, Nachkommen und Successorn, die dessen vestigiis in aller beständiger Treu und mit höchster Gefahr dermassen insistirt, daß sie auch ihren eigenen Estat lieber in hohen Pericul schweben, als von ihren pflichtsamen Devoir im geringsten abweichen wollen; gestalt dann die durchlauchtigste, großmächtigste Fürstin und Fräulein, Fräulein Christina, der Schweden, Gothen und Wenden designirte Königin und Erbfürstin, Großfürstin in Finland, Herzogin zu Ehsten und Carelen, Fräulein über Ingermanland rc. sambt der höchstlöblichen Cron Schweden, gethan, und sich durch des Königes in Polen mächtige Armatur in nichts schrecken lassen, nicht eines Tractatus, ja, was mehr ist, einziger Admission ad consilia tractatus gewürdiget werden sollten: ob auch wol seine des Herrn Reichs-Canzlers Excell. in ihren anbefohlenen und anvertrauten Directorio des evangelischen Bundes, nebst den alliirten vier Ober-Craisen zu nichts höher und begierlicher, als einen solchen ehrbahren, sichern und durchgehenden allgemeinen Frieden, gleich J. Königl. Majest. hochlöbl. Gedechtnüsse zuvor gethan, massen alle geführte Consilia und Actiones einhellig ausweisen, gezielet, und sich bearbeitet, dero Behuf auch, zusambt den vier Ober-Craisen, von dem zu Wormbs gehaltenen Conventu, im Martio jüngsthin an J. churfürstl. Durchl. solches beweglich gelangen lassen, dieselbe umb Communication der zu Prag für sich allein reassumirter Friedenshandlung, und deren Suspension, so lange S. Excellenz dieser Oerter angelangen, und mit S. churfürstl. Durchl. zu gemeinen Effect, eines gemeinnützigen, ehrbaren, sicheren Friedens, sowol Kraft habender Commission, als auch wegen der vier Ober-Craise, und andern Herren Interessenten, cooperiren könnten, unterthenigsten Fleisses ersucht; so hetten S. Excellenz doch zu Ihrer Ankunft in diesem Crais leider erfahren müssen, daß J. churfürstl. Durchl. einen Frieden für sich alleine mit der römischen kayserl. Majest. geschlossen. Und obwol ein Abdruck solchen Friedens S. Excell. zukommen, so hetten sie doch nimmer glauben können, daß derselbe also in Wahrheit wäre beschaffen, sondern dafür vielmehr gehalten, daß solcher Druck etwa zu Trennung und Verwirrung der Gemüther vom Feinde gefödert und gefordert worden wäre.

Derowegen S. Excell. so balde sie nacher Magdeburgk gelangt, sub dato den 6ten Julii jüngsthin an J. churfürstl. Durchl. mittels stattlicher Remonstrirung solcher ihrer Opinion, unterthänigst geschrieben, und Communication der wahren Beschaffenheit des Friedens gebeten, sich auch dahin erboten, wofern der Friede gut, durchgehend, heilsamb, sicher und reputirlich, Ihro in Ihrer Principaln Nahmen, äuserst angelegen seyn zu lassen, denselben zu befördern, wie S. churfürstl. Gnaden ab benen in öffentlichen Abdruck publicirten Wechselschriften mehreres ersehen haben würden.

Es wäre aber hieruf mehrers nicht erfolget, als was die von J. churfürstl. Durchl. an S. Excellenz abgeordnete ansehnliche Gesandten in Schriften (welche er,

Herr

Herr Steinbergk, S. fürstl. Gnaden, gestracks copeylich zu überreichen hat,) den 18ten Julii übergeben.

Dadurch dann S. Excellenz veranlasset, J. churfürstl. Durchl. die darob mit höchster Befremdung vernommene Ungleichheit, indem man unterm Vorwand einer praetendirten Noth, churfürstl. Dignität, und der Grundgesetze des römischen Reichs teutscher Nation, die königl. Majest. und Cron Schweden, sambt allen Deroselben Herren Bundsverwandten, insonderheit auch der Cron Franckreich, gleich wie einen Hund aus der Kuchen, mit einem blossen Winck aus dem Reich zu weisen, und mit den geringsten Tractaten nicht zu honoriren vermeinet, durch eine vornehme Bottschaft den 1sten Augusti zu Leipzig mit unwidertreiblichen Considerationen, und darneben vier Dubia und Haubtmängel, für Augen gestellet, sich auch nochmals bestermassen zu allen friedlichen Mitteln realiter anerboten und verpflichtet, massen S. fürstl. Gnaden ab der Copey der Proposition der länge nach sich weiter in Gunsten informiren könnten.

Wiewol nun S. Excell. sich nicht einbilden können, daß nicht noch etwas zwischen der kayserl. Majest. und der churfürstl. Durchl. zu Facilitirung eines gemeinen durchgehenden Friedens neben recessirt worden wäre, so wäre doch an dessen Statt wider alles Verhoffen nur das vorige Lied wiederholet, ja, uf S. Excell. Herrn Gesandten schriftliche bewegliche Replic und Instanz, noch eine härtere endliche Resolution, wie die Copeyen (so der Abgesandter gleichfalls zu überreichen,) länglicher nachwiesen. S. Excell. wollten für dasmal, der dabey vorgefallenen sehr rauchen harten Reden und Betrohungen geschwiegen.

Und obwol S. Excell. dessen umb des geliebten Friedens willen (weil alle Privat-Injurie publico bono billig zu condoniren wären,) nachmals unterwogen, J. churfürstl. Durchl. anderweit unterthänigst zu beschicken, und Jhro darbey unter andern andeuten zu lassen, daß, im Fall J. churfürstl. Durchl. höchst ansehnliche Interposition solchen sichern gemeinnützigen Frieden noch befürdern würden, es alsdann an Abtretung des Erzstifts Magdeburgk nicht erwinden sollte, schon im Wercke begriffen; so müßten S. Excell. sich doch ab dem, daß J. churfürstl. Durchl. Jhr Volck bey Leipzigk zusammengezogen, wie nicht weiniger der klaren Disposition des pragischen Friedens, auch anderer Ursachen halben, befahren, daß solchen milden Erbietens unterwogen J. churfürstl. Durchl. vielmehr S. Excell. eine solche Resolution, welche zwar mit Gott uf solchen unverschuldeten Event nebenst der Soldatesque bestermassen schon gefasset, abnöthigen und abtringen mögte, deren S. Excell zu mehrer Facilitirung eines beständigen durchgehenden friedlichen Wesens, sonst von Herzen gern

geübri=

geübriget seyn und bleiben wollten. S. Excell. liessen zwar J. churfürstl. Durchl. billig und gerne Dero churfürstl. hohe Würde und Eminenz, auch des römischen Reichs deutscher Nation Fundamental- und andere Gesetze, auch andere vornehme Considerationen, als Endursachen, warumb J. churfürstl. Durchl. mit Dero glorwürdigsten königl. Majest. zu Schweden und Dero Cron sich so hoch verbunden, in ihrem hohen Werth beruhen; allein sie müßten dahingegen auch erwegen, daß man königl. schwedischen Theils nicht alleine umb J. churfürstl. Durchl. und deren Status willen, sondern auch J. königl. Majest. und der Cron Schweden hohen königl. Würden, Eminenz, Fundamental-Gesetze, und also ganzen Status Gefahr und Sicherheit wegen, und also in gleicher mutuellen Proportion, beyderseits Besten, die Alliance, keinesweges aber, nach eines oder des andern Privat-Considerationen und Juribus, tanquam causis finalibus alleine, sondern, welche beyde gleichergestalt verbunden, nach der vernünftigen, natürlichen, aus der Natur und Eigenschaften des gemeinen Krieges, und der gemeinen Gefahr ziehenden Billigkeit aller freyen Völker, Rechte und löblichen Herkommen, keinesweges aber ex jure Romano civili, privatis praesertim negotiis destinatis legibus, zu solchem Ende, daß beyden so viel müglich in Juribus Imperii et regni publicis gleiche Sicherheit und Satisfaktion geschehe, zu verstehen und zu urtheilen. Dann so wenig J. churfürstl. Durchl. die schwedische Fundamental- und andere Gesetze verbünden, eben so wenig verbünden Dero königl. Majest. und Cron Schweden die teutsche Fundamental- und andere Gesetze.

Nun würde kein unpassionirter weltkundiger Mann von Estat nach solchen appropriirten Principiis billig und recht befinden, daß ein Theil das andere dergestalt hindansetzen und vergessen sollte. Wären J. churfürstl. Durchl. ein freyer Churfürst des Reichs, so wäre die königl. Majest. und Cron Schweden gar souverain; wären J. churfürst. Durchl. dem Kayser, als Ihrem Oberhaubte, auch dem römischen Reich verbunden; so wäre die königl. Majest. zu Schweden niemand als Gott; ihrem Königreich und Landen aber zugehörigen Schutz verbunden.

Die von J. churfürstl. Durchl. fürgewandte äusserste Noth, also zum Frieden einseitig fürzueilen, wäre gleichwol so groß nicht. Dann obschon der Feind nach der Nördlingischen Schlacht einen grossen Vortheil erhalten, so wären dennoch die Alliirte diesseits noch so stark uf den Beinen gewesen, daß man mit einmühtiger couragieusen Zusammenhaltung solchen Verlust mit Gott wol redressiren können.

Man erwege nur der Cron Schweden und des evangelischen Bundes Armeen, unterm Herrn Feldmarschall Bannern, Herrn Herzogl. Georgs, Herrn Landgraf Wilhelms zu Hessen, Herrn Herzogl. Wilhelms und Herrn Herzogl. Bernharts zu Weimar

Weimar F. F. F. F. Gnaden, dann J. churfürstl. Durchlaucht zu Sachsen; wie nicht weniger die Chur-Brandenburgische Trouppen, item die sehr grosse assistirende Macht der Cron Frankreich und Herren Staaten; man conferire dahingegen des Feindes Force, und beiderseits Mittel; so konnte man darob eine solche unvermeidliche Noth keinesweges erpressen, ja es wäre weltkundig, und könnte nimmer geleugnet werden, wann die churfürstl. Durchl. zu Sachsen nemblich bey dem gesambten Corpore der Alliirten bis uf diese Stunde bestendig verblieben wären, und mutua opera ex collatis capitibus negotiirt hetten, daß man einen solchen edlen, sichern, allgemeinnützigen Frieden erheben mugen, dafür die werthe Posterität nimmer Dank und Lobes gnugsamb sagen und geben können. Und was wollte man viel von der Noth sagen, da doch selbige, durch eine solche bey dergleichen starken Armaturen der Alliirten nie gehörte Procedur, in viel Wege vergrössert, und Oel zum Feuer heuffig gegossen worden. J. churfürstl. Durchl. hätten, Dero höchstbegabten Discretion nach, vorhero leicht absehen können, daß sich solche mächtige, siegreiche, so hoch interessirte Cronen dergestalt ohne anderweit eyferigen Krieg, schimpflich nicht abweisen lassen würden, dannenhero diese Fürstellung nicht anders wäre, denn sub vana spe pacis sive inani vocabulo pacis, bellum ex bello serere, so wäre auch ja die Noth noch anjetzo so groß nicht, daß da man nur ad aequas conditiones sich lenken lassen wollte, man nicht noch zur Handlung Zeit gnug hette.

Wann man nun ferner den Pragischen Friedenschluß recht beleuchtete, so wäre darab klar zu ersehen, daß der kayserl. Majest. nie zu Sinn gestiegen, ein anders zu suchen, dann secundum illud, divide et impera, durch Abziehung der churfürstl. Durchl. zu Sachsen den evangelischen Bund zuerst zu dissipiren; darnebst unterm Schein die Cron Schweden und Frankreich nothgedrenget zu bekriegen, der Evangelischen noch habende Force an sich zu reissen; die arma in imperio zu perpetuiren, und also damit den langgesuchten Dominat gewünschter Maßen zu completiren. Dann man hette sich evangelischen Theils im Pragischen Frieden unter vielen andern, zu zweyerley verbunden, welche die evangelische Länder endlich gar einäschern müßten, als erstlich den catholischen Churfürsten und Ständen, insonderheit Lothringen, für allen Dingen zu restituiren, dann fürs ander Dero Behuf beyde Cronen Frankreich und Schweden aus dem Reich schlagen zu helfen. Nun wäre keiner so schlecht, der nur in den Estat der Welt von fernen gucket, der nicht darab leicht vernehmen könnte, uf wie vielerley Art und Weise die kayserl. Majest. den Evangelischen die Waffen bey solchen Occasionen aus den Händen treiben könnten. Was kein Kayser in etlichen Seculis erheben können, würde der jetzigen kayserl. Majest. durch solchen Frieden ultro offerirt, nemlich perpetua arma, solidissima dominatus seminaria et praesidia.

Wie die evangelische Stände an Land und Leuten, auch den Votis regundae Reipublicae decisivis, dadurch abnehmen, daß sie hinfuhro weit geringer estimiret, als in den Comitiis Imperii hiebevor jemals geschehen, seyn würden, wäre unnöthig zu erzehlen.

Betrachtete man die grausahme regiersüchtige Superstition, damit die Feinde behafftet, nach Gottes Wort und der Erfahrung vernünftiglich, so müßte man allen Zweifel fahren lassen, daß dieselbe dieses Friedens sich, zu all demjenigen, worzu sie solche die Natur selber leicht evertirende Superstition bezwünge, nemblich der ausgewurzelten Ausrottung aller evangelischen Seelen, nicht vigilantissime mißbrauchen würden.

Hetten alle weltkundige Politici jemals gerathen, daß man in Behandelung eines Friedens, dem versühneten Feinde, nach der durch tägliche Erfahrung bewehrten Lehre des weisen Mannes, alleine uf Parole nicht trauen, sondern auch uf Neben Praesidia, dadurch man den Feind, wenn er je brechen wollte, repoussiren könnte, sehen sollte, so würden sie es wider solchen Feind vielmehr höchst nöthig achten; dahingegen aber beraubte dieser Friede die evangelische Stände aller ihrer Neben-Praesidien, welche alleine bestehen in der Assistenz der bey der deutschen Stände Freyheit nicht wenig interessirten benachbarten Könige und Repliquen. Man hette auch die Conservation solcher Freyheit nechst Gott demselben mit, und keinesweges den gegebenen Parolen oder Religionsfrieden, wann man die Geschichte und deren Seriem recht erwegete, alleine zu danken.

Wann nun die königl. Majest. und Cron Schweden, anstatt des unschätzbahren Premii restauratae et conservatae libertatis evangelicae, dergestalt abgewiesen, und J. königl. Majest. in Frankreich, nebenst den Herrn Staaten, eben wenig honorirt werden sollten; so geben S. Excell. S. fürstl. Gnaden hochvernünftig nachzusinnen, ob man sich nicht evangelischen Theils aller solcher fremden Assistence uf einmal liederlich selber beraubet hette, und dann die interessirende Cronen dahin occasioniren, ja nöthigen würde, sich unter einander von neuen umb diese Kriege, wider die gar zu sehr fürschwellende österreichische und spanische Macht, welche ihnen allen terribil wäre, zu verbinden, item, was die Teutschen darab endlich zu gewarten hetten, nemblich ihren ungezweifelten Untergang.

Daß auch dieser Friede Gott dem Herrn, worauf zum höchsten zu sehen, nicht annehmlich und gefällig seyn müsse, solches schiene aus den, aus der Höhe dirigirten und bescherten Eventibus, als untrieglichen Prognosticis, hell zu Tage. S. fürstl. Gnaden sollten nur betrachten, die sich immer wider den Frieden ergiessende unvermuthliche Obstacula, das neue Foedus zwischen Frankreich, Savoyen, Parma, Mantua, Modena, und (wie stark verlauten wollte,) der Herrschaft Venedig wider Spanien, daß dahero aus Italien nichts zu befahren; den auf dreißig Jahr, wie verlauten wollte, te, in Preußen getroffenen Stillstand, und die dannenhero erwartende wohldisciplinirte und versehene ansehnliche Armee, wie die Cron Spanien gleichwol in Niederland dermassen gefaßt wäre, daß sie vom Kaiser mehr Hülfe dahin bedürffe, als daß sie anhero ins Reich schicken könnte; die sehr grosse Armatur J. königl. Majest. in Frankreich, und endlich, wie man diesseits der kayserl. Macht in Teutschland gnugsam gewachsen were.

Wann S. fürstl. Gn. daneben aus abdeducirten hohen Officien und Meriten der königl. Majest. und Cron Schweden, auch denen, mit Deroselben entweder absonderlich uffgerichteten, oder doch durch Acceptirung solcher ansehnlichen Hülffe, darauf sowol in Schrifften als mündlich vielfältig gegebenen Parolen, beschehenen Offerten und Repromissionen, dann auch vielfeltiger Beliebung des königl. schwedischen Directorij ipso facto contestirten Bündnüssen und Societäten, hohen Schuldigkeit erinnerten, so würden sie gewiß groß Bedenken tragen, von der königl. Majest. und Cron, so unnöthiger Dinge gar abzusetzen; und obwol etliche Stende S. Excellenz ein Widriges aus angegebener Noth notifiiren wollen, so verhofften S. Excell. doch, es wäre noch res integra, und wiewol die Noth nicht eben so groß gewesen, doch nunmehr, Gott sey ewiges Lob dafür, wo nicht gar, doch grossen Theils wieder verschwunden.

Wollten dem allen nach S. Excell. die Stende sambt und sonders hiemit, auch S. fürstl. Gn. unterdienst- und freundlich ersucht haben, sie wolten nicht alleine sich in Acceptirung des so schädlichen Pragischen Friedens noch zur Zeit nicht übereilen, sondern S. Excell. in unabsetzlicher Beständigkeit Ihren hochvernünftigen Rath zuerst günstig nehmen, wie sie vermeynten, daß den von neuen unverschuldeter Weise herfürbrechenden Kriegesflammen, durch gütliche reputirliche Unterhandelung, fürgebeuget werden könne; darnegst darzu, ihrem Wolvermögen nach, getreuen Fleisses cooperiren helffen, und S. Excell. sich so weit accompagniren, vielmehr aber wollten S. Excell. sich zumal gewißlich versehen, S. fürstl. Gnaden Consilia würden zu keinem einzigen Praejudicio der königl. Majest. und Cron Schweden gerichtet und gelenket werden, S. churfürstl. Gnaden auch kein Bedenken tragen, von demjenigen, was bey nechster Craisversamblung geschlossen, ihm, Steinbergern, durch freundliche Conference nothdürftige Communication wiederfahren zu lassen.

Dahingegen wären S. Excell. uhrbietig, geneigt und willig, der Schuldigkeit nach, in allen Begebenheiten unterdienst- und freundlich danknehmig zu reciprociren, auch S. fürstl. Gn. sonst jederzeit alle getreue Dienste zu erweisen. Zum widrigen ganz unverhofften Fall aber wollten sie von ihrem zu allen friedlichen, erbahren, redlichen und reputirlichen Mitteln, angewandten äussersten Fleiß, bestermassen protestiret, und an allem erfolgenden Blutstürzen und andern Inconvenientien, vor Gott und der ganzen Welt, entschuldiget seyn.

5.

Memorial,

gegeben dem Herrn Generalmajor Claus Dieterichen von Speerreuter, und dem Cammerierern Carl Gregersson, in denen so ihnen bey der königl. schwedischen Armee in dem niedersächsisch- und westphälischen Creysen zu errichten anvertrauet.

1.

Soll sich der Cammerierer ehist möglich verfügen in Ort und Ende, da er den Generalmajor, Herrn Claus Dieterichen von Speerreuter, und die andre Officierer, finden wird, sie sambt und sonders von wegen des Herrn Reichscanzlers Excell. begrüssen, und darneben vermelden, welchergestalt Se. Excell. aus den Ursachen sich hierunterwerts aus den vier Ober-Creysen durch eine so mühselige weite Reise begeben, weilen Se. Excell. verstanden, daß die Sachen je lenger je mehr verrückt würden, wohlverdiente, und Ihrer königl. Majest. und der Cron-Schweden wohlaffectionirte Cavalliere würden zum Theil ihrer Charge entsetzt, theils auch ärger dann andere accommodiret, und sonsten ausserdeme man von ihnen wenig wissen wollte; dahero zu befahren, daß das Interesse der Cron Schweden hindangesetzt, und vergessen, und die getreue Officier und Soldaten vielleicht bey den Friedens-Tractaten entweder ausgeschlossen, oder zum wenigsten zum besten nicht gedacht werden mögten, darauf leichtlich erfolgen könnte, Undank gegen die Cron, und böser Lohn für der Soldatesca Mühe und Arbeit. Wie Se. Excell. nun anhero in dessen Creyß arriviret, befinden sie dieses nicht allein wahr, sondern noch viele andere Consilia unter Dero Hand, so der Cron und Militie zu höchstem Verfang gereichen würden, da der Höchste nicht ins Mittel treten, und solches Unheil mildiglich abwenden würde.

2.

Nachdem nun des Herrn Reichscanzlers Excell. dieses alles also befunden, und sich der treuen Dienste, so mehrern Theils Officierer und Soldaten, so sich befinden in dieser Armee, nun viel Jahre her Ihrer glorwürdigsten königl. Majest. und nach Dero Absterben der jetzigen königl. Majest. und Dero Cron Schweden geleistet, erinnern, auch mit sonderbarer Affection vernommen die beständige Treu, so Officierer und Soldaten noch tragen gegen Ihre königl. Majest. und die Cron, und das Vertrauen, so sie zu Se. Excell. setzen; als soll obgedachter Cammerierer sie insgesambt und sonders deswegen bedanken, und zur Standhafftigkeit und guter Resolution gebührend erinnern und ermahnen.

3.

des dreyßigjährigen Krieges.

3.

Insonders soll er den Herrn Generalmajor Speerreuter dahin vermögen, daß er wolle zu sich ziehen den Obristen von Cratzenstein, den Obristen Aston, den Obristen Zabeltitz, Forbuß, Merode, und einem jeden bey seinem Nahmen, so er affectionirt finden wird, bey der Cron Schweden treu und im Dienste zu verbleiben, und also die Armee an einem bequemen Ort an dem Weserstrom zusammenziehen, und ein Corpus formiren, das Commando darüber führen im Nahmen der königl. Majest. und Cron Schweden, und des gemeinen Wesens. Alle, die er affectionirt finden wird, soll er zu selbiger Armee persuadiren.

4.

Den Ort betreffend, stellet Se. Excell. dem Herrn Generalmajor anheim, welcher der bequemste seyn mögte. Da er aber des Commendanten zu Minden oder Nienburg, der selbiges accordiren würde, mächtig seyn könnte, soll er das Lager allda formiren, damit man von Bremen und andern Orten daßelbe desto baß versorgen könne.

5.

Wann er nun der Regimenter versichert, und sie sowohl zu Roß als zu Fuß bey einander hat, soll er stracks Se. Excell. dessen avisiren, und weitere Ordre erwarten.

6.

Die Intention aber ist diese, daß der Herr Generalmajor soll aus der ganzen Armee auslesen eine Armée volante, die in Westphalen verbleibe unter seinem Commando, damit er den Weserstrom erhalte, und Westphalen suche zu mainteniren wider die Feinde, sowohl als sonsten andere Widerwertige, wo sich einige erheben mögten. Der Rest aber der Regimenter soll zur Haupt-Armee unter dem Herrn Feldmarschall Baner geführet werden. Beygefügte Lista aber weiset aus, welche Regimenter, man vermeynet commode in Westphalen verbleiben können, und welche ausgeführet werden müssen.

7.

Die Artillerie und Ammunition, mit der Artillerage, so viel man habhaft werden kann, soll alles zu der Armee gezogen werden, und im Lager verbleiben uf fernere Verordnung.

8.

Da der Herr Generalmajor die Guarnisonen in einige Vestungen an sich bringen könne, besonders in Minden und Nienburg, soll er nach Möglichkeit daran arbeiten, wie auch die Guarnison in Osnabrück dahin halten.

9.

9.

Der westphälische Creiß soll hinführo der Disposition des niedersächsischen Creises mehr nicht unterworfen seyn, sondern bis zu anderwertlicher Verordnung der Herr Generalmajor mit dem Cammerierer darüber disponiren, doch daß es ufs glimpflichste mögliche geschehe, und, so weit es sich immer thun lässet, die freye Stände auch gehöret werden; dahero dann auch der schwedische Resident darzu gezogen werden soll.

10.

Es will aber vonnöthen seyn, daß die Stende und auch die gewonnene Lande der Gebühr und nach Möglichkeit quotisirt werden, damit sie an Victualien so viel zusammenbringen, daß die Armee uf eine kurze Zeit könne erhalten werden.

11.

So balden auch des Herrn Reichscanzlers Excell. erfahren wird, daß die Regimenter bey einander und in gutem Humor begriffen, will er entweder selbsten hinkommen, und die übrige, so zu dem Herrn Baner sollen, abführen, oder, da er verhindert würde, einen andern abfertigen, oder verordnen, der es verrichte.

12.

Sollten nun Ihre fürstl. Gnaden, der Herzog von Lüneburg, oder einige andere, deswegen einen Unwillen fassen, und sie entweder beschicken, oder mit Schreiben besuchen, sie an sich zu ziehen, und von dieser Resolution abzuführen, als wird der Herr Generalmajor und andere Officiers der Gebühr wissen zu antworten, insonders aber, daß sie uf Se. Excell. als der Cron Schweden gevollmächtigten Legati, und des evangelischen Bundes Directoris, (dessen Ordre sie allzeit pariret haben, und nicht anders wissen, dann daß die evangelische Stende sowohl hier als in den Ober-Creisen noch in der Alliance bestehen,) Ordre dieses gethan, und also der königl. Majest. und Cron Schweden, zusambt des evangelischen Wesens Dienste damit gesuchet. Wollten also verhoffen, daß Ihre fürstl. Gnaden sich solches nicht liessen zuwider seyn, sondern, weil Se. Excell. nunmehr in diese Creise ankommen, sich mit derselben zusammen thun, und über eines und anders, so der ganzen Alliance zu Dienste, resolviren, uf welchen Fall sie bereit wären alles zu thun, was redlichen Cavallieren und Soldaten wohl anstehe, und zu verantworten sey. Sollte man aber noch weiter urgiren, hat man gnugsam zu remonstriren, welchergestalt sie erst im Nahmen und von wegen der Cron Schweden geworben, der Generalat unter Dero Nahmen geführet, die schwedische Fahnen bishero unangesprochen geflogen, die schwedische Artillerie bey sich hetten, und sie derselben gute Dienste gethan, dahero jetzo nicht könnten unverwarneter Dinge also davon absetzen, und ihren guten Nahmen bey der Posterität denigriren lassen. Referirend sich im übrigen uf des Herrn Reichscanzlers Excell. welcher sie wüßten, Ihrer fürstl. Gnaden gut Contentament geben sollte.

13.

13.

Diese Treu und Beständigkeit will des Herrn Reichscantzlers Excell. in aller Gebühr gegen jedermann gedenken, solche an seine Principalen recommendiren, nicht von der Soldatesca absetzen, oder einigen Accord mit Feinden oder Freunden eingehen, es sey dann die Soldatesca gnugsamb versehen und versichert, auch ihnen ihr billiges Contentament nach aller Möglichkeit gegeben, entweder von den Herren Stenden, oder, wann alles andere mangelt, von der Cron Schweden, nicht zweiflende, es werde die Soldatesca dagegen bestendig der Cron Schweden und in Dero Nahmen Se. Excell. als Legato und Directori, adsistiren.

14.

Wann nun das Volk bey einander, soll kein Platz oder Stand des westphällischen Creyses exempt seyn von Contribution, sondern solches sowohl aus dem Mindischen, als allen andern Orten genommen werden. Imgleichen, bis so lang die Neutralität mit dem Hertzog von Neuburg ihre abhelfliche Maaß erlangen wird, oder andere Ordre erfolget, sollen die Cratzensteinische und Goltzische Regimenter behalten ihre Quartiere in der Mark zu ihrer Ufhelffung, wie dann der Herr Generalmajor Speerreuter, wo er einige Mittel im Lande finden würde, obgedachten Obristen zu adsistiren, damit ihre Regimenter completiret werden können, sich ihnen recommendiret seyn lassen wolle.

15.

Das Ambt Cloppenburg, so dem Herrn Generallieutenant Baudißin gegönnet, neben dem Closter Bensenberg, soll vor Contribution und Einquartirung verschonet bleiben, bis uf andere Ordre; wie dann imgleichen die beyde Graven von Oldenburg und Ostfrießland bey ihrer bestettigten Neutralität gelassen werden müssen, bis andere Verordnung erfolge.

16.

Was sich an Caduc-Gütern befindet, soll angezeichnet und notiret werden, damit man wohlverdiente Cavalliere bedenken könne.

17.

Ueber Proviant soll man dieses Orts so viel Sorge tragen, als sich immer thun lässet.

18.

Was nun in einem oder andern passiret, muß fleißig advisiret werden.

Actum Stade, den 10. Jun. Anno 1635.

Axell Oxenstiern. Mppr.

(L. S.)

6.

Armée volante unterm Herrn Generalmajor Speerreuter.

	Cavallerie.	Comp.	Pferde
Speerreuter	—	12	1000
Cratzenstein	—	6	300
Merode	—	8	800
Lixenfelde	—	5	500
		31	2600
	Infanterie.		
Lumbsdain	—	8	800
Aston	—	8	1100
Cratzenstein	—	5	400
Golz	—	5	400
Kriechbaum	—	8	400
Knyphausen	—	?	200
		34	3300
		31	2600
		65	5900

Zum Herrn Feldmarschall Bauern zu führen.

	Cavallerie.	Comp.	Pferde
Glaubitz	—	8	300
Grünecker	—	8	600
		16	900
	Dragoner.		
Meyer	—	7	600
Kloß	—	1	120
		8	720
	Infanterie.		
Zabeltitz	—	12	1000
Leßle	—	12	800
Forbuß	—	8	800
Stralendorf	—	5	300
		37	2900
		8	720
		16	900
		61	4520
Axell Oxenstiern. Mppr.		65	5900
		126	10420

Ruß.

Rußland.

Tagebuch,

welches

der großfürstliche Oberkammerherr

Fridrich Wilhelm von Bergholz,

als holsteinischer Kammerjunker,

von 1721 bis 1724

in Rußland geführet hat.

Dritter Theil,
von 1723.

Jänner 1723.

Den 1sten. Früh Morgens muſte ich nach Ismailof fahren, um von Ihro Hoheit Neujahrs-Complimente abzulegen. Ich wurde sowohl von der verwitweten Zarin, als von der Herzogin von Mecklenburg, und von der Prinzeßin Proscovia, sehr gnädig empfangen, und muſte bey einer jeden ein Glas Wein trinken. Die Zarin fand ich im Bette, die Herzogin meist ganz angezogen, und die Prinzeßin im Begrif, sich den Kopf zurecht zu machen, und dabey im bloſſen Hemde, sie riß aber geschwind einer ihrer Damen den Mantel ab, und hielt ihn vor sich, streckte aber doch die Hand zum Handkuß hervor. Der Herzogin kleine Tochter fand ich in der Wiege noch gar ruhig schlafend. Bey meiner Zuhausekunft war schon der Gottesdienst angegangen. Vor der Predigt hatten bereits verschiedene Ruſſen ihre Neujahrs-Gratulationen abgeleget, es lieſſen sich auch bis nach derselben die Pauker, Trompeter, Sänger, Hautboiſten und Tambours, in unbeschreiblich groſſer Menge, hören, und lockten dem Herrn wenigstens 100 Rubel aus dem Beutel. Ohngefähr um 9 Uhr fuhren Ihro Hoheit mit dem Herrn von Ismailof, und ihrem Gefolge, in Schlitten nach dem Ort, wo im vorigen Jahr wegen des Friedensfeſtes das groſſe Feuerwerk gewesen, und fanden daselbst Ihro Majeſtät dem Kaiser mit einigen seiner Favoriten. Er war dahin gekommen, um die Neujahrs-Complimente von den fremden Ministern zu empfangen. Allein die Herren blieben, obgleich sie dazu angesaget waren, doch insgesammt so lange aus, daß sich der Kaiser unverrichteter Sache von dannen nach der Kirche begeben muſte, und als er weg war, kamen sie erst einer nach dem andern an. Es war also Ihro Hoheit nicht wenig lieb, daß sie so zeitig ausgefahren waren, und den Kaiser noch dorten vorgefunden hatten. Der Monarch ging an selbigem Tage in der Garde-Kleidung, und es muſten alle Officiere von der Garde, welche an diesem Tage nicht in der Montur erschienen, in Brandtewein ihre Strafe trinken, unter welchen denn unser Ismailof mit war. Gegen 12 Uhr, als der ruſſische Gottesdienst vorbey war, kam die Herrschaft mit allen Vornehmen hieher, und sie machten sich bald darauf an den Tisch. Es wurde zwar sehr befürchtet, daß heute sehr scharf werde getrunken werden, indem die Garde-Officiere die Marschallsſtellen vertraten, auch vor allen Thüren in- und ausserhalb der Zimmer Soldaten von der Garde standen: aber es ging doch überaus mäßig zu, und es kam kein einziges groſſes Glas zum Vorschein, sondern ein jeder konnte trinken so viel als er wollte. Der Kaiser fing nur ein Paar Gesundheiten in Spitzgläsern an, als Ihro Hoheit, unsers Herrn, und der Iwan Michalowitischen Familie Gesundheit. Er saß an einem über-

aus

an; langen Tisch von 80 Personen, und hatte Ihro Hoheit bey sich zur Linken, und den Fürsten Mentschikof zur Rechten sitzen, und es waren alle Vornehme, ausgenommen der Fürst Romadanofsky, zugegen. Ueber der Mahlzeit sprachen Ihro Majestät sehr viel mit Ihro Hoheit, und waren überaus gnädig, riethen ihnen aber den Rhein- und Moselerwein, den sie fast allein trinken, sehr ab, mit der Versicherung, daß beyde Arten ungesund wären. Nach der Tafel gingen Ihro Hoheit wieder zu der Kaiserin hinein, der sie schon vor der Mahlzeit ihren Reverenz gemachet hatten. So bald der Kaiser von der Tafel aufgestanden war, wurde dem Pöbel ein gebratener, und mit allerhand Wildpret angefülleter Ochse, welcher auf einer hohen Stellage lag, preiß gegeben, wozu aber wenige andere als Soldaten kamen, die sich brav mit dem Braten herumzogen. Als es dunkel ward, brennete ein Feuerwerk von Raqueten, Schwärmern, Luftkugeln, Feuerrädern, Pyramiden von weissem Feuer, und eine grosse Devise von blauem Feuer, welche auf die Eroberung von Derbent sich bezog. Als das Feuerwerk vorbey war, fuhr die Kaiserin mit den sämmtlichen Damen gleich weg, und es brachten Ihro Hoheit dieselbige zum Wagen; der Kaiser aber blieb noch eine Weile, und der Herzog auch.

Den 2ten speiseten Ihro Hoheit des Mittags öffentlich, und hatten den Grafen Fersen mit dem Baron Strömfeld, dem jungen John von Osten, (der Obristin Jaguschinski Bruder,) und den Staatscommissarius Prinzenstiern, (welcher, wie man sagt, nach der Witwe Jaguschinski freyet,) zu Gästen. Ueber der Mahlzeit sowohl als nach derselben ward ziemlich stark getrunken. Gegen 4 Uhr fuhren Ihro Hoheit nach dem Concert, allwo sich die Gräfin Possen, (des Envoyé Cederkreutz Gemalin,) und verschiedene fremde Minister, und andere mehr, einfanden. Nachdem nun Ihro Hoheit unter der Hand vernommen hatten, daß heute ein Igriuschla (das ist, eine Gesellschaft von Jungfern) bey Mademoiselle Coyet beysammen seyn würde, so sandten sie den Brigadier Platen, nebst Fersen und Strömfeld, voraus dahin, um zu sehen, welche Gesellschaft daselbst sey? und, wenn sie gut wäre, vors erste Besitz davon zu nehmen, und hernach fuhren sie selbst in der Stille dahin. Sie fanden, ausser unseren erwehnten Deputirten, (welche sich sehr verwundert stelleten über unsere Ankunft,) eine Gesellschaft von zwey Frauen und sieben Jungfern, mit welchen wir uns anfänglich niedersetzten, und ein Pfandspiel anfingen, welches die stille Musik genannt wird, in welchem wir aber bald gestöret wurden durch eine laute und starke Musik; denn Ihro Hoheit hatten ihre ganze Musik dahin beschieden, welche auf einmal vor der Thür anfing, herein kam, und die stille Musik depossedirte. Ob nun gleich die Gesellschaft anfänglich etwas bestürzt war, in diesem Witwenhause so unvermuthet eine grosse Musik zu hören, so war doch keine einzige Jungfer, welche den Antrag zum Tanz nicht gar willig annahm. Um 12 Uhr ward gegessen, und es hatten Ihro Hoheit

über

über der Mahlzeit tausend Spaß mit Fersen und Brümmer, welche sehr ausgelassen waren, und allerhand Zeug in rußischer Sprache redeten. Der Tanz daurete von Abends um 9 bis Morgens um 5 Uhr.

Den 3ten. Ihro Hoheit blieben Mittags in ihrem Zimmer.

Den 4ten mußte ich des Morgens nach Ismailof fahren, und ansagen, daß Ihro Hoheit heute Nachmittag hinaus kommen wollten, um ihre Neujahrs-Complimente abzulegen. Sie fuhren gleich nach der Mittagsmahlzeit dahin, weil sie gern bey guter Zeit wieder zurückkommen wollten, um Abends noch in die rußische Comödie zu fahren, welche im Hospital gehalten wurde. Bey unserer Ankunft zu Ismailof fanden wir daselbst den alten Grafen Soltikof mit dem Major Soltikof von der Garde, den Generalmajor Mamonof, und verschiedene andere, und es gingen Ihro Hoheit erst zu der Herzogin, und mit selbiger und ihrer Schwester, der Prinzeßin Proskovia, zur alten Zarin, welche wir wieder auf dem Bette fanden. Als sie hier eine Weile gesessen und gesprochen hatten, schlug die Herzogin Ihro Hoheit vor, ob sie nicht ein wenig mit ihr tanzen wollten, weil sie Musikanten dazu in Bereitschaft hätte. Da nun Ihro Hoheit es nicht gern abschlagen konnten, so geschahe es, doch nur auf eine gute Stunde, und entschuldigten sich dadurch, daß Ihro Majestät die Kaiserin in der rußischen Comödie vermuthet würden, woselbst sie sich auch schon hätten ansagen lassen. So kamen sie los, wiewohl sie schon wußten, daß die Kaiserin nicht in die Comödie kommen würde. Als sie nach dem Comödienhause kamen, führete man sie in ein Loch, welches so enge und elend war, als eine Marionettenbude in Deutschland seyn mag; und sie fanden daselbst nur einige wenige altdeutsche Frauenzimmer, nebst gar wenigen Mannsleute von Distinction. Die Comödie wurde von lauter jungen Leuten gespielet, welche die Chirurgie und Anatomie von dem Doctor Biblau auf dem Hospital lerneten, und wohl niemals eine rechte Comödie gesehen hatten. Sie stelleten die Historie vom König Alexander und dem König Darius vor, welche sie in 18 Acten getheilet hatten, von welchen sie an einem Tage 9, und am andern wieder 9 spieleten, und zwischen einem jeden Act ein lustiges Zwischenspiel machten. Diese Zwischenspiele waren insgesammt überaus schlecht, und endeten sich alle mit einer Prügeley. Die Comödie selbst war zwar ernsthaft, wurde aber so schlecht vorgetragen als möglich; kurz, alles war schlecht. Ihro Hoheit gaben den jungen Leuten 20 Rubel, und der Kaiser soll ihnen neulich 30 gegeben haben.

Den 5ten. Ihro Hoheit speiseten in ihrem Zimmer, bey uns aber ein schwedtscher gefangner Cornet, Namens Baillet, welcher einer von den am ersten Weihnachtstage aus Sibirien hier angekommenen 120 Officieren war, die alle von Ihro Hoheit beschenket worden. Es waren lauter Officiere unter Hauptmanns Rang, und ein Feldprediger.

Den

Den 6ten. Heute, als am Tage der heiligen drey Könige, kam der Herr von Ismailof frühe nach Hofe, und wurde gebeten, sich zu erkundigen, ob der Kaiser und die Kaiserin der Einweihung des Wassers beywohnen würden? Die Predigt ging um 8 Uhr in des Grafen Bonde Zimmer an. Um 9 Uhr kam Ismailof zurück, mit der Antwort, der Kaiser und die Kaiserin würden nicht erscheinen, daher Ihro Hoheit auch zu Hause blieben. Nach der Mittagsmahlzeit kam der Kammerjunker Balk, und machte ein Compliment von der Kaiserin an Ihro Hoheit, welche beklagen ließ, daß sie heute nicht hätte das Vergnügen haben können, Ihro Hoheit zu sehen, weil der Knes Papa mit seiner ganzen Suite heute mit dem Kaiser in Altpreobraschinsky gespeiset habe, und auf den Abend wieder dahin käme. Er versicherte, daß die bevorstehende Mascerade innerhalb 14 Tagen ihren Anfang nehmen würde, es ist aber noch niemanden etwas davon angesaget. Der Kaiser schmausete in der Slabode bey seiner Matschka, und alten Bekanntin, des Postmeisters Fadenbrecht Frau, von welcher er sehr viel hält, und zu welcher er Wein und Speisen bringen läßt, so oft er sie besucht. Von ihr ist er mit dem ganzen Gefolge wieder nach Preobraschinsky gefahren, und es hat die Kaiserin dort den ganzen Aufzug vorbey passiren gesehen. Von da sind sie um 10 Uhr wieder zurück nach der Slabode gekommen, und bey dem Doctor Bidlau eingekehret, bey dem sie bis 2 Uhr geblieben. Die übrigen Deutschen, denen des Kaisers und seiner Suite Besuch angesaget worden, als Tamsen, Konau, der junge Meyer, und der Apotheker Gregori, haben heute vergebens warten müssen, und keinen geringen Schaden gehabt, weil sie Essen für 3 bis 400 Personen vergeblich parat gehalten, aber über 8 Tage wieder veranstalten sollen.

Den 7ten assen Ihro Hoheit in ihrem Zimmer. Nachmittags wurde der Brigadier Plate nach Preobraschinsky gesandt, um sich nach der Kaiserin Gesundheit zu erkundigen, welcher bey Madame Villebois angesprochen, weil er keinen von der Kaiserin Kammerjunkern vorgefunden, die denn auch dem Brigadier durch ihren Mann Antwort von der Kaiserin verschaffet hat.

Den 8ten assen Ihro Hoheit wieder in ihrem Zimmer, und ihre Leute an verschiedenen Orten.

Am 9ten war eine unbeschreiblich grosse Kälte. Ihro Hoheit liessen sich bey Mademoiselle Ammon melden, welche heute in ihr 16tes Jahr trat, und eine sehr grosse Gesellschaft von deutschen Frauenzimmern bey sich hatte, mit welchen sie und ihr Gefolge bis des andern Morgens gegen 5 Uhr tanzten; denn dieses ist des hiesigen Frauenzimmers herrschende Leidenschaft.

Den 10ten. Die Kälte hält noch immer an, und es erfrieren überaus vielen Leuten Gesichter, Hände und Füsse; und wenn sie gleich bisweilen nicht über einige
hundert

hundert Schritte gehen, so erfrieren ihnen doch schon Nase, Ohren, Backen, oder Kinn; daher auch diejenigen, welche nicht nothwendig ausgehen müssen, sich zu Hause halten.

Den 11ten. Heute Morgen ist in der Stadt eine grosse Execution gewesen, in dem zwen falschen Münzern wieder Bley in den Hals gegossen worden, und sie alsdenn auf das Rad geflochten sind. Wir erhielten auch die Nachricht, daß der Kaiser in Altpreobraschinsky gestern ein grosses Kriegsgericht über den Baron Schaffirof und den Oberprocureur Pissarof angefangen, in welchem er selbst Praeses gewesen, und den Generalfeldzeugmeister Bruce, nebst verschiedenen andern Senateurs, und Officiers von der Garde, zu Beysitzern gehabt. Bruce soll gesaget haben, daß, wenn es so continuirte, wie es gestern angefangen, und heute fortgesetzet worden, die Sache bald würde ausgemachet seyn. Inzwischen ist der Oberprocureur bis ausgemachter Sache seines Dienstes im Senat entsetzet worden, und es verwaltet seine Stelle, so lange ein Capitain von der Garde, Namens Bibikof, welcher ein sehr artiger Officier, und derjenige ist, welcher die Herzogin von Mecklenburg von Riga anhero geführet hat. Es soll jetzt der Fürst Mentschikof mit dem Großkanzler Galofkin, und mit den übrigen Senateurs, welche nicht mit in dem erwehnten Kriegsrecht sitzen, die Sachen im Senat so lange allein verwalten. Sonst befürchtet man sehr, daß der Herr von Pissarof seine Zeit übel passiren mögte, weil sehr viele Klagen über ihn sollen eingelaufen seyn.

Den 12ten erhielte ich des Morgens auf dem Bette die traurige Nachricht, daß das Haus in Kochs Garten, in welchem wir im vorigen Herbst so lange gewohnt hatten, und in welchem Jhro Hoheit heute eine Comödie aufführen wollten, heute früh abgebrannt sey. Die Kälte continuirte noch immer, doch war sie nicht mehr so heftig, wie sie vor ein Paar Tagen gewesen.

Den 13ten waren des Morgens vor der Predigt der Kammerherr Naviskin und der geheime Cabinetssecretair Makarof zum erstenmal, seitdem sie aus Astrachan wieder hier angelanget sind, bey Jhro Hoheit, welche denn auf das höflichste empfangen wurden. Es stellete sich auch der bekannte Baron Bär bey Hofe ein.

Den 14ten assen des Mittags der Graf Fersen, der Baron Strömfeld, und der junge Cantekusin bey Jhro Hoheit; und es wurde über der Tafel ziemlich stark getrunken. Weil Jhro königl. Hoheit gegen des Grafen Fersens Abreise, welche in 2 oder 3 Tagen geschehen wird, demselben zu Ehren gern einen Ball haben wollten, so schrieben sie diejenigen auf, die dazu geben sollten, und er ward auf übermorgen angesetzet.

Den

Den 15ten. Abends war grosse Gesellschaft bey dem Baron Strömfeld, zu welcher auch Ihro Hoheit kamen.

Den 16ten. Am Abend ging der Ball bey Brümmer an, so bald Fersen gekommen war. Des Fürsten Mentschikof Musikanten machten die Musik. Es waren ungefähr 15 Mannspersonen und 15 Frauens beysammen, welche bis des andern Morgens um 7 Uhr tanzeten. Die Mannsleute kamen alle betrunken nach Hause. Heute Nachmittag ward ausgetrommelt in der ganzen Stadt, daß die Winter-Assembléen morgen Nachmittag wieder bey dem Knes Cäsar, oder Vicekaiser Romadanofsky, ihren Anfang nehmen würden, wornach ein jeder sich zu richten hätte. Auf diese Weise werden die Gesellschaften zum erstenmal publiciret, hernach aber sagt der Polizeymeister auf einer jeden Gesellschaft an, wenn und bey wem sie das nächste mal seyn solle.

Den 17ten. Nachmittages kam Herr von Ismailof, und deutete Ihro Hoheit an, daß heute Abend die Gesellschaft bey Romadanofsky sey, und fragte, ob Ihro Hoheit hinfahren wollten? Dazu resolvirten sie sich, als sie vernahmen, daß der Kaiser und die Kaiserin sich da auch einfinden würden. Ehe nun Ihro Hoheit wegfuhren, kam der Graf Fersen, und nahm seine Abschieds-Audienz bey ihnen. Bey unserer Ankunft fanden wir schon die Kaiserin; der Kaiser aber war noch nicht da, kam bald hernach, war sehr guter Humeur, und unterredete sich eine lange Weile mit Ihro Hoheit, welche neben ihm sassen. In dem Zimmer, in welchem der Kaiser mit Ihro Hoheit war, saß eine grosse Menge Mannsleute an verschiedenen Tischen, welche theils Taback rauchten, theils tranken, theils discourirten, theils ihre Zeit mit Schachspiel passirten. Bey dem Tisch des Kaisers waren nur der alte Galofkin, der Geheimerath Ostermann, der Generalmajor Lefort, der Knes Romadanofsky, und einige Majors von der Garde. Vor des Kaisers Ankunft hatte der Knes Cäsar, Ihro Hoheit auf ihr Ansuchen nach der Kaiserin geführet. Der Weg ging durch zwey Zimmer, welche so voll von Frauenzimmer waren, als sie nur seyn konnten. Bey der Kaiserin waren die Herzogin von Mecklenburg mit ihrer Schwester, und die vornehmsten Damen, sie stand gleich bey Ihro Hoheit Ankunft auf, und empfing dieselben sehr gnädig, redete auch eine Weile mit ihnen. Hierauf ließ sie sich wieder ein wenig mit der Herzogin und Prinzeßin Prascovia nieder, und ging bald darauf in ein Nebenzimmer, in welchem sie Caffee oder Thee trank. Bald hernach ging Ihro Hoheit stillschweigend ab, und nach dem Zimmer der Männer. Der Kaiser begab sich auf eine kleine Zeit zu der Kaiserin, und bald hernach nach Hause. Ihro Hoheit besuchten noch den Grafen Fersen zum Abschied.

Den 18ten schmausete der Kaiser bey dem Kaufmann Tamsen.

Den 19ten. Der Kaiserin Küchenmeister, Hans Jürgen Packtan, brachte Ihro Hoheit von der Kaiserin ein Present von allerhand Victualien aus Archangel, als Kälber und Lämmer, (welche hier überaus geschätzet werden, und auch so fett wie an einem Ort in der Welt sind,) geräucherte und frische Lachse, und andern mehr. Der Küchenmeister versicherte, daß schon wirklich ein Courier von hier mit der Ordre nach St. Petersburg abgegangen sey, daß die Prinzeßinnen hieher kommen sollten; welches ich auch schon von jemand anders vorher vernommen habe.

Den 20sten. Der mit den letzten schwedischen Officieren aus Sibirien hier angekommene Feldprediger predigte heute Morgen bey Hofe in schwedischer Sprache, und es waren über 40 von den erwehnten schwedischen Officieren mit gegenwärtig, von welchen wir 10 zur Mahlzeit behielten. Ihro Hoheit hätten gerne alle zum Essen behalten, wenn man sich darauf geschicket, und es vorher gewußt hätte. An selbigem Tage speisete der Kaiser des Mittages bey der verwitweten Zarin Bruder, dem Grafen Soltikof; fuhr darauf nach Ismailof hinaus, und schmausete mit seiner Suite daselbst, hernach auch noch hier in der Slabode bey dem Apotheker Gregori, wo er aber nicht über eine Viertelstunde blieb, weil er einen starken Rausch hatte, auch erst gegen 9 Uhr hieher kam. Es erzehlte uns der hiesige Kaufmann Tamsen heute Abend, daß der Kaiser gestern bey ihm gewesen, und seinem langen holländischen Mädchen, recht in aller Form, einen Zahn, mit seinen eigenen Instrumenten, ausgezogen habe, weil er ein guter Zahnarzt zu seyn praetendiret, und sich nicht lange nöthigen läßt, jemanden einen Zahn auszureissen. Er hatte dem Mädchen vor einigen Tagen (wie er sie über Zahnschmerzen klagen gehört,) versprochen, heute zu kommen, und sie davon zu befreyen.

Den 21sten. Heute kam endlich wieder einmal ein Brief vom Geheimenrath von Bassewitz vom 7ten dieses Monats an, in welchem er berichtete, daß er 7 Meilen jenseits Abo gekommen sey, nachdem er bis dahin meist mit Ochsen fahren müssen. Er wünschete, daß das Wasser, welches mit Eis beleget worden, bald wieder aufgehen mögte, um seine Reise beschleunigen zu können, oder er würde sich gar resolviren müssen, über das Eis zu Fuß zu gehen. Ihro Hoheit hielten mit dem Geheimenrath von Hessen noch heute Abend Conferenz über diese Briefe.

Den 22sten. Ihro Hoheit assen Mittags in ihrem Zimmer. Nach der Mahlzeit brachte der Kaiserin Küchenmeister einen hiesigen Fisch, welcher Beluga genannt wird, zum Present, welcher aber bey weitem nicht so groß, als der war, den wir im vergangenen Jahr bekamen. Gegen 5 Uhr kam Ismailof, und es fuhren Ihro Hoheit bald darauf mit ihm zum Fürsten Mentschikof hin, bey welchem heute die Versammlung

sammlung war. Wir fanden daselbst eine grosse Gesellschaft von Personen beyderley Geschlechts, und es hatten sich die fremden Minister auch belieben lassen, sich mit einzufinden. Nach der ersten Assemblé wollten sie nicht kommen, weil sie ihnen nicht ordentlich angesaget war, und sie sich nach dem Trommelschlag nicht richten wollten. Der Kaiser und die Kaiserin wohneten dieser Versammlung nicht mit bey. Obgleich der Fürst Mentschikof (welcher bisher unpäßlich gewesen,) anfänglich ganz gekleidet gewesen, so fanden wir ihn doch bey unser Ankunft im Schlafrock, weil ihm übel geworden, und er sich eine Weile zu Bette legen müssen. Es word hier ausgerufen, daß am zukünftigen Sonntag die Gesellschaft beym Kaiser in Alt-Preobraschinsky seyn, und daß alles Frauenzimmer, welches über 10 Jahr alt wäre, bey schwerer Strafe sich daselbst einfinden sollte. Man erhielte hier die Nachricht, daß heute Mittag dem Fürsten angedeutet worden, es hätten alle Collegia die Ordre erhalten, sich gegen eine Monatszeit zur Reise nach St. Petersburg fertig zu halten; es scheinet also wohl, daß aus der Hieherreise der Prinzeßinnen nichts werden wird. Weil hier nicht getanzet wurde, alles stille, und für Ihro Hoheit nichts zu thun war, so verfügten sie sich bald wieder zurück nach der Slabode.

Den 23sten. Es war heute Morgen der deutsche Bediente der Herzogin bey mir, und meldete, daß die Herzogin nicht wohlauf wäre.

Den 24sten hatten Ihro königl. Hoheit Kopfschmerzen, liessen sich also entschuldigen, daß sie nicht nach der Gesellschaft kämen, welche heute beym Großkanzler Golofkin war, woselbst Ihro Majest: der Kaiser sehr munter gewesen, die Kaiserin aber sich nicht eingefunden.

Den 25sten, vor der Tafel, kamen die Leichenbitter, und baten Ihro Hoheit, und ihren ganzen Hofstaat, auf morgen Nachmittag um 2 Uhr zum Leichenbegängniß des verstorbenen engländischen Kaufmanns Person. Nach dem Essen ritt ich nach Jemailof, um mich im Namen Ihro Hoheit nach dem Befinden der dasigen Kranken zu erkundigen; weil sowohl die Zarin, als die Herzogin und Prinzeßin nicht wohlauf sind. Ich fand daselbst Wasiley Petrowitsch, den Dentschik und Favoriten des Kaisers, mit Soltikof, der alten Zarin Bruder, welche daselbst gespeiset hatten, und schon ganz berauschet waren, es hatte auch das daselbst befindliche Frauenzimmer stark getrunken. Die Herzogin lag zu Bette, und war so heiserig, daß sie kaum reden konnte; strengte sich aber an, und sprach über zwey Stunden mit mir, der ich vor ihrem Ruhebette stand. Weil die alte Fürstin Romadanofsky auch da war, und auch ein Gläsgen Wein wider ihren Willen, auf Ansuchen des Wasiley Petrowitsch, trinken müssen, so hatte die Herzogin viel Spaß mit ihr, und schrob sie wegen des Grafen Bonde nicht wenig. Sonsten redeten wir auch von der nahe bevorstehenden Reise

nach

nach St. Petersburg; auch sagte mir die Herzogin en raillant, daß sie gehöret, Ihro Hoheit wollten nicht mit nach St. Petersburg reisen, sondern hier bleiben.

Den 26sten kam Herr von Ismailof des Morgens um 9 Uhr zu Ihro Hoheit, und meldete, daß der Einzug des türkischen Envoyé um 10 Uhr geschehen würde. Wir sahen ihn um 11 Uhr auf der Strasse in folgender Ordnung vorbey paßiren. Nemlich, es marschirte erst eine Compagnie neumontirte Reuter von 100 Mann, welche des Fürsten Mentschikofs Pauken und Trompeten vor sich hatten. Darauf kamen 9 Wagen mit 6 Pferden bespannet, theils mit des Gesandten Gefolge, theils leer. Ferner zwey Officiere von der Garde, mit vier und zwanzig jungen Unterofficieren von der Garde, welche zwar in ihren Montirungsröcken, aber sonsten sehr nett waren, und überaus schöne Pferde und Zeuge hatten. Es waren lauter Knesen und Edelleute, und sie ritten drey und drey mit ausgezogenen Degen, einer von ihren Officieren voran, und die andern hinten. Nachdem kam der Wagen des Kaisers, worin der Envoyé saß, vor welchem 5 Vorreuter der Kaiserin in ihrer Staatsmontur ritten, nebst einem Türken von seiner Suite, es gingen auch verschiedene Türken mit Gewehr bey dem Wagen an. In der erwehnten Kutsche saß der Envoyé zur Rechten, und hatte den neulich aus der Türkey gekommenen jetzigen hiesigen Oberpostdirector Daschkof neben sich zur linken mit dem Hut auf dem Kopf sitzen; rücklings aber saß noch ein Unbedeckter in deutscher Tracht in dem Wagen, welcher vermuthlich sein, oder ein hiesiger Dollmetscher war. In einem der letzten vorher erwehnten Wagen saß noch ein alter Türk, welcher, wie man sagte, vom Großvizir an den hiesigen Großkanzler Galofkin zugleich mitgesandt worden, er hatte auch einen hiesigen Major zur linken neben sich sitzen, der auch seinen Hut auf dem Kopf hatte. Auch gingen bey diesem Wagen einige Türken her, welche aber kein Gewehr trugen. Kurz hinter des Envoyé Kutsche folgete seine Suite und sein Gepäcke, welches nur aus wenigen rußischen Schlaf- und Bagage-Schlitten bestand. Nachdem wir nun diesen Aufzug gesehen hatten, fuhren Ihro Hoheit mit dem Herrn von Ismailof nach Hause, und behielten ihn bey sich zur Mahlzeit. Bey unser Zuhausekunft trafen wir in Ihro Hoheit Vorgemach einen unbekannten Officier an, welcher zu dem Wachtmeister gesaget hatte, daß er von Ihro Hoheit auf heute beschieden wäre. Da Ihro Hoheit sich nun unter der Hand erkundigen liessen, wer er sey? so kam heraus, daß er vormals in schwedischen Diensten als Capitain gestanden habe, sich aber für einen Major ausgab, und Morville hieß. Da Ihro Hoheit diesen Mann bey seinem Namen par renommé kannten, weil er einer von den saubern Herrn gewesen, welche in Danzig zu Auffischung Ihro Hoheit Briefe gelegen, so liessen sie sich heute von ihm nicht sprechen, sondern er ward mit guter Manier abgefertiget, und ihm darbey zu verstehen gegeben, daß wann er etwas zu suchen habe, er sich nur bey dem Geheimenrath von Hespen zu melden hätte. Als

Ihro

Ihro Hoheit erfuhren, daß weder der Fürst Mentschikof, noch Bruce, oder sonsten jemand, der Begrabung des Person beywohnen würde, so resolvirten sie sich, auch zu Hause zu bleiben, und sich durch den Geheimenrath von Hespen im Trauerhause entschuldigen liessen. Gegen 5 Uhr Nachmittags sahe ich nun die Leiche folgendergestalt mein Haus vorbey passiren. Zuerst gingen 6 Prediger, nemlich der unsrige, die hiesigen drey lutherischen, der holländische und engländische. Darauf folgeten die vier Umbitter, und so kam die Leiche auf einem offenen Schlitten mit zwey Pferden bespannet, worbey zwölf Kaufleute als Träger gingen. Nachdem kamen an hundert Personen, welche mit langen Mänteln folgeten; und es führten der Geheimerath von Hespen und der Conferenzrath Ahlfeld den Trauermann, welcher Persons leiblicher Bruder war, gleich hinter der Leiche, worauf alle die andern, drey und drey, folgeten, so wie sie zusamen; in welcher Ordnung sie nach dem engländischen Kirchhof sich verfügeten, von da die meisten gleich weggefahren, einige aber sich wieder nach dem Trauerhause begeben haben, wo sie mit Essen, Confect, Punsch und Wein tractiret worden. Es haben alle Anwesende bey oder vielmehr vor Austragung der Leiche so gut als 5¼ Rubel an Werth von den Umbittern bekommen, nemlich einen Ring von 4 Rubel, (in welchen inwendig des seligen Namens Geburt, Name, und Sterbezeit gestochen war, und auf welchen auswendig ein emaillirter Todtenkopf angebracht ist, von welchen Ringen, wie man saget, an drittehalb hundert sollen bestellet worden seyn,) hernach einen langen Flor, ein Paar weisse Handschuhe, und ein kleines Bouquet von etwas Grünem. Man sagte, daß diese Beerdigung an 3000 Rubel Unkosten mache. An selbigem Tage war eine sehr grosse Consternation in meinem Hause; denn früh Morgens verschied des Grafen Ferfens Wirth, der Mäkler Surburg, für welchen meiner Wirthin seliger Mann, mit drey andern Personen, für 19000 Rubel Caution gestellet, und welcher kaum 19000 Schillinge wird nachgelassen haben.

Den 27sten. Nachmittags kam der Herr von Campredon in grösster Trauer, und überreichte zwey Briefe an Ihro königl. Hoheit, in welchen der Tod der Frau Mutter des Regenten von Frankreich notificiret wurde. Der kaiserliche Hof wird morgen schon, und wir werden übermorgen die Trauer anlegen. Nach 5 Uhr fuhren Ihro königl. Hoheit, nebst Ismailof und Dero ganzem Hof, in grösster Galla nach Alt-Preobraschinsky, wo der ältesten Kaiserl. Prinzeßin Anna Geburtstag sollte celebriret werden. Wir fanden daselbst die Kaiserin, die Herzogin von Mecklenburg, Dero Schwester, die Prinzeßin Proskovia, und alle vornehme in Moscau befindliche Damen, von 10 Jahren an, mit einer grossen Menge Mannspersonen, welche schon im Tanz begriffen waren, der bis 11 Uhr dauerte, da der Kaiser kam, welcher in unser Slabode erst bey dem Kaufmann Konau, und hernach bey dem jungen Kaufmann Meyer geschmauset hatte. Heute redete nun die Kaiserin viel mit Ihro königl. Hoheit,

unsern

unsern Herrn, und erzeigte sich sehr gnädig gegen ihn; imgleichen auch der Kaiser, als welcher in der kurzen Zeit, daß er hier war, sich meistens mit dem gestern aus Frankreich arrivirten Ambassadeur Dolgoruky unterhielt. Da Ihro Hoheit vor des Kaisers Ankunft meistens im Vorhause gingen, so trafen wir daselbst des unglücklichen Pissarofs Tochter so vermummet und chagriniret, daß wir sie nicht einmal wieder kannten. Sie sprach mit dem Capitain, welcher jetzt ihres Vaters Stelle vertrit, und wollte, wenn sich die Gelegenheit zeigte, einen Fußfall vor der Kaiserin thun wegen ihres unglücklichen Vaters. Sonst ward uns für gewiß versichert, daß Schaffirof gestern schon sein blauer Band durch Brüce, und sein Degen durch Mamonof abgenommen worden sey, welcher letzte sowohl des Schaffirofs als Pissarofs Sachen insgesammt versiegelt, und von des erstern seinen schon einige Coffres nach Preobraschinsky gebracht haben soll. Ehe die Gesellschaft aus einander ging, ward durch den Policeymeister überall angedeutet, daß übermorgen die Gesellschaft bey Ihro Hoheit, unsern Herrn, seyn sollte, und daß sich daselbst alle hier befindliche in schwarzen Kleidern einfinden sollten. Von dem allen wußten wir nichts, bis Herr von Ismailof eine Weile vorher, da es angesaget ward, Ihro Hoheit es angedeutet hatte, und gesagt, der Kaiser hätte befohlen, die Gesellschaft sollte gleich nach ihm bey Ihro Hoheit seyn; welches sie sich auch gefallen liessen, obgleich der Termin sehr kurz ist.

Den 28sten, als an Ihro königl. Hoheit Namenstage, gab es viel Glückwünsche von den fremden Gesandten, und andern. Gegen 1 Uhr fuhren Ihro Hoheit nach dem Geheimenrath von Hessen, als welcher heute alle fremde Minister, wie auch Ihro Hoheit mit Dero ganzem Hof, tractirte. Er hatte zwey Tafeln anrichten lassen, an deren einen Ihro Hoheit mit Mardefeld, Westphalen, Campredon, Cederkreutz, Lefort, Ostermann, Hohenholz, dem Generalmajor Lefort, Capitain Ismailof, Lehwold, Kniperkrona, Strömfeld, Ahlfeld, Plate und Stamken, auch mit einem ungebetenen und sehr unangenehmen Gast, dem hiesigen Hofnarren La Coste, zu Tische sassen. Der letzte nahm die Stelle des Geheimenraths Ostermanns ein, als welcher zu kommen zugesaget hatte, aber doch ausblieb. An der zweyten Tafel, welche auf 10 Person war, sassen wir, die wir an dem grossen Tisch keinen Platz hatten. Die grosse Tafel wurde mit 18 Schüsseln zu zweyen malen sehr nett besetzet. Ueber und nach der Mahlzeit ward beständig musiciret, auch gar stark getrunken.

Den 29sten. Wir hatten den ganzen Morgen gnug zu thun, um bey Hofe alles in Ordnung zu bringen, und legten an diesem Tage die halbe Trauer, (nemlich schwarze Unterkleider,) der hiesige ganze Hof aber die ganze Trauer an. Um 2 Uhr Nachmittags kam der Policeymeister, um zu sehen, ob alles fertig, und Platz genug für die ganze Gesellschaft sey? Er brachte 5 Schreiber mit sich, um alle diejenigen, die
kämen,

kämen, aufzuschreiben. Sie stellten sich an verschiedenen Orten hin, und fragten alle Leute, welche kamen, wer sie wären? Um 3 Uhr fingen nun schon Damen und Herren an zu kommen, und es bestand die ganze Gesellschaft von Damen aus ohngefähr 70 Personen, wovon aber etwa 10 wieder weggehen mußten, weil sie theils aus Unwissenheit bunt erschienen, theils keine Trauerkleider hatten; (die hier zu Lande eine seltene Tracht sind,) auch durfte niemand Juwelen, Gold und Silber, als die Kaiserin, an diesem Tage tragen, daher auch einige, die es nicht gewußt, dergleichen bey uns ablegten. Der Kaiser kam gegen 6 Uhr, und die Kaiserin um halb sieben; da nun Ihro Hoheit dem Kaiser entgegen gingen, in Meynung, es sey die Kaiserin, so fing er an zu lachen, und sagte, ey dat is nit *permittert*; (denn es ist gegen die Regel, weil der Wirth niemand als der Kaiserin entgegen gehen und begleiten muß.) Der Kaiser verfügte sich nun gleich bey seiner Ankunft nach den Zimmern der Männer, sprach aber zuweilen doch bey den Damen an. Ob nun gleich die ganze Musik im Saal parat war, so durften wir selbige wegen der Trauer doch nicht eher spielen lassen, als bis der Kaiser darzu Permission gab, welcher nach einigen Concerten auch den Tanz erlaubte. Es machten Ihro königl. Hoheit mit der Kaiserin durch einen polnischen Tanz den Anfang, wobey die Herzogin und Prinzeßin mittanzten. Es wohnten Ihro Majestät die Kaiserin dieser Versammlung bis 10 Uhr, der Kaiser aber, welcher beständig ab- und zuging, und bald bey der Kaiserin, bald aber bey den Männern sich aufhielt, bis halb 11 Uhr mit bey, und es waren beyde Majestäten sowohl als alle übrige Anwesende sehr vergnügt, und gaben sowohl Ihro Hoheit selbst, als wir übrigen, uns alle erdenkliche Mühe, um unsere Gäste bestens zu bewirthen, so daß auch alles sehr ordentlich und wohl zuging. Die Damen bewirtheten wir mit Thee, Caffe, Mandelmilch, Meth und Confitüren, und die Cavaliere mit Bier und allerhand Weinen, wobey sie Taback rauchten, und durch Charten und Schachspiel ihre Zeit paßirten. Da nun der Kaiser durch den Policeymajor den Damen hatte befehlen lassen, noch eine Stunde nach der Kaiserin da zu bleiben, so ließen sich selbige solches gern gefallen, und es währete also der Tanz bis nach 11 Uhr. Der Herzog überreichte bey der Kaiserin Ankunft sowohl Ihro Majestät, als der Herzogin von Mecklenburg und ihrer Schwester, schöne Bouquets von natürlichen Blumen. Da nun beyderseits Majestäten sich sehr gnädig und gut gegen Ihro Hoheit bezeiget, auch alle übrige Gäste sehr vergnügt zu seyn geschienen hatten, so waren Ihro Hoheit auch sehr zufrieden, insonderheit weil alles so ordentlich und gut zugegangen war.

Den 30sten legten wir die Trauer an unserm Hofe an.

Den 31sten. Es begaben sich Ihro Hoheit nach der Tafel zu dem Obristen Witwer, dessen Kind heute getaufet wurde, und fanden daselbst die Herzogin, die Fürstin Mentschikof mit ihrer Schwester, die Balkin, den Großkanzler Galofkin,

und

und Soltikof. Gegen 5 Uhr stellte sich auch der Kaiser ein, und die Herzogin hielt das Kind zur Taufe. Nach derselben setzten sich Ihro Majest. mit Ihro Hoheit und den Cavalieren an einen Tisch, und die Damen an einen andern. Der Kaiser blieb etwa anderthalb Stunde, und als er weggefahren war, begaben sich Ihro Hoheit nach der Gesellschaft, die heute bey Dolgoruky gehalten ward, und bey welcher sich auch der Kaiser einstellte.

Februar.

Am 1sten fiel nichts Merkwürdiges vor.

Den 2ten. Von der öffentlichen Audienz, welche heute der türkische Gesandte beym Kaiser gehabt hat, erzählte Herr von Uhlfeld, welcher sie angesehen, das folgende. Unten vor dem Schlosse im Kreml stand ein Bataillon, und oben eine Compagnie Grenadiers von der Garde. Der Envoyé erschien mit seinen Leuten in drey Kutschen mit 6 Pferden, und wurde durch den Generalpostdirector Daschkof nach dem grossen Audienzsaal geführet, woselbst der Kaiser auf einen drey Stuffen erhabenen Thron, unter einem grossen Himmel, vor dem Lehnstuhl stand, und seine hiesige Minister und vornehme Beamte stunden ihm auf beyden Seiten. Sowohl der Kaiser als der ganze Hof waren wegen der Trauer schwarz gekleidet. Ihro Majestät hatten eine blonde Parücke auf, und den Huth unter dem Arm, hatten aber diese beyden Stücke erst in dem Saal angeleget, und gaben sie nach der Audienz gleich wieder weg; denn sie waren mit einer Mütze auf dem Kopf angekommen, und fuhren auch so wieder fort. Nachdem der türkische Gesandte in den Audienzsaal getreten war, machte er viele Reverenze, und stellete sich alsdenn auf die unterste Stufe des Throns. Sein Creditiv, welches er in beyden Händen auf einem grossen Küssen von Brocad trug, küssete er dreymal, und bückete sich mit dem Kopf darauf, und übergab es nun dem Großkanzler Golofkin, welcher es auf einen zur Rechten des Kaisers stehenden Tisch legte. Der Gesandte hielt auch eine kurze Anrede, welche von seinem Dollmetscher aus der türkischen Sprache ins Rußische übersetzt, und von dem Großkanzler mit wenig Worten beantwortet wurde. Nachher nahm der Gesandte von einem ihm folgenden Türken einen andern Brief vom Großvizir, küssete denselben einmal, und übergab ihn; es nahm ihn aber nur Daschkof in Empfang, und gab ihn an jemand, der hinter ihm stand, winkete alsdenn dem Gesandten zu, seinen Abschied wieder zu nehmen, welches er auch sogleich that, ohne einmal einen Reverenz zu machen; er ward auch durch Daschkof nicht wieder begleitet, sondern begab sich mit seiner Begleitung weg. Der Kaiser war sehr froh, daß die Audienz ein Ende hatte, denn er kann dergleichen Ceremonien nicht leiden.

Den

Den 3ten fuhren Ihro Hoheit Nachmittags um 3 Uhr mit ihrem ganzen Hof nach Altpreabraschinsky, wo der ältesten kaiserl. Prinzeßin Anna Namenstag celebriret wurde. Gegen 5 Uhr stellete sich die Kaiserin mit der übrigen kaiserl. Familie, der Kaiser aber eine halbe Stunde später, ein. Er begab sich bey seiner Ankunft erst auf eine Weile zur Kaiserin und zu dem Frauenzimmer, hernach ging er mit Ihro Hoheit in ein Nebenzimmer zur Tafel, an welcher Ihro Hoheit ihm zur Rechten, und der alte Butterlin zur Linken saß. Die Gesundheiten brachte der Oberschenk Apprarin, ein Bruder des Großadmirals, aus, da denn die Gesundheit der Familie des Iwan Michailowitsch (worunter die gesammte Flotte verstanden wird) nicht vergessen wurde, denn sie muß auf allen Festen getrunken werden, insonderheit wenn der lustige Rath la Costa zugegen ist, der sonst 1000 Rubel vom Kaiser haben müßte, wenn sie vergessen würde. Er las auch dabey seine weitläuftige Rede in russischer Sprache her. Nach aufgehobener Tafel wurde bis 10 Uhr getanzet, und zum Beschluß ein kleines Feuerwerk abgebrannt. Als der Fürst Mentschikof nach seiner gehabten Krankheit sich auch auf diesem Fest einfand, ward er bey seiner Ankunft vom Kaiser nicht allein geküsset, sondern auch sehr gnädig aufgenommen. Es wird die Zeit lehren, ob es nur Verstellung gewesen, oder nicht? denn einige sagen, die schaffirosche Sache sey noch nicht vergessen.

Den 4ten. Es wurde heute ausgetrommelt, daß alle diejenigen, welchen Unrecht in der preobraschinskischen Prikase wiederfahren, sich bey Vermeidung schwerer Strafe angeben sollten. Es wurde auch den deutschen Kaufleuten angekündiget, daß sie sich gegen den 12ten zur Maskerade fertig halten sollten.

Den 5ten wurde abermals des Morgens ausgetrommelt, daß alle diejenigen, welche seit gewissen Jahren mit Schaffirof Rechnung geführet, oder sonst von ihm etwas in Händen hätten, sich bey Leib- und Lebensstrafe ohne Verzug angeben sollten. Gegen 5 Uhr Abends fuhren Ihro Hoheit zum Großadmiral Apprarin, bey welchem heute die Versammlung gehalten wurde. Sie fanden eine grosse Gesellschaft von Damen und Cavalieren, es ward aber nicht getanzet, und der Kaiser kam erst um 7 Uhr, als die meisten sich schon wieder wegbegeben hatten, und die fremden Minister auch schon aufbrechen wollten, die aber nun noch eine Zeitlang blieben.

Den 6sten. Des Mittages speisete der junge Apprarin bey Ihro Hoheit, die viel Werks von ihm machen. Er hatte als Sergeant die Wache.

Den 7ten. Heute Abend wurde die Versammlung bey dem Generalmajor Tschernischef gehalten, und der Kaiser fand sich auf derselben zwar ein, es ward aber nicht getanzet.

Den 8ten asten ein Paar junge Fürsten Gallitzin bey uns, welche als Gemeine die Wache bey Ihro Hoheit hatten. Nach der Mahlzeit waren die drey zur Untersuchung des Nachlasses des herzoglichen Kammerdieners Dau; (der allein an baarem Gelde in 500 Ducaten bestund,) verordnete Herren Commissarien im Sterbehause versammlet, um daselbst alles zu specificiren, indem er das Seinige theils an seiner in Holstein sich befindende Braut, theils aber an seinen Cameraden, den Cammerdiener Middelburg, vertestamentiret hatte.

Den 9ten. Es wurde mir heute versichert, daß schon ein gewisser deutscher Kaufmann angegeben, er habe 10000 Rubel vom Baron Schaffirof bey sich auf Zinsen stehen, man sagte auch, daß desselben deutscher Secretair König, wegen einer gewissen Sache, die Knute bekommen habe.

Den 10ten. Auf unserer heutigen Promenade begegneten wir zweymal der Kaiserin, der Kaiser aber schmausete heute Abend beym Kaufmann Tamsen, nachdem er vorher beym alten Meyer gewesen war. Sonsten wurde mir heute für gewiß versichert, der arretirte Oberfiscal habe dem Kaiser gestanden, daß er den Tod verdienet habe, darbey aber gebeten, ihm nur Zeit zu lassen, so wolle er noch viele grössere Betrüger dem Kaiser angeben; er soll auch den Anfang darzu bey der preobraschinskischen, als des Kaisers eigenen Prikas, gemacht, und von selbiger Verschiedene beschuldiget haben.

Den 11ten. Gleich nach der Mahlzeit nahmen Ihro Hoheit von der Gräfin Possen Abschied, als welche morgen voraus nach St. Petersburg zu reisen gesonnen ist.

Den 12ten. Des Morgens waren der Capitain Lapuchin von der Flotte, und der Lieutenant Mamonof von der Garde, bey Hofe, um Ihro königl. Hoheit auf übermorgen zur Hochzeit des jungen Baron Stroganof einzuladen; sie konnten aber dieselben nicht zu sprechen bekommen. Die Versammlung war heute beym Grafen Tolstoy, und es hatten Ihro Hoheit den Geheimenrath Hespen dahin gesandt, um sie zu entschuldigen, der von der kaiserl. Familie niemand als den Kaiser selbst antraf. Mit heutiger Post erhielten wir Briefe von dem Geheimenrath Bassewitz aus Kumlinga, 14 Meilen hinter Abo.

Den 13ten. Gegen 3 Uhr stelleten sich die beyden gestern erwehnten Schaffer wieder ein, und invitirten Ihro Hoheit auf morgen zur Hochzeit.

Den

Den 14ten. Ihro Hoheit begaben sich gegen 1 Uhr nach dem Hochzeitshause des Stroganof, welches sehr weit von der Slabode entlegen ist; fanden aber noch keinen fremden Menschen daselbst vor, ja nicht einmal alle Schaffer; doch kam der Marschall der Hochzeit mit uns zugleich dahin. Indessen war es uns gar nicht leid, daß wir durch einen Irrthum der Schaffer zu frühe gekommen waren, weil wir die Zeit mit Besehung der überaus angenehmen Aussicht dieses Hauses vergnügt zubrachten. Gegen 4 Uhr kam erst der Kaiser, und eine halbe Stunde nachher ward erst der Marschall mit seinen 12 Schaffern zur Braut (einer Scheremetef) gesandt, um selbige abzuholen, so daß sie erst im Dunkeln ankam, und mit ihr zugleich die Kaiserin, welche aber nicht mit nach der Kirche folgete; dahin aber alle übrige Anverwandte gingen. Nach vollendeter Copulation kamen die jungen Eheleute mit allen übrigen zu Fuß aus der in der Nähe belegenen Kirche nach dem Hochzeithause zurück, und wurden von dem Marschall mit seinen vor ihm gehenden Schaffern angeführet; worauf sie sich sogleich zur Tafel begaben, und alle gewöhnliche Hochzeits-Ceremonien genau observirten; doch wurde heute gar nicht stark getrunken. Nach der Mahlzeit ward ein Paar Stunden getanzet, und man verfügte sich alsdenn gewöhnlichermassen nach der Brautkammer. Sonst wurde heute durch Trommelschlag publiciret, daß die Execution des gewesenen Staatsministers und Vicereichskanzlers Baron Schaffirof morgen im Kreml vor sich gehen sollte, weil er condemniret worden seinen Kopf zu verlieren.

Den 15ten ritt ich des Morgens gegen 7 Uhr nach dem Kreml, um daselbst die gestern ausgetrommelte Execution des Barons Schaffirof anzusehen. Um das Gerüst stand eine unzählige Menge Leute herum, Soldaten aber hatten den Kreis um den Gerichtsplatz formiret. Als der Delinquent aus der preobraschinskischen Prikas auf einem gemeinen Schlitten, unter Wache, zu dem Gerichtsplatz geführet war, wurde ihm sein Urtheil und Verbrechen vorgelesen. Das Verbrechen bestund ungefähr in folgenden Hauptpuncten: 1) daß er von des unglücklichen Gagarin (dessen Sohn an Schaffirofs Tochter verheirathet ist) Juwelen und Geldern vieles entwandt habe, welches in seinem Hause gefunden worden; 2) daß er in dem Senats-Protocoll durch einen Schreiber die Hände der Senateurs habe nachmalen lassen, um seines Bruders Gage zu erhöhen; 3) daß er dieses befohlen zu haben geleugnet, daher der Schreiber zweymal unschuldiger Weise gekäutet worden; 4) daß er als Generalpostmeister aus eigener Autorität die Posten erhöhet habe, und übel damit umgegangen sey. Es wurden noch ein Paar andere Puncte, und andere Malversationen angeführet, und ihm das Urtheil, mit dem Beil vom Leben zum Tode gebracht zu werden, zuerkannt. Nun ward ihm die Perücke abgenommen, der alte Pelz abgezogen, und er auf das erhabene Gerüst geführet, wo er, nach rußischer Art, sich mit dem Gesicht nach der

Kirche wandte, und sich zu verschiedenen malen bekreuzte; alsdann aber niederkniete, und den Kopf auf den Balken legte, die Büttel aber zogen ihm die Füsse in die Länge, und er kam so auf seinen dicken Bauch zu liegen. Nun hob der Büttel das grosse Beil in die Höhe, hieb aber mit demselben benzu in den Balken, wobey der Pardon durch Makarof, wegen seiner dem Reiche geleisteten Dienste, im Namen des Kaisers angekündiget ward, nemlich so, daß er zwar sein Leben behalten, aber Zeit Lebens gefangen sitzen, und nach Sibirien gebracht werden sollte. Nun richtete sich Schaffirof wieder auf, und stieg mit thränenden Augen vom Gerüst herunter. Alsdann ward er nach dem Senatspallast geführet, woselbst die Senateurs ihm die Hand gaben, und ihm zu der empfangenen Gnade gratulirten. Als man ihm auch daselbst durch des Kaisers Leibchirurgus Howi die Ader, wegen der gehabten grossen Alteration, geöfnet, soll er gesaget haben, daß man ihm lieber hätte mögen die grosse Ader laufen lassen, so wäre er nun von der Qual los. Er wird wahrhaftig von sehr vielen, und insonderheit von unserm Hofe, und allen fremden Ministern, sehr beklaget, indem er ein sehr ehrlicher Mann ist. Sobald er weggebracht war, bekam der Schreiber, welcher auf Schaffirofs Befehl in dem Senats-Protocoll der Senateurs Hände nachgemalet hatte, unten bey dem Gerüst 14 Schläge mit der Knute, und ward auf die Galeeren gesandt. Oben im Senat wurde der Oberprocureur vom Senat und Major von der Garde, Pissarof, zum Mousquetier, und der Obersecretair des Senats zum Copisten degradiret, der letzte mußte auch 300 Rubel an die Armen geben. Es soll auch diesen Morgen dem Senateur und Fürsten Dolgoruky, nebst dem Senateur und gewesenen Kammerpräsidenten, wegen selbigen Processes, der Senat verboten worden seyn, und wollen einige gar behaupten, daß ihnen der Arrest angekündiget wäre; ich sahe sie aber ganz allein und ohne Wache vom Senat kommen, und wegfahren. Des Mittags speiseten Ihro Hoheit in Dero Zimmer, und waren sehr betrübt über die heutige Execution, indem sie an Schaffirof einen rechten guten Freund verloren. Es werden die fremden Minister nicht leicht einen Reichsvicekanzler wieder bekommen, mit welchem sie so werden zufrieden seyn können, als sie mit diesem gewesen. Denn ob er zwar etwas hitzig war, so nahm er doch sehr leicht Vorstellungen an, und sie konnten sich auf sein gegebenes Wort vollkommen verlassen, welches schon viel für einen Staatsminister ist. Gegen 4 Uhr begaben sich Ihro Hoheit mit Dero Suite wieder zum Baron Stroganof, woselbst der andere Hochzeitstag gehalten wurde; es war aber von der kaiserl. Familie keiner dabey zugegen.

Den 16ten ward ausgetrommelt, daß die Maskerade morgen angehen sollte, und daß sich alle Masken um 7 Uhr des Morgens in Twersky Jemskoy zu versammlen hätten; wobey uns dann auch heute die Nummer von unserer Bande gesandt ward, indem eine jede Bande selbige vorn auf ihr Fahrzeug oder grossen Schlitten, worauf

auf sie fahren würde, heften sollte. Es kam der General Münnich, und speisete des Mittags mit dem schwedischen Capitain Häckel bey Ihro Hoheit.

n. Den 17ten versammleten wir uns in Masken des Morgens um halb 7 Uhr am Hofe, und fuhren darauf nach 8 Uhr mit unserm großen Schlitten vom vergangenen Jahr nach dem gestern angekündigten Sammelplatz; indessen ging die Procession der Maskerade nicht vor 2 Uhr Nachmittags an, (als um welche Zeit die Kaiserin sich dorten erst einstellete,) und wir fuhren erst nach dem Kreml, hierauf nach dem sogenannten Courplatz à la mode von vergangenem Jahr, woselbst wir einige Touren machten, und uns einander besahen, da wir denn wahrnahmen, daß, ausser einigen neuen Masken, alles auf dieselbige Art, wie im vergangenen Jahr, eingerichtet war. Nachdem wir nun, wie gesagt, einige Touren daselbst gemachet hatten, so fuhren wir nach der rothen Pforte, wo wir eine Weile mit dem Kaiser abtraten, nachgehends aber abgedanket, und auf morgen Mittag um 12 Uhr wieder dahin beschieden wurden.

Den 18ten versammleten wir uns zwar gegen 11 Uhr am Hofe, fuhren aber demohngeachtet, indem wir vorher noch assen, vor 2 Uhr Nachmittags nicht nach dem Versammlungsplatz hin, wo wir denn auch noch zur rechten Zeit kamen. Kurz nach unserer Ankunft, nachdem der Kaiser gekommen war, (welcher beym General Jaguschinsky gespeiset hatte,) fuhren wir in Ordnung wieder nach dem Ort hin, wo wir unsere Touren zu machen pflegen, woselbst wir uns denn auch einander 5 oder 6mal vorbey passirten. Der Kaiser war, sowohl wie die Kaiserin, heute ungemein leutselig gegen Ihro königl. Hoheit, und im Vorbeypassiren trank er Ihre Gesundheit, ließ auch darbey still halten, und alle seine kleinen Canonen vom Schiffer abfeuern, welches Schiessen der Groß-Admiral von seiner Galeere alsobald beantwortete. Ihro königl. Hoheit trunken unter Blundeblasen, und dreymaligem Hurrarufen, Ihro Majest. des Kaisers Gesundheit wieder; und nun wurde wieder zu fahren angefangen. Als wir gegen Ihro Majest. der Kaiserin über kamen, ließ selbige auch still halten, und trank Ihro königl. Hoheit Gesundheit, wofür sich unser gnädiger Herr auf dieselbe Art, wie bey dem Kaiser geschehen war, bedankten. Als bald darauf das Signal gegeben wurde, daß ein jeder nach Hause fahren könnte, so hatten Ihro königl. Hoheit bey Dero Rückfahrt noch das Vergnügen, sowohl dem Kaiser als der Kaiserin die Reverenz zu machen, weil der Kaiser aus seinem Schiff stieg, als wir uns eben hinter der Kaiserin befanden, als welche hinter des Kaisers Schiff hielt, daher Ihro königl. Hoheit mit Dero ganzen Bande aus ihrem Fahrzeug stiegen, sich nach der Kaiserin Barke begaben, und ihr die Reverenz machten; worüber denn der Kaiser zukam, und Ihro Hoheit tendrement embrassirte, auch daselbst ein Glas ungarischen Wein mit trank, und seinen Spaß mit ein Paar halb vollen Leuten hatte. Denn eine Frau klagte über ihren Mann; daß er ihr sehr übel begegne, worauf ihr der Kaiser antwortete, sie sollte selbigen brav wieder ohrfeigen, und da sie selbiges nicht thun wollte, so faßte er ihre Hand an, und schlug dem Mann mit derselben brav ans Ohr, befahl aber nachher dem Mann aus Spaß, ihr wieder Ohrfeigen zu geben, der auch nichts blöde dazu war, sondern ihr ein Paar derbe Maulschellen gab, so daß die Kaiserin aus Mitleiden ihn tüchtig ausschalt, und ihn ernstlich warnete, seiner Frau künftig besser zu begegnen. Kurz nach dem nahm der Kaiser Abschied, und fuhr in einem kleinen Schlitten, die Kaiserin aber in ihrer Barke, nach Hause. Als wir nach Hause kamen, fanden wir einen von der Herzogin von Mecklenburg Bedienten daselbst, welcher dem Brigadier von Plate und mir anzeigte, daß die Herzogin sich in der Slabode befände, und uns gern sprechen wollte. Als Ihro Hoheit dieses höreten, beschlossen sie, selbsten mit Dero ganzen Bande zu ihr zu gehen. Wir fanden sie bey einen englischen Kaufmann in unserer Nachbarschaft, und es war niemand als ihre Schwester und der junge Dentschik Butterlin bey ihr. Nachdem Ihro Hoheit etwa anderthalb Stunde bey ihr gewesen waren, begaben sie sich mit Dero ganzen Suite gegen über zu dem Kaufmann Rosen, woselbst die Ordre wegen der Maskerade auf morgen ausgegeben wurde.

Den 19ten. Um 11 Uhr versammleten wir uns bey Hofe, begaben uns aber erst gegen 1 Uhr nach unserm ordinairen Sammelplatz, woselbst wir die Herzogin mit ihrer Schwester und kleinen Prinzeßin, auch viele andere vornehme Masken mehr, vorfanden, auf den Kaiser aber bis 5 Uhr warten mußten, indem er an diesem Mittag bey dem Kaufmann Marly gegessen hatte. Die Kaiserin stellete sich gar nicht auf dem Sammelplatz ein. Da es nun heute das Vermählungsfest des Kaisers war, so fuhren wir von der Ehrenpforte gerades Weges nach Sarslalou, welches der Ort ist, wo im vergangenen Jahre das grosse Feuerwerk gehalten ward, und das heutige Fest sollte celebriret werden. Wir begaben uns sogleich zu der Kaiserin hinein, welche schon vor uns daselbst angekommen war. Es befanden sich Ihro Majestät in einer prächtigen Amazonenmaske, und alle Dero Damen gingen in Amazonenkleidung von egaler Couleur und gleichem Zeuge. Als Ihro königl. Hoheit in der Kaiserin Gemach traten, fanden wir den gewesenen Kammerpräsidenten und jetzigen Senateur, Fürsten Galitzin, der Kaiserin zu Füssen liegen, welcher zu verschiedenen malen mit dem Kopf die Erde berührte, und der Kaiserin auf das allerdemüthigste für ihre gnädige Fürbitte beym Kaiser dankte. Denn ob er gleich wegen der Sache des Schaffrosch, nebst dem Fürsten Dolgoruky, zu sechsmonatlichem Arrest war condemniret worden, und bereits einige Tage gesessen hatte, so war er doch auf Intercession der Kaiserin am heutigen Tage pardoniret. Dieser Sache wegen waren auch die sämmtlichen Senateurs zum Kaiser heute Nachmittag nach dem Senat berufen, und deswegen stellete sich der Kaiser so spät auf dem Sammelplatz ein. Der Fürst Dolgoruky aber hatte

schon

schon vor unserer Ankunft seine Danksagung bey der Kaiserin abgeleget. Nachdem Ihro königl. Hoheit nun Dero Gratulation bey der Kaiserin wegen des heutigen Tages abgestattet hatten, begaben sie sich zu dem Kaiser hinein, woselbst sie sich gleich an die Tafel machten. Es waren sowohl die Tafeln für die Cavaliers als auch für die Damen mit Confitüren, und zwar sehr nett, nach der hiesigen Art, besetzet. Bey der Kaiserin saß die Herzogin von Mecklenburg zur rechten, und die Prinzeßin Proscovia zur linken Hand; dem Kaiser aber saßen Ihro königl. Hoheit zur Rechten, und der Fürst Mentschikof zur Linken; die übrigen saßen wie sie zukamen. Es wurde nun heute zu unserer größten Freude wegen des bevorstehenden Feuerwerks gar nicht stark getrunken. Der Kaiser saß die halbe Mahlzeit über bey den Geistlichen an ihrer Tafel, und unterhielt sich mit ihnen. Als die Mahlzeit vorbey war, ging das Feuerwerk an, welches recht schön war, auch bey anderthalb Stunde daurete, und folgendes vorstellete. Zuerst brannte eine grosse Devise von blauem und weissem Feuer, welche des Kaisers und der Kaiserin Namen in geschlungenen Buchstaben vorstellete, und waren zum Unterscheid die Buchstaben von des Kaisers Namen von blauem, die von der Kaiserin aber von weissem Feuer. Die Buchstaben standen in einem brennenden Herzen, und die Flammen gingen in eine darüber schwebende Krone, über welche ein Stern mit dem Namen Jehova vorgestellet war. Auf beyden Seiten dieser grossen Devise standen zwey grosse Pyramiden, welche diesesmal mit allerhand kleinen Laternen von unterschiedenen Couleuren ausgezieret waren. Vor diesen Pyramiden war auf beyden Seiten eine Gallerie, ein Paar Ellen hoch, gezogen, die auch mit kleinen Lampen illuminiret und ausgezieret war. Diese Gallerie bestand aus allerhand Devisen in rußischer Sprache. Die gedachten Pyramiden, nebst der angeführten Gallerie, waren bereits vor unserer Ankunft angezündet, und brannten noch wie wir aus einander gingen. Das übrige des Feuerwerks bestand aus sehr vielen Feuerrädern, Raqueten, Schwärmern, Feuer- und Luftkugeln, nebst andern artigen Sachen und Veränderungen. Die angeführte grosse Devise mit den Namen beyderseits Majestäten war durch einen aus dem Hause dahin fliegenden Cupido auf einmal in Brand gestecket worden, und der Kaiser hatte die fliegende Maschino selbst, gleich wie am vergangenen Neujahrstage, angezündet. Als das Feuerwerk zum Ende war, blieb die Kaiserin noch wohl eine Stunde da; bey ihrer Abfahrt aber führeten Ihro königl. Hoheit sie zum Wagen, gleich wie sie eine halbe Stunde vorher die Herzogin von Mecklenburg auch an den Wagen gebracht hatten; und da der Kaiser eine Weile hernach auch wegfuhr, so begaben sich Ihro königl. Hoheit zu gleicher Zeit nach Hause. Die Rede ging, daß heute dem Fürsten Mentschikof alle Bauren, die er in grausamer Anzahl in der Ukraine gehabt, und sein Haus in der hiesigen deutschen Slabode, abgenommen worden sey, und er noch überdem 40000 Rubel bezahlen, zwar seinen Rang behalten, aber künftighin weder im Senat, noch im Kriegs-Collegio mehr sitzen, aber die Armee commandiren solle.

Da aber der Kaiser seiner geliebten vieljährigen Blasse wegen doch sehr viel von ihm hält, und er schon ehedem auf solche Weise condemniret, und hernach wieder pardoniret worden; so glaubet man, daß er auch wohl diesmal mit dem Schrecken und der Geldstrafe abkommen werde.

Den 20sten fanden wir uns des Mittages gegen 12 Uhr bey Hofe ein, und fuhren erst gegen 2 Uhr Nachmittags nach der rothen Pforte, allwo wir aber bis 5 Uhr warten mußten, ehe der Kaiser kam; die Kaiserin aber stellete sich schon um halb 4 Uhr daselbst ein, wie fanden auch die Herzogin von Mecklenburg nebst ihrer Schwester schon bey unserer Ankunft daselbst. Kurz nach des Kaisers Ankunft begaben wir uns auf den Weg, und fuhren wieder nach Jemskoy Twersky, wo wir mit der ganzen Suitte drey Touren machten, und alsdenn mit einander entlassen, und auf morgen Nachmittag um 2 Uhr nach dem gewöhnlichen Sammelplatz bestellet wurden.

Den 21sten stelleten wir uns, laut gestriger Ordre, gegen 12 Uhr bey Hofe ein, es fuhren aber Ihro Hoheit mit uns erst gegen 5 Uhr nach der rothen Pforte; alle Maskeradeschlitten waren auf dem grossen Gerichtsplatz vor der grossen Apotheke rangiret, und alle Männer-Masken mußten aussteigen, um die Probe mit anzusehen, welche der Kaiser mit der in Holland erfundenen feuerlöschenden Maschine, oder Wassertonne, machen wollte, als welche allhier, zufolge der Beschreibung, nachgemachet worden. Ihro Hoheit gingen vorher zum Kaiser und zu der Kaiserin, und machten ihre Reverenz, bey welcher Gelegenheit dann die Kaiserin Ihro Hoheit ein Glas Wein präsentirte, und der Kaiser darauf eine lange Weile mit Ihro Hoheit und dem General Jagufchinsky allein sprach. Hierauf ließ der Kaiser die drey mitten auf dem Platze aufgerichtete kleine hölzerne Gebäude eines nach dem andern anzünden, und die Tonnen zum Fenster hinein wälzen, die auf einmal, wenn sie springen, den Brand löschen sollen. Die erste war die beste, sie reussirete aber doch nicht so, wie man sich es vorgestellet hatte, so daß noch weiter darauf reflexiret werden muß, wie der vollkommene Effect verschafft werden könne. Es sind diese Tonnen alsdenn vom grössesten Nutzen, wenn nur erst ein Zimmer im Brand ist, weil sie nicht mehr als in einem Zimmer ihren Effect thun können. An diesen Tonnen befindet sich eine lange Brandröhre, welche vorher angezündet, ehe die Tonne hineingewälzet wird, und solche so lange halten muß, bis die Tonne im Zimmer zu liegen gekommen, um im Springen ihren Effect thun zu können. Währender Zeit, daß diese Gebäude brannten, und die erwehnten Proben gemachet wurden, folgeten Ihro Hoheit dem Kaiser beständig, welcher ihnen auch alles sehr deutlich demonstrirte. Als es vorbey war, sprachen Ihro Hoheit auf einen Augenblick bey der Herzogin von Mecklenburg an. Nachdem die Ordre zum Aufsitzen gegeben worden, fuhren wir von hier wieder in Ordnung nach Twersky

Jemskoy, allwo der Kaiser sein Fahrzeug gelassen hatte, und mit dem unruhigen Kloster nach der Stadt, aber von da in einen kleinen ordinairen Schlitten wieder zurückgefahren war. Wir machten nun daselbst noch zwey Touren in der Dämmerung, so daß wir uns zuletzt auf diesem unserem ordinairen Promenadeplatz kaum erkennen konnten. Endlich wurden wir abgedanket, und auf morgen Nachmittag um 2 Uhr nach unserem gewöhnlichen Sammelplatz wieder bestellet. Sonsten erhielten wir heute vom Capitain Häkel die Nachricht, daß der Landshöfding Lagerberg in Stockholm zum Landmarschall erwählet worden sey, welcher, wie man meynet, eben nicht zu unseren Freunden gehören, sondern vielmehr von des Königs Parthey seyn soll.

Den 22sten. Gegen 2 Uhr Nachmittags verfügten wir uns mit Ihro Königl. Hoheit wieder nach der rothen Pforte, wo sowohl die Kaiserin als der Kaiser sich bald darauf auch einfanden, und Ihr Majestät daselbst wieder eine lange Unterredung mit Ihro Königl. Hoheit und dem General Jaguschinsky hielten, worüber Ihro Königl. Hoheit hernachmals recht content zu seyn schienen. Nun fuhren wir bey guter Zeit von da wieder nach Twersky Jemskoy, woselbst wir 4 oder 5 Touren machten, und alsdenn beurlaubet, auch auf übermorgen um 12 Uhr nach dem ordinairen Sammelplatz wieder bestellet wurden, weil morgen ein Rasttag seyn sollte, mit welchem uns auch sehr gedienet war. Unter dem Promeniren-Fahren sandten Ihro Majestät die Kaiserin den Kammerjunker Balk zu Ihro Hoheit Schlitten, und ließen wissen, daß sie Ihro Hoheit Gesundheit tränken; worauf ich denn kurz nachher, als unsere Schlitten wieder gegen einander über kamen, und sich begegneten, wieder zu der Kaiserin gesandt ward, um ihr zu melden, daß Ihro Hoheit gleichfalls die Gnade hätten, Ihro Majestät Gesundheit zu trinken, wovor sie sich dann sehr gnädig bedanken, Ihro Königl. Hoheit auch, indem sie gegen ihren Schlitten kamen, selbigen halten ließen, und unter voller Musik mit Dero ganzen Bande Ihro Majestät Gesundheit im Stehen tranken. Sonst erhielten wir heute die Nachricht, es wären Briefe angekommen, welche meldeten, daß ein Minister mit einer grossen Suite in Schweden angelanget sey; diese deutete man von des Geheimenraths Grafen von Bassewitz Gefolge. Ob nun zwar hier spargiret worden, daß der Graf auf der Gränze von Schweden arretiret wäre: so soll doch der Kaiser Ihro Hoheit versichert haben, daß es nichts zu sagen hätte, wenn es auch wirklich wahr wäre, weil sein Minister am schwedischen Hofe solcherwegen ganz ernsthafte Ordres hätte.

Den 23sten war zwar Rasttag von der Maskerade, aber nicht für uns; denn Ihro Königl. Hoheit wollten nach den vielen unangenehmen Maskerade-Tagen auch einen frölichen Tag haben, und hatten also das Frauenzimmer in der Slabode zu einem Concert bey dem Geheimenrath von Hespen einladen lassen. Sie fuhren also mit

Fackeln um 5 Uhr Nachmittags, mit Dero ganzen Bande in Maskerade-Kleidern auf dem grossen Schlitten, mit den 8 Schimmeln bespannet, nach des Geheimenraths Hespen Hause, woselbst wir an 20 Damen fanden, und auch einige der Herren Minister, und andere Fremde mehr, die wir nach dem Concert zum Soupé bey uns behielten, als den Baron von Mardefeld, den Generallieutenant Münnich, und den Doctor Biblau. Das Concert daurete bis 9 Uhr, und hierauf fingen wir gleich an zu tanzen, welches bis des andern Morgens um 5 Uhr immer in eins weg daurete; denn wenn eine Partey aß, so tanzete die andere. Es kamen zum erstenmal nur Frauen, und zum andernmal alle Jungfern an den Tisch, Ihro Hoheit aber assen mit beyden Parteyen, und choisirten sich nicht die schlechtesten zu ihren Nebensitzerinnen. Sonst wurde auch heute ziemlich scharf getrunken, insonderheit da ein ungebetener Gast, der Cammerpage Golstein, sich wieder einfand, den wir nicht anders los werden konnten, als daß wir ihn betrunken machten. Er hatte einigen von unsern Leuten erzählet, daß die Kaiserin neulich über Tafel gesagt, sie hätte auf der Hochzeit des Stroganofs mit Ihro Hoheit gescherzet, und gefraget, wie sie Vater seyn könnten, da sie doch noch keine Frau hätten? worauf Ihro Hoheit geantwortet, es läge ja nur an Ihro Majestät, ihnen eine Frau zu geben; worüber der Kaiser herzlich gelachet, die Kaiserin aber angefangen habe, Ihro Hoheit, des Herzogs, als Dero zukünftigen Schwiegersohns, Gesundheit zu trinken. Es wird aber dasjenige, was gedachter Golstein redet, nicht allemal für Evangelium gehalten.

Den 24sten. Heute, als am letzten Tage der Maskerade, versammleten wir uns um 1 Uhr bey der grossen Ehrenpforte, und fand sich die Kaiserin sowohl als auch der Kaiser bald darauf daselbst ein. Wir fuhren von dannen wieder nach Twersky Jemskoy, allwo wir aber nicht wie ordinair einige Touren machten, sondern von da gleich durch einen andern Weg nach Preobraschinsky uns begaben, wo wir uns alle auf dem grossen Platz, vor des Kaisers Wohnhaus, rangirten, und bis weitere Ordre in unseren Fahrzeugen blieben. Die Kaiserin schickte durch Balken Ihro Hoheit einige Flaschen schönen ungarischen Wein, und ließ sagen, Ihro Hoheit mögten sich damit erwärmen, weil sie vielleicht noch würden ein wenig frieren müssen. Eine Weile nachher wurden die Damen berufen, welche aus ihren Fahrzeugen stiegen, und der Kaiserin nach dem alten Wohnhause folgeten, in welchem der Kaiser vormals gewohnet, und welches auf diesem Platz wieder aufgerichtet worden, nachdem es vorher nach einem anderen Ort hin transportiret gewesen, weil es mit den hiesigen hölzernen Häusern wenig Mühe kostet, solche von einem Ort nach dem anderen hin zu transportiren. Dieses Haus sollte heute verbrannt werden, und die Damen mußten daselbst ein grosses englisches Spitzglas mit ungarischen Wein austrinken, welches vielen den Rest gab, so daß sie nachher kaum recht gehen konnten. Da sich nun das gesammte Frauen-

Frauenzimmer von dannen nach der Kaiserin rechtem Wohnhause begeben hatte, so wurden Ihro königl. Hoheit, mit den übrigen Masken, auch zu dem Kaiser dahin berufen, in welchem alten Hause sie dann von des Kaisers eigener Hand ein grosses Deckelglas mit ungarischen Wein bekamen, jedoch wurde für Ihro Hoheit viel weniger, wie für die übrigen eingeschenket, es practisirten sich auch die mehresten von unsern Leuten heimlich weg, um solches Glas zu evitiren. Da es nun anfing recht dunkel zu werden, so wurde das alte Haus, welches 1690 war aufgebauet worden, folgendermassen in Brand gestecket, nemlich, es war sowohl auf allen Seiten des Daches, als auch an den Wänden des Hauses, ein blaues Feuer gemacht, gleich wie die Devisen in den Feuerwerken vorgestellet werden, so daß, nachdem der Kaiser solches mit eigener Hand angezündet, und also durch die Flamme, von den angezündeten blauen Feuers Lunten, sich das ganze Haus überaus im Dunkeln präsentirte, und einen sehr schönen Effect machte, bis daß die angehefteten Lunten verbrannt waren, und das ganze Haus nach gerade in Brand gerieth, auch bis auf den Grund abbrannte. Während des Brandes schlug der Kaiser mit einigen Grossen, in Gesellschaft von dazu bestelleten Tambours, zum Spaß beständig Feuerlärmen. Da nun während dieses Lustfeuers auch alle Glocken in der Stadt geläutet wurden, und der Himmel von der Flamme dieses Hauses ganz hell war, so standen wir in den Gedanken, daß das Läuten der Glocken wegen dieses Feuers geschehe, entweder par Ordre, oder aus Unwissenheit, daß dieses Feuer expresse gemachet worden, um so mehr, da gar viele Leute zu uns herauskamen; allein wir vernahmen nachher, daß zu gleicher Zeit ein rechter Brand in der Stadt gewesen, welcher verschiedene Häuser in die Asche geleget hatte, wobey den armen Leuten gewiß nicht so wohl zu Muthe gewesen, wie uns bey unserm Brande, bey welchem wir recht lustig waren, und ein gut Glas ungarischen Wein tranken. Da nun Ihro königl. Hoheit während des Brandes bey Ihro Majestät standen, so sagte der Kaiser zu ihnen, daß er dieses alte Wohnhaus deswegen zu verbrennen resolviret hätte, weil er in demselben die Resolution zum Kriege gefasset, nunmehr aber, Gott Lob! wieder Friede hätte; daher es mit dem Kriege vergehen, und nicht mehr zu sehen seyn sollte. Als das Haus meist verbrannt war, wurden einige hundert Raqueten und Schwärmer, nebst Lustkugeln, und andere dergleichen Sachen mehr, angezündet, welches letztere Feuerwerk der Kaiser in der Kaiserin Gemächern mit Ihro Hoheit, und andern vornehmen Herren, anschauete; es waren auch daselbst die gesammten Damen versammlet, unter welchen es aber viele betrübte und schläfrige Gesichter gab, die das englische Spitzglas noch nicht überwunden hatten, welches sie in dem alten Hause austrinken mußten. Dazu kam noch die Musik, die der Kaiser ihnen während des Feuerwerks mit seinen in der Maskerade verkleideten Mittambours, welche Generale waren, in den niedrigen Zimmern auf der Trommel machte, und ihnen noch mehr den Kopf einnahm. Da nun, dem Vernehmen nach, der Kaiser in bevorstehender Nacht seine Reise nach St. Petersburg antreten wird, so nahmen Ihro königl. Hoheit nach vollendetem Feuerwerk von dem Kaiser Abschied, von der Kaiserin aber noch nicht, weil sie noch einige Tage nach dem Kaiser hier bleiben wird, und Ihro königl. Hoheit vermuthen noch vor ihrer Abreise die Ehre zu haben, ihr aufwarten zu können. Inzwischen erzeigte sich der Kaiser heute sehr gnädig gegen Ihro Hoheit, und fragte dieselben untern andern, ob sie auch bald reisen wollten? worauf Ihro Hoheit antworteten, sie hofften bald Ihro Majestät zu folgen. Wie nun alles daselbst zum Ende war, fuhren Ihro königl. Hoheit mit uns gerades Weges nach Hause, und waren wir allerseits herzlich froh, daß auch diese Maskerade überstanden war, von welcher wohl nur wenige ohne einen starken Husten oder Schnupfen frey gekommen waren, obgleich während derselben es gar nicht stark gefroren, sondern lauter Thauwetter gewesen, so daß man kaum mit den Schlitten fortkommen konnte. Ich weiß nicht, wie es mit unserer Reise nach St. Petersburg ablaufen wird, wo sich das Wetter nicht ändert, und wir ein wenig Frost bekommen; denn jetzt ist die Bahn ganz vergangen. Indessen höret man noch nichts Bestimmtes von unserer Abreise, weil Ihro Hoheit noch nichts wegen derselben vom kaiserlichen Hofe angedeutet worden; doch vermuthet man, daß Ihro königl. Hoheit gleich auf die Kaiserin, so wie auf der vergangenen Reise, folgen werden, welches sich dann ehestens wird zeigen müssen.

Den 25sten legten wir wieder unsere Trauer an; es nahm auch heute der Russen grosse Fastenzeit ihren rechten Anfang, und Ihro königl. Hoheit schickten dem Geheimenrath von Hespen die Specification zu, in wie viel Suiten wir von hier nach St. Petersburg gehen, und welche ihnen gleich folgen sollten? Ihro königl. Hoheit erhielten noch des Morgens von dem von Platen, welchen sie nach Preobraschinsky geschickt hatten, um zu vernehmen, wenn es der Kaiserin gelegen, sie zum Abschied anzunehmen, die Nachricht, daß der Kaiser noch nicht weg sey; wie er dann heute Nachmittag noch bey Taursen und Bidlau gewesen. Da nun Ihro königl. Hoheit ihn auch halb und halb bey sich vermuthen waren, so blieben sie noch ein Paar Stunden länger zu Hause, wie sie sonst wohl nicht gethan hätten, und fuhren nicht eher aus, als bis es dunkel wurde, nachdem der Kaiser bereits wieder nach Preobraschinsky zurückgefahren war. Um 10 Uhr Abends reisete er, unter Lösung der Kanonen, von hier nach St. Petersburg ab, und man meynet, daß die Kaiserin ihm am künftigen Donnerstag folgen werde.

Den 26sten. Heute Nachmittag reisete die Kaiserin zwischen 3 und 4 Uhr, unter Lösung aller Kanonen, ganz unvermuthet nach St. Petersburg ab, wozu dieselbige der sehr schlechte Weg wohl wird gebracht haben, weil sie sonst noch nicht gewillet gewesen, schon heute zu reisen.

Den

Den 27sten. Ich ritt heute Morgen nach Ismailof, weil mich die Herzogin gestern dahin hatte bitten lassen, und hatte die Gnade, sowohl der Herzogin als auch der Prinzeßin Proscovia meine Aufwartung zu machen, erfuhr auch, daß die Herzogin gesonnen sey, am zukünftigen Montag abzureisen. Uns kann dieses nicht hindern, indem sie nur Pferde von einer Stadt zur andern bekommet. Herr von Ismailof kam gleich nach der Mittagsmahlzeit zum Brigadier von Platen, und versicherte, daß die Pferde zu Ihro königl. Hoheit Reise bereit wären, wenn sie begehret würden, sagte aber dabey, daß die Wege so übel seyn sollten, daß es fast unmöglich sey, mit Schlitten durchzukommen. Obgleich man schon eine Zeitlang her versichern wollen, als wann der Herr von Schaffirof weggesandt sey, so soll er doch gewiß noch hier seyn, und man vermuthet, daß er nicht, wie gesaget worden, in Sibirien, sondern näher zu sitzen kommen werde. Dieses würde für ihn wohl ein gutes Zeichen seyn. Es ist sein allhier belegenes Haus bereits dem Grafen Tolstoy geschenket worden. Aus dem schwedischen Gesandtschaftshause erhielten wir die erfreuliche Nachricht, daß der Geheimerath von Bassewitz endlich glücklich in Schweden angekommen sey, ohne Begleitung von Soldaten und Dragonern, wie man hier ausgesprenget hatte. Der grosse Gott wolle dem ehrlichen Geheimenrath ferner beystehen, und ihm in seinen wichtigen Angelegenheiten gnädiglich helfen, auf daß er zu unseres gnädigsten Herrn Besten etwas Tröstliches und Erfreuliches auswirken möge. Sonsten erhielt man auch heute die Nachricht, daß der Kaiserin Kammerjunker, der von Balk, neulich Bräutigam geworden, und ein sehr reiches Mädchen, aber von sehr mittelmäßiger Schönheit und schlechtem Herkommen, sich ausgesuchet, und also mehr aufs Geld, als auf die Person gesehen hätte.

Den 28sten. Es tractirte heute der Geheimerath von Hespen in seinem Hause den Geheimenrath Ostermann, den General Münnich, und alle anwesende fremde Minister, und andere Fremde. Gleich nach der Mahlzeit reisete unser Hofjunker Tych, nebst einem herrschaftlichen Laquaien, mit 18 Pferden voraus, nach St. Petersburg.

März.

Den 1sten. Ihro königl. Hoheit setzten heute die schon angefangene Abschieds=Besuche fort.

Den 2ten. Nachmittags reisete der Geheimerath von Hespen und seine Suite mit 90 Pferden voraus nach St. Petersburg.

Den 3ten. Nachdem sich Ihro Hoheit erst gestern resolviret, mit Schlitten zu reisen, so hatten wir genug zu thun, um Wagen für uns bekommen zu können. Weil

Weil der Hofprediger gestern mit voraus gereiset war, so predigte heute bey uns ein Candidat, mit Namen Walther, mit welchem Ihro Hoheit sehr content waren, und befahlen, ihn bey uns zur Mahlzeit zu behalten; er soll auch morgen Früh um 5 Uhr Betstunde halten. Nach der Mahlzeit kam ein Expresser vom Geheimenrath Hespen, welcher bat, es dahin zu bringen, daß er auf den Postirungen frische Pferde bekäme, weil er sonsten nicht fortkommen könnte, denn die Pferde hielten es bey den schlechten Wegen, von einer Stadt zur andern, nicht aus. Es war aber nichts zu thun.

Den 4ten. Nachdem wir schon gestern Abend die zu unserer Suite benöthigten hundert Postpferde bekommen hatten, und alles zur Reise fertig war, so machten sich Ihro Hoheit um 10 Uhr des Morgens auf den Weg nach St. Petersburg, nachdem vorher durch den Candidaten, welcher gestern geprediget hatte, eine Betstunde gehalten worden, und eine grosse Menge von Kaufleuten und andere mehr Ihro Hoheit zum Abschied die Hände geküsset hatten. Wir fuhren von Moscau durch einen abscheulichen Weg nach Seswetzka, dahin uns alle nachgebliebene Cavaliere und Bediente das Geleite gaben, und nochmals Abschied nahmen. Auf diesen ersten sieben Wersten unserer Reise zerbrachen schon viele von unseren Wagen; allein je weiter wir kamen, je besser fanden wir den Weg; inzwischen konnten wir doch diesen ersten Tag nicht weiter als nach Scherkisowa kommen, welches 3 Werste jenseits der ersten Postirung Nowedereffna, und also in allen 24 Werste von Moscau war.

Den 5ten gingen wir in aller Frühe über die andere Postirung Solnuschnogora, welche für 37 Werste von Nowedereffna gerechnet wird, noch 23 Werste weiter nach der Stadt Klin, woselbst die dritte Postirung war, und wir wieder schliefen. Hier fanden wir die 23 Gefangene, welche der Kaiser aus Astrachan anhero führen lassen, die theils Persianer, theils donsche Kosaken waren, welche sich so desperat gewehret hatten. Unter denselben befanden sich zwey Fürsten, des einen Vater aber war unterwegs gestorben. Es waren selbige alle sehr wohlgebildete Leute, und die Persianer hatten ein sehr ehrliches Ansehen. Nachdem Ihro Hoheit einige von ihnen gesehen, und beschenket hatten, waren wir übrigen auch neugierig die beyden Fürsten zu sehen, verfügten uns also zu ihnen hin; weil aber keiner da war, der mit ihnen reden konnte, und ihr Dollmetscher nach Moscau verreiset war, so mußten wir uns nur durch Gebärden verständlich machen, doch hatten sie schon einige wenige rußische Wörter gelernet. Sie lagen in zwey elenden Löchern einquartiret, und wurden stark bewachet, durften auch nicht ohne Wache ausgehen. Die beyden Fürsten, deren jeder in einem besondern Zimmer lag, gaben uns die Hände zum Willkommen, und baten uns, bey ihnen uns niederzusetzen. Der jüngste, welcher ein grosser Liebhaber vom Taback war, ließ eine persische meßingene Pfeife herbringen, und präsentirte sie uns angezündet,

gab

gab uns dabey aber durch Gebärden zu verstehen, daß der Taback nur sehr schlecht sey; da wir denn aus selbiger Pfeife, nach der persischen Art, alle einer nach dem andern raucheten. (denn die Persianer ziehen nur einigemal den Mund mit Rauch ganz voll, so daß sie ihn nicht mehr darinn lassen können, und überreichen alsdann die Pfeife ihrem Nachbar, und so immer weiter, bis die Pfeife ausgerauchet ist.) Bey dieser Gelegenheit schenkte ich dem Fürsten etwas englischen Taback, worüber er nicht wenig erfreuet war, noch mehr aber, da der Brigadier Plate ihm eine Probe turkischen Taback gab, und versprach, ihm davon einen kleinen Vorrath zu senden. Er schickte auch einen von seinen Leuten mit uns, um ihn abzuholen. Da nun der von Plate diesen Persianern befahl, die Hälfte davon dem andern Fürsten (welcher keinen andern als türkischen Taback rauchte, und in Ermangelung desselben schon lange das Rauchen unterlassen hatte,) zukommen zu lassen: so betheuerte die rußische Wache, die Leute wären so ehrlich, daß sie keinen Menschen Unrecht thäten. Als der jüngste Fürst anfänglich gesonnen war, zu Ihro Hoheit zu gehen, kleidete er sich in größter Eile an, verrichtete aber vorher sein Gebet, nemlich, er legte sich in der einen Ecke des Zimmers auf die Knie, um zu beten, neigete sich dabey mit der größten Geschicklichkeit und Geschwindigkeit zu verschiedenen malen mit dem Gesicht zur Erden, und ruhete nur dabey auf den Händen und Zehen. Kurz, diese Persianer hatten eine so schöne Bildung, als nur Menschen in der Welt haben können, und waren dabey überaus munter und geschickt in ihren Leibesbewegungen. Es war auch einer unter ihnen der einer ihrer Geistlichen seyn mogte, vor welchem sich die andern mit dem Kopf immer zur Erde neigeten.

Den 6sten reiseten wir des Morgens in aller Frühe von der Stadt Klin nach der vierten Poststirung Sawidowa, 27 Werste, und von da nach der fünften Station Gologerodná, wieder 27 Werste. Auf diesem Wege mußten wir über den Sossestrom mit grossen Böten gehen, und brachten lange Zeit zu, ehe wir alle hinüber kamen, indem daselbst nur ein Fahrzeug war, mit welchem es überaus langsam ging. Wir trafen nun an diesem Flusse die zwey Tage vor uns aus Moscau abgegangene Suite des Geheimenrath von Hespen an, von welcher die wenigsten hinüber waren, die übrigen aber mußten warten, bis wir alle übergesetzet waren. Der Geheimerath von Hespen lag mit Stamke, Negelein und Remarius auf dieser Seite in einem Dorf, um daselbst ihre Bagage zu erwarten. Er stund bey unserer Durchfahrt vor der Pforte, und nöthigte Ihro Hoheit zu sich. Diese liessen zwar einen Augenblick stille halten, und redeten mit dem Geheimenrath, wollten sich aber nicht überreden lassen bey ihm einzusprechen, obgleich wir heute noch nichts gegessen hatten, und so bald auch noch nichts erwarten konnten. Ihro Hoheit aber kehren sich leider auf der Reise nicht viel ans Essen. Zu Gologerodná (welches dem Fürsten Mentschikof gehört, der hier am Waſſer ein ſehr luſtig gelegenes neues hölzernes Haus liegen hat, welches das beſte und größte iſt, das man auf dem ganzen Weg zu ſehen bekömmt,) kamen wir zwar an, aber ohne Küch- und Kellerwagen, und Ihro Hoheit ſetzten ihre Reiſe gleich weiter fort, und gingen noch 31 Werſte weiter, nach der Stadt Twer, als die ſechſte Poſtirung, woſelbſt wir blieben und ſchliefen. Hier gingen wir wieder über einen Fluß, welcher Premera genannt wird, und ſich in die Wolga ergießet, die man lange zur rechten Hand erblicken konnte. Wir hatten den Fourier, um Quartier zu machen, voraus nach Twer geſendet, wurden alſo nach dem Hauſe auf dem Markt geführt, in welchem der Kaiſer gemeiniglich einkehret, welches wir ganz illuminiret fanden. Es ſtellete ſich gleich nach unſer Ankunft ſowohl der Woywode als der Commendant und der Rath von der Stadt, mit den gewöhnlichen Preſenten ein, und empfingen uns, als wenn der Kaiſer ſelbſt gekommen wäre. Da ſie nun unter andern überaus ſchöne lebendige Sterlede, und andere Fiſche mehr, brachten, ſo ſchmerzte es uns, als die wir alle ganz verhungert waren, nicht wenig, daß wir keinen Koch, oder ſonſten jemand bey uns hatten, der ſie abkochen konnte, zumal da Ihro Hoheit gern etwas Warmes eſſen wollten. Doch der Koch Slapkohl kam endlich an, welcher uns dann in größter Geſchwindigkeit einige Fiſche abkochte. Weil nun unſere Cavaliere und übrige Leute erſt den andern Morgen nachkamen, ſo fuhren Ihro Hoheit den folgenden Tag, als

den 7ten, in aller Frühe von Twer wieder ab. Gleich vor der Stadt mußten wir uns nun wieder mit groſſen Böten über den Wolgaſtrom ſetzen laſſen, welcher ſchon vom Eiſe frey war. Wir fuhren nun voraus nach der ſiebenden Poſtirung Mädna, woſelbſt wir uns wieder mit groſſen Prahmen über einen andern Strom, Namens Twenska, mußten ſetzen laſſen, und trafen daſelbſt unſern Hofjunker Tych mit den Pferden an, bey welchem Ihro Hoheit abtraten, und mit ihm vorlieb nahmen. Alsdenn verfügten wir uns noch 33 Werſte weiter, bis nach dem Städtchen Torſchock, wo die achte Poſtirung iſt, und wir gleich bey unſrer Ankunft von dem Magiſtrat mit allerhand, als, Brodt, Kuchen, Hünern, Zucker, Wein, Meth, Bier, und andern Sachen mehr, bewillkommet wurden, welches alles der Hofjunker Tych von Ihro Hoheit geſchenket bekam. Ehe wir nach Torſchock kamen, ſetzten wir zum drittenmal heute über einen Fluß, über welchem aber eine Floßbrücke ging. Sonſt paſſirten wir auch heute, 17 Werſte auf dieſer Seite von Twer, den neuen breiten Weg, welchen der Kaiſer durchs Holz hauen läßt, der ſchnurgerade von St. Petersburg nach Moscau gehen, und über 150 bis 200 Werſte näher werden ſoll, als der jetzige Weg iſt.

Den 8ten reiſeten wir des Morgens in aller Frühe wieder von Torſchock nach der neunten Poſtirung Wedroſsky, welche 37 Werſte von Torſchock lieget, wo wir aber
die

die allerschlechtesten Pferde auf den ganzen Weg, und auch nicht einmal genug, bekamen. Von Wedrofsky gingen wir noch 33 Werste weiter nach der zehnten Postirung, Wyschnei-Wolotschock, welches eine Stadt, und der Ort ist, wo eine Zeitlang her sich so viele Rosboniken oder Räuber aufgehalten haben, die aber jetzt durch ein Commando, welches einige Jahre lang daselbst gelegen, vertilget worden. Wir sahen vor der Stadt allerwärts welche an den Rippen aufgehangen, und auf Räder geflochten. Da nun Ihro Hoheit bey ihrer vorigen Durchreise allhier bey einem Calmucken sehr wohl traktiret worden, so wollten sie dieses mal daselbsten wieder logiren; weil aber selbiger nicht mehr in der Stadt, sondern drey Werste davon wohnete, so mußten wir uns in des Kaisers Haus wieder einquartiren, denn der Kaiser hat auf allen Postirungen zur Commodität der Reisenden ein Haus bauen lassen. Da nun unsere Cavaliere wegen der schlechten Pferde uns nicht folgen konnten, und vor spätem Abend nicht nachkamen, sich aber gleich nach unser Ankunft sowohl der Major, welcher da auf Commando lieget, nebst der Bürgerschaft mit ihrem Geschenke, als auch der Calmuck, und andere mehr, einfanden, so mußte ich die Dollmetscherstelle bey Ihro Hoheit vertreten, und den Major, nebst seinem bey sich habenden Lieutenant, einige Stunden unterhalten, bis das Essen fertig war. Denn Ihro Hoheit hatten ihnen bey sich zur Abendmahlzeit genöthiget, weil er einen Unterofficier mit 10 oder 12 Dragonern Ihro Hoheit zur Wache gegeben, und eine Entschuldigung gemachet, daß er nicht mehr geben könne, weil seine Leute meist alle auf Commando waren, und er überhaupt nicht mehr als 50 Mann bey sich hatte. Es behielten auch Ihro Hoheit den Calmucken bey sich zum Essen, weil selbiger alles anschaffte, und uns mit schönen Weinen tractirte. Da wir nun eben beym Essen begriffen waren, fanden sich unsere übrige Cavaliere auch ein, der Herr von Ismailof aber kam erst spät in der Nacht an. Auf dem heutigen Wege passirten wir wieder zweymal den neuen Weg, woraus abzunehmen, wie der alte Weg in der Krümme gehen muß. Wir begegneten auch etwa 30 Rosboniken mit aufgeschnitzten Nasen, welche von Moscau nach St. Petersburg auf die Galeeren gesendet wurden. Sonst sahen wir zu Wyschnei-Wolotschok auch noch den neuen Kanal von 1 Werste, welchen der reiche Calmuck hat machen lassen, und welcher zwey Ströme verbindet. Wir passirten auch 10 Werste von hier ein hübsches Kloster, bey welchem über einen Strom die schönste Brücke war, die ich hier im Lande gesehen.

   Den 9ten erhielte der Baron Stromfeld des Morgens Ordre, mich abzulösen, und bey Ihro Hoheit im Schlafwagen zu fahren, womit mir dann kein sonderlicher Possen geschahe, indem ich die zwey Tage, da ich mit Ihro Hoheit gefahren, nicht allein elend liegen, sondern auch sehr hungern müssen. Mit anbrechendem Tage fuhren wir nun von Wyschnei-Wolotschok 37 Werste nach der eilften Station, Gottilliotsky, woselbst

woselbst wir die Generalin Bruce antrafen, und uns der Erzbischof von Novogrod in einer Sänfte, von zwey Pferden getragen, passirte. Von hier gingen wir 37 Werste weiter nach der zwölften Postirung, Jidrowa, wo Ihro Hoheit erst mit Strömfeld und Ahlfeld soupirten, und hernach wir andern, als Ihro Hoheit weg waren, indem es mit unseren Wagen auf den Knüppelbrücken unmöglich war, ihnen zu folgen, wir auch überdem immer bey einander bleiben, und keinen allein im Stiche lassen wollten. Von Jidrowa gingen wir nun in der Abenddämmerung noch 23 Werste weiter nach der dreyzehnten Station, Simagoraskijam, wo wir aber erst spät in der Nacht ankamen.

Den 10ten hielten wir in Simagoraskijam Ruhetag, weil Ihro Hoheit am Sonntag nicht reisen, und auch überdem unsere Wagen durch das passirte Gebirge von einigen vierzig Wersten sehr beschädiget waren, so daß wir genug zu thun hatten, sie nur bis dahin zu bringen. Es kam uns sehr wohl zu passe, daß das grosse Dorf Waldai nur 3 Werste von da lag, weil daselbst sehr viele Schmiede wohnen, und wir alles um so viel geschwinder konnten gemacht bekommen. Da nun der Erzbischof von Novogrod auch in einem hier ohnweit liegenden gar schönen Kloster, welches zu seinem Bischofthum gehöret, angekommen war, so sandte er Ihro Hoheit von da her allerhand Victualien, und ließ sie zugleich auch dahin invitiren, welches aber nicht angenommen ward. Es kamen auch Leute aus dem Flecken Waldai (welcher wegen der darinn befindlichen mitleidigen und lustigen Mädchen sehr renommiret ist) mit ihren Geschenken zu Ihro Hoheit. Ob wir nun gleich auf der Reise waren, so hielten Ihro Hoheit doch ihren Fasttag, und wir bekamen vor 4 Uhr nichts zu essen.

Den 11ten. Von Simagoraskijam brachen wir des Morgens in aller Frühe auf, und gingen über Waldai nach der vierzehnten Postirung, Jaschelbiz, welches 23 Werste ist; von da nach der funfzehnten Station, Crestiz, die 40 Werste von Jaschelbiz lieget; und von hier wieder nach der sechszehnten Postirung, Poltitowi, 36 Werste, wo Ihro Hoheit des Abends, wir aber erst des andern Morgens ankamen, als schon alles wieder vorgespannet war. Es wären Ihro Hoheit am folgenden Tage, als

den 12ten, gleich wieder von Poltitowi aufgebrochen, wenn nicht eine Staffette vom Kaiser, mit Briefen aus Schweden, an Ihro Hoheit gekommen wäre, welche machte, daß sie zur Durchlesung der Briefe noch bis Nachmittag dablieben, aber niemanden als Strömfeld und mich bey sich behielten, und die anderen gleich voraus sandten. Ich blieb nicht so lange hier wie Ihro Hoheit, weil sie mich anfänglich mit zum Dechifriren haben wollten, hernach aber solches allein verrichteten. Da nun der Soldat von der Garde, welcher aus dem Cabinet mit den Briefen an Ihro Hoheit abge-

abgefertiget war, auch Ordre hatte, nach Moscau zu gehen, mit Briefen an Makarof, und Ihro Hoheit nothwendige Briefe an den Geheimenrath von Hespen hatten, auch überdem ihm Ordre ertheilen wollten, auf das schleunigste nach St. Petersburg allein nachzukommen, so schrieben sie an ihn, und baten den Courier, selbigen Brief mit sich zu nehmen, und dem Geheimenrath zu überreichen; wozu den Soldaten die Ducaten, welche er für seine Mühe von Ihro Hoheit empfing, überaus willig machten, und gelobete er dabey, schon dahin zu sehen, daß er den Geheimenrath auf dem Wege nicht verfehlete. Von Poltitowl gingen wir nach der siebenzehnten Postirung, Bronitz, wo wir auf Ordre bleiben mußten, und also den ganzen Tag nicht mehr als 27 Werste zurück legten, da wir doch heute Morgen vermeinten, heute Abend noch in Novogrod seyn zu können. Weil aber Ihro königl. Hoheit erst spät am Nachmittag mit dem Dechiffriren der Briefe aus Schweden fertig waren, so kamen sie auch vor Abend allhier nicht an, womit uns andern gar nicht gedienet war, indem wir so lange mit dem Essen auf sie warten mußten. Ob nun zwar Ihro Hoheit in dem ordinairen kaiserlichen Hause lagen, so waren doch die Zimmer daselbst so verfallen, daß wir allerseits in einem unbequemen Zustand waren, und niemand als Ihro Hoheit im Hause schlafen konnten.

Den 13ten brachen wir des Morgens in aller Frühe auf, und nachdem wir zu Bronitz den Strom Msta passiret hatten, welcher auf beyden Seiten noch mit Eis bedecket, und bloß die Fahrt für die grossen Böte aufgeeiset war, so blieben wir die Nacht 10 Werste von Novogrod, und legten also heute nur 27 Werste zurück. Der Weg war abscheulich, sowohl wegen der Knüppelbrücken als tiefen Stellen; wir mußten auch noch einmal über einen Fluß, über welchen aber eine Floßbrücke ging. Die Ursach, warum Ihro Hoheit nicht nach Novogrod gingen, sondern allhier im Kloster Gubina blieben, war diese, daß sie vernommen hatten, es sey nicht nöthig über Novogrod zu gehen, indem es viel näher sey, wenn sie von hier gerade zu Wasser nach Brisda gingen. Ihro königl. Hoheit wollten auch gern ihre Reise beschleunigen, resolvirten sich also, Novogrod liegen zu lassen, und gerades Weges nach Brisda zu gehen. Da sie nun schon vorgestern einen Grenadier voraus nach Novogrod gesandt, um den Commendanten (welcher ein Generalmajor, und Major von der Garde, Namens Wolkoff, ist,) zu ersuchen, die Anstalten zu machen, daß die benöthigten Fahrzeuge, um nach Brisda zu gehen, fertig bey Dero Ankunft wären: so hatte derselbe dazu bereits alle Anstalten gemachet, und 4 Fahrzeuge nach Gubina buxiren lassen, auch selbst sich dahin verfüget, um Ihro Hoheit zu empfangen, nachdem er vernommen, daß sie nach Novogrod nicht kommen wollten. Er war überaus dienstfertig, und hatte alles angeschaffet. Es hatte der Erzbischof von Novogrod, welcher schon vor ein Paar Tagen sich die Ehre ausbitten lassen, Ihro Hoheit in Novogrod bey sich zu sehen, seine Barke von Novogrod hierher gesandt, um Ihro Hoheit mit derselben über den breiten Strom zu setzen, welchen sie passiren mußten, um nach dem Kloster Gudina zu kommen. Da nun Ihro Hoheit einige Stunden vor uns an den Strom gekommen waren, so sandten sie die Barke, nachdem sie auf der andern Seite waren, wieder zurück, um uns nachgebliebenen, als Ismailof, Brümmer und mich, wenn wir kämen, nach zu bringen; die Bagage aber wurde mit grossen Böten übergebracht. Ob nun zwar der General Brümmer und ich noch bey Tage hätten nach dem Kloster kommen können, so warteten wir doch in einem am Wasser liegenden Dörschen, bis Ismailof nachkam, welches aber erst am andern Morgen, als

den 14ten, geschahe, weil ihm auf dem schlimmen Wege einige Räder entzwey gegangen waren; er wäre auch noch nicht gekommen, wenn wir ihm nicht ein Rad entgegen gesandt, und ihm dadurch fortgeholfen hätten. Da wir nun nach dem Kloster Gudina kamen, bey welchem Ihro Hoheit in einem dazu gehörigen Dorfe übernachtet hatten, so ward angefangen die Wagen in die Schiffe zu bringen, und da wir deren 4 hatten, und die meisten Wagen noch jenseits des Wassers waren, so wurde das größte Schiff, in welchem wohl für 20 Wagen Platz war, dahin gesandt, um selbige einzuschiffen, die drey andern aber wurden für unsere Cavaliere und Leute bestimmet. Während der Zeit, daß alles eingeschiffet ward, verfügten sich Ihro Hoheit, mit uns nach dem Kloster, als wohin sie inständig waren eingeladen worden; es hatte auch der Erzbischof von Novogrod einen vornehmen Geistlichen, der gut lateinisch redete, dahin gesandt, um Ihro Hoheit zu entretieren, vermuthlich weil sich im Kloster niemand fand, welcher der lateinischen Sprache mächtig war, als deren es in den hiesigen Klöstern sehr wenige giebet. Dieser Geistliche empfing nun Ihro Hoheit, mit den Vornehmsten des Klosters, aussen vor der Pforte desselben, und führte uns erst in die Kirche, welche, nach hiesiger Art, überaus nett ist, und worinnen er uns auch das Grab eines Heiligen zeigte. Aus der Kirche brachte er uns nach einem Ort, wo Ihro Hoheit mit Wein und Brandtewein tractiret wurden. Ob nun gleich einige Weine den Namen der ungarschen führeten, so waren sie doch gleich den andern fast untrinkbar. In diesem Kloster ist der Erzbischof von Novogrod selbst Archimandrit gewesen, womit sich das Kloster nicht wenig wissen soll, weil sie ihn hier zu Lande für den klügsten Geistlichen halten, obschon er keine grosse Studia hat. Nachdem sich Ihro Hoheit eine Weile allhier aufgehalten hatten, nahmen sie Abschied, und begaben sich wieder nach Hause, dahin abermals, sowohl vom Commendanten als von der Bürgerschaft aus Novogrod, Presente von allerhand Victualien gebracht wurden, von welchen aber die Weine eben so schlechte waren, als im Kloster, und die, welche unser Fourier in der Stadt gekaufet hatte; denn seitdem, daß wir das vorigemal durch Novogrod gekommen, ist meist die ganze Stadt, vor ohngefähr einem Jahr, abgebrannt,

brannt, und soll daselbst nichts mehr zu bekommen seyn, der Ort auch mehr einem Dorf als einer Stadt gleich sehen, da doch selbige vordem, wie in den alten Historien zu lesen, so groß und mächtig war, daß sie nicht allein die Residenz von Rußland gewesen, sondern auch die Russen das bekannte Sprichwort gehabt: Wer kann wider Gott und Großnovogrod. Allein jetzt ist in der berühmtesten Handelstadt des Reichs nicht einmal ein gemeiner Bauerwagen zu finden gewesen, wie sehr der Commendant auch immer nach solchen die Häuser durchsuchen lassen, indem wir sehr grossen Mangel daran litten, und wohl wußten, daß weiterhin keiner zu bekommen sey. Wir wären in der That recht übel daran gewesen, wenn uns der Commendant nicht endlich mit einigen Bagage-Rädern von den Regimentern assistiret, und selbige nach Brisda nachgesandt hätte. Wir gingen nun gegen Mittag von Gudina zu Wasser ab, und kamen am folgenden Morgen, als

den 15ten, glücklich und wohl zu Brisda an, woselbst die achtzehnte Postirung von Moscau her war, nachdem wir in der vorigen Nacht in einem am Strande liegenden Dorfe einige Stunden stille gelegen hatten. Es lieget eine grosse Menge Dörfer den ganzen Weg über an beyden Seiten des Strandes, womit den Reisenden, die nach Moscau oder Novogrod gehen, sehr gedienet ist, wenn sie keinen favorablen Wind haben, indem es alsdann sehr langsam gehet, weil sie gegen den Strom an arbeiten, und sich theils durch Pferde ziehen lassen, theils hinauf rudern müssen. Für uns aber war es eine plaisante Reise, indem wir auf dem Fahrzeuge unsere Commodität hatten, mit dem Strom gingen, und dabey bisweilen noch theils segelten, und theils ruderten. Wenn man zu Lande von Novogrod nach Brisda gehet, so wird solches gerechnet und bezahlt für 60 Werste. Alhier zu Brisda fanden wir nun den jungen Fürsten Trubetzkoy mit seiner Gemalin, des Großkanzlers Tochter, wie auch eine Kutsche zu 4 Personen, welche die Kaiserin Ihro Hoheit bis hieher entgegen gesandt hatte, und dabey wissen lassen, daß auf den letzten Stationen bey St. Petersburg auch welche von ihren Pferden stünden, die auf Ihro Hoheit warteten. Von hier gingen Ihro Hoheit nun gleich in der Kaiserin Kutsche voraus, und empfohlen uns andern so bald zu folgen, wie wir könnten. Allein so angenehm die Vüe auch von dem Perspektiv oder neuem Wege, in welchen wir nun hier kamen, aussahe, so ließ uns doch der unbeschreiblich schlechte Weg, nebst den halb todten Postpferden, an diesem Tage nicht weiter als nach dem Dorfe Sudowa kommen, welches nur acht Werste von Brisda war, allwo wir ans Land gekommen, und gleich nach Ihro Hoheit gegen Mittag abgefahren waren.

Den 16ten brachen wir des Morgens vor Anbruch des Tags auf, in Hofnung, heute die neunzehnte Postirung, vor jetzt, sonsten aber die zwanzigste, zu erreichen; allein wie wir waren kaum 2 Werste gefahren, so begunnten schon viele Pferde an müde zu werden, und dankten wir Gott, daß wir nur nach Babina kamen, (wo Ihro Hoheit in der vorigen Nacht geschlafen,) und welches nur 17 Werste von unserm Nachtlager Eudowa lieget.

Den 17ten brachen wir des Morgens von Babina auf, und kräppelten uns endlich die übrigen 15 Werste nach der Postirung, so daß wir um Mittag dahin kamen.

Den 18ten fuhren wir von der zwanzigsten Postirung bis zu der ein und zwanzigsten; hier bekamen wir gute Pferde, und lebeten der Hofnung, mit denselben besser, als mit den eine Zeitlang gehabten, fortzukommen.

Den 19ten machten wir uns des Morgens bey Tage wieder auf den Weg, und nachdem wir bey guter Zeit die zwey und zwanzigste und letzte Postirung erreichten, und daselbsten alsobald mit Pferden versehen wurden, so legten wir mit diesen neuen Pferden noch 5 Werste ab; denn wir befürchteten, daß sie uns sonsten morgen nicht nach St. Petersburg hinschleppen würden. Der Ort, wo wir die Nacht schliefen, hieß Schlawianeta.

Den 20sten brachen wir des Morgens in aller Frühe auf, und legten die 25 Werste bis St. Petersburg doch nicht eher zurück, als des Abends. So bald ich mein Quartier besehen hatte, verfügte ich mich nach Hofe, woselbst ich, anstatt der ordinairen Gardewache, 30 Mann Grenadiers und Gemeine, mit einem Lieutenant vom Ingermanländischen Regiment, nebst 4 Unterofficieren und einem Tambour, vorfand, weil die Garde jetzt hier nicht so stark ist, daß sie alle Wachen bestreiten kann. Als ich bey Hofe ankam, klopfeten Ihro königl. Hoheit an ihr Fenster, und hiessen mich dadurch zu sich kommen; da ich denn über eine Stunde bey ihnen bleiben mußte. Sie erzählten mir alles, was seit ihrer Ankunft allhier passiret war; daß sie am Sonntag Morgen um 3 Uhr, unter Lösung aller Kanonen, hier glücklich und wohl angekommen wären, und an selbigen Nachmittag noch die Gnade gehabt hätten, den Kaiser, die Kaiserin und beyde Prinzeßinnen zu sehen und zu sprechen; von welchen allen sie überaus gnädig aufgenommen worden, und hätte unter andern die Kaiserin erzählet, wie der Kaiser diese Nacht vom Schiessen eilig aufgewachet wäre, und gefraget hätte, was das Nachtschiessen bedeuten solle? da er aber vernommen, daß es Ihro Hoheit wegen geschehe, hätte er gesaget, das ließ er gut seyn, und hätte sich also wieder zur Ruhe begeben. Es sind Ihro Hoheit auch gestern auf der ordinairen Assemblé beym Marschall Olsuffiof gewesen, wo aber die Gesellschaft sehr klein gegen die in Moscau gewesen, und der Kaiser ist nur einige Augenblicke da geblieben, als

Ihro

Ihro Hoheit schon weggegangen waren, die Kaiserin aber ist gar nicht gekommen. Da nun die leibliche Schwester des Kaisers, die Prinzeßin Maria Alexjewna, vor kurzer Zeit gestorben, und den 12ten dieses Monats des Abends, in Begleitung des Kaisers, bey Fackeln, in der Festungskirche, mit Pracht begraben worden, so ist bey Hofe wieder eine neue Trauer von 6 Wochen. Diese Prinzeßin hatte sich in die Händel ihrer berufenen Schwester Sophia mit gemischt, und wurde daher in einem besondern Hause, als in einem honetten Arrest, aus welchem sie nicht gehen durfte, verwahret, genoß aber sonst alle Freyheit. Der Kaiser hat sie noch lebendig gefunden, bey ihr aber einen Haufen Pfaffen, welche ihr, nach der alten rußischen Art, Essen und Trinken gebracht, und sie gefraget, was ihr fehle? und ob sie nicht alles zur Gnüge gehabt? Der Kaiser aber hat dieselben alle zum Hause hinaus gejaget, weil er solches ganz will abgeschaffet wissen.

Den 21sten. Bey dem Polizeymeister Anton Manulowitsch wurde die letzte Wintergesellschaft gehalten, es war aber nur eine kleine Gesellschaft versammlet, und der Kaiser hielt sich nicht lange in derselben auf, die Kaiserin aber kam gar nicht dahin.

Den 22sten ging des Morgens, unter Lösung dreyer Kanonen, das Eis im Strom auf, und begunnte zu treiben, nachdem schon seit dem 19ten niemand mehr über dasselbige gehen dürfen, worüber der Küchenmeister Hans Jürgen strenge gehalten, welcher an die Stelle des Wittaschi gekommen ist, und eben so gekleidet gehet, aber sehr mißvergnügt ist, daß er diese Stelle bekleiden muß. Er sagte zu uns, als er mit allerhand Victualien nach Hofe kam, (denn die Kaiserin hat schon einen guten Vorrath von ungarischen und anderen Weine, nebst dergleichen Vorrath, allhier für Ihro Hoheit in die Küche und in den Keller gesandt,) daß er für seine zwanzig Jahr geleistete Dienste dieses zum Recompens bekommen hätte, daß er jetzt vor allen Menschen in dieser Kleidung wie ein Narr herumlaufen müsse. Ob nun zwar heute der Strom erst aufgegangen war, und noch beständig viel Eis darin trieb, so segelte doch der Kaiser schon auf dem Wasser herum, und es soll ihm eine unbeschreibliche Freude seyn, daß das Wasser in diesem Jahr so zeitig aufgegangen, welches bey Menschen Gedenken nicht geschehen, sondern das Eis pfleget gemeiniglich einen ganzen Monat länger zu stehen. Heute kamen hier zu St. Petersburg die beyden hessen-homburgschen Prinzen, mit dem Obristlieutenant Löwold an, welcher sie hergeholet hat; der jüngere von ihnen soll 16, und der ältere 17 Jahre alt seyn; sie sind sehr weit von uns logiret, und man weiß noch nicht, wie groß die Suite ist, die sie bey sich haben. Heute Mittag soll der Kaiser mit der Kaiserin in der neulich gestorbenen Prinzeßin Maria Gartenhause gespeiset haben.

Den

Den 23sten. Es reisete der Baron Strömfeld heute weg, denn er ist nach Liefland berufen, um den versammleten Ständen, welche bereits 14 Tage auf ihn gewartet haben, von dem Erfolg seiner Commißion, Bericht abzustatten.

Den 24sten. Gegen 11 Uhr kam der in hiesigen Diensten stehende englische Viceadmiral Gordon, mit einem vornehmen Jacobiten, Mylord Doffus, ehemaligen Seecapitain, der hier Intendant des Seewesens zu werden suchet, zu Ihro Hoheit, und machten ihre Cour. Da wir nun mit dem Viceadmiral auf die Ausrüstung der hiesigen Flotte zu reden kamen, so berichtete er uns, daß 28 Schiff vom Rang, und 12 Fregatten und 100 Galeeren, ausgerüstet, und mit 6 Monats-Proviant versehen würden, welche Flotte der Kaiser selbsten zu commandiren gewilliget sey. Es wäre nur auf die Exercirung der Leute angesehen, und es koste dem Kaiser nicht mehr, als wenn sie auf dem Lande still lägen. Als wir auf die ganze Stärke der englischen Flotte zu reden kamen, sagte der Viceadmiral, daß sie allein auf 200 Schiffe vom Rang sich beliefe, ohne der kleineren Fahrzeuge zu gedenken; von Galeeren aber hätten oder wüßten sie bey sich nichts. Es sey zwar zu verschiedenen malen proponiret worden, dergleichen zu erbauen, es habe aber das Parlement niemals darin willigen wollen, und es wollten die Engländer, als freye Leute, nicht davon hören, ob es gleich Verbrecher unter ihnen gäbe, welche wohl verdienten auf den Galeeren zu arbeiten. Man merkte auch genug aus des Viceadmirals Reden, daß er den Galeeren nicht günstig sey, er soll auch kein guter Freund vom Viceadmiral Ismalowisch (welcher die Galeeren hier commandiret,) seyn. Da wir auch auf die Schönheit der englischen Flotte zu reden kamen, so versicherte er, daß man unter den hiesigen Schiffen eben so schöne als unter den englischen fände; welches ich auch schon von vielen anderen Unpartheyischen vernommen habe. Während der Zeit, daß diese Fremde am Hofe waren, lief die unvermuthete und unangenehme Zeitung ein, daß der Geheimerath von Hespen, ohngefähr 300 Werste von hier, sehr gefährlich krank darnieder läge, und zwar an einer Art von Schlaffsucht. Ihro Hoheit wurden darüber sehr traurig, und sandten sogleich den Fourier mit Briefen an ihn, und den Geheimensrath Stamken. Sie schickten auch heute Nachmittag den Brigadier Plate an den kaiserl. Hof, um ein Compliment von ihnen zu machen; er vernahm daselbst, daß die Kaiserin einige Tage her unpäßlich gewesen, nun aber sich etwas besser befände. Um 4 Uhr Nachmittags segelte der Kaiser mit einem kleinen Fahrzeuge vom Posthause ab nach dem Alexanderkloster, weil er daselbst morgen das Fest Mariä Verkündigung feyern will. Als er vom Posthause absegelte, lösete er drey kleine Kanonen, und ihm ward mit sieben von der Festung geantwortet.

Den 25sten, als am Tage Mariä Verkündigung, wurde bey Hofe die Trauer auf diesen Tag abgeleget, weil dieses Fest bey den Russen eins der größten ist. Gegen

Mittag kam der Kaiser wieder zurück, unter losbrennung verschiedener Kanonen von der Festung, und hatte einige Trompeter auf seinem Fahrzeuge, welche bliesen. Es bekam auch der Kaiser heute einen Courier aus Persien, mit der sehr erwünschten Nachricht, daß die schöne Provinz Gilan sich gutwillig ihm ergeben habe. Wegen derselben ward in der Festungskirche das Te Deum gesungen, und alle Kanonen der Festung wurden zu dreyen malen gelöset; dem gemeinen Mann ward auch Bier und Brandtewein ausgetheilet, und die Vornehmen trunken stark in dem Kaffhause, welches die 4 Fregatten genannt wird. Ihro Hoheit wußten von diesem allen nichts, sondern vermutheten, daß das Schiessen wegen des heutigen grossen Festtags geschehe; sie höreten aber am Abend die Ursache der Frölichkeit.

Den 26sten wurde der Brigadier Plate in aller Frühe des Morgens zum Oberhofmeister Olsuffief gesandt, um zu vernehmen, ob Ihro Hoheit wohl so glücklich seyn könnten, dem Kaiser heute ihre Aufwartung zu machen? welcher dem von Plate zur Antwort gab, daß der Kaiser zu der Kaiserin gesaget habe, er wollte heute selbst zu Ihro Hoheit gehen, und würde auch schon gestern bey ihnen gewesen seyn, wenn er nicht zu stark getrunken hätte. Vor der Mahlzeit erwarteten sie den Kaiser vergebens, er kam aber gegen 7 Uhr des Abends, und hatte niemanden mehr bey sich, als einen Lieutenant und zwey Dentschiken, nemlich den jungen Butterlin und Tatischof. Weil er überaus guter Humeur war, und Ihro Hoheit einen Tisch für 7 bis 8 Personen mit kaltem Essen bereit hatten, so liessen sie denselben herein bringen, und auf des Kaisers eigenen Begehren nahe vor den Kamin setzen, bey welchem sich denn der Kaiser, der Herzog, der Lieutenant, Ismailof, Ahlfeld und Plate, niederliessen. Der Kaiser blieb an drey Stunden sitzen, und sprach von allerhand Sachen, insonderheit von verschiedenen Bataillen zu Wasser und zu Lande. Er äusserte dabey, daß er mehr von der Infanterie als Cavallerie halte, und versicherte, daß sowohl seine als die schwedische Infanterie während des ganzen Krieges das Beste gethan habe. Als man auf alliirte Truppen zu reden kam, versprach er, daß er allezeit lieber einige hundert Mann eigener Truppen, als 1000 Mann alliirte commandiren wolle; denn bey letztern werde viel berathschlaget und raisonniret, gemeiniglich aber sehr wenig ausgerichtet. Man merkte auch, daß er gar kein Freund vom General Flemming sey, den er auch, wie er selbst erzählte, einstens eine artige Replique gegeben. Denn als seine und die sächsischen Truppen beysammen gestanden, und er die seinigen ein wenig um die sächsischen herum geleget, und ihnen befohlen, ein wachsames Auge auf dieselben zu haben: so habe der General Flemming ihn gefraget, ob ihm bange dafür sey, daß seine Truppen laufen würden? Er aber habe ihm geantwortet: Ick will dat eben nit seggen, mar ick wet ock nit, wo see gestanden hefft. Als das Gespräch auf die schönen Schiffe fiel, welche der Kaiser in der Admiralität jetzt bauen

laße,

läßt, sagte er, es stünden jetzt auf dem Stapel drey Schiffe von 60 und einigen Kanonen, und drey von 54, und 3 Fregatten, an welchen mit allem Fleiß gearbeitet werde. (Der Kaiser versäumet keinen Tag des Morgens um 4 oder 5 Uhr in die Admiralität selbst zu gehen.) Es kam weiter vor, daß der Kaiser das Schiff, dessen er sich in der Flotte zu bedienen pflege, changiret, oder anstatt des vorigen Schiffs Ingermanland, das Schiff Catharina erwählet habe. Der Kaiser sagte: Ick heff dat nit gedahn darum, dat Ingermanland sult nit mehr tugen, off so got als Cathrina syn, denn dat is ewen so gut, en gar nit verdorssen, sondern dat sall tom ewigen Gedachtniß bewahret warden, un nit mehr ut den Hawen kamen, up dat et nit mit de Tied in de See verdorssen ward, wilen ick 4 Flotten darup commandert heff. (Diese sind gewesen die rußische, dänische, englische und holländische.) Da sie ferner von dem neuen Wege nach Moscau, und von der geendeten Reise hieher redeten, so sagte der Kaiser, daß der neue Weg auf 200 Werste näher als der alte seyn würde, und daß er auf der Herreise von Moscau, bald zu Schlitten, bald zu Wagen, bald zu Pferde, und gar bald zu Fuß fortgekommen wäre. Ihro Hoheit hatten die hier gestochene Landcharte von Astrachan und einem Theil Persiens in ihrem Zimmer auf den Tisch legen lassen: da sie nun auf die Erlangung der Provinz Gilan zu reden kamen, ließ der Kaiser sich die Charte geben, und zeigte Ihro Hoheit selbst, wo selbige lag, und wie weit sie sich erstreckte. Nachdem nun Ihro Majestät an 3 Stunden gesessen hatten, stunden sie auf, und gingen, ihrer Gewohnheit nach, gleich davon. Ihro Hoheit begleiteten den Monarchen bis an die Cariole, und waren sehr vergnügt darüber, daß der Kaiser so aufgeräumt und so gnädig gewesen war.

Den 27sten speiseten Ihro Hoheit des Mittags ausser ihrem Zimmer, welches auch am 28sten geschahe.

Den 29sten hatten sie starke Kopfschmerzen, und darbey ein heftiges Brechen. An beyden waren wohl die seit einigen Tagen getriebenen Debauchen Schuld. Ich stellte mit einigen andern einen starken Spaziergang an. Zuerst besähen wir am Newastrohm die vortreflliche Reihe Häuser, welche seit unserer Reise nach Moscau erbauet worden, und unter welchen des Großadmirals Haus das beste und kostbarste in der ganzen Stadt ist. Nachher gingen wir in die Admiralität, woselbst wir den Viceadmiral Gordon antrafen, welcher uns sehr höflich empfing, und allerwärts herumführete. Das erste, so wir zu sehen bekamen, wären ungefähr 10 Schiffe und Fregatten, welche neben einander auf dem Stapel stunden, und deren drey schon so weit waren, daß sie innerhalb 6 Wochen ablaufen, und noch in diesem Sommer mit der Flotte vereiniget werden konnten. Unter denselben war auch das französische, vor einigen Jahren

gekauf-

gekaufte Schiff, Le Ferme, welches der kleine hier neulich gestorbene Schiffbauer zur Reparirung aus dem Wasser aufs trockene Land gebracht hatte. Der Kaiser hat vor einigen Tagen noch ein grosses Schiff angefangen, welches 96 bis 100 Kanonen führen soll, und will der Kaiser, (welcher den Riß und die ganze Proportion des Schiffes zu Riga selbst gemachet, und Ihro Hoheit in Reval gezeiget hat,) solches ganz allein bauen und machen lassen, und dadurch als ein ausgelernter Schiffbauer sein Meisterstück liefern. Hierauf besahen wir den Ort, wo die ganz grossen Masten hervor werden, unter welchen erstaunlich grosse waren. Von hier führte uns der Wiesbuschal nach der Reperbahn, welche ausserhalb der Admiralität lieget, und woselbst drey Häuser neben einander in gewisser Entfernung erbauet sind, von welchen ein jedes accurat eine halbe Werste, nemlich 750 Ellen lang und 20 Ellen breit ist. Von den drey Häusern gehen an dem einen Ende Gallerien schräg hinauf nach einem anderen Hause, welches quer vor den dreyen von Fachwerk gebauet ist, und in welchem die Ankertaue getreet, und durch die Gallerien, welche von der Reperbahn nach dem Hause hinausgehen, mit Rollen gezogen oder gewunden werden. Allhier werden die Ankertaue sehr gut gemachet, und sind vor aller Nässe durch die über die Reperbahnen erbaueten Dächer gesichert. Sonsten sind hier neben der dritten Reperbahn noch 3 Häuser aufgeführet, welche zusammen die ganze Länge von den ersterwehnten haben, und in welchen der Hanf und Flachs verwahret wird. Man ist auch am andern Ende der Reperbahn beschäftiget, noch einige Magazine aufzuführen. Dieses ganze Werk ist mit einem Canal und geflochtenen Zaun umgeben.

Den 30sten speiseten Ihro Hoheit des Mittags in ihrem Zimmer, hingegen Ismailof, Plate, Brümmer und ich feyerten in geheim den Namenstag der schönen Fürstin Tschirkasin, von welcher Ihro Hoheit kein Freund sind, auch immer wegen ihrer Person mit uns vieren über ihre Schönheit streiten; da sie doch fast von jedermann für die schönste Frau in Rußland gehalten wird. Nach der Mahlzeit kam der Generallieutenant Stackelberg aus Liefland, und machte seine Aufwartung bey Ihro Hoheit.

Den 31sten. Heute ist endlich der Staatsrath Stamke mit dem mecklenburgischen Ostermann glücklich angekommen. Gegen 4 Uhr ließ sich der Geheimerath Ostermann bey Ihro Hoheit ansagen, und lud sie auf morgen zu sich zur Kindtaufe ein, oder nicht als Gevatter, weil der Kaiser mit der ältesten Prinzeßin stünde, wobey er Ihro Hoheit, nach der hiesigen Landesart, nicht bitten dürfte; weil die Kirchenordnung einer Braut und einem Bräutigam ausdrücklich verbietet, zusammen Gevatter zu stehen. Als Ihro Hoheit eine Wasserfahrt machten, und bey des holländischen Residenten Hause vorbey fuhren, rief ihm dieser zu, er wünsche, daß sie sein Haus mit ihrem Besuch

Besuch bey ihrer mögten. Das geschahe, und sie trafen bey ihm eine grosse berauschte Gesellschaft an, von welcher die meisten ziemlich berauschet waren. Unter andern war daselbst der junge Schumacher, welcher über die Kunstkammer gesetzet, und neulich erst aus Teutschland und Frankreich zurück gekommen ist, nachdem er für den Kaiser allerhand Raritäten eingekaufet hat. Es war auch seine Braut, die Jungfer Welten, da, welche ein sehr artiges und belebtes Mädgen ist, und mit welcher, auch der holländischen Residentin und ihrer Schwester, Ihro Hoheit Thee tranken. Die letzte ist erst vor weniger Zeit hier angekommen, und soll, wie man sagt, vordem ein Waschmädchen in Holland gewesen seyn. So viel weiß man, daß die Residentin nur von schlechtem Herkommen ist.

April.

Den 1sten. Das Kind des Geheimenraths von Ostermann ward, in Gegenwart des Kaisers, der ältesten Prinzeßin Anna, und der Großkanzlerin, in der Kammer der Kindbetterin getaufet, ohne daß Ihro Hoheit und wir übrigen zusehen könnten. Ich erkundigte mich, was Herr von Ostermann vor eine Religion hätte, und wie seine Kinder getaufet würden? und erhielte zur Antwort, daß alle seine Kinder rußisch getaufet würden, was er aber vor eine Religion habe, konnte mir niemand sagen, weil er sich hier zu keiner Kirche hält, auch mit seiner Frau, welche eine Erzrußin ist, keine Fasten mit beobachtet.*) Gleich nach der Taufe setzte sich der Kaiser zu Tische, und Ihro Hoheit ihm zur Linken, zur Rechten aber kam niemand zu sitzen, indem der Kaiser sich meist ans Ende der Tafel gesetzet hatte. Gegen ihm über hatten sich vier Ritter, nemlich der Großadmiral, der Großkanzler, der Fürst Gallitzin und Tolston, gesetzt, und hierauf saßen die übrigen Grossen, nebst den fremden Ministern, und unseren Cavalieren mit verschiedenen Seecapitainen durch einander; der General Jaguschinsky aber, welcher sich fast niemals mit an des Kaisers Tisch setzet, saß mit verschiedene anderen Cavalieren und Favoriten im Nebenzimmer. Die kaiserliche Prinzeßin war mit der Großkanzlerin und ihren bey sich habenden Damen, auch mit dem Oberhofmeister Olsuffiof, in der Kindbetterin Zimmer; und als sie ohngefähr eine halbe Stunde bey Tafel gesessen hatte, stand sie auf, und nahm vom Kaiser Abschied, da sie denn Ihro Hoheit so wieder nach dem Wagen begleiteten, als sie dieselbige abgeholt hatten. Sie wird von Tage zu Tage schöner. Die Ursach, daß nicht mehr Frauenzimmer hier gewesen, ist vermuthlich diese, weil die Kaiserin allem Frauenzimmer befehlen lassen, heute Nachmittag sich in des Kaisers Garten einzufinden, und da selbige

versamm-

---

*) Ostermann war für seine Person von der lutherischen Kirche, aber seine Kinder, wegen der Mutter, von der rußischen.

versammlet gewesen, haben sich Ihro Majestät mit ihnen insgesammt nach der Fürstin Romadanofsky verfüget, und selbiger zur Ankunft gratuliret. Ueber der Mahlzeit wurden sehr viele Gesundheiten getrunken, (doch wurde nach eines jeden Belieben eingeschenket,) als erst den Gevattern, hernach Ihro Hoheit der Prinzeßin ihre, denn die ordinaire rußische Gesundheit, *Blagadari Milosti Bogi*, darauf aller Flaggemänner, hierauf der Iwan michalowitschischen Familie, alsdenn der Generalität. Dieses verdroß den General Gallizin ein wenig, und er sagte, obgleich der Kaiser ein guter Flaggemann ist, so ist er doch auch ein braver General; worauf Ostermann erwiederte, er würde nicht unterlassen haben, der Generalitäts Gesundheit erst zu trinken, wann der Generalfeldmarschall hier wäre, nun aber, da der Großadmiral gegenwärtig sey, so sey es auch seine Schuldigkeit mit der Admiralität anzufangen. Als der Kaiser im Aufstehen und Weggehen noch eine Gesundheit trank, und befahl, daß niemand eher weggehen sollte, bis er selbige auch getrunken hätte; so stellten Ihro Hoheit, um dem Wirth sich gefällig zu zeigen, sich an die Thür, und liessen niemand heraus, als der dieses Glas getrunken hatte, und hernach tranken sie selbst noch ein Glas in der Kindbetterin Zimmer. Hierauf gingen sie zu Fuß durch des Großkanzlers Haus nach dem Fahrzeuge, und nahmen den Seecapitain Bredal mit sich, welcher uns selbst nach Hause steuerte. Er ist zwar ein Norweger, aber grosser Feind der Dänen, sonst aber ein sehr artiger Officier.

Den 2ten kam des Morgens in aller Frühe der Fourier Lübcken wieder zurück, und berichtete, daß er den Geheimenrath von Hespen in einem so schlechten Zustande verlassen, daß er, und die, so bey demselben sind, nicht glauben, daß er davon kommen werde, denn der Schlaf halte noch beständig an, so daß er kaum drey Worte spreche, und alsdenn wieder in Schlaf falle, und darbey unbeschreiblich matt sey, sich auch schon wund gelegen, und nicht mehr allezeit seinen vollen Verstand habe. Er brachte also auch die meisten Briefe versiegelt zurück. Bey dem allen habe er einen unbeschreiblichen Appetit, und könne nimmer genug bekommen, obschon er selbst mit dem Geringsten seinen Magen, welcher nichts mehr verdauen wolle, verderbe. Er esse insonderheit sehr viel Eyer, wenn er sie bekomme, welche ihm aber niemand kochen noch geben dürfe, als sein Kutscher, da er doch einen guten Kochburschen vom Baron Marbefeld bey sich habe. Seine Leute stünden viel mit ihm aus, denn er sey sehr ungeduldig. Inzwischen soll er sich jetzt zum Sterben bequemen wollen; wovon er vor einiger Zeit nichts hören mögen, indem er sich auf seine gute Natur verlassen. Ihro Hoheit waren mit dem ganzen Hof sehr betrübt über die traurige Nachricht vom Geheimenrath; alle beklagten ihn recht herzlich, welches auch gestern der Kaiser that, der, sobald er Ihro Hoheit zu sehen bekam, sich nach dem Geheimenrath erkundigte.

Den

Den 3ten. Der neulich aus Liefland gekommene schwedische Obrist Rosenthal, der junge Tiesenhusen und der Capitain Hückel speiseten heute Mittag bey Ihro Hoheit. Nach der Mahlzeit kam der Stallmeister von der Kaiserin nach Hofe zu Ismailof, und sagte, die Kaiserin habe vernommen, daß Ihro Hoheit zu verschiedenen malen zu Fuß gegangen wären, er solle sich also erkundigen, ob auch vielleicht die Wagen nicht sobald gekommen, wie sie gefordert worden, oder ob sonsten ein Versehen im Stall geschehen wäre? oder ob solches von Ihro Hoheit expresse geschehen sey? worauf ihm Ismailof antwortete, daß Ihro Hoheit solches nur gethan, um sich eine Motion zu machen.

Den 4ten. Nach der Mahlzeit wurde Ismailof und Stamke auf die andere Seite gesandt, um bey Ostermann und dem Großkanzler wegen neuer Powodden für Ihro Hoheit in Brisda liegende Bagage anzuhalten, welche aber niemand zu Hause antrafen.

Den 5ten ward uns des Morgens durch lösung aller Canonen, sowohl von der Festung als Admiralität, angekündiget, daß heute ein Prasnick oder Festin seyn müßte, weßfalls ich denn alsobald sowohl in meinem Calender als Journal nachsahe, und da in beyden nichts zu thun fand, so konnte die Ursache des Schiessens nicht errathen. Da aber Ihro Hoheit nachher erfuhren, daß es der Kaiserin Geburtstag war, welche heute in ihr 35stes Jahr trat; so sandten Ihro Hoheit sogleich den Herrn von Ismailof nach Hofe, und liessen sowohl dem Kaiser als der Kaiserin nebst den Prinzeßinnen zu dem heutigen Tage felicitiren, und befahlen ihm darbey, sich zu erkundigen, auf welche Art dieser Tag gefeyert würde? und ob bey Hofe die Trauer für heute abgeleget würde? worauf Ihro Hoheit zur Antwort bekamen, es würde dieser Tag nur in der Stille bey Hofe celebriret; die Trauer aber wäre daselbst abgeleget, weßfalls Ihro Hoheit uns dann auch allerseits ansagen liessen, couleurt bey Hofe zu erscheinen. Des Mittags speisete der Seecapitain Bredal bey Ihro Hoheit, und es ward sowohl auf den heutigen Tag, als auf andere Gesundheiten, ein gut Glas getrunken. Heute erfuhren wir auch, daß die beyden jungen Prinzen von Hessen-Homburg am vergangenen Sonntag die erste Audienz beym Kaiser gehabt, durch den Herrn von Jaguschinsky nach Hofe geführet worden, und in schlechten grünen Kleidern erschienen waren.

Den 6ten. Als Herr von Ismailof uns gestern Abend versicherte, es sey ihm für gewiß gesaget worden, daß heute der gestrige Geburtstag der Kaiserin erst recht sollte celebriret werden, so mußten wir bey Hofe auch heute wieder couleurt erscheinen, weil Ismailof keine nähere Nachricht gegeben hatte; da aber solches nur ein falsches

falsches Gerüchte, und nichts bey Hofe zu thun war, so zogen Ihro Hoheit nach dem Essen einen schwarzen Rock an, und wir mußten ihrem Exempel folgen. Da nun der schwedische Generalmajor Stahl, mit seinem Bruder, dem gewesenen liefländischen Landrath, gestern allhier angekommen war, und heute ihre Cour bey Ihro Hoheit machten, so speiseten sie, nebst dem Generallieutenant Stackelberg, und desselben jungen Vetter Stackelberg aus Liefland, bey Ihro Hoheit. Nebst der Mahlzeit ward zwar etwas, aber doch nicht gar viel getrunken.

Den 7ten ließ mir der Brigadier Plate des Morgens in aller Frühe sagen, daß der Geheimerath von Ostermann zwischen 8 und 9 bey Hofe seyn würde, daher ich mich alsobald dahin verfügte, und es kam der Ostermann auch um 9 Uhr schon an, und hielte eine Conferenz von ohngefähr einer Stunde, ganz allein mit Ihro Hoheit. Als er weg war, machte der junge schwedische Kammerherr Graf Wachtmeister, mit seinem Schwager, dem Obristen Rosen, (welcher einer der allergrößten Favoriten vom gottseligen König gewesen, und ein überaus braver und ehrlicher Mann seyn soll,) die Aufwartung bey Ihro Hoheit; und da es heute just der Fasttag von Ihro Hoheit war, so invitirten sie selbige auf morgen Mittag wieder zu sich zur Mahlzeit; worauf sie denn gegen Mittag mit dem Brigadier Plate nach Cederkreuz zum Essen fuhren. Diese beyde Herren, welche erst gestern allhier aus Liefland arriviret, sind in denselben Angelegenheiten mit allen bereits angekommenen und noch auf dem Wege seyenden liefländischen Edelleuten hieher gereiset; nemlich um Confirmation ihrer Güter anzuhalten, und um andere Sachen mehr, welche ihre Güter betreffen, beym hiesigen Hofe Ansuchung zu thun. Da es heute Palm-Sonntag war, welcher hier sehr (doch bey weitem nicht mehr so, wie in alten Zeiten) celebriret wird: so hatte der meiste Hof deswegen heute die Trauer abgeleget; weil aber von dem Herrn von Ismailof uns hiervon nichts gesaget worden, und wir es auch nicht vorher gewußt, so blieben wir in Trauer, woran dann auch nichts gelegen, indem wir nicht die einzigen waren, und Ihro Hoheit heute nicht weiter, als diesen Morgen aus ihrem Zimmer kamen, und sie gleich nach der Mahlzeit die betrübte Nachricht von dem Tode des Geheimenrath von Fick, mit vielen Schmerzen und Chagrin, vernommen hatten. Der ganze Hof war darüber betrübt, insonderheit da er Ihro Hoheit jetzt so sehr nöthig, und bey den gegenwärtigen Conjuncturen fast unentbehrlich ist. So viel wir von des Geheimenraths Bedienten erfuhren, so ist dieser unglückliche Todesfall am ersten dieses Monats, des Morgens in aller Frühe, geschehen, nachdem er vorher sehr gut zu seyn geschienen; hierauf sey er in einen zwölfstündigen Schlaf gekommen, und habe darin ganz sanft seinen Geist aufgegeben.

Den 8ten kam das Eis des Morgens noch sehr stark aus dem See Ladoga; es war also die Ueberfahrt auch heute sehr schwer und gefährlich. Ihro Hoheit hätten

gern

gern heute den Anfang ihrer Devotion gemachet, sie mußten aber ehrenhalber den Obristen Rosen, mit seinem Schwager, dem jungen Grafen Wachmeister, heute Mittag bewirthen.

Den 9ten. Da Ihro königl. Hoheit heute ihre Devotion anfingen, so kamen sie zwar heraus an den Tisch, aber nicht zum Essen; und da wir Uebrigen am zukünftigen grünen Donnerstag auch zum Tisch des Herrn zu gehen gedenken, so verfügte ich mich wegen meiner Devotion auch bald nach der Mahlzeit nach Hause, und kam nicht mehr aus meinem Zimmer.

Den 10ten. Es zogen Ihro Hoheit hinauf in des Grafen Bonde ruhige Zimmer, um sich zu ihrer Devotion auf übermorgen besser vorbereiten zu können. Sowohl von Moscau als aus Liesland kommen täglich Reisende an, und heute ist der Baron von Mardefeld endlich allhier angelangt, welcher von der Reise nicht wenig fatigiret, und nachgerade der hiesigen Reisen sehr überdrüßig ist, und nach der Ruhe seufzet. Der Baron Rönn, welcher mit ihm aus Moscau angekommen, hat vernommen, daß die Garde sowohl als sein Regiment, welche auf dem Wege hieher gewesen, Gegenbefehl bekommen hätten, und ist dadurch nicht wenig erschrecket worden. Denn es wird hier für gewiß versichert, daß vor wenigen Tagen ein Courier mit der Nachricht angekommen sey, die Türken wollten Krieg gegen Ihro rußische kaiserliche Majestät anfangen. Man will auch für gewiß sagen, daß der Kaiser ohnfehlbar im Monat May wieder eine Reise nach Moscau machen werde. Es soll auch der General Allard Befehl erhalten haben, hieher zu kommen, und man meynet, daß der hiesige General und Fürst Gallitzin sich in dessen Stelle wieder nach der Ukraine verfügen würde, und, wie einige meynen, wohl gar zum Feldmarschall gemacht werden mögte. Es wird ferner gesaget, daß der Fürst Mentschikof (welcher Erlaubniß gehabt, noch eine Zeitlang in Moscau zu bleiben,) auch durch einen Courier beordert worden sey, sogleich hieher zu kommen; der General Butterlin aber soll schon heute von Moscau hier angekommen seyn.

Den 11ten, als am grünen Donnerstag, des Morgens um 8 Uhr, genossen die Cavaliere des Hofes das heilige Abendmal, auf dieselbige Art, wie im vorigen Jahr. Um 10 Uhr ging die Predigt an, welche Ihro Hoheit in des Grafen Bonde Schlafzimmer anhöreten.

Den 12ten communicirten Ihro königl. Hoheit des Morgens, und um 10 Uhr ging die Predigt an, in welcher Ihro Hoheit öffentlich erschienen, nach derselben
aber

aber sich wieder in ihr Zimmer begaben, und sich den ganzen Tag nicht mehr sehen liessen. Da es nun heute der stille Freytag war, so fasteten Ihro Hoheit nicht allein, sondern liessen auch in der Küche befehlen, niemand vor 5 Uhr etwas zu geben, wiewohl wir es doch dahin brachten, daß wir um 4 Uhr zu essen bekamen. Da es nun heute recht warm war, so ging ich mit dem Kammerrath Negelein und unserm Hofprediger nach der Kaiserin Garten spatzieren, woselbst wir die beyden Stahle mit dem Generaladjutant Brümmer antrafen, welche eben aus einem Gebäude herauskamen, woselbst ein Haufen marmorne Statüen verwahret liegen. Wir liessen es noch einmal öfnen, und fanden eine Menge sehr schöner Statüen, und viele Antiken von Marmor, welche meistens erst im vorigen Sommer aus Italien angekommen waren. Als wir das Treibeis in der Newa ansahen, kam ein Soldat zu uns, und sagte, daß der Schatzmeister der Kaiserin, welcher uns im Vorbeygehen gesehen, befohlen hätte, uns frey passiren zu lassen, wenn wir in den Garten gehen wollten. Wir gingen also zum Zeitvertreib da hinein, und ich fand überaus viel seit unserer Abreise nach Moscau verbessert, insonderheit in der Grotte, welche meist fertig ist, und überaus schön und kostbar wird; ingleichen sahen wir im Vorbeygehen die Gemälde der Gallerie von aussen an, in welcher überaus schöne und kostbare Stücke von den berühmtesten Meistern zu finden sind.

Den 13ten zogen Ihro Königl. Hoheit wieder von des Grafen Bonde Zimmer herunter, und speiseten des Mittags öffentlich. Ueber der Mahlzeit erhielten wir die Nachricht, daß der Kaiser vor einem Augenblick in des Geheimenrath von Hessen Quartier gewesen sey, und nicht allein die Leiche (welche noch im Schlafwagen gelegen,) besehen, sondern auch gar genau befühlet habe. Und da der Herr von Ismailof sich seit einigen Tagen genau erkundiget hat, ob der Leichnam hier begraben werde, oder was Ihro Hoheit desfalls vor Anstalten gemachet hätten: so scheinet es wohl, daß es auf Befehl des Kaisers geschehen sey. Gleich nach der Mahlzeit kamen endlich eine Barke und zwey Wereken; und da es angenehmes Wetter war, so segelten Ihro Hoheit mit uns ein wenig auf dem Wasser herum, lerneten auch von dem Brigadier Plate, wie man das Steuerruder führen müsse. Unser Brigadier war nicht wenig unruhig, weil Ismailof noch keine Antwort gebracht, wo und zu welcher Zeit Ihro Hoheit die Gnade haben könnten, dem Kaiser und der Kaiserin morgen die Hände zu küssen.

Den 14ten. Heute, am ersten heiligen Ostertag, wurden um 4 Uhr des Morgens alle Kanonen der Festung und der Admiralität gelöset, zum Zeichen des heutigen hohen Festes. Gegen halb 9 Uhr ging die Predigt an; aber noch während des Gottesdienstes höreten wir die Kanonen von der Festung und Admiralität lösen, welche

ein Zeichen waren, daß der rußische Gottesdienst zum Ende, und es Zeit sey nach
Hofe zu gehen. Daher ließen Ihro Hoheit diejenigen, die sie mit sich haben wollten,
aus der Kirche rufen, und verfügten sich gleich in der Barke nach des Kaisers Winterhause, wo wir eben ankamen, als der Kaiser und die Kaiserin ans Land traten.
Wir verfügten uns gleich nach dem Zimmer, wo beyde Majestäten mit der ganzen
Kaiserl. Familie versammlet waren. Als der Kaiser Ihro Hoheit erblickte, ging er
ihnen entgegen, und da Ihro Hoheit ihm ein wohlgemaltes Ey überreichte, und dabey die gewöhnliche rußische Worte sprach, so fassete er sie um den Hals, und küssete
sie recht zärtlich, worauf Ihro Hoheit sich nach der Kaiserin begaben, ihr gleichfalls
ein Ey präsentirten, und von ihr mit einem Kuß beehret wurden. Da auch der Brigadier von Plate für einen jeden von der kaiserlichen Familie ein Ey im Huth hatte,
so bedienten sich Ihro Hoheit derselben bey der ganzen kaiserl. Familie, und bekamen
dafür angenehme Küsse. Wir übrigen, von Ihro Hoheit Suite, hatten die Gnade,
der Kaiserin, den drey kaiserlichen Prinzeßinnen, dem jungen Großfürsten, und seiner
Schwester, die bloßen Hände, den Kaiser selbst aber mitten auf den Mund zu küssen.
Während der Zeit daß sich Ihro Hoheit unser Herr, mit der Kaiserin und den kaiserlichen Prinzeßinnen unterhielten, ließen sich vor des Kaisers Hause nicht allein alle
Paucker, Trompeter und Hautboisten, welche hier in St. Petersburg sind, hören,
sondern auch alle Tambours und Pfeifer, von den sämmtlichen hiesigen Regimentern,
und machten kein geringes Geräusch in aller Ohren. Ehe sich der Kaiser noch retirirte
und zum Essen begab, sprach er eine lange Weile mit Ihro Hoheit sachte, und da
Ihro Hoheit hierbey sehr zufrieden aussahen, auch zu verschiedenen malen dem Kaiser
darauf die Hand küsseten, und selbiger Ihro Hoheit wieder umarmte, so schien es
wohl was Gutes zu seyn, und wir wurden allerseits auch darüber in uns selber nicht
wenig erfreuet. Da nun der Kaiser heute überaus aufgeräumet war, so machte die
alte Fürstin Gallitzin, (welche den Titel von durchlauchtigster Fürstin, nebst der Fürstin
Mentschikof, allein hier im Lande hat,) den Kaiser nicht wenig zu lachen, als sie zu
Ihro Hoheit, unserm Herrn, ging, ihm ein Ey überreichte, und sagte, da er die ganze
kaiserliche Familie geküsset habe, so könne er sie auch wohl küssen, welches Ihro Hoheit ihr
denn auch nicht versagten, aber ohne Zweifel einen grossen Unterschied unter den vorigen Küssen und ihrem Kuß verspüreten. Nachdem der Kaiser eine Weile einen sehr
schönen Papagey auf der Hand herumgetragen, und zum öftern geküsset und caressi-
ret hatte, ging er fort, und es folgete ihm die Kaiserin mit ihrer ganzen Familie,
welchen allen Ihro Hoheit nochmals die Hände, dem Kaiser aber, nebst dem kleinen
Großfürsten, den Mund küsseten. Hierauf traten alle anwesende Russen zu Ihro
Hoheit, und legten ihre Gratulation zum Fest ab. Im Hinausgehen begegnete uns
der General Jaguschinsky, welcher die beyden hessen-homburgischen Prinzen an der
Hand hatte, und dieselben zum Kaiser führte, welches Ihro Hoheit aber nicht remar-

quirten.

quirten. Es logiren diese beyde Herren in des verstorbenen Generalmajors Gallitzin Hause. Der Obristlieutenant Lewold, welcher mit ihnen gekommen, hat verschiedenen guten Freunden vor einigen Tagen aus einer holländischen Gazette, die ihm von der jungen Prinzen Herrn Vater übersandt worden, eine lächerliche Stelle vorgelesen: nemlich, daß da der Kaiser von Rußland dem Fürsten von Hessen-Homburg eine *considerable* Summe vorgestrecket, so hätten Seine Durchlaucht, dem Kaiser Dero beyde Söhne zum Unterpfand zugesandt. Inzwischen sollen die beyden Prinzen jährlich 6800 Rubel, und für 15 Pferde Rationen vom Kaiser zum Unterhalt bekommen. Weswegen sie hieher gekommen sind? solches wird die Zeit lehren. Kurz vor der Mahlzeit kam der Legationssecretair Hohenholz, und machte seine Cour. Da nun Ihro Hoheit sich heute wieder bereden liessen, öffentlich zu speisen, weil sie in der vorigen Woche genug gefastet, so behielten sie denselben nebst dem Herrn von Ismailof bey sich zur Mahlzeit, und es ward viel getrunken. Des Nachmittags fuhren Ihro Hoheit mit der Barke ein wenig auf dem Wasser, und steureten die ganze Zeit selbsten, mit Beyhülfe des Brigadiers von Plate.

Den 15ten, als am andern Ostertage, gieng die Predigt um 10 Uhr bey Hofe an, in welcher sich der Baron Mardefeld mit dem Generallieutenant Bonne einfand, und als die Predigt zum Ende war, stellete sich der Obrist Rose, mit dem jungen Grafen Wachtmeister, und auch der Generalmajor Stahl ein, welche Ihro Hoheit insgesamt bey sich zur Mahlzeit behielten. Es hatten sich zwar die beyden Blumentrosten bey Ihro Hoheit durch den Kammerrath Negelein ansagen lassen, sie konnten aber nicht kommen, weil sie unvermuthete Ordre vom Kaiser erhalten, sich nach des Großkanzlers Hause zu verfügen, in welchem einer krank geworden war. Inzwischen habe ich ihre Anmeldung für kein übles Zeichen gehalten, denn der Leibmedicus des Kaisers, welcher in sehr grossen Gnaden stehet, hat einen solchen Besuch sich vordem nicht einfallen lassen, ist also auch noch niemals bey Ihro Hoheit gewesen. Sonsten vernahm ich heute eine überaus gute Nachricht, (welche Gott wolle wahr seyn lassen,) nemlich daß durch den Herrn von Campredon die sichere Zeitung eingelaufen sey, daß die Türken sich auf die letzte Vorstellung des Kaisers, in Ansehung der persischen Sache, anders bedacht hätten, und den Frieden mit Rußland nun nicht brechen wollten; und da ich Ihro Hoheit dieses bekannt machte, waren sie darüber nicht wenig erfreuet, indem, allem Ansehen nach, Ihro Hoheit Angelegenheiten, wenn der Krieg mit den Türken vor sich gegangen wäre, würden hier an den Nagel gehangen worden seyn.

Den 16ten, als am dritten Ostertage, speisete der Viceadmiral Wilster, mit dem Baron Bär, und Capitain Häckel bey Ihro Hoheit. Da wir über Tafel sassen, ward die Boyers Flagge aufgezogen, und es geschahen zwey Canonenschüsse. Das
war

war das Zeichen, daß sich die Fahrzeuge bey den vier Fregatten einfinden sollten, und also machten sich Ihro Hoheit mit uns auf die Fahrt, und nahmen den Viceadmiral, und den Capitain Häckel mit sich ins Fahrzeug. Auf der andern Seite des Wassers, trafen wir den Kaiser bey der Kaiserin in ihrer Barke sitzend an; weil aber Ihro Hoheit nicht wissen konnten, wie lange wir noch daselbst würden liegen bleiben, so gingen sie nicht von ihrem Fahrzeuge, es währete auch nicht lange, so legte der Admiral von den Beyers vom Lande, und der Kaiser begab sich nach seinem kleinen Fahrzeuge. Er begegnete dem Knes Papa, küssete ihm im Vorbeygehen die Hand, wofür er den Kaiser wie gewöhnlich mit beyden Händen segnete. Hierauf holte sich Knes Papa ein Schälgen Brandtwein von der Kaiserin, ehe er unter Segel ging. Die Kaiserin ruderte nun mit ihrer Barke nach dem Sommerhause hin, woselbst sie in ihrer Barke unsere Wasserfahrt ansahe, aber nicht mit segelte. Ihro Hoheit Fahrzeug war immer das andere hinter dem Admiral, und Ihro Majestät des Kaisers Barke, das erste. Weil wir allezeit nahe hinter dem Kaiser waren, so trank sowohl der Kaiser Ihro Hoheit, als Ihro Hoheit des Kaisers Gesundheit, wobey sich Ihro Hoheit Waldhornisten fleißig hören liessen. Diese Wasserfahrt hätte länger gewähret, wenn der Regen nicht immer stärker geworden wäre, daher denn der Admiral der Flottille, als er gegen der Festung überkam, seine Admiralsflagge, welche oben im Maste sitzt, fallen ließ, zum Zeichen, daß ein jeder sich nur nach Hause zu begeben hätte; welches wir sogleich thaten, weil wir durch und durch naß waren. Kurz nach unserer Zuhausekunft, fand der Kammerpage Göhlein mit seinem jüngsten Bruder noch Hese, um Ihro Hoheit die Reverenz zu machen. Von diesen beyden Brüdern hatte der jüngste schon die Gnade gehabt, Ihro Hoheit in Schweden aufzuwarten, indem er daselbst beym Grafen Mörner Page gewesen war. Er war von allen dreyen Brüdern der artigste und manierlichste.

Den 17ten wollten der Fürst Gallitzin, der Generallieutenant Bonne und Stackelberg bey Ihro Hoheit essen, weil sie aber wieder mit Kopfschmerzen incommodiret waren, so wurden sie für dieses mal abbestellet, und Ihro Hoheit kamen nicht aus ihrem Zimmer: allein des Abends um 9 Uhr kam der Kaiser ganz unvermuthet, mit einem grossen Gefolge, zu Ihro Hoheit, und blieb über eine Stunde, war auch sehr guter Humeur, begegnete unserm Herrn sehr gnädig, hob ihn zu verschiedenen malen mit den Händen auf, und küssete ihn. Der Kaiser war heute nicht allein mit den beyden kaiserlichen Prinzeßinnen beym jungen Wassiley Petrof gewesen, und hatte daselbsten brav getrunken, sondern auch noch an verschiedenen andern Orten mehr, ehe er zu Ihro Hoheit kam. Die ganze Gesellschaft war sehr betrunken, aber dabey sehr lustig, und tranken noch manche Bouteille bey Ihro Hoheit aus. Hierbey war ein Glück, daß Ihro Hoheit die Kopfschmerzen schon vor des

Kaisers

Kaisers Ankunft gänzlich verlassen hatten. Sie haben bey dieser Gelegenheit den Kaiser auf übermorgen zu sich gebeten, und er hat zugesaget zu kommen, aber dabey gebeten, weiter nichts davon zu sagen, welches ein Zeichen war, daß er dazu keine Fremden, sondern nur seine Gesellschaft haben wollte.

Den 18ten war der Envoyé Camperdon des Morgens bey Ihro Hoheit, und hatte eine geheime Unterredung von mehr als einer halben Stunde mit ihnen. Da nun Ihro Hoheit zur selbigen Zeit befohlen, daß der Brigadier Plate mit mir eine Liste von denen aufsetzen sollten, welche auf morgen müßten gebeten werden, und sie hernach approbiret hatten, so machte ich mich noch vor der Mahlzeit auf den Weg, mit den Fourieren und einem Reitknecht, und lud die Gäste ein, womit dann der ganze Tag verging, indem der eine in Süden, und der andere in Westen wohnete. Ich fand zwar die meisten von meiner Liste bey dem Admiral Creutz, (Cruys) indem selbiger heute Mittag den Kaiser, die Kaiserin und alle vornehme Damen und Cavaliere tractirte, ich wollte aber doch daselbst kein Aufsehen machen, sondern ritt zu einem jeden ins Haus. Die Geladenen waren, der Großadmiral Apraxin, der Großkanzler Galofkin, der Fürst Galitzin, der Geheimerath Tolston, der Generallieutenant Jaguschinsky, der Geheimerath Ostermann, der General Butterlin, der Fürst Romadanofsky, der Graf Matfeof, der alte Puskin, des Großadmirals ältester Bruder, der Admiral Cruys, die vier Viceadmirale, Sivers, Gordon, Ismailis und Wilster; der Generalmajor Gollowin, die beyden Oberhofmeister Olsufief, der Generallieutenant Bonne, der Generallieutenant Minnich, der Policeymeister, der geheime Cabinetssecretair Matarof, unser alter Kammerherr Nariskin, und die allhier sich befindlichen vier Majors von der Garde, welche zugleich Generalmajors sind, als Mamonof, Utschakof, Wolkof und Licharof. Heute Mittag speiseten bey Ihro Hoheit der Generallieutenant Bonne, die beyden hiesigen Generalmajors Wohlof und Licharof, nebst dem schwedischen Generallieutenant Stackelberg, und der neulich allhier aus Liefland angekommene Graf Duglas, von welchen Ihro Hoheit die drey ersten auf morgen selbst wieder einluden. Ob nun zwar im vorgangenen Jahr in Moscau alle fremde Minister mit eingeladen waren, und Ihro Hoheit selbige diesmal gern wieder bey sich gehabt hätten, auch, wenn es angehen können, die hier bestindlichen schwedischen Cavaliere und Officiere: so dürften sie dieselben doch nicht bitten lassen, indem die Kaiserin heute auf Anfrage antworten lassen, daß dem Kaiser wohl am angenehmsten seyn würde, wenn Ihro Hoh-t nur die rußischen Minister, und des Kaisers Gesellschaft haben würden; wornach sich Ihro Hoheit nothwendig richten mußten.

Den 19ten, als an dem Tage an welchem Ihro Königl. Hoheit in ihr 14tes Jahr traten, waren die Fremden um 11 Uhr gebeten; es stellten sich auch Ihro Majestät der

der Kaiser um die bestimmte Zeit mit allen Gästen ein. Der Kaiser kam in einer Werecke angefahren, mit dem Polizeymeister, und ein Paar von seinen Dentschiken, die anderen aber folgeten ihm zu Fusse nach, und müssen sich irgendswo versammlet haben. Sobald der Kaiser in den Speisesaal kam, machte er sich gleich an den Tisch, ohne zu warten, daß das warme Essen erst angerichtet, aufgetragen, und ordentlich serviret ward. Es kamen also die Schüsseln nach einander so auf den Tisch, wie sie fertig wurden; denn man hatte den Kaiser sobald noch nicht vermuthet. Unterdessen hielt er sich so lange an das kalte Essen, und aß von den Tellern, die ihm seine eigene Leute zurecht gemacht hatten, denn es war hier sein Küchenmeister mit ein Paar russischen Köchen, welche die Speisen für ihn präparirten, welche er ordentlich des Mittags zu essen pfleget, als einige Gemüse, einen Teller mit kleingeschnitten gebratenem Fleisch, mit eingemachten Gurken darüber, einige gebratene Entenkeulen, welche er in eine saure Sauce, von Zwiebeln gemacht, zu tunken pfleget; junge Radise, und andere dergleichen Sachen mehr. Es ließ sich der Kaiser auch verschiedene Gerichte, die unsere Köche gekochet hatten, überaus wohl schmecken, insonderheit die, über welche viel Sauce angerichtet, und in welchen kein Zucker war, denn er geniesset niemals Zucker in den Speisen. Es legte auch der Küchenmeister vor des Kaisers Ankunft auf desselben Stelle einige seiner eigenen kleinen schwarzen Brödte, ingleichen einen hölzernen Löffel, Messer und Gabel; weil der Kaiser ordentlich damit isset. Ob nun zwar des Kaisers Tafel für 28 Personen geraum gedecket war, so kamen doch nicht über 24 oder 25 daran zu sitzen. Es setzten sich zwar verschiedene von des Kaisers ordinairen Suite mit daran, sie konnten aber doch nicht aller Ausgebliebenen Stellen besetzen, indem folgende 9 Personen nicht kamen, als, Galofkin, General Buttertlin, Admiral Cruys, Viceadmiral Sivers und Wilster, der alte Pusklin, die beyden Oberhofmeisters Olsufief, und der Generallieutenant Münnich, welcher sich aber nach der Mahlzeit noch einstellete. Was nun des Kaisers Dentschiken, die Adjutanten der Generale, und solche Leute betraf, so wurden selbige in ein Nebenzimmer geführet, wo eine Tafel für 18 Personen für sie nett serviret, und mit einem grossen Confect-Korb in der Mitte besetzet war. Auf des Kaisers Tafel standen 4 grosse Confectkörbe, in der Mitte des Herrn silberne Plat-Menage, nebst 34 grossen und kleinen Schüsseln auf den Seiten herum, von welchen die meisten mit warmen Gerichten und Braten wieder umgetauschet wurden. Auf der rechten Seite des Kaisers saß der Vicekaiser Romadanofsky, und auf der linken Seite Ihro Hoheit, die vornehmsten gegen dem Kaiser über, und die andern wie sie zukamen. Da nun der Kaiser gemeiniglich Nachmittags Ruhe hält, so stund er auch um 1 Uhr auf, und ging nach dem Sommerhause, um zu schlafen, befahl aber den übrigen, zu bleiben, und sich lustig zu halten. Da nun Jaguschinsky überaus guter Humeur war, so ging es nach des Kaisers Abwesenheit an ein grausames Trinken, und persuadirte der gedachte General

Ihro

Ihro Hoheit, der Wache anzubefehlen, daß sie niemand von der Gesellschaft, ohne Ihro Hoheit ausdrückliche Ordre, weglasse, welches auch geschahe. Ihro Hoheit baten die vornehmsten von der Gesellschaft, bey ihnen zu bleiben, und heute mit ihnen recht lustig zu seyn, welches sie denn auch zu thun versprochen. Da nun grausam getrunken ward, und alle die Grossen überaus berauschet wurden, so daß sie fast nicht mehr konnten; und des Kaisers Rückkunft nicht mehr vermutheten, so persuadirten sie Ihro Hoheit, (welche gleichfalls so berauschet waren, wie ich sie, mein Tage noch nicht gesehen,) daß sie die Grossen einen nach dem anderen weggehen liessen. Als nun der Kaiser unvermuthet gegen 6 Uhr wieder kam, so war sowohl der General Jaguschinsky als die übrigen Vornehmen meist weg, welche auch nicht in dem Stande waren wieder zu kommen, wie Ihro Hoheit nach ihnen sandten, und sagen liessen, daß der Kaiser wiedergekommen sey. Er setzte sich mit den noch anwesenden Russen, und in seiner Abwesenheit gekommenen schwedischen Officieren, zum andernmal zur Tafel, und ließ sich aufs neue das Essen wohl schmecken, denn Ihro Hoheit hatten, so bald als der Kaiser kam, den Tisch wieder mit kaltem Essen besetzen lassen. Ihro Majestät blieben noch ein Paar Stunden bey Tische, und gingen alsdenn recht vergnügt weg; die Schweden aber, als General Stackelberg, Generalmajor Stahl, Obrist Rose, und verschiedene andere mehr, blieben länger, und tranken immer lustig herum. Sie rühmten auch sehr Ihro Hoheit Conduite, sowohl in Bewirthung und Unterhaltung der Russen, als in den zweyen Disputen, welche sie gehabt, erst mit dem Fürsten Galitzin, und hernach mit dem Generallieutenant Bonne, angehend einen Officier von der Wache, welcher sich voll getrunken, und die Wache ablösen lassen wollte. Tatischew, der so genannte Philosoph la Coste, und andere dergleichen lustige Leute, waren auch mit dem Kaiser gekommen. Ihro Hoheit wollten am späten Abend nicht glauben, daß sie zweymal so grausam berauschet gewesen, und wieder nüchtern geworden waren, wovon ich ihnen aber die Rudera weisen konnte, denn sie hatten mir nicht allein meine besten Spitzenmanschetten in kleine Stücken aus Lustigkeit zerrissen, als ich sie nebst dem Pagen Petersen die ganze Zeit, da sie voll waren, führete; sondern sie hatten mir, da sie sowohl meine Parücke, als der anderen ihre abreissen wollten, (denn die Grossen machten damit den Anfang, und es durfte ohnedem keiner eine Parücke auf haben, er mogte seyn wer er wollte,) unversehens eine Schmarre vor dem Vorkopf gerissen, welche gewiß acht Tage zu sehen seyn wird. Sonsten erzählten mir Ihro Hoheit unter andern beym Theetrinken, daß der General Jaguschinsky überaus vertraulich mit ihnen geredet, und gleich bey seiner Ankunft sie gefragt, ob die Kaiserin nicht gebeten sey? worauf Ihro Hoheit erwiedert, sie hätten sich die Dreistigkeit nicht nehmen dürfen.

Den 20sten. Nach der Mahlzeit fuhren Ihro Hoheit mit 6 Pferden nach dem Fürsten Galitzin, (welcher mit dem ehesten von hier nach der Ukraine gehen wird,

um

um den General Allard abzulösen,) und da Ihro Hoheit dem Fürsten nicht zu Hause antrafen, sprachen sie in seiner Nachbarschaft ein, bey dem Generallieutenant Bonne, und besuchten ihn und seine Frau, (welche er erst neulich geheyrathet hat, und die Witwe des Vicepräsidenten Brewern ist, die Ihro Hoheit bereits in Riga kennen gelernet,) alwo sie einige Stunden passireten.

Den 21sten, als am Sonntag, waren vor der Predigt 9 Fremde bey Hofe; nemlich: der älteste schwedische Generalmajor, mit Namen Zöge, (der erst heute aus Liefland angekommen,) Generalmajor Stahl, Obrist Rose, Graf Wachtmeister, ein gewisser Baron Unger, (der erst vor einigen Tagen allhier angekommen, und sich einen Obristen nennen lässet, aber unserm ganzen Hof unbekannt ist,) der Obristlieutenant Brömse, der junge Tiesenhusen, ein holsteinischer Capitain, mit Namen Dalwig, und der schwedische Obrist Rosendahl, welcher der einzige war, der weder in der Predigt, noch bey uns zum Essen blieb, denn es war Ihro Hoheit ordinairer Fasttag, und baten sie also die Herren, mit uns vorlieb zu nehmen.

Den 22sten reisete der Kaiser des Morgens in aller Frühe mit dem Grossadmiral, und mit wenigen anderen mehr, zu Wasser nach Peterhof und Cronslot, wo sie seit anderthalb Jahr nicht gewesen, und seitdem sehr stark haben arbeiten lassen. Heute lief nun endlich mit der Post die erfreuliche Nachricht ein, daß der Geheimerath von Bassewitz beym König von Schweden Audienz gehabt, und sehr gnädig aufgenommen worden. Gleich nach der Mahlzeit kam der Capitain Häckel zu Ihro Hoheit, mit einem Compliment vom Baron Cederkreutz, welcher Ihro Hoheit wissen ließ, daß seine Briefe meldeten, unser Geheimerath habe Audienz beym König gehabt, wozu er dann unterthänig gratuliren ließ. Es gab Herr von Cederkreutz die Visite unserm Envoyé Stamken, welches sonsten noch nicht recht geschehen war; und soll er sich haben verlauten lassen, daß sobald ihm nur die erstgewehnte Audienz entweder vom Hofe, oder von den Ständen notificiret wäre, so würde er alsobald kommen, und seine Tour bey Ihro Hoheit machen. Heute kam das erste Schiff allhier an, welches aus Holland ist, und sollen noch verschiedene zu Cronslot liegen, und täglich mehrere erwartet werden.

Den 23sten. Heute Mittag speisete der Obrist Rosendahl, (welcher heute wieder von hier reisen will,) mit dem wolfenbüttelschen Hofjunker Tunderfeld und dem jungen Stackelberg bey Ihro Hoheit. Die Kaiserin hatte mit Jaguschinsky, Tolstoy und anderen mehren, heute bey des Kaisers Oberhofmeister Olsufief gespeiset, wo sich der junge Tatischef auch eingefunden, und es soll die Kaiserin ungemein lustig und aufgeräumet gewesen seyn. Es wird bey Hofe stark von einer Reise nach Liefland geredet.

Den

Den 24sten des Mittags speisete der Generallieutenant Stackelberg, mit einem schwedischen Capitain, Namens Berg, welcher ein Bruder des Berg ist, den ich als Capitain von der Garde in Schweden gekannt, welcher in Sibirien lange Jahre gefangen gesessen, bey Ihro Hoheit, es kam auch der Generalmajor Stahl, als wir schon am Tische sassen.

Den 25sten gab mir der junge Fähnrich Zöge, welcher in Ihro Hoheit Diensten stehet, und ein Bruder des alten Generalmajor Zöge ist, die Visite, und ich führete ihn nach Hofe, damit er zum erstenmal seine Aufwartung bey Ihro Hoheit machen mögte. Sie behielten ihn, nebst unserem Capitain Dalwig, und dem italienischen Graf Rastrelli, (welcher ein Baumeister, und hier schon viele Jahre gewesen ist,) bey sich zur Mahlzeit. Der Graf Rastrelli war gekommen, theils um seine Cour bey Ihro Hoheit zu machen, theils aber, um sie zu ersuchen, ihn einmal mit Dero Besuch zu beehren, damit er die Modelle zu den ehernen Statuen zeigen könnte, welche er für Ihro Majestät ins Grosse soll machen lassen, und von welchen eine 40 Fuß hoch wird. Eine soll den Kaiser zu Fuß, und die andere zu Pferde vorstellen; eine davon soll auf Wasili-Ostrow, (welches die rechte Stadt werden soll,) und die andere auf der Wiese, gegen Ihro Hoheit Hause über, stehen. Es soll der Kaiser neulich bey dem Grafen, und sehr wohl mit den Modellen zufrieden gewesen seyn.

Den 26sten. Ihro Hoheit gingen mit mir ganz allein nach dem Sterbehause, und liessen sich daselbst vom Brigadier Plate endlich überreden, Officiere zu Trägern des Sarges zu begehren, weil der Cavaliere ihres Hofes zum Tragen zu wenige waren. Der Kaiser kam gegen halb 7 Uhr von Peterhof und Cronslot zurück, und wurde von der Admiralität mit 3, und von der Festung mit 5 Canonenschüssen begrüsset.

Den 27sten. Des Mittags speisete der Generalmajor Zöge bey Ihro Hoheit, und da es heute überaus schönes Wetter war, so fuhren Ihro Hoheit nach der Mahlzeit in des Herrn Brigadiers offenen Wagen mit zwey Pferden aus. Sie sahen, als sie vor des Kaufmanns Vorste Hause vorbey fuhren, des Kaisers Cariole vor demselben halten, und höreten hernach, daß der Kaiser die wassersüchtige Frau Vorste endlich überredet habe, sich heute von ihm das Wasser abzapfen zu lassen. Er soll dabey eine Art von Gewalt gebrauchet, sich auch viel damit gewußt haben, daß er glücklicher Weise ihr über 20 Pfund Wasser abgezapfet habe, da auf eines englischen Wundarztes Stich nur Blut gekommen. Die Kaiserin soll mit dem Kaiser gescherzet, und gesaget haben, daß er für diese Operation Doktor werden müsse; worauf er geantwortet: nein, Doktor nicht; aber Chirurgus, das lasse ich passiren.

Den 28sten ließen sich des Morgens die beyden hessen-homburgischen Prinzen bey Jhro Hoheit ansagen, welche auch zwischen 9 und 10 Uhr kamen, und von Jhro Hoheit gar freundlich im vordersten Saal empfangen, und so nach dem Audienzgemach geführet wurden, woselbst sie nur eine gar kurze französische Visite gaben, nach welcher Jhro Hoheit sie bis vor die Hausthür begleiteten, und so lange stehen blieben, bis sie weggefahren waren. Sie hatten niemand als einen hiesigen Adjutanten von der Garde, welcher ihnen vom Kaiser gegeben worden, bey sich; denn sie sollen gar keine Cavaliere bey sich haben. Sonst hatten sie zwey Pferde vor dem Wagen, und zwey Vorreuter, und hinten auf stunden ein Paar Laquaien. Diese Prinzen sind nach ihrem Alter ziemlich erwachsen, und sehen darbey auch ganz gut aus. Der jüngste, (welcher seine eigene blonde Haare, der älteste aber eine Parücke träget,) ist der lebhafteste; der älteste hatte ein stark besetztes, der jüngste aber nur ein ganz einfaches Kleid, mit einer schmalen Einfassung an. Der Brigadier Plate, welcher beym schwedischen Envoyé gespeiset hatte, brachte die Nachricht mit, daß, laut den letzten schwedischen Briefen, der Obristlieutenant Sicker (Siquier) rasend toll geworden seyn soll, nachdem er erst vor ein Paar Wochen die Erlaubniß von der schwedischen Geistlichkeit erhalten, sich mit dem Fräulein Pflugen öffentlich zu verloben, (welches insgeheim schon längst geschehen,) weil er ein Catholik ist, und ohne Dispensation sich mit keiner Schwedin verheirathen dürfte.

Den 29sten. Weil Jhro Hoheit heute Nachmittag eine Gegenvisite den Prinzen geben wollten, so sandten sie vor der Mahlzeit den Hofjunker Tych zu ihnen, und ließen sich ansagen. Um 2 Uhr Nachmittags fuhren sie mit 6 Pferden und zwey Wagen mit 2 Pferden bespannet, im Gefolge vom Herrn Jsmailof und ihren Cavalieren, zu den Prinzen, auf welchem Wege wir accurat eine Stunde zubrachten. Die Prinzen empfingen Jhro Hoheit auf eben die Weise, wie Jhro Hoheit sie, und folgeten Jhro Hoheit im Weggehen auch nicht weiter, als an die Hausthür, blieben auch nicht einmal daselbst so lange stehen, bis sie an zu fahren fingen, welches unser Herr doch gethan. Es ist zwar ein grosser Unterscheid zwischen einem regierenden Herrn und ihnen, sie machten aber bey sich nicht die geringste Distinktion, als sie Jhro Hoheit zum Sitzen nöthigten, denn der älteste Prinz setzte sich fast über unsern Herrn, und ob gleich verschiedene Lehnstühle im Zimmer standen, so gaben sie Jhro Hoheit doch nur einen ordinairen Stuhl, und gingen sehr en Cammerade mit ihnen um. Der älteste Prinz fragte zwar Jhro Hoheit, ob sie ihnen mit Thee aufwarten könnten? dieselben bedankten sich aber, und machten ihre Visite eben so kurz, wie sie gestern bey ihnen gethan hatten. Als sie auf dem Rückwege vor des Kaufmanns Vorste Hause vorbey kamen, sahen sie, daß die Kaiserin daselbst seyn mußte, weil ihr Wagen mit ihren Pferden vor der Thüre hielte. Der Baron Stromfeld ließ anzeigen, daß er wieder hier sey.

Den

Den 30sten. Um 4 Uhr fuhren Ihro Hoheit zu der Hochzeit des Herrn Schumachers, mit der Jungfer Belten. Sie fanden daselbst die beyden Prinzen von Hessen-Homburg, mit welchen sie sich sehr viel abgaben, und ihnen überaus höflich begegneten. Ich bemerkte aber, daß selbige unserm Herrn niemals den Titel von Ihro Hoheit gaben, sondern entweder gnädiger Herr, oder schlechtweg Sie, zu ihnen sagten, welches letzte am allermeisten geschahe; Ihro Hoheit aber hiessen sie Ew. Liebden. Um 6 Uhr kam der Kaiser, welchen Ihro Hoheit bis ausserhalb der Hausthür entgegen gingen; die Prinzen aber blieben mit den Grossen auf der Diele stehen, und es kam nur der älteste zum Handkuß, indem der Kaiser geschwind vorbey ging, und nicht weiter darauf achtete; Ihro Hoheit aber wurden sehr gnädig empfangen, und von ihm embrassiret. Es machte auch der Großkanzler nur einen simplen Reverenz den beyden Prinzen, als sie ihm durch ihren vom hiesigen Hofe ihnen zugeordneten Adjutanten präsentiret wurden; da er hingegen, sowohl als alle übrige andere Grosse, allezeit Ihro Hoheit die Hand küsset, wenn sie zusammen in Gesellschaft kommen. Als die Kaiserin zwischen 6 und 7 Uhr kam, gingen Ihro Hoheit ihr bis an den Wagen entgegen, und führeten sie nach dem Eßzimmer, von welcher sie denn heute überaus leutselig und gnädig empfangen wurden. Auf die Prinzen aber, welche wieder auf der Diele standen, reflectirte sie nicht, und hatten selbige auch nicht eher, als lange nach der Mahlzeit, die Gnade, ihr die Hand zu küssen, wobey sie aber die Kaiserin nicht anredeten, auch von ihr nicht angeredet wurden. Da nun Ihro Hoheit wohl wusten, daß die Prinzeßinnen bald kommen würden, und nicht versäumen wollten, sie beym Wagen zu empfangen, so muste die Kaiserin herzlich lachen, als Ihro Hoheit auf einmal schleunig von ihr weglieffen, wie sie die Trompeten hörten, welche die Braut mit ihren Jungfern herein brachten, denn Ihro Hoheit meyneten, daß die Prinzeßinnen kämen, und daß deswegen geblasen würde. Sie kamen also unverrichteter Sache herein, versäumeten aber nicht, bey der Prinzeßinnen Ankunft sie zu empfangen, und beyde an der Hand zur Kaiserin zu führen. Hierauf ging die Copulation an, und es redete der Pastor Nathus (welcher eine überaus unangenehme schlechte Aussrede hat,) so sachte, daß ihn niemand im Zimmer verstand. Nach der Copulation setzten sie sich zur Tafel, deren 2 angerichtet waren, eine für das Frauenzimmer, und eine für die Mannspersonen, an welcher letzten der Bräutigam saß. In einem Nebenzimmer stund noch eine Tafel für 30 Personen, die auch ganz besetzet wurde. Bräutigams Vater war der Kaiser, und Braut Mutter die Kaiserin; Bräutigams Bruder der Geheimerath Tolstoy, und Braut Schwester die Polizeymeisterin; Brauts Vater hingegen der Großadmiral Apraxin, und Bräutigams Mutter die Admiralin Crups; Brauts Bruder der Fürst Gallizin, und Bräutigams Schwester die Archiatrin Blumentrosten. Die Brautjungfern waren die Schwester der Braut und des Bräutigams. Der Marschall war der General Jagushinsky. Der Vorschneider unser

Capitain Ismailof, und die Schaffer waren Lieutenants und Fähnrichs von der Garbe, die meisten von den Höflingen und Favoriten des Kaisers, in allen achte. Da nun die Kaiserin, als Braut Mutter, zur Rechten von der Braut, und der Kaiser, als Bräutigams Vater, zur Rechten vom Bräutigam saß, so hatte die Kaiserin die Prinzeßinnen, und der Kaiser unserm Herrn gegen sich über sitzen, daher die Brautjungfer, Mademoiselle Schumachern, die Gnade hatte, neben der ältesten kaiserlichen Prinzeßin zu sitzen; neben Ihro Hoheit, unserm Herrn aber, saß zur linken Iwan Michailowitsch Gollowin, und zur rechten Hand saßen die beyden hessen-homburgischen Prinzen, welche Ihro Hoheit selbsten neben sich zu sitzen nöthigten, und die Mahlzeit über sehr viel mit ihnen sprachen. Da nun die Prinzen Ihro Hoheit ersuchten, ihr Hofmeister zu seyn, und ihnen auch die Gesellschaft bekannt zu machen, so nenneten Ihro Hoheit ihnen nicht allein alle Grosse, sondern erkläreten ihnen auch alle Gesundheiten und Ceremonien der Hochzeit. Ob nun zwar alle Menschen vermutheten, daß es heute überaus scharf im Trinken hergehen würde, so wurden doch nur die ordinairen Hochzeitsgesundheiten getrunken, nach welchen man aufstand. Währender Mahlzeit redete der Kaiser einmal sehr lange mit Ihro Hoheit, und bediente sich zuweilen des Generals Jaguschinsky als Dollmetschers, um Ihro Hoheit seine Meynung so viel besser erkennen zu geben, wobey sie auch beyde standen, und sich über den Tisch bückten, um einander ins Ohr reden zu können. Da ich nun, wie gewöhnlich, Ihro Hoheit die ganze Mahlzeit über aufwartete, und so stand, daß ich die kaiserlichen Prinzeßinnen meist immer vor mir sitzen sehen konnte, Ihro Hoheit mein Herr aber nicht; so mißgönneten sie mir nicht wenig dieses Glück, und sagten zu verschiedenen malen zu mir, daß sie wünschten, heute an meiner Statt aufzuwarten, und daß ich an ihrer Stelle sitzen mögte. Allein so bald die Tafel aufgehoben war, stelleten sich Ihro Hoheit gleich wieder bey der Kaiserin ein, und entretenirten sich fleißig, sowohl mit Ihro Majestäten als mit den kaiserlichen Prinzeßinnen, wie noch niemals geschehen war. Denn die Herrschaft war überaus höflich gegen Ihro Hoheit, und unser Herr dagegen wieder überaus aufgeräumt, content und beredt, so daß auch die Kaiserin in Zeit von einer starken halben Stunde mit keinem Menschen als mit Ihro Hoheit redete, und dabey überaus scherzete, auch Ihro Hoheit heute, als am letzten April, (welcher hier zu Lande gleich als wie der erste gehalten wird,) auf eine artige Weise eine kleine Tour spielete. Denn sie hatte eine Tabatiere mit einem doppelten Deckel, und nachdem sie dem obersten aufgemachet, präsentirte sie Ihro Hoheit eine Priese Taback, und da Ihro Hoheit vermeynten, mit den Fingern Taback zu ergreifen, so fanden sie die Dose nochmals verschlossen, und konnten nichts heraus bekommen, worüber dann die Kaiserin herzlich an zu lachen fing, und Ihro Hoheit die Tabacksdose in die Hände gab, um ihnen zu zeigen, wie sie gemachet war. Nachdem nun alle Tische und Bänke aus dem Zimmer gebracht waren, und es wieder aufgeräumet war, setzte

sich

sich die Kaiserin nieder. Neben ihr, zur linken, saß die älteste kaiserliche Prinzeßin, und neben der wieder, die jüngste Prinzeßin. Nun nöthigte sie gleich Ihro Hoheit, sich auch zu setzen, welche denn ihren Platz neben der jüngsten Prinzeßin einnahmen. Die beyden hessen-homburgischen Prinzen wurden nicht zum Sitzen gebeten, und mußten den ganzen Abend stehen bleiben. Als Ihro Hoheit eine Weile gesessen, und sich mit den Prinzeßinnen entreteniret hatten, kam Jaguschinsky gelaufen, und rief Ihro Hoheit zu sich, welcher sie dann in ein Zimmer führete, wo niemand als der Kaiser, Ostermann und er war, woselbst sie auch über eine starke halbe Stunde blieben, Jaguschinsky aber ging ab und zu; und wir wurden nicht wenig erfreuet, da wir Ihro Hoheit beym Herauskommen den Kaiser so ofte die Hand küssen sahen, und dabey aus ihrem frölichen Gesichte genugsam merken konnten, daß die Unterredung, welche sie mit einander gehalten, von Wichtigkeit müsse gewesen seyn. Auch erzeigten sich sonsten alle übrige Russen und Vornehme ungemein höflich gegen unsern Herrn, welches alles ich für kein übel Omen halten kann. Bey des Kaisers Zurückkunft zur Kaiserin fingen die Ceremoniel-Tänze an, und wie selbige alle vorbey waren, nahmen Ihro Hoheit die Kaiserin zum polnischen Tanz auf, der General Jaguschinsky und einer von den anderen Grossen aber die beyden kaiserlichen Prinzeßinnen, und als dieser Tanz vorbey war, forderten Ihro Hoheit wieder die älteste kaiserliche Prinzeßin zur Menuette auf, welche dann hernach den ältesten homburgischen Prinzen wieder, und selbiger darauf die mittelste kaiserliche Prinzeßin aufnahm. Nach Endigung dieses Tanzes lief der jüngste Prinz, um seinen Degen geschwinde weg zu geben, weil sein Bruder erst ein wenig darmit gezögert, und er sich vermuthen war, die Prinzeßin würde ihn wieder aufnehmen; allein er wunderte sich, als er sahe, daß sie Ihro Hoheit aufnahm, und ihn stehen ließ. Nachdem aber Ihro Hoheit hierauf die Braut aufnahmen, so kam er auch bald hernach zum Tanz. Beyde Herren tanzen ziemlich, aber mit dem polnischen Tanz können sie gar nicht fortkommen; und da ihnen diese Gesellschaft von Damen noch nicht bekannt war, so nahmen sie vor alle Hof- und übrigen Damen die beyde Brautjungfern zum Tanz auf, weil selbige vermuthlich ihnen am besten gefielen, indem sie die jüngsten in der Gesellschaft waren. Dieses Tanzen währete nun bis 11 Uhr hinzu, als um welche Zeit der Tanz nach der Brautkammer geschahe, die in einem anderen Hause, zur Seiten, war, welches auch der Braut Vater gehöret. Ob nun zwar Ihro Hoheit nicht mit unter denen begriffen waren, welche den Tanz thun müssen, indem nur Verheyrathete darzu kommen, so folgeten sie doch mit dahin. Die Prinzen und übrigen Unverheyrathete kamen aber nicht nach, sondern blieben so lange im Hochzeitshause, und die kaiserlichen Prinzeßinnen waren schon um halb eilf Uhr weggefahren, welche unser Herr auch beyderseits nach dem Wagen geführet hatte. Da sie sich nun in der Brautkammer nicht niedersetzten, (wie sonst gemeiniglich zu geschehen pfleget,) sondern nur einige Gläser im Stehen tranken, so daurete es nicht über eine halbe Stunde, bis sich der Kaiser und die Kaiserin, nebst allen übrigen Grossen, retirirten. Ihro Hoheit aber gingen wieder zur Braut hinein, nachdem sie die Kaiserin nach dem Wagen geführet hatten, denn theils hatten sie es der Braut zugesaget, und theils hatten sie mit Ostermann, als welcher vorsetzlich lange geblieben war, noch zu sprechen. Worauf sich Ihro Hoheit denn kurz hernach auch retirirten, und nach Hause verfügten. Nach Mitternacht sahen wir hinter des Kaisers Garten ein grosses Feuer aufgehen, worbey die Glocken geläutet, und die Trommeln gerühret wurden, auch die Nachtwächter auf den Strassen sich mit ihren Rädeldingern fleißig hören liessen. Fast die ganze Stadt wurde munter, und doch war es nur ein angelegtes Feuer, um viele tausend Menschen den letzten April laufen zu lassen. Denn als sie nach dem Feuer kamen, so war rund um dasselbige eine Wache gestellet, und man sagte zu ihnen, daß es der letzte April sey. Weil aber keiner dem andern bekannte, daß er April gelaufen sey, so kamen so viel mehr Menschen nach dem Feuer hin, um zu sehen, welchen Schaden es gethan habe. Hierüber hat sich der Kaiser nicht wenig gefreuet, und er soll alle Jahre um diese Zeit so etwas machen. Vor einigen Jahren, als der starke Mann hier gewesen, hat derselbige anschlagen lassen müssen, daß da ihm heute beyde zarische Majestäten, nebst Dero Hofstaat, mit ihrer Gegenwart begnadigen wollten, so würde er sich bestreßigen, sein Bestes zu thun, und Proben seiner Stärke geben, welche hier noch nicht gesehen worden, und da sich bey Hofe alle angestellet, als wann die Herrschaft gewiß kommen würde, so ist der Zulauf daselbsten von vornehmen Leuten unbeschreiblich groß gewesen, obgleich der Mann an diesem Tage doppelt Geld genommen, unter dem Vorwand, es würde sonsten zu voll werden; allein die ganze zahlreiche Gesellschaft ist nicht wenig erschrocken, als einer aufgetreten und gesaget hat, daß heute der erste April sey, und, auf speciale Ordre Ihro Majestät, nicht gespielet würde, daher sich ein jeder nur wieder nach Hause verfügen mögte.

May.

Den 1sten waren des Morgens der Generallieutenant Jaguschinsky und der Geheimerath Ostermann bey Ihro Hoheit, welche eine halbe Stunde mit ihnen allein Conferenz hielten, aber nicht zum Essen bleiben wollten, indem sie beym Herrn von Camperdon versprochen waren, bey welchem alle fremde Minister speisen sollten. Des Mittags assen der General Stackelberg, der Obrist Rose und der Graf Duglas bey Ihro Hoheit; ich aber mußte Nachmittags zur Herzogin von Mecklenburg reiten, um zu ihrer Ankunft Glück zu wünschen, weil mir gestern von dem Fräulein Mamonof zu verschiedenen malen gesaget wurde, daß sie schon am Sonnabend Abend angekommen sey, und ich Reproschen bekam, daß ich noch nicht da gewesen war. Heute Morgen
reisete

reisete der Kaiser in aller Frühe zu Wasser nach dem neuen Lustschloß, welches gerade gegen Peterhof über, in einer sehr angenehmen Gegend, lieget. Es ist erst vor ein Paar Jahren angeleget worden, und man will sagen, daß der Kaiser den grossen Bau zu Strelna Mũsa aufgegeben habe, und das dazu destinirte Geld an dieses Haus wenden wolle. Sonst ist auch heute Morgen die Kaufmannin Borsten, an welcher der Kaiser vor wenigen Tagen die Operation, wegen der Wassersucht, gethan, nach einer schweren Krankheit, gestorben, und sie wird so lange liegen bleiben, bis der Kaiser zurückkommt, weil er selbst mit bey der Oefnung des Leichnams seyn will; denn die Doctores und Chirurgi sind neugierig, indem einige dafür halten, daß sie die Wassersucht gehabt habe, andere aber nicht.

Den 2ten. Gegen Mittag kam der mecklenburgische Ostermann, um Ihro Hoheit ein Compliment von der Herzogin zu machen, und ihre Ankunst zu notificiren. Abends kam der Kaiser von seiner kleinen Reise wieder allhier glücklich an.

Den 3ten speisete des Mittags der Generalmajor Stahl mit seinem Bruder, und dem Landrath und Capitain Dalwig, bey Ihro Hoheit; sie nahmen nach der Mahlzeit Abschied, weil sie morgen zu reisen gedenken. Nach dem Essen fuhren Ihro Hoheit spatzieren mit Plate. Zuerst begegneten sie in der langen Allee Jaguschinsky, Tatischof und dem Polizeymeister zu Fusse, und hernach dem Kaiser selbst in seiner Cariole. Abends fand sich der Kaiserin Page Dräwnik bey Plate ein, und brachte ein Compliment vom Kammerjunker Mons, mit der Nachricht, daß der Kaiser sich resolviret habe, der Beerdigung des Leichnams des von Hespen am zukünftigen Montag mit beyzuwohnen.

Den 4ten. Kaum hatten Ihro Hoheit heute die Gäste auf den Montag Nachmittag um 3 Uhr, zur Beerdigung des Geheimenraths von Hespen, einladen lassen: so ließ der Kaiser unsern gnädigen Herrn durch den Viceadmiral Sievers bitten, wofern es sich thun liesse, die Beerdigung bis künftigen Mittewochen auszusetzen; worauf Ihro königl. Hoheit antworten liessen, wie sie nicht ermangeln würden, Ihro kaiserl. Majestät Befehl nachzukommen; denn obzwar die mehresten Gäste schon gebeten seyn, so könnten dieselben doch gleich wieder abbestellet werden.

Den 5ten. Nach der Mahlzeit wurde ich zu der Herzogin von Mecklenburg, zu der Prinzeßin Proscavia und zu der verwitweten Zarin gesandt, um Ihro königl. Hoheit bey denenselben anzumelden. Da ich aber im Vorbeyreiten der Herzogin Wagen vor des Kaisers Pallast stehen sahe, und vernahm, daß die Herzogin mit ihrer Schwester bey der Kaiserin sey: so kehrte ich wieder um, und die Visite ward auf einen

andern

andern Tag verschoben. Ihro Hoheit gingen nun mit Plate, Brümmer und mir spazieren, und besuchten beyläufig den Generallieutenant Münnich, welches die erste Visite war, die sie ihm gaben. Wir trafen daselbst unsern von Stanken und den Capitain Häckel an. Da nun die Frau Generalin eine sehr belebte und vernünftige Dame ist, eine hübsche Familie, und unter andern eine fast ganz erwachsene Tochter hat, so passirten Ihro königl. Hoheit daselbst einige Stunden recht vergnügt.

Den 6ten. Des Mittags speisete der Baron Mardefeld bey Hofe, und es wurde sowohl über Tafel als nachher stark getrunken. Um 7 Uhr des Abends sahen wir die Leiche der neulich verstorbenen Kaufmannin Borsten vorbey fahren, welche übers Wasser nach dem auf der andern Seite befindlichen deutschen Kirchhof gebracht wurde. Es folgete der Kaiser solcher Procession in eigener hoher Person, und zwar von dem Sterbehause bis an das Wasser zu Fuß, und hernach zu Wasser. Das übrige Gefolge aber bestand größtentheils aus lauter Kaufleuten und fremden Schiffern. Zu denselben kamen noch hiesige Viceadmirale, und andere Seeofficiere; denn der Viceadmiral Sievers ist ein Schwager von der verstorbenen Frau gewesen. Nach der Begrabung hat sich der Kaiser wieder nach dem Sterbehause verfüget, und daselbst gespeiset, und es soll dabey sehr scharf getrunken worden seyn. Der Kaiser ist bey dieser Gelegenheit ungemein vertraulich und gnädig mit den fremden Schiffern umgegangen. Ich fand es sonderbar, daß der Kaiser der Leiche in einem couleurten Kleide, aber mit einem langen schwarzen Mantel, und von seiner Mütze herabhangendem Flor, folgete. Aus so etwas macht er sich nichts, sondern kleidet sich nach seiner Bequemlichkeit, und achtet wenig auf das Aeusserliche.

Den 7ten. Weil die Begrabung des Geheimenraths von Hespen auf morgen festgesetzet worden, so wurden wir vier Schaffer als Leichenbitter beordert, die Gäste aufs neue für morgen Nachmittag um 3 Uhr einzuladen. Es waren derselben überhaupt 50, und unter ihnen, ausser dem Kaiser, die Minister, vornehmsten Hofbediente, Generale und Admirale desselben, die fremden Minister, der Herzog, und sein Hofstaat.

Den 8ten. Heute war nun der angesetzte Begräbnißtag unsers lieben seligen Geheimenraths Hespen; daher erschienen alle unsere Hofcavaliere in völliger Trauer. Gleich nach der Mahlzeit begaben wir uns alle nach dem Sterbehause, in welchem sich Ihro königl. Hoheit gegen 3 Uhr auch einfanden. Die eingeladenen Fremden aber stelleten sich größtentheils erst gegen 4 Uhr ein, und der Kaiser blieb gar bis gegen 6 Uhr aus, weil er an diesem Nachmittag noch erst eine Wasserfahrt gehalten hatte. In der Zeit nun, daß wir auf die Ankunft des Kaisers warteten, wurden die

anwesen-

anwesenden Gäste, nach hiesiger Landesart, mit glühendem Wein und Confituren bewirthet, auch mit den bereit gehaltenen Mänteln, Flören und weissen Handschuhen versehen; so bald aber der Kaiser sich eingefunden, und auch etwas von den herumge= tragenen Sachen zu sich genommen, auch Mantel, Flor und Handschuhe empfangen hatte, verfügte er sich nach dem mit schwarzem Boy ganz bezogenem Zimmer, in welchem die Leiche in Parade stand, und welches bestens erleuchtet war. Hier wurde sogleich eine sehr wohlgesetzte Leichenrede durch unsern Hofprediger Nemarius gehalten, welche auch den ganzen Lebenslauf des Verstorbenen enthielt, und von dem Kaiser mit grosser Attention angehöret wurde. Einige Stellen gefielen ihm vorzüglich, und er verdollmetschte dieselben dem alten Großadmiral, Grafen Appraxin, und andern rus= sischen Herren, die nahe bey ihm standen, in rußischer Sprache, gab auch, als der Hofprediger der guten Eigenschaften des Verstorbenen Erwehnung that, diesem Lobe durch Geberden Beyfall. Als nun hierauf die Leiche nach dem Kloster des heiligen Alexander Newski, in welchem ein Platz für 100 Rubel gekaufet worden, gefahren werden, und man sich in die schon in Ordnung gestelleten Kutschen setzen sollte, resol= virte sich der Kaiser, der Leiche zu Fusse durch die Stadt bis nach der Generalin Balken Hause, beym Anfang des langen Perspectivs, zu folgen, um dadurch noch mehr die besondere Gnade an den Tag zu legen, welche er für den verstorbenen Geheimenrath gehabt, welcher auch derselben werth gewesen; denn er war nicht allein ein sehr ge= schickter und erfahrner Mann, sondern auch ein sehr leutseliger, der sich gern schickte und bequemte, und dadurch die Liebe aller Menschen erwarb. Die Procession fing mit dem Hofstaat Ihro königl. Hoheit an, auf welchen die Träger des Sarges fol= geten, welche Lieutenants waren. Unmittelbar vor dem Sarge ging der Hofprediger; der ansehnliche Sarg aber stand auf dem offenen Leichenwagen, den die sechs gelben Kutschpferde des Geheimenraths zogen, und über welchen acht Bediente den Himmel trugen. Hinter der Leiche ging der Brigadier von Plate mit seinem Marschallstab, worauf Se. königl. Hoheit als erster Trauermann folgeten, und von Se. Majestät dem Kaiser begleitet wurden. Nach ihnen kamen der Conferenzrath von Ahlfeld und Stamke, als die beyden andern Trauerleute, worauf denn alle die übrigen gebetener Gäste paarweise folgeten, so wie sie dazu kamen, und keine Ordnung observirten, um keinen Rangdispüt zu erwecken. Von den Eingeladenen blieben nur wenige aus. Sogleich nach den Trauerleuten folgeten die sämmtlichen Wagen. Als wir mit der Leiche uns der Generalin Balken Hause näherten, setzte sich der Kaiser in seine Ca= riole, und fuhr voraus nach dem Alexander Newski Kloster, und ihm folgete Se. königl. Hoheit in des Großadmirals Appraxin Wagen, um Sr. Majestät dem Kaiser so viel geschwinder nachzukommen; wir übrigen aber blieben in unserer Ordnung, so wie die Wagen rangiret waren, und kamen mit der Leiche langsam nach. Als wir aber an den Eingang des Klosterhofes kamen, stiegen wir wieder aus, und die Leiche wurde von den Trägern nach der Grabstätte auf einer Bahre getragen. Das Grab war ausserhalb des Klosters ganz nahe bey des General Weidens Gab, und das ganze Leichengefolge ging dahin, so wie es in der Stadt angefangen hatte. Auf dem Rückwege führete der Generaladjutant von Brümmer die Procession als Marschall an, Ihro königl. Hoheit aber fuhren mit Plate in Stamkens kleinen Chaise voraus nach dem Sterbehause, um den Kaiser und die übrigen daselbst zu empfangen. In dem Sterbehause ging man gleich an die angerichteten Tafeln, und der Kaiser blieb über drey Stunden am Tische sitzen. Die meisten Gäste wurden betrunken nach Hause gebracht, und ich selbst weiß nicht, wie ich in mein Bette gekommen bin.

Den 9ten war ich des Morgens nach meinem gestrigen Rausch recht sterbenskrank, und hätte, wenn es bey mir gestanden, wohl allem Wein gänzlich abgesaget. Se. königl. Hoheit, unser gnädigster Herr, assen in Dero Zimmer, der Graf Wachtmeister, der junge Lieutenant Ismailof, und der schwedische Capitain Stjernhöck speiseten aber bey uns, weil selbige gekommen waren, ihre Cour bey unserm gnädigsten Herrn zu machen, und wir also selbige bey uns zur Tafel behielten. Nach der Mahlzeit schrieb ich an Surland nach Schweden, und sandte selbigen unter andern die Relation von der gestrigen Begrabung. Gegen Abend machten Se. königl. Hoheit bey dem schönen Wetter eine Promenade, und sprachen anfänglich bey dem Herrn von Stamken ein, von wannen sie sich aber bald wieder weg begaben, und zu dem Herrn Baron Strömfeld gingen, woselbst sie bis 10 Uhr blieben, und bey dessen Wirthin Thee tranken.

Den 10ten speiseten des Mittags die beyden Barone von Ungern bey unserm gnädigsten Herrn. Nach der Mahlzeit gingen Se. königl. Hoheit spazieren, und begegneten Ihro Majestät dem Kaiser, und kurz darauf dem Großadmiral Appraxin, und dem Grafen Tolston, welche beyde aus dem Wagen stiegen, wie sie uns gewahr wurden, und zu Sr. königl. Hoheit gingen, und Höchstdenenselben die Hand küsseten. Wir begegneten auch dem Obristen Rose, und dem Obristlieutenant Brömse, welcher letzte sich aber bald empfahl, womit unserm gnädigsten Herrn gar sehr gedienet war, weil er mit ihm nicht gern umgehen mag.

Den 11ten. Des Mittags speisete der General Stackelberg und der Capitain Häckel bey unserm gnädigsten Herrn, und des Nachmittags traf unser Obristlieutenant von Saldern aus Holstein allhier wieder ein, wohin er einer ihm zugefallnen Erbschaft wegen gereiset war.

Den 12ten. Nachdem es gestern und die ganze Nacht sehr stark geschneyet und gefroren hatte, so fuhren heute Morgen verschiedene, um der Seltenheit der Sache willen,

willen, mit Schlitten in der Stadt herum. Unter der Predigt mußte ich zu der Herzogin von Mecklenburg reiten, um Se. königl. Hoheit auf heute Nachmittag bey ihr anzumelden. Sie erzeigte sich denn auch ganz besonders gnädig gegen mich, und ließ mich einen Brief von dem Herzog, ihrem Gemal, sehen, welchen sie mit einem neulich angekommenen Courier von ihm erhalten hatte. Um 4 Uhr Nachmittags nahm der Generallieutenant Münnich von Sr. königl. Hoheit Abschied, weil er beordert worden, nach dem angelegten neuen ladogaischen Canal zu reisen, um denselben in Augenschein zu nehmen, und darüber zu referiren. So bald er weg war, fuhren Se. königl. Hoheit zu der Herzogin, und blieben ein Paar Stunden bey ihr. Nach Dero Zuhausekunft erfuhren sie durch einen aus Reval angekommenen Brief, daß unser Kammerherr Stahl daselbst aus Stockholm angekommen sey.

Den 13ten assen der Obrist Rose, Graf Wachtmeister und der Capitain Häckel am Hofe, und hatten ihre eigene Gedanken über die unvermuthete Anherokunft des Kammerherrn Staßls, weil derselbe nicht gefordert worden, man auch nichts von desselben Abreise aus Stockholm vernommen hatte. Nach der Mahlzeit gingen Se. königl. Hoheit mit uns spatzieren, und wir begegneten unserm Kammerherrn Stahl, welcher eben angekommen, und im Begriff war, zu unserm gnädigsten Herrn zu gehen. Er überreichte Sr. königl. Hoheit einen Brief, und folgete darauf Höchstdenenselben nach Hause. Er war am 4ten dieses von Stockholm gegangen, am 8ten mit seines Bruders, des Generals, Schiff nach Reval gekommen, von da am 9ten wieder abgereiset, und nun mit der Post hier eingetroffen. Da wir ihn um den grossen Brand zu Stockholm fragten, versicherte er, daß gegen dreyhundert Häuser in einem Tage auf dem Südermalm gänzlich in die Asche geleget worden.

Den 14ten Mittages assen verschiedene Fremde bey Hofe, als Mardefeld, General Stackelberg, der holländische Resident, der wolfenbüttelsche Hofjunker Tunderfeld, und der schwedische Lieutenant von Kochen von der Garde, und es ward heute sehr stark getrunken, welches unserm Kammerherrn Stahl sehr ungewohnt und schwer ankam.

Den 15ten. Der Kammerherr Stahl war nach gestrigen Rausch elend krank, und spie grausam viel Blut aus. Der Obrist von Brümmer zog heute in des verstorbnen Geheimenraths von Hespen Quartier, weil der Wirth seines alten Hauses, der Generalmajor Romanzof, bald hieher kommen wird.

Den 16ten. Ich bekam vom Herrn von Stamken die Anrede, welche der Geheimerath von Bassewitz an den König von Schweden bey seiner ersten Audienz gehalten

halten hat. Der Major Eber erhielt von Ihro Hoheit heute die Erlaubniß nach Deutschland zu gehen, um welche er schon seit einiger Zeit angehalten.

Den 17ten. Ihro Hoheit hatten gestern eine Streitigkeit mit dem Herrn von Stamken über ihr Soldatenspiel bekommen, und übergaben heute uns Officieren der Leibcompagnie eine schriftliche Klage, in welcher sie über ihn Kriegsrecht zu halten begehreten.

Den 18ten. Heute ist der Fürst Mentschikof aus Moscau hier angelanget. Es ist heute auch eben so ein heßliches, kaltes und windiges Wetter, wie seit einigen Tagen her, gewesen.

Den 19ten. Es fuhren Ihro Hoheit gegen 11 Uhr nach dem Herrn von Camperdon zur Mahlzeit, woselbst sie schon den Kaiser mit den hiesigen vornehmen Herren, und verschiedene von des Kaisers Favoriten, bey Tafel fanden; von fremden Ministern aber war niemand dazu gebeten. Gegen 1 Uhr stund der Kaiser von der Tafel auf, und fuhr weg, um seine gewöhnliche Nachmittasruhe zu halten. Gegen 5 Uhr kam er wieder, und es wurde abermals gegessen, von dem, was Mittags übrig geblieben war. Es kamen sogar angeschnittene Braten und angebrochen Brodt wieder auf die Tafel, Ihro Hoheit aber hatten ihr eigen Brodt und Wein mit sich, gleich wie der Kaiser. Diese zweyte Mahlzeit währete bis halb 7 Uhr, um welche Zeit der Kaiser und die Gesellschaft von der Tafel aufstand, und wegfuhr. Der Kaiser reiste auch noch heute Abend nach Cathrinenhof.

Den 20sten. Weil Ihro Hoheit die beyden heßischen Prinzen tractiren wollten, wurden heute ausser den Prinzen auch alle fremde Minister, und einige rußisch-kaiserliche, auf morgen zur Mahlzeit eingeladen. Ob es gleich hieß, daß der Kaiser schon heute wieder von Cathrinenhof zurück kommen werde, so ist er doch noch daselbst geblieben.

Den 21sten. Es kam der von Cederkreutz, welcher vorher weder in Moscau noch hier recht öffentlich an unsern Hof zu kommen die Erlaubniß von seinem König gehabt, schon um halb 12 Uhr, weil er Ihro Hoheit gern allein sprechen wollte, die andern aber, welche zu kommen zugesaget hatten, fanden sich erst um 12 Uhr ein, und es blieb keiner als der Großadmiral aus, der sich entschuldigen ließ. Die Tafel war mit 17 Personen besetzet, und die beyden Prinzen saßen oben, Ihro Hoheit aber unten am Tische, zwischen Tolstoy und Jaguschinsky. Der Tisch wurde zweymal mit 18 Schüsseln besetzet, und über der Mahlzeit wurden über 20 Deckelgläser getrunken. Der Kaiser kam heute von Cathrinenhof zurück.

Den

Den 22sten. Es wurde der von Plate an den kaiserlichen Hof geschickt, um zu vernehmen, wie dem Kaiser das Aderlassen bekommen sey? Er befand sich recht wohl darnach.

Den 23sten, als an Christi Himmelfahrtstag, fuhren Ihro Hoheit gegen 11 Uhr nach dem Geheimenrath Ragosinsky, dahin sie zur Kindtaufe eingeladen waren. Bald nach ihnen kam der Kaiser und alle hiesige Grosse, und kurz darauf die Kaiserin, mit den beyden kaiserlichen Prinzeßinnen und den Damen. Ihro Hoheit empfingen die Kaiserin unten bey dem Wagen, führten aber auf derselben Befehl die beyden Prinzeßinnen hinauf. Gleich nach der Kaiserin Ankunft ging die Taufe an, wobey die älteste Prinzeßin das Kind hielt, und sonsten nur wenige Ceremonien gemacht wurden. Nach der Taufe brachte der Kaiser das Kind zu seiner Mutter, und nun wurde gespeiset, nachdem der Kaiser Ihro Hoheit vorher zu des alten Wirths Mutter hineingeführet hatte, welche 105 Jahr alt war, und dabey noch ein sehr gutes Gedächtniß, und einen herrlichen Appetit hatte. Sie ging wie eine Nonne gekleidet. Da nun drey Tafeln sehr nett und gut in dreyen Zimmern angerichtet waren, so machte sich die Kaiserin, mit den Prinzeßinnen und ungefähr 20 Damen, an die Tafel in dem nächsten Zimmer bey der Kindbetterin, der Kaiser aber mit Ihro Hoheit, und etwa zwanzig der vornehmsten Herren, an die Tafel im Saal, und die übrigen Herren setzten sich an die Tafel im dritten Zimmer. Bey der Kaiserin Tafel saß die älteste Prinzeßin der Kaiserin zur Rechten, und die jüngste der Kaiserin zur Linken; neben der ältesten Prinzeßin an, die Großkanzlerin, und so alle vornehme verheyrathete Damen, und neben der jüngsten Prinzeßin das alte Fräulein Tolstoy, und so alle Hofdamen. An des Kaisers Tisch saßen Ihro Hoheit dem Kaiser zur Linken, und Iwan Michailowitsch ihm zur Rechten. Da nun die beyden Prinzen von Hessen-Homburg erst kamen, als man bereits lange bey der Tafel gesessen hatte, so standen ein Paar von denjenigen auf, welche am nächsten bey Ihro Hoheit saßen, welche Plätze dann die Prinzen wieder einnahmen. Ueber der Tafel ward gar nicht stark getrunken, und es kam kein grosses Glas zum Vorschein. Nach der Mahlzeit um 1 Uhr nahm der Kaiser und die sämmtliche Herrschaft Abschied, und es hatten Ihro Hoheit wieder das Vergnügen, die beyden Prinzeßinen nach dem Wagen zu führen. Als Ihro Hoheit von der Kaiserin Abschied nahmen, bat sie dieselben, heute Nachmittag nach Cathrinenhof zu kommen, dahin eine Wasserfahrt angestellet werden soll. Weil die beyden Prinzen mit Ihro Hoheit zugleich weggingen, so baten sie dieselben auf Thee zu sich, und offerirten ihnen einen Platz in ihrer Barke, um mit nach Cathrinenhof zu fahren; welches Anerkiethen sie mit Dank annahmen, und mit Ihro Hoheit gleich zu Fuß nach Hause gingen, die Wagen aber ledig hinterher fahren ließen, weil es seit 8 Tagen überaus schönes Wetter ist. Nach ein Paar Stunden

den setzten sich Ihro Hoheit mit die beyden Prinzen, und dem Grafen Santi, (welcher der hiesige Unterhetolbsmeister ist, und den Prinzen vom Kaiser zur Aufwartung gegeben worden,) in die Barke, und legten bey den vier Fregatten an; woselbst sie mehr wie zu frühe ankamen, weil die kaiserl. Herrschaft erst um 5 Uhr daselbst eintraf, und die Wasserfahrt anging. Sie war überaus angenehm anzusehen, denn es folgeten gewiß 60 Fahrzeuge dem Admiral von der Flottille nach, unter welchen 24 oder 25 Barken waren, die 6, 8, bis 10 Ruderknechte hatten. Der Admiral ruderte gewöhnlich voran mit seiner vorn aufgesteckten Flagge; alsdenn folgete des Vicekaisers Barke, hernach der Kaiserin ihre, auf welcher der Kaiser hinten beym Steuer stand, nachher kam Ihro Hoheit Barke, und so die übrigen. Da nun der Admiral beym Vicekaiser Romadanofsky anlegte, und in das Haus hinein ging, und der Kaiser ihm selbst auch dahin folgete, so ward bald darauf allen übrigen Mannspersonen angekündiget, dahin zu kommen, um ein Glas von des Knes Cäsar starken Pfeffer-Branntewein zu trinken, welcher die Gargel fast verbrannte, und nach welchem eine Viertelstunde lang das Wasser zum Munde heraus lief. Hierauf wurde die Fahrt nach Cathrinenhof fortgesetzt, wo wir bis zur Abenddämmerung blieben. Es führeten Ihro Hoheit unser Herr daselbst die beyden Prinzeßinnen sowohl aus der Barke, als in dieselbige. Als sich die ganze Gesellschaft auf einem grossen angenehmen Platz vor dem Hause, in einem angenehmen Hölzgen, versammlet hatte, mußten alle Damen von demselben starken Branntewein trinken, von welchem die Mannspersonen beym Knes Cäsar getrunken, denn er hatte ihn mit hieher nehmen müssen. Der Kaiser und des Knes Cäsar Frau trugen ihn herum, und es ward niemand, weder die Kaiserin noch die Prinzeßinnen, mit demselben verschonet. Nachher gingen Ihro Hoheit eine Weile mit den beyden Prinzeßinnen spatzieren, und es mußten unsere Waldhornisten, auf Begehren der Prinzeßinnen, während des Spatziergangs blasen. Sobald die Herrschaft wieder zur Kaiserin kam, setzten sich die beyden Prinzeßinnen neben der Kaiserin, und Ihro Hoheit mußten sich bey ihnen niederlassen, die beyden hessen-homburgischen Prinzen aber mußten gleich denen übrigen stehen. So lange der Kaiser spatzierte, mußten einige von der Kaiserin kleinen Banduristen vor der Herrschaft spielen, singen und tanzen. Auf der Rückfahrt fuhren wir nicht längst dem Strom nach Hause, sondern durch den Canal, welcher beym Spinnhause vorbey gehet, woselbst wir 134 grosse, und in gutem Stande befindliche Galeeren passirten, welche abgetackelt vor Anker lagen; und hernach brachten Ihro Hoheit die beyden Prinzen noch nach Hause. Bey unser Zuhausekunft war es schon über 11 Uhr.

Den 24sten. Ihro Hoheit gaben des Abends in ihrer gewöhnlichen Gesellschaft, welche das Vorschneider-Collegium genannt wird, als Marschall von eben solchen starken Branntewein zu trinken, als wir gestern bey Romadanofsky getrunken hatten.

Den

Den 25ſten. Nach der Mahlzeit gingen Ihro Hoheit längſt dem Strom spazieren, da ſie denn auch ſo glücklich waren beyde Prinzeßinnen vor dem Fenſter zu ſehen, und zu complimentiren. Hernach machten ſie eine ziemliche Tour durch die Stadt, und gingen ſo nach Hauſe. Sie ſahen von weiten den Kaiſer in einer offenen Chaiſe mit 6 Pferden fahren. Da ihnen nun solches als sehr ungewöhnlich vorkam, weil der Kaiſer niemals anders als in einer Cariole zu fahren pfleget, ſo erkundigten wir uns nach der Ursache, und erfuhren, daß er zwey Herren eingeholet habe, nemlich den Fürſten Dolgoruky und den Grafen Galoſkin, welcher letzte aus Berlin gekommen, und der erste seit 15, der zweyte aber seit 16 Jahren aus dem Lande geweſen. Dolgoruky iſt Ambaſſadeur am däniſchen und franzöſiſchen Hofe, und der Graf Galoſkin Miniſter am preußiſchen Hofe geweſen, und jetzt durch ſeinen Bruder abgelöſet worden. Sie ſaſſen beym Kaiſer im Wagen, und waren von ihm einige Werſte von der Stadt empfangen worden. Beyde hatten Orden, nemlich der Fürſt Dolgoruky den Elephantenorden, und der Graf Galoſkin den preußiſchen schwarzen Adlerorden. Der Kaiſer hat ihnen heute faſt die ganze Stadt gezeiget, und iſt mit ihnen allerwärts herumgefahren. Durch dieſe Diſtinction hat er bewieſen, wie ſehr er diejenigen seiner Unterthanen achtet, welche ihre Zeit in der Fremde wohl angewendet haben.

Den 26ſten. Als wir eben zu Tiſche gehen wollten, kam einer aus der Canzley, durch welchen der Großkanzler melden ließ, daß das auf dem Stapel fertig gewordene Schiff heute Nachmittag ablaufen würde, ſo bald drey Kanonenſchüſſe würden geſchehen ſeyn. Dieſes Signal erfolgte ſchon um 2 Uhr, worauf wir uns denn auch bald mit Ihro Hoheit in der Barke nach der Admiralität begaben; und da wir gleich bey unſerm Hauſe den beyden heſſen-homburgiſchen Prinzen begegneten, welche Ihro Hoheit abholen wollten, ſo nahmen Ihro Hoheit dieſelben mit in ihre Barke. Als wir in die Admiralität kamen, fanden wir den Kaiſer ſchon daſelbſt, und gingen zu ihm hinauf in das Schiff, woſelbſt Ihro Hoheit ihm zu dem neuen Schiff gratulirten. Sie trafen daſelbſt auch den Fürſten Mentſchikof an, welcher seit ſeiner Ankunft noch nirgendshin gekommen, wo wir geweſen. Um 3 Uhr kam der Knes Cäſar, und das Schiff wurde nun gleich eingeweihet, und bekam den Namen Michael Archangel. Es iſt ein ſehr ſchönes Schiff von 54 Kanonen, und von einem engliſchen Schiffbaumeister gemacht. Auf demſelben waren 4 groſſe Flaggen befeſtigt. Um 4 Uhr lief das Schiff, von welchem der Kaiſer herabgeſtiegen war, glücklich vom Stapel ins Waſſer, unter Trompeten- und Paukenſchall, auch Löſung aller Kanonen von der Feſtung und Admiralität, und ſo bald es mitten auf den Strom kam, ließ man einen Anker fallen, worauf ſich das Schiff gleich wendete. Nun eilete jedermann auf das Schiff, um dem Kaiſer auf demſelben zu gratuliren. Er hatte es zuerſt wieder beſtiegen,

gen, und empfing die Ankommenden mit Pauken und Trompeten. Da Ihro Hoheit von den ersten mit waren, die an Bord gekommen, so empfingen sie daselbst auf der Treppe sowohl die Kaiserin als die kaiserlichen Prinzessinnen, welche letzten aber gleich darauf wieder wegfuhren, nachdem sie nur ihre Gratulationen beym Kaiser abgeleget hatten. Es ruderte auch die verwitwete Zarin bald darauf weg, welche wegen ihre kranken Füsse nicht einmal aus der Barke gestiegen war; die Herzogin aber kam auf das Schiff, blieb auch auf demselben nach der Abfahrt ihrer Frau Mutter. Unten in der grossen Cajüte dieses Schiffes speisete die Kaiserin mit den Damen, und oben auf dem Schiffe aß der Kaiser mit den Cavallieren, unter einem Zelt von Segeltuch, welches über das Schiff gezogen war. An einen langen Tisch, ganz oben an, saß der Vicekaiser Romadanofsky, und hatte die Vornehmsten auf beyden Seiten neben sich herum sitzen, der Kaiser aber saß ganz unten am Tisch unter den Schiffbauern, von welchen er ein Mitglied ist. Gegen dem Kaiser über sassen Ihro Hoheit zwischen den beyden hessen=homburgischen Prinzen. Ob zwar über der Mahlzeit nur aus lauter Spitzgläsern getrunken wurde, so war doch die Gesellschaft, ehe sie aus einander ging, dermassen betrunken, daß die meisten nicht wußten, wie sie von dem Schiffe kamen. Denn sie sassen von 4 Uhr Nachmittags bis des andern Morgens um 2 Uhr bey der Tafel, und es wurde beständig getrunken, so daß sogar der Kaiser zuletzt fast auf keinem Fuß mehr stehen konnte, wie er sich denn auch recht vorgenommen hatte, heute einen Rausch zu haben. Unser gnädiger Herr hatte alle Gläser in lauter starken ungarschen Wein Bescheid thun müssen, und zuletzt nicht nur für sich, sondern auch aus Treuherzigkeit für den ältesten Prinzen von Hessen, verschiedene Gläser ausgetrunken, auch oft vom Kaiser ein Strafglas bekommen, welcher unserm Herrn (um ihn, wie er sagte, zu einen Kerel d'Allemagne zu machen,) endlich voll haben wollte, so ward er endlich so stark betrunken, als er noch Zeit seines Lebens nicht gewesen, wie wir ihn denn zuletzt tragen mußten, indem er keinen Fuß mehr an die Erde setzen konnte, wobey er sich denn zu verschiedenen malen, so wie die andern, übergab, bis endlich der Kaiser von sich selbst uns erlaubte, nachdem es schon über 2 Uhr war, ihn nach Hause zu bringen. Der Kaiser küssete unsern Herrn heute über hundertmal, und klopfte und drückte ihn, daher er auch zuletzt von Ihro Hoheit keinen andern Titel als Patuschka, oder Väterchen, bekam, worüber er sich nicht wenig ergötzte. Ueberhaupt war der Kaiser heute so aufgeräumet, wie ich ihn kaum jemals gesehen habe. Er hatte auch heute mit einem englischen Schiffbauer, den er sehr liebet, nebst Ihro Hoheit, unserm Herrn, am meisten zu sprechen und zu thun, welchen er denn auch alle Augenblicke, als er anfing treuherzig zu werden, beym Kopf kriegte, und küssete. Da sie nun heute hier auf Schiffe zu reden kamen, sagte der Kaiser zu Ihro Hoheit, daß dieses das 20ste Schiff sey, welches er seit zwölf Jahren hier in der Admiralität vom Stapel habe laufen lassen, und scherzte hernach

mit

mit einem rußischen Schiffsbauer, Namens Mentschikof, welcher jetzt ein kleines Fahrzeug auf dem Stapel hat, das 107 Fuß kürzer ist, wie das Schiff, welches der Kaiser selbst zu bauen angefangen hat. Der Kaiser erbot sich, wenn diese beyde Fahrzeuge zusammen in der See gingen, den Mentschikof sammt seinem Schiff hinten auf sein Schiff zu nehmen. Auf dem heutigen Fahrzeuge tractirte der Oberschenk Appraxin mit einem Lieutenant von der Garde, und es war von den hiesigen grossen Herren heute niemand ausgeblieben als der Fürst Mentschikof und der Admiral Kreutz; (Cruys) von fremden Ministern aber hatte sich nur der holländische Resident und der Kammerherr Lefort eingefunden. Doch waren auch der General Stackelberg und Obrist Rose auf dem Schiff, welche auch mit an des Kaisers Tisch saßen. Weil nun der Kaiser beym Ablauf eines jeden Schiffes 1000 Rubel an die Admiralität zahlt, um dafür auf dem Schiff zu tractiren, so wurden auch lauter delicate Weine gegeben. Bey unsrer Zuhausekunft sowohl, als auf der Fahrt nach Hause in der Barke, brachen sich Ihro Hoheit noch zu verschiedenen malen, und waren von Sinnen, so daß wir sie auch mußten ins Haus hinein tragen, wobey uns auch nicht gar wohl zu Muthe war. Man saget, daß die Damen (welche wir nicht haben zu sehen bekommen) auch auf dem Schiffe stark haben trinken müssen. So bald der Kaiser vom Schiffe zu Hause gekommen ist, welches um 3 Uhr gewesen, hat er sich gleich in kleiner Gesellschaft auf seine bereit gelegene Jagd nach Schlüsselburg begeben, um das kleine Boot von da abzuholen, welches das erste ist, auf welchem er in seiner Jugend gesegelt hat, und deswegen von Moscau dahin gebracht worden, um allhier zum ewigen Gedächtniß aufgehoben zu werden. Sonst sind auch heute die kaiserlichen Prinzeßinnen in voraus nach dem Sommerhause hingezogen, wohin der Kaiser und die Kaiserin ihnen bald folgen werden.

Den 27sten speiseten Ihro Hoheit in ihrem Zimmer, weil sie überaus krank nach dem gestrigen starken Rausch waren. Es wurde der Brigadier Plate nach Hofe gesandt, um sich nach der gesammten Herrschaft Gesundheit zu erkundigen, und nur bey Gelegenheit sich merken zu lassen, in welchem schlechten Zustande Ihro Hoheit sich seit dem gestrigen Rausch befänden, um ein andermal solches desto leichter vermeiden zu können. Am Abend waren Ihro Hoheit, Gott lob, wieder ganz frisch.

Den 28sten. Gleich nach der Mahlzeit erhielte Tych und ich Befehl, uns fertig zu halten, um noch heute mit der Tornschente nach dem Kloster des Alexander Newsky zu segeln, weil ausgetrommelt worden, daß alle Jagden, Tornscheuten und Boyer noch heute nach gedachtem Kloster segeln sollten, um das erwehnte kleine Boot einzuholen. Wir machten uns um 4 Uhr auf den Weg, und erhielten Befehl, beym Kaiser zu entschuldigen, daß Ihro Hoheit heute nicht selbst mit hinaus gekommen wären, weil sie sich nicht wohl befänden, doch wollten sie morgen mit der Barke nachkommen. Wir kamen mit unserer Tornscheute nicht vor 8 Uhr nach dem Kloster, obgleich selbiges nicht weit von der Stadt lieget; denn der Wind legte sich ganz, und wir mußten uns zuletzt gar durch einige Leute fortziehen lassen. Bey unsrer Ankunft im Kloster vernahmen wir, daß der Kaiser erst morgen mit dem Boot allhier ankommen würde; wir gingen also hier am Lande noch ein wenig spazieren, und besahen das Kloster, welches erst neulich angeleget worden, so daß noch lange nicht die Hälfte fertig ist. Ihro Hoheit hatten heute zu St. Petersburg vernommen, daß die Kaiserin hinter des Envoyé Stamken Hause eine Bärenhetze bereiten lasse. Sie begaben sich also heute Nachmittag dahin, und hatten die Gnade, die Kaiserin daselbst lange zu sehen und zu sprechen. Als die Hetze vorbey war, und die Kaiserin sich retiriret hatte, Ihro Hoheit aber sich auf den Rückweg begaben, wiederfuhr ihnen das Uebel, daß sie ein unbedachtsamer Kerl, welcher sein Pferd nicht halten konnte, mit dem Herrn von Ahlefeld übern Haufen ritte, wobey Ihro Hoheit doch das Glück hatten, daß sie nur leicht am Vorkopfe gestreifet wurden, dem Herrn von Ahlefeld aber bluteten Nase und Mund, und er bekam eine dicke Lippe.

Den 29sten. Um 7 Uhr gegen Abend kam der Kaiser in dem kleinen Boot im Kloster an. Er segelte mit Jwan Michailowitsch, dem Contreadmiral Sinäwin, und noch einem mir Unbekannten, in Gefolge von 9 Galeeren und seiner Jagd, (in welcher er nach Schlüsselburg gekommen war,) und bey seiner Ankunft wurden alle Flaggen von unserer ganzen an der Brücke rangirten kleinen Flotte niedergelassen. Als der Admiral die seinige niederließ, aus Respect vor dem kleinen Boot, (dem Ursprung der ganzen rußischen Flotte,) wobey von allen Jagden gefeuert wurde, liessen sich auch Trompeten und Pauken fleißig hören. Zu gleicher Zeit ward oben vom Kloster brav canoniret, und zwar aus ziemlich grossen Canonen. Der Kaiser hatte zwar nur einige kleine Lustsücke auf seinem Boot, die nicht viel besser als grosse Schlüsselbüchsen waren, er beobachtete aber doch die Weise, und antwortete mit 3 Schüssen. Es wurde auch von allen Galeeren gefeuert, und dabey auf denselben die Trommel gerühret. So bald der Kaiser ans Land kam, wünschten ihm alle Grosse Glück zur Ankunft, bey welcher Gelegenheit ich auch mein Compliment von Ihro Hoheit anbrachte, als welche sich entschuldigen liessen, daß sie noch nicht zuggen wären, weil sie sich nicht wohl befänden, aber doch noch heute herauskommen würden. Kurz hernach begab sich der Kaiser auf seine Jagd, und um 8 Uhr kamen Ihro Hoheit eben in ihrer Barke an, als der Kaiser wieder von seiner Jagd ans Land trat, um in die Klosterkirche zu gehen. Sie hatten also das Vergnügen, den Kaiser noch zu sehen, ehe er nach der Kirche ging, welcher ihnen denn das kleine Boot zeigte, bey welchem eine Schildwache vom preobraschinskischen Regiment seit seiner Ankunft stand. Als

der

der Kaiser nach der Kirche ging, begaben sich Ihro Hoheit mit Dero Suite nach ihrer Tornscheute, woselbst sie mit einigen schliefen, und wir andern mußten zusehen, wie wir uns auf anderen Fahrzeugen für diese Nacht Quartier verschafften. Der General Stackelberg ist heute nach Liefland verreiset.

Den 30sten gaben des Morgens die Prinzen von Hessen Ihro Hoheit die Visite auf Dero Boyer, und um halb 10 Uhr segelten wir vom Kloster mit der ganzen Flotte, und hatten den Kaiser mit seinem kleinen Boot an der Spitze. Einige Werste vom Kloster empfing die Kaiserin das Boot mit allen Barken und Werecken von ganz St. Petersburg, bey welchen das Boot bis in die Stadt hinein blieb, und mit selbigen fast allein nach St. Petersburg kam, indem die Segelfahrzeuge ihnen nicht so geschwinde folgen konnten, weil der Wind aufing sich zu legen. Als sich der Kaiser nun mit dem Boot der Stadt näherte, wurde sowohl von der Festung als Admiralität, wie auch von der auf dem Strom liegenden, und ganz mit Flaggen ausgezierten Fregatte, brav canoniret, welches zum andern mal geschehen, als der Kaiser ans Land legte, und zum dritten mal, da er in die Kirche ging. Da nun der Kaiser um 12 Uhr wieder aus der Kirche kam, stieg eine Raquete, und es wurde sogleich abermals von der Festung, Admiralität und Fregatte, und von den angekommenen 9 Galeeren canoniret, auch von den um die Kirche aufgestelleten Regimentern ein Kettenfeuer gemachet. Hierauf begaben sich dann der Kaiser, die Kaiserin, die beyden kaiserlichen Prinzeßinnen, die Herzogin von Mecklenburg, derselben Schwester die Prinzeßin Proscovia, Ihro königl. Hoheit unser Herr, und alle übrige Standespersonen beyderley Geschlechts, nach dem Senat, woselbst in 6 bis 7 Zimmern grosse lange Tafeln zubereitet und besetzet waren. Der Kaiser speisete mit Ihro Hoheit und den übrigen vornehmsten Herren in dem ordinairen Audienzsaal, wo des Kaisers Thron stehet, und die fremden Minister Audienz bekommen; die Kaiserin aber speisete mit den Damen im Nebenzimmer, wo sonsten der Senat sitzet und gehalten wird. Vor der Mahlzeit kam die Kaiserin noch in den grossen Audienzsaal, wo sie nicht allein dem Kaiser, sondern auch Ihro Hoheit und der ganzen Gesellschaft (als Wirthin vom Hause, nach der hiesigen Landesart,) ein Schälchen Branntewein präsentirte. Nun ging die Mahlzeit an, und es kamen Ihro Hoheit dem Kaiser zur Linken, und Iwan Michailowitsch ihm zur Rechten zu sitzen. Ob sich nun zwar der Fürst Mentschikof neben Ihro Hoheit setzen wollte, so ward er doch daran verhindert, indem die beyden Prinzen von Hessen ihm zuvorkamen, und sich Ihro Hoheit zur linken setzten, daher setzte Mentschikof sich hernach neben Iwan Michailowitsch. Gegen 3 Uhr stand der Kaiser von der Tafel auf, um auf seinem Boyer zu schlafen, es ward aber der Wache befohlen, niemand weggehen zu lassen, welchem sie genau nachlebete. So lange der Kaiser zugegen war, wurden nur vier Gesundheiten in Spitzgläsern getrunken, worbey von der ausgezierten, auf dem Strom liegenden Fregatte jedesmal canoniret wurde. Die erste dieser vier Gesundheiten war die von der Gnade Gottes, (welche bey allen Festen die erste ist,) die andere des heutigen Tages, (Namenstags des Kaisers,) die dritte des Vaters der ganzen hiesigen Flotte, (das ist, des heute eingeholeten Boots,) und die vierte der Familie des Iwan Michailowitsch. Die anderen Gesundheiten nach des Kaisers Rückkunft konnten wir nicht recht erfahren, weil wir mit Ihro Hoheit von 3 Uhr an, bis gegen 9 Uhr, da die kaiserlichen Prinzeßinnen wegfuhren, beständig bey dem Frauenzimmer waren. Die Kaiserin begab sich zwar zu verschiedenen malen in das Nebenzimmer, Ihro Hoheit unser Herr aber blieb bey den kaiserlichen Prinzeßinnen, der Herzogin von Mecklenburg und Dero Schwester, und es passirten Ihro Hoheit ihre Zeit überaus angenehm. Als um halb 9 Uhr die Prinzeßinnen Abschied nahmen, und nach Hause sich begeben wollten, so folgeten Ihro Hoheit ihnen erst bis an dem Wagen; sie mußten aber, als sie bereits in der Kutsche saßen, wieder aussteigen, und zu Fuß nach der Brücke gehen, woselbst ihre Barke lag, indem der Kaiser eben ankam, und nachdem er von ihnen Abschied genommen hatte, ihnen befahl, zu Fuß so weit zu gehen. Daher profitirten Ihro Hoheit unser Herr von der Gelegenheit, und führeten sie ferner ganz nach Dero Barke, womit ihnen ein großes Plaisir geschahe, weil sie so viel länger das Vergnügen hatten, sich mit den schönen Prinzeßinnen zu unterhalten. Nach ihrer Zurückkunft begaben sie sich zwar wieder zur Kaiserin hinein, blieben aber daselbst nicht lange stehen; denn als die Regimenter vom Kaiser mit Branntewein tractiret, und hernach einige Grenadiers mit Branntewein nach dem Senat gekommen waren, um die Gesellschaft mit demselben Branntewein zu bewirthen: so kam der Kaiser zu der Kaiserin herein, nahm Ihro Hoheit bey der Hand, und führete sie an den Tisch, an welchen sie gegessen hatten, dahin auch gleich der Branntewein gebracht wurde, und es mußte ein jeder zwey ordinaire hölzerne große Löffel voll austrinken, Ihro Hoheit aber kamen mit anderthalb los. Sonst wurde niemand verschonet, auch nicht einmal das Frauenzimmer, sondern sie mußten alle ihr ihnen aufgegebenes Maaß zu sich nehmen, welches vielen sehr zu Kopf stieg; aber seit der Zeit kam niemand mehr zum Frauenzimmer hinein, doch ward auch keines von ihnen nach Hause gelassen. Da nun auf dem Strom, mitten vor des Kaisers Sommergarten, ein großes Feuerwerk auf große Prahmen gestellet war, indem nach der ersten Resolution nur im Senat sollte gegessen, und nach der Mahlzeit in des Kaisers Garten getanzet, und hierauf das Feuerwerk von da angesehen werden, sich aber hernach das Wetter nicht dazu anließ, und also der Kaiser das Feuerwerk nach dieser Seite herüber transportiret haben wollte: so währete es bis 2 Uhr in der Nacht, ehe sie damit fertig wurden, indem die großen Maschinen, auf welchen das Feuerwerk stand, von der anderen Seite gegen den starken Strom mit Böten herüber zu buxiren, und hernach wieder fest zu legen, eine lange Zeit erforderte, sie auch erst

spät

spät dazu Befehl bekamen. Es ging unterdessen die beste und dunkelste Zeit vorbey, in welcher die Feuerwerke am meisten glänzen, und es war schon wieder heller Tag, als das Feuerwerk anging. Immittelst wurde der ganzen Gesellschaft brav lustig zugetrunken, so daß sie vom vielen Wein und vor Müdigkeit fast an allen Ecken saßen und schliefen. Das Feuerwerk bestand, wie gewöhnlich, aus vielen Raqueten, Schwärmern, Wasserkugeln, Luftkugeln, Feuerrädern, und dergleichen mehr, ingleichen aus einer grossen Devise von blauem Feuer, die das kleine heute eingebrachte Boot vorstellete, mit der Ueberschrift in rußischer Sprache: daß aus einer kleinen Sache viele Früchte entstehen könnten; womit auf die Vermehrung der hiesigen Flotte gezielet wurde. Weil den ganzen Tag über ein sehr schlimmes Wetter gewesen, auch der rechte Directeur der Feuerwerke, nemlich der Obrist Wittwer, nicht in St. Petersburg zugegen war; so war das heutige Feuerwerk nicht eines von den besten, die man hier im Lande zu sehen gewohnt ist. Nach demselben präsentirte der Vicekaiser, Fürst Romadanofsky, noch einen grossen Pokal mit Wein einem jeden zum Abschied, und es kam niemand weg, ohne selbigen ausgetrunken zu haben, so daß es über 3 Uhr war, ehe die Gesellschaft diesmal aus einander ging.

Den 31sten speiseten Ihro Hoheit des Mittags ausser ihrem Zimmer, es war aber kein Fremder bey Hofe.

Junius.

Am 1sten war unser ordinairer Exercirtag.

Den 2ten, als am ersten heiligen Pfingsttage, hielten Ihro Hoheit ihren Fasttag, und es aß kein Fremder bey Hofe.

Den 3ten, als am Pfingst=Montage, erfuhren wir über der Mahlzeit, daß heute Nachmittag um 5 Uhr eine Wasserfahrt mit Barken angestellet werden sollte; wir machten uns also dazu fertig, kamen aber doch erst auf den Strom, als die andern schon eine Weile herumgefahren waren. Diese Wasserfahrt währete nicht lange, und wir legten alsdenn insgesammt bey des Kaisers Sommerhause an, woselbst wir ausstiegen, und in den Garten gingen; da wir denn so glücklich waren, die kaiserlichen Prinzeßinnen, nebst der Herzogin von Mecklenburg und ihrer Schwester anzutreffen, in deren Gesellschaft Ihro Hoheit bis halb 11 Uhr spatzierten, alsdann aber sich zum Kaiser begaben, welchen sie im Garten bey einer Fontaine mit den hiesigen vornehmsten Herren bey einem Tisch fanden. Sie mußten sich neben dem Kaiser niedersetzen, welcher eine Schüssel mit einer kalten Pastete und etwas Gebackwerk bringen ließ. Un-

12 Uhr ging man aus einander. Die Kaiserin hatte sich heute zur Ader gelaßen, und kam also den ganzen Nachmittag nicht zum Vorschein, sondern sie hatte sich mit einigen Damen nach ihrem in der Nähe liegenden eigenen Garten verfüget, und ließ durch ihre älteste Prinzeßin ein sehr gnädiges Compliment an Jhro Hoheit unserm Herrn machen. Da wir nun heute Nachmittag in den ganzen Garten des Kaisers verschiedene male fast rund herum gegangen sind, und denselben wohl in Augenschein zu nehmen Gelegenheit gehabt haben: so muß ich gestehen, daß er seit zwey Jahren sehr verschönert, und insonderheit mit vielen köstlichen marmornen Statuen bereichert worden. Insonderheit ist die Grotte überaus wohl mit lauter natürlichen groffen und raren Muschelschalen, Corallen-Stauden, und dergleichen Sachen mehr, ausgezieret, deren man hier eine unglaubliche Menge findet, und welches alles durch einen Franzosen überaus wohl ausgesucht und verbunden ist. Auch findet man in dieser Grotte verschiedene schöne Statüen, nebst einer Menge kleiner Springwasser, und einer Orgel, die durch Wasser getrieben wird, und recht artig spielet. Weil Jhro Hoheit vernommen hatten, daß sich der älteste hessen-homburgische Prinz am vergangenen Freytag sehr übel mit Pulver verbrannt habe: so wurde heute der Hofjunker Tych zu ihm gesandt, um nachzufragen, wie er sich befinde. Er brachte die Nachricht, daß sich der Prinz nicht nur im Gesichte und an der rechten Hand übel bleßiret habe, sondern daß auch ein Grenadier, der ihm gefolget, und einer seiner Laquaien, beschädiget worden sey. Denn da der Prinz mit einer Flinte nach einem Ziel hat schiessen wollen, und ihm selbige versaget, er aber den Hahn wieder aufgespannet, im Anschlag liegen geblieben, und so aus einem Beutel, worin anderthalb Pfund Pulver gewesen, etwas auf die Pfanne geschüttet, und zugleich den Hahn unachtsamer Weise fahren lassen: so hat nicht nur das Pulver auf der Pfanne, sondern auch im Beutel Feuer gefasset, wodurch er beyde Augen hätte verlieren können. Er lag zu Bette, und ließ sich nicht sehen. Aus Schweden erhielten wir heute die unvermuthete Zeitung, daß der Graf Bonde nach Hamburg gereiset sey. Auch will man für gewiß sagen, daß die Frau Geheimeräthin von Bassewitz mit dem ehesten nach Schweden hinüber reisen, und hernach mit ihrem Gemal hieher kommen werde, welches letzte ich herzlich und sehnlich wünsche.

Den 4ten, als am letzten Pfingsttage, des Mittags, speiseten Jhro Hoheit öffentlich, und es assen der Baron Strömfeld, der Hofjunker Tunderfeld und der junge Zöge bey ihnen. Weil sie sehr aufgeräumet waren, so wurde dermassen stark getrunken, daß fast kein einziger ohne einen starken Rausch davon kam; welches auch einigen ungebetenen Gästen wiederfuhr, welche kamen, als wir schon meist abgegessen hatten, nemlich dem Obristen Rose, Grafen Wachtmeister, und der Kaiserin Kammerpagen Golstein, insonderheit den beyden letzten, welche nicht gewußt, wie sie nach Hause gekommen.

Den

Den 5ten waren wir noch alle nach dem gestrigen Rausch krank. Des Morgens reiste der Kaiser in aller Frühe nach Peterhof, wohin ihm die Kaiserin gegen Mittag folgete. Sie werden ehester Tages wieder zurück vermuthet.

Den 6ten. Des Mittags fing auf einmal ein solcher starker Sturmwind an, dessen gleichen ich nicht erlebet habe, wobey es zugleich regnete, als wenn Eimer ausgegossen würden, welches alles aber nicht über eine halbe Stunde anhielt. Es sollen verschiedene Leute auf dem Strom ums Leben gekommen seyn. Der Sturm bog die Spitze des Kirchthurms der Festung ganz krumm. Vormittags war der wärmeste Tag, den wir in diesem Sommer gehabt haben. Abends sahen wir von unserm obersten Balcon die kaiserlichen Prinzeßinnen im Garten sitzen und spatzieren mit der Herzogin von Mecklenburg, welche in voriger Nacht bey ihnen geschlafen hatte, welches sie mir diesen Morgen zu wissen thun ließ.

Den 7ten. Des Abends gingen Ihro Hoheit zum Herrn von Plate hinauf, und sie sahen daselbst vom Balcon abermals die kaiserlichen Prinzeßinnen lange im Garten spatzieren und sitzen.

Den 8ten. Des Mittages speisete der sächsische Kammerherr und Minister am hiesigen Hofe, der Herr von Lefort, nebst dem Baron Rönn, und bem jungen Apprarin bey Ihro Hoheit. Ob nun zwar heute Verschiedene uns versichert haben, daß gestern öffentlich im Senat ein Brief, den Herr von Bestuschef von Stockholm hieher gesandt, abgelesen worden, in welchem er meldet, daß sowohl von den schwedischen Reichsständen dem hiesigen Kaiser der Kaiser=Titul, als unserm Herrn der königl. Hoheits=Titul zugestanden sey: so haben wir an unserm Hofe davon doch noch keine gewisse Nachricht erhalten: es erwarten aber Ihro Hoheit täglich einen Courier vom Geheimenrath von Bassewitz aus Stockholm. Sonsten wird auch allhier für gewiß gesagt, daß die Miliz, welche in dieser See=Campagne auf die Galeeren kommen sollen, würklich schon commandiret sey.

Den 9ten, als am Sonntag, ging die Predigt sehr spät an, in welcher sich der Generalmajor Böge einfand, der noch heute nach Liefland wieder gehet. Er nahm auch Abschied von Ihro Hoheit, und blieb bey uns zum Essen. Nach der Mahlzeit ließen Ihro Hoheit unser Herr sich erkundigen, ob es erlaubt sey, heute Abend in des Kaisers Garten zu spatzieren? worauf die kaiserlichen Prinzeßinnen selbst ein sehr gnädiges Compliment an Ihro Hoheit machen, und sagen ließen; daß es ihnen sehr lieb und angenehm seyn sollte, wenn Ihro Hoheit sich in ihrem Garten divertiren wollten. Worauf sich dann auch unser Herr mit Platen, Brümmer, Tych und mir gegen 6 Uhr dahin verfügte, und daselbst über zwey Stunden herumging, und alle Thiere, nebst dem, was sonst im Garten zu sehen war, in genauen Augenschein nahmen. Da aber die kaiserlichen Prinzeßinnen heute Nachmittag bey jemanden vom Hofstaat zur Kindtaufe gefahren waren: so hatten Ihro Hoheit vor dieses mal nicht das Glück, dieselben eher zu sehen, als bis sie nach geendigter Kindtaufe um 9 Uhr unsers Herrn Haus wieder vorbeyfuhren. Denn da Ihro Hoheit vernommen hatten, daß sie heute Nachmittag im Hinfahren vor Dero Hause vorbey gekommen, und vermutheten, daß sie denselbigen Weg zurücknehmen würden: so watteten sie selbst mit Verlangen nach ihrer Zurückkunft, und begrüßeten sie im Vorbeyfahren vom untersten Balcon des Hauses.

Den 10ten. Gegen 5 Uhr segelten Ihro Hoheit ein Paar Stunden mit Plate, Brümmer, Tych und mir auf dem Wasser, und wir zogen heute die neuen Matrosenkleider an, welche Ihro Hoheit für uns hatten machen laßen, nemlich für sich, als den Obersteuermann, für den von Plate, als Untersteuermann, und für Brümmer, Tych und mich, als Matrosen. Wir ruderten auch vor des Kaisers Hause vorbey, woselbst wir aber niemand von der Herrschaft sahen. Bey unsrer Zuhausekunft erfuhren wir, daß die kaiserlichen Prinzeßinnen in unsrer Abwesenheit zu zweyen malen Ihro Hoheit Haus vorbey gefahren wären, und sich jetzt in der Kaiserin Garten befänden, und daselbst soupiren würden. Dieses erfreuete unsern Herrn nicht wenig, indem sie dadurch versichert waren, daß sie unser Haus noch einmal vorbey paßiren würden. Sie warteten also auf derselben Zurückkunft mit Verlangen, und wir aßen deswegen in Ihro Hoheit Vorgemach, um so viel näher bey der Hand zu seyn; denn Ihro Hoheit hatten sich vorgenommen, sobald sie erführen, daß die Prinzeßinnen kommen würden, auf der Straße ein wenig zu spazieren, um sie nicht weit von ihrem Hause als im Vorbeygehen anzutreffen, um alsdann den kaiserlichen Prinzeßinnen ihre schönen Hände im Wagen zu küssen; welches auch unvergleichlich gelung. Denn nachdem um 11 Uhr der dazu ausgesetzte Posten bey guter Zeit Nachricht gab, daß sie kämen, so machten wir uns bald auf die Straße, und es paßirten uns also die Prinzeßinnen eine gute Weite von Ihro Hoheit Haus, da denn Ihro Hoheit an den Wagen traten, und küsseten erst der einen Prinzeßin die Hand, und hernach gingen sie um den Wagen herum zur andern. Die Prinzeßinnen wurden zwar etwas decontenanciret, als sie Ihro Hoheit zu sehen bekamen, weil sie nicht gekleidet, sondern in ihrem Negligé waren; riefen aber doch bald selbst dem Kutscher zu, zu halten, wie sie merkten, daß sich Ihro Hoheit dem Wagen näherten. Nachdem sie nun eine Weile mit ihnen geredet hatten, retirirten sie sich wieder, und ließen die Prinzeßinnen fahren. Unterdessen waren die Waldhornisten auf den Balcon gegangen, und bliesen, weil die Prinzeßinnen dieselben überaus gern hören, sie stiegen auch gleich im Anfang

der

der Tannenallee aus dem Wagen, und gingen langsam zu Fuß nach Hause, um so viel länger die Musik zu hören. Nachdem Ihre Hoheit den Prinzeßinnen nochmals Dero Compliment gemachet hatten, als sie über die andere Brücke fuhren, wofür sich die schönen Prinzeßinnen ungemein tief im Wagen zur Danksagung bückten, begaben sie sich auch nach Hause.

Den 11ten segelte ich des Morgens um 7 Uhr mit Platen, Tych und dem Waldhornisten Rummel nach dem Schiff hinaus, welches neulich vom Stapel abgelassen wurde, um zu sehen, wie die Schiffe aussehen, wenn sie auf den Kameelen stehen, auf welchen sie nach Cronslot von hier gebracht werden. Wir trafen dieses Schiff ungefähr 10 Werste von der Stadt, und der alte Kameel-Capitain, welcher es nach Cronslot brachte, und ein Deutscher ist, stand auf dem Verdeck, und nöthigte uns zu sich heraus, weil er wohl sahe, daß wir gekommen waren um das Fahrzeug zu besehen. Wir legten auch beym Schiffe an, und gingen zu ihm hinauf, woselbst wir brav über die Kameele klettern und steigen mußten, ehe wir in das Schiff kamen, welches aber wohl der Mühe werth war, indem das Schiff recht wie eine Schanze auf dem Wasser lag. Denn die beyden grossen Kameele, zwischen welchen das Schiff lieget, heben es ganz aus dem Wasser heraus, und gehen mit der grossen Last, die sie zu tragen haben, nur 8 Fuß tief, da doch das ledige Schiff, so wie es vom Stapel gelaufen war, 14 Fuß tief gehet; wie denn die Schiffe, die in der Admiralität gebauet worden, nicht könnten nach Cronslot kommen, wenn sie diese Erfindung der Kameele nicht gemachet hätten; denn die Schiffe müssen etliche Stellen passiren, wo sie nicht über 9 bis 10 Fuß Wasser haben. Es ist ein Vergnügen, ein so grosses Schiff auf den Kameelen stehen zu sehen, denn es stehet auf denselben gleichwie am Lande auf dem Stapel, und ist mit einer grossen Menge von Balken und Stützen an die Kameele fest gemachet. Es wird diese Maschine durch zwey Steuer regieret, und von Galeeren langsam buxiret. Es folgeten 4 kleine Schiffe oder Gallioten, welche von dem neuen Schiff das Steuer, die Masten, das benöthigte Tackel- und Tauwerk, nebst den Segeln, und was sonsten mehr dazu gehöret, führeten. Wir kamen vor 1 Uhr des Mittags nicht wieder zu Hause an, jedoch noch frühe genug zur Mahlzeit, denn selbige ging erst spät an; und es speisete der Lieutenant von Rochen, von der schwedischen Garde, bey Ihro Hoheit. Nach der Mahlzeit kam der junge Graf Galofkin zu Ihro Hoheit, welcher erst neulich von Berlin hier angelanget ist. Ihro Hoheit haben ihn schon zu Berlin kennen gelernet, und es scheinet, daß er ein sehr verständiger und artiger Mann sey.

Den 12ten ging des Morgens die Betstunde noch vor 11 Uhr an, weil wir des Mittags Fremde vermutheten: es kam auch gegen 1 Uhr der Herr von Stamken mit dem General Jagufchinsky und dem Geheimenrath Ostermann, welche er nicht ordentlich gebeten, sondern ihnen nur zu verstehen gegeben hatte, daß, wenn er Ihro Hoheit Gäste mit nach Hause bringen würde, sie ihnen sehr angenehm seyn würden. Es fanden sich auch die Herren von Mardefeld und Cederkreutz bey Hofe zur Mahlzeit ein; welche Gesellschaft bis 8 Uhr beysammen blieb, und lustig herum trank. Nachdem nun die Gäste alle weg waren, fuhren Ihro Hoheit in der Barke mit Plate, Brümmer, Tych und wir auf dem Wasser herum, und wir hatten zu verschiedenen malen die Gnade, die kaiserlichen Prinzeßinnen zu begrüßen, weil sie in der Gallerie des Gartens stauden, und wir daselbst einige Touren vorbey machten.

Den 13ten bekam ich des Morgens einen Brief vom Doctor Biblau aus Moscau, angehend Ihro Hoheit Kopfschmerzen. Nach dem Essen, da Ihro Hoheit vernommen, daß die kaiserlichen Prinzeßinnen Dero Haus vorbey gefahren, so warteten sie so lange zu Hause, bis sie dieselben wieder zurückkommen gesehen, und im Vorbeyfahren ihnen ihr Compliment gemacht hatten. Kurz nachher, als die kaiserlichen Prinzeßinnen vorbey gefahren waren, stellete sich der Herr von Ismailof mit dem Oberprocureur Bibikof und Grafen Duglas bey Ihro Hoheit ein, welche alle drey betrunken waren, und noch einige Gläser ungarschen Wein bey uns bekamen, weil sie so bald nicht wieder weggehen wollten. Es kam aber dem Grafen Duglas der Rausch theuer zu stehen, weil er nachher fiel, und sich das Gesicht sehr beschädigte. Es ist heute ein grosses Unglück in der Stadt paßiret, nemlich, der Page Dräwnik, welcher bey der Kaiserin dienet, und ein Bruder von des Kaisers Dentschik Dräwnik ist, ist heute Abend zwischen 6 und 7 Uhr mit einer Hautboisten Witwe ertrunken, deren Mann bey der letzten Campagne in Astrachan auf dieselbe Art ums Leben gekommen, des Pagen-Diener aber, welcher mit ihren in dem Boot gesessen, welches untergegangen ist, errettet worden. Es soll das Unglück sich auf diese Weise zugetragen haben. Die erwehnte Witwe wollte sich über den kleinen Canal, der hinter des Kaisers Sommerhause ist, mit dem ordinairen daselbst befindlichen Ueberfahrtsboot übersetzen lassen, als der Page, welcher etwas berauschet war, sich eben in einem gar kleinem Boot, welches seinem Bruder gehörte, daselbst befand, und sie lange bat, sich zu ihm zu setzen, damit er sie hinüber bringen könne. Sie ließ sich endlich dazu bereden, und er zog die darauf befindlichen kleinen Segel auf, und anstatt sie gerade hinüber zu setzen, segelte er mit ihr nach dem Strom. Die Frau und der Diener, welche nüchtern waren, sahen gleich, daß es bey dem starken Sturm nicht gut gehen würde, suchten ihn also auf alle Art und Weise davon abzuhalten. Er nahm aber den Boshacken, gab mit demselben dem Bedienten einige Streiche über den Kopf, und setzte seinen Weg fort; allein kaum waren sie aus dem Canal gekommen, so konnte der Page, welcher beym Steuer saß, die Segel bey dem starken Sturm nicht regieren. Das Boot schlug um, und kam eben so wenig, als die beyden ertrun=

ertrunkenen Personen wieder zum Vorschein. Man vermuthet, daß er und sie sich in das Tauwerk so verwickelt hätten, daß sie dasselbige mit dem Boot auf dem Grunde fest gehalten; der Diener aber, welcher vorn bey der Fock frey gestanden, ist gleich wieder in die Höhe gekommen, und hat sich durch Schwimmen ans Land gerettet, wovon sie nicht über einige dreyßig Schritte entfernet gewesen waren. Der Page ist kurz vor diesem Unglück erst von seiner Kammer gekommen, und nicht einmal gekleidet gewesen, sondern in einem Schlafrock, leinen Unterhosen und zwirnenen Unterstrümpfen gegangen. Denn da die Prinzeßinnen heute ausgefahren, und er mitfolgen sollen, dazu aber keine Lust gehabt, so hat er sein Kleid einem von seinen Cameraden, dessen Kleid beym Schneider war, geliehen, welchen er gebeten, mit zu folgen. Es hat sich alles recht zu diesem Unglück schicken müssen.

Den 14ten. Gegen Abend kam der Kaiser in einem offenen Wagen, mit sechs Pferden bespannet, von Peterhof zurück, und anderthalb Stunden hernach kam die Kaiserin auch allhier glücklich an. Gegen Abend um 7 Uhr gingen Ihro Hoheit mit Plate, Tych und mir spazieren, und wir begegneten dem Cammerrath Ziegelein, welchem für gewiß versichert worden, daß ein gewisser Tanzmeister, Namens Schulz, welcher erst gestern aus Schweden allhier angekommen, allenthalben öffentlich erzähle, er habe in Stockholm aus des Obristlieutenant Siquier eigenem Munde gehöret, er sey derjenige, welcher den gottseligen König von Schweden in Norwegen erschossen habe. Dieses Gerücht ist schon lange in Schweden herum gegangen, erfordert aber Confirmation. Die beyden gestern ertrunkenen Personen sind erst heute mit Ankern aufgefischet worden. Sie sollen einander sich in die Arme gefasset haben. Es hatte sich die Frau nicht sonderlich verändert, Drawnik aber sahe sich nicht mehr gleich. Beyde sollen, wie man saget, in Gegenwart des Kaisers aufgeschnitten werden, um zu sehen, ob sie Wasser im Magen haben? welches die Doctores allhier nicht zugestehen wollen, sondern dafür halten, der Mensch ersticke gleich im Wasser.

Den 15ten. Gegen die Betstunde kamen der Geheimerath Unger und der schwedische Obrist Rose, welche nebst dem Capitain Dalwig mit unsern zu Hause gebliebenen Cavalieren vorlieb nahmen. Heute ist der Herr von Bestuscheff in 7 Tagen zu Wasser von Kopenhagen hieher gekommen. Er stehet daselbst als rußischer Resident, und ist nur auf einige Zeit hieher berufen worden.

Den 16ten, als am Sonntag, kamen Ihro Hoheit den ganzen Tag nicht aus ihrem Zimmer, weil sie von 4 Uhr des Morgens bis des Abends hinzu ihre gewöhnlichen Kopfschmerzen hatten. Als des Nachmittags eine Wasserfahrt mit Barken gehalten wurde, so fuhren Plate, Ismailof und Brümmer mit Ihro Königl. Hoheit

Barke aus, und es daurete diese Wasserfahrt eben nicht gar lange, weil weder der Kaiser noch die Kaiserin dabey waren, sondern nur die kaiserlichen Prinzeßinnen, welche zu verschiedenen malen nach Ihro königl. Hoheit Barke gar genau gesehen, in Meynung, sie darinn zu erkennen. Ob nun zwar alle Barken hernach bey des Fürsten Mentschikof Hause angeleget wurden, so sind doch die kaiserlichen Prinzeßinnen vorbey gerudert. Es ist zwar der Kaiser heute etwas unpäßlich gewesen, er hat aber mit der Kaiserin und den Prinzeßinnen des Abends in der Kaiserin Garten gespeiset. Vor der heutigen Wasserfahrt wollten die beyden heßen-homburgischen Prinzen zu Ihro Hoheit kommen, welche sich aber ihrer Kopfschmerzen wegen entschuldigen ließen.

Den 17ten. Nach der Mahlzeit ritte ich zu der Herzogin von Mecklenburg, weil ich in gar langer Zeit nicht da gewesen war, woselbst ich denn die Gnade hatte, sowohl der verwitweten Zarin als der Prinzeßin Proscovia, nebst der Herzogin, die Hände zu küssen, und ihnen ein Compliment von Ihro königl. Hoheit zu machen. Die Prinzeßin Proscovia fand ich etwas unpäßlich im Bette, die Herzogin aber war gesund, und, ihrer Gewohnheit nach, sehr aufgeräumt. Ich blieb bey ihr über zwey Stunden ganz allein, und mußte ihr die Zeit vertreiben. Sie klagten, daß ihr Herr, der Herzog, sich nicht resolviren wolle, hieher zu kommen; es gehe auch hier die Rede, daß der römische Kaiser desselben Bruder, dem Herzog Christian Ludwig, die Regierung des Landes auftragen wolle, wofern sich der regierende Herr nicht bald submittiren werde; die verwitwete Zarin klagte auch, daß ihr Herr Schwiegersohn zur Anherokunft auf keine Weise zu bringen sey, ob er gleich wüßte, wie Ihro königl. Hoheit, unserm Herrn, allhier wohl begegnet würde, und Ihro Majestät der Kaiser zu verschiedenen malen desselben Herkunft verlanget hätten.

Den 18ten ging des Morgens um 10 Uhr die Betstunde an, und es fuhren Ihro Hoheit gegen 11 Uhr mit Plate, Brümmer, Negelein, Tych und mir zu Lande nach der Kunstkammer, woselbst sie sich schon gestern durch Negelein hatten ansagen lassen, daß sie heute dahin kommen würden. Wir fanden nicht allein den Herrn Schumacher, welcher die Inspection darüber hat, mit seiner Frau und Schwester zu Hause, sondern auch seinen Schwiegervater, den alten Welten. Nachdem wir eine Weile bey ihm gewesen waren, und, nach hiesiger Landesart, ein Schälchen Brantwein genommen hatten, verfügten wir uns hinauf nach der Kunstkammer, woselbst wir alles nur so obenhin besahen, und ich fand fast nichts, welches ich das vorigemal nicht gesehen hätte, als ein kleines Mädchen von drey bis vier Jahren, welches vor 30 bis 40 Jahren soll gestorben seyn, balsamiret ist, und noch eben so weiß aussiehet, als wenn es läge und schlief. Dieses Kind bekömmt sonst niemand zu sehen, wenn der Kaiser nicht da ist, oder es befehlen läſſet. Sonſt zeigete Schumacher uns unter andern in der Bibliothek ein Buch mit einer groſſen Menge gemalter Blumen, welches ein Original ſeyn ſoll von der berühmten Frau Merian, welche für die berühmteſte Blumenmalerin paſſiret, die man in langer Zeit gehabt hat. Auch fanden wir noch hier die ganze Bibel in deutſcher Sprache, von dem Herzog von Curland mit eigener Hand, in zwey Folianten, geſchrieben. Imgleichen bekamen wir hier das ganz bunte Birkhuhn zu ſehen, welches der Obriſt Unger neulich dem Kaiſer geſchenket hat, deſſen Name auch zum Andenken in dem Catalogo der Kunſtkammer ordentlich mit aufgezeichnet ſtehet. Das von Schumacher neulich von ſeiner Reiſe mitgebrachte ſchöne Münzcabinet bekamen wir für dieſesmal nicht zu ſehen. Nachdem wir alles obenhin beſehen hatten, begaben wir uns wieder nach Herrn Schumacher, woſelbſt geſpeiſet und viel getrunken wurde, zumal da der Herr von Stamken unter der Mahlzeit noch kam, und, dem Wirthe zu Gefallen, uns mit gar gutem Exempel vorginge.

Den 19ten ſpeiſeten der Generallieutenant Wangersheim, Bibikof, Prinzenſtiern und der Capitain Ismailof bey Ihro königl. Hoheit. Ich erfuhr heute, daß die Kaiſerin am verwichenen Montage in der Admiralität mit eigener Hand einen groſſen Nagel, von mehr als einen Finger lang, in das neue Schiff ſchlagen müſſen, welches der Kaiſer dorten neulich zu bauen angefangen hat, worauf alle ihre Damen ein Gleiches haben nachthun müſſen.

Den 20ſten. Die Flaggen, um mit Barken auszufahren, wurden ganz unvermuthet ausgeſtecket, daher wir uns gegen 6 Uhr nach dem ordinairen Sammelplatz, nemlich nach den 4 Fregatten, begaben, von dannen wir um 7 Uhr, als die Kaiſerin gekommen war, abgingen, obgleich der Kaiſer ſich nicht eingefunden hatte. Wir machten erſt mit der ganzen Flottille eine Tour auf den Strom herum, und ruderten ſo durch den Canal, bey des Kaiſers Sommerhauſe vorbey, (wo wir en paſſant die Ehre hatten, die älteſte kaiſerl. Prinzeßin am Fenſter ſtehen zu ſehen,) nach dem Großadmiral Appraxin, woſelbſt die ganze Geſellſchaft in ſeinem Garten ſich verſammlete. Bey unſerer Ankunft ließen ſich deſſelben Paucken, Trompeten und Waldhörner hören, als welche auch ſo lange blieſen, als die Geſellſchaft im Garten ſich aufhielt. Sobald Ihro königl. Hoheit den Kaiſer allhier rencontrirten, traten ſie zu Ihro Majeſtät, und wurden ſehr gnädig empfangen, worauf ſie ſich auch der Kaiſerin näherten, und mit Ihro Majeſtät verſchiedene Touren im Garten machten, ſich auch während der Zeit einige male zwiſchen der Kaiſerin und Herzogin von Mecklenburg niederſetzen mußten. Da nun der Kaiſer heute ſehr aufgeräumet war, und einſtens dahin kamen, wo die Kaiſerin ſaß, die Fürſtin Romadanofsky aber, als Vicekaiſerin, hinter Ihro Majeſtät ſtehen fand, ſo rief der Kaiſer gleich,

Straf!

Straf! Straf! worauf die Kaiserin und die Herzogin von Mecklenburg ein Spitz=
glas von dem stärksten ungarischen Wein zur Strafe austrinken mußten, daß sie ge=
sessen, und die Vicekaiserin stehen lassen, bey welcher Gelegenheit die Kaiserin Ihro
königl. Hoheit unsern Herrn auch angab, daß sie gleichfalls mit ihnen gesessen, da=
her dieselben auf gleiche Weise gestrafet wurden, worauf sich der Kaiser wieder nach
seiner Gesellschaft verfügte. Gegen 10 Uhr erhielten Ihro Majestät die Kaiserin
endlich die Erlaubniß, nach Hause zu fahren, und es führeten Ihro königl. Hoheit
selbige nach ihrer Barke. Sie nahmen auch Abschied von der Herzogin, und blieben
so lange beym Canal stehen, bis sie abgefahren war, worauf Ihro Hoheit wieder
nach dem Garten gingen, und sich bey dem Kaiser eine Weile niedersetzten, hierauf
noch einige Touren im Garten machten, und so unvermuthet davon gingen, und sich
nach Hause verfügten. Ob nun zwar die beyden Prinzen von Hessen=Homburg fast
die ganze Zeit, da diese Gartenlust währete, hinter dem Tische gestanden, an welchem
der Kaiser mit den hiesigen Grossen und dem Wirth vom Garten saß, so war doch
niemand, der sie zum Sitzen nöthigte, und wird mit diesen beyden Fürsten=Kindern
nur ziemlich cavalierement umgegangen. Da ich mich nun heute Abend im Garten
mit der Kaiserin Cavalieren lange entretenirte, so sagte mir der Kammerjunker Schey=
lof unter andern, daß sein Camerad, der Kammerjunker Ball, sich mit einem gewissen
vornehmen, reichen und hübschen Fräulein verheirathet, und seiner ersten Braut den
Kauf aufgesaget habe, er müßte sich aber jetzt nach seiner Frauen Namen nennen, weil
die Familie ausgestorben seyn soll. Es reisete heute der Major Eder von hier nach
Holstein, woselbst er auch wohl bleiben wird.

Den 21sten. Der Kaiser kam zu Ihro königl. Hoheit mit der guten Zeitung
aus Schweden, daß die Stände des schwedischen Reichs unserm gnädigsten Herrn
den Titel von königliche Hoheit beygeleget, und Höchstdieselben dafür erkannt und an=
genommen hätten. Ihro Majestät der Kaiser sind darüber ungemein vergnügt gewe=
sen, haben sich auch sehr gnädig gegen Ihro königl. Hoheit bezeiget, an zwey Stun=
den bey ihnen gesessen, und mit ihnen gespeiset; denn sie sind eben gekommen, wie
Ihro königl. Hoheit oben in des Grafen Bonde Zimmer zur Tafel gehen wollten.
Ihro Hoheit sind zwar, da sie von des Kaisers Ankunft avertiret worden, ihm erst auf
der Treppe entgegen gekommen, und haben ihn nach Dero Zimmer führen wollen,
es haben aber Se. Majestät gesaget, sie wollten dahin gehen, wo Ihro Hoheit her=
kämen, allwo sie sich denn auch gleich an die Tafel gesetzet, nachdem sie zuvor die
Briefe aus Schweden an Se. königl. Hoheit überreichet, und sodann eine Gesundheit
auf die gute Zeitung angefangen, welche hernach von vielen andern continuiret wor=
den. Da nun Ihro Majestät den Courier bey sich gehabt, welcher die gute Zeitung
überbracht, so ist derselbe erst, nebst Waßilei Petrowitsch, durch die Herren von Plate
und

und Brümmer bestens bewirthet worden, und hernach hat er noch eine goldene Tabattiere mit 50 Ducaten von Ihro königl. Hoheit geschenket bekommen. Es ist derselbe Courier, welcher neulich in Ihro königl. Hoheit Angelegenheiten nach Stockholm gesandt worden. Als diesen Abend der Waßiley Petrowitsch beym Glase Wein verschiedene male nach mir gefraget, und gebeten, daß man mich doch holen lassen mögte, ihm aber geantwortet worden, daß ich krank sey, und heftige Zahnschmerzen hätte, so ist er gleich zu dem Kaiser gegangen, und hat gesaget, daß ich Zahnschmerzen hätte, und Se. Majestät gebeten, mich doch zu curiren, wozu sich auch der Kaiser sogleich erboten, und gesaget, er wollte die beschädigten Zähne ausziehen, wobey er zu gleicher Zeit erwehnet, wie viele leute er schon auf diese Art glücklich curiret habe. Es wurde mir von dem Hofjunker Tych noch erzählet, daß da der Herr von Marbefeld bey der erhaltenen Zeitung aus Schweden zugegen gewesen, derselbe sofort im Namen seines Königs unserm gnädigsten Herrn zum erhaltenen Titel von königliche Hoheit Glück gewünschet habe.

Den 22sten. Es ging heute die Betstunde schon um halb 10 Uhr an, in welcher der Hofprediger auch eine Danksagung wegen der gestern erhaltenen Zeitung abstattete. Gegen Mittag stelleten sich verschiedene Fremde ein, welche kamen um ihre Glückwünsche abzulegen, als, Graf Wachtmeister, Obrist Rose, der neulich aus Dännemark gekommene, Herr von Bestuschef, General Jaguschinsky, Geheimerath Ostermann, Monsieur la Coste, und andere mehr, von welchen allen aber niemand zur Mahlzeit blieb, weil die meisten bey dem schwedischen Envoyé, Baron von Cederkreuß, engagiret waren. Um 1 Uhr stelleten sich die beyden hessen-homburgischen Prinzen mit ihren beyden Cavalieren bey Hofe ein, welche den jungen Wilster, der vor einiger Zeit suchte bey uns Page zu werden, zum Cavalier bey sich gemachet hatten. Ueber der Mahlzeit mußte ich mit dem ältesten Kammerpagen Hecklau den ältesten Prinzen, Tych und Petersen aber den jüngsten Prinzen, und Zöge mit dem neuen Kammerlaquey Ihro königl. Hoheit bedienen. Während der Mahlzeit wurde ziemlich stark getrunken, indem mit 16 Deckelgläsern angefangen wurde, die beyden Prinzen aber hatten Freyheit Wasser zu trinken, und so viel Wein einzuschenken, wie sie selbst wollten.

Den 23sten ging des Morgens die Predigt um 11 Uhr an, und fanden sich in derselben der Generalmajor Löscher, Kammerrath Fick, Secretair Schulz, und der von Tunderfeld ein, von welchen die drey ersten, sobald der Gottesdienst vorbey war, und sie Ihro königl. Hoheit felicitiret hatten, sich wieder nach Hause begaben. Weil heute eine Fregatte ablaufen sollte, so vermuthete man, daß solches frühe, und zwar um 2 oder 3 Uhr schon, geschehen würde; allein der Kanonenschuß zum gewöhnlichen

Zeichen,

Zeichen, daß es Zeit sey, dahin zu kommen, geschahe nicht vor 5 Uhr, um welche Zeit wir uns denn auch sofort nach der Admiralität und auf das Schiff begaben, welches zum Ablaufen bereit stand. Es fand sich auch der Kaiser ein, und die Fregatte, welche für 36 Canonen gebauet war, wurde um halb 6 Uhr gewöhnlichermassen getaufet, und Kreutzer genannt, welchen Namen die wenigsten Russen anfänglich verstunden. Sobald nun dieses vorbey war, machten sie alles zum Ablaufen fertig, so daß noch vor 6 Uhr das Schiff glücklich ablief. Es wäre aber bald ein grosses Unglück geschehen, wenn der Kaiser nicht gerufen, und darbey brav gescholten hätte, um die Leute aus dem Wege zu bringen; denn in dem Augenblick, als das Schiff im Ablaufen begriffen war, ruderten dumme Kerle mit einem ganz kleinen Boot, gerade vor dem Schiff, und wußten sich nicht zu helfen; um aus dem Wege zu kommen. Das Schiff lief heute mit dem Steuer ab, welches sonsten hier nicht zu geschehen pfleget, und vermuthlich eine neue Invention dieses Baumeisters ist. So bald das Schiff auf eine gewisse Distance vom Ufer gekommen, und der Anker geworfen war, wodurch das Schiff vom Strom gedrehet wird, so wollte ein jeder vom Lande gern der erste seyn, um Ihro Majestät dem Kaiser auf dem Schiffe zu dessen glücklichen Ablauf Glück zu wünschen, wobey es dem Adjutanten von der Garde, welcher den Prinzen von Hessen-Homburg zur Aufwartung gegeben worden, eben so, wie mir ohnlängst, erging, denn er ward mit einem Boshacken im Fusse bleßiret, und also gezwungen, sich deswegen gleich nach Hause zu begeben. Kurz nach unsrer Ankunft auf dem Schiffe kamen Ihro Majestät die Kaiserin, nebst der Herzogin von Mecklenburg, wie auch die Fürstin Mentschikof, und die übrigen Damen, an, die kaiserlichen Prinzeßinnen aber fanden sich nicht ein, wie dann auch die Prinzeßin Proscovia, welche unpäßlich ist, sich nicht einstellete, die verwitwete Zarin aber kam, so krank sie auch war, dennoch mit der kleinen Prinzeßin von Mecklenburg in ihrer Barke beym Schiffe an, doch stieg sie nicht hinauf, sondern ruderte, so bald sie die Herzogin ausgesetzet hatte, wieder nach Hause. Nachdem sich nun die Gesellschaft auf dem Schiffe versammlet, und ihren Glückwunsch beym Kaiser abgeleget hatte, so begaben sie sich zur Tafel, und es satzte sich der Kaiser ganz unten an bey den Schiffbauern, Ihro Königl. Hoheit aber kamen zwischen dem Herrn von Ostermann und dem ältesten Prinzen von Hessen-Homburg zu sitzen, weil sich ein jeder setzte, wie er dazu kam. Neben dem Herrn von Ostermann zur Rechten saß der aus Preussen gekommene Graf Galofkin, und neben dem Prinzen zur linken sein jüngster Bruder. Von fremden Ministern war niemand auf dem Schiffe, als der Herr von Cederkreutz und der holländische Resident, mein Herr de Wilde. Ob nun gleich bey der Mahlzeit nicht stark getrunken, noch genöthiget wurde, so trank doch ein jeder ein gutes Glas Wein, um Ihro Majestät den Kaiser (welcher nicht recht aufgeräumet war) en humeur zu setzen, indem der Capitain Lapuchin, welcher diese Fregatte zu commandiren bekommen, die gesammte

sammte Geſellſchaft darum gar inſtändig bat, und fleißig zum Trinken nöthigte. Da nun um 11 Uhr die Kaiſerin endlich Erlaubniß erhielt, mit dem Frauenzimmer ſich zu retiriren, ſo trug ſich ein Unglück zu, als die Kaiſerin weg war, und die Herzogin in ihre Barke ſteigen wollte. Denn da eben der Herzogin und der Fürſtin Mentſchikof Leute mit einander ſtritten, um zuerſt ans Schiff zu legen, ſo lief der groſſe ungeheure Schlitten, auf welchem das Schiff war, mit vom Schiffe ab, und richtete der Fürſtin Barke dermaſſen zu, daß ſie ſank, und die Leute ſich mit Mühe retten konnten. Als alle Damen weg waren, wurden nur noch einige Deckelgläſer getrunken, und es begaben ſich darauf Ihro Majeſtät der Kaiſer auch vom Bord, wozu die übrige Geſellſchaft auch Erlaubniß erhielt. Ihro königl. Hoheit ſchienen zwar, ſowohl auf dem Schiffe, als auch in der Barke, etwas berauſchet zu ſeyn, ſie ſtelleten ſich aber nur ſo, indem ſie die ganze Zeit von ihrem eigenen Wein, der meiſt aus Waſſer beſtand, getrunken hatten. Gleich anfänglich baten ſie ſich vom Kaiſer ein groſſes Glas ungariſchen Wein, aber auch die Erlaubniß aus, hernach ihres eigenen Weins ſich bedienen zu dürfen, wobey ſie dem Kaiſer verſicherten, daß ſie allemal nach dem ungariſchen Wein unpäßlich wären, wenn ſie viel davon tränken. Dieſe Vorſichtigkeit war ſehr gut, indem ſonſten auf den Schiffen kein anderer Wein, als ungariſcher, oder ſtarker Eremitage- und Champagner-Wein pfleget gereichet zu werden. Es ließ der franzöſiſche Miniſter von Camperdon Ihro königl. Hoheit zur erhaltenen guten Zeitung aus Schweden Glück wünſchen, weil er bettlägerig iſt, und Ihro königl. Hoheit lieſſen ihm durch den Secretair Schwinger ſofort ein Gegencompliment machen, und ſich nach ſeiner Geſundheit erkundigen.

Den 24ſten, als am Feſte Johannis des Täufers, ging die Predigt erſt ſpät an, und es fanden ſich folgende Fremde zu derſelben ein, nemlich Generallieutenant Wangersheim, Generalmajor Zülich, (welcher erſt vor ein Paar Tagen allhier arriviret, und vor 3 Wochen aus Schweden gegangen,) der Graf Duglas, Obriſt Roſe, Graf Wachtmeiſter und Capitain Häckel, welche auch insgeſammt bey Ihro königl. Hoheit zur Mahlzeit blieben, und da wir noch am Tiſche ſaſſen, ſtellete ſich der junge Fürſt Meſcherſky (welcher mit der letzt erhaltenen guten Zeitung aus Schweden gekommen,) bey Hofe ein, und ſetzte ſich mit an die Tafel. Der Baron Cederkreutz kam nach der Mahlzeit, um Ihro königl. Hoheit für ſeine Perſon wegen der neulich erhaltenen guten Zeitung Glück zu wünſchen. Die Herzogin von Mecklenburg ließ mich zu ſich rufen, vornemlich mir zu ſagen, daß der Kaiſer geſtern reſolviret habe, den General Bonne nach Danzig zu ihrem Herrn, den regierenden Herzog Carl Leopold, zu ſenden, um ſelbigen zu perſuadiren, nach Riga zu kommen, weil er ihn gar wohl kenne, und gedachter Herr General von ihm vormals ſehr geliebet worden. Es wollte die Herzogin, welche gedachten General nicht beſonders kennet, von mir wiſſen,

wissen, was er für ein Mann sey? Unterdessen befürchtete sie sehr, es werde ihr Gemahl sich doch nicht überreden lassen, obgleich es das einzigste Mittel sey, wieder aus dem Malheur heraus zu kommen, in welchem er sich jetzt befinde. Sonsten vertrauete mir auch die Herzogin unter andern, daß, nachdem der Kaiser ihnen gestern gerathen, nicht viel zu schlafen und zu essen, um nicht so stark zu werden, so hätte sie auch noch keinen Schlaf in ihren Augen gehabt, auch seit gestern nicht gegessen, ließ auch bey meiner Anwesenheit ihr Essen heraufholen, als welches alles ich denn aus Curiosität schmecken mußte, indem es lauter Fastenspeisen waren; allein wer zum Starkwerden geneigt ist, der findet dagegen wohl wenig Mittel, und wird die Herzogin das Fasten und Wachen wohl bald einstellen, weil sie zu beyden nicht viel Lust hat, es auch nicht lange würde aushalten können. Da nun die Prinzeßin Proscovia an beyden Händen noch geschwollene Finger hatte, und sie sich also vor der Kälte sehr in Acht nehmen muß, so kam sie auch nicht aus ihrem Zimmer, und waren wir also bald bey ihr, bald aber hier und da im Hause, und mußte ich über drey Stunden da bleiben, weil die Herzogin, nachdem sie ihre Klaglieder gesungen, anfing recht aufgeräumt zu werden, auch ihre Schwester Proscovia dahin brachte, mir ein neues seidenes chinesisches Schnupftuch zu schenken, von welcher Art die Prinzeßin zwey, die Herzogin aber nur eines bekommen. Und da der Prinzeßin Schnupftücher noch nicht gesäumet waren, so gab mir die Herzogin, anstatt des ihrigen, ihr eigenes, und befahl mir dabey, daß, wenn ich morgen sehen würde, daß sie ihres hervorzöge, ich gleichfalls meines herausziehen sollte, um zu zeigen, daß ich selbiges bey mir führete, und in Ehren hielte; wobey die Herzogin dann noch hundert andere Aufzüge mehr mit mir vornahm, und mich gerne länger bey sich behalten hätte, wenn es sich hätte thun lassen, und ich nicht nach Hause eilen müssen. Sonsten sind heute verschiedene von Ihro königl. Hoheit Hofbedienten zu Cathrinenhof gewesen, mit Frauenzimmer und Musik; denn es sind unter ihnen zwey gewesen, welche das Waldhorn geblasen. Da nun der Kaiser sich auch heute zu Cathrinenhof befunden, so ist er zu unseren Leuten gekommen, und hat von ihnen etwas zu trinken begehret, von dem, was sie hätten, und selbst tränken, worauf sie denn anfänglich Sr. Majestät ein Glas Wein präsentiret, und nachdem er eine Weile darauf auch ein Glas Bier gefordert, ist ihm solches gleichfalls gereichet worden. Wie nun Se. Majestät der Kaiser eine Weile die Waldhörner angehöret, (denn der Waldhornist Rummel soll, wie der Kaiser gekommen ist, das Waldhorn von einem der Laquayen genommen, und so lange selbst mit geblasen haben,) so hat der Kaiser zu ihnen gesaget, sie möchten nur lustig seyn, und sich brav divertiren, so lange sie wollten; worauf denn mein gewesener Bedienter Martini, welcher, nebst den andern, schon ein wenig im Kopf gehabt, zum Kaiser im Weggehen getreten, und ihm die Hand geküsset hat, welches Se. Majestät auch gar nicht ungnädig aufgenommen.

Der

Den 25ſten wurde das am heutigen Tage einfallende gewöhnliche Krönungsfeſt Sr. Majeſtät des Kaiſers celebriret; und da der Kaiſer erſt ſehr ſpät in die Kirche ging, ſo währete es auch bis 1 Uhr hinzu, ehe die Predigt und der Gottesdienſt zum Ende war, und das Canoniren anging, ſowohl von der Feſtung als Admiralität, und von der auf dem Niewaſtrom liegenden und mit Flaggen wohl ausgezierten Fregatte, Transport-Royal genannt. Ob es nun zwar heute ein ſehr heßliches, regnigtes Wetter war, ſo wurden doch nach der Mahlzeit die Signal-Flaggen zur Waſſerfahrt mit Barken ausgeſtecket, wovon aber dennoch vor 5 bis 6 Uhr nichts ward, indem ſich der Kaiſer dieſen Nachmittag erſt ſpät zu ſeiner gewöhnlichen Nachmittagsruhe begeben hatte. Da nun die meiſten Vornehmen und auch Ihro königl. Hoheit erfuhren, daß von der kaiſerlichen Herrſchaft niemand der Waſſerfahrt mit beywohnen würde, ſo verfügten ſich auch Ihro königl. Hoheit, nebſt der Herzogin von Mecklenburg und den meiſten Vornehmen, geradehin nach der Kaiſerin Garten, und erwarteten daſelbſt die hohen Herrſchaften, welche um 6 Uhr ankamen: nemlich, die Kaiſerin mit den Prinzeßinnen zu Waſſer, und der Kaiſer zu Fuß von ſeinem Sommerhauſe her, über die neulich gemachte Communications-Brücke, auf welcher man über den Canal von des Kaiſers Sommerhauſe nach der Kaiſerin Garten kommen kann, und dadurch alſo dieſe beyden Gärten faſt an einander gehänget worden. So bald die Barken-Flottille dorten angekommen war, und Ihro königl. Hoheit vernahmen, daß die Herrſchaften folgeten, ſo gingen dieſelben, im Gefolge der beyden heſſen-homburgſchen Prinzen und uns übrigen vom Hofe, Ihro Majeſtät der Kaiſerin entgegen bis an die Brücke, woſelbſt ſie ausſtiegen, und Ihro königl. Hoheit die Kaiſerin ſowohl, als auch die beyden Prinzeßinnen, empfingen, und ihnen die Hände küſſeten, auch letztere beyde darauf nach dem im Garten liegenden Hauſe führeten, woſelbſt die geſammten Herrſchaften ſo lange beyſammen blieben, bis der Regen übergegangen war, allwo ſich denn auch alle fremde und einheimiſche Miniſter, nebſt dem geſammten Frauenzimmer, einfänden, und von der Kaiſerin Capelle muſiciret wurde. Nachdem nun die Herrſchaften eine Weile allhier geſeſſen hatten, und beſſeres Wetter geworden war, ſo gingen ſie allerſeits im Garten ſpatzieren; allein die kaiſerlichen Prinzeßinnen, welchen die Promenade nicht ſonderlich anſtehen mußte, verfügten ſich, nebſt ihrem bey ſich habendem Frauenzimmer, bald wieder nach dem vorgemeldeten Hauſe, dahin Ihro königl. Hoheit ihnen folgeten, ſo lange ſie da waren, bey ihnen blieben, ſich mit ihnen entretenirten, und auf derſelben Anſuchen die ganze Zeit über bey ihnen ſaſſen, auf welche Weiſe denn Ihro königl. Hoheit ihre Zeit recht angenehm paſſirten, und bald mit der einen, bald mit der andern Prinzeßin, auch mit der Herzogin von Mecklenburg, ſich unterhielten, bis daß endlich um 10 Uhr die kaiſerlichen Prinzeßinnen die Erlaubniß erhielten, ſich zu retiriren, da ſie denn von Ihro königl. Hoheit bis an die Barke wieder geführet und begleitet wurden. Unſer gnädigſter Herr

Herr blieb so lange am Ufer stehen, als sie ihn noch sehen konnten, es sahe auch die älteste kaiserliche Prinzeßin zu verschiedenen malen aus der Barke heraus, und grüßete Ihro königl. Hoheit aufs freundlichste. Da nun die jüngste kaiserliche Prinzeßin nicht dazu kommen konnte, so machte sie die Thüre der Barke auf, und kam auf diese Weise endlich auch dazu, ihr Compliment an Ihro königl. Hoheit zu machen, als welches denn unserm gnädigsten Herrn nicht wenig gefiel. Hierauf verfügten sich Ihro königl. Hoheit nach dem Lusthause, in welchem die Kaiserin und der Kaiser saßen, wo sie alle Gesundheiten mittrinken mußten, welche der Generalmajor Utschakof als Marschall anfing, und bey welchen von der auf dem Strom liegenden Fregatte canoniret wurde. Wenn und wie oft es geschehen solle? zeigten die Flaggen an, welche vor dem Garten aufgezogen wurden. Es währete bis 12 Uhr, ehe die Herrschaften sich wegbegaben, und jemand aus dem Garten gelassen wurde. Ich hatte meine Noth mit des Kaisers Dentschik und Favoriten Waßilei Petrowisch, welcher mich, in Gegenwart der kaiserlichen Prinzeßinnen und Ihro königl. Hoheit, bey dem Arm nach dem Nebenzimmer zog, woselbst ich mit ihm trinken mußte. Er plagte mich nicht wenig, daß ich mich entschließen sollte, mir durch den Kaiser meine schlimmen Zähne ausziehen zu lassen. Es hatte heute unser Kammerherr Stahl von Holstein die Gnade, der Kaiserin vorgestellet zu werden, und ihr die Hand zu küssen. Er wurde sowohl von Madame Villebois als von Madame Campenhausen wieder erkannt, weil er schon in Amsterdam die Gnade gehabt, der Kaiserin seine unterthänigste Reverenz zu machen. Heute Mittag bekamen Ihro Hoheit den jungen Bleeken als Courier von dem Geheimenrath von Bassewitz aus Schweden, welcher zwar noch nicht die Nachricht von der Ausfertigung des zugestandenen königl. Hoheit Titels, aber andere gute Nachrichten mitgebracht haben soll. Er ist nur sieben Tage unterwegens gewesen, und zu Lande durch Finland gekommen; dahingegen der letzte Courier, der von hier auf demselben Wege dahin gegangen, erst am zehnten Tage zu Stockholm eingetroffen, obgleich er noch 30 Meilen in die Richte geritten, weil er verschiedene Recommendationen an die Landshauptleute gehabt, um ihm bald allerwärts fortzuhelfen, und den nächsten Weg führen zu lassen. Herr von Bleeken hat sich nicht einmal bey ihnen kund geben mögen. Ich vernahm von ihm, daß die Frau Geheimeräthin von Bassewitz täglich in Schweden erwartet werde, denn Ihro königl. Hoheit Jagd, die in Stockholm so viele Jahre gelegen hat, ist vor 14 Tagen nach Travemünde, bey Lübeck, ihr entgegen gesandt worden. Unser guter Mundkoch fiel heute wieder in eine solche Melancholie, als er zu Moscau hatte, und beyde male unmittelbar darauf, nachdem er sich mit Frauenzimmer divertiret und lustig gemacht hat.

Den 26sten wurde des Morgens der von Plate nach Hofe gesandt, um sich sowohl nach des Kaisers und der Kaiserin, als nach der Prinzeßinnen Gesundheit zu erkun-

erkundigen. Um 11 Uhr kamen Jaguschinsky und Ostermann nach Hofe, welche Ihro königl. Hoheit im Schlafrock vor sich kommen liessen, weil sie noch nicht angezogen waren, denn sie wollten in ihrem Zimmer speisen, und in Vorrath für die Post schreiben. Diese beyde Herren waren eine halbe Stunde bey dem Herrn allein. Nach der Mahlzeit mußte ich zum Großadmiral Appraxin und zum Generalfeldzeugmeister Bruce reiten, um zu vernehmen, wie sie sich befänden? Mit dem ersten ließ es sich zur Besserung an, der andere aber war nicht in der Stadt, sondern lag auf dem Lande krank, und wurde sehr vom Podagra incommodiret. Ihro Hoheit vernahmen auch heute, daß die Marschallin Olsusief sehr krank sey, und sandten also einen Cämmerpagen zu ihr, welcher die Nachricht brachte, sie sey sehr schwach, und von den Doctoren bereits aufgegeben. Der Kaiser soll gestern, die Kaiserin aber schon vorgestern bey ihr gewesen seyn.

Den 27sten waren zwey Jahre seit Ihro königl. Hoheit Ankunft allhier verflossen, und es ward heute das Fest der pultawischen Schlacht, auf die gewöhnliche und schon beschriebne Weise, gefeyert, obgleich einige gemeynet hatten, daß es auf Vorstellung des schwedischen Envoyé unterbleiben würde. Der Kaiser hatte Vormittags das alte blaue schwedische Kleid wieder an, welches er in der pultawischen Schlacht getragen, und der Fürst Mentschikof trug heute denselben Rock und Degen, welchen er in der Schlacht angehabt, behielt ihn auch den ganzen Tag an. Von fremden Ministern ist heute morgen niemand auf der anderen Seite bey dem Gottesdienst und der Parade gewesen, als der holländische Resident, und die beyden hessen-homburgischen Prinzen, welche aber nicht einmal dazu gekommen sind, dem Kaiser zu gratuliren, indem dem Kaiser der Kopf nicht recht gestanden, welches man ihm bald ansehen kann, weil er alsdann selbigen stark beweget und drehet. Bey Ihro Hoheit erschien heute der gestern aus Sibirien hier angekommene schwedische Generaladjutant Canifer, welcher überaus viele Curiosa mit sich gebracht haben soll, indem er am allerweitesten von den sämmtlichen schwedischen Officieren gefangen gesessen, und an seinem Ort ganz allein gewesen. Er hat 14 ganze Monate auf der Reise zugebracht, woraus man die ungemeine Größe des rußischen Reichs abnehmen kann. Er ist in seiner Gefangenschaft ganz grau geworden. Unter vielen lebendigen Thieren, die er mit sich gebracht, als Gänsen, weissen Reihern, Endten, Hünern und dergleichen mehr, soll am merkwürdigsten eine Art Hüner seyn, welche schwarze Knochen, und ein graues unangenehmes Fleisch hat. Da wir fragten, ob er sie hier hätte? so antwortete er, daß er alle seine Curiosa von Novogrod ab nach Liefland gesandt habe. Es waren zwar alle Standespersonen auf heute Nachmittag um 5 Uhr nach des Kaisers Garten beschieden, woselbst der heutige Tag sollte celebriret werden, es kam aber niemand vor 6 bis halb 7 Uhr dahin, weil der Kaiser heute Nachmittag erst spät sich schlafen geleget

get hatte. Ihro königl. Hoheit blieben also auch so lange zu Hause, bis ein Kanonenschuß zum Zeichen geschahe, daß der Kaiser aufgestanden sey; da begaben sich unser gnädigster Herr zu Fuß nach dem Garten. Sie trafen bey der Kaiserin die Herzogin von Mecklenburg, den Großfürsten mit seiner Schwester, und viele vornehme Damen an, es kamen auch bald die beyden kaiserlichen Prinzeßinnen mit ihrer jüngsten kleinen Schwester, welche sie zwischen sich gehen hatten. Die kleine Prinzeßin fuhr hernach mit der Großfürstin lange auf einem kleinen Wagen im Garten herum, und wurde von einem artigen kleinen Pferdchen gezogen. Als die Herrschaften eine Weile bey einer Fontaine gestanden hatten, in deren Baßin ein lebendiger Seehund lag, so ging das Spatzieren im Garten an, und es gingen Ihro königl. Hoheit allezeit mit den Prinzeßinnen, welchen auch zuweilen die Herzogin folgete, wir begegneten auch zum öftern der Kaiserin, bey welcher hernach allen Damen, nebst Ihro Hoheit und Deroselben Suite, der gemeine Brandtewein präsentiret wurde. Ich wäre mit demselben verschonet worden, wann mich nicht die älteste kaiserl. Prinzeßin dazu gebracht hätte, als welche mich mit lächlendem Munde fragte, warum ich mich verstecken wollte? ich müßte trinken, weil Ihro königl. Hoheit getrunken hätten. Um halb 10 Uhr Abends ging der Tanz an, welcher nur bis gegen 12 Uhr daurete, und ich that den letzten Tanz heute Abend mit der jüngsten Prinzeßin. Als die kaiserl. Prinzeßinnen weggingen, folgeten ihnen Ihro Hoheit nach Hause, und verfügten sich hernach zu der Kaiserin, bey welcher sie so lange blieben, bis der Kaiser kam, und sich endlich beyderseits Majestäten wegbegaben.

Den 28sten. Heute ward der mit der guten Zeitung aus Schweden allhier angekommene, und gestern zum Fähnrich bey der hiesigen Garde avancirte Knes Mischersky, sowohl von Ihro Hoheit als vom Kaiser, wieder nach Stockholm abgefertiget; und bekam, ausser seinem Reisegelde, noch 30 Ducaten von unserm gnädigsten Herrn. Selbiger gehet von hier zu Lande nach Reval, und nimmt daselbst wieder eine Fregatte bis ganz nach Stockholm.

Den 29sten, als am Petri Pauli Tage, nach dem hiesigen Calender, fuhren Ihro königl. Hoheit des Morgens um 10 Uhr in Dero Barke nach der andern Seite, um dem Kaiser zu seinem Namenstage zu gratuliren; sie fanden den kaiserlichen Hof in der Kirche. Nach dem Gottesdienst ward einmal von der Festung und Admiralität, wie auch von der auf dem Strom liegenden Fregatte, canoniret, und als der Kaiser auf unsere Seite des Stroms kam, machten die neun Regimenter, welche auf der Wiese vor des Kaisers Garten rangiret standen, ein Kettenfeuer, worauf sie wieder in der Ordnung, nach dem Alter und Rang der Regimenter, mit klingendem Spiel abmarschirten. Des Mittags speiseten Ihro königl. Hoheit öffentlich. Während

rend der Tafel kam der Major von Stackelberg, über Reval, innerhalb 10 Tagen, aus Stockholm hier an, durch welchen der Graf von Bassewitz meldete, daß die drey übrigen Reichsstände den dem Herzog ertheilten Titul, königliche Hoheit, mit dem, was davon abhängig ist, bestätiget hätten. Um 5 Uhr wurde das Zeichen gegeben, daß die Standespersonen sich in dem kaiserlichen Garten einfinden sollten. Es begaben sich also alle Boyer und Tornscheuten auf den Strom, und legten bey der Admiralität an, allwo der Kaiser, unter Lösung der Kanonen von der Admiralität, an seinem angelegten grossen neuen Schiffe den Kiel fertig machte. Allen Anwesenden ward ein Glas Wein präsentiret. Hier hatten Ihro königl. Hoheit die Gnade, den Kaiser und die Kaiserin heute zum andernmal zu sehen und zu sprechen. Da gleich nach der Mahlzeit verschiedene Personen, als, der Baron Mardefeld, Geheimerath Unger, Cammerrath Fick, und andere mehr, sich bey Ihro Hoheit eingefunden, um ihnen zu der erhaltenen Zeitung zu gratuliren, so nahmen Ihro königl. Hoheit auch die beyden ersten mit sich auf die Tornscheute, und hernach in Dero Barke; denn der Wind hatte sich geleget, so daß wir nicht von der Admiralität zurück segeln konnten. Als wir in den Garten kamen, fanden wir daselbst die drey kaiserlichen Prinzeßinnen, nebst dem Großfürsten und desselben Schwester, und es gingen Ihro königl. Hoheit anfänglich mit den Prinzeßinnen eine Weile spazieren, und tanzten darauf bis 12 Uhr, um welche Zeit ein Feuerwerk, welches auf dem Strom vor dem Garten zurecht gemachet war, seinen Anfang nahm, aber nur aus Raqueten, Lustkugeln, Schwärmern, Feuerrädern, und dergleichen Dingen, bestand. Nach desselben Ende ging ein jeder nach Hause, worauf Ihro königl. Hoheit erst die Prinzeßinnen nach ihren Zimmern führeten, und hernach von den übrigen Herrschaften Abschied nahmen. Sonst bezeigte sich heute die ganze kaiserliche Familie, wegen der aus Schweden angekommenen Nachricht, sehr vergnügt. Ich sahe heute im Garten mit Verwunderung an, wie die fremden Schiffer (welche auf allen Festen, die im Garten gehalten werden, die Freyheit haben zu kommen, und daselbst ihren eigenen Tisch haben,) bey dem Kaiser, der sich bey ihnen niedersetzte, mit ihren Mützen und Hüten auf den Köpfen, sassen, und ganz sans façon mit ihm raisonnirten, weil der Kaiser mit solchen Leuten sehr gnädig umgehet, und ungemein gern von der Schifffahrt und Handlung mit ihnen sprechen mag. Ich erfuhr auch heute, daß die Reise nach der Flotte übermorgen früh um 8 Uhr angehen soll.

Den 30sten. Um 3 Uhr wurde das Signal gegeben, um sich in der Admiralität bey der Ablaufung des Schiffes einzufinden, welches le Ferme heißt, und vor einigen Jahren durch einen habilen französischen Schiffsbauer auf das Land aus dem Wasser gebracht worden. Es begaben sich Ihro königl. Hoheit ganz allein, mit dem von Plate und mir, in Dero Barke nach der Admiralität, weil alle ihre übrigen

leute

Leute betrunken waren. Bey unserer Ankunft fanden wir das Schiff schon auf dem Strom. Es war überaus glücklich abgelaufen, dem Kaiser aber doch dabey nicht wohl zu Muthe gewesen, weil die Passage nach dem Wasser hin, wo es herab laufen müssen, sehr enge, auch das Wasser am Ufer des Stroms nicht gar tief war, obgleich der Monarch es um ein Vieles ausgraben und tiefer machen lassen. Als aber der Kaiser wider sein Vermuthen das Schiff dennoch glücklich ablaufen gesehen, ist er darüber sehr froh gewesen, hat auch die Canonen der Admiralität lösen lassen, als wenn ein ganz neues Schiff vom Stapel gelassen wäre, da doch das jetzige nur ein altes erhandeltes Schiff ist, welches nur repariret worden. Doch hat diese Reparation ein Grosses gekostet, sowohl wegen der Ausziehung aus dem Wasser, als wegen der Verlängerung desselben, weil es durchgesäget, und durch ein Stück verlängert worden, wobey das Holz, der Härte wegen, fast nicht zu bearbeiten gewesen. Der Kaiser hat die grossen Kosten angewandt, und einen Schiffsbaumeister aus Frankreich, zur Herausziehung dieses Schiffes aus dem Wasser mit Menschenhänden, kommen lassen, der es auch hernach repariret und verlängert hat, welches einem fast unglaublich vorkommen sollte. Es wäre zu wünschen, daß alle kaiserliche Schiffe von solchem harten Holz seyn, und also länger halten mögten. Daß sie nicht dauerhaft sind, kommt eines Theils daher, weil das hiesige Landholz nicht gut ist, wenigstens nicht zur rechten Zeit gefället, und wohl aufgehoben wird; andern Theils aber daher, daß sowohl der cronslotische als revalsche Hafen kein ganz gutes Seewasser, sondern nur Brackwasser hat, insonderheit der cronslotische Hafen, als welcher in diesem Stücke gar nichts tauget. Es würde der Kaiser viele tausend Rubel darum geben, wenn er ein besseres Wasser zu Cronslot hätte, weil er alsdann gewiß noch einmal so lange seine Flotte gebrauchen könnte, und nicht nöthig hätte, mit so grossen Unkosten jährlich so viele neue Schiffe bauen zu lassen, um die Flotte im Stande zu erhalten, wie er jetzt thun muß, obgleich Sr. Majestät dennoch bey weitem die Schiffe nicht so viel zu bauen kosten, wie den übrigen mehresten Seemächten, da ihnen das Holz, welches aus Rußland zu Wasser herunter gebracht wird, ausser dem Transport nichts kostet, dieselben auch ihr eigenes Eisen jetzt darzu anwenden, und ausser den Schiffsbauern, die in grosser Gage stehen, nebst einigen wenigen fremden Arbeitsleuten, Dero eigene Matrosen und Schiffszimmerleute gebrauchen, und durch solche die Arbeit verrichten lassen, auch sonst fast alles in Dero eigenem Lande haben, was zu den Schiffen erfordert wird, wie ich solches bereits vorher in diesem meinem Journal ausführlicher angezeiget habe. So bald das obgemeldete Schiff vor Anker lag, haben sich Se. Majestät der Kaiser mit allen anwesenden vornehmsten Herren dahin begeben. Bey Sr. königl. Hoheit, unsers gnädigsten Herrn, Ankunft auf dem Schiffe fanden wir also den Kaiser und alle Anwesende schon an der Tafel, der Kaiserin aber begegneten wir schon unterwegens, um nach Hause zu fahren, weil sie sogleich weggerudert,

rudert, da sie dem Kaiser nur zum glücklichen Ablauf des Schiffes gratuliret hatte. Da nun die cronslotische Reise auf morgen gewiß angesezet war, so blieb der Kaiser nicht viel über eine Stunde auf dem Schiffe. Nun da der Admiral der Boyer auch zugegen war, so sprachen Ihro königl. Hoheit mit dem Großadmiral, wegen einiger Boyer zur Fortbringung der Bagage nach Cronslot, welcher auch gleich dem Boyer-Admiral befahl, die benöthigten Fahrzeuge an Ihro königl. Hoheit verabfolgen zu lassen.

Julius.

Den 1sten wurde der Kammerherr Stahl nach Hamburg abgefertiget, der Major Stackelberg aber bekam für seine mitgebrachte Zeitung eine goldene Tabatiere mit Ducaten gefüllet. Um 8 Uhr wurde das Signal gegeben, um sich mit allen Segelfahrzeugen beym Fürsten einzustellen, worauf sich Ihro Hoheit mit Ahlfeld, Plate, Brümmer, Tych und mit auf ihre Tornscheute begaben, und nach dem Fürsten hinsezelten. Wir fanden den Kaiser schon daselbst, und es wurde Ihro Hoheit und uns allen ein Schälchen Branntewein auf der Brücke von dem Fürsten präsentiret. Um 9 Uhr sandte die Kaiserin ihren Kammerjunker Mons zu Ihro Hoheit, und ließ ihnen ihre Schaluppe anbiethen, um zu den Prinzeßinnen zu fahren, wenn sie von denselben Abschied nehmen wollten, weil sie nicht nachkämen. Um halb 10 Uhr ging der Kaiser mit der kleinen Flotte ab, wir aber warteten auf Ihro Hoheit bis um halb 11 Uhr, um welche Zeit wir auch absegelten; Platen hatten Ihro Hoheit aber in der Stadt gelassen, um daselbst zur Provision alle Anstalt zu machen, weil wir vielleicht morgen frühe, wenn der Wind gut ist, noch nach Reval absegeln, und die Galeeren nicht erwarten dürften, welche erst den 10ten abgehen sollen. Um halb 3 Uhr kamen wir zu Cronslot an, und es wurde Ihro Hoheit dasselbige Haus angewiesen, welches sie vor zwey Jahren gehabt. Der Kaiser aber und die Kaiserin waren nicht am Lande, und auch sonsten wenige von den Vornehmen. Nachdem wir gegessen hatten, ward Ismailof zu dem Großadmiral gesandt, um zu vernehmen, auf welches Schiff wir kommen sollten? welcher denn zur Antwort gab, auf die Fregatte Transport-Royal; und da er vernahm, daß selbige nicht hier sey, so hat er zugesaget, den Kaiser zu fragen, unterdessen aber Befehl ertheilet, daß der Transport-Royal hierher gebracht werden solle. Kurz vor der Mahlzeit, da ich hingegangen war, um die neuen Canäle zu besehen, kam der Kaiser ans Land, ging aber bald wieder nach seinem Fahrzeuge. Gegen 7 Uhr kamen die hier in Guarnison liegenden beyden Regimenter, nemlich das novogrobsche und wolodomirsche, anmarschiret, von welchen eines unter unsern Fenstern das Gewehr streckte, und hierauf zurück gesandt ward, um seine Sachen zu holen. Nach der Zurückkunft marschirten sie nach der Brücke, und begaben sich auf die Schiffe. Gegen 8 Uhr wurde Herr von Ismailof zur Kaiserin gesandt, um zu vernehmen, wenn Ihro Hoheit Abschied nehmen dürften? Er brachte zur Antwort, Ihro Majestät wollten es Ihro Hoheit sagen lassen. Unterdessen kam der Viceadmiral Wilster, und meldete, daß bey Ausgebung der Parole befohlen worden, daß er das Schiff Friedemacher führen, und Ihro Hoheit ersuchen sollte, auf dasselbige zu kommen; welches uns nicht wenig angenehm war. Es liessen J. H. gleich die Betten nach unserm Quartier, die übrigen Sachen und Bedienten aber gleich nach dem Schiffe bringen, damit wir, wenn wir morgen frühzeitig abreisen sollten, desto eher fertig wären. Um 9 Uhr ward die Retraite geschossen, und um 12 Uhr kamen unsere übrigen Cavaliere, als, Plate, Stamke, Regelein und der Hofprediger, nebst den Bedienten mit unsern Sachen und Provisionen, an.

Den 2ten, als am Dienstage, kam des Morgens um halb 5 Uhr der Lieutenant Ismailof von der Flotte, durch welchen der Viceadmiral Wilster J. H. sagen ließ, daß das Signal zum Aufbruch schon gegeben worden, worauf J. H. sogleich die Provision an Bord bringen liessen, und selbst um 9 Uhr nach dem Schiff ruderten, nachdem ich vorher zu der Herzogin von Mecklenburg gesandt worden, um J. H. bey ihr zum Abschiednehmen anzumelden, welche sich aber durch die Unpäßlichkeit ihrer Frau Mutter, mit welcher sie auf einer Jagd war, entschuldigen ließ. Bey unsrer Ankunft auf dem Schiffe ward ins Gewehr getreten, und die Trommel gerühret. Das Schiff war groß, schön und bequem, von 88 Kanonen, welches der Viceadmiral Wilster commandirte. Um 10 Uhr ward von allen Schiffen, und von unserm mit 13 Schüssen gefeuert, zum Zeichen, daß die Admiral-Generals-Flagge aufgehisset wurde, um dieselbige zu begrüssen. Kurz nachher fuhren J. H. mit einer Schaluppe zu der Kaiserin, um Abschied von ihr zu nehmen, indem sie bis hieher gefolget war. Gleich hernach geschahe erst ein Schuß von des Großadmirals und des Kaisers Schiff, hernach von Gordons Schiff, und so von unserm, wobey auf verschiedenen Schiffen, anstatt der grossen blauen Flaggen, eine rothe ausgestecket wurde. Ein wenig nachher geschahe wieder ein Schuß, nach welchem sich alle Capitains zum Admiral verfügten. Gleich nach J. H. Zurückkunft wurde durch ein Signal die Ordre gegeben, daß die Anker sollten aufgezogen werden, welches denn auch um 12 Uhr geschahe, wobey alles auf einmal in Bewegung war. Kurz vorher war bey uns Betstunde gehalten worden. Es segelten Strömfeld und Wachtmeister von uns nach St. Petersburg zurück, welche uns bis hieher begleitet hatten, gleich nach der Kaiserin, die sie auf des Kaisers Schiff angetroffen haben; der Kaiser ist

aber

aber nicht an Bord gewesen. Gegen 2 Uhr, da wir eben zu Tische gehen wollten, kam der Oberzeugmeister Otto, welcher sich aber nicht lange bey uns aufhielt. Als er kam und wegging wurde vor ihm ins Gewehr getreten, und ein Wirbel auf der Trommel geschlagen, weil er Generalmajors Rang hat. Des Mittags speisete anfänglich der Viceadmiral bey uns, und als wir aus einer schlimmen untiefen Gegend kamen, stellete sich unser Schiffscapitain, Namens Benz, auch bey uns ein, denn vorher durfte er nicht kommen. Gegen 8 Uhr Abends holten uns die meisten Schiffe ein, (obgleich wir von den ersten waren, die zu segeln anfingen,) indem wir vorsetzlich langsam gegangen waren, um sie zu erwarten. Um 8 Uhr wurde wieder Betstunde von uns gehalten. Gegen 9 Uhr soupirten wir, und passirten in der Nacht die Insel Hochland.

Den 3ten. Nachdem wir die vorige Nacht einen ziemlich starken Wind gehabt, waren wir auch gut avanciret, allein es regnete den ganzen Tag über, und war ein unangenehmes Wetter. Des Vormittags gegen 11 Uhr ging die Betstunde an, und um 12 Uhr ward gespeiset; es assen der Viceadmiral und der Capitain mit uns. Des Abends um 6 Uhr ward wieder Betstunde gehalten, und hernach soupiret. Da wir nun abermals die schlimmsten Gegenden passiret waren, so aß der Capitain mit uns, und verließ sich auf seinen Steuermann, welcher ihn aber bald auf den Strand gesetzet hätte, wenn er nicht solches gemerket, und hinaus gelaufen wäre. Anstatt 9 Officiere und 4 Steuerleute, die der Capitain auf dem Schiffe haben sollte, hat er nur zwey Officiere und einen Steuermann, von welchen überdem kein einziger das Fahrwasser kennet; er beklagete sich darüber sehr, und konnte es kaum aushalten, weil er Lotse und alles selbst seyn mußte. Des Nachts um 12 Uhr holeten wir die vordersten Schiffe, welche eine Meile vor Reval vor Anker lagen, ein, und ließen unser Anker auch fallen, so daß wir nun 39 Meilen von Cronslot durch ein sehr gefährliches Fahrwasser glücklich passiret waren.

Den 4ten, als am Donnerstag, ward in der Frühe um 4 Uhr eine Kanone gelöset, worauf die Reveille auf allen Schiffen der Flotte geschlagen wurde. Hernach wurde des Morgens Ordre gegeben, die Anker wieder aufzuziehen, sobald das Signal erfolge, welches um 8 Uhr geschahe, und von unserm Schiff, als von einem Flaggmanns Schiff, beantwortet wurde; worauf die Schiffe nach einander die Anker aufzogen, und sich zum Segeln bereiteten. Um halb 10 Uhr fingen sie an zu segeln; kurz darauf passirte der Großadmiral die Escadre, die hier bey Reval, unter Commando des Schoutbynacht von Hofft, lieget, welche unsere Flotte mit 13 Kanonen salutirte;

aber

aber von keinem Schiff unserer Flotte Antwort bekam, als vom Großadmiral. Um 3 Viertel auf 10 Uhr ward unsere Flotte auch von der Festung salutiret; wovon wir den Rauch sehen, aber nicht die Schüsse hören konnten. Kurz darauf geschahe ein Kanonenschuß von des Admirals, Oberadmirals und Gordons Schiff, zum Zeichen, daß die Ankerflaggen sollten aufgezogen werden; und da unser Constabel beordert ward, einen Schuß zu thun, um das gegebene Signal zu repetiren, so gab er aus Unachtsamkeit drey Schüsse, daher ließ ihn der Capitain sogleich, nebst einem Unterconstabel, arretiren, und den letzten schließen. Gleich darauf kam schon ein Lieutenant von des Admirals Schiff, und fragte, warum wir drey Schüsse gethan hätten? welchem denn das Versehen des Constabels gesagt ward. Um 11 Uhr warfen wir unsere Anker aus, zogen die rechte rothe Flagge mit dem blau und weissen Kreutz auf, und ließen die Ankerflagge wieder nieder. Um halb 12 Uhr fuhren J. H. mit Ismailof und Plate in des Viceadmirals Schaluppe nach dem Kaiser, um ihm zur glücklichen Ankunft zu gratuliren. Es ward bey J. H. Ankunft auf des Kaisers Schiff die Trommel geschlagen. Gleich nachher ward auf unserm Schiff zum Gebet getrommelt; worauf der Viceadmiral mit einer Schaluppe, und der Capitain mit der andern vom Bord ruderten, um den Großadmiral und Admiral Michailof, (welches der Kaiser ist,) zur Ankunft zu complimentiren. Gegen 3 Uhr kamen J. H. erst wieder an Bord, und ob wir zwar mit Schmerzen die ganze Zeit auf sie mit dem Essen gewartet, so hatten sie doch recht wohl beym Kaiser gegessen, welcher überaus aufgeräumet gewesen, und J. H. sehr gnädig begegnet seyn soll. Sobald die Mahlzeit beym Kaiser vorbey war, fuhren J. H. zum Großadmiral Appraxin, bey welchem sie sich auch über eine Stunde aufhielten, und es ward auf desselben Schiff, sowohl bey J. H. Ankunft, als bey Dero Weggang, die Trommel gerühret. Gleich nach J. H. Zurückkunft wurde gespeiset. Nach dem Essen ruderten J. H. um 4 Uhr nach der Stadt Reval, mit Ismailof, Capitain Benz, Plate, Brümmer, Inch und mir, woselbst wir viele gute Freunde, und insonderheit viele Schweden, antrafen. Sobald wir in die Stadt kamen, sandten J. H. den Fourier voraus, um zu sehen, ob des Fürsten Mentschikofs Haus für sie offen und parat sey? und da sie erfuhren, daß in demselben wieder für sie Quartier zurecht gemacht worden, so verfügten wir uns dahin, und fanden daselbst schon einen Lieutenant mit 30 bis 40 Mann Ehrenwache. Der Lieutenant war derselbige Officier, welcher J. H. vor zwey Jahren von da nach St. Petersburg begleitet hatte. Es ging aber hier sehr trocken her, denn wir fanden nur die ledigen Zimmer, daher verfügten sich J. H. nach dem Generalmajor Tiesenhusen; und obgleich selbiger anfänglich nicht zu Hause war, so machten sie sich doch bey demselben, als bey einem alten Bekannten, eine gute kalte Schale. Von hier gingen sie, in Gefolge von vielen liefländischen und schwedischen Cavalieren, nach dem

Land-

Landrath Rosen, und obgleich selbiger auch nicht zu Hause, so hielten sie sich doch eine gute Weile bey seiner Frau auf, bey welcher wir auch des Obrist Rosen Gräfin Wachtmeister fanden, bey welcher J. H. vorher auch hatten ansprechen wollen, aber vernahmen, daß sie nicht zu Hause sey. Da uns nun sehr viele Freunde und hiesige auf den Straßen und in die Häuser überall folgeten, so begleiteten sie uns auch hernach bis ans Boot, und wir kamen um 7 Uhr wieder an Bord unsers Schiffes, woselbst gegen Abend Betstunde war, und hernach gespeiset wurde. Kurz vor der Abendmahlzeit ward durch einen Kanonenschuß ein Zeichen gegeben, daß ein zweyter Anker sollte abgelassen werden, welches Signal aber von unserm Schiffe nicht beantwortet, sondern nur demselben nachgelebet wurde. Denn weil unser Viceadmiral keine Escadre commandirt, sondern, wie Schoutbynacht, nur Dienste thut, so soll er auch keine Signals mehr geben, jedoch die Viceadmiralsflagge behalten. Um 10 Uhr ward der Zapfenstreich wie ordinair beym Großadmiral, und darauf zugleich bey uns allen, geschlagen; gleich nachher ward zum Gebet für die Schiffsleute getrommelt, welches unter der Zeit, daß wir soupirten, gehalten ward, und alle Morgen und Abend geschiehet. Nach dem Essen gingen J. H. noch lange auf der Schanze des Schiffs spatzieren, ehe sie sich zu Bette legten. Sonsten war auch heute, ehe J. H. vom Kaiser zurück kamen, der Obercommendant von Dalben bey uns am Bord, und bat J. H. und alle unsere Cavaliere auf morgen Mittag zu sich zum Essen. Bey unserer heutigen Ankunft vor Reval ward die Flotte rangiret, und zu Anker geleget, wie folgende Rangirung ausweiset.

Linie

Fridrich Wilhelm von Bergholz Tagebuch,

Blaue Vlag van Comp. — Witte Vlag van Comp. — Rode Vlag van Comp.

Linie de Bataille.

Groep	Skepen.	Chefs Command.	Vlagmänner.	Plaetsen van Vlaggen en Bredwimpels.
Samson. Avant-Garde.	St. Andreas.	Capitain Bars.	Schoutbynacht Sinavin.	Brede Wimpel op van Steng.
	Prinz Eugene.	Cap. Graf Gollowin.	. . .	. . .
	Wyborg.	Capitain Lafens.	. . .	. . .
	St. Catharine.	Capit. Calmitchoff.	. . .	. . .
St. Jacob.	Lesnoy.	Capitain Bienning.	Admiral Mechloff.	. . .
	Aftrachan.	Capitain Gouh.	. . .	. . .
	Hock Victoria.	Cp. Graf Appraxin.	. . .	. . .
	Neptunus.	Capitain Delap.	Schoutbynacht Defius.	Rod brede Wimpel van vore Steng.
Amsterdam Galley. Corps de Bataille.	Fredemaeker.	Capitain Benz.	. . .	. . .
	Armund.	Capitain Sapifa.	. . .	. . .
	Pantelemon Victorie.	Capitain Letel.	Vice-Admiral Wilfter.	Rod Vlag van Krys Steng.
	Reval.	Capit. Falkenberg.	. . .	. . .
	Hangud.	Capitain Hogthnin.	General-Admiral.	. . .
	Friedrichstadt.	Capitain Brandt.	. . .	. . .
	Pultawa.	Capitain Wilter.	. . .	. . .
Crone de Lifde.	St. Peter.	Capitain Treffel.	Schoutbynacht Sanders.	Brede Wimpel van grot Steng.
	Melborg.	Capit. Meschukoff.	. . .	. . .
	Abrenfahl.	Capitain Wesling.	. . .	. . .
Kryfer. Arier-Garde.	St. Michael.	Capitain Wilboy.	. . .	. . .
	Nord Adler.	Capitain Eremtage.	Vice-Admiral Gordon.	Blau Vlag van Krys Steng.
	St. Alexander.	Cap. Comm. Bredahl.	. . .	. . .
	Randolff.	Capit. Lieut. Ffem.	. . .	. . .
	Moscou.	Capitain Hiey.	Schoutb. van Hoff.	Blau Vredre Wimpel van Krys Steng.
	Perle.	Capitain Rofenhoff.	. . .	. . .

Orlog-Skepp Hangud, den 6. Jul. 1743.

Was geteegnet van General-Admiral
Graf Appraxin.

Den 5ten, als am Freytage, waren des Morgens nach unsrer Betstunde viele Frembe bey J. H. als unter andern die beyde Prinzen von Hessen, der Capitain-Commandeur Bredal, und noch verschiedene Capitains von der Flotte. Gegen 11 Uhr fuhren J. H. meist mit uns allen nach der Stadt, und wurden daselbst ausserhalb der Stadt von verschiedenen der Ritterschaft empfangen, welche den Kaiser erwarteten, und hernach paradirten die schwarzen Häupter vor Ihro Hoheit, welche wohl bey 40 Personen zu Pferde waren, und ihre eigne Standarte, Paucken und Trompeten, nebst Ober- und Untergewehr, hatten. Sie sind meistens Kaufmannsgesellen. Sie erwarteten den Kaiser, und ritten hernach vor ihm her, wie er in die Stadt zu Pferde kam, und nach dem Obercommendanten hinritte. Sie stelleten sich vor dem Hause in Ordnung, und gaben drey Salven mit ihren Carabinern, welches sie recht gut machten, es liessen sich auch dabey ihre Paucken und Trompeten fleißig hören; und hierauf marschirten sie in Ordnung wieder ab. Sonst hatten sich auch auf den Strassen, durch welche der Kaiser passirte, die ganze Bürgerschaft mit Gewehr rangiret, und paradirte bey des Kaisers Ankunft, es wurde auch rund um die Festung canoniret. Ihro Hoheit, welche eine Weile in ihrem Hause gewesen waren, fanden den Kaiser daselbst schon am Tische, es machten aber die Prinzen von Hessen Platz für sie, und sie kamen dem Kaiser zur linken zu sitzen. Die Gesellschaft bestand nur aus dem Kaiser, Ihro Hoheit, den Prinzen, den Flaggmännern, und vielen Seecapitains, dem Hofstaat des Kaisers und Ihro Hoheit, imgleichen aus dem Geheimenrath Tolstoy und Baron Ostermann. Bey einer jeden Gesundheit wurde canonirt, und es fing der Kaiser J. H. Gesundheit selbst an, wobey er ihnen lange ins Ohr redete, und unser Herr ihm darauf verschiedene male die Hand küssete. Um halb 3 Uhr ging der Kaiser schlafen, und J. H. fuhren nach ihrem Hause in der Stadt, nachdem sie erst eine lange geheime Unterredung mit Ostermann gehalten hatten. Gleich nach unsrer Zuhausekunft fanden sich sehr viele liefländer, schwedische und hiesige Officiere in J. H. Quartier ein, wie auch der Herr von Ostermann, welcher J. H. gleich zu sprechen bekam, die andern aber mußten warten bis gegen 7 Uhr, da J. H. heraus kamen, und wieder nach dem Schiffe fuhren. Sie waren die ganze Zeit mit Schreiben beschäftigt gewesen, und schickten heute den Obristen Brümmer nach Schweden, welcher mit einer Fregatte, und mit ihm ein rußischer Courier, abging. Nachdem Betstunde gehalten war, und wir soupiret hatten, promenirten J. H. noch ein Paar Stunden oben auf der Schanze. Ich traf heute meinen alten Kameraden und guten Freund Lantingshusen in Reval an, welcher vordem in Schweden mit mir Page gewesen, und jetzt Capitain ist. Es sind auch der Graf Duglas und der Obrist Rose heute von St. Petersburg hier angekommen, von welchen der erste eine Wette, die er mit dem Großadmiral eingegangen, verloren, denn er ging mit uns zugleich ab, und wollte doch vor uns hier ankommen.

Den

Den 6ten, als am Sonnabend, fuhren Ahlefeld und Tych des Morgens frühe nach der Stadt, um daselbst zu speisen. Vor der Betstunde waren verschiedene Fremde bey Ihro Hoheit, als, General von Dálden, Schoutbynacht Hofft, der Landshauptmann Rose, Graf Duglas mit seinem Schwager, dem Obrist Schlippenbach, der Vicegouverneur Löwen, der Obristlieutenant Haacke von der Artillerie, nebst seinem Capitain Wilster, auch verschiedene Seecapitains, welche alle mit einem Schälchen Branntewein bewirthet wurden, den Grafen Duglas aber behielten J. H. bey sich zur Mahlzeit. Auf unserm und auf den meisten andern Schiffen hatte man fast den ganzen Vormittag zu thun, um die Plätze zu verändern, und sich recht zu rangiren; denn es ist keine geringe Arbeit, die Anker von den grossen Schiffen aufzuziehen, und die Stellen zu verändern. Gleich nach der Mahlzeit ward beym Großadmiral die Liste von einem jeden Schiffe eingegeben, wie viele Mannschaft es an Bord habe. Es befanden sich auf unserm Schiffe an Soldaten und Matrosen 572 Mann. Gegen 4 Uhr fuhren J. H. mit Duglas, Ismailof, Plate, Stainke und mir nach der Stadt, und sprachen erst bey der Gräfin Welling an, und fuhren hernach zum Grafen Duglas, woselbst sich nach und nach überaus viel Fremde einfanden, und stark getrunken wurde. Unter andern kam auch der alte schwedische Kammerherr Baron Sparre, von welchem ich so viel reden gehört, als, daß er meistens mit einem walmarn Rock, mit Sammet gefuttert, ginge, aber dabey ein sehr kluger Mann sey; auch war hier der Obrist Rose, welcher gestern von St. Petersburg angekommen ist, und einen braven Ritt gethan hat, denn er hat in 9 Stunden 17 Meilen zurückgeleget. Gegen 8 Uhr nahmen Ihro Hoheit Abschied, und begaben sich wieder an Bord. In unsrer Abwesenheit ward auf des Großadmirals Schiff eine gelbe kaiserliche Flagge auf den hintersten Mast aufgezogen, zum Zeichen, daß alle Flaggleute an Bord kommen sollten, welche doch nur bloß berufen wurden, um nach Cathrinendahl zu kommen, und mit dem Kaiser daselbst im Garten den Abend zuzubringen. Bey unsrer Ankunft an Bord fanden wir alle Kleider und Sachen, die auf einem Schiffe eben für Ihro Hoheit angekommen waren, und der Kammerrath Negelein in unserer Abwesenheit ausgepacket, und auf dem Tisch rangiret hatte. Unter denselben sind sechs bordirte Kleider von sehr feiner Arbeit, welche durch den Kammerrath verschrieben, und durch seinen Bruder in Berlin bestellet worden. Es befindet sich auch sehr viel leinen Zeug hier bey, welches die Geheimeräthin Bassewitz Ihro Hoheit mit eben diesem Schiff übersandt hat.

Den 7ten. Des Morgens ward anbefohlen, daß alle Schiffe den noch benöthigten Proviant vom Lande an Bord holen sollten. Des Nachmittags gegen 5 Uhr gab der Contre-Admiral Sindwin, welcher mit einer Escadre von 6 Schiffen auszulaufen beordert ist, das Signal zum Absegeln. Gegen 6 Uhr ging die Escadre
wirklich

wirklich ab, und es falutirte der Contre-Admiral den Großadmiral mit 13 Schüssen, der Großadmiral aber antwortete ihm nur mit 7 Schüssen. Es ward mir heute versichert, daß der Kaiser gestern dem Rath der Stadt habe sagen lassen, er habe Ordre ertheilet, einen jeden aus der Stadt in Cathrinendahl (welches sein Lusthaus allhier ist,) frey einzulassen, und könnten sie schon heute den Anfang mit der Promenade daselbst machen, wenn sie wollten. Es soll auch gewiß seyn, daß der Kaiser, welcher seit unserer Ankunft allhier des Nachts meist zu Cathrinendahl schläft, wirklich die Erlaubniß von dem Großadmiral sich ausgebeten habe, am Lande zu schlafen, und vorgewandt, daß der Doctor ihm wegen seiner Brust verordnet habe, fleißig ein Bad zu gebrauchen; er hat auch dem Großadmiral seine handschriftliche Versicherung gegeben, daß er sich wieder an Bord begeben wolle, sobald die Flotte abgehen würde. Es soll auch heute eine Ordre ausgegeben seyn, daß sich alle Officiers und Seeleute um 6 Uhr des Abends am Bord einfinden, und nicht länger ausbleiben sollten. Heute wurde zum erstenmal durch eine Signalsflagge die Parole für heute Abend ausgegeben, denn sie haben auf allen Schiffen für einen ganzen Monat die Parole bekommen, und da eine jede Parole ihr eignes Zeichen von Flaggen hat, so können sie dabey gleich sehen, welche an dem Tage gelten soll.

Den 8ten, als am Montag, ruderten J. H. gegen 11 Uhr nach dem Schoutbynacht Hofft, zu welchem sie gestern auf heute Mittag zur Mahlzeit gebeten worden, nahmen aber niemand mehr mit sich, als Ismailof, Plate und mich. Bey unser Ankunft fanden wir den Kaiser bereits mit allen Flaggemännern beym Schoutbynacht an der Tafel, da sich denn J. H. zur linken neben dem Kaiser setzten, und die beyden Prinzen wieder neben sich sitzen hatten. Der Kaiser war heute sehr aufgeräumet, und es wurde bey den drey ersten Gesundheiten canonirt, vornemlich bey des Kaisers Gesundheit geschahen 13 Schüsse, bey der Iwan Michalowitschen Familie 11, und bey der Kaiserin 9, bey Jhro Hoheit und den andern Gesundheiten wurde nicht geschossen. Um 2 Uhr fuhr der Kaiser weg, und es wurde bey seiner Abfahrt durch die Matrosen dreymal Hurra! gerufen, welches er mit seinen bey sich im Boot habenden Matrosen auf selbige Weise beantwortete, und als es vorbey war, wurden 11 Kanonen gelöset. Als Jhro Hoheit wegfuhren, ward auf selbige Weise Hurra! gerufen, und es geschahen 9 Schüsse, ingleichen wie der Großadmiral wegfuhr. Bey der Prinzen Abfahrt ward zwar Hurra! gerufen, aber nicht geschossen. Von hier ruderten J. H. nach der Stadt, und kehrten erst in ihr Haus ein, und hernach fuhren sie zum Obrist Rosen, woselbst wir in Gesellschaft der Obristen Strahlborn und Fersen soupirten, und dabey brav herum trunken. Sonst mußte der Viceadmiral Wilster heute mit dem Schiff Pantaleon Victoria in die See gehen, um zu probiren, wie es segelt,

segelt, weil man meynet, daß es zu viel Ballast habe; er wird aber in wenigen Tagen wieder hier erwartet.

Den 9ten konnte man noch des Morgens die Escadre sehen, welche vorgestern von hier abgesegelt war, weil sie contrairen Wind hatte, und immer laviren mußte. Gegen Mittag kam ein hiesiger junger Baron Hasfer, welcher J. H. auf morgen Nachmittag um 5 Uhr zur Hochzeit bat, um Braut Vater zu seyn. Um 12 Uhr fuhren J. H. mit Ismailof, Ahlefeld, Plate, Stamke, Tych und mir zu dem Grafen Duglas zur Mahlzeit, woselbst sonst niemand Frembes war; da sich aber nach der Mahlzeit verschiedene Frembe einfanden, und auch den Abend noch soupiret ward, so wurde so stark getrunken, daß ich nicht weiß, wie ich zu Hause gekommen bin. Der Page Dräwnick wurde heute nach St. Petersburg gesandt. Es war der Kaiser in der Landesstube, und besahe daselbst das berühmte Gemälde von Pauli Bekehrung, welches den beyden Ungern zugehöret, und 20000 Ducaten kosten soll; es hat aber dem Kaiser für dieses Geld nicht gefallen, sondern er hat es nur auf 300 Rubel taxiret. Es ward heute des Grafen Duglas Sohn, von fünf bis sechs Jahren, zum Pagen bey Ihro Hoheit gemachet.

Den 10ten, als am Mittewochen, waren sehr viele Frembe bey J. H. des Morgens; ich aber war so krank, daß ich nicht aus dem Bette aufsteigen, und sie sehen konnte. Des Mittags speiseten der Viceadmiral Gordon, Viceadmiral Sivers, Schoutbynacht Düfferts und Schoutbynacht Zander bey Ihro Hoheit, und da über der Mahlzeit der Graf Duglas mit dem Schiffscapitain Appraxin noch dazu kam, und J. H. angesagt ward, daß heute aus der Hochzeit nichts werden würde, weil es heute 12 Jahre wären, da die Action am Pruth gewesen, so wurde stark des Mittags getrunken. Gegen 5 Uhr fuhren J. H. nach des Kaisers neuem Lusthause Cathrinendahl, woselbst sie bis gegen 10 Uhr blieben, und bey zwey Stunden mit dem Kaiser (der ungemein lustig und vergnügt war) promenirten und discurirten. Bey unser Ankunft im Garten gingen wir erst ein Paar Stunden allein, ehe wir uns zum Kaiser begaben, weil wir wohl sahen, daß er mit seinem Baumeister beschäftiget war, und eines und das andere anordnete. Da wir nun des Kaisers altes Wohnhaus und den Küchengarten vorbey passirten, nöthigte uns der Oberküchenmeister Velten hinein, und präsentirte uns ein Glas Wein und Bier, worauf wir dann mit J. H. auf den hohen Berg steigen, auf welchem durch lauter Felsen ein Canal gesprenget worden, durch welchen das Wasser zu den Springbrunnen und Cascaden soll geleitet werden, aus einem grossen Deiche, welcher oben auf dem Berge lieget. Sonsten ist in diesem Garten ein sehr schönes grosses Corps de Logis mit zwey Flügeln aufgerichtet, und da selbiges weit höher wie der Garten, auch gleich gegen der See über lieget,

get, und dabey die Stadt auf der einen Seite, und ein schönes Gehölze auf der andern Seite hat, so ist die Aussicht nicht zu verbessern; auch nicht zu beschreiben, wie der Garten in so kurzer Zeit, seit seiner Anlage, nemlich in 3 bis 4 Jahren, zugenommen, und die Hecken bereits so hoch und dick geworden. Es hat aber dabey das gute Erdreich viel gethan, und überdem ist aller Fleiß angewendet worden, um ihn je eher je lieber zu Stande zu bringen. Man siehet hier nicht nur Alleen rund um den Garten von grossen Bäumen, welche mehr als ein Haus hoch sind, sondern auch grosse Feigen- und andere Obstbäume mehr, welche aus den besten Gärten um Reval herum ausgegraben, und mit vieler Mühe, mit Wurzeln, und Erdreich hier wieder eingesetzet worden sind, welche dann auch alle in diesem guten Erdreiche sehr wohl fortkommen. Da J. H. den Capitain Benz nach dem Garten mit sich genommen hatten, und dieser vom Kaiser sehr wohl gelitten ist, auch dabey die lustigsten Einfälle von der Welt hat, so divertirte er den Kaiser auch heute Abend nicht wenig. Als sie auf der schönen vergüldeten Fregatte Transport-Royal zu reden kamen, welche nun immer bey uns bleiben soll, vordem aber noch niemals bey der Flotte gewesen ist, heute Nachmittag um 6 Uhr aber von St. Petersburg ankam, und bey ihrer Ankunft den Großadmiral mit 13 Schüssen salutirte, und 9 zur Antwort bekam, man aber nicht allein an selbiger die Schnelligkeit im Segeln, sondern auch die Schönheit admirirte: so sagte unser Capitain Benz auf holländisch, daß er nichts mehr wünschte, als die Gnade vom Kaiser zu haben, selbige wie Capitain zu commandiren, und J. H. als König mit derselben nach Schweden überzubringen; worauf er dann nicht allein dem Kaiser, sondern auch der ganzen Gesellschaft ein Glas Wein präsentirte, und sich zum Wirth des Hauses machte, auch dem Kaiser dadurch nicht wenig zum Lachen brachte. Da nun der Kaiser gegen 10 Uhr sich nach seinem Schiffe verfügte; (denn er soll die meiste Zeit am Bord, und nicht, wie man gesaget hat, allezeit zu Cathrinendahl schlafen;) so machten sich J. H. auch nach ihrem Schiffe. Bey unser Ankunft am Bord wurde der Lieutenant Jsmailof an das Land gesandt, um den monatlichen Proviant, der allhier noch aufgenommen wird, mit dem ehesten an Bord zu schaffen.

Den 11ten waren des Morgens viele Fremde bey J. H. als unter andern Generalmajor Tiesenhusen, der gewesene schwedische Corporal von den Trabanten, Lobe, ein junger Stackelberg, Capitain Berger, Capitain Dälwig, Obrister Rosse, (welchen J. H. bey sich zur Mahlzeit behielten,) und andre mir Unbekannte mehr. Gegen Mittag kam das Schiff Pantaleon Victoria, mit welchem der Viceadmiral Wilster einige Tage, um es zu probiren, ausgewesen war, wieder bey der Flotte an; es kam auch das in diesem Jahr vom Stapel gelassene Schiff Michael Archangel von Cronsloe, welches bey seiner Ankunft dem Großadmiral mit 13 Schüssen salutirte, und
wieder

wieder mit 9 beantwortet wurde. Das ausgewesene Schiff Pantaleon Victoria schoß bey seiner Ankunft nicht, weil die Schiffe nicht salutiren, wenn sie nicht 4 bis 6 Wochen weggewesen. Gegen 4 Uhr fuhren J. H. nach der Stadt, und kehrten erst eine Weile in ihrem Hause ein, hernach aber bey dem Grafen Duglas, woselbsten wir so lange blieben, bis wir erfuhren, daß der Kaiser nach dem Hochzeitshause kam, um welche Zeit, nemlich um 6 Uhr, sich J. H. auch nach der Landesstube, woselbsten die Hochzeit sollte gehalten werden, verfügten; aber noch eher wie der Kaiser in das Hochzeitsgemach kamen, weil der Kaiser sich in einem Nebenzimmer umzog, denn er war ganz durchgeregnet. Sobald der Kaiser hereinkam, ging gleich die Copulation an zwischen dem jungen Baron Hastfer von etlichen 20 Jahren, und dem Fräulein Baranoff, welches nur 13 Jahr alt ist, und sehr reich seyn soll. Als sie vorbey war, setzte sich der Kaiser mit J. H. und den anderen Vornehmen. Es mußte sich auch alles Frauenzimmer, welches auf der andern Seite rangiret stand, und der ganze hiesige Adel war, niederlassen. Ob nun zwar für den Kaiser ein Himmel aufgerichtet war, unter welchem ein Lehnstuhl stand, neben an aber einen andern Stuhl für J. H. so bedienten sich doch beyde des Stuhls nicht, sondern setzten sich zu den andern Cavalieren; worauf von den Landräthen und Marschällen der Hochzeit die gewöhnlichen Staatsgesundheiten, eine nach der andern, angefangen wurden. Gegen 8 Uhr ging der Tanz an, und geschahe folgendermaßen. Voran tanzten zwey Marschälle, (deren gemeiniglich vier auf einer Hochzeit sind, heute aber 6 waren,) nachher kamen Braut und Bräutigam, ferner J. H. mit der Gräfin Wessing, und hierauf der älteste Prinz von Hessen mit der Gräfin Wachtmeistern. Nachher tanzten J. H. mit der Braut, und so wurden polnische Menuetten und englische Tänze durch einander getanzet. Ob nun gleich sonsten hier auf den adelichen Hochzeiten nicht gespeiset wird, so wurde doch heute eine Tafel mit kaltem Essen in einem Nebenzimmer für den Kaiser angerichtet, der sich bey derselben niederließ, sobald nur einigemal herumgetanzet war; J. H. und die Prinzen aber blieben beständig beym Frauenzimmer, und tanzten mit demselben. Als der Kaiser eine Zeitlang gegessen hatte, kam er wieder in den Tanzsaal, und da er ungemein aufgeräumet war, (welches den ganzen hiesigen Adel nicht wenig erfreuete,) so tanzte er auch zu verschiedenen malen englisch und polnisch, und es mußte fast die ganze Gesellschaft gestehen, daß sie den Kaiser niemals lustiger gesehen haben. Gegen 11 Uhr gingen die letzten Ceremonientänze an, welche ganz anders wie die moscowitischen und rußischen sind. Denn erst tanzten alle Junggesellen paarweise auf polnisch hinter dem Bräutigam her, vor welchem zwey Marschälle hertanzten; nachher faßten sie sich an, und formirten einen Ring, in welchen der Bräutigam hineinging, einen der Junggesellen zu sich nahm, und nachdem er sich mit ihm herumgeschwänket, und ihn geküsset hatte, einen andern ergriff, welches so lange währete, bis die Reihe herum war. Nachtem hoben sie den

Bräu=

Bräutigam auf den Händen in die Höhe, und er mußte drey Gläser Wein austrinken, und sie alsdenn auf die Erde werfen. Nun sprangen sie noch eine Weile mit ihm herum, und ließen ihn hernach wieder herunter. Hierauf empfingen ihn lauter Männer, und tanzten auf dieselbige Weise mit ihm. Als nun der Kaiser alle diese Ceremonien mit Aufmerksamkeit angesehen hatte, tanzte er selbst diesen Tanz mit dem Bräutigam, und machte alles mit. Nachdem der Bräutigam erwehntermassen getanzet hatte, tanzten alle Jungfern und alsdenn alle Frauen auf eben diese Weise mit der Braut; und der Unterscheid hierbey war nur, daß die Braut nicht wie der Bräutigam aufgehoben ward, und trinken mußte; es küsseten auch die beyden Marschälle (welche auch bey diesem Tanz voran tanzten,) der Braut nur die Hand, tanzten aber mit ihr eben so wie die Jungfern und Frauen im Kreise herum. Bey diesem Tanz ließen sich Paucken und Trompeten mit der Musik zusammen hören, und als die Tänze vorbey waren, so wurde Braut und Bräutigam nochmals Glück gewünschet. Sobald dieses alles vorbey war, retirirte sich der Kaiser, nachdem er vorher von dem sämmtlichen Frauenzimmer mit einem Kuß Abschied genommen hatte. Seinem Exempel folgten J. H. begaben sich aber nicht, wie er, gleich nach dem Schiffe, sondern hielten sich auf Anhalten des Grafen Duglas noch etwa anderthalb Stunden bey demselben auf, und tranken mit seiner Frau Thee, so daß es über 1 Uhr war, als wir an Bord kamen. Heute gegen Abend ward das Signal gegeben, daß vier Schiffe sich bereit halten sollten, morgen mit anbrechendem Tage unter Segel zu gehen.

Den 12ten war der Kaiser des Morgens auf Transport-Royal, und ward von demselben mit 19 Schüssen salutiret. Kurz nachher wurde das Signal gegeben, sich zum Absegeln anzuschicken; allein um 11 Uhr wurde beym Großadmiral die Ankerflagge wieder aufgezogen, zum Zeichen, daß die erste Ordre widerrufen worden, weil der Wind meist ganz entgegen war. Wir saßen noch an der Tafel, als wieder ein Canonenschuß geschahe, und dabey das Signal gegeben ward, sich zum Absegeln fertig zu machen, welches Signal alle Schiffe wiederholten, das ist, sie zogen das grosse Marssegel halb auf. J. H. vernahmen, daß der Herr von Ostermann nicht wohl auf sey, und schickten also den Hofjunker Tych, noch ehe wir absegelten, auf das Schiff Moscau, auf welchem er war, um nach seiner Gesundheit zu fragen: und gleich nach der Mahlzeit kamen der Generalmajor Tiesenhusen, und der Capitain Wilster von der Artillerie an Bord unsers Schiffs, und nahmen Abschied von J. H. Gegen 4 Uhr gingen wir in Gottes Namen wirklich unter Segel, nachdem wir einen Lieutenant und Guarde-Marin auf unser Schiff bekommen hatten, die beyde Knesen waren, und Adiowskin hießen. Um 9 Uhr geschah ein Kanonenschuß auf des Groß admirals Schiff, und die Ankerflagge wurde aufgezogen: wir ließen also gleich den

Anker

Anker zwischen Narje oder Nerwan und dem Wolf fallen, und waren mit unserm Laviren heute nicht weiter als anderthalb Meilen von Reval gekommen. Indessen ist nicht zu beschreiben, welchen schönen Effect es machet, wenn eine ganze Flotte laviret, und beständig ein Schiff dem andern vorbeysegelt. So bald wir vor Anker lagen, kam der Postsecretair von Reval zu uns an Bord auf einer Schaluppe, und brachte die Briefe auf die Flotte, die heute mit der Post angekommen waren, wobey er sich beklagete, daß er durch den heutigen starken Wind in Lebensgefahr gesetzet worden sey.

Den 13ten wurde des Morgens um 6 Uhr das Signal gegeben, die Anker aufzuziehen, worauf wir um halb 8 Uhr zu segeln anfingen, aber noch contrairen Wind hatten, der aber wenig zu verspüren war.

Den 14ten kamen wir zu Rogerwick an, und gingen daselbst mit der ganzen Flotte um 8 Uhr des Morgens in dem neuen Hafen vor Anker. Dieser Ort ist nur 7 Meilen von Reval, und es soll hier ein neuer Hafen, unter Aufsicht des deutschen Obristen Lubras, angeleget werden, der weit bequemer als der Hafen zu Reval und Cronslot seyn wird. Erstlich, weil die Flotte des Sommers viel eher auslaufen, und gegen den Winter später wieder einlaufen kann, als in den beyden erwehnten Hafen. Zweytens ist dieser Hafen so groß, daß einige hundert Orlog-Schiffe in demselben commode liegen können, ein runder geräumiger Busen mit Land umgeben, welcher einen einzigen Eingang hat. Weil aber bey desselben Mündung das Wasser 18 Faden tief ist, so wird es nicht wenig Mühe und Kosten verursachen, das Bollwerk zur Vertheidigung desselben, mit den projectirten Batterien beym Eingang so zu machen, daß es der See widerstehen kann. Drittens ist hier salziges Wasser, und nicht vermischtes, wie in Cronslot. Dieser Hafen, wann er zum Stande kömmt, wird unstreitig einer der besten und sichersten an der ganzen Ostsee werden. - Es ist schon eine unglaubliche grosse Menge Steine angeschaffet worden, es werden auch täglich noch mehrere gesprenget und angefahren. Kurz nachdem wir vor Anker gegangen waren, wurde befohlen, alle Kranke von den Schiffen ans Land zu bringen, und ihnen auf 8 Tage Proviant mit zu geben. Um 10 Uhr des Morgens ging bey uns der Gottesdienst an. Nachmittags um 5 Uhr ward ein Signal gegeben, daß alle Flaggemänner zu dem Großadmiral an Bord kommen sollten, und gegen 6 Uhr kam der Generaladjutant Nariskin vom Kaiser, um J. H. zu ersuchen, ans Land zu kommen, dahin sie sich auch sogleich verfügten. Als wir ausstiegen, fanden wir Wasilei Petrowitsch mit des Kaisers Cariole, in welcher er J. H. zu dem Kaiser führete. Bey diesem waren alle Flaggeleute und Capitaine, und der Kaiser wartete sehr lange auf den ältesten Popen der Flotte, um demselben zu befehlen, daß er den Ort, wo er

war,

war, einweihen solle, damit von demselben der Anfang zum Hafenbau gemachet würde. Als der so viel Einwendungen dagegen machte, mußte ein anderer seine Stelle vertreten; und nachdem selbiger seine Gebete verrichtet hatte, mußte ein jeder, vom Kaiser an, bis zum Geringsten, 4 bis 5 Felsensteine bis an das Ende des Ufers tragen, und sie ins Wasser werfen, wobey viele nicht wenig schwitzeten, als sie die Ehre haben wollten, die größten Steine zu tragen; es wurden auch sehr viele, durch das Hineinwerfen der Steine in das Wasser, stark besprützet. Währender Zeit, daß wir die Steine trugen, wurden 21 Canonen gelöset, die auf dem Lande gepflanzet waren; es observirten auch verschiedene von den Anwesenden, daß Ihro Majestät der Kaiser beym Einwerfen des ersten Steins ihre Augen gen Himmel richteten, und einen herzlichen Seufzer thaten. Hierauf mußte ein jeder einen halben Rubel dem Großadmiral geben, welches Geld er für die Soldaten, die hier Steine brachen, sammlete, der Kaiser aber gab 10 Ducaten, J. H. und die übrigen Grossen gaben auch jeder einige Ducaten. Als das Geld eingesammlet war, bekam ein jeder einige Gläser Wein für sein Geld; und können wir doch künftig uns rühmen, daß wir das erste Fundament mitgeleget zu einem Hafen, welcher, wenn Gott dem Kaiser das Leben erhält, und selbiger zur Perfection kommt, wohl einer der wichtigsten in der Welt seyn wird. Es sind bereits 130000 Faden Steine aus Felsen gehauen worden, welches aber noch nicht viel verschlagen wird, indem das ganze Werk von Grund aus gemauret werden soll. Es würde ganz unmöglich seyn, es zu Stande zu bringen, wenn nicht die Bequemlichkeit dabey wäre, daß man so viel Steine als man immer nöthig haben wird, gleich am Wasser hätte, denn der Hafen ist meist rund umher mit Felsen umgeben, welche losgehacket oder gesprenget werden können. Nachdem der Kaiser und die ganze Gesellschaft einige Gläser Wein auf die Einweihung des Hafens getrunken, nahm er Abschied, und ehe er sich wieder nach seinem Schiff begab, ging er nach dem Hause hin, wo die Kranken lagen, und woselbst einem Matrosen ein Fuß abgenommen werden sollte; J. H. und die andern aber machten sich gleich wieder an Bord.

Den 15ten machten sich alle Schiffe bereit, um so bald unter Segel gehen zu können, als der Wind gut zu werden beginnet. Gegen Abend erhielten wir die Nachricht, daß die Geheimeräthin von Bassewitz in diesem Monat von Hamburg nach Travemünde, und von dannen mit J. H. daselbst liegenden Jagd nach Schweden abgegangen sey.

Den 16ten war der Wind gut, und es ward des Morgens gegen 9 Uhr befohlen, die Kranken wieder vom Lande zu holen, welche erst vorgestern ans Land gebracht waren, und auf 8 Tage Proviant bekommen hatten; man vermuthet also, daß wir eine Tour in die See machen, und nicht so bald wieder hieher kommen mögten. Ob wir nun zwar den ganzen Tag segelfertig lagen, so gingen wir doch heute nicht aus, indem eines Theils der Wind zu stark war, und andern Theils die Schiffe, die am nächsten am Strande lagen, nicht einmal hätten mit diesem Winde aus dem Hafen kommen können. Nach der Mahlzeit wollten J. H. eine Visite den heßischen Prinzen geben; da sie aber vernahmen, daß selbige nicht am Bord waren, so begaben wir uns zu dem Viceadmiral Gordon, woselbst wir 3 bis 4 Stunden zubrachten. Auf dem Rückwege, als wir bey dem Schiff Moscau vorbey ruderten, und die Herren von Tolstoy und von Ostermann auf dem Altan erblickten, besuchten J. H. dieselben. Uebrigens kam heute der Obriste Lubras aus St. Petersburg zu Rogerwick an, welcher den hiesigen Hafen anlegen soll.

Den 17ten ward des Morgens das Schiff Eugene von 50 Canonen ausgesandt, um zu kreutzen, und zu sehen, wie weit man mit diesem Winde fortrücken könnte? Nach dem Mittagsessen ward ein Signal gegeben, daß alle Lieutenants an Bord des Admiralschiffs kommen sollten, und es ward ihnen befohlen, ihre Böte nach den angekommenen Fahrzeugen zu senden, um mehr Proviant von selbigen abzuholen. Unterdessen haben doch Tolstoy und Ostermann versichert, daß wir von hier gerade nach Reval gehen werden. J. H. bekamen Nachmittags einen Courier aus Reval von dem Generalmajor Klingstedt, welcher erst heute vor 8 Tagen aus Stockholm gegangen, und über Riga nach Reval gekommen. Da nun selbiger Erlaubniß begehrte, hieher zu kommen, so ward ihm gerathen, uns in Reval zu erwarten. Sonst kam heute Abend Gollowin mit seinem Schiff zurück, weil der Wind zum Segeln gar zu contrair ist.

Den 18ten. Der arme Viceadmiral Wilster, welcher mit dem Kaiser und allen Flaggeleuten heute Nachmittag beym Capitain-Commandeur Bredal tractiret worden, und nicht viel Wein vertragen kann, kam so betrunken zurück, daß er sogar aus dem Bette fiel, und dadurch so beschädiget wurde, daß er das Bette hüten mußte.

Den 19ten. J. H. sandten Tych des Morgens zu Tolstoy und Ostermann, und liessen dieselben auf heute Mittag zu sich zur Mahlzeit einladen, welche dann auch kamen. Dem Kaiser währet hier die Zeit lange, und er hat in Reval zu thun, also begehrte er vom Großadmiral Erlaubniß, zu Lande voraus nach Reval zu gehen, weil der Wind noch immer contrair ist, und versprach, die Flotte bey Narjen wieder zu erwarten. Nachdem nun der Großadmiral dem Kaiser die Permission ertheilet hatte, so machte er sich gleich ans Land, und fuhr noch heute nach Reval.

Den

Den 20ſten. Es wurde gegen 7 Uhr ein Signal gegeben, daß alle Flaggemänner zu dem Großadmiral an Bord kommen ſollten, und es ward ihnen befohlen, daß alle Dreydecker nach Cronſlot gehen ſollten. Es kommt der Großadmiral auf des Capitain = Commandeur Bredals Schiff, und der Viceadmiral Gordon bekommt die 7 Dreydecker zu commandiren. Kurz hernach wurde das Signal gegeben, die Anker aufzuziehen und abzuſegeln; da kam der Viceadmiral Sivers zu uns an Bord, und kündigte J. H. an, daß ſie auf das Schiff Neptunus kommen würden, ſobald wir bey Narjen oder Reval vor Anker kämen, weil Fredemacker nach Cronſlot ginge. Nach 10 Uhr, gingen wir in Gottes Namen bey gutem Wind und ſehr angenehmen Wetter unter Segel, und man ſalutirte den Großadmiral vom Lande mit 13 Schüſſen, welche er auch mit 13 Schüſſen beantwortete. Da nun der Wind zwar gut, aber nicht ſtark war, ſo kamen wir nicht eher als um halb 6 Uhr zu Anker, etwa 3 Werſte vor Reval, nachdem der Admiral ſchon vor einer Stunde ſeine Ankerflagge aufgezogen hatte. Ob nun zwar der Kaiſer, wie man ſaget, verſprochen, zu Narjen wieder auf die Flotte zu kommen, ſo blieb er doch bey Reval zu Cathrinendal, und ſahe uns daſelbſt ankommen. Da wir des Abends bey der Tafel ſaſſen, kam der Schoutbynacht Mylord Doſſus, und kündigte J. H. an, daß er vom Großadmiral und dem Kaiſer Ordre erhalten, ſie zu ſich auf ſein Schiff Neptunus zu nöthigen; wobey er ſich denn ausbat, daß J. H. noch heute Abend anfangen laſſen mögten, ihre Proviſion an Bord bringen zu laſſen, welches J. H. aber verbaten, um nicht ſo viel bey Nachtzeit mit Licht in die Räume zu gehen; ſie verſprachen aber, morgen frühzeitig genug die Sachen an Bord zu ſenden; es mußte auch Plate noch heute Abend nach dem Schiff, um das Gelaß daſelbſt zu beſehen, und die Koſen abzutheilen. Kurz nachher kam der Capitain = Lieutenant von des Großadmirals Schiff, und kündigte unſerm Capitain an, daß, ſobald der Kaiſer morgen die Ankerflagge aufziehen, und unter Segel gehen würde, ſie ihm mit den Dreydeckern folgen ſollten; woraus man dann wohl abnehmen ſollte, daß er mit nach Cronſlot gehen würde, welches doch faſt nicht zu glauben iſt.

Den 21ſten waren des Morgens gegen 4 Uhr ſchon alle, ausgenommen J. H. bey der Hand, und es ward angefangen die Sachen zu transportiren, ob ſchon der Wind für die Eſcadre nach St. Petersburg ganz contrair war. J. H. gingen Nachmittags um 4 Uhr an Bord des Neptunus; nachdem ſie alle Perſonen auf dem Schiff, auf welchen ſie 3 Wochen zugebracht, reichlich beſchenket hätten. Wir begegneten dem Kaiſer unterwegens in einem Schiffbot, welcher vermuthlich aus der Stadt kam. Bey unſer Ankunft auf dem Schiffe Neptunus, welches ein Zweydecker iſt, und 70 Kanonen führet, auch nach ſeiner Gröſſe ſehr commode eingerichtet iſt, ward, wie gewöhnlich, die Trommel gerühret, und es wurden J. H. von allen Officiers des Schiffs empfan-

empfangen, als vom Contre-Admiral Doffus, vom Capitain Delap, vom Capitain-lieutenant Wilster, und von zwey Oberlieutenants und einem Unterlieutenant, welche J. H. nach ihrer Cajüte hinauf führeten, woselbst wir eine gedeckte Tafel vorfanden, die kurz darauf durch des Contre-Admirals Leute gut besetzet wurde. Da wir aber eben zu Tische gehen wollten, kam der Generalmajor Klingstedt aus Reval bey uns an, und überreichte J. H. einige Briefe aus Schweden. Sie behielten ihn und Capitain Benz bey sich zum Essen. Es war heute wegen des starken Windes und regenhaften Wetters eine bittere Kälte, und kein Sommerwetter.

Den 22sten. Es fanden sich gegen Mittag der Kammerherr Sparre und unser Capitain Benz bey uns ein, welche auch bey J. H. zur Mahlzeit blieben. Nachmittags sandte der Geheimerath Ostermann jemand zu Stamken, und ließ ihm wissen, daß der Kaiser zu J. H. kommen würde; worauf denn gleich und geschwind eine Tafel mit kalten Essen zurecht gemachet ward; und als der Kaiser eine halbe Stunde hernach kam, war alles fertig, worauf J. H. ihn unten im Schiff empfingen. Es wurden vor dem Kaiser nur drey Wirbel auf der Trommel, als vor einem Admiral, geschlagen. Weil dem Kaiser Tolstoy und Ostermann folgeten, so hielt er gleich bey seiner Ankunft eine kurze Conferenz mit ihnen beyden und J. H. unserm Herrn, worauf sie sich an die Tafel machten. Der Kaiser war recht aufgeräumt, und La Costé und Capitain Benz machten ihn noch lustiger, indem sie beständig einander widersprachen, und sich die härtesten Worte sagten. Daher saß der Kaiser an 5 Stunden bey uns am Tische, und es wurde stark getrunken, und bey den ersten 7 oder 8 Gesundheiten von unserem Schiffe canoniret. Als der Wein erst ein wenig wirkete, so gingen auch die holländischen Sauflieder an, und man konnte recht sehen, daß der Kaiser heute zu J. H. gekommen war, um sich zu divertiren. Gegen 10 Uhr nahm er Abschied, und zeigte sich überaus gnädig gegen J. H. und waren sie recht vergnügt, daß der Kaiser und alle Gäste so aufgeräumet und vergnügt gewesen waren.

Den 23sten waren des Morgens die beyden Prinzen bey J. H. um Abschied zu nehmen, weil sie mit dem Kaiser nach St. Petersburg gehen. Kurz nachher fuhren J. H. nach dem Kaiser, und nahmen Abschied von demselben, der ihnen und ihren Begleitern Wein mit Tropfen vorsetzte; und hernach zu den Prinzen zum Gegenbesuch, und zur Einladung auf den Mittag, denn sie hatten heute viel Gäste. Abends speiseten J. H. auf Gordons Schiff mit dem Kaiser, Tolstoy und Ostermann; es kamen auch, wiewohl spät, die heßischen Prinzen dahin, welchen aber der Kaiser keine Aufmerksamkeit bezeigte. Ueberhaupt war der Kaiser wegen des widrigen Windes und Wetters nicht aufgeräumet. Der Nebel war Abends so stark, daß man nicht 10 Schritte

Schritte weit sehen konnte, daher nahm der Kaiser einen Compas mit sich, wie er zurück ruderte, wir andern aber ruderten fast eine Stunde herum, ehe wir unser Schiff finden konnten, welches wir doch noch nicht gefunden hätten, wenn wir nicht so lange gerufen hätten, bis wir Antwort höreten, und dadurch erfuhren, wo unser Schiff lag.

Den 24sten sahen wir des Morgens einige Schiffe in der See, und muthmasseten, daß die Fregatte Samson, die mit Brümmer weggegangen war, darunter seyn müßte; daher J. H. dann mit Ungeduld derselben Näherung erwarteten. Ueber der Tafel ließ der Capitain-Commandeur Bredal J. H. sagen, daß Samson komme. Wir sahen auch die Schaluppe, welche der Kaiser von seinem Schiff Catharine nach der Fregatte Samson sandte, um den Courier zu ihm zu holen; sie nahm den Obristen Brümmer mit dem Assessor Surland auf, und brachte sie zum Kaiser. Als dieser die mitgebrachten Briefe gelesen hatte, schickte er die Herren mit Capitain Benz zu J. H. welche aber vorher den Cabinetssecretair Makarof bey Tolstoy und Ostermann absetzen mußten. Wir wurden nun alle nicht wenig verwundert, daß wir den Assessor mitkommen sahen, und nachdem diese beyden Herren nebst Stamken eine Stunde bey J. H. gewesen, so verfügten sie sich mit Stamken nach Tolstoy und Ostermann, woselbst sie eine lange Conferenz hielten, und erst zurückkamen, wie wir schon am Tische saßen. Ob nun zwar diese Herren keine vollkommen erwünschte Zeitung mitbrachten, so war doch wohl zu merken, daß sie auch nichts Uebels berichteten. Weil die Ankunft der Fregatte gleich in der ganzen Stadt bekannt geworden, so fanden sich auch gleich aus selbiger verschiedene bey J. H. ein, um was Neues zu hören, als der Obrist Stahlborn, Capitain Dalwig, der in hollsteinischen Diensten gestanden, Capitain Wilster von der Artillerie, Capitain-Commandeur Bredal, und andre mehr. Der Kaiser war zwar heute Morgen mit der Escadre von 6 Schiffen unter Segel gegangen, mußte aber wegen des gar stillen Wetters, ein Paar Werste von uns, sich wieder vor Anker legen, nachdem er schon den Großadmiral mit 13 Schüssen salutiret, und mit 11 Schüssen den Gegengruß bekommen hatte. Gegen 8 Uhr des Abends wurde befohlen, daß sich die ganze Flotte sollte segelfertig halten, (ausgenommen die Escadre von 9 Schiffen, die hier bleiben soll,) um dem Admiral folgen zu können, welches aber J. H. nicht gern vernahmen, sondern lieber noch einige Zeit hier zu bleiben wünschten. Brümmer und Surland erzählten, daß die Geheimeräthin Bassewitz zwey Tage vor ihrer Abreise von Stockholm daselbst glücklich angekommen sey. Der Herr Obrister Brümmer, welcher den 5ten Julius von uns ging, ist erst den 11ten Julius zu Stockholm angekommen, und den 15ten wieder von da abgegangen. Es ward heute unser rother breiter Wimpel von der Vorstange abgenommen, und einer auf der hintersten Stange wieder aufgesetzet,

auch

auch die rothe Flagge mit einer blauen vertauschet, weil wir jetzt unter die blaue Escadre gekommen sind; es mußte auch der Viceadmiral Gordon seine Viceadmiralsflagge abnehmen, und die Contre-Admiralsflagge wieder aufsetzen, weil die Flotte zusammen wegzugehen beordert ist, und er also nur wieder wie Contre-Admiral commandiret.

Den 25sten mußte des Morgens in aller Frühe der Envoyé Stamke wieder nach Ostermann und Tolstoy fahren, und gegen 10 Uhr kam Ostermann selbst zu J. H. welche ohngefähr eine Stunde Conferenz hielten, die Abends auf eben so lange in der Stadt erneuert wurde. Der Kaiser ist heute ganz früh zu Lande nach Mahrt gegangen, welches gegen drey Meilen von der Stadt lieget, und man meynet, daß wenn sich der Wind nicht ändert, er voraus zu Lande nach St. Petersburg gehen wird; widrigenfalls aber soll er die Flotte zu Mahrt erwarten wollen. Wir erfuhren auch heute, daß unser Kammerherr Stahl (welcher sich gegen 14 Tage allhier aufgehalten,) erst gestern mit Lantingshausen zu Wasser nach Lübeck abgegangen sey, und wundert uns allen sehr, daß er nicht einmal zu J. H. an Bord gekommen.

Den 26sten reisete der Kaiser des Morgens um 8 Uhr von Mahrt, weil der Wind sich noch nicht ändern wollte. Gegen 9 Uhr mußte Gurland nach der Stadt zu Tolstoy und Ostermann, und man vermuthet, daß er heute noch wieder nach Stockholm wird abgefertiget werden. Gegen Mittag fand sich ein junger Kulbars bey uns auf dem Schiff ein, welcher suchen soll in J. H. Dienste zu kommen, und Kammerjunker zu werden, und er blieb bey J. H. zur Mahlzeit. Gegen Abend kam der Viceadmiral Sievers, und bat J. H. mit allen unseren Cavalieren auf morgen Nachmittag auf sein Schiff zu Gaste, indem das Hangutschefest daselbsten soll celebriret werden; und J. H. versprachen sich einzustellen. Sonsten ward heute der Assessor Gurland von J. H. wieder expediret, und er wird morgen weggehen.

Den 27sten ward des Morgens ein Signal für alle Lieutenants gegeben, und befohlen, daß alle commandirende Officiers der Schiffe, welche rußischer Religion sind, sich sollten in der Stadt in der Kirche einfinden, imgleichen daß auf allen Schiffen sollten 9 Schüsse parat gehalten und gefeuret werden, sobald der Großadmiral seine 9 Schüsse würde geschossen haben. Gegen 11 Uhr kam der Viceadmiral Gordon an Bord, und machte seine Cour bey J. H. Nach 12 Uhr kam der Großadmiral aus der Stadt, und da er seine weisse Admiralsflagge vorn auf der Schaluppe stecken hatte, so mußte auf allen Schiffen, welche er passirte, auf der Trommel Marsch geschlagen werden, und das Volk auf den Wänden stehen; wie auch, wann er irgendswo an Bord kömmt, das Volk zu dreyenmalen Hurra! rufen

sen muß. Sobald er an Bord seines Schiffs kam, welches ganz mit Flaggen überaus ordentlich ausgezieret war, wurden erst die 9 Schüsse von demselben gegeben, hernach aber wurden von allen 24 Kriegesschiffen auf einmal die 9 Schüsse geschossen, welches ein grosses Geräusch, auch wegen des hiesigen schönen Echo etwas einem Donnerwetter ähnliches, verursachte. Gegen halb 6 Uhr begaben sich J. H. zum Großadmiral, bey welchem eine grosse Gesellschaft war. Wir mußten einen weiten Umweg aus Respect machen. Als wir an Bord kamen, wurde Marsch für J. H. geschlagen, und es liessen sich Trompeten und Paucken hören. Die Tafel ging gleich an. Zu den vielen Gesundheiten wurde canoniret. Der Großadmiral, welcher J. H. sehr ergeben ist, erzählte viel von der Hangutschen Action, welche 1714 am heutigen Tage geschehen, und bey welcher der Kaiser sowohl als der Großadmiral mit gewesen. Der Tag war sehr heiß, und die rußische Flotte eroberte den Contre-Admiral Ehrenschild mit seinem Schiff, der Kaiser aber machte den Contre-Admiral zum Viceadmiral, und die Officiers bekamen goldene Medaillen, welche an goldenen Ketten hingen, welche sie heute trugen. Da nun der Großadmiral nicht zulassen wollte, daß J. H. Wasser trunken, so bekamen sie einen ziemlich starken Rausch. Bey ihrer Abfahrt wurde nicht allein wieder die Trommel gerühret, sondern sie wurden auch noch mit 13 Schüssen begrüsst, die Retraite aber wurde erst nachher geschossen. Bey unser Zuhausekunft fanden wir noch unsern Assessor Gurland vor, welcher erst neulich das grosse Schiffsboot bekommen hat, mit welchem er von hier nach Helsingfors, oder sonsten irgendwo hin, soll übergesetzet werden, und hernach durch Finland zu Lande nach Stockholm gehen. Ob es nun zwar sehr finster war, und dabey stark regnete, so mußte unser Assessor nach 12 Uhr doch noch weg, weil der Wind ziemlich gut war.

Den 28sten. Gegen Abend gingen J. H. mit uns allen ans Land, und assen in des Grafen Duglas Garten, ausserhalb der Stadt. Des Abends war wieder ein starker Nebel, daher wir ziemlich lange unterwegens waren, ehe wir unser Schiff finden konnten.

Den 29sten ward des Morgens ein Signal gegeben, daß die Leute mit den Canonen ihre Uebung machen sollten; welches auch gegen 9 Uhr anging, und bey 2 Stunden währete, nachdem vorher dreymal auf der Trommel war lärm geschlagen worden. Des Abends tractirten die Prinzen von Hessen. Als Stamke und ich um 10 Uhr uns wieder nach unserm Schiff begeben wollten, war ein so starker Nebel, daß man nicht Hand vor Augen sehen konnte. Wir ruderten bis 1 Uhr herum, und konnten doch unser Schiff nicht finden, von welchem wir noch über zwey Werste weg waren; hingegen kamen wir dreymal an das Schiff St. Andreas, und ich stieg zum
dritten-

drittenmal auf dasselbige hinauf, um den Capitain um einen Compas, eine Laterne und einen Steuermann, der die Lage unsers Schiffs wußte, zu bitten. Auch alles dieses wollte nichts helfen, und wir wurden doch gezwungen, an das Schiff Friedrichsstadt anzulegen, auf welchem wir von dem Capitain Brandt sehr höflich empfangen wurden, und ein gutes Nachtlager bekamen, da wir denn nach 2 Uhr zu Bette gingen. Es kam auch der Viceadmiral Gordon noch auf dies Schiff, weil er sein Schiff auch nicht finden konnte, wiewohl er es doch endlich ausfindig machte, als er es noch einmal versuchte.

Den 30sten. Um 6 Uhr des Morgens weckte uns der Capitain schon auf, weil der Wind gut geworden war. Er führte uns auf dem ganzen Schiff herum, welches das größte in der ganzen Flotte ist, und überaus schöne Gelegenheiten hat. Gegen 9 Uhr kamen wir wieder auf unserm Schiff an, und erfreueten unsre Leute, welche befürchteten, daß wir zu Schaden gekommen wären. Wir höreten, daß es J. H. nicht viel besser als uns gegangen sey, denn sie sind auch einige Stunden herumgerudert, und doch endlich nur auf die Brandwache gekommen, das ist, auf das äusserste Schiff der Flotte, so daß sie, wann sie solches verfehlet, leicht nach der See hätten kommen, und vieler Gefahr exponiret werden können. Auf derselben haben sie sich einige Stunden aufgehalten, und sind endlich um 3 Uhr heute Morgen auf unserm Schiff angelanget. Gegen 10 Uhr ward das Signal gegeben, die Anker aufzuziehen, und unter Segel zu gehen, welches auch gegen 11 Uhr geschahe. Die schon gemachten Verfügungen waren geändert worden, es gingen 10 Schiffe nach Cronslot zurück, und zu Reval blieb nur die Escadre, welche vorher daselbst gewesen war. Der Wind ward immer schwächer, und endlich contrair, so daß wir vor Anker gehen mußten, welches auch

den 31sten, gegen 5 Uhr des Morgens, 6 Meilen von Hochland, und 18 Meilen von Reval, geschahe. Als aber gegen 9 Uhr der Wind begunnte ein wenig zuzunehmen, so daß wir schon zur Noth wieder laviren konnten, so wurde wieder das Signal zur Aufwindung der Anker gegeben, und wir fingen wieder an zu segeln. Des Nachts um 12 Uhr waren wir gegen Hochland gerade über. Der Großadmiral hatte zur Distinktion in dieser Nacht hinter dem Schiff drey grosse Laternen; der Admiral Michailot hatte zwey Laternen, der Viceadmiral Gordon eine. Die übrigen Schiffe hatten gar kein Licht.

August.

Den 1sten legten wir uns des Morgens um 11 Uhr ohngefähr einige Meilen von Hochland, und gegen der Sandinsel Somerde über, wieder vor Anker, weil

der

der Wind gar zu contrair war, und man mit schwachem Winde im Laviren nicht weit kommen kann. Somerde ist die Grafschaft, welche La Coste vom Kaiser geschenket bekommen. Sie bestehet aus lauter Stein und Sand, und hat keine Einwohner.

Den 2ten und 3ten warfen und lichteten wir die Anker zu verschiedenen malen, und kamen nicht weiter als gegen Birken=Eyland über, das uns zur linken Hand, nicht weit von der finnischen Küste, lag, und ein ziemlich grosses Eyland ist, mit Holzung bewachsen.

Den 4ten. Da der Wind Süd zu Osten geworden, so ward um 9 Uhr das Signal gegeben, die Anker zu lichten, und wir gingen gleich darauf unter Segel, hatten auch heute allerseits die Flaggen hinten auf den Schiffen wieder aufgezogen, weil eine Kauffartenflotte vorbeysegelte, und ihre Flaggen aufgezogen hatte, wofür der Großadmiral mit uns allen sich bedanken mußte. Um 5 Uhr gab der Großadmiral das Signal zu ankern, worauf wir drey Viertel auf 6 Uhr uns vor Anker legten, und uns eben so rangirten, wie wir zuerst bey Reval lagen. Man wollte sagen, daß die Jagd Prinzeßin Anna, welche gestern voraus nach Cronslot gesandt worden, wies der zur Flotte gekommen sey, (nemlich auf viertehalb Meilen von Cronslot,) in Erwartung der etwanigen Ordre, noch einige Uebungen vorzunehmen, und würde der Kaiser sich auch bald einstellen.

Den 5ten ward des Morgens um 3 Uhr wieder das Signal gegeben, die Anker aufzuziehen, und um 4 Uhr segelten wir ab. Als wir 10 Werste näher an Cronslot gekommen waren, legten wir wieder vor Anker. Schon eine Stunde darauf gab der Großadmiral wieder das Signal zu segeln. Bey Cronslot ging ein Schiff nach dem anderen in gerader Linie, so wie wir in dem Hafen zu liegen kommen sollten. Ungefähr gegen 7 Uhr warfen wir den Anker aus, und es kam der Admiral Kreutz mit dem Viceadmiral Gordon und Capitain Commandeur Bredal zu uns aufs Schiff. Kurz hernach, als wir die Anker geworfen hatten, kam der Capitain-Commandeur Gösler von des Kaisers Schiff zu uns, um dem Capitain zu sagen, daß er sich in der Stille nach dem Ort begeben sollte, wo jetzt Bredal lag, weil er näher beym Kaiser, und wir wieder näher bey Bredal liegen sollten. Es erkundigten sich J. H. bey ihm, ob der Kaiser am Lande sey, indem sie ihm gern zur glücklichen Ankunft der Flotte gratuliren wollten, und da sie vernahmen, daß nicht allein der Kaiser am Lande sey, sondern daß auch die Kaiserin und beyde Prinzeßinnen bey ihm wären, so säumeten sie nicht lange, sich ans Land zu machen, und fuhren also gleich darauf mit Jsmailof, Plate und mir nach Cronslot hin. Und da uns gesaget ward, daß die Herrschaften beym Fürsten Mentschikof wären, so begaben wir uns von der Brücke, allwo

wo wir ausstiegen gleich zu Fuß nach desselben Hause, wiewohl vergeblich, denn wir fanden niemand daselbst, sondern höreten, daß der Kaiser schon wieder nach seinem Schiff gefahren sey. Nicht weit von des Fürsten Haus rencontrirten wir ihn mit seiner Gemalin und derselben Schwester, und der Fürst versichërte, daß die Kaiserin erst augenblicklich sich nach ihrem Quartier verfüget habe; daher J. H. ungesäumet dahin gingen, und den Brigadier Plate voraus sandten, um sie anzumelden. Weil aber die Kaiserin schon entkleidet war, so hatten J. H. nur die Gnade, den kaiserlichen Prinzeßinnen ihre Cour zu machen, und es machte ihnen die älteste Prinzeßin ein Compliment von der Kaiserin, und zugleich eine Entschuldigung, daß sie J. H. heute Abend nicht sehen könnte. Da nun diese Unterredung über eine gute halbe Stunde währete, so war unser lieber Herr nicht wenig vergnügt. Uebrigens fanden wir hier auch den preußischen Grafen Galofkin, und den französischen Dolgoruki, nebst dem Generalmajor Romanzof, (welcher erst nach unser Abreise aus Astrachan wieder gekommen war,) und noch einige andere. Bey unser Zurückkunft am Bord fanden wir noch unsere Leute in Arbeit mit Verlegung des Schiffes und Fällung der Anker.

Den 6sten wollten J. H. des Morgens zum Kaiser fahren, weil er aber lange in der Kirche war, (indem heute das Fest von der Errichtung der preobraschinskischen Garde seyn soll,) und der Kaiser gleich hernach, als er an Bord gekommen, speisete, so schoben J. H. den Besuch bis nach der Mahlzeit auf. Kurz nach der Mahlzeit kam der Cabinets-Courier Melgunof vom Kaiser bey uns an Bord, welcher erst heute Morgen mit der Fregatte hier aus Schweden angekommen war. Er brachte viele Briefe an J. H. mit, und dabey keine schlechte Nachricht, sondern, wie man sagte, die gewisse Versicherung der Confirmation und Unterschriften beyder Majestäten von Schweden, wegen der Bewilligung des Titels königl. Hoheit, worbey derselbe auch versicherte, daß die Sachen J. H. immer noch besser gingen. Für diese Nachricht bekam er 30 Ducaten. Nach 4 Uhr, da wir wußten, daß der Kaiser ausgeschlafen habe, begaben sich J. H. nach dem Schiff Cathrina, woselbsten wir den jungen Dolgoruky, Galofkin, nebst Romanzof, und verschiedene andere mehr, vorfanden. Es wurden J. H. überaus gnädig vom Kaiser empfangen. Er nahm sie mit sich nach seiner Cajüte, und unterredete sich eine Zeitlang mit ihnen allein. Der Kaiser gab dem Contre-Admiral Doffus die Flagge, welche er vorn auf seiner Schaluppe führen sollte, selbst in die Hand, jeden der übrigen aber ließ er die seinige von dem Großadmiral geben. Der Fürst Mentschikof wies J. H. ein Haus zum Absteigen an.

Den 7ten sahe man des Morgens in aller Frühe die Flottille von mehr als 100 Boyern und Tornscheuten von St. Petersburg kommen; und da man wußte, daß
das

das renomirte Bot darunter mitkommen würde, (welches unter des Kaisers Herrn Vaters Regierung schon aus England von Archangel nach Moskau gekommen, und auf welchem Ihro Majestät in Dero Jugend zuerst gefahren, und dadurch Lust zur Schiffahrt bekommen haben,) und die ganze Flotte, dasselbige im Vorbeyschiffen nicht allein mit Canonenschüssen von allen Schiffen zu salutiren, sondern auch alle Flaggen der Schiffe aufzuziehen befohlen habe: so machten sich alle dazu bereit. Gegen 10 Uhr ruderten alle hier befindliche 9 Flaggemänner, mit ihren Schaluppen in Ordnung unser Schiff vorbey, nemlich vorn an der Großadmiral, in der Mitte zwischen dem Admiral Kreutz und dem Kaiser; hinter ihnen der Fürst, als ältester Viceadmiral, zwischen Sivers und Gordon; alsdenn der Contre-Admiral Sander, in der Mitte von Sinäwin und Doffus. Der Großadmiral hatte die Kaiserflagge, Kreutz die blaue, und der Kaiser die rothe Admiralsflagge; der Fürst die weisse Viceadmiralsflagge, Sivers die blaue, und Gordon die rothe; Sander die weisse, Sinäwin die blaue, und Doffus die rothe Contre-Admiralsflagge. Um 11 Uhr ruderten die kaiserlichen Prinzeßinnen unser Schiff vorbey, und es hatten J. H. das Vergnügen, selbigen von ihrem Altan zu verschiedenen malen ihr Compliment zu machen. Gegen 12 Uhr passirte die Kaiserin, und gegen 1 Uhr der Kaiser, welche allerseits nach Friedrichsstadt hinfuhren, woselbst der Fürst Mentschkof tractirte, und die Herrschaft bis gegen 3 Uhr blieb; von dannen fuhr die Kaiserin wieder nach des Kaisers Schiff, auf welchem sie auch in voriger Nacht geschlafen hatte, die Prinzeßinnen aber fuhren nach der Stadt. Da es nun heute überaus warmes Wetter war, so fuhr der Kaiser auch heute bloß in einem canifassen Camisol, mit einem Hirschfänger darüber gespannet, zu dem Fürsten. Um 1 Uhr kam die Flottille von Boyern und Torascheuten in dem Hafen an, unter Lösung von 23 Canonen von der grossen Bastion; das kleine Bot aber blieb 1 Werste vom Hafen auf einer Galiote stehen, auf welcher es von St. Petersburg hieher gekommen war, und man meynet, daß von da die Ceremonie der Einholung geschehen werde. Unterdessen haben schon alle Flaggeleute heute Morgen ihre rothen Flaggen auf den Schiffen aufgesetzet, und es führet Fredemacker die Flagge des Viceadmirals Sivers; er aber bleibet beym Großadmiral für seine Person. Inzwischen repetirte Benz alle Signale, als wenn der Viceadmiral zugegen wäre. Der Viceadmiral Wilster hat müssen gestern nach St. Petersburg fahren, um so lange die Sachen in dem Collegio daselbst zu besorgen. Des Nachmittags ward ein Signal allen Lieutenants gegeben, und befohlen, auf was Art das kleine Bot solle saluiret werden, und es ward zugleich allen commandirenden Officiers die Erlaubniß ertheilet, daß wann das Bot dreymal von der ganzen Flotte saluiret worden, sie hernach beym Trinken und Lustigseyn die Canonen von ihren Schiffen, nach Gutdünken, lösen könnten. Nemlich der Capitain des Schiffs hat Erlaubniß, bis auf die Hälfte Canonen von seinem Schiffe zu lösen, und die Flaggeleute

leute so viel Canonen als sie auf ihren Schiffen haben, so daß wir auf unserm Schiffe über 105 Schüsse zu disponiren haben, nemlich für den Contre-Admiral 70, und für unsern Capitain 35 Schüsse. Heute Mittag speisete der englische Prediger aus Moscau bey J. H. denn Mylord hatte ihn mit sich gebracht, und er bekommt jetzt in St. Petersburg seinen Posten.

Den 8ten ward des Morgens befohlen, daß die Schiffe, die am nächsten an dem Bollwerk liegen, sich wenden sollten, damit das Schiessen die Kaiserin nicht incommodire, weil sie mit der übrigen hohen Herrschaft und den sämmtlichen Damen unter einigen langen Zelten das Bot vorbey passiren, und es begrüssen sehen will. Man zweifelt aber wegen des häßlichen Regenwetters, daß heute etwas daraus werden dürfte, wiewohl alles dazu bereitet worden. Wir wünschen sehr, daß es je eher je lieber vor sich gehen mögte, indem wir des Stilleliegens auf den Schiffen müde sind, und uns nach dem Lande wieder sehnen. Kurz nach der Mahlzeit kam der Lieutenant Murosen (welcher immer am kaiserlichen Hofe ist,) zu uns an Bord, machte ein Compliment von der Kaiserin an J. H. und bat sie in Ihro Majestät Namen, um 6 Uhr zu ihnen zu kommen; welches auch geschahe. J. H. wurden vor dem kleinen hölzernen Wohnhause des Kaisers von der Kaiserin Cavalieren empfangen, und fanden den Kaiser im Vorgemach mit verschiedenen Cavalieren, und gleich darauf kam die Kaiserin mit den Prinzeßinnen und Hofdamen zum Vorschein, und empfingen auch J. H. sehr gnädig. Der Kaiser ging bald weg, J. H. aber blieben ungefähr eine Stunde bey der Kaiserin, und hernach von der Kaiserin begaben sie sich nach des Fürsten Mentschikofs Schiff Friedrichsstadt, und gaben ihm daselbst einen Besuch. Sie schickten mich unterdessen zu der verwitweten Zarin, der Herzogin von Mecklenburg und Prinzeßin Proscovia, zur Complimentirung.

Den 9ten liessen J. H. sich des Morgens unter der Hand erkundigen, ob die Prinzeßinnen in die Kirche kommen würden? indem sie wohl vermutheten, daß es nicht geschehen würde, weil es ein sehr regnigtes und windiges Wetter war. Da sie nun erfuhren, daß sie nicht kämen, so blieben sie auch zu Hause. Des Morgens ward beym Großadmiral die weisse Flagge mit dem schwarzen Kreuz aufgezogen, zum Zeichen, daß man auf den Schiffen wegen der Eroberung der Stadt Narva, welche am heutigen Tage geschehen, Gottesdienst halten, und nach demselben die Kanonen lösen soll, welches alles auch geschahe. Die Einholung des kleinen Botes konnte heute, wegen des anhaltenden Regens und schlechten Wetters, wieder nicht geschehen, es kam aber um 4 Uhr Nachmittags der Commandeur Gosler von des Kaisers Schiff zu J. H. und bat, daß sie sich mit Dero ganzen Suite beym Kaiser auf Dero Schiff Catharina einfinden mögten, dahin sie sich auch gleich mit uns allen begaben, und

den

den Kaiser bereits mit allen anwesenden Grossen an der Tafel fanden. Es saß der Vicekaiser oben an, in einem grossen gelben Lehnstuhl, und hatte neben sich die beyden Erzbischöfe von Pleskau und Novogrod, nebst noch einem andern Mitglied des Synods. Den Admiral Creutz hatte ich noch nie lange in einer grossen Gesellschaft gesehen, weil er sehr frühe zu Bette gehet, er blieb aber heute bis zuletzt, und saß dem Kaiser zur Linken, Iwan Michailowitsch aber zur Rechten, und J. H. wieder zwischen Iwan Michailowitsch und dem Fürsten Mentschikof, welcher ungemein artig war. Ueber der Mahlzeit wurden verschiedene Gesundheiten unter Losbrennung der grossen Canonen des Schiffes getrunken, unter welchen des Vicekaisers Gesundheit die dritte war; und obgleich die Retraite schon geschossen war als die Gesellschaft aus einander ging, so wurden doch noch 21 Canonen gelöset, als der Vicekaiser wegfuhr, und es gab der Kaiser ihm das Geleite bis an den Fallrep. Ob nun zwar eben nicht sonderlich zum Trinken genöthiget wurde, so hatten doch viele einen ziemlich starken Rausch bekommen.

Den 10ten war wieder ein häßliches, stürmisches und regnigtes Wetter, und da J. H. heute ziemlich starkes Kopfweh von dem gestrigen Rausch hatten, so bekam es ihnen wohl, daß sie heute auf dem Schiff bleiben konnten.

Den 11ten. Da es heute recht gutes stilles Wetter war, so ward angesaget, sich parat zu machen, um das Bot bey desselben Einholung zu salutiren. Gegen 8 Uhr fuhr der Contre-Admiral Doffus von unserem Schiffe mit seiner Flagge nach der Stadt, und es kamen alle 9 Flaggeleute um 9 Uhr mit ihren Flaggen angerudert, um das Bot von der Galliote, auf welcher es war, abzuholen. J. H. begaben sich nach dem Bollwerk, woselbst für die Damen einige Zelte aufgeschlagen waren, die sich auch daselbst bey der Kaiserin und den Prinzessinnen schon befanden. Gleich nach 10 Uhr ward auf ein ertheiltes Signal eine Generalsalve von der ganzen Flotte gegeben, zum Zeichen, daß das Bot ins Wasser aus der Galliote gesetzet werde, welches einem entsetzlichen Donner und Blitz in der Luft ähnlich war, indem in Zeit von einer Minute über anderthalb tausend Canonen abgefeuert wurden. Kurz nachher kamen verschiedene von den Flaggeleuten, (Admiralen, so viel als darin sitzen konnten,) mit dem Bot angerudert, und so wie es den Schiffen gegen über erschien, wurden die Flaggen oder Wimpel von der obersten Spitze bis ganz ins Schiff niedergelassen, zum Zeichen eines sehr grossen Respects; worauf denn alle Canonen eines jeden Schiffes gelöset wurden. Als dieses geschehen war, wurde das Schiff auf einmal mit Flaggen ganz ausgezieret, so daß es sich von oben bis unten mit einigen 100 Flaggen auf einmal darstellte. Da nun dieses bey allen Schiffen geschahe, so machte es einen überaus schönen Anblick. Als der Kaiser gegen die Kaiserin über kam, ward von

der Kaiserin und den übrigen sämmtlichen Damen und Cavalieren zu dreymalen Hurrah! gerufen, worauf sie in dem kleinen Bot mit einmal antworteten, und wir hernach, wie gewöhnlich, wieder einmal riefen, nachdem sie vorher, gleich wie vor der Flaggemänner Schiffen, aus ihren drey kleinen Canonen gefeuert hatten. Als uns der Kaiser mit dem Bot vorbey fuhr, ruderte er selbst mit dem Fürsten, und es steuerte der Großadmiral; bey der Zurückkunft aber, (als welche fast anderthalb Stunde daurete, weil die äussersten Schiffe weit weglagen,) segelten sie mit dem Bot, und es stand der Fürst Mentschikof vorn bey der Focke. Das Bot ist von aussen ganz mit Kupfer beschlagen, damit es wegen seines Alters, nicht aus einander falle. So bald es in den Hafen der Kriegesschiffe kam, wurde nicht allein von der ganzen Flotte zum drittenmal eine Generalsalve gegeben, sondern auch rund um die Festung, und von allen Werken, canoniret. Man meynet, daß die heutige Canonade dem Kaiser auf 10 bis 12000 Rubel zu stehen komme. Nach derselben retirirte sich die Herrschaft und ganze Gesellschaft, und es führten J. H. die beyden Prinzessinnen nach der Schaluppe. Als die Kaiserin in dem Kauffartheyhafen einstieg, (woselbst überaus viel Schiffe lagen, die theils nach St. Petersburg wollten, theils von daher kamen,) so wurde von allen Schiffen auf einmal angefangen dreymal Hurrah! zu rufen, und da die Kaiserin durch ihre Ruderleute ihnen mit einem Hurrah! antworten ließ, so wiederholten sie es von den Schiffen hernach wieder. Auf den Nachmittag um 5 Uhr waren alle hier befindliche Personen von Stande nach dem Orlogshafen beschieden, woselbst in des Kaisers Lusthaus der heutige Tag vollends solle celebriret werden. Es begaben sich also auch J. H. gegen 6 Uhr dahin, und fanden die Kaiserin daselbst mit den übrigen Herrschaften, der Kaiser aber kam erst nach uns. Nun ging die Kaiserin mit den sämmtlichen Damen im Hause an die Tafel, der Kaiser aber speisete unter freyem Himmel, und unter einem langen Zelt an einer Tafel für hundert Personen, die ganz besetzet ward. Es kamen J. H. dem Kaiser zur linken zu sitzen, und der Admiral Creutz ihm zur Rechten. Gegen dem Kaiser über sassen die beyden heßischen Prinzen. Dieses Fest währete von 6 Uhr Nachmittags bis nach 4 Uhr des andern Morgens; und da der Kaiser heute Lust hatte zu trinken, und zu verschiedenen malen sagte, daß derjenige, welcher sich heute nicht mit ihm einen Rausch trinke, ein Schurke sey, so ward auch so grausam getrunken, wie noch niemals auf einem Fest seit unserm Aufenthalt in diesem Lande geschehen. Es wurden auch die Damen nicht verschonet, doch wurden sie um 12 Uhr schon nach Hause gelassen. Es war der Kaiser heute so gnädig gegen J. H. als ich ihn noch niemals gesehen, denn er küssete, herzte, und klopfte J. H. zum öftern, ja er riß ihnen so gar die Parücke zu verschiedenen malen ab, und küssete sie bald in den Nacken, bald auf den Kopf, und bald auf den Vorkopf, ja er riß ihnen so gar die unterste Lippe herunter, und küssete sie zwischen die Zähne und Lippen, wobey er denn auch zum öftern versicherte, daß er sie von ganzem
Herzen,

Herzen, und wie sein eigen Herz, liebe. Es stelleten sich auch alle alte vornehme hiesige Herren überaus höflich gegen J. H. die von ihnen fast keinen Augenblick mit Küssen verschonet wurden. Da sich nun J. H. heute überaus gemäßiget, und keine besondern Gesundheiten getrunken hatten, so hielten sie auch bis zu allerletzt mit aus, ob sie zwar nicht einen Tropfen von ihrem eigenen Wein, und noch weniger Wasser getrunken hatten, indem der Kaiser solches nicht zugeben wollte, sondern sie lauter Bourgogne und ungarischen Wein trinken mußten. Da ich versicherte, daß J. H. nicht mehr trinken könnten, gab mir der Kaiser eine Probe von dem leichten ungarischen Wein, und hernach von seinem eigenen starken, mit welchem er sonst überaus rar ist. Obgleich die Reveille auf den Schiffen geschlagen ward, als sie noch bey Tische saßen und trunken, so kehrten sie sich doch nicht daran, und blieben bis 4 Uhr bey der Tafel; als aber der Kaiser aufstand, und der Wache befahl, gehen zu lassen jeden, welcher wollte, begaben sich J. H. auch weg. Bey der allgemeinen Trunkenheit, mit welcher der Kaiser auch die heßischen Prinzen nicht verschonete, gab es nicht nur viel Zank, sondern auch Schlägerey unter den vornehmen Herren, insonderheit zwischen dem Admiral Creutz und dem Contre-Admiral Sander, von welchen der letzte eine solche Maulschelle bekam, daß er unter den Tisch fiel, und seine Parücke vom Kopf verlor.

Den 12ten. Nach der Mahlzeit giengen die kaiserlichen Prinzeßinnen voraus in der Tornscheute Amsterdam nach St. Petersburg, und da wir andere erst von hier nach Peterhof gehen sollen, und J. H. ihre Suite gern kleiner machen wollen, so wurden meist alle Bedienten beordert wegzugehen.

Den 13ten wurde des Morgens befohlen, daß, sobald der Großadmiral seine Admiralsflagge niederlassen würde, alle übrigen Flaggleute (ausgenommen der Admiral Creutz und Contre-Admiral Strawin, als welche allhier die Flotte so lange commandiren sollen, bis Sivers von Peterhof wieder kommt, und die Schiffe in den Hafen laufen,) auch ihre Flaggen senken sollten, und die Capitains wieder ihre Wimpel aufziehen, wobey dann van einem jeden Schiffe 15 Schüsse geschehen sollten. Das wurde beobachtet. Gegen 10 Uhr ging der Kaiser vom Bord, und wurde von seinem Schiff salutiret mit 18 Schüssen, es wurden auch alle übrige Flaggleute, da sie vom ihrem Schiff giengen, nach ihrem Rang salutiret; als, der Großadmiral mit 13, der Kaiser wie gedacht mit 11, die Viceadmirale mit 9, und die Contre-Admirale mit 7 Schüssen, wobey denn das Volk auf die Wändestieg, und Hurrah! rief. Kurz nach 10 Uhr ging die gesammte Boyer-Flottille aus dem Hafen, und da sich der Vicekaiser mit dabey befand, so wurde er vom Hafen mit 13 Schüssen salutiret. Des Mittags speiseten die Officiere auf unserm Schiff, und der Capitain Benz bey J. H. und nachdem sie dieselben und die Bedienten des Schiffs beschenket hatten, so

fuhren

führen sie in einer Schaluppe nach unseren Boyern. Bey unser Abfahrt wurde zu 5 malen Hurrah! gerufen, welches wir mit dreymaligen Hurrah! aus unsrer Schaluppe beantworteten; und hierauf wurden wir mit 15 Schüssen salutiret. Gleich nachher hörten wir vom Fredemacker auch schiessen, und das war ein Zeichen, daß man auf demselben J. H. Gesundheit trank, wie heute Mittag versprochen war. Gegen halb 2 Uhr kamen wir nun mit unserer Tornscheute und dem Boyer vor Peterhof an, J. H. aber wurden gleich eingeladen, zum Vicekaiser zu kommen, dahin sie sich auch begaben, und viele Grosse vorfanden. Gleich nach unser Ankunft wurde der Anker gelichtet, und wir segelten in dem schönen grossen Canal hinein, welcher mitten vor dem Wohnhause lieget, über eine halbe Werste lang, und so breit ist, daß drey Boyer neben einander liegen können, wohin denn der Kaiser selbsten steuerte. Als wir die Hälfte des Canals zurückgeleget hatten, gingen wir durch eine Schleuse. Es rangirten sich die Fahrzeuge, deren bis 115 waren, auf beyden Seiten des Canals, welches einen sehr schönen Anblick gab. Sobald wir ausgestiegen waren, führete der Kaiser J. H. und die sämmtlichen übrigen Grossen allenthalben, sowohl im Garten, als in den Häusern herum. Es hat dieser Ort seit zwey Jahren ungemein zugenommen, insonderheit sind die Fontainen sehr schön, und haben einen Ueberfluß an Wasser. Gleich nach unser Ankunft wurden für J. H. in dem grossen Hause 5 Zimmer angewiesen, und für die Herzogin, gegen J. H. über, auch so viel, allein sie blieb in ihrem Fahrzeuge. Der Kaiser schlief mit der Kaiserin in Monplaisir. Gegen Abend kam der Marschall Olsufief vom Kaiser, und vernahm, ob J. H. beliebten zu essen, und ließ für sie eine besondre Tafel anrichten.

Den 14ten kamen des Morgens in aller Frühe die fremden Minister alle (ausgenommen der Herr von Mardefeld, welcher das Podagra hatte,) zu Peterhof an, in der preußischen dem Kaiser verehrten Jagd, und es hatte der holländische Resident seine Frau bey sich. Kurz nach ihrer Ankunft führete der Kaiser sie selbst allenthalben herum, und nachdem er ihnen alles gewiesen, und von ihnen ging, sagte er zu ihnen, daß sie die es jetzt nur so obenhin angesehen hätten, sie könnten künftig, wann sie beliebten, kommen, und es in genauern Augenschein nehmen. Bis jetzt hat niemand in diesem Jahr hieher kommen dürfen, weil der Kaiser sichs vorbehalten, alles selbst zu zeigen. Des Mittags ward in J. H. Zimmer eine grosse Tafel für zwanzig Personen gedecket, bey welcher der Geheimerath Ostermann Wirth war, und alle fremde Minister mit den beyden Prinzen und Ihro Hoheit Suite speisete. Es war auch der ganz grosse Saal mit Tafeln rund umher besetzet, an welche sich die übrigen Personen setzten, welche sich allhier mit der Flottille befanden. Der Kaiser und die Kaiserin speiseten in ihrem Hause; wo die rußischen Ministres und Senateurs nebst allen Damen gespeiset? solches konnte ich nicht erfahren. So viel weiß ich, daß viele beym

Fürsten

Fürsten gegessen haben. Während der Mahlzeit bey J. H. wurde nicht allein von der ganzen kaiserlichen Capelle musiciret, sondern die Trompeten liessen sich auch dazwischen hören. Des Nachmittags kam unser kleiner Page Tschernischof hier an, welcher erst vor kurzer Zeit von Moskau nach St. Petersburg gekommen ist. Der Kammerpage Golstein kam nur im Namen der Kaiserin, zu vernehmen, ob J. H. morgen voraus nach St. Petersburg gehen, oder bis übermorgen warten wollten, wenn die andern reiseten, indem der Kaiser solches in Dero Belieben stelle. Er hätte auch Ordre bekommen, daß wann J. H. sich resolvirten wegzugehen, dem Admiral Potjemkin zu sagen, daß er J. H. Tornscheute voraus aus dem Canal schaffen solle. Da J. H. sich aber zu nichts resolvirten, sondern sich in des Kaisers Gefallen zu schicken erklärten, auch merken liessen, daß es morgen noch Zeit genug sey, das Fahrzeug aus dem Canal bringen zu lassen, so blieb es heute darbey. Ob nun von der Herrschaft dieses Compliment, (welches bereits durch den Polizeymeister war gemachet worden,) aus der Ursach geschahe, daß sie vermutheten, J. H. wären eben so gern in St. Petersburg wegen der sich allda befindenden Herrschaft? oder ob sie andere Ursachen darzu hatten? solches konnte niemand wissen.

Den 15ten begaben sich J. H. nachdem sie von beyden Majestäten Abschied genommen, wieder nach St. Petersburg, und waren froh, daß sie einmal wieder zur Ruhe kamen, nachdem sie über 6 Wochen fast beständig Unruhe gehabt. Denn ob es gleich in der Zeit an Divertissements nicht gefehlet, und so viel möglich alle Commoditäten, welche man auf einem Schiffe haben kann, für sie verschaffet worden: so wird man es doch auf dem Wasser bald müde, zu geschweigen daß die Entfernung von den kaiserlichen Prinzeßinnen Sr. königl. Hoheit sehr schwer fiel, und sie also ein sehnliches Verlangen trugen, dieselben einmal wieder zu sehen. Da ich mich nicht erinnere, in meinem Journal von Cronstadt eine Beschreibung gemachet zu haben, so will ich dieses mit wenigen nachholen. Es lieget dieser Ort, woselbst die schöne kaiserliche Flotte ihren Hafen hat, 29 Werste von der Festung St. Petersburg, und ist mit schönen steinernen Gebäuden bebauet, die gegen dem Hafen über aufgeführet sind, worunter des Kaisers und des Fürsten Mentschikofs Haus die vornehmsten sind. Wenn man von der See nach Cronstadt kömmt, fallen die Häuser schon gut in die Augen. Es ist hier auch eine schöne rußische Kirche, und hinter den grossen steinernen Pallästen lieget, längst dem Ufer des Newa-Stroms, eine weitläuftige Vorstadt oder Slabode von hölzernen Häusern, in welchen die Seeofficiers, Schiffsbauer und sämmtliche Bediente der Flotte, nebst den Matrosen, wohnen. Es ist auch daselbst eine lutherische Kirche befindlich, bey welcher jetzt der deutsche Prediger Müller stehet. Durch den sogenannten grossen Markt, welcher von dreyen Seiten mit den schönen steinernen Gebäuden umgeben ist, die alle nach einer äusseren Form aufgeführet sind, gehet ein breiter

Canal,

Canal, der 40 Fuß tief ist, durch den die Kriegesschiffe, an welchen etwas erhebliches zu repariren ist, nach den angelegten Docken gebracht werden können. Wenn sie auf denselben liegen, kann das Wasser abgeführet, und die Schiffe können als auf einem Stapel im Trocknen repariret werden. Das gerade gegen dieser Stadt über befindliche Fort Cronslot ist mitten in der See erbauet, und mit einer grossen Menge schwerer Canonen besetzet, um von daher den Hafen zu beschützen, und sicher zu machen. Es ist daselbst nicht allein der grosse Thurm, welcher von Steinen maßiv aufgeführet ist, sondern es können auch die übrigen dortigen Batterien die Einfahrt durch die Menge des darauf befindlichen Geschützes sehr defendiren, um so mehr, da die Einfahrt von der anderen Seite, woselbst die Stadt lieget, auch mit vielen formidablen grossen Batterien versehen ist. Es soll auch die Stadt auf der Landseite sehr gut befestiget werden, womit schon der Anfang gemachet worden, indem täglich eine grosse Menge Leute daran arbeitet. Die Gegend um Cronstadt ist sehr angenehm, indem auf der einen Seite Finland, und auf der anderen Seite Ingermanland lieget; auf welcher letzten Küste die kaiserlichen Lustschlösser Peterhof und Strelna Musa, nebst Oranienbaum, (welches dem Fürsten Mentschikof zukömmt,) sammt andern kleinen Lustschlössern mehr, zu sehen sind.

Den 16ten ward des Morgens der von Plate zu dem Assessor Glück gesandt, um ihn zu ersuchen, sich bey den kaiserlichen Prinzeßinnen zu erkundigen, wenn J. H. die Gnade haben könnten, sich von der Commission zu entledigen, welche ihnen gestern bey Dero Abreise von Peterhof von der Kaiserin aufgetragen worden. Glück kam gegen 12 Uhr, und bat J. H. um 4 Uhr Nachmittags zu den Prinzeßinnen zu kommen. J. H. wurden sehr freundlich von den himmlisch schönen Prinzeßinnen empfangen, und blieben beynahe eine Stunde bey ihnen. Sie trunken ein Glas ungarischen Wein auf Deroselben Gesundheit, und die Prinzeßinnen auch eines auf die Gesundheit J. H. Gleich nach unser Zuhausekunft kamen zwey junge Cavaliere an den Hof, einer des verstorbenen Feldmarschall Steinbocks Sohn, Rittmeister bey dem Leibregiment Reuter, der andere des schwedischen Senateurs Wrede Brudern=Sohn, Capitain von der Infanterie; der letzte hat auf dem Reichstag viel für unsern gnädigsten Herrn gethan, und soll ein gescheuter Mensch seyn. Sie sagten, daß sie mit J. H. kleinen Jagd von Reval hieher gekommen wären, welche die Fräulein Pahlen, und verschiedenen Personen mehr, von Stockholm nach Reval gebracht, und da der Wind entgegen geworden, sich 4 Werste von hier vor Anker legen müssen, von da sie mit einer Schaluppe abgefahren. Da der Kaiser heute mit der Flottille von Peterhof abgegangen, so hat er J. H. Jagd liegen gesehen, und dieselbige bestiegen. Sie heisset nach J. H. sel. Frau Mutter, und ist derselben, nebst einer anderen noch etwas grössern Jagd, aus Schweden mitgegeben worden, als sie nach Holstein gegangen. Die An-

bern

dern hat die Frau Geheimeräthin Bassewitz nach Schweden in diesem Jahr abgeholet, wird auch noch hieher kommen. Wir erfuhren heute, daß der alte Fürst Dolgoruki, Senateur und Ritter vom St. Andreas=Orden, welcher in Cronslot krank geworden, und so hieher gebracht worden, gestern mit Tode abgegangen sey.

 Den 17ten. Gegen 12 Uhr fanden sich die beyden jungen Officiers ein, und speiseten bey J. H. denen sie Briefe mitgebracht hatten. Gleich nach der Tafel kam ein anderer junger schwedischer Officier, mit Namen Segbart, (welchen wir schon in Moscau gesehen haben, und der jetzt auch mit J. H. Jagd aus Schweden gekommen,) und überreichte Briefe vom Geheimenrath Bassewitz. J. H. fuhren mit uns, die wir unsere Matrosenkleider angezogen hatten, auf ihrer Jagd etwas herum, und liessen einige Canonen beym Gesundheittrinken lösen. Als der Kaiser diese Schüsse hörete, kam er, nachdem er Jaguschinsky vorausgeschickt hatte, an Bord unsers Schiffes, war überaus aufgeräumt, und blieb über zwey Stunden bey J. H. Plate ließ gleich kalte Küche holen, bey deren Genuß viel getrunken und geschossen ward. Weil die dreyßigjährige Jagd inwendig nett beschlagen ist, so bewunderte sie der Kaiser, insonderheit wegen ihres Alters, indem hier zu Lande die Fahrzeuge selten so alt werden, und darben gut bleiben. Er rieth also auch J. H. sie ausbessern zu lassen. Bey seiner Abfahrt riefen wir insgesammt fünfmal Hurrah! welches er beantwortete; und hernach geschahen aus den 6 Stücken 11 Schüsse. Herr von Jaguschinsky blieb, und keiner von uns kam ohne einen guten Rausch nach Hause.

 Den 18ten. Die allhier befindlichen deutschen Comödianten sollten heute vor der hohen Herrschaft spielen, es ward aber wegen des Regenwetters nichts daraus, welches J. H. nicht angenehm war, weil sie sich darauf gefreuet hatten, die kaiserlichen Prinzeßinnen zu sprechen.

 Den 19ten wurden J. H. nebst Dero Ministern auf heute Nachmittag um 3 Uhr zum Begräbniß des neulich plötzlich verstorbenen vormaligen Ambassadeurs in Polen, und jetzigen Senateurs, Fürsten Dolgoruki, gebeten. Des Mittags speiseten bey J. H. der schwedische Secretair Dittmar, welcher von Schweden neulich hieher mit den kaiserl. und königl. Hoheits=Titul geschicket worden, und der schwedische Capitain Stiernhof, welcher einige Zeit hier gelegen, um die Gefangenen fortzuschaffen, jetzt aber selbst nicht wegkommen kann, weil er für einige Bürge geworden seyn soll. Um halb 4 Uhr begaben sich J. H. in Dero Barke mit Ahlfeld, Plate, Stamken, Brümner und mir nach dem Sterbehause, woselbst wir alle hiesige Vornehme und Grosse, und verschiedene fremde Minister, vorfanden. Gleich nach der Ankunft gin=

gen J. H. nach dem Zimmer, wo die Leiche noch offen stand, und in einem ordinairen hübschen Kleide, in einem mit rothen Sammet mit goldenen Treßen beschlagenem Sarge lag. J. H. statteten ein Condolenz-Compliment des Verstorbenen beyden Bruder-Kindern, als Trauerleuten, ab, nemlich dem vor einigen Jahren abgesetzten Senateur, und dem französischen Dolgoruki. Um 5 Uhr kam der Kaiser mit der Kaiserin in einer Barke angefahren, und der Kaiser sahe recht betrübt aus. Nachdem die drey Marschälle der Begrabung mit ihren langen Stäben die Herrschaft in das Zimmer, wo die Leiche stand, geführet hatten, nahm der Kaiser gleich ein Licht in die Hand, und beleuchtete die Leiche, um zu sehen, ob sich der Verstorbene sehr verändert habe, es trat auch die Kaiserin hinzu, und betrachtete den Leichnam sehr genau. Hierauf kamen alle Geistliche in ihren Meßgewanden mit einer grossen Menge Sängern, und nachdem sie eine Weile gesungen, gebetet und geräuchert hatten, gingen sie wieder zum Zimmer hinaus, und der Deckel wurde nur los auf den Sarg gesetzet, worauf die Sänger und Geistlichen voran gingen, vor ihnen her aber noch drey Officiers, zwey mit den beyden Orden, die er gehabt hatte, (dem hiesigen und polnischen,) welche sie auf rothen sammtenen mit goldnen Fransen besetzten Küßen trugen, der dritte mit des Verstorbenen Wapen auf einer Stange; nachher kam die Leiche, von Officieren getragen, und über derselben ein grosser Himmel, den auch Officiere trugen, noch weiter die beyden Trauerleute, nachher der Kaiser und J. H. beyde in schwarzen Mänteln, und so die übrigen nach ihrem Rang, von welchen nur wenige Mäntel hatten, Flöhre aber wurden allen gegeben. Von den Marschällen der Beerdigung ging einer vor dem Orden und Wapen, der andere vor der Leiche, und der dritte vor den Trauerleuten, und es waren, wo ich nicht irre, lauter Obristen. Von der Hausthür an, bis an die Brücke, wo die Leiche in die schwarze Galeere gesetzet ward, standen auf beyden Seiten Soldaten mit Fackeln, welche auch nach dem Kloster mit folgeten, und daselbst in Procession gingen. Sobald die Leiche in der Galeere stand, und vom Lande abfuhr, ward angefangen langsam zu schiessen aus einigen Canonen, die nicht weit von dem Hause gepflanzet waren, und nachdem so lange geschossen worden, als man die Galeere sehen konnte, ward angefangen von der Festung zu schiessen, und das daurete sehr lange. Als wir an das Land kamen, folgeten wir dem Kaiser nach des Erzbischofs Haus, und weil die Leiche erst anderthalb Stunden nach uns ankam, so besahen J. H. unterdessen das neue Kloster, welches täglich zunimmt, und schöner wird. Sobald die Leiche angekommen, ging der Kaiser nebst J. H. und den übrigen derselben entgegen, und folgeten ihr in Ordnung nach der Kirche, es kam auch der Erzbischof von Novogrod mit verschiedenen Geistlichen der Leiche vor der Klosterpforte entgegen, und vereinigte sich daselbst mit den andern Priestern. Die Leiche ward in der Kirche mit den Füßen gegen den Altar gestellet, und der Deckel wieder von dem Sarge abgenommen. Erst wurde gesungen, gebetet und geräuchert, nachher

der

der Paß vom Erzbischof abgelesen, welcher dem Verstorbenen mitgegeben wurde. Die jetzigen Priester und Gelehrte sagen, er werde nur zu dem Ende in den Sarg geleget, damit, wann die Nachwelt denselben öfnen sollte, sie fände, daß der Verstorbene wie ein Christ getaufet und gestorben sey; die alten Russen aber haben eine ganz andere Meynung davon. Als dieses geschehen war, segnete der Erzbischof den Verstorbenen ein, und stach ihm den Paß in die Hände, worauf der Fürst Mentschikof anfing die Leiche zu küssen, worin ihm alle die anderen folgeten, und zwar küsseten einige das Gesicht, andere die Hände, und zu allerletzt küssete ihn der Kaiser auf die Stirne. Wie dieses geschehen war, wurde der Deckel wieder aufgesetzet, (woran der Kaiser selbst mit Hand anlegte,) und Orden und Wapen wurden weggetragen. Nun wurde die Leiche nach der Grube gebracht, die gleich vor der Kirche war, und es wurde bey ihrer Niedersenkung gesungen, gebetet und geräuchert, und hernach Erde auf den Sarg geworfen. Wie dieses geschehen, baten die Marschälle die Gesellschaft, sich nach dem Trauerhause zu begeben, in welchem sich aber nicht über die Hälfte einfanden. J. H. erfuhren, daß der Kaiser wieder dahin wollte, daher stelleten sie sich auch ein. Es war schon gegen 10 Uhr, da wir nach dem Sterbehause zurückkamen, daher blieb der Kaiser nicht über eine Stunde daselbst. Gegen 11 Uhr ging die ganze Gesellschaft aus einander.

Den 20sten. Herr von Plate mußte eins und anders wegen der Maskerade bestellen, denn man saget, daß sie am 30sten vor sich gehen soll, welches aber noch nicht gewiß ist.

Den 21sten. Da heute war angesaget worden, daß Comödie gespielet werde, und da J. H. gegen 5 Uhr erfuhren, daß die Prinzeßinnen schon dahin gefahren wären, so säumeten sie auch nicht, und fuhren mit uns allen in der Barke bis nach Bruce Haus, und von da mit Wagen bis nach der Comödie, woselbst wir die kaiserlichen Prinzeßinnen, aber sonst nur eine gar kleine Gesellschaft, antrafen. Ob nun zwar vor unser Ankunft schon ein Actus der Piece, genannt, die unmöglich gemachte Möglichkeit, geendiget war, so bekamen wir doch die Comödie ganz von vorn an zu sehen, weil der Kaiser sagen ließ, daß er kommen würde, und man auf ihn warten sollte. Wiewohl nun der Kaiser erst um 7 Uhr dahin kam, so passirten J. H. doch ihre Zeit mit den schönen Prinzeßinnen recht wohl, und entretenirten sich fleißig mit ihnen, weil sie sich neben ihnen zur Rechten setzen mußten, und zur linken Hand saß der kleine Großfürst mit seiner Schwester. Es waren auch die beyden hessen-homburgschen Prinzen da, welche aber nicht ein Wort mit den Prinzeßinnen zu reden kamen, und also lange Weile hatten. Gleich nach des Kaisers Ankunft ging das Stück an, und es hielt der Kaiser bey anderthalb Stunden aus, wobey er zwischen den Prinzeßinnen saß. Da nun die Comödie sehr lange daurete, so kam, noch ehe sie zum Ende war, ein junger Unterofficier von der Garde, welchen die Kaiserin gesandt hatte, um die Prinzeßinnen nach Hause zu holen, welche dann auch gleich wegfuhren, als die rechte Comödie zum Ende war, ohne das Nachspiel zu erwarten, und von J. H. erst bis an dem Wagen, und hernach bis nach Hause begleitet wurden. Die Comödie war sehr schlecht mit Acteurs versehen, sie sind aber hier keiner bessern gewohnt, und werden vom Hofe am meisten besuchet, denn sonst müßten sie Hungers sterben, weil von Russen niemand zu ihnen kommt, und von Fremden auch nicht viele erscheinen. Wenn das neue Comödienhaus, welches der Kaiser in unserer Nachbarschaft bauen läßt, erst fertig seyn wird, so mögten sich wohl mehr Deutsche einfinden, weil das jetzige Haus gar zu weit entfernet ist, und man doch für den geringsten Platz 40 Copeken geben muß. Die Bande bestehet aus 10 oder 11 Personen, und ist noch schlecht mit Kleidern versehen.

Den 22sten. Um 10 Uhr geschahen von der Festung drey Canonenschüsse, zum Zeichen, daß alle Jagden, Tornscheuten und Boyer aussegeln sollten, um den persischen Ambassadeur (welcher sich in hiesiger Nachbarschaft nach seiner Einholung eine Zeitlang auf dem Lande aufhalten müssen, und von Schlüsselburg zu Wasser anhero kommen sollte,) beym Alexander Newski-Kloster zu empfangen, nachdem schon vorher das Boyer-Signal, nemlich die Flagge, an verschiedenen Orten ausgestecket worden. Um 1 Uhr kam die ganze Flottille angeseegelt, welche J. H. beym Posthause ankommen sahen, und als selbige nicht weit mehr war, wurde der Ambassadeur (als welcher mit seiner Suite, die aus einigen 30 Personen bestehn soll, und in der preußischen schönen Jagd sich befand,) von der Festung mit 21 Schüssen salutiret, und wie er von der Jagd abging, ward er von selbiger mit 11 Schüssen wieder salutiret. Dieser Ambassadeur soll schon ein ältlicher Mann seyn, von seinen Geschäften aber weiß man nichts, man hat auch von seiner Ankunft vorher wenig gehöret. Er ist in des unglücklichen Schaffirofs Hause logiret, und soll, wie man saget, in der Admiralität seine Audienz haben. Der Kaiser selbst, wiewohl nur in cognito, ist mit der Flottille ihm, nebst vielen anderen vornehmen Herren, bis zum Kloster entgegen gegangen, die preußische Jagd aber noch weiter, und so bald er angekommen, hat die Flottille ihre Anker gelichtet, und ihn hieher begleitet. Heute Morgen ist der hiesige bekannte Knes Pabst, welcher ein Butterlin von Familie ist, zu grossem Leidwesen aller braven Saufbrüder, mit Tode abgegangen, dessen Stelle aber vermuthlich bald wieder besetzet werden wird. Sonst brachte auch Herr von Jemakoff uns heute die Nachricht, daß auch der Kaiser von China gestorben sey, welches ihm recht leid war, weil er bey seiner Ambassade viel Gnade für ihn gehabt. Die Zeit wird lehren, ob von seinen 22 Söhnen einer wird wieder zur Regierung kommen,

oder

ober ob sie einen gebornen Chinesen dazu nehmen werden. Da die drey Herren, der Graf Wachtmeister, Graf Stenbock und Baron Wrede, sich zu verschiedenen malen verlauten lassen, daß sie in der Maskerade gern mögten von J. H. Bande seyn, um einen so viel freyern Zutritt bey Hofe zu haben, und sie von sehr grossen Familien in Schweden sind, welche J. H. sehr gefällig zu seyn suchen; auch der letzte, nemlich Wrede, ihnen bey dem letzten Reichstage in Schweden sehr grosse Dienste gethan hat: so resolvirten sie sich heute, sie in ihre Bande mit aufzunehmen.

Den 23sten. Wir bekamen auf Ansuchen von dem Admiral Creutz heute eine Schaluppe von 20 Riemen, um zur Zeit der Maskerade fast mit unser ganzen Bande in derselben zu sitzen.

Den 24sten. Heute vernahmen J. H. daß morgen der persische Ambassadeur seine Audienz beym Kaiser habe, und daß sie schon um 8 Uhr angehen sollte. Sie gingen also früh zu Bette, um dieselbige nicht zu versäumen.

Den 25sten. Die Audienz stund bis 12 Uhr an, als der Kaiser aus der Kirche gekommen war, und mit einigen wenigen, als mit dem Großadmiral, Großkanzler und General Jaguschinsky auf seiner Jagd gegessen hatte. J. H. gingen unterdessen mit den übrigen Grossen nach dem Senat, woselbst der Thron in einem Saal aufgerichtet, in der That sehr schön, und vor einigen Jahren, als ein polnischer Ambassadeur Audienz bekam, gemacht war. Aber der Stuhl auf dem Thron war altmodisch, und des Kaisers Großvater von einem persischen König geschenket worden. Eigentlich war er nur von Holz, aber ganz mit ausgearbeiteten und emaillirten Silber beschlagen, auch mit vielen Diamanten und anderen Edelgesteinen ausgezieret. Er stand nicht mitten auf dem Thron, sondern auf der rechten Seite, so daß noch ein anderer Stuhl vollkommen darbey zur linken unter dem Thron stehen konnte, und noch weiter zur linken stand ein kleiner viereckigter roth sammtener Tisch, auf welchem das Creditiv zu liegen kam. Schon gegen 11 Uhr kam die Kaiserin aus der Kirche, und verfügte sich auch nach dem Senat hinauf, woselbst sie aus einem Nebenzimmer, durch eine halbgläserne Thür, die Audienz mit ansahe, und J. H. ihr die Reverenz machten; zu Dero Leidwesen aber waren die Prinzeßinnen nicht daselbst, obgleich viele Damen bey der Kaiserin waren. Ueberhaupt war die Versammlung sehr zahlreich und glänzend, und bis zur Ankunft des Ambassadeurs war der Kaiser, dem die Zeit lang währete, bald bey der Kaiserin, und bald im Audienzsaal. Er liebet solche Ceremonien gar nicht, und da er gegen 12 Uhr vernahm, der Ambassadeur sey nahe, ward er roth im Gesicht, wegen welcher Röthe er sich vor der Kaiserin schämete, er wollte auch nicht eher auf den Thron steigen, als bis der Ambassadeur im

nächs-

nächsten Zimmer wäre. Vor demselben traten die beyden Bataillons, welche unten vor dem Senat stunden, nicht nur ins Gewehr, sondern es wurden auch die Trommeln gerühret. Endlich, als der Kaiser hörete, daß der Ambassadeur ganz nahe sey, stieg er auf den Thron hinauf, und stellete sich mitten unter demselben, dem Stuhl zur linken, worbey er den Hut unter dem Arm behielt, und einen ordinairen Stock in der Hand hatte, auch nur ein ordinaires rothes mit Silber bordirtes Kleid trug, welches aber mit schönen Zobeln gefuttert war. Sobald der Ambassadeur in den Saal kam, und den Kaiser sahe, fing er an sich zu bücken, und so oft er ein Paar Schritte gethan hatte, bückete er sich wieder, bis er nahe zum Thron kam, woselbst er stille stehen blieb, und anfing zu reden. Diese Anrede las sein Dolmetscher hernachmals von einem Papier her, worauf der Großkanzler im Namen des Kaisers antwortete; diese Antwort übergab der Dollmetscher dem Ambassadeur, und dieser bekam ein Zeichen, näher herzu zu treten, und dem Kaiser die Hand zu küssen, worauf er auf der untersten Stufe des Throns niederkniete, und hernach auf die zweyte Stufe kroch, da ihm denn der Kaiser die Hand zum küssen reichte. Er küssete sie erst mit thränenden Augen, und drückete sie hernach an sein rechtes, und hierauf an sein linkes Auge, gleich als wollte er damit seine Thränen abwischen, welches dann sehr demüthig und rührend aussahe. Ehe er aber dem Kaiser noch die Hand küssete, überreichte er sein Creditiv, welches er auf einer Art von Küssen in beyden Händen hielt, welches der Großkanzler von ihm entgegen nahm, und auf den Tisch legte, welcher dem Kaiser zur linken Hand unter dem Thron stand. Als der Ambassadeur wieder von den Knien aufgestanden war, hielt er noch eine kleine Anrede an den Kaiser, welche er vor Weinen kaum hervorbringen konnte, und welche enthielt, wie glücklich er sich schätze, den Kaiser zu sehen, u. s. w. Er machte also seine Sachen gut, es soll auch dieses schon die vierte Ambassade seyn, welche er thut, denn er ist schon in Constantinopel, beym grossen Mogal, und, wie man saget, auch in China gewesen; er soll auch selbst vom königlichen Geblüte seyn. Nachdem sich der Kaiser auch nach der Gesundheit seines Herrn erkundiget hatte, nahm der Ambassadeur seinen Abtritt, und ging immer rücklings, so lange er den Kaiser im Gesichte hatte, worbey er zum öftern sich bückete. Seine Kleidung war nach seiner Landesart schön, sonderbar aber sahe aus, daß ihm zwey ganze Zobelfelle vorn beym Halse herunter hingen. Er hatte auch einen Dolch oder eine Art Messer an der rechten Seite stecken. Er hat nur wenig Leute bey sich, und überreichte, ob es gleich sonsten gebräuchlich ist, keine Präsente, weil er vorgab, daß er unterweges von den Tatarn geplündert worden sey. Der Kaiser war froh daß die Audienz geendiget war, und er vom Thron kam, auf welchem er stark schwitzte, und zum Fassungs=Pulver oft Taback nahm.

Den 26sten. Um 5 Uhr begaben sich J. H. mit ihrer ganzen Suite nach dem kaiserlichen Garten, in welchem der Prinzeßin Natalia Geburtstag gefeyert wurde, die

die heute in ihr sechstes Jahr trat. Sie fanden die kaiserl. Herrschaft schon daselbst, und hielten sich erst lange bey der Kaiserin und den Prinzeßinnen in der Gallerie auf, hernach aber suchten sie den Kaiser auf, den sie in der Grotte antrafen. Kurz nach unser Ankunft kam daselbst auch der persische Ambassadeur an, welcher, als er sich der Grotte näherte, wieder anfing sich vor dem Kaiser zum öftern zu bücken; da aber der Kaiser kein Freund der Complimente ist, so rief er ihm zu verschiedenen malen zu, nur sans façon näher zu kommen, und wies ihm darauf die ganze Grotte, welche der Ambassadeur nicht wenig bewunderte; er hatte auch hernach die Gnade, der Kaiserin die Hand zu küssen, als welche er noch nicht gesehen; und nachdem er sich derselben nach verschiedenen Reverenzen genähert, fiel er auf die Knie, und küssete der Kaiserin den Rock, und da sie ihm die Hand zum Küssen darreichte, fiel er zum zweytenmal auf die Knie, und küssete ihr die Hand, worauf er denn bald hernach seinen Abtritt nahm, und in dem Garten mit seiner Suite tractiret wurde. Als der Kaiser erfuhr, daß der junge Graf Stenbock im Garten sey, und neugierig war, ihn zu sehen, weil er desselben Vater gekannt hatte: so mußten J. H. ihn holen lassen; es hatte auch bey dieser Gelegenheit der junge Graf Wachtmeister die Gnade, dem Kaiser die Reverenz zu machen. Sobald J. H. erfuhren, daß die Kaiserin von Tische aufgestanden sey, begaben sie sich wieder zu ihr hin. Die kaiserlichen Prinzeßinnen hatten zwar heute grosse Lust zum Tanzen, es ward aber nichts daraus, wegen des unangenehmen Regenwetters, und es ging die Gesellschaft noch vor 10 Uhr aus einander. Der Kaiser soll heute beschlossen haben, dem Grafen Duglas in der Gegend von Casan einige Güter zu schenken, anstatt der vorigen, die er ihm geschenket hatte, und die sein Vetter, der Graf Stenbock, jetzt wieder bekommen wird.

Den 27sten. Der Kaiser ist heute nach Zaritza Müsa gefahren, er wird aber vermuthlich morgen wieder kommen, weil alsdenn der Knes Pabst begraben werden soll.

Den 28sten. Ich wurde ausgesandt, um auf morgen Gäste zu bitten, weil an diesem Tage der schwedische Envoyé bey unserm Herrn Audienz haben wird. Der Kaiser, welcher heute von Zaritza Müsa zurückgekommen ist, folgte dem Knes Pabst zu Grabe. Ehe die Leiche aus dem Hause gekommen ist, hat ein jeder eine gute Portion Brandtewein austrinken müssen, und man darf nicht zweifeln, daß die Cardinäle, bey der Zurückkunft nach dem Sterbehause, sich werden haben einen Rausch trinken müssen.

Den 29sten. J. H. hatten wegen des heutigen Tages ein neues blaues schwedisches Kleid an, mit Silber bordiret, und mit rothem Camisol und Hosen. Gegen 12 Uhr fingen die Gäste an sich zu versammlen, und es war der dänische Envoyé der

der allererste, welcher kam, welches J. H. von Herzen lieb war, indem sie gerne haben wollten, daß alle fremde Minister, insonderheit aber er, die Audienz mit ansehen sollten, und kamen auch noch alle fremde Minister, nebst Herrn von Osterman, dem jungen Galoffkin, Makarof, und noch anderen hiesigen mehr, vor dem schwedischen Envoyé an, und wohneten also der Audienz mit bey. Es legten J. H. bey dieser Audienz durch ihre Antwort einen überaus grossen Ruhm bey allen Anwesenden ein, so daß die meisten nach Endigung derselben nicht allein unter sich davon sprachen, sondern auch zum Herrn selbst gingen, und ihn deswegen rühmeten, auch zugleich zum heutigen Tage Glück wünschten. Denn nachdem der schwedische Envoyé eine schwedische Anrede an J. H. gehalten, und nach Endigung derselben den Brief vom Könige übergeben hatte, so fingen J. H. eine schwedische Rede an, welche sie selbsten aufgesetzt, und sagten selbige mit einer solchen Freymüthigkeit her, daß sich alle Anwesende verwunderten, und da sie so laut redeten, daß die ganze Gesellschaft es fast hören konnte, hingegen der schwedische Envoyé so sachte sprach, daß ihn kein Mensch von den Herumstehenden, auch nicht einmal der Herr selbst, recht verstehen konnte, so sagte der Envoyé Camperdon nach geschehener Audienz zum Herrn von Cederkreutz ganz laut, daß er wohl hätte mögen ein wenig lauter reden, auf daß sie es auch hätten verstehen können; dagegen machte er J. H. ein sehr höfliches Compliment. Ueber der Tafel setzte sich der schwedische Envoyé J. H. zur Rechten, der junge Galoffkin zur linken, und so die andern, wie sie dazu kamen. Da aber der General-Procureur Jaguschinsky kam, kurz nachdem sie sich zu Tische gesetzet hatten, so überließ ihm der junge Galoffkin gleich seinen Platz, und rückte weiter herunter. Da die ganze Mahlzeit über von J. H. Capelle eine überaus schöne Musik gemachet wurde, so blieben die Musikfreunde, als Jaguschinsky, Mardefeld und Cederkreutz, selbst nach der Mahlzeit, noch einige Stunden, und höreten die Musik mit Aufmerksamkeit an. Von J. H. Rede in schwedischer Sprache will ich noch bemerken, daß sie überaus gut gesetzet ist, und daß kein französisches Wort darin vorkommt, als Baron und Envoyé. Der Envoyé hat zwar in seiner Rede nichts von den Ständen erwehnet, aber J. H. blieben doch mit guten Vorbedacht bey ihrem aufgesetzten Thema, und führten solches sehr gut aus. Sonsten erfuhren wir auch heute durch den schwedischen Secretair Dittmar, daß unser Graf Bonde wirklich in Narwa angekommen sey, worüber J. H. sich nicht wenig verwunderten. Denn ob sie zwar bereits einige Briefe von ihm erhalten, in welchen er sich merken lassen, daß er gern bald möchte anher kommen, so hatten sie doch von dessen wirklichen Abreise noch nichts gewisses vernommen, oder ihm auf dieses Begehren recht geantwortet; inzwischen wird J. H. seine Ankunft gar lieb seyn, und wir werden ihn auch wohl morgen hier sehen.

Den 30sten. Da bereits seit einigen Tagen das Gerücht gegangen war, daß heute die achtzigige Maskerade wieder vor sich gehen sollte, wegen des letzt zu Neustadt getroffe-

getroffenen Friedens, wir auch von des Kaisers Bande schon heute Morgen ganz frühe auf den Strassen einige hatten masquiret herumgehen sehen, und nach geendigtem Gottesdienst auch die Canonen der Festung abgefeuert wurden; so bekamen wir von J. H. Befehl, unsere Masken auch anzulegen, obgleich weder uns noch sonsten jemand von der Masquerade das Geringste war angesaget worden, denn hier muß man sich nach allem selbst erkundigen. Des Vormittags gegen 10 Uhr kam nun unser Graf Bonde glücklich hier an, welcher den 20sten August von Stockholm abgegangen, zu Wasser bis nach Reval, und von dannen zu Lande über Narwa anher gekommen war. Als gleich nach der Mahlzeit Herr von Jaguschinsky unser Haus vorbey ging, mußte ich ihn fragen, ob die Masquerade noch heute gewiß vor sich ginge? welcher mir zur Antwort gab, daß sobald drey Canonenschüsse von der Festung geschähen, sich alle Masken auf der andern Seite bey den vier Fregatten einfinden sollten. So bald also dieses Signal gegeben ward, (welches gegen 4 Uhr geschahe,) machten wir uns auf den Weg, und es war unsere Bande folgendermassen eingetheilet. Nemlich, es fuhren 6 Musikanten in einer Werecke voraus, welche wie die alten römischen Musikanten gekleidet gingen. Darauf folgete unser Fahrzeug, welches eine doppelte Schaluppe von 20 Rudern war, welche wir aber für uns hatten einrichten, und so weit einen rothen lackenen, mit breiten silbernen Tressen besetzten Himmel über das Fahrzeug hatten machen lassen, als unsere Bande den Platz einnahm. Wir sassen darunter folgendermassen, nemlich in der Mitte, ganz hinten, sassen J. H. und präsentirten den römischen Feldherrn Scipio Africanus, prächtig gekleidet, in einem von Brocade stark mit silbernen Tressen besetzten römischen Kleide, nebst einer hohen Plume auf der Casque, und in römischen Stiefeln, mit dem Commandierstabe in der Hand und hatten die beyden kleinen Pagen Tschernischef und Bredal in römischen Kleidern hinter sich stehen. Darauf sassen weiter vorwärts, J. H. zur Seiten, unsere beyden römischen Senateurs von Ahlfeld und Regelein. Nachher kamen 4 Bänke, auf deren jeden zwey Ritter mit einem Sklaven oder Mohren, den sie zwischen sich hatten, sassen. Nemlich, auf der nächsten bey J. H. Ismailof und Plate mit dem Sklaven, oder geschlossenen Mohren, Zöge, auf der anderen der Graf Wachtmeister und Stamke mit dem Mohren Tych, auf der dritten Bank der Baron Wrede und Brümmer mit Freyen, und auf der vierten Stenbock und ich mit dem Mohr Schwing. Hernach kamen zwölf Ruderknechte, welche zwey und zwey auf einer Bank sassen, auch in römischen Kleidern und mit grossen Plumen auf ihren Casquen; von welchen die 6 vordersten ganz neue Kleider, nebst Degen und hölzernen versilberten Beilen hatten, auch allezeit unserer Bande folgen sollen, die 6 andern aber müssen allezeit im Fahrzeug bleiben, wenn wir herausgehen, sie hatten auch nur die alten Kleider, die unsere Bediente bey der letzten Masquerade in Moscau gebrauchten; es hatten auch wir sämmtliche Ritter und Mohren unsere alten Kleider von Moscau her. Da nun auch hinten der Steuermann (welcher auch auf römisch gekleidet, aber von den Matrosen, durch die verschiedene Couleur von Plume, distinguiret war,) den Mundschenken Cap in einem Kellerhabit bey sich stehn hatte, und noch ein Grenadier ganz vorne auf dem Fahrzeug saß, so waren unser in allen gegen 30 Personen in der Schaluppe, welche doch durch die zwölf Ruderknechte geschwinde genug fortgebracht wurde. Hinter uns an kam nun noch eine Wärecke, in welcher erst die 4 Zeichenträger saßen, und hernach der Fourier, welcher im Gehen vor den Matrosen herging. Die 4 Zeichenträger waren folgende, nemlich der Fähnrich Blech, der die Lanze trug, und der Fähnrich Kettenburg, der den Schild trug; hernach der Kammerpage Höcklau, der die Stadt, und Petersen der den Adler trug, welche vier im Marschiren hinter den Musikanten gingen, und diesen folgeten die 6 Matrosen mit den Beilen. Hinter den Zeichenträgern kamen nun J. H. und unsere Bande, so wie wir in der Schaluppe saßen. Als wir bey den 4 Fregatten angeleget hatten, marschirten wir in Ordnung bis an das Caffehaus, und fanden daselbst bereits eine grosse Gesellschaft. Nachdem der Kaiser die Masken in dem Hause in Augenschein genommen hatte, ward sie herausgerufen, und rangiret, so wie sie gehen sollten; wobey wir die 45ste Nummer erhielten, und zwischen den fremden Ministern und dem unruhigen Kloster zu gehen kamen, in welcher letzten Bande der Kaiser selbst mit war, und nebst dem General Butterlin und dem Major Mamonof die Trommel schlug. Hinter dem unruhigen Kloster kam das Frauenzimmer, welche aber dieses mal nicht in so grosser Anzahl war, wie in Moscau, und vor zwey Jahren allhier. Als wir eine Tour auf dem Platz herum gemachet hatten, und den Senat passiret waren, (worinn die kaiserlichen Prinzeßinnen die Mascarade aus dem Fenster, der persische Ambassadeur aber vom Balkon ansahen,) so machten wir uns allerseits in unsere Fahrzeuge, und trieben so lange, bis der Kaiser das alte berühmte kleine Boot aus der Galliote, in welcher es gekommen, im Wasser hatte, und die Segel aufgesetzet waren, worauf er mit Iwan Michailowitsch, dem Contre-Admiral Sindwin, und dem Oberzeugmeister Otto, unter Segel ging, welchem wir mit der ganzen Mascarade bis nach der Festung folgeten, als woselbsten erst das Mastsegel und die Flaggen abgenommen wurden, und hernach das Bot auf das Land gezogen, und in der Festung (unter 21 Canonenschüssen von der Festung und Admiralität) von Soldaten hineingebracht ward, woselbst es dann auch zum ewigen Gedächtniß soll stehen bleiben. Unter dem Schiessen wurde zu dreyen malen von der ganzen Mascarade Hurrah! gerufen, womit die Kaiserin auf ihrer Barke den Anfang machte. Wie nun das Bot hineingebracht war, kam der Kaiser nach der Kaiserin Barke, und wir ruderten durch den Canal bey des Kaisers Sommerhaus vorbey, (wo wir nochmals die kaiserlichen Prinzeßinnen vor dem Fenster stehen sahen,) nach dem Garten des Iwan Michailowitsch, woselbst wir ein Paar Stunden blieben, und hernach auf dem Strom bis 12 Uhr herumfuhren, und die Illumination ansahen, welche insonderheit von der Wasserseite einen sehr schönen Effect machte. Es soll diese Illumination die ganze Masqueradezeit über alle Abend geschehen.

Den 31sten. Gegen 4 Uhr begaben sich J. H. mit Dero Bande nach des Kaisers Garten, (dahin wir gestern waren wieder bestellet worden,) und die ganze Masquerade folgete uns dahin, indem selbige bis jetzt in der Gallerie ausserhalb dem Garten gewartet hatte, und niemand eher eingelassen war, weil der Kaiser geschlafen. Bey unser Ankunft im Garten trafen wir noch niemand von der Herrschaft an; allein die Prinzeßinnen stelleten sich gleich darauf ein, und bald hernach die Kaiserin und der Kaiser, welchen J. H. dann insgesammt das Vergnügen hatten, ihr Compliment zu machen. Kurz darauf ward angefangen zu tanzen, weil sowohl die Prinzeßinnen als auch J. H. grosse Lust dazu hatten, und da der Kaiserin Musik nicht war bestellet worden, so liessen J. H. die Musik von unserer Masqueradebande herkommen, welche sich recht wohl betrug, und es kam heute niemand als unsere Bande zu tanzen, ungleichen der General Jaguschinsky, und der Polizeymeister einmal. Ich hatte die Gnade mit der Prinzeßin Elisabeth eben zu tanzen, als die Kaiserin sagen ließ, daß es Zeit wäre aufzuhalten, daher wir denn auch das Tanzen beschlossen, und es verfügten sich die kaiserlichen Prinzeßinnen kurz darauf aus dem Garten, welche J. H. bis nach ihrem Hause begleiteten, welches gleich nach 9 Uhr geschahe. Da nun alle Alleen häufig mit Laternen ausgezieret waren, so gingen J. H. eine Weile herum, und begaben sich darauf wieder nach der Kaiserin, welche kurz darauf J. H. erlaubte nach Hause zu gehen, indem sie besürchtete, es mögte noch heute Abend stark im Garten getrunken werden; sie schickte auch einen Pagen mit, damit wir aus dem Garten hinaus kommen konnten, weil sonst niemand hinausgelassen wurde.

September.

Den 1sten. Vor der Predigt schickten J. H. den Kammerpagen Petersen mit einem Brief an alle Ritter unsers Ordens, in welchem sie baten, daß wir uns gegen den 5ten dieses Monats mögten neu und auf das schönste kleiden, worbey sie sich offerirten, denen, welche es incommodiren würde, dabey behülflich zu seyn. Wir mußten dieses unterschreiben, und demselben nachzuleben versprechen. Gegen 4 Uhr ruderten wir nach dem Großadmiral, blieben daselbst bis gegen 8 Uhr, und J. H. gingen zum Zeitvertreib im Garten spatziren; und da sie wußten, daß eine Gesellschaft von Damen in Camperdons beaachbarten Garten war, nemlich, die Gräfin Possen, die Generalin München mit ihren beyden Töchtern, und die Generallieutenantin Dupreche; so begaben sie sich auch auf eine Weile dahin. Sie bekamen im Weggehen

Mademoiselle Langen zu sehen und zu sprechen, welche dem Herrn von Camperdon aus Moskau gefolget ist, der seine Frau neulich mit List aus Schweden gezogen, und nach Frankreich in ein Kloster gesandt hat. Da nun weder der Kaiser (der nicht recht wohl auf war,) noch die Kaiserin sich heute beym Großadmiral einfand, so gingen auch die Masken bald aus einander.

Den 2ten. Gegen 4 Uhr wurde das Signal gegeben zur Versammlung aller Masken, die auf des Großkanzlers Insel in dem daselbst neu-angelegten Garten geschahe, woselbst man bis Abends um 9 Uhr blieb, und theils spazirte, theils unter den Zelten saß und discurirte. J. H. waren heute sehr viel bey der Kaiserin, wie auch hernach eine gute Weile bey dem Kaiser, welcher sich viel mit dem persischen Ambassadeur unterhielt. Heute war die Kaiserin mit ihrem Frauenzimmer in Amazonenhabit, der sie sehr gut kleidet. Es mußte heute ein dicker Russe die Sonne vorstellen, und eine grosse von Leinewand gemachte und bemalte Maschine tragen, die gerade so groß war, daß sein Gesicht in die Mitte der Sonne kam, woselbst ein Loch in die Maschine geschnitten war. Das unruhige Kloster ging mit diesem Kerl einigemal singend in dem Garten herum, und zuletzt stieg der Russe auf eine Leiter, stellete sich gegen der Sonne über, und hielte eine lange Rede über sie, welches alle Anwesende nicht wenig zu lachen machte. Gegen 9 Uhr des Abends schlug der Kaiser selbst den Abmarsch auf seiner Trommel. Wir erfuhren heute, daß der Fürst von der Wallachey auf seinen Gütern gestorben, und zwar an einer solchen Krankheit, daß wenn er eine Bouteille Wein getrunken, ihm drey bis vier Bouteillen Wasser wieder abgegangen.

Den 3ten. Obgleich gegen 4 Uhr das Signal gegeben ward, um mit allen Segelfahrzeugen zu kommen, weil der Wind sehr stark war, so fuhren J. H. doch mit unserer ordinairen doppelten Schaluppe aus, und liessen auf allen Fall die Tornscheuten uns folgen. Da wir aber die Kaiserin und viele andere mehr in Barken auf dem Strom antrafen, so blieben wir in unserm Fahrzeuge, und folgeten der ganzen Maskerade nach dem Fürsten Mentschikof, woselbst wir viele Wagen bey der Brücke antrafen, in welche sich die Kaiserin und die sämmtlichen Damen setzten, und so nach des Fürsten Garten fuhren. Der Kaiser ging mit seinem unruhigen Kloster zu Fuß dahin, welchem denn alle übrige Masken folgeten. Der Kaiser war ganz wie ein katholischer Cardinal gekleidet, welchen Habit er aber des Abends im Garten ablegte, und in seinem Matrosenkleide ging. Der Fürst Mentschikof hatte die vollkommene Kleidung vom Elephantenorden an, blieb auch in derselben den ganzen Abend, ausser daß er den Mantel ablegte. Nachdem wir nun in Ordnung nach dem Garten gegangen waren, suchte sich eine jede Compagnie ein Zelt aus, denn es waren hier

viel

viel Zelte aufgeschlagen, und ein jedes mit Essen und Trinken reichlich versehen. J.
H. welche nicht Lust zu essen hatten, gingen anfänglich lange im Garten herum, denn
er ist sehr groß, und mit gar schönen und häufigen Alleen gezieret, und hat eine sehr
grosse Orangerie, es waren auch über 100 Soldaten mit Gewehr im Garten postiret,
um Acht aufs Obst zu haben, damit es nicht abgebrochen würde von den gemeinen Leuten. Hernach setzten sich J. H. an die Tafel, bey welcher alle fremde und einländische
Minister, wie auch der persische Ambassadeur, saß, bey welcher sich auch der Kaiser zu
verschiedenen malen einfand. Als die Kaiserin vom Tische aufgestanden war, gingen
J. H. ab und zu, und waren bald beym Kaiser, und bald bey der Kaiserin, welche
beyde heute überaus aufgeräumet und gnädig waren, insonderheit die Kaiserin, die
sich lange mit J. H. und dem Grafen Bonde entretenirte, und ihnen alle Feldzüge,
welchen sie mit beygewohnet, erzählte, auch in einer Allee, wo sie die ganze Zeit saß,
ihre kleinen Leute, den Banduristen und die künstliche Tänzerin, vor sich singen und tanzen ließ, sie erlaubte auch einem jungen rußischen Burschen allerhand Sprünge und
geschwinde Wendungen vor ihr zu machen. Hierbey ließ sie uns immer ein Glas
Wein nach dem andern zubringen. Gegen 9 Uhr des Abends bekam der Kaiser einen
Courier mit der guten Nachricht aus Persien, daß seine dasige Truppen den importan-
ten befestigten Seehafen an dem caspischen Meer, die Stadt Baku, eingenommen
hätten, nach welchem der Kaiser schon lange gestrebet hatte, weil er sehr gut, auch
wegen der Ausfuhr von Steinöl sehr einträglich ist. Mit dieser Nachricht begab sich
der Kaiser sogleich zu der Kaiserin, und zeigte ihr nicht allein die Briefe, sondern auch
den mitgesandten Riß von der Festung. Seine Freude war desto grösser, da, nach
seiner Versicherung, das alles war, was er in Persien zu haben begehrte. Auf diese gute
Nachricht brachte ihm die Kaiserin ein Glas Wein zu, und nun ging das Trinken
erst recht an. Um 10 Uhr waren, (wie der Fürst Mentschikof selbst gestand,) ihm
schon über 1000 Bouteillen Wein ausgetrunken, und es blieb fast kein Soldat von
der Wache im Garten nüchtern. Da nun die Kaiserin dem Kaiser verschiedene male
fragen ließ, ob es nicht bald Zeit nach Hause zu gehen sey? so schlug er endlich auf
seiner Trommel den Abmarsch, wodurch alle Menschen, weil sie bereits müde und betrunken waren, nicht wenig erfreuet wurden. Allein dieses war nur eine Galgenfrist;
denn als die Kaiserin gute Nacht gesaget, und sich in ihren Wagen gesetzet hatte, so
setzte sich zwar der Kaiser zu ihr; (worüber jedermann sich verwunderte, weil er solches
niemals zu thun pfleget,) als er aber kaum 100 Schritte gefahren war, stieg er auf
der einen Seite und die Kaiserin auf der andern Seite wieder aus, und ließ der
Wache im Garten aufs neue befehlen, niemand hinaus zu lassen. Nun ward aufs
neue wieder angefangen zu trinken, weil er noch nicht Lust nach Hause zu gehen hatte,
und meynete, die Gesellschaft sey noch nicht berauscht genug. Da aber die Kaiserin
wohl sahe, daß J. H. unser Herr bereits seine Ladung hatte, so ließ sie den Officieren

von der Wache befehlen, J. H. mit Dero Bande hinaus zu lassen, und nahm auf eine sehr gnädige Weise von J. H. Abschied, worauf sie sich wieder zu dem Kaiser begab.

Den 4ten war Rasttag von der Maskerade, wir mußten aber insgesammt in Masken den ganzen Tag über gehen.

Den 5ten, als am Namenstage der Prinzeßin Elisabeth, wurde zugleich das Fest wegen der am 28sten Julius eroberten Stadt Baku gefeyert, daher J. H. des Vormittags um 10 Uhr sich nach der andern Seite mit dem Grafen Bonde, dem von Plate und mir begaben, um der kaiserlichen Herrschaft, wenn sie aus der Kirche käme, zu dem heutigen Tage zu gratuliren. Da sie alle mit Masken in der Kirche waren, und nur Mäntel um hatten, so fuhren wir auch in unsern Masken dahin, und erwarteten die Herrschaft außen vor der Kirche. Da nun zu dreyenmalen, sowohl von der Festung als Admiralität, wegen des Dankfestes canoniret wurde, so ward auch jedesmal (nach der gestern gegebenen Ordre) von unserer Jagd mit 5 Schüssen geantwortet, und sie ward, nachdem zum ersten mal geschossen worden, häufig mit rußischen, schwedischen und holsteinischen Flaggen ausgezieret. So bald der Gottesdienst zum Ende war, hatten J. H. die Gnade, dem Kaiser, der Kaiserin und beyden Prinzeßinnen zum heutigen Tage zu gratuliren, und selbige nach ihrem Wagen zu führen. Gegen 4 Uhr, da das Signal zur Versammlung der Maskerade gegeben worden, machten wir uns nach dem Galeerenhof mit der ganzen Maskerade, woselbst eine ganz vergoldete Jagd vom Stapel lief, die nach der mittelsten Prinzeßin Elisabeth genannt ward, und wie selbige vorwärts (nicht wie die anderen grossen Schiffe mit dem Spiegel voraus,) glücklich abgelaufen war, und ihre gesammte Canonen gelöset hat, stiegen gleich der Kaiser, die Kaiserin und die vornehmsten Personen hinauf auf dieselbige. Es stelleten sich auch der persische Ambassadeur mit seinem vom hiesigen Hofe ihn zugeordneten Dollmetscher auf derselben ein. Da nun die kaiserlichen Prinzeßinnen mit ihrem Frauenzimmer auf einer Jagd gegen der abgelaufenen Jagd über waren, so stieg der Kaiser von der neuen Jagd herunter, und in seine Werecke, und ruderte nach der Jagd, wo sich die kaiserlichen Prinzeßinnen befanden, welche sich beyde ganz allein zu ihm in die Werecke setzten, und mit ihm nach der Jagd fuhren, woselbst die mittelste kaiserliche Prinzeßin, nach deren Namen sie genannt worden, an die ganze Gesellschaft ein Glas Wein präsentirete. Worauf sie endlich die Jagd verliessen, und sich insgesammt nach dem Posthause begaben. Unser Herr fuhr auch dahin, und als wir bey dem Posthause rangiret waren, gingen wir insgesammt zu Fuß nach der Kaiserin Garten, und der ganze Weg dahin war für der Kaiserin und Dero Frauenzimmer mit Brettern beleget, auf welchen sie gingen.

In

In dem illuminirten Lusthause des Gartens der Kaiserin waren verschiedene Tafeln mit kalten Speisen besetzet, und unter andern eine grosse runde Tafel in dem Saal, an welcher man auf beyden Seiten sitzen konnte, so daß an der einen Seite eine Oefnung war, um in dieselbige hinein zu gehen. An dieser sassen die sämmtlichen Herrschaften nebst den vornehmsten Cavalieren und Damen. Innerhalb dieser runden Tafel stand noch ein kleiner Tisch, mit Confitüren besetzet, an welchen sich folgende vier Personen setzen mußten, der Knes Câsar mit seiner Gemalin, die alte Fürstin Gallitzin, des Herrn von Ostermanns Schwiegermutter, als Aebtißin von der Maskerade, und der älteste Cardinal, als Vicarius des verstorbenen Knes Pabst. Als sich J. H. beym Kaiser wie gewöhnlich niedersetzen wollten, gab ihnen die Kaiserin einen Wink, zu ihr zu kommen, und sie mußten sich innerhalb des Tisches, gerade gegen die kaiserlichen Prinzeßinnen über, setzen, welche alle beyde der Kaiserin zur linken, und die Herzogin von Mecklenburg mit ihrer Schwester der Kaiserin zur Rechten sassen. Da nun J. H. fast noch niemals dieses Vergnügen gehabt, so war ihnen solches keine geringe Freude, insonderheit da sie so nahe gegen einander über sassen, daß sie sich im Sitzen immer mit einander entreteniren konnten; und überdem erzeigte sich die Kaiserin überaus gnädig gegen J. H. Da nun die beyden hessen-homburgischen Prinzen J. H. allezeit auf dem Fuß folgen, so stelleten sie sich auch hier ungenöthiget ein, und es setzte sich der jüngste J. H. zur Rechten, und der älteste unserm Herrn zur linken. Da niemand war, welcher der Kaiserin und den Prinzeßinnen vorlegte, so fingen J. H. an, ein Huhn vorzuschneiden; die Kaiserin aber ließ es durch einen ihrer Kammerjunker thun. Als die Gärtnerin allerhand Früchte der Kaiserin brachte, war sie so gnädig, und suchte selbsten die besten aus, legte sie nebst einem Bouquet auf einen Teller, und überreichte selbiges J. H. zuerst, und theilte hernach darvon weiter aus. Die erste Gesundheit, welche getrunken wurde, ging auf die mittelste Prinzeßin, deren Geburtstag heute war, (welche auch aufstehen, und selbst ein Glas Wein dem Kaiser überreichen mußte,) hernach wurde des Kaisers, der Kaiserin, der sämmtlichen Gäste, und der Jwan Michailowitschischen Familie Gesundheit getrunken. Die Gesundheiten J. H. der ältesten kaiserlichen Prinzeßin, der Herzogin von Mecklenburg und Dero Schwester folgeten in der Stille nach. Nach aufgehobener Tafel ward anfänglich ein wenig im Garten spaziret, hernach eine Zeitlang getanzet, und endlich ging die ganze Maskerade in Ordnung von hier nach des Kaisers Garten, den von der Kaiserin Garten nur eine kleine Brücke trennet. J. H. aber führeten erst die kaiserlichen Prinzeßinnen nach ihrer Barke. Als wir in die Gallerie des Gartens kamen, fing das Feuerwerk an, welches aus Raqueten, Schwärmern, Feuerrädern, Wasserkugeln, und einer grossen Devise von weissen und blauen Feuer bestand, welche die eroberte Stadt Baku, nebst ihrer Bombardirung vorstellete, mit einer Ueberschrift, wann sie erobert worden, nemlich den 28sten Julius. Beyläufig will ich anmerken, daß

daß der Courier, ein Adjudant des Generalmajor Matuschkin, der daselbst commandiret hat, und wegen dieser Eroberung Generallieutenant geworden, nur 5 Wochen unterwegens gewesen, nemlich 3 Wochen zu Wasser bis nach Astrachan, und von da 14 Tage auf der Reise zu Lande. Der persische Ambassadeur sahe dieses Feuerwerk mit an, und that, als wenn er recht vergnügt über dasselbige sey. Er hielte auch nach demselben eine lange Unterredung mit dem Kaiser ganz allein, und schien mit selbiger auch überaus zufrieden zu seyn.

Den 6ten. Gegen 4 Uhr versammleten wir uns wieder auf der anderen Seite bey den 4 Fregatten. Die hessen-homburgischen Prinzen präsentirten dem Kaiser eine Maschine, die ihnen von ihrem Herrn Vater gesandt, und vor einigen Tagen mit der Bagage angekommen war. Sie war von Leder gemachet, und ein Bot zur Uebersetzung einiger Mannschaft über einen kleinen Fluß; es hieß, es könnten 4 Mann darin rudern, und gegen 20 Personen darin stehen. Sie liessen das Bot vor dem Kaiser ins Wasser, und zogen es hernach aufs Land, da es denn zusammen gelegt wurde. Es kann entweder von einem Kamel oder Esel bequem getragen werden, weil es in allem nur 220 Pfund wieget. Dieses Geschenk war dem Kaiser nicht unangenehm. Kurz nachher begab sich der Kaiser in seinen an der Brücke fertig liegenden Boyer, und segelte mit selbigen nach dem Posthause über, dahin ihm die Kaiserin (welche heute hier nicht aus ihrer Barke trat,) nebst der ganzen Masketade in ihren Barken und Werecken folgeten, und mit dem Kaiser zugleich ans Land kamen, weil der Wind nur sehr schwach war, und der Kaiser doch sein Plaisir mit Segeln und Selbststeuern haben wollte. Sobald wir beym Posthause ans Land gestiegen waren, fingen die vordersten von der Masketade an zu marschiren, und obgleich unsre Nummer war hinter den fremden Ministern, und vor dem unruhigen Kloster zu gehen, so traf es sich doch, daß wir sammt den Ministern hinter dem unruhigen Kloster zu gehen kamen, und also unsere Bande die Masketade von Mannspersonen beschloß. Hinter uns kamen zwey Obristen als Marschälle für das Frauenzimmer, worauf die Kayserin mit allen Damen folgete, welche aber nicht gingen, sondern alle auf offenen Wurstwagen fuhren, deren 8 bis 10 waren, jeder mit 6 Pferden bespannet, von welchen aber einige unbesetzt hinter her fuhren. In dieser Ordnung gingen wir von dem Posthause längst dem Revier des Kaisers Winterhaus vorbey, und daselbst zur linken Hand herum durch die Stadt, fast neben der ganzen langen Allee, und noch einen ziemlichen Weg durchs Gehölze, ehe wir zu dem Präsidenten vom Justiz-Collegio, Apraxin, kamen, welches eine Promenade von zwey bis drey Wersten war, wobey denn viele von den schweren und alten Leuten warm und müde wurden. Es ritten auch bey dem heutigen Aufzug wieder verschiedene auf kleinen Müller-Eseln, und es waren ausserdem noch verschiedene neue lächerliche und unbekannte Masken vorhanden.

den. (Unterdessen gestehen alle Zuschauer einhellig, daß unsere Bande sowohl zu Lande, als auf dem Wasser, die schönste und beste Parade gemachet habe.) Als die ganze Maskerade von hinten zu in des von Apprarin Garten gekommen war, und sich daselbst in verschiedene Partheyen getheilet, auch die aufgeschlagene Zelte eingenommen hatte, so divertirte sie sich daselbst bey einer Pfeiffe Taback, einem Glase Wein, und etwas kalter Küche. J. H. liessen sich bey den fremden Ministern und verschiedenen Russen nieder, es fand sich auch der Fürst Menschikof daselbst ein, und saß eine gute Weile bey J. H. Da es nun begunnte dunkel zu werden, wurde vom Kaiser die Trommel zum Aufbruch geschlagen, worauf sich ein jeder nach seinem Fahrzeug begab, und wir fuhren im Dunkeln mit einigen Laternen hinten auf dem Fahrzeuge, nach des Feldzeugmeisters Bruce Wohnung, woselbst wir ausstiegen, und bey Fackeln zu Fuß in Procession nach dem Knes Cesar, oder Fürsten Romadanofsky gingen, woselbsten wir sogleich mit einer Schaale von seinem höllisch starken distillirten wilden Pfefferbrandtewein bewillkommet wurden. Wissentlich und willig wurde niemand mit demselben verschonet, nicht einmal das Frauenzimmer, und es vertrat der Kaiser in diesem Stück lange des Wirths Stelle, welcher auch von unserer Bande J. H. mir und dem Fähnrich Blecken die Schaale selbst überreichte, und nicht allein wohl Acht gab, daß nichts darin blieb, sondern auch einen jeden hernach fragte, was er getrunken habe? worauf sogleich zu antworten nicht wenig schwer war, weil der Brandtewein so brennet, daß man kaum reden kann. Da nun der Kaiser auch das Frauenzimmer mit diesem Getränk nicht verschonete, so bekam es vielen gar nicht gut, jedoch Sicur La Coste am allerübelsten, indem sie ihm weiß machten, daß er Wasser darauf trinken müßte, wie denn der Kaiser ihm durch Waßlei ein grosses Bierglas voll holen ließ. Da er aber solches ausgetrunken hatte, so fing der Brandtewein nicht nur an zehnmal stärker zu brennen, sondern er mußte auch alles wieder auf einmal von sich geben, was er vielleicht den ganzen Tag über genossen hatte, worbey er so krank ward, daß er meynete, er müßte sterben. Denn dieser Brandtewein leidet weder Bier noch Wasser, sondern man muß gleich ein Glas andern Brandtewein darauf setzen, auch ist am besten, ihn auf einmal nieder zu schlucken, denn je länger man ihn im Munde hält, je stärker beisset er. Ob nun gleich der Kaiser sich mit den Vornehmsten zu Tische setzte, so durften J. H. es doch nicht wagen, sich mit an den Tisch zu setzen, weil sie sich vor dem Trinken scheueten, auch keinen Appetit hätten, also blieben sie draussen bey den andern, doch mußten sie daselbst auch verschiedene Gläser austrinken. Es wurde zwar nicht stark getrunken, die Gesellschaft aber blieb bis gegen 2 Uhr beysammen, ehe einmal die Kaiserin mit dem Frauenzimmer wegging. Unter diesen hatten die mehresten ihren vollkommenen Rest, daher wir glaubten, es würde zuletzt nicht weniger über die Cavalier scharf hergehen, daher der Wirth dafür sorgete, daß J. H. bald fortkamen, welches doch vor 3 Uhr nicht geschahe.

Den 7ten. Vormittags um halb 11 Uhr, sahe man noch verschiedene in Maskeradekleidern herumgehen; indem das ganze unruhige Kloster bis sehr spät in die Nacht bey dem Knes Cesar mit der ganzen Gesellschaft von der Maskerade herum rasen, und bis an den Morgen trinken müssen; ja der Kaiser, welcher sehr lustig gewesen, hat alle seine Domestiken, bis auf den allergeringsten Küchenjungen, und die Mädchen bis auf das geringste Waschmädchen, zusammen in den Garten kommen lassen, woselbst sie insgesammt von des gedachten Knes Cesars Brandtewein, (als von welchem der Kaiser einen Vorrath mit sich genommen,) haben trinken müssen. Und als sich der Kaiser des Morgens gegen 7 Uhr weg und zu Bette begeben, hat er befohlen, daß die ganze Gesellschaft in der Gallerie ausserhalb des Gartens, bis 10 Uhr bey einander bleiben sollte; und da auch keiner vorher hinaus gelassen worden, so haben sie noch allerhand Aufzüge mit einander gehabt. Und ob zwar die meisten vom unruhigen Kloster, wie sie wegkamen, äusserst müde waren, so sind sie doch, wie man saget, insgesammt auf heute Nachmittag um 2 Uhr wieder nach des Kaisers Garten beschieden worden. Heute Morgen ward uns allen befohlen, unsere Masken bey Hofe an den Kammerdiener Middelburg wieder abzuliefern.

Den 8ten fiel nichts Sonderliches vor.

Den 9ten. Ein gewisser liefländischer Baron, mit Namen Kloth, erschien bey Hofe, welcher von dem Geheimenrath von Bassewitz, durch vieler vornehmen Schweden Recommendation, gleichsam in J. H. Dienste genommen worden, und bekam eine Vollmacht wie Kammerjunker von ihnen jedoch mit dem Beding, daß er nichts bekommen soll, bis J. H. für gut befinden, ihn zu gebrauchen. Dieser Baron hat hier als Lieutenant von der Cavallerie viele Jahre gefangen gesessen, und nachdem er aus Schweden nach Liefland gekommen, hat er seinen Vater verloren, und sich deswegen einige Zeit in Liefland aufhalten müssen. Es kam heute einer von des Kaisers Cabinetscourieren, und verlangte J. H. aufzuwarten. Er meldete, daß er heute noch über Finland nach Schweden abgehen würde, und wolle also vernehmen, ob J. H. ihm etwas zu befehlen hätten? Da nun ihre Briefe darzu schon fertig gemacht waren, und selbige bey Stamken bereit lagen, so baten sie ihn, nur zu demselben zu gehen, um sie von ihm abzuholen, und wünschten ihm darauf eine glückliche Reise. Bey dieser Gelegenheit hatte nun auch der Baron Klath die Gnade, J. H. die Reverenz zu machen, und seinen vom Geheimenrath von Bassewitz bey sich habenden Recommendations=Brief, zu überreichen. Sonsten mußte heute Mittag unsere bisher auf dem Strom gelegene Jagd im Canal vor J. H. Hause einlegen, weil sie in der vorigen Nacht der Strom von den Ankern losgerissen hatte. Auch bekamen wir heute die Nachricht aus Deutschland, daß das für J. H. beladene Schiff bereits

unter-

unterwegens sey, worbey auch die Specification von der ganzen unterwegens seyenden Provision gesandt ward. Da nun Verschiedne von unsern Leuten etwas mit demselben erwarten, und ich auch viel auf demselben an Kleidern und Sachen habe; und unsere Provision an Weinen gänzlich zum Ende ist, so daß wir wenig guten Wein zu trinken bekommen: so verlanget uns insgesammt sehr nach der Ankunft dieses Schiffes.

Vom 10ten bis 13ten fielen nichts als häusliche Plaisirs vor, bey welchen es ohne Berauschung nicht abging.

Den 14ten. J. H. wohneten der Abschiedsaudienz des persischen Ambassadeurs bey. Kurz vorher, ehe er kam, ging der Kaiser zur Kaiserin hinein, zog daselbst seinen Rock mit Zobeln gefuttert aus, und einen nach seiner Art sehr galanten Rock wieder an, welcher blau, und sehr schmal mit Silber broditet war. Dieser Rock soll derselbige seyn, wie er selbst sagte, in welchem er die erste Audienz beym König von Frankreich gehabt. Gleich nach der Audienz zog er ihn bey der Kaiserin wieder aus. Bey der Audienz wurde dem Ambassadeur mündlich versichert, daß der geschlossene Tractat erfüllet werden solle. Er soll hauptsächlich dieses enthalten, daß dem Kaiser alles, was er bisher am caspischen See erobert hat, verbleiben, er aber den jungen Sofi gegen den Miriwey beystehen soll. Der Kaiser ließ dem Ambassadeur zur Ehre die Kanonen der Festung abfeuren. Der General Allard machte seine Reverenz bey J. H. nachdem er vor einigen Tagen aus der Ukraine, wo er commandiret, zurückgekommen ist. Das Bataillon von der preobraschinskischen Garde, welches gestern auf der Wiese gegen J. H. über rangiret gestanden, und einmal gefeuret hatte, stand heute wieder daselbst, und machte in des persischen Ambassadeurs Gegenwart allerhand Kriegesübungen, bey welchen der Kaiser zugegen war, und die auch von den kaiserlichen Prinzeßinnen angesehen wurden. Als diese Uebungen vorbey waren, gingen J. H. mit uns nach dem Hause, in welchem Dero ehemaliger gottorpischer Globus stehet, und da J. H. selbigen noch nicht gesehen hatten, so setzten sie sich mit 5 Personen in demselben nieder, ließen ihn herumdrehen, und sich darinn alles zeigen.

Den 16ten. Gegen Mittag erfuhren wir, daß der Baron Rönn, welcher Fähnrich von der Garde ist, als Resident nach Persien gehen, und dem Ambassadeur dahin folgen soll. Diese Commission ist eben nicht die angenehmste, indem man nicht einmal weiß, wo der Sofi, welcher die Ambassade hieher gesandt hat, in Persien zu finden ist; denn er ist von dem Rebellen Miriwey, welcher seinen Vater und ältesten Bruder vom Thron gestoßen, und ihn anfänglich auch darauf gesetzet hat, jetzt aber auch verfolget wird, und sich allenthalben vor ihm retiriren muß. J. H. wohnten heute dem Gastmahl des persischen Ambassadeurs bey, der Kaiser war auch zugegen, und setzte sich mitten vor dem Tisch, neben ihm zur Rechten sassen J. H. welche wieder die beyden hessen=homburgischen Prinzen zu ihrer Rechten sitzen hatten, und dem Kaiser zur Linken saß der Großkanzler Galoskin, und so die andern fremden und einländischen Minister, nebst alle Generalspersonen und andern Gästen, so wie sie zukamen, der Ambassadeur aber, wartete die ganze Mahlzeit mit seiner Suite auf, stand immer hinter des Kaisers Stuhl, und fing selbst alle Gesundheiten an in Wein, obschon selbigen zu trinken den Persianern nicht erlaubet ist, weßfalls er auch letzthin beym Großkanzler gesaget hat, als man ihn daselbst zum erstenmal Wein präsentirte, daß ihm Wein zu trinken nicht erlaubet sey, aus Devotion vor Ihro kaiserl. Majestät aber wollte er daran nicht gedenken, sondern ihn auf Gesundheit Sr. Majestät austrinken; welches er dann auch gethan. Die erste Gesundheit aber, welche getrunken wurde, fingen Ihro kaiserl. Majestät selbst an, und sie war auf Gesundheit des Königs von Persien, wobey 13 Canonen gelöset wurden; indem vor dem Hause 14 Canonen ausdrücklich zum Gesundheitschiessen gepflanzet waren. Es wurden heute in allen 19 Gesundheiten getrunken, und bey allen geschossen. Das Essen hatten Ihro Majestät Köche nach hiesiger Landesart bereitet, und es servirte hierauf einer von den Persianern (welcher allem Ansehen nach der Küchenmeister war,) die ganze Tafel wieder mit persianischen Speisen, die meistens in Eyern, Grütze, Erbsen, Reiß und Rosinen bestanden, und theils mit Fleisch und Würsten garniret waren, und meistens sehr süsse schmeckete; es war auch etwas von ihrem Brodt auf den Tisch gegeben, welches von Reiß gebacken war, und in grossen runden und länglichen dicken Kuchen bestand. Alles Essen wurde sowohl von den Persianern als Russen auf den Köpfen getragen, und es war jede Schüssel mit einer blechernen Glocke bedecket, welche abgenommen ward, ehe die Schüssel auf den Tisch kam. Daß alles Essen auf den Köpfen getragen wurde, soll aus Ehrerbietigkeit gegen den Kaiser geschehen. Nach der Mahlzeit, um 11 oder halb 12 Uhr, retirirte sich der Kaiser, wie auch J. H. und die ganze Gesellschaft, welche dann der Ambassadeur wieder bis an das Wasser begleitete, und J. H. beym Abschied ein sehr feines Compliment machte, und sich für die Ehre bedankte, die sie ihm erweisen wollen. Bey welchen Abschied dann J. H. ihn küsseten, nachdem selbiger ihnen die Hand geküsset hatte; er küssete auch verschiedene von unsern Cavalieren. Sonsten wurde daselbst alles von des Kaisers Küche und Keller angeschaffet, es war auch der Kaiserin ganze Musik, nebst den kaiserlichen Trompetern, hier zugegen, welche die ganze Mahlzeit über musicirten; auch war nicht nur der Saal, sondern auch das ganze Haus überaus gut illuminiret, und mitten auf dem Tisch, vor dem Kaiser, standen ein Paar Wachslichter, die anderthalb Ellen lang waren. Während Mahlzeit, hinter J. H. Stuhl, unterredete ich mich heute sehr lange mit dem

Favori-

Favoriten des Kaisers, Wasilei Petrowitsch, insonderheit von seiner Bärenhetze, von welcher er ein überaus grosser Liebhaber ist; er soll auch ungefähr zwanzig Stück der schönsten englischen Doggen haben. Er bat J. H. zu sich auf eine Bärenhetze, und sie versprachen zu kommen. Sonsten erfuhr man heute, daß Vormittags im Senat resolviret worden, es soll der älteste hessen-homburgische Prinz das narwische Infanterie Regiment haben, und dessen jüngster Bruder Capitan der Garde seyn, welches aber noch nicht öffentlich kund gethan worden.

Den 17ten. J. H. waren von gestern ein wenig malade.

Den 18ten reisete der Kaiser des Morgens um 9 mit Mentschikof, dem Groß-admiral Apprarin, und einigen andern, nach Cronslot, und man saget, daß der persische Ambassadeur ihn heute oder morgen mit der ganzen Flottille dahin folgen soll, weil der Kaiser ihm daselbst zu Peterhof alles zeigen will. Es lieget auch deswegen das Orlogschiff Alexander noch auf der Rhede unabgetackelt, und in seiner vollkommenen Armatur, um dem Ambassadeur zu seiner so viel bessern Idee von den Kriegesschiffen zu dienen; er soll auch darauf tractiret werden. Sonst erfuhren wir heute, daß der Baron Rönn nicht nach Persien gehen soll, weil er sich entschuldiget, und versichert hat, nicht fertig genug in der rußischen Sprache zu seyn, daher der junge Fürst Mschersky, ein Bruder des Couriers, und Lieutenant von der Garde, dahin gehen soll. Auch bekam der Baron Kloth heute von J. H. die Confirmation über den ihm vom Geheimenrath von Bassewitz zugelegten Kammerjunker-Caracter, bis J. H. ihn wirklich zu gebrauchen gnädigst belieben, von welcher Zeit an er alsdenn seinen Gehalt, anjetzt aber seinen Rang schon geniessen soll. Sonst ließ der schwedische Envoyé heute den Tanzmeister Schulz in der Reichscanzeley arretiren, weil er hier für gewiß ausgegeben, in Stockholm in diesem Jahr auf öffentlichen Markte selbst aus des Obristlieutenants Sickers (Siquier) Munde gehöret zu haben, daß er den König Karl XII. todt geschossen, da doch der Obristlieutenant zu der Zeit, da er es soll gesaget haben, schon toll gewesen, und nicht mehr aus seinem Hause gekommen sey. Was nun weiter mit diesem Mann wird vorgenommen werden, muß die Zeit lehren.

Den 19ten. Es nahm der Capitain Stiernhöck nach der Tafel von J. H. Abschied, weil er morgen nach Schweden gehen will.

Den 20sten. Heute Morgen kam endlich das Schiff mit J. H. Provision aus Holstein an.

Den

Den 21sten Herr von Ahlfeld brachte heute einen jungen von Brockdorf an Hof, der mit dem Provisionen=Schiff aus Holstein gekommen ist. Er ist in französischen Diensten Lieutenant gewesen, hat aber wegen eines Duels dieselben verlassen müssen, und suchet nun in J. H. Dienst zu kommen, denn er hat nichts zu leben, weil sein Vater, der ein Mann von mehr als 200000 Thaler gewesen, bey den Eindeichungen in Holstein um alles gekommen ist. Er überreichte J. H. die mitgebrachten Recommendations=Schreiben, unter welchen auch eines von dem Administrator war. Der junge John, (welcher vom Kaiser den Prinzen zur Aufwartung gegeben worden,) invitirte J. H. auf übermorgen zu seiner Schwester Hochzeit, welche in des Generals Jaguschinsky Hause gehalten werden soll, und woselbst sich die gesammte hohe Herrschaft einfinden wird, ausgenommen der Kaiser, als welcher, wie John für gewiß versicherte, nicht vor 8 Tagen hier ankommen wird.

Den 22sten. Als wir noch am Tische saßen, kam der Bräutigam Prinzenstiern, (welcher die Witwe des verstorbenen Obristen Jaguschinsky bekommt,) und invitirte J. H. auf morgen zur Hochzeit, zu welcher sie sich einzustellen versprachen. Gleich nach der Mahlzeit kamen abermals zwey Schaffer, welche J. H. in Form zur Hochzeit einluden, und Lieutenans von der Garde und Flotte waren.

Den 23sten. J. H. fuhren gegen 4 Uhr mit uns allen nach dem Hochzeitshause, woselbst wir schon eine grosse Gesellschaft von Cavalieren und Damen fanden, unter welchen auch die hier befindlichen fremden Ministerfrauen waren, als nemlich die schwedische Gesandtin Gräfin Possen, die holländische Residentin, und die neulich angekommene kaiserliche Legations=Secretärin. Gegen 5 Uhr kam die Herzogin von Mecklenburg, und um halb 6 Uhr die Kaiserin mit den beyden Prinzeßinnen, worauf J. H. hinunter gingen, und selbige bey der Barke empfingen, auch die beyden Prinzeßinnen in das Haus führeten; es gingen auch alle Damen der Kaiserin bis auf der Strasse entgegen. Gleich nach der Kaiserin Ankunft ging die Trauung oben in des Herrn von Jaguschinsky neuen, schönen und grossen Saal an, und als sie vorbey war, setzten sie sich zu Tische, da denn J. H. unser Herr so zu sitzen kamen, daß sie die Herrschaft, (die insgesammt am Ende der Frauenzimmertafel saßen,) immer im Gesicht hatten. Neben J. H. zur Rechten saß der älteste Prinz von Hessen, welcher heute allein hier war, indem sein Bruder nicht wohl auf ist, und J. H. zur Linken war die Obristin Campenhusen, welche auf J. H. Seite am Ende von der Damentafel saß. Die Verwandten und Hochzeitsbedienten waren folgende. Nemlich Braut Mutter, die Gräfin Mattseoff, und Bräutigams Mutter, die Fürstin Gallizin, Braut Schwester, die Archiaterin Blumentrost, und Bräutigams Schwester, die junge Stroganoff, Bräutigams Vater, der Graf Mattseof, und Braut Vater,

der

der Fürst Dolgoruky, Bräutigams Bruder, der junge Galofkin, und Braut Bruder, Anton Manulowitsch; die beyden Brautjungfern waren Fräulein Galofkin und Fräulein Mariskin, welcher letztern Bräutigam, der junge Gallitzin, Sergeant von der Garde, Vorschneider war. Der Geheimerath Ostermann war Marschall, und hatte 8 Schaffer, welche alle Lieutenants von der Garde und Flotte waren. Nachdem nun gebührendermaßen die Brautjungfern nebst den Vorschneidern herein geholet worden, ging das Gesundheittrinken, und sobald die Tafeln weggenommen waren, der Tanz an, und es währete der letzte von halb 8 Uhr bis gegen 10 Uhr hinzu, um welche Zeit die Kaiserin mit den Prinzeßinnen wegging, und J. H. den Prinzeßinnen bis an die Barken folgeten. Nun ging der Tanz wieder an, und währete noch eine Stunde; als man aber mit der Braut in die Kammer derselben tanzete, begaben sich J. H. und die Herzogin von Mecklenburg nach Hause. J. H. baten heute verschiedene Fremde auf morgen Mittag zu sich zur Mahlzeit.

Den 24sten. Es erschienen heute nur 6 Personen bey J. H. Tafel. Nach derselben begaben sich die meisten zu der alten Zarin, weil es heute der Prinzeßin Proscovia Geburtstag ist, welche in ihr 30stes Jahr tritt; dahin sich auch Graf Bonde und Plate verfügten, und daselbst die Kaiserin nebst den Prinzeßinnen, und eine große Gesellschaft vorfanden. J. H. aber war es leid, sich nicht dahin begeben zu haben, weil man ihnen gesaget hatte, der Hof würde sich nicht daselbst einfinden.

Den 25sten. Heute reiset der General Günther von der Artillerie, mit seiner ganzen Familie nach Astrachan. Er soll alle Festungen des Kaisers in Augenschein nehmen, und, wie man sagen will, auch neue anlegen. Heute lief hier die Nachricht ein, daß der mecklenburgische junge Soltikof todt, und man meynet, daß der Viceadmiral Ismalwitz auch gestorben sey.

Den 26sten. Es kam zu uns der Secretair des Grafen Ducker, welcher hier die Sachen des Grafen führen soll, wegen der Anforderung, die er an das Amt Neukloster hat, welches jetzt der Kammerrath Ick besitzet, und vom Kaiser geschenkt bekommen hat. Wir erfuhren heute, daß der Capitain Wilster von der Flotte in voriger Nacht hier mit Tode abgegangen, welcher ein Mann von 20 und einigen Jahren, und von sehr artigem Wesen war.

Den 27sten. J. H. hatten die fremden Minister Mardefeld, Ceberkreutz und Le Fort, und den Obristen Campenhausen, zu Gästen.

Den 28sten. Heute wurde das Gedächtniß der leuenhauptischen Bataille 1708 bey Lesna in Polen erneuert, und mit Lösung der Canonen angefangen, sobald der

Gottes-

Gottesdienst zum Ende war; es wurde zugleich das Michaelisfest gefeyert, welches die Russen einen Tag vor uns haben. Ob nun gleich weder J. H. noch den fremden Ministern das heutige Fest war angesaget worden, J. H. aber doch erfuhren, daß es sollte im Garten begangen werden, so speiseten sie Mittags in ihrem Zimmer. Um 3 Uhr fuhr der Kaiser und die Kaiserin, nebst den meisten hiesigen Vornehmen, zu Wasser nach der Admiralität, um daselbst eine Schnau ablaufen zu sehen, und da J. H. solches erfuhren, begaben sie sich auch alsobald dahin, es war aber die Schnau eben abgelaufen. Sie waren beschäftiget, sie sogleich aufzutackeln, und mit den zwey benöthigten Mastbäumen zu versehen, imgleichen mit den Segeln und den Steuern, damit sie noch heute mit derselben segeln könnten, obgleich beym Ablauf noch nichts von allen darauf gewesen. Und wirklich innerhalb 3 Stunden war die Schnau so aufgetackelt, daß der Kaiser, die Kaiserin, beyde Prinzeßinnen, der persische Ambassadeur, und viele andere mehr, mit derselben von der Admiralität bis nach des Kaisers Sommergarten segelten, wobey sie während der Fahrt von der Festung und Admiralität saluiret ward, und mit einigen Canonen wieder dankte. Da nun das Fahrzeug sehr klein so daß nur sehr wenige darauf Platz hatten, so blieben J. H. nebst den meisten Vornehmen, in ihrer Barke sitzen, und sahen mit Verwunderung an, wie das Fahrzeug in so grosser Geschwindigkeit aufgetackelt und klar gemachet wurde, welches vermuthlich dem persischen Ambassadeur zu Gefallen geschahe. Es ließ sich der Kaiser darbey selbst recht sauer werden, ja er stieg sogar selbst ganz bis auf den Mast hinauf, und befahl den daran arbeitenden Matrosen etwas zu thun. Nachdem nun meist alles zum Segeln fertig wär, ruderten J. H. voraus nach Hause, und begaben sich darauf mit uns nach des Kaisers Garten, in welchem wir eine sehr grosse Gesellschaft antrafen, von fremden Ministern aber war keiner da, als der persische Ambassadeur, und der holländische Resident. Kurz nach J. H. kam die kaiserliche Herrschaft, und es ward in der langen offenen Gallerie des Gartens an verschiedenen Tischen gespeiset. Es saß die Kaiserin mit allem Frauenzimmer an einem, und der Kaiser mit J. H. und den vornehmsten Cavalieren an einem von den anderen Tischen, welche beyde Tafeln neben einander standen. Da nun die Garde heute auf der Wiese stand, und daselbst Brandtewein bekam, so mußten sich die Grenadiers mit ihrem Prostoy bey der Tafel einfinden, und es wurde niemand mit demselben verschonet, so daß sowohl das Frauenzimmer, als auch der jüngste Prinz von Hessen sich sehr übel darnach befand, und gezwungen war, sich nach Hause zu begeben. Die guten Damen erhielten aber nicht einmal diese Erlaubniß, sondern mußten hier wider Willen und Vermögen bleiben. Der Großadmiral, welcher zunächst beym persischen Ambassadeur saß, wollte nicht zugeben, daß sie ihm von den Prostoy zu trinken geben sollten, es hatten sich auch bereits die Majors von der Garde abweisen lassen, es wollte aber doch der Ambassadeur solches keinesweges zugeben, sondern bat

ernst-

ernstlich, was mögte ihm von dem Brandtewein geben, und da er selbigen bekommen hatte, stand er auf, und sagte über Tafel, daß er aus Respect und Ergebenheit gegen den Kaiser alles in der Welt trinken wolle, was nur zu trinken wäre; worben er dann auch noch dem Kaiser tausend Glück und Segen wünschte, und die Schale Brandtewein austrank. Nach der Tafel ging der Tanz an, und daurete bis halb 12 Uhr hinzu, da J. H. die kaiserlichen Prinzeßinnen nach Dero Gemächern begleitete; worauf der persische Ambassadeur seine Abschiedsaudienz bey Ihro Majestät der Kaiserin hatte, bey welcher er niederkniete, und erst den Saum ihres Rocks, und hernach ihre blosse Hand küssete. Sonst erfuhr ich heute von Ihro Hoheit der Herzogin von Mecklenburg, daß ihr Herr dem Geheimenrath Wulfrath wirklich in Dömitz habe den Kopf abschlagen lassen, worüber sie nicht wenig betrübt war.

Den 29sten. Wir mußten heute insgesammt den Revers in Ansehung unserer geheimen Gesellschaft unterschreiben, welcher gestern an einen jeden übersandt worden, und der ganz anders lautete, als der vorgestrige. Es wurde deswegen Abends um 7 Uhr eine Versammlung gehalten in des Grafen Bonde Saal, waselbst die Urkunden ordentlich überreichet wurden, und J. H. eine Anrede hielten.

Den 30sten. Nach dem Essen fand sich der Major Schulz am Hofe ein, welcher suchet in J. H. Dienst zu kommen, den wir aber mit guter Manier heute bald abfertigten, weil wir mußten, daß J. H. bald herauskommen würden, und nach der Visite nicht fragten. Graf Bonde trat heute seine Wache wieder an. In dem zurückgelegten September-Monat ist der Anfang gemachet worden, den schönen grossen Festungs-Thurm mit dem stark im Feuer vergoldeten Kupfer zu decken, nachdem vorher ein in mehr als Menschengrösse fliegender vergoldeter Engel hinaufgesetzet worden, der mit der Hand oben auf der Spitze die Fahne nach dem Winde herumdrehet.

October.

Den 1sten. Gegen Mittag besahe der persische Ambassadeur den gottorpischen Globus, welcher gegen unserm Hause über auf der Wiese stehet. Er ist ein überaus wißbegieriger Mann, und lässet hier nichts Sehenswürdiges unbesehen, machet sich auch dadurch beym Kaiser beliebt. Vor der Abendmahlzeit, die bey Brümmer war, übergaben J. H. aus Spas einen Brief an uns, in welchem sie begehrten, daß wir darüber stimmen sollten, ob sie die Reise nach Cronslot mitmachen, oder zu Hause bleiben müßten, weil ihnen nicht angesaget worden, zu folgen. Es will nemlich der Kaiser morgen dahin gehen, um daselbst ein neues Fortifications-Werk anzulegen.

Es ist allen hiesigen Vornehmen angesaget worden, sich darzu bereit zu halten, ja es muß aus einem jeden Collegium der Präsident mit zwey Assessoren dahin folgen. Da nun J. H. vermuthlich um deswillen nicht eingeladen worden, um es ihrem freyen Willen zu überlassen, mit zu folgen oder nicht: so war unser Rath, daß J. H. mitgingen, insonderheit da die Kaiserin auch gewiß mitgehet. Sonst erfuhr ich heute, daß der Capitain Wilster gestern begraben worden, und daß der Kaiser sich bey der Beerdigung auch eingefunden habe.

Den 2ten wurden diejenigen ernennet, welche mit J. H. nach Cronslot gehen sollten, nemlich, Bonde, Plate, Brümmer, Negolein und ich. Brümmer wurde heute Morgen in aller Frühe zum Herrn von Jaguschinsky gesandt, um sich einigermaßen wegen der Reise bey ihm zu erkundigen; er bekam ihn aber nicht mehr zu sprechen. Gegen 4 Uhr Nachmittags geschahen drey Kanonenschüsse, und es wurde die Boyer-Flagge aufgezogen, zum Zeichen, daß sich dieselben bey den vier Fregatten einfinden sollten. Da aber J. H. starke Kopfschmerzen hatten, auch der Wind nicht sehr vortheilhaft war, und der Kaiser gesonnen ist, gleich ausserhalb der Stadt, die Nacht vor Anker zu liegen; so ward unsere Reise bis morgen aufgeschoben. Als sich aber die andern von der Reisegesellschaft, ausser uns, auf der andern Seite eingefunden hatten, segelte die Boyer-Flotille um 5 Uhr ab, und wurde von der Festung und Admiralität salutiret, wie auch die Jagd Prinzeßin Elisabeth, und die neue Schnau besonders, die auch mit nach Cronslot gehen.

Den 3ten. Um 10 Uhr segelten wir von unserm Hause ab, mit meist contrairem Winde, und da wir ans Ende von Wassli-Ostrow kamen, wo der neue Galeeren-Hafen angeleget wird, sahen wir noch kurz vor uns die ganze Flottille, als welche in diesem Hafen die Nacht vor Anker gelegen hatte, und erst kürzlich unter Segel gegangen war; ja die Jagd Prinzeßin Elisabeth lag daselbst noch vor Anker, als wir kamen, begab sich aber auch hernach unter Segel. Gegen 7 Uhr kamen wir glücklich und wohl zu Cronslot an, und bezogen wieder das alte Quartier, welches aber ohne alle Meublen war. Der Commandeur Bredal gab uns ein Dutzend Stühle und das nöthige Holz.

Den 4ten sandten J. H. des Morgens den Grafen Bonde zu der Kaiserin, (als welche mit dem Kaiser zum erstenmal ihr neues grosses Haus bewohnet,) und ließen sich nach ihrem Befinden erkundigen. Kurz nachher kam der Viceadmiral Sivers und Contre-Admiral Sander, und machten ihre Aufwartung bey J. H. welche dafür hielten, daß das neue Werk erst übermorgen werde angeleget werden, bey Hofe aber hatte man dem Grafen Bonde gesaget, daß es schon heute hätte vor sich

gehen

gehen sollen, wenn es gut Wetter gewesen wäre. Um 4 Uhr Nachmittags kam der Kaiserin Kammerjunker Schapelow, und bestellte ein Compliment von der Kaiserin.

Den 5ten. Der Graf Bonde und ich besahen die abgetackelte Flotte, und der Schiffscapitain Delap führte uns auf derselben herum, insonderheit auf dem Schiff Friedrichsstadt, welches das größte, und auf welchem er Lieutenant ist. Jetzt, da es leer war, sahe es noch einmal so groß aus, als sonst. Die Flotte bestund aus mehr als zwanzig Schiffen vom Rang, welche, außer einem Paar, höchstens nur 8 bis 9 Jahre alt sind. Es versichern auch alle Officiers, daß sie so schön gemachet sind, wie Schiffe in der Welt seyn mögen; ja, daß so ein Schiff, wie Cathrina ist, (auf welchem der Kaiser in diesem Jahr gefahren,) nicht einmal in England, oder sonsten irgendwo, in Ansehung der Kunst und Schönheit gebauet worden sey. Wir besahen auch im Orlogs-Hafen ein langes Haus, in welchem des Winters alle Schaluppen von der ganzen Flottille trocken stehen, und gegen Sommer daselbst wieder neu bemalet werden. Es werden noch verschiedene Bastionen nach der St. petersburgischen Seite an diesem Hafen neu errichtet, denn diese Seite ist sonsten nur mit einem geraden Bollwerk versehen gewesen.

Den 6ten, als am Sonntag, war der Kaiser des Morgens mit der Kaiserin und allen Grossen in der Kirche, und hernach ward allerwärts angesaget, sich heute Nachmittag um 2 Uhr bey dem Fürsten Mentschikof einzufinden, um von da sich nach dem Ort zu begeben, wo das neue Werk angeleget werden soll. Ob nun zwar J. H. Fasttag heute war, so mußten sie selbigen doch brechen, weil sie nicht wissen konnten, ob sie heute etwas zu essen bekommen würden? und ob sie bey dem neuen Werk Wein in den nüchtern Magen würden trinken müssen? also aßen sie Mittags mit uns, und gegen 3 Uhr gingen sie mit uns nach dem Fürsten, bey welchem sich auch der Kaiser bald nach uns einstellete, die Kaiserin aber fand sich mit den wenigen Damen, die mit ihr hier sind, erst gegen 5 Uhr ein. Da nun der Regen und starke Sturm immer fortfuhr, und dadurch der Ort, wo das Werk angelget werden soll, noch ganz mit Wasser überschwemmet war, so wurde heute wieder nichts daraus, und man wollte versichern, daß die Anlegung des Werkes ganz unterbleiben solle, und daß wir, wenn der Wind gut wäre, morgen insgesammt nach St. Petersburg absegeln würden, weil der Kaiser in wenigen Tagen nach Schlüsselburg gehen muß, indem das Fest wegen desselben Eroberung nahe ist, und allezeit dort celebriret wird. Beym Fürsten sahen wir sowohl den Plan von dem grossen Thurm, welcher über dem grossen Canal soll gebauet werden, und unter welchem Schiffe mit vollen Segeln sollen durchpaßiren können, als auch den Plan von den Docken und Schleusen, die hier zur Ausbesserung der Schiffe angeleget werden; denn der Fürst Mentschikof hat die Oberaufsicht über diese

diese Werke. Kurz nach der Kaiserin Ankunft ward gespeiset, und die ganze Gesellschaft saß an einem Tisch in dem grossen Saal des Fürsten, in welchem der Plafond allein 500 Rubel an Arbeitslohn kostet, und zu der Vergoldung sind 500 Ducaten verwandt. Die Malerey hat ein sehr geschickter Franzose gemachet. Bey Tische saß der Kaiser mitten vor der Tafel, und hatte die Kaiserin nebst dem Frauenzimmer zu seiner Linken, und J. H. mit den beyden Prinzen und übrigen Cavaliers zu seiner Rechten sitzen. Beyde Majestäten waren überaus gnädig gegen unsern Herrn, und die Kaiserin kündigte J. H. an, daß sie von der Reise nach Schlüsselburg frey seyn sollten, dahin sie auch nicht reise.

Den 7ten gab der Fürst Mentschikof des Morgens J. H. die Visite; und es ward angesaget, daß, sobald drey Cananenschüsse gethan würden, sich ein jeder nach dem neuen Werke hinbegeben sollte; indem es doch noch heute angeleget werden solle, weil das Wasser nach verändertem Winde daselbst wieder abgelaufen, und es heute ziemlich gut Wetter sey. Mittags speiseten J. H. mit ihrem ganzen Gefolge bey dem Commandeur Bredal. Der Wagen, welcher das Gefolge nach desselben Hause bringen sollte, zerbrach gleich nach dem Einsteigen, und wir mußten unsere Mittagsmahlzeit schwer verdienen, denn wir hatten ein Paar Werste weit, durch einen unbeschreiblich tiefen und garstigen Weg, zu gehen. Allein wir genossen sie nicht einmal, denn ehe noch das Essen auf den Tisch kam, geschahen schon die drey Schüsse zu unser aller Verwunderung, indem wir sie erst gegen 3 Uhr vermutheten; und da wir hörten, daß der Kaiser schon nach dem Ort gefahren sey, so konnten J. H. nicht einmal ein Paar Löffel Suppe geniessen, sondern setzten sich mit Ismailof in des Commandeur Bredals Carlole, weil kein anderes Fuhrwerk vorhanden war, und fuhren dem Kaiser nach. Uns Zurückgebliebnen, die wir ruhig assen, liessen J. H. sagen, sogleich alle unsere Sachen am Bord bringen zu lassen, weil wir noch heute nach St. Petersburg zurückgehen müßten; daher wir auch gleich vom Tische aufstanden, und mit unserer Schaluppe nach Hause ruderten. An dem oft erwehnten Orte, ist eine Bastion abgestochen; ein grosser von den Geistlichen geweiheter Stein versenket, und um denselben sind ein Haufen Soden geleget worden, mit deren Herbeytragung sich auch die Damen haben abgeben müssen. Das Festungs-werk soll aus vielen Bastionen bestehen, welche die Länge der Insel, worauf die Stadt lieget, durchgehen, und oben von der See an, bis wieder unten an die See, die ganze Stadt und den Hafen, auf der Seite von Carelen, bedecken soll, die Fortification wird auch den grossen neuen Canal beschliessen, welcher aus dem Hafen ins Land hineingehet, und durch welchen die grossen Kriegesschiffe in die an der einen Seite des Canals gemachte Docken zur Ausbesserung bequem können gebracht werden. Als die Aussteckung des Anfangs der neuen Festung unter Losbrennung 21 Canonen von dem Fort Cronstot geschehen war, bekam nicht allein dieses neue Werk, sondern auch diese Stadt den Namen Cronstadt, da sie vorher nur entweder nach dem Fort Cronslot, oder nach der Insel, auf welcher sie lieget, benannt worden. J. H. kamen früher zu Hause als die andern, weil die Kaiserin erfahren hatte, daß sie noch nüchtern wären, und also befürchtete, daß der Wein, den sie hatten trinken müssen, ihnen schädlich seyn würde. Hingegen ließ der Kaiser befehlen, daß Bonde, Plate, Negelein und ich nach des Fürsten Hause kommen sollten, woselbst er uns mit dem grossen silbernen Becher empfing. Ich und Plate machten uns bald wieder davon, Bonde und Negelein aber kamen ziemlich betrunken nach Hause.

Den 8ten, des Morgens um halb 7 Uhr, wurde durch 3 Canonenschüsse das Zeichen zum Aufbruch nach St. Petersburg gegeben, worauf der Kaiser auch gleich wegsegelte, und sich die andern auch nach einander auf den Weg machten. Wir lagen noch im Bette, als das Signal gegeben wurde, und segelten vor halb 9 Uhr nicht weg, kamen auch erst gegen 2 Uhr zu Hause an. Als wir gegen der Admiralität über kamen, sahen wir unsere Jagd vor selbiger liegen, welche heute dahin gebracht worden, um daselbst auf den Stapel zu kommen, und ausgebessert zu werden, welches der Oberschiffsbauer Iwan Michalowitsch auf sich genommen, und versprochen, selbige auf des Kaisers Unkosten recht gut machen zu lassen. Weil die verwitwete Zarin sehr unpäßlich ist, so war der Kaiser heute zu ihr hinausgefahren, und hatte sich über zwey Stunden bey ihr aufgehalten.

Den 9ten reisete der Kaiser des Morgens, in Gefolge vieler Bojaren, um halb 7 Uhr zu Wasser nach Schlüsselburg, mit verschiedenen Generalspersonen, und anderen Vornehmen mehr, um daselbst am folgenden Tage das Fest der Eroberung dieser Festung zu celebriren. Von der verwitweteten Zarin höreten wir, daß sie von Stunde zu Stunde schlechter werde, daher ich nach ihrem Hause geschicket wurde, um mich nach ihrem Befinden zu erkundigen. Gleich nach mir kam auch die Kaiserin dahin, welche von der Herzogin zu der sterbenden Zarin geführet wurde, ich bekam sie aber nicht zu sehen.

Den 10ten waren wir unter einander vergnügt.

Den 11ten. Heute, am Tage der Eroberung Schlüsselburgs, wurden hier die Canonen von der Festung gelöset, weiter fiel hier nichts vor. J. H. mußten sich Abends bey Stamken mit Bonde, Plate und Brümmer über ein gewisses Capitel grausam herumstreiten, und sie hatten sogar heute Morgen, wegen gestern schon, dem Grafen in aller Form ein schriftliches Cartel zugesandt, und ihm die Wahl von De-

gen

gen oder Pistolen gelassen; er kroch aber zum Kreuz, entschuldigte sich auch schriftlich, so gut er immer konnte, fing aber heute Abend aufs neue wieder an.

Den 12ten. Es ist heute des Großfürsten Geburtstag, und er soll Nachmittags bey Hofe celebriret werden. Kurz nach der Mahlzeit kam der Kammerjunker Schapelow, und invitirte J. H. gegen 5 Uhr nach der langen Gallerie, wobey er es entschuldigte, daß die Kaiserin nicht schon gestern darzu eingeladen habe; und sagte, daß die Krankheit der Zarin Schuld daran sey, indem man nicht gewußt, ob sie bis heute noch leben würde. Die Kaiserin ist heute Morgen wieder bey ihr gewesen. Gegen 5 Uhr begaben sich J. H. nun mit Dero ganzen Suite nach der Gallerie, woselbsten wir eine grosse Gesellschaft von Damen und allen nachgebliebenen Cavalieren vorfanden, als welche, eben so wie alle fremde Minister und Dero hier seyenden Frauen, waren eingeladen worden. Unter den Eingeladenen war auch die erst gestern hier angekommene Madame Le Fort, aus Sachsen, obgleich sie seit ihrer Ankunft noch keine Audienz bey der Kaiserin gehabt hat. Sie ist ein artiges, hübsches und sehr lustiges Frauenzimmer, und schon ehedessen einmal hier im Lande gewesen. Man sagte mir, daß sie eine Französin, und die Tochter eines Obristen sey. Um 6 Uhr kam die Kaiserin mit ihren beyden Prinzeßinnen, und mit dem Großfürsten und desselben Schwester, zu Wasser an, und wurden von J. H bey der Barke empfangen. Kurz hernach ging man zur Tafel, und es waren allhier drey lange Tische wohl besetzt. An einem speisete die Kaiserin mit allen Damen und dem kleinem Großfürsten, an den beyden andern assen die Herren. Ueber der Mahlzeit wurden durch dem Major Utschakof von der Garde, welcher die Marschallsstelle vertrat, sieben Gesundheiten angefangen, worbey jedesmal von der Fregatte Anna, die gleich gegen der Gallerie über lag, 15 oder 13 Schüsse geschahen. Um 8 Uhr stund man vom Tische auf, nachdem Jaguschinsky zur Kaiserin gegangen war, und ihr auf eine, nach seiner Meynung sehr verblümte Art, zu verstehen gegeben hatte, daß J. H. sehr grosse Lust zum Tanzen hätten, und es Zeit wäre aufzustehen. Sobald die Tische und alles weggeräumet worden, ging das Tanzen an, währete aber nur bis 10 Uhr, als um welche Zeit die Kaiserin Wein geben, und zu guter letzt die ganze Gesellschaft des Kaisers Gesundheit noch aus einem grossen Glase trinken ließ, wobey dann abermal von der Fregatte gefeuert wurde. Sonst kam heute Abend um 7 Uhr die Flottille zurück, welche dem Kaiser nach Schlüsselburg gefolget war. Der Kaiser war nach dem grossen neuen ladogaischen Canal mit einer nur gar kleinen Suite gegangen, um denselben selbst in Augenschein zu nehmen, weil er grausam soll betrogen worden seyn.

Den 13ten. Heute Morgen gab mir der Capitain Berger die Nachricht, daß die verwitwete Zarin Proscovia Fedrowna Solticowa, des vormaligen Zaren Iwan Alexe-

Alexewitsch, und jetzigen Kaisers Halbbruders Gemalin, vor ungefähr einer halben Stunde sanfte verschieden sey, nachdem sie sich noch heute Morgen einen Spiegel reichen lassen, und sich darin beschauet hatte. Dieser Todesfall wird nun, wie man meynet, zum wenigsten eine halbjährige Trauer verursachen; es wird auch heute gewiß von der Commödie nichts werden, welche da in Gegenwart des ganzen Hofes, in dem für die Bande neu gebauetem Hause, hat aufgeführet werden sollen.

Den 14ten. Mittags aß Graf Stenbock bey Hofe, als welcher neulich im Fechten mit dem Grafen Welling bald seine Augen verlohren hatte. J. H. besahen die Zimmer des kaiserlichen Winterhauses, die zwar en general alle sehr klein, aber doch ungemein nett und warm sind, und ist auch ein schöner grosser Saal in demselben, jedoch noch nicht ganz fertig. Die Zimmer des Großfürsten sind ziemlich groß. Vor der Thür desselben stand ein Grenadier, von desselben kleinen Compagnie, mit vollem Gewehr auf der Wache, welcher auch ordentlich vor J. H präsentirte; es sind auch schon heute die Fahnen von des Großfürsten Sommerquartier mit zwanzig bis dreyßig Mann von dieser Compagnie dahin gebracht worden. Es bestehet diese Compagnie aus lauter kleinen Burschen, deren überhaupt 30 bis 40 seyn sollen. Es ist schon der Hof und meist die ganze Stadt in Trauer, uns und denen fremden Ministern ist aber noch nichts angesaget worden.

Den 15ten. Es sind auch heute die kaiserlichen Prinzeßinnen, nebst dem Großfursten und seiner Schwester, aus dem Sommerhause in das Winterhaus gezogen, die Kaiserin aber wird im Sommerhause noch so lange bleiben, bis der Kaiser zurück kommt.

Den 16ten, des Morgens wurde von J. H. durch den Hof-Fourir Lübeke, uns Cavalieren anbefohlen, bey Hofe schwarz, wegen des Todes der verwitweten Kaiserin, zu erscheinen. Graf Bonde wurde zu der Herzogin von Mecklenburg und der Prinzeßin Proscovia gesandt, um selbige im Namen J. H. wegen Absterben der Zarin zu condoliren. J. H. ist zwar noch nichts von der Trauer angedeutet worden, es soll aber doch selbige, (wie bereits erwehnet worden,) schon heute von uns angeleget werden, und es haben J. H. sich vorgenommen, morgen selbst hinzufahren, und persönlich ihre Condolenz abzulegen. Plate brachte die Nachricht, daß der Kaiser wieder angekommen sey, welchen man noch nicht so balde wieder vermuthen gewesen. Es wird hier stark von einem Krieg mit den Türken gesprochen, welchen auch die Zeitungen ankündigen. Aber von uns ist er eben so wenig, und noch viel weniger als der Persianer Krieg, zu wünschen. Der persianische Ambassadeur soll vor 6 bis 7 Tagen von hier abgegangen seyn.

Den 17ten. J. H. legten die Condolenz bey der Herzogin von Mecklenburg ab, welche erzählte, daß die verstorbne Zarin, ihre Mutter, sie und ihre jetzt kranke Schwester Proscovia, der Kaiserin zur mütterlichen Vorsorge empfohlen habe. J. H. sandten heute einen Vorrath von Wein voraus nach Moscau, dahin er vor den Winter noch ohne Gefahr kommen kann.

Den 18ten. Unser Herr von Plate erzählte Abends, daß er vor ein Paar Minuten bald wäre von dem Kaiser, der gestern vom Canal zurückgekommen, überfahren worden, denn er sey hinter ihm in seiner Cariole mit 2 Pferden in vollen Galop zu jagen gekommen, mit 2 Vorreutern, und nach dem Sommerhause gefahren. Es hatte der Kaiser gar keine Laterne bey sich gehabt. Sonst erhielten wir heute die Nachricht, daß der Kaiser gestern die Jagd von J. H. besehen habe, welche schon auf dem Galeerenhofe auf dem Stapel gesetzet worden; und er soll die Ordre ertheilet haben, daß, wofern zwey Theil Holz an selbiger gut sind, und nur ein Theil darf neu gemachet werden, man sie bestens repariren solle; wann aber nur ein Theil gut seyn sollte, und zwey Theil schlecht, so will er für J. H. eine ganz neue machen lassen, so wie J. H. sie von Grösse und Bequemlichkeit selbst haben wollen.

Den 19ten. Gegen 9 Uhr ließ der Lieutenant Romanzof sich bey Hofe ansagen, und kündigte nun erst im Namen der Herzogin von Mecklenburg und Prinzeßin Proscovia den Tod der Zarin an, da J. H. doch schon bey ihnen gewesen, und ihre Condolenz abgestattet.

Den 20sten. Es stellete sich bey Hofe ein hiesiger Capitain, mit Namen Mischesky ein, welcher dafür hielt, daß im zukünftigen Sommer ein Türkenkrieg entstehen werde, indem sich meist die ganze Armee auf den Weg nach Asoff mache, wo gegen 60000 Türken wirklich bereits liegen sollen. Hier bey St. Petersburg kommen 8 Bataillon Infanterie, und 3 Regimenter Cavallerie zu liegen, die Infanterie kam aus Liefland, die Cavallerie aus der Ukraine. Man vermuthet, daß alsdann die hier liegenden Regimenter ihren Marsch nach Asoff nehmen werden, weil ihnen bereits angesaget worden, sich marschfertig zu halten.

Den 21sten. Gleich nach der Mahlzeit kam der Major Romanzof von der Garde, als Marschall der Begrabung, zu J. H. und bat sie im Namen der Herzogin und Prinzeßin Proscovia auf Morgen gegen 12 Uhr zur Begrabung der verstorbenen Zarin, welche zu Wasser soll nach dem Alexander-Newsky Kloster gebracht werden, daselbst aber nur so lange stehen, bis das kaiserliche Grab in der Festung ganz fertig ist. Selbiger versicherte, daß die Trauer nicht länger als 6 Wochen dauren würde.

würde. Da Herr von Romanzof in wenigen Tagen auch nach der Gegend von Asoff gehet, so machet selbiges uns um so viel mehr glauben, daß mit dem Türken etwas vor seyn muß, und man will versichern, daß der Kaiser mit der ersten Schlittenbahne nach Moscau aufbrechen will, welches dann nicht lange mehr anstehen mögte, indem es bereits anfänget ungemein zu frieren. Heute Morgen ist ein rußischer Courier aus Schweden angekommen, der Briefe an J. H. mitgebracht, welche melden, daß auf Proposition Ihro rußische kaiserliche Majestät jetzt wirklich von den Ständen solle deliberiret werden wegen J. H. Succession in der Crone Schweden. Weil Herr von Ostermann dem von Stamke gesaget hatte, daß es dem Kaiser angenehm seyn würde, wenn J. H. hinführen, und die verstorbene Zarin auf dem Paradebette liegen sähen, so begaben sich J. H. dahin. Wir trafen den mecklenburgischen Ostermann auf der Brücke an, welcher J. H. bis nach dem Hause begleitete. Sie wurden noch weit von dem Hause durch die beyden ersten Marschälle der Beerdigung empfangen, als durch den General Allard, und den Generallieutenant Lassé, welche uns nach dem grossen Saal führeten, woselbst die Zarin im Sarge offen, auf eine Art von Castrum doloris, stand, und gleich wie auf einem Paradebette lag. Ueber ihr war ein grosser violet sammtener Himmel mit Tressen und Franzen ausgezieret; über dem Sarg ein grosser doppelter Adler, von Gold gesticket, und auf dem Theil des Himmels, welcher ihr zum Haupte die Wand herunter hing, gleichsam mit Hermelinfellen gefuttert; auf der unrechten Seite war ihr Name im Zug, und darüber die kaiserliche Krone, nebst Scepter und Reichsapfel gesticket. Zu ihrer Rechten lag eine zarische Krone auf einem rothen sammtenen Küßen, welche ziemlich mit Juwelen ausgezieret, und in der kurzen Zeit schön genug gemachet war. Daneben stand die gelbe Reichsstandarte. Sonst versichert man, daß auch noch der Scepter und Reichsapfel darbey zu liegen kommen sollen, welche aber noch nicht fertig sind, und hat der Graf Santi, welcher vormals bey den heßischen Prinzen war, alle Auszierungen projectiret, und machen lassen; die übrigen Anordnungen aber sind durch die Generale Allard und Lassé gemachet worden. Der Sarg, welcher einige Stufen erhoben stand, war mit violetten Sammet, stark mit Tressen besetzet, überzogen, und oben auf der Decke war überdem ein Kreuz von weissem Mohr, womit auch die Zarin bekleidet war, und eine Decke über sich davon hatte, welche ganz über den Sarg, bis auf das Castrum doloris, herunter hing, welches auch mit Sammet überzogen war. Auf beyden Seiten des Sarges standen 12 grosse weisse Wachslichter, welche brannten; es war auch das Zimmer sonsten noch mit drey Kronen und vielen Wandleuchtern ausgezieret, die alle mit weissen Wachslichtern besetzet waren, und brannten. Hinter den 12 grossen Lichtern standen 12 Capitains in schwarzen Röcken, langen Mänteln, und mit schwarzen Flöhren auf den Hüten, welche die Leiche bewacheten, und alle mit einer Art von vergoldeten Hellebarden paradirten, an welchen Hellebarden auch schwarze Flöhre gebunden waren, und lang herunter hingen, sie waren auch behangen mit der seligen Zarin Namen und Wapen, auf kleinen Schildern gemalet. Es hatten sogar die Grenadiers, welche ausserhalb der Thür standen, lange schwarze Flöhre an ihrem Gewehr, von den Bajonetten an, herunter hängen. Auf beyden Seiten, bey dem Kopf der Leiche, standen zwey Geistliche, welche wechselsweise sungen, und eine sehr klägliche Musik machten. Sonsten war dieses ganze Zimmer überall mit schwarzen Bon bezogen, und ging oben an der Wand von weissem und schwarzem zusammengeschlungenem Flohr eine Falboltirung herum, die einen guten Effect machte; überdies war das Zimmer noch mit Sinnbildern ausgezieret. Nachdem nun J. H. alles in grosser Gesellschaft besehen, und sich eine Weile hier aufgehalten hatten, liessen sie durch den Capitain Berger sich erkundigen, ob sie ihre Reverenz der Herzogin und Prinzessin machen könnten? beyde liessen sich aber entschuldigen, daß sie nicht angezogen, und also nicht im Stande wären, J. H. zu empfangen; auch war die Kaiserin bey ihnen.

Den 22sten ward Vormittags um halb 11 Uhr Betstunde gehalten, und gleich darauf gespeiset, weil um 12 Uhr schon zur Beerdigung der Zarin gebeten worden. J. H. aber assen in ihrem Zimmer, und hatten noch vor der Mahlzeit ihren Spaß mit dem Baron Strömfeld, welcher erst heute Morgen aus Liefland angekommen war, und sich gleich bey Hofe einstellete. Denn weil er ohne J. H. Erlaubniß verreiset war, liessen sie ihn zum Schein in Arrest nehmen. Gegen 1 Uhr machten sich J. H. mit uns allen nach dem Sterbehause, dahin sie mit der Barke fuhren, weil die Procession zu Wasser angesaget worden. Wir fanden alles auf den gestrigen Fuß, ausgenommen, daß noch 12 Officiers oder Lieutenants da waren, welche grosse weisse Wachslichter hielten, an welche gemalte Schilder mit dem kaiserlichen Wapen gebunden waren, und welche hinter den Officiers mit den Hellebarden stunden. Es lagen aber weder der Scepter noch der Reichsapfel bey dem Sarge; da doch gestern gesaget worden, daß sie sollten hieher zu liegen kommen. Der General Allard führte J. H. nach dem Zimmer, woselbst sich alle Vornehme versammleten, von welchen wir aber, ausser den heßischen Prinzen, noch wenige vorfanden. Sobald J. H. sich gesetzet hatten, ward ihnen gleich durch Ismailof, (welcher nebst mich 7 andern Officiers Schafferdienste bey der Beerdigung leistete,) Hut und Degen abgefordert, welche hierauf mit schwarzen Flohr bewunden wurden, Mäntel aber bekam hier niemand, als die in Officio waren, weil sie nicht so viel hatten bekommen können. Uns übrigen wurden auch die Hüte und Degen mit Flöhr bewunden. Als der General Allard J. H. gleich bey Dero Ankunft meldete, daß der Kaiser vor einer halben Stunde erst befohlen habe, daß die Beerdigung zu Lande und zu Fuß geschehen soll, obgleich bereits alle Anstalten zur Wasserfahrt gemachet worden: so sandten J. H. den Kammerpagen Hecklau nach Hause, um zu befordern, daß gleich zwey Wagen mit 6 Pferden bespan-

bespannet, anhero kämen, und wenigstens dem Kutscher und Vorreuter von ihrem Wagen, nebst ein Paar Laquaien, schwarze Kleider verschaffet würden, welche dann auch bald darauf ankamen. Gegen 3 Uhr erschien erst der Kaiser mit seiner Familie. Nur er selbst und sein Dentschik Tatischof, (welcher ein naher Verwandter der Zarin gewesen,) hatten Pleureusen auf den Ermeln, da doch vor einigen Tagen fast alle Bediente der verwitweten Zarin, ja sogar der Koch von der Herzogin, mit Pleureusen versehen waren, denen sie aber der General Allard, (wie er solches gewahr worden,) bald abzureissen befehlen lassen, weil sie nur den Trauerleuten und Verwandten zukämen. Kurz nach des Kaisers Ankunft wurde durch die Schaffer glühender Wein herumgegeben; und bald darauf ging der Kaiser mit allen Vornehmen nach dem grossen Saal, wo die Leiche stand, und wo alle hiesige Geistliche in ihrem besten Ornat, nebst allen Sängern des Kaisers und der Kaiserin, standen. Sie fingen an zu singen, zu räuchern und zu beten; und da die Kaiserin mit verhülltem Gesichte und in tiefen Trauerkleidern harein kam, in Gefolge von den beyden kaiserlichen Prinzeßinnen, (die in simpler Trauer waren,) und noch verschiedene Damen mit sich hatte, so überreichte der in seinem bischöflichen Ornat aufs beste geputzte Erzbischof von Novogrod erst der Kaiserin, und hernach einer jeden kaiserlichen Prinzeßin eine brennende weisse Wachskerze, worbey er sie mit dem Kreutze segnete, und sie ihm dafür die Hand küsseten. Die Kerzen hielten sie so lange, als die Andacht allhier währete, das ist, etwa eine Viertelstunde. Sobald sie vorbey war, ging die Procession an. Es war gegen 4 Uhr, als die Leiche aus dem Hause getragen wurde, und da wurden verschiedene Raqueten angezündet, zum Zeichen, daß mit allen Glocken geleutet werden sollte, (geschossen oder canoniret sollte aber gar nicht werden,) und fing also die Leichen-Procession folgendermassen an zu marschiren. Den Anfang machte ein Lieutenant von der Garde, mit 15 bis 18 Unterofficieren, die lange Flöhre an ihrem Kurzgewehr, welches sie auf der Schulter trugen, hatten. Hinter ihnen kam der erste Marschall Romanzof mit seinem Marschallsstabe, und diesem folgeten alle Civil- und Militairbediente, welche nicht in Function waren, und deren allemal 3 und 4 zusammen, und nach ihrem Rang, gingen, nemlich die Geringsten voraus, und die Vornehmsten immer näher nach der Leiche zu. Nun sollten die fremden Minister gekommen seyn; allein es folgete niemand von ihnen, des Rang-Disputs wegen, mit, als der holländische Resident, der bey uns ging, aber bald wieder umkehrete, und sich nach Hause begab. Und obgleich der kaiserliche Legations-Secretair sich im Sterbehause auch einfand, so machte er sich doch hernach auch krank, und ging nach Hause, ehe wir noch aus dem Sterbehause gingen. Nachdem sich nun, wie gesaget, niemand von den fremden Ministern in der Procession einstellete, so gingen J. H. zwischen den beyden hessen-homburgischen Prinzen, gerade hinter zwey Generallieutenants, als Jaguschinsky und Münnich, und zwey Viceadmiralen, als Sivers und Gordon, als

welche

Generallieutenants Rang haben, und die vier letzten waren von allen denen erst gedachten Civil- und Militairbedienten. Nach J. H. gingen Dero sämmtliche Bediente. Auf uns folgeten alle Sänger, und nach diesen die Geistlichen nach ihrem Rang, und in ihrem Kirchen-Ornat; die Bischöfe und Erzbischöfe kamen zuletzt mit ihren prächtigen runden Mützen auf den Köpfen, und mit ihren Bischofsstäben. Sie hatten alle weisse Wachskerzen in den Händen. Nach den Geistlichen kam der andere Marschall, Mamonof, mit seinem Marschallsstabe, hinter welchem die zarische Krone auf einem roth sammtenen Küssen getragen wurde, von dem Senateur Grafen Matfeof, welchem zwey Majore dieselbige tragen halfen; von den übrigen Regalien aber wurde nichts mitgetragen, auch nicht einmal die gelbe Reichsfahne, welche doch im Zimmer mitstand, und zu welcher bereits ein Obrister ordiniret gewesen, um selbige zu tragen. Hierauf folgeten die Leichenträger, welche Obristen, und zwölf an der Zahl waren und so kam die Leiche auf einem offenen schwarz bezogenen Wagen, auf welchem sehr hoch stand, um so viel mehr zu paradiren. Ueber dem schon beschriebenen Sarg lag eine sehr grosse sammtene mit silbernen Treffen besetzte Leichendecke, welche ganz tief bis zur Erde über den Sarg und den Leichenwagen herunter hing. Den Leichenwagen zogen 6 grosse, vom Kopf bis an die Füsse mit schwarzen Boy behangene Pferde, welche geführet wurden. Ueber der Leiche ward ein violet sammtener, mit silbernen Treffen besetzter und brodirter Himmel, von 6 Majoren getragen. Sonsten gingen noch auf beyden Seiten der Leiche 12 Capitains mit ihren vergoldeten Hellebarden, die mit langen Flöhren bewunden, und 12 Lieutenants mit den bereits angeführten grossen weissen Wachskerzen. Gleich auf der Leiche folgete der erste Marschall, Allard, mit seinem grossen Stabe, und alsdann kam der Kaiser als Trauermann, welcher von dem Großadmiral Appraxin, und dem Fürsten Mentschikof geführet wurde; hinter ihm gingen noch verschiedene Personen. Nachher kam wieder ein Marschall, nemlich der Generallieutenant Lässé, und darauf folgeten die Damen. Erst kam die Herzogin von Mecklenburg, in tiefster Trauer, mit ganz verhülletem Gesichte, welche durch den Oberpolizeymeister und den Major Utschakof von der Garde an den Armen geführet ward, und deren Schleppe vier Fähnriche von der Garde trugen. Nach ihr folgete die Prinzeßin Proscovia, auch in tiefster Trauer, welche durch den Contre-Admiral Sinäwin und den Generaladjudanten Nariskin geführet ward, und deren Schleppe durch vier junge Edelleute und Unterofficiers von der Garde getragen wurde. Hinter ihnen folgeten zwey mir unbekannte Damen, mit verhülltem Gesichte, und nun die regierende Kaiserin, als welche durch den Senateur Tolstoy und den neuen Senateur Dolgoruky geführet wurde, ihre Schleppe aber trugen 2 Kammerjunker. Die Kaiserin ging auch in tiefer Trauer mit verhülletem Gesichte. Nach der Kaiserin folgeten alle übrige Damen in tiefer Trauer und mit verdecktem Gesichte. Von der Leiche an bis zum Ende der ganzen Procession gingen etwa 40 Unterofficiere von der

Garde;

Garde, einer hinter dem andern, und die Procession wurde, so wie sie angefangen, wieder mit einem Lieutenant und 18 bis 20 Unterofficieren geschlossen. Vom Anfang der Procession bis an das Ende derselben gingen auf beyden Seiten, ganz nahe hinter einander, Soldaten mit brennenden Fackeln, und ihrer waren einige 100 Mann. In dieser angeführten Ordnung ging die ganze Procession von dem Sterbehause bis nach dem Alexander-Newsky Kloster, welches wohl über 3 Werste oder eine halbe deutsche Meile war, zu Fuß. Da aber die Prinzeßin Proscovia sehr matt wurde, und nicht länger gehen konnte, so setzte sie sich nicht weit vom Sterbehause, schon in ihren nachfolgenden Wagen, die Herzogin aber ging noch ein Stück Weges weiter, und als sie sich in den Wagen setzte, trat gleich die Kaiserin mit den sämmtlichen Damen in die Wagen, welche alle hinter der Procession herfuhren. Die sämmtlichen Cavaliers aber mußten den ganzen Weg zu Fuß thun, dabey wir denn nicht nur erbärmlich froren, weil wir so langsam fortkamen, und zum öftern Halt machen mußten, sondern der Weg selbst, welcher sonst sehr tief gewesen, war stark gefroren, und man mußte sich vor dem Fallen wohl hüten. Die jüngste Prinzeßin mit dem kleinen Großfürsten, und die ältesten kaiserlichen Prinzeßinnen hielten in Kutschen am Wege. Um 6 Uhr kamen wir nun endlich beym Kloster an, und hatten also über zwey Stunden auf dem Wege zugebracht. Aussen vor dem Kloster wurde die Procession empfangen von den sämmtlichen Mönchen und Geistlichen des Klosters, welche zwey heilige Bilder auf hohen Stangen vor sich her tragen liessen, und auf dem Hofe des Klosters wurde die Leiche von dem Wagen abgenommen, und durch die Obristen in Procession nach der Kirche gebracht. Es rangirten sich alle Fackelträger auf dem Hofe, und die Unterofficiers vor der Kirche. Die Leiche wurde gegen dem Altar über, auf ein 4 oder 5 Stuffen hohes Gerüste, gesetzet, und die Obristen nahmen den Deckel vom Sarge wieder ab. Nun fingen die Geistlichen ihre gewöhnliche Leichenceremonie mit Singen, Räuchern und Beten an, und als sie eine Weile gedauret hatte, gingen sie allerseits in das Allerheiligste hinein, und es ward ein klein Pulpet zwischen dem Altar und der Leiche gesetzet, auf welches ein junger Geistlicher trat, und eine Leichenpredigt hielt, die fast eine Stunde dauerte. Nun kamen die Geistlichen wieder aus dem Allerheiligsten heraus, und der Erzbischof von Novogrod las den Paß ab, welchen er hernach in den Sarg legte, aber nicht, wie sonsten zu geschehen pfleget, in eine Hand des Leichnams steckete. Alsdenn gingen alle Geistliche hinzu, und küsseten einer nach dem andern der Leiche die Hand, worauf die beyden betrübten Prinzeßinnen dahin geführet wurden, und ihrer sel. Mutter zum letztenmal die Hand küsseten, welche dabey überlaut weineten. Nach ihnen kam die Kaiserin, und küssete die Leiche auf den Mund, und so traten alle Damen und hernach alle Cavaliers hinzu, ja auch sogar die Sänger, und küsseten zum Abschied der Leiche die Hand. Zuletzt küssete auch der Kaiser die Leiche, worauf, nach der seligen Zarin ausdrücklichen Begehren, ihres verstorbenen Gemals Portrait, welches in weissen Silbermohr eingenähet war, ihr übers Gesicht geleget ward, und alsdenn der Deckel auf den Sarg gesetzet. Die Leiche kam nun wieder auf die Bahre, und so wurde sie in Procession nach der Capelle getragen, welche zwar in dem neuen Gebäude des Klosters schon fertig, aber noch nicht eingeweihet ist, woselbst sie vor dem Altar in die Erde versenket wurde. Hierauf begaben sich alle Anwesende ohne Procession wieder nach dem Sterbehause, dahin sie zur Mahlzeit gebeten waren. Der Kaiser stand erst um 11 Uhr von der Tafel auf, und nahm von der Herzogin und Prinzeßin Proscovia Abschied, dessen Exempel I. H. folgeten.

Den 23sten. Brockdorf und Schulz bekamen durch dem Kammerrath Negelein die Antwort, daß I. H. sie jetzt nicht in ihre Dienste nehmen könnten; dem ersten aber wurde ein Empfehlungsschreiben versprochen, wenn er andrer Herren Dienste suchen will. Er schien zufrieden zu seyn, aber Herr Major Schulz nicht, welchen I. H. doch gar keine Obligation haben, es hat ihn auch niemand hieher zu kommen geheissen.

Den 24sten sandte der Capitain Segebahrt, welcher schon längstens elend krank gelegen hat, zu mir, und ließ mich ersuchen, es doch dahin zu bringen, daß ihm noch etwas Geld mögte gereichet werden, indem die 20 Rubel, die I. H. ihm zu seiner Reise gegeben, bereits auf seine schwere Krankheit verwendet worden, er auch aus Noth schon viele Sachen versetzen müssen; ich verwies aber seinen Diener an den Herrn von Plate. Der General Jaguschinsky hatte vorgestern zu dem Herrn von Brümmer gesaget, er wollte heute Mittag mit einem guten Freund zu I. H. kommen, und sich einen guten Rausch holen; er kam auch mit dem Generalmajor Romanzof, und es wurde scharf getrunken.

Den 25sten nahm der junge von Brockdorf des Morgens Abschied von mir, weil er in den nächsten Tagen wieder zu Wasser nach Holstein gehen will. I. H. lasen mir den Tractat vor, welcher zwischen dem hiesigen Hofe und dem neulich von hier gereiseten persischen Ambassadeur, Ismael Beg, am 12. September geschlossen, und von der hiesigen Seite vom Großkanzler Galofkin, Geheimenrath Ostermann und Canzleyrath Stepanof unterschrieben, auch mit dem grossen Reichssiegel, von persischer Seite aber nur mit des Ambassadeurs Petschaft, untersiegelt war. Der Ambassadeur hatte einen Eyd zur Bekräftigung des geschlossenen Tractats abgeleget.

Den 26sten. Herr von Ahlfeld, der schon seit verschiedenen Tagen gesuchet hatte, den Herrn allein zu sprechen, wurde heute vor der Mahlzeit darzu admittiret.

Er

Er will gerne mit dem ehesten auf eine Zeitlang nach Holstein reisen, woraus aber, wie ichs wohl dem Herrn gestern abgemerket, so leicht, wegen einer gewissen Ursache, nichts werden kann. Gegen Abend gingen J. H. mit Plate, Brümmer, Tych und mir zum Herrn von Stamken, bey welchem wir in langer Zeit nicht gewesen, indem J. H. in voriger Woche beschlossen, in 8 Tagen sein Haus nicht zu betreten, weil er eine gewisse Nachricht gebracht, die dem Herrn gar nicht anstand. Es war heute Morgen der Capitain Ditrichsen bey mir, und gab mir eine Liste aller alten Officiers, welche noch wirklich in J. H. Diensten stehen, und in Holstein verpfleget werden. Ihrer sind 71, es werden aber nur 65 verpfleget.

Den 27sten. Es wurde heute Nachmittag eine Wasserfahrt mit Boyern angestellet, welche noch bey der Abenddämmerung daurete, und die vermuthlich die letzte ist. Der Kaiser soll heute zum Capitain von der Boyer=Flotte gemachet worden seyn. Von unserem Hofe wohnete niemand dieser Wasserfahrt bey, weil unser Herr nicht wohl war, und weil wir kein Fahrzeug hatten, indem unsere Tornscheute bereits vor einigen Tagen weggeschicket worden, um auf den Stapel gebracht zu werden, auf welchem sie den Winter über stehen muß.

Den 28sten. Des Mittags speiseten bey J. H. der Graf Stenbock, welcher lange nicht bey uns gewesen, und in seiner Affaire beym Senat noch nicht weiter avanciret war, als am ersten Tage seiner Ankunft, indem man im Senat noch keine Zeit hat, die liefländischen Affairen vorzunehmen. Nach dem Essen fuhren J. H. zum erstenmal auf einem offenen Schlitten, mit Bonde, und ich mußte in einem anderen nachfolgen. Da nun die Schlittenbahn schon überaus gut war, so machten wir auch eine Zeitlang eine Tour in der Stadt herum, ehe wir wieder nach Hause fuhren. Es continuiret der Frost dermassen, daß der Strom sich bald wird legen müssen; welches um diese Jahrszeit etwas Ausserordentliches ist.

Den 29sten. Es reiseten heute gegen Mittag der Capitain Ditrichsen und der junge Brockdorf nach Cronslot, wohin bereits das Schiff vor einigen Tagen gesegelt war. Sie haben nicht eher aus der Reichscanzeley ihren Paß bekommen können.

Den 30sten. Da heute gegen Mittag der Elephant aus Persien hier ankam, und J. H. vernahmen, daß er nach des Kaisers Hause geführet worden sey, um ihn der Herrschaft zu zeigen, so machten sich J. H. mit Bonde und Tych auf den Weg nach des Kaisers Winterhause, begegneten aber dem Elephanten schon auf dem Rückwege. Er war hier von Schlüsselburg zu Wasser angelanget. Dieser Elephant, welcher

cher ins siebente Jahr gehet, ist bey weitem nicht so groß wie der vorige, welchen ich 1713 hier gesehen habe; ja er hat noch nicht einmal seine beyden grossen Zähne. Ich war heute bey der Herzogin von Mecklenburg, die in ihr 32stes Jahr getreten war. Sie war heute sehr aufgeräumet, weil sie einige Hofnung bekommen, daß des Herzogs von Mecklenburg Sachen jetzt noch besser werden dürften, wie man eine Zeit lang her vermuthet hat: denn in Danzig stehet einer vom kaiserlichen und einer vom englischen Hofe, unter der Hand, mit ihm wegen seiner Affairen in Unterhandlung. Der neulich hier angekommene mecklenburgische Courier ist gestern vom Kaiser wieder an den Herzog abgefertiget. Ich erfuhr heute noch bey der Herzogin, daß der Generallieutenant Jaguschinsky nunmehr wirklich öffentlich mit dem Fräulein Galowkin versprochen sey, und daß sie schon Ringe mit einander getauschet haben. Auch bekam heute der junge Reitz seine Abfertigung von J. H. auf eine Wachtmeisterstelle zu Pferde, nebst etwas Geld zu seiner Rückreise. Das Treibeis fängt schon an zu gehen, soll sich auch unten beym Perspectiv schon festgesetzet haben. Heute Morgen soll einer die geheime Knute auf des Kaisers Hof bekommen haben, und es sitzen in unserer Nachbarschaft verschiedene Vornehme und Grosse gefangen, die aus den Provinzen hieher gebracht worden. Sie werden täglich geschlossen in den Senat geführet. Einige, ohngeachtet sie geschlossen sind, sollen ihre Degen doch noch an der Seite haben.

Den 31sten. Des Morgens besahen einige von uns den Elephanten, welchen wir noch nicht recht gesehen hatten. Er ist bereits in des alten Elephanten Haus gebracht worden, und daselbst an einem Fuß mit einer Kette geschlossen, aber überaus zahm und fromm. Er aß mit seinem Rüssel uns aus der Hand weisses Brodt, und verzehrte es; er mag auch sehr gern mit den Leuten, die bey ihm sind, spielen. Zu verschiedenen malen hob er mit seinem Rüssel seinen Aufwärter hoch von der Erden auf. Dieser Elephant ist ein Männlein, und hat eben ein solches Gemächte wie ein Pferd, nur ist es viel grösser. Gegen Abend kam der Major Romanzof von der Garde zu J. H. und nahm Abschied, weil er noch heute von hier nach Astrachan gehen soll, seine hochschwangere Frau aber bleibet zurück.

November.

Den 1sten. J. H. wurden heute wieder von der Kaiserin 3 Arbusen oder Wassermelonen zum Geschenke gesandt.

Den 2ten. Heute Morgen fing es an zu thauen, und hielt den ganzen Tag an, wobey es wirklich regnete; daher sollte man glauben, daß aller Schnee zerschmelzen,

gen, und der Winter noch keinen Bestand haben würde, welches die Kaufleute und Schiffer herzlich wünschen, um noch mit ihren Schiffen weggehen zu können, und nicht nöthig zu haben, den Winter über in Cronslot zu bleiben.

Den 3ten. Nach dem Essen stellete der Kaiser eine kleine Wasserfahrt mit Bojern an, von uns aber wohnete dieser Wasserfahrt niemand mit bey, weil wir kein Segelfahrzeug mehr haben.

Den 4ten. Da es heute des römischen Kaisers Namenstag war, und der kaiserl. Legations-Secretair Holzenholzer deswegen heute Mittag alle fremde Minister bey sich tractirte, so resolvirten sich J. H. nach der Mahlzeit auch dahin zu fahren. Sie fanden daselbst nur noch den Mardefeld, Cederkreuz, Le Fort, und den holländischen Residenten, die andern, welche scharf getrunken hatten, waren schon nach Hause gefahren; doch blieben J. H. und Mardefeld bis 9 Uhr allhier, und es ward sehr gesoffen, und zwar waren alle Deckelgläser mit gutem ungarischen Wein angefüllet. Zwischen durch wurde Caffe und Thee von der Wirthin eingeschenket. Das Thauwetter hat aufgehöret, und es frieret wieder.

Den 5ten. Abends über der Tafel wies uns der Baron Strömfeld eine Ordre aus dem Senat, in welcher der esthländische Adel die Freyheit bekommen, in 10 Jahren an niemanden kein Capital, sondern nur Zinsen bezahlen zu dürfen, indem sonst durch die häufigen Schulden des Adels desselben Güter an die Städte und Kaufleute mit dem ehesten fallen würden, und der Adel ruiniret wäre.

Den 6sten hatte der dänische Envoyé Westphalen des Morgens Audienz bey J. H. und überreichte ihnen einen Brief vom König, in welchem die Geburt einer königl. Prinzeßin von der jetzigen Königin notificiret wurde, worbey er vorher eine lange Rede hielt, und hernach sowohl in der Betstunde als bey J. H. zur Mahlzeit blieb. Der Hofprediger mußte auf Befehl J. H. aus dem gewöhnlichen Gebet vieles weglassen. Heute wurde des Fürsten Mentschikofs Geburtstag gefeyert, als welcher nun 50 Jahr alt ist, es waren aber J. H. nicht dazu eingeladen. Der Kaiser und die kaiserlichen Prinzeßinnen sind Nachmittags bey dem Fürsten gewesen, die Kaiserin aber, welche sich nicht recht wohl befinden soll, ist nicht dahin gekommen.

Den 7ten. Weil Ihre königl. Hoheit morgen, am Namenstage der römischen Kaiserin Elisabeth, zu Mittag Gäste haben wollen, so ließen sie dieselben heute einladen. Mit der heutigen Post ging eine Ordre von ihnen nach Moscau, welche gewiß nicht angenehm seyn wird; nemlich, daß gleich nach Empfang derselben sich der Obrist Lorch, Obristl. Meggersee, Capitain Schulz und Rittmeister von der Ilm fertig machen sollten, so bald es nur immer möglich hieher zu kommen, und ihre Reise so viel möglich zu beschleunigen; der Capitain Bassewitz aber soll zu Moskau bleiben, und so lange auf alles Acht haben. Gegen 4 Uhr fuhren Ihro königl. Hoheit zu Wagen zum Fürsten Mentschikof, welcher jetzt auf dieser Seite wohnet, und waren daselbst überaus willkommen. Von hier fuhren sie ungebeten zu den Prinzen von Hessen=Homburg, welche dem Kaiser und seinen Ministern ein Abendessen und ein Feuerwerk gaben, welches sie ganz allein bereitet zu haben versicherten.

Den 8ten. Der Wind wüthete in dieser Nacht grausam, und das Wasser stieg gegen 3 Uhr so hoch, daß es über die meisten Canäle lief, und vollkommen noch einen Fuß höher war, wie vor einiger Zeit, bey dem letzten starken Sturm, den wir hatten, als wir das letzte mal in Cronstadt waren. Diese Ueberschwemmung richtete viele Unruhe und beträchtlichen Schaden an. Unsere eingeladenen Gäste stelleten sich zwischen 12 und 1 Uhr ein, und während der Tafel wurden J. H. auf übermorgen zu der Hochzeit des General=Procureur Jaguschinsky, mit dem Fräulein Galowkin, eingeladen. Sie wurden aber eben sowohl als die fremden Minister gebeten, zwar in gefärbten Kleidern, jedoch ohne Gold und Silber zu erscheinen. Sonsten vernahm ich, daß vor einigen Tagen die Deputirte der Cosaken, welche bey dem Kaiser bittlich eingekommen, daß ihnen wieder erlaubet werden mögte, sich selbst einen Feldherrn aus ihren Mitteln zu erwählen, unvermuthet beym Kopf genommen, und nach der Festung gebracht worden, weil der Kaiser ihnen künftig einen Feldherrn aus ihrem Mitteln und Landesleuten setzen, und keinen Widerspruch dagegen leiden will.

Den 9ten. Der Strom und die Canäle waren heute vom Eise ganz frey, und der Capitain Benz ist Vormittags mit einer Schaluppe von hier nach Cronstadt gegangen. Es sind in diesem Jahr, wie der Kaiser vorgestern Abend selbst sagte, hier 377 Schiffe angekommen.

Den 10ten fuhren J. H. Nachmittags in einem Wagen mit 6 Pferden zu der Hochzeit des kaiserl. Favoriten Jaguschinsky, den die Russen gemeiniglich Paul Iwanowitsch nennen. In dem Zimmer des Bräutigams fanden sie schon den Kaiser und eine grosse Gesellschaft von den vornehmsten Herren, es war auch ein ganzes Nebenzimmer voll Officiers und Cavaliers, weil zu dieser Hochzeit fast ganz St. Petersburg gebeten worden. Die Damen versammleten sich bey der Braut, in des jungen Fürsten Trubetzkoi Hause, dahin gegen 4 Uhr drey Wagen mit 6 Pferden bespannet dem Marschall und allen Schaffern folgeten, um die Braut nach der Kirche zu begleiten. Um 4 Uhr begab sich der Bräutigam auch nach der Kirche, welcher mit J. H.

in einem Wagen fuhr, der Kaiser aber fuhr in seiner Cariole voraus. Die meisten Gäste blieben im Hochzeitshause zurück, dahin die Kaiserin mit den Prinzeßinnen und Hofdamen unmittelbar kam. Der Kaiser brachte gegen 6 Uhr Braut und Bräutigam, mit allen Vornehmen, die nach der Kirche gefolget waren, in seiner Jagd, welche er selbst steuerte, nach dem Hochzeitshause. Die Hochzeitsceremonien waren eben diejenigen, welche ich ehedessen beschrieben habe. Es waren zwar Tafeln für 150 Personen gedecket, dennoch bekamen doch viele Gäste keinen Platz an denselben. Als der Kaiser gegen 8 Uhr wohl merkte, daß unser Herr mehr Lust zum Tanz als zum längern Sitzen am Tische hatte, sagte er zum Marschall der Hochzeit, Major Jesupow, es sey Zeit aufzustehen. Gegen 11 Uhr fuhren die kaiserlichen Prinzeßinnen weg, und da ging der Abschiedstanz der Braut an, mit welchem sie in die Brautkammer gebracht wurde, in welcher ein grosser Tisch mit Confituren stand, bey welchem dem Bräutigam, der Gewohnheit nach, ein guter Rausch beygebracht wurde, der ganz vollkommen geworden seyn würde, wenn die Kaiserin nicht so fleißig zum Aufbruch ermahnet hätte, und es nicht beynahe 12 Uhr gewesen wäre.

Den 11ten. Heute lief die Nachricht aus Schweden ein, daß der Reichstag zwar zum Ende, jedoch noch eine Commission der Reichsstände sitzen geblieben sey. Da nun Ihro königl. Hoheit heute eine gute Nachricht aus Schweden erhalten hatten, so sprachen sie davon im Hochzeitshause mit dem Kaiser über Tische, welcher sie nach der Mahlzeit zu dem Herrn von Ostermann führete, mit welchem sie ausführlicher davon reden mußten. Sie baten den Kaiser, sich auch ihrer hiesigen Angelegenheiten anzunehmen, welches er versprach, worauf J. H. mit diesen Worten aus dem Zimmer kamen, je eher je lieber, worauf der Kaiser an zu lachen fing, und J. H. einige mal auf die Schultern sehr gnädig klopfete.

Den 12ten. Heute speisete der Baron Stroganow bey J. H., mit welchem ich von den Schiffen zu reden kam, die am See Ladoga von Tannenholz gebauet werden. Er versicherte mir, daß hier ein rußischer Kaufmann sey, der sie nicht nur nach Reval, Narwa, Wiburg und Stockholm schicke, sondern auch in diesem Jahr eines mit Waaren nach Frankreich gesandt, und schon viel Geld in die tannene Fahrzeuge gestecket habe, welchen auch der Kaiser sehr lieben soll, und ihm grosse Privilegia gegeben hat, um andere Kaufleute von der hiesigen Nation zu ermuntern, selbst, ohne Vermittelung deutscher Kaufleute, ausserhalb Landes zu handeln.

Den 13ten. Man erhielt heute Nachricht von Cronstadt, daß die meisten Schiffer sich daselbst nach Winterquartieren umsähen, weil sie nicht glaubten, in diesem Jahr wegkommen zu können. Verschiedene Schiffe, welche auszulaufen versuchet haben, sind weit aus der See zurückgekommen.

Den 14ten und 15ten. Es trug sich an diesen beyden Tagen nichts Merkwürdiges zu, aber

am 16ten vernahm man, daß vor ein Paar Tagen 12 cosakische Obristen hier in die Festung gebracht worden, welche theils für sich selbst hieher gekommen, um hier etwas zu suchen, theils auch hieher berufen worden. Es wollen einige sagen, daß selbige ihre Zeit übel zubringen würden, und man meynet, der Kaiser werde in ihre Stellen rußische Obristen setzen.

Den 17ten. In verwichener Nacht fror die Newa zu, nachdem das Treibeis einige Tage her sehr stark gegangen war, so daß schon heute gegen Abend an verschiedenen Orten Leute über das Eis gehen wollten, aber davon abgehalten wurden.

Den 18ten. Da heute Morgen zwey Posten auf einmal aus Schweden kamen, so erhielte ich ein sehr gütiges Schreiben von der Frau Geheimeräthin Bassewitz. Es scheinet fast, als wenn wir in diesem Winter das Vergnügen noch nicht haben werden, sie und den Herrn Geheimenrath bey uns zu sehen. Es kam auch die Nachricht mit dieser Post, daß der König von Schweden sehr kränklich und schwach eine Zeitlang her sey. Mit dieser Post ward auch der in schwedischer Sprache ausgegebene Reichstagesschluß hieher gesandt. Die Stände sollen Ihro Königl. Hoheit, unsern Herrn, jährlich eine Pension von 72000 Thaler Silbermünze, oder 24000 Rthlr. Banco, zugeleget haben, wovon aber nichts aus Schweden kommen wird, und es zweifeln Ihro Hoheit noch, daß sie damit auskommen werden, um alle Pensionen in Schweden zu bezahlen.

Den 19ten. Nachdem nun der grosse Weg übers Eis fertig, und eben gemachet, auch auf beyden Seiten mit Bäumen besetzet worden, so wurde heute Vormittag um 11 Uhr durch einen Kanonenschuß das Zeichen gegeben, daß nun ein jeder Freyheit habe, über das Eis zu fahren, nachdem der Kaiser, wie gewöhnlich, der erste gewesen, der über dasselbige gefahren.

Den 20sten trug sich nichts Merkwürdiges zu, aber

am 21sten liessen Ihro Hoheit bey Brümmer eine Probe von dem Concert machen, welches sie der Kaiserin an ihrem Namenstage bringen wollen.

Den 22sten war des Morgens der Erzbischof von Novogrod, Archimandrit des Alexander-Newski Klosters, bey Ihro Hoheit, und lud sie auf morgen Mittag nach dem Alexanderkloster ein, weil morgen das Alexanderfest einfällt.

Den

Den 23ften. Um 11 Uhr sandte der Erzbischof, seinem Versprechen gemäß, einen Boten, und ließ J. H. wissen, daß es Zeit sey zu kommen, worauf sie sich auch gleich auf dem Weg dahin machten. Bey ihrer Ankunft wurden sie vom Erzbischof vor der Hausthür empfangen, und fanden eine grosse Gesellschaft bey Tische sitzend vor, indem alle hiesige Grosse allhier zugegen waren; der Kaiser aber, welcher nicht wohl, und seit 8 Tagen nicht aus seinem Zimmer gekommen ist, hatte sich schon gestern entschuldigen lassen, und der Fürst Mentschikof war nach geendigtem Gottesdienst nach Hause gefahren, weil er heute Abend bey sich Fremde haben wird, indem heute sein Namenstag ist. Kurz nach J. H. fanden sich die beyden Prinzen von Hessen auch ein; sonst aber war von Fremden niemand hier, als die Prinzen, J. H. und General Allard. Ueber der Mahlzeit wurden viel Gesundheiten getrunken, wobey allezeit geschossen ward, und es fing der Erzbischof selbige alle selbst an. Er zeigte auch während Tafel den Plan von diesem ganzen neuen Kloster, welcher in Kupfer gestochen war, und auf welchem man auch die umliegende Gegend sehen konnte. Als Verschiedene gern diesen Plan haben wollten, entschuldigte sich der Erzbischof damit, daß der Kaiser ihn selbst unter die Grossen austheilen wolle, und ihm verboten habe, vorher jemanden ein Exemplar zu geben. Die Tafeln wurden zweymal mit lauter köstlichen Fischen besetzet, und dabey die besten Weine, die hier zu finden, herum gegeben. Nach aufgehobener Tafel bat der Erzbischof J. H. und die ganze Gesellschaft, ihm nach dem neuen Kloster zu folgen, in welchem wir heute hätten sollen in dem schönen grossen Eßsaal der Mönche traktiret, und die fertige Capelle eingeweihet werden, wenn der Kaiser sich hier eingefunden hätte. Da nun die Gesellschaft dem Erzbischof dahin folgete, und J. H. gegen die Kanonen über kamen, so wurden dieselben J. H. zu Ehren abgefeuert, welches wieder geschahe, als sie vom Kloster wegfuhren. Nach besehener neuen Capelle, welche sehr nett war, führete uns der Erzbischof durch den schönen grossen Eßsaal, (in welchem ein Haufen Mönche und Sänger des Klosters standen und sangen,) in noch einige nette Nebenzimmer, woselbst er die Gesellschaft noch einige Gläser Wein trinken ließ, ehe sie vom Kloster wegfuhren. Es begab sich die ganze Gesellschaft von hier zu dem Fürsten Mentschikof, um ihm zu seinem Namenstage zu gratuliren; J. H. aber fuhren nach Hause, um den Befehl der Kaiserin zu erwarten, ob sie heute Abend oder morgen früh mit der Musik zu ihr kommen sollten? Es ließ auch Herr von Jaguschinsky J. H. bitten, die Musik gegen 9 Uhr bereit seyn zu lassen, um zu kommen, wenn er einen Boten senden würde. Dieser kam um halb 10 Uhr, und wir begaben sich Ihro Hoheit mit der Musik, welche aus zwanzig Personen bestand, nebst den Prinzen von Hessen, die sich ungebeten einfanden, und mit allen ihren Cavalieren, nach des Kaisers Hause, woselbst im Hofe vor der Kaiserin Fenstern die durch Soldaten getragenen Tische, nebst dem Clavecin, niedergesetzet wurden, und die 24 Bediente in Ihro Hoheit Montur, welche brennende

nende Wachsfackeln bekamen, mußten sich rund um die Tische herstellen. Nun ging die Musik an, welche aus einigen sehr schönen und starken Concerten bestand. Nach derselben wurden Ihro Hoheit von Herrn Jaguschinsky zu der Kaiserin geführet, dahin wir ihnen folgeten. Wir trafen die Kaiserin mit den beyden Prinzeßinnen, der Generalin Jaguschinsky und dem Hoffrauenzimmer an, und es zeigte sich die Kaiserin ungemein leutselig gegen unsern Herrn, und bedankte sich für die gebrachte Musik. Die älteste kaiserliche Prinzeßin präsentirte Ihro Hoheit, den beyden Prinzen, und uns insgesammt, ein Glas Wein, auf die gnädigste Art von der Welt. Als die grossen Deckelgläser herumzugehen anfingen, liessen Ihro Hoheit die Musik von dem Hofe holen, und sie mußte sich wieder auf der Gasse vor den Fenstern des Zimmers, in welchem wir uns befanden, stellen; und als die Kaiserin vernahm, daß sie da sey, ging sie an die Fenster, um sie anzuhören. Allein der Wind war so stark, daß man nicht das allergeringste davon hören konnte, und ich befürchte, daß sie von der ersten Musik auf dem Hofe auch nicht viel mehr hat hören können. Inzwischen sahe sie den guten Willen von Ihro Hoheit. Ehe die Musik zum andernmal anging, kam der Kaiser auf einen Augenblick, in einem blauen seidenen Schlafrock, mit Pelzwerk gefüttert, und mit einer weissen Schlafmütze, zu uns ins Zimmer, weil er sich noch nicht recht wohl befindet. Nach vollendeter Musik nahmen Ihro Hoheit von der Kaiserin und auch von den kaiserlichen Prinzeßinnen Abschied. Es war diesen Abend die ganze Stadt, des heutigen Alexanderfestes wegen, illuminiret.

Den 24sten, als am einfallenden Namenstage Ihro Majestät der Kaiserin, wurde solches Fest gewöhnlichermassen gefeyert, und nach gehaltnen öffentlichen Gottesdienst wurden die Kanonen der Festung abgefeuert; worauf des Abends ein grosses Fest in des Kaisers Winterhause, in dem neuen Rittersaal, gegeben, und mit einem schönen Feuerwerk beschlossen wurde, welches auf dem Eise veranstaltet war, und durch einen fliegenden Engel, der mit einer Raquette vom kaiserlichen Saal herunter flog, angezündet ward. Ausser vielen schönen Raqueten, Feuerrädern und dergleichen, bestund es in einer von weissem und blauen Feuer brennenden Devise, die eine hohe Seule vorstellete, über welcher eine kaiserliche Krone befindlich war, und bey welcher zwey Pyramiden, mit Lorbeerzweigen umwunden, zur Seiten standen. In dem Zwischenraum der beyden Pyramiden brannten die Buchstaben V. C. I. R., Vivat Catharina Imperatrix Russorum, die auf der Kaiserin Krönung in Moscau zieleten, und ward auch nunmehr in rußischer Sprache das gedruckte Krönungspatent der Kaiserin ausgetheilet, und zum Verkauf erlaubet.

Den 25sten. Weil heute eine Post aus Schweden gekommen war, die Ihro königl. Hoheit gar nicht anstand, so waren Höchstdieselben auch heute gar nicht aufgeräumt.

geräumt. Inzwischen haben wir doch mit dieser Post die Hoffnung bekommen, den Herrn Geheimenrath von Bassewitz vielleicht mit dem ehesten wieder bey uns zu sehen. Es fanden sich heute Nachmittag drey Herren bey Hofe ein, welche erst neulich aus Schweden abgegangen, und heute hier angekommen waren, nemlich, ein Capitain Namens Rotthoff, welcher zum Stallmeister der Kaiserin verschrieben worden, ein junger Cavalier, Namens Adlerfeld, welcher bey unserm gnädigsten Herrn in Diensten kömmt, und ein Lieutenant, Namens Heller, der einige Commissionen aus Schweden hat, um hier etwas zu suchen. Sie wurden aber alle drey auf morgen wieder beschieden, indem Ihro königl. Hoheit im Begriff waren auszufahren, als sie kamen.

Den 26sten fanden sich noch folgende gegen Mittag bey Hofe ein, als, der Graf Mellin mit seinem Stiefsohn, dem Herrn von Buddenbrock, der junge Apprarin, Capitain=Lieutenant Wilster, und Capitain Brinkmann, wie auch der alte General Allard. Ihro königl. Hoheit speiseten des Abends bey den Prinzen von Hessen=Homburg, und nach der Mahlzeit besahen sie dieselben Drechselbänke; es zündeten auch die Prinzen verschiedene Raqueten an, welche sie selbst gemachet hatten.

Den 27sten. Der Obrist Lorch ist erst gestern aus Moscau hier eingetroffen. Des Mittags speisete der Herr von Ostermann bey Ihro königl. Hoheit, es fand sich auch Herr von Jaguschinsky mit Bibikof bey Hofe ein, als sie noch an der Tafel saßen.

Den 28sten. Ihro königl. Hoheit fuhren wieder in die Comödie, welche gestern zum erstenmal gehalten worden, es stellete sich aber der kaiserliche Hof in derselben nicht ein.

Den 29sten. Es hatten heute der Kammerrath Fick, Graf Wachtmeister und Generallieutenant Wangersheim die Zeitung von J. K. H. bevorstehenden Succession in Schweden; es ist zu wünschen, daß sie gegründet seyn möge.

Den 30sten, als am St. Andreastage, wurden Ihro Hoheit von dem Kaiser früh Morgens zur Feyer desselben an den Hof eingeladen. Gleich nach ihrer Ankunft im großen Saal kam die Kaiserin auch dahin, und saß bey der Rittertafel, die von zwanzig Personen war, dem Kaiser zur Linken, und Ihro Hoheit zur Rechten. Es wurde gar nicht stark getrunken, und da Se. Majestät sich annoch nicht recht wohl befanden, auch deswegen die gewöhnliche Tour bey den Rittern heute nicht mitmachen wollten, so begaben wir uns, nachdem der Kaiser zur Nachmittagsruh gegangen war,

war, zum Fürsten Menschikof; von da zum Großkanzler Gukowin, ferner nach dem Feldzeugmeister Bruce, darauf nach dem General Allard, von selbigem nach dem Großadmiral Apraxin, und so zu Ihro königl. Hoheit, unserm gnädigsten Herrn, bey welchem sich die Gäste am längsten aufhielten, und am schärfesten tranken, indem der Kaiser befehlen lassen, daß die Ritter sich so lange bey unserm gnädigsten Herrn aufhalten sollten, bis das Feuerwerk fertig sey, und er sie fordern lassen würde. Dieses Feuerwerk bestand hauptsächlich aus einer Devise, welche das St. Andreaskreuz vorstellete, mit einer kaiserlichen Krone, und einer Kette rund um das Kreuz, in welcher verschiedene Buchstaben in allen Gelenken marquiret standen. Alles brannte in blauem Feuer. Ganz St. Petersburg war heute, gleich wie am Namenstage der Kaiserin, recht artig illuminiret. Es reisete heute Morgen der Fähnrich Zöge mit allen Musikanten voraus nach Moscau, dahin der Geheimerath von Tolstoy auch schon vom Kaiser voraus gesandt worden.

December.

Den 1sten hielten Ihro königl. Hoheit ihren gewöhnlichen Fasttag.

Am 2ten kamen sie den ganzen Tag nicht aus ihrem Zimmer, weil sie einen Fasttag wegen Karls des Zwölften, Königs von Schweden, unglücklichen Todesfall, hatten.

Den 3ten. Der kleine Secretair der Kaiserin meynete, daß der Kaiser wenigstens vor dem Weihnachtsfest in Moscau seyn würde, weil auf den 15ten dieses Monats 200 Pferde auf allen Stationen beschieden wären.

Den 4ten speiseten Ihro königl. Hoheit des Mittags in ihrem Audienzzimmer, und hatten die Generale Allard und Münnich, den Hohenholzer, Grafen Mehlin, Grafen Wachtmeister, Fick, Welling, und einen Hofrath vom Herzog von Curland, zu Gästen, welcher letzte vor einiger Zeit hier anlangete, und ein Compliment von seinem Herrn an Ihro königl. Hoheit machte.

Den 5ten. Der junge Buddenbrock nahm von Ihro königl. Hoheit Abschied, weil er morgen oder übermorgen mit seinem Stiefvater wieder nach Reval reiset.

Den 6sten. Der Namenstag des Generals unserer Spieltruppen, Herrn von Ahlfeld, wurde feyerlich begangen.

Den

Den 7ten kam des Morgens der Fähnrich Mischersky von der hiesigen Garke zum Herrn von Stamken. Er war in dieser Nacht mit Briefen aus Schweden über Finland gekommen, und die Briefe waren vom 25sten November. Unter andern meldeten sie, daß der Geheimerath von Bassewitz seine Bagage am 27sten voraus zu senden, und drey Tage darauf selbst nachzufolgen gedächte. Da nun die Gewässer in Finland noch alle offen seyn sollen, so hoffet man, der Geheimerath werde mit seiner Familie bald glücklich allhier eintreffen, Gurland aber wird, dem Vernehmen nach, noch vors erste in Stockholm zurück bleiben. Um halb 12 Uhr hatte der schwedische Envoyé Cederkreutz bey Ihro Hoheit Audienz, und er soll einen Brief von seinem König übergeben haben, worin derselbe unserm gnädigsten Herrn zum glücklichen Ausschlag der beym Reichstag gesuchten Affairen Glück gewünschet habe.

Den 8ten. Heute verschied der vierzehn Wochen krank gelegene Capitain Segebart.

Den 9ten. Es wurde der ersten Suite, die nach Moscau gehen soll, durch den Hoffourier angesaget, sich zur Reise fertig zu halten.

Den 10ten besahe ich des Morgens die beyden Portraits von den beyden ältesten kaiserlichen Prinzeßinnen, welche der Hofmahler Dannenhauer nach dem Original gemahet, und für 60 Rubel an Herrn von Ahlefeld verkaufet hat. Um 2 Uhr Nachmittags ward der sel. Capitain Segebart begraben. Ihro königl. Hoheit begaben sich in die öffentliche Gesellschaft, welche heute bey dem Herrn von Jaguschinsky war, und trafen schon in derselben den Kaiser und eine grosse Gesellschaft von Damen und Cavalieren, auch alle fremde Minister mit ihren Frauen, an, welche Minister aber eben so wenig als Ihro königl. Hoheit eingeladen waren. Es wurde mir in der Gesellschaft erzählet, daß der Kaiser heute Nachmittag auf der Kindtaufe des Brigadiers Romanzof (wo die Kaiserin auch gewesen,) öffentlich über der Tafel gesaget habe, er müsse am künftigen Sonntag nach Moscau reisen, weil er sonst vor dem Aprilmonat nicht von hier käme, und dennoch eher da seyn, auch deswegen übermorgen die Kaiserin und übrige kaiserliche Familie vorausschicken wollte. Es wird auch allenthalben von des Kaisers baldigen Reise stark gesprochen, und Herr von Jaguschinsky rieth selbst dem Herrn von Plate, je eher je lieber Ihro königl. Hoheit Bagage und meisten Bediente voraus zu senden, weil in diesem Jahr nicht viele Postpferde würden zu hoffen seyn. Es befahlen aber Ihro königl. Hoheit noch an diesem Abend den von Plate, die Anstalten so zu machen, daß diejenige Suite, die schon beordert worden, sich marschfertig zu halten, übermorgen schon von hier voraus nach Moscau gehen könnte, wobey sie auch resolvirten, daß der junge Adlerfeld mit uns voraus gehen sollte.

Den 11ten. Herr von Brümmer brachte aus dem Senat die Nachricht von dem General Jaguschinsky, daß der Kaiser noch wohl 4 bis 6 Wochen nach dem neuen Jahr, hier verbleiben würde, und daß er ihm die Commission gegeben, Ihro königl. Hoheit zu bitten, sich mit Wegschickung der Bagage nicht zu übereilen, daher dann auch die Potwodden oder Fuhrleute, die auf heute bestellet gewesen, erst übermorgen kommen sollen, gegen welche Zeit man ganz gewisse Nachricht zu erhalten verhoffet, ob die Reise noch so lange ausgesetzet bleibet, oder nicht? Es kamen zwey Officiers von der Garde, welche Ihro königl. Hoheit mit Dero ganzen Suite auf morgen Nachmittag um 2 Uhr zur Begräbniß des Oberhofmeisters und Marschalls Olsufiew baten.

Den 12ten. Gegen 3 Uhr begaben sich Ihro königl. Hoheit, in Gefolge von Bonde, Plate, Stamken, Ahlfeld und mir, nach dem Sterbehause, wo wir schon eine grosse Gesellschaft vorfanden, und kurz nach unserer Ankunft sowohl der Kaiser als auch die Käiserin ankam; worauf dann bald die hier gebräuchlichen Ceremonien, bey Austragung einer russischen Leiche, ihren Anfang nahmen. Der Sarg war mit rothen Sammet beschlagen, und mit silbernen Galonen besetzet, auch auf beyden Seiten einige gemalte Schilder, mit des Verstorbenen Wapen, angeheftet. Es wurde durch 8 Unterofficiers ein grosser schwarzer sammtener Himmel über demselben getragen. Dem Sarge folgete der Bruder Olsufiew, welcher Marschall des Kaisers ist, dem zur Rechten der Kaiser, zur linken aber unser gnädigster Herr ging, und hierauf kamen alle Anwesende nach ihrem Rang. Die Witwe und übrige Damen setzten sich gleich in einige bezogene Wagen, und folgeten der Leiche nach hiesiger Landesgewohnheit mit zu Grabe; die Kaiserin aber blieb im Sterbehause. Als der Kaiser der Procession aus dem Sterbehause zu Fuß eine gute Ecke auf dem Strom gefolget war, setzte er sich in seinen Schlitten, und fuhr voraus nach dem Alexander-newskischen Kloster, woselbst die Leiche sollte begraben werden. Ihro königl. Hoheit sowohl als die meisten andern Vornehmen folgeten desselben Exempel, und fuhren auch voraus nach dem Kloster, wo unser gnädigster Herr den Kaiser in des Erzbischofs Hause ganz allein vorfand, und sich bey ihm niederlassen mußten. Während der Zeit, da sich nach gerade immer mehrere einfanden, wurde dem Kaiser von dem Oberarchitect Si-

nawin

nähmin ein neuer Plan von der grossen Kirche gezeiget, die auf Wasili-Ostrow soll gebauet werden, nach welchem Plan sie ein überaus schönes und grosses Gebäude werden wird. Den Plan hat derselbe Architect gemachet, der das Alexander-Kloster erbauet hat. Nach 5 Uhr kam die Leiche an, und es begaben sich Jhro Majestät nebst den übrigen aus dem Hause, und folgeten ihr nach der Kirche. Der Erzbischof von Pleskau (der von Novogrod war schon nach Moscau abgereiset,) legte des Verstorbenen Paß, oder vielmehr das gewöhnliche Certificat, daß der Verstorbene ein rechtgläubiger griechischer Christ gewesen, in den Sarg, und nun ward eine Leichenpredigt gehalten. Nach derselben ging das gewöhnliche Küssen der Leiche an, welches vielen sehr unappetitlich seyn muß, insonderheit, wenn die Leiche schon eine Zeitlang gestanden hat, und stark zu riechen anfängt. Die Witwe, welche eine Schwedin von Geburt ist, weinete so stark, daß sie bey allen ein grosses Mitleiden erweckte, und Verschiedene zum Weinen mit brachte. Als der Trauermann sowohl Jhro königl. Hoheit als die übrigen nach dem Sterbehause wieder zu kommen genöthiget hatte, und der Kaiser auch versprochen hatte, sich daselbst einzufinden, begaben sich auch Jhro königl. Hoheit dahin, und fanden den Kaiser schon an einer Tafel von zwölf bis vierzehn Personen sitzen, worauf sie sich neben Seiner Majestät setzten. Des Verstorbenen kleiner Sohn von sieben bis acht Jahren präsentirte auf einem mit schwarzem Flor bezogenen Präsentirteller einem jeden Anwesenden einen goldenen Ring zum Andenken, welche Ringe von anderthalb bis zwey Ducaten an Golde waren, und in welchen des Verstorbenen Name gestochen war. Der Kaiser war überaus aufgeräumet, ob er gleich von der gehabten Krankheit noch nicht völlig restituiret, sondern noch sehr matt ist. Es daurete die Mahlzeit bis 9 Uhr des Abends.

Den 13ten. Heute haben unsere vier Cavaliere, die neulich aus Moscau anhero gekommen, Ordre erhalten, wieder nach Holstein zu reisen, und will man sagen, daß solches noch vor dem Fest geschehen soll. Es wurde mir auch heute versichert, daß an die sämmtlichen russischen Collegien die Ordre ergangen sey, daß niemand, ohne Erlaubniß und ausdrücklichen Befehl voraus nach Moscau reisen sollte.

Den 14ten. Ich vernahm heute von dem Obristen Lorch, daß derselbe gestern die schon angeführte schriftliche Ordre erhalten, mit dem Obristlieutenant Meggersee, Rittmeister von der Jim, Capitain Schulz, Lieutenant Meyburg und dem jungen Reitz noch vor dem Fest von hier nach Holstein zu gehen, welches dem Obristen gar nicht angenehm zu seyn schien.

Den 15ten. Gegen 5 Uhr Abends fuhren Ihro königl. Hoheit nach der Ermobie, in welcher sie schon die beyden kaiserlichen Prinzeßinnen vorfanden, wie auch den Großfürsten mit seiner Schwester; es kamen auch der Kaiser und die Kaiserin dahin.

Den 16ten. Bey Stamken trunken Ihro Hoheit ein gut Glas Wein mehr, wie gewöhnlich, weil sie morgen ihre Kopfschmerzen erwarten, und auch gern haben wollten, um übermorgen, am Geburtstage der Prinzeßin Elisabeth, davon befreyet zu seyn; denn durch ein gut Glas Wein können sie solches gemeiniglich zu Wege bringen, wenn ohnedem die Zeit der Kopfschmerzen herannahet, welches sie wohl ein Paar Tage vorher merken können.

Den 17ten speisten Ihro königl. Hoheit in ihrem Zimmer, und kamen den ganzen Tag nicht heraus, weil sie ihre gewöhnlichen Kopfschmerzen hatten. Negelein hat heute gehöret, daß der Kaiser die Resolution gefasset habe, um die Mitte des Februars erst von hier nach dem Olonitzer Brunnen, und so zur Krönung der Kaiserin nach Moscau zu gehen, von wannen wir, der Rede nach, zu Wasser wieder hieher kommen sollen, indem der Kaiser zu dem Ende viele Fahrzeuge soll machen lassen. Es wird allhier auch spargiret, daß ein junger spanischer Prinz hier erwartet werde, der um eine kaiserliche Prinzeßin anhalten wolle, welches mir aber sehr fabelhaft vorkommt.

Den 18ten, als am Geburtstage der Prinzeßin Elisabeth, fuhren Ihro königl. Hoheit um 11 Uhr nach der anderen Seite hinüber, und gratulirten der kaiserlichen Herrschaft, als sie aus der Kirche kam, zum heutigen Tage. Ihro königl. Hoheit hatten auch das Vergnügen, die Kaiserin in ihren Wagen zu führen, und den beyden Prinzeßinnen hernach auch im Wagen die Hände zu küssen. Als Ismailof die Nachricht gebracht hatte, wo das heutige Fest sollte gefeyert werden, begaben sich Ihro königl. Hoheit gegen 5 Uhr nach des Kaisers Winterhause, woselbst wir schon eine grosse Gesellschaft fanden, sich auch bald der Kaiser einstellete, und kurz darauf die Kaiserin mit den Prinzeßinnen, der Herzogin von Mecklenburg und ihrer Schwester, wie auch mit den sämmtlichen Hofdamen, worauf von der Prinzeßin Elisabeth an beyderseits Majestäten, und an der übrigen Herrschaft und unserm gnädigsten Herrn ein Glas ungarschen Wein präsentiret wurde, und gleich hernach ging man zur Tafel. Nach aufgehobener Tafel wurde getanzet, und es fingen Ihro königl. Hoheit, unser gnädig-

gnädigster Herr, mit der Kaiserin den Ball durch einen polnischen Tanz an, und da sich die allerkleinste kaiserliche Prinzeßin, nebst dem Großfürsten und seine Schwester, beym Anfang des Tanzes auch einfanden, so mußte hernach die kleine kaiserliche Prinzeßin von 5 Jahren auch Englisch, Polnisch und Menuetten tanzen, welches für ihr Alter recht artig und gut geschahe. Sie ist ein überaus schönes Kind. Gegen 9 Uhr wurde der Tanz mit dem englischen Kettentanz geendiget, welchen die Kaiserin selbst mittanzte. Hierauf ging das Feuerwerk an, welches aus Raqueten, Schwärmern, Lustkugeln, Feuerrädern und dergleichen bestand, und vornemlich aus einer Devise von blauem Feuer, die ein lateinisches E vorstellete, mit einer kaiserlichen Krone darüber, und der Ueberschrift Vivat in rußischer Sprache, unter dem Buchstaben E aber stand die Jahrzahl 1723. Es wurde mir heute Abend im kaiserlichen Saal, bey Ansehung des Feuerwerks, ein seidenes Schnupftuch sehr behend aus der Tasche gestohlen, da doch kein einziger Bediente im ganzen Zimmer war, und ich es sofort vermissete.

Den 19ten. In der Comödie waren heute die beyden kaiserlichen Prinzeßinnen, der Kaiser und die Kaiserin. letztere beyde begaben sich aber weg, als sie noch nicht halb zum Ende war; doch bat die Kaiserin Ihro königl. Hoheit, sie nicht nach dem Wagen zu führen, sondern bey den Prinzeßinnen zu bleiben, welches sie auch sehr gern thaten, und mit der Prinzeßin Anna sehr angenehm ihre Zeit passirten, welche neben ihnen saß, und sich jetzt bey allen Gelegenheiten ungemein freundlich gegen unsern gnädigsten Herrn bezeiget.

Den 20sten. Es soll heute der kaiserlichen Prinzeßinnen Bagage von Moscau wieder zurück gekommen seyn, welche damals voraus nach Moscau gegangen, als man vermeynete, daß der Hof ehestens folgen würde, welches aber jetzt noch so bald nicht geschehen wird; sie hat also eine vergebene Reise gethan.

Den 21sten. Nach der Mahlzeit kam Herr von Lunderfeld, und nahm Abschied von Ihro Hoheit, weil er wieder nach Wolfenbüttel reisen will, und hier in seinem Gesuche seines Carelischen Gutes wegen nichts Erwünschtes ausgerichtet, sondern vergeblich viel Geld unnöthig depensiret hat. Es nahm auch Herr Capitain Berg von Ihro königl. Hoheit Abschied, weil er noch heute nach Reval zu reisen gedenket, und den getriebenen Proceß für die Gräfin Welling gegen ihren Bruder, den General Tiesenhausen, hier gewonnen hat. Herr von Plate bekam einen Brief von
Stam=

Stamken, worin derselbe meldete, daß Herr von Cederkreuz Briefe vom 2ten Dec. aus Stockholm habe, vermöge welcher der Geheimerath von Bassewitz noch nicht von dorten aufgebrochen sey, es werde aber an seiner Abfertigung gearbeitet, welche überaus gut ausfallen würde.

Den 22sten. Der hiesige Postdirector Krause meldete Ihro Königl. Hoheit, daß auf Ordre des Kaisers die Posttage der deutschen Post noch in dieser Woche sollten geändert, und sie, anstatt des Montags und Freytags Abends, nun am Dienstag und Donnerstag abgefertiget werden, indem sie vor diesem einen Tag in Riga liegen bleiben müssen. Indessen soll die Abendzeit ungeändert bleiben; es bleibet auch die schwedische Post auf denselbigen Fuß, wie sie vordem gewesen, und gehet also am Freytag Mittag ab.

Den 23sten. Die Post aus Schweden brachte heute die Nachricht mit, daß die Bagage des Geheimenraths von Bassewitz bereits mit dem Herrn von Gyldenkrock abgegangen sey, und Sr. Excellenz in wenigen Tagen selbst folgen würden; Syrland aber werde so lange in Stockholm bleiben, bis der Obrist Reichel (welcher Minister Ihro Hoheit am schwedischen Hofe seyn soll,) von Hamburg dorten zurückgekommen sey; denn er holet seine Braut, die älteste Cousine Bassewitz, ab.

Den 24sten. Es haben heute beyde Majestäten auf der andern Seite im Senat gespeiset, woselbst sie vom hiesigen Synod tractiret worden, indem heute der letzte Tag der jetzigen Fastenzeit ist, an welchem Tage der Synod gemeiniglich tractiret.

Den 25sten. Weil an dem heutigen ersten Weihnachtstage die rußischen Sänger beyderseits Majestäten bey den Vornehmen herumzugehen pflegen, um eine Vocal-Musik zu machen, und zum Fest zu gratuliren, so stelleten sie sich auch gleich nach der Mahlzeit bey unserm Hofe ein, und ihrer waren gegen 40 Personen. Unter denselben gab es schöne Stimmen, und insonderheit köstliche Bässe, welche man hier zu Lande schöner und stärker, wie sonst irgendwo findet, aber die Manieren im Singen sind nicht die besten. Sonst sind gewiß Baßisten unter diesen Sängern, welche die Stimmen so rein und tief haben, wie eine Orgelpfeiff, und in Italien grosses Geld erwerben könnten. Der Kaiser hat heute das Slawen oder Herum-
schmau-

schmausen angefangen, und ist zuerst bey der Erzbischöfin, (des Herrn von Ostermann Mutter) hernach bey dem neuen Knes Pabst, und alsdenn bey der Fürstin, die eine Bischöfin seyn soll, gewesen. Diese Caracters sind erfunden, um den röm. Pabst lächerlich zu machen.

Den 26sten, als am andern Weihnachtstage, kamen so viel Banden Musikanten und Sänger nach einander, daß fast der ganze Tag darüber hinging.

Den 27sten, als am letzten Weihnachtstage, fand sich viel Besuch bey Ihro Hoheit ein. Der schwedische Generaladjutant Canifer, welcher endlich mit vieler Mühe wieder auf freyen Fuß gekommen, bedankte sich bey Ihro königl. Hoheit für die gnädige Fürsprache, die sie für ihn während seines Arrests in der Festung bey dem Kaiser gethan. Er bestätigte die gestrige Zeitung des von Cederkreutz, von der Ankunft des Geheimenraths von Bassewitz in Finland, welche unserm gnädigsten Herrn herzlich lieb war.

Den 28sten. Es fanden sich 25 Mönche aus dem Alexander-newskischen Kloster bey Hofe ein, oder eigentlich die Sänger des Klosters, die auch herum slawen gehen. Nachdem sie eine Weile gesungen hatten, liessen Ihro königl. Hoheit ihnen 10 Rubel reichen, womit sie sehr content waren, indem sie nicht so viel zu bekommen gewohnt sind, weil die hiesigen Grossen eben nicht freygebig sind, und dergleichen Betteleyen gar zu ofte kommen.

Den 29sten. Wir erhielten die betrübte Nachricht aus Schweden, daß nicht allein die Zeitung von Canifer, wegen Ankunft des Geheimenraths von Bassewitz in Finland, ganz falsch und ungegründet sey, sondern daß er sich auch noch wirklich in Stockholm befinde, und wenigstens noch wohl 14 Tage dort werde verbleiben müssen; es soll auch die Frau Geheimeräthin unpäßlich seyn. Es ist fast zu befürchten, daß wir nicht das Vergnügen haben werden, den Geheimenrath vor künftigem Frühjahr bey uns zu sehen, obgleich er uns noch Hofnung machet, zum spätesten um die Mitte des Februars hier einzutreffen.

Den

Den 30sten. Der Baron Strömfeld war bey Hofe, und nahm Abschied von Ihro königl. Hoheit, weil er noch in dieser Nacht auf kurze Zeit nach Narwa und Reval verreisen will.

Den 31sten. Heute nahmen Ihro königl. Hoheit die Herren Bonde, Plate und Middelburg mit sich in ihr Zimmer, machten daselbst den ersten zum Oberkammerherrn, den andern zum Hofmarschall, und letztern zum Hofintendanten. Der Graf Bonde soll 1500 Rthlr., der von Plate 1000 Rthlr., und Middelburg jährlich 500 Rthlr. haben. Sie bekamen auch sofort ihre Bestallungen, und ersterer einen goldenen Schlüssel, und der andere einen grossen silbernen Marschallstab.

MEMOIRE HISTORIQUE
SUR
ZOROASTRE et CONFUCIUS
PAR
Mr. le Baron de BOCK,

MEMBRE DE LA NOBLESSE IMMEDIATE DE L'EMPIRE AUX CANTONS DE KOCHER EN SOUABE, ET DU HAUT RHIN; LIEUTENANT DES MARECHAUX DE FRANCE; GOUVERNEUR POUR LE ROI DE LA VILLE DE SIERCK, ET MEMBRE HONORAIRE DE LA SOCIETE DES ANTIQUITES DE CASSEL.

Les prejugés, ami, sont les Rois du vulgaire.

Mahomet ou le Fanatisme, Acte 2. Scene 4.

1786.

Memoire historique sur Zoroastre & Confucius.

Nous nous proposons de donner ici un précis de la vie & des opinions de deux hommes illustres, qui ont joué un grand rôle dans le monde; mais afin de mettre plus d'ordre & de clarté dans nos idées, nous avons cru nécessaire de diviser ce Memoire en deux parties. L'une sera rélative a Zoroastre, & l'autre a Confucius.

Premiere Section.

Zoroastre.

Peu de Réligions remontent à une aussi haute antiquité, que celle des Sabéens. Les auteurs orientaux en attribuent l'établissement a Kajumarath fondateur de la monarchie Persanne 1). Le mépris, où les loix étoient alors tombées dans L'Aderbedjan, avoit amené l'anarchie, & ses habitans, lassés d'une liberté dont ils ne pouvoient plus jouir, consentirent sans peine a se donner un maitre, sous le quel ils espéroient trouver des jours plus heureux 2).

Leur attente ne fut pas vaine; les grandes qualités de Kajumarath ne tarderent pas à rendre sa personne & son gouvernement également chers à ceux qui s'y étoient soumis, & les peuples voisins jaloux du bonheur de ceux ci, vinrent en foule se ranger sous ses loix.

---

1) Sharistani ap. Hyde de Rel. vet. Pers. l. 22. p. 294.
2) Mirkhond poëme hist.

La religion que professoit Kajumarath, fit donc des progrès aussi rapides, que l'agrandissement de son empire. Déja, suivant M. d'Herbelot, on voit sous D'Jemschid 4eme Roi de la Dinastie des Pischdadiens, s'elever les murs de la ville & du temple de Persepolis 1). Les debris de cet edifice celebre, devenu le chef lieu d'un culte, qui paroit avoir été celui de presque tous les peuples de la terre, ont passé jusqu'a nous, & attestent la puissance des anciens Persans, ainsi que la perfection où les arts avoient été portés dans ces tems reculés.

Mais tout ce qui dépend des opinions humaines étant sujet au changement, on ne doit pas être surpris de voir, qu'une religion, qui dans son principe étoit le pur déisme, se soit insensiblement corrompue. La multitude, toujours amoureuse de la nouveauté & du merveilleux, après la révolution de quelques siecles, embrassa l'idolatrie, & à l'epoque où Gustasp monta sur le trône de l'Iran, la Perse étoit divisée en deux sectes; celle des Sabéens & celle des Mages 2).

C'est dans ces circonstances que naquit Zoroastre, homme vraiment extraordinaire par son courage, son genie, & ses talents, il descendoit des anciens Rois du pays, & commença à être connu vers l'an 550 avant Jesus Christ. A la fois prophete, philosophe, & legislateur, il détruisit les erreurs grossieres dans lesquelles, le peuple étoit tombé, & fit adopter depuis l'Euphrate jusqu'a l'Indus, 3) la réforme dont il étoit l'auteur.

Nous croyons devoir passer sous silence les prodiges dont on orne sa vie; ces vains phantomes de l'imagination, auxquels il fut obligé d'avoir recours, pour persuader l'imbécile vulgaire, n'exciteroient aujourd'hui que notre mépris, s'ils ne cachoient des vérités sublimes, dignes d'être méditées dans tous les siecles; mais entrons en matiére.

La confusion, qui regne dans les livres de Zoroastre, prouve d'une maniere incontestable, qu'il n'a pas prétendu fonder une religion nouvelle. Quand il parle

1) Bibliotheque orientale de d'Herbelot. D'Jemschid.
2) Histoire universelle par une société de gens de lettres traduite de l'anglois in 4. T. 4. p. 64.
3) Zend-Avesta T. 1. P. 2. p. 20.

sur Zoroastre & Confucius.

parle de la création, des Feroüers, du prémier homme, ce n'est jamais que par occasion. Il suppose toujours que ce qu'il en dit, est une chose généralement connue & qui n'a pas besoin d'etre expliquée. D'ou il suit, qu'il devoit y avoir, de son tems, un livre beaucoup plus ancien, qui contenoit une Cosmogonie complette, dont le Zend-Avesta n'etoit qu'un commentaire. 1)

Ce legislateur au reste en entreprenant de changer en partie la religion de son pays, se proposa deux objets également importants 1. de retablir le culte dans son ancienne pureté, 2. de lier tellement le dogme à l'existence de l'état, que ce qui est le plus utile, se trouvàt consacré par ce que les hommes respectent le plus. Nous allons voir comment il a rempli son plan.

Les points principaux du sistême théologique des Parses, dit M. Anquetil, que nous laisserons parler, sont:

1. Le tems sans bornes, premier principe, qui crée la lumiere premiere, l'eau premiere, le feu original, Ormusd & Ahriman; la parole qui a précédé tous les Etres crées, & par qui la production de ces Etres a été operée: Ormusd & Ahriman, principes secondaires actifs & protecteurs, le premier, bon par essence & source de tout bien, le second, corrompu & auteur de tout mal.

2. La durée du tems borné, fixée a douze mille ans, par le tems sans bornes, & partagée entre Ormusd & Ahriman; la guerre de ces deux principes, & les victoires qu'ils remportent alternativement l'un sur l'autre, terminés par le triomphe d'Ormusd.

3. Les

---

1) Cette reflexion acquera encore plus de poids, lorsqu'on la raprochà du fait suivant raporté par Chardin. Ce Voyageur assure, que, durant son séjour en Perse, on lui montra au Chateau d'Ispahan 26 Volumes écrits avec les mêmes caractéres, que ceux des inscriptions de Persepolis, & que ces livres jusqu'a là conservés par les Guébres, comme un dépot de leur antique croyance, leur avoient été enlevés par les ordres de Chach Abbas, Voyages de Chardin, T. 9. p. 138.

Le Boun-de-hesch ou Cosmogonie des Parses ne remonte qu'a l'an 700 de notre Ere, ainsi il en très posterieur à Zoroastre. Zend-Avesta T. 2. p. 337.

3. Les Feroüers ou premiers modeles des Etres, qu'Ormusd crée pour combattre Ahriman, & dont les plus precieux à ses yeux sont le Feroüer de la loi, & celui de Zoroastre, chargé de rétablir, en publiant cette loi, la gloire du maitre de la nature : la production successive, en faveur de ces Feroüers, des differens Etres spirituels & corporels, qui forment le monde d'Ormusd, & en particulier de l'Iran-Vedi; 1) monde auquel Ahriman oppose des mauvais genies un monde méchant & corrompu comme lui.

4. La distribution de l'univers, dont tout les parties sont soumises à l'action des bons genies, creés par Ormusd, & qui ressortissent eux mêmes à ce principe du bien; ce qui forme une chaine d'agens, qui remonte jusqu'au tems sans bornes : la création du premier Taureau, 2) dont le genre humain, les animaux & les végétaux sont sortis, celle des Kaïomorts, 3) de l'ame, formée pure & immortelle, de l'homme produit juste & libre : le péché de Meschia & de Meschiané, péres du genre humain, 4) la cause du mélange de bien & de mal, qui paroit dans la nature; resulté des opérations contraires du peuple d'Ormusd & de celui d'Ahriman.

5. Enfin la délivrance de l'homme, à la mort, le séjour destiné au juste, celui qui est réservé au pêcheur; la resurrection des corps, précédée de la conver-

1) C'est une portion des provinces de l'Iran. Elle a été le berceau de la Monarchie Persanne, & est devenu celebre par les regnes de Feridoun & de Ké-Khosro. Zend-Avesta, T. 2. p. 282.

2) Il est appelle homme Taureau, & a été tué par Ahriman. Son corps ayant été reçu dans le Gorotman, il est devenu la source de l'abondance, on adresse de priere à son ame. Id. T. 2. p. 352. 12. 1. T. 1. a. P. p. 171. 164. 160. 128. 253 & 424.

3) Kaïomorts, le premier homme, étoit sorti de la Jambe de devant du Taureau, au moment de sa mort: il naquit lors qu' Ahriman vint dans le monde, il fut tué par les Dews. Il ressuscitera le premier au jour du jugement, ou invoque son feroüer. Zend-Avesta T. 2. p. 705 & 706.

4) L'un & l'autre etoient nés du corps d'un arbre, appellé Reivas, qui avoit été produit de la semence de Kaïomorts à l'instant où il expira. Id. p. 726.

verſion de toute la terre à la loi de Zoroaſtre, & ſuivie, ſelon l'ordre établi par le tems ſans bornes, de nouvelles épreuves qui doivent ouvrir au pécheur la porte du Gorotman 1); les pécheurs purifiés par les ſupplices de l'Enfer; par le feu des métaux, & heureux enſuite éternellement avec les juſtes; le rétabliſſement général de la nature, l'enfer même rénouvellé, le monde d'Ahriman détruit, & Ormuſd d'un côté avec les ſept premieres Izeds, 2) de l'autre Ahriman accompagné des ſept premiers Dews 3), offrant enſemble un ſacrifice de louange au premier Etre.

C'eſt ſur ce ſiſtême, dont peu de Deſtours 4) concoivent bien l'enſemble, que les plus inſtruits entendent ſimplement, ſans y réchercher de ſens allégorique, & dont les ouvrages Parſes ne donnent pas la clef, c'eſt ſur ce ſiſtême que poſe la réligion des Parſes, qui ſe réduit proprement à deux points.

Le premier eſt d'abord de réconnoitre & d'adorer le maitre de tout ce qui eſt bon, le principe de toute juſtice, Ormuſd, ſélon le culte religieux qu'il a préſcrit, & avec pureté de penſée, de parole & d'action; pureté, qui eſt déſignée & entretenue par celle du corps, qui doit toujours l'accompagner, & qui ne ſe trouve que, dans la ſoumiſſion entiere à la loi de Zoroaſtre: en ſécond lieu, d'avoir un reſpect accompagné de réconnoiſſance pour les intelligence qu'Ormuſd a chargées du ſoin de la nature, de prendre dans ſes actions leurs attributs pour modéles, de retracer dans ſa conduite l'harmonie, qui regne entre les différentes parties de l'univers, & généralement d'honorer Ormuſd dans tout-ce qu'il a produit.

Le deuxieme point de la réligion des Parſes, conſiſte a deteſter l'auteur de tout mal morale & phyſique, Ahriman, ſes productions, ſes oeuvres; & à contribuer autant que l'on peut à rélever la gloire d'Ormuſd, en affaibliſſant la tyrannie, que le mauvais principe éxerce ſur le monde, que le bon principe a crée.

C'eſt

---

4) Sejour des Bienheureux, où les maux n'ont point d'accés. Zend-Aveſta T. 2. p. 187.

5) Izeds, bons genies du ſecond ordre. Id. p. 704.

6) Dews, mauvais genies. Id. p. 663.

7) Nom que portent les prêtres des Parſes.

C'est à ces deux points, que se rapportent les prieres, les pratiques religieuses, les usages civiles, & les préceptes de morale, que présentent les livres Zends & Pehlvis 1).

Nous ajouterons à cela, que les astres étant réputées, dans ce sistême, des esprits célestes, les Parses leur adressent des prieres, ainsi qu'au feu auquel Zoroastre veut qu'on rende un culte particulier, & qu'on érige des autels; il regarde cet élément comme le symbole le plus énergique de la divinité operante.

Les prieres ne pouvant toute fois plaire a Dieu, qu'autant qu'elles parlent d'un coeur joue, le prophete exige de ses spectateurs, non seulement cette éspece de pureté, mais encore celle du corps, sans laquelle il suppose, que la premiere ne peut pas exister, l'une doie servir de régle aux pensées, aux paroles et aux actions; la seconde en souvent liée au bien général de la nature, & à l'avantage particulier du Parse, & alors elle devient une loi de police relative aux contrées qu' habitoit Zoroastre. Telles sont les ablutions frequentes qu'il ordonne, ablutions si utiles dans un climat chaud et humide, comme les provinces de Guilan & de Masandran, l'obligation d'eloigner les lepreux, et ceux qui sont attaqués de maladies contagieuses des lieux habites &c. Nous ne devons pas obmettre une singularité remarquable de la religion dont nous parlons; c'est qu'elle est la seule ou le jeune soit defendue. Les Parses soutiennent, qu'un corps frais & vigoureux rend l'ame plus forte contre les mauvais génies, & par conséquent plus propre à honorer Ormusd 2).

La morale et les usages que prescrit Zoroastre, sont toujours fondés sur la gloire d'Ormusd, le bien général, celui de la societé, & l'avantage particulier de chaque individu; aucune action n'est indifferente dans son sistême; ou elle plait à Ormusd, ou elle plait à Ahriman, la nature entiere etant partagée entre ces deux principes 3).

La

1) Zend-Avesta T. 2. p. 592. 593 & 594.
2) Sadder Part 25. Strab. Geogr. L. 15. p. 734. Zend-Avesta T. 1. p. 167 & 168.
3) Henry Lord p. 179 & 180.

La morale de ce législateur, peut se diviser en deux parties; celle qui renferme les devoirs de l'homme envers Dieu, et celle qui est relative à la societé.

Nous venons de rendre compte de la premiere, nous parlerons ici de la seconde.

Les Parses ayant deja été distribués en quatre Castes du tems de D'Jemschid, Zoroastre autorise cette division, & prescrit à chacune d'elles les devoirs qu'elle a à remplir. Il veut de plus que chaque Caste aye un chef, qui possede à un degré éminent les qualités de l'état, à la tête du quel il est placé.

Quoique l'autorité du *Destouran Destour* ou archimage, soit aujourd'hui fort bornée, ce grand prêtre avoit autre fois la plus grande influence dans le gouvernement. Les usages civils étant intimement liés avec les obligations religieuses, en désobeissant au Ministre d'Ormusd, ou étoit censé désobeir à Ormusd même.

Les Parses ne doivent pas moins de respect & de soumission aux chefs civiles de la loi, attendu qu'ils ont été établis par Bahman, Ized de la paix & le premier des Amschaspands 3), après Ormusd, pour le maintien de la societé. Leur législateur assure, que les Roys sont animés par un feu particulier, le même que celui qui est en présence o Ormusd. C'est de lui qu'ils reçoivent leur autorité, *vous établisses Roi, d'Ormusd*, dit Zoroastre, *celui qui soulage & nourit le pauvre*, 4) titre vraiment grand & respectable; le seul peutêtre qui puisse donner à un homme le droit de commander à son semblable.

Zoroastre exige en conséquence que les Rois soient saints de pensée, de parole & d'action; qu'ils punissent avec severité l'opresseur, & qu'ils soutiennent avec bonté le foible & l'indigent. La loi en un mot du prophete doit être la régle constante de leur conduite, & l'ame de leurs conseils.

Le

---

3) C'est le nom qu'ont donné les Parses aux sept premiers esprits celestes.
4) Zend-Avesta T. 2. p. 607.

Le législateur après avoir resserré les noeuds de la société, songe aux moyens de l'augmenter & de l'enrichir par la population & l'agriculture. Non content de recommander ces deux objets, il en fait des actes religieux, & les ordonne en expiation des crimes. Un homme, qui seme du grain avec pureté, *remplit toute l'etendue de la loi des Mazdejesnans* 1). Il est aussi grand devant Ormusd, que s'il avoit donné l'être à cent, a mille productions, *ou célèbre dix mille Izeschné* 2). C'est également une action méritoire de planter un arbre, d'arroser un champ qui manque d'eau, de le dessécher s'il est inondé, de tuer les couleuvres & les insectes, qui sont invisibles.

De la Zoroastre passe aux animaux domestiques & aux bestiaux, qu'il veut qu'on traite avec douceur, & qu'on multiplie, comme des productions du bon principe, faites pour l'avantage des créatures du bon principe.

On imagine bien, qu'un législateur aussi occupé de la fertilité de la terre & de la multiplication des animaux, n'à pas oublié celle de l'espece humaine.

Ses dogmes ont rendu la fécondité honorable chez les Parses; les enfants sont une espece de Pont qui conduit au ciel. Pour conserver même le bien dans les familles & rendre les unions plus étroites, il conseille des mariages entre cousins germains. Les mêmes raisons lui font proscrire le libertinage comme une oeuvre des Dews, qui devient la source des maux physiques, & moraux, dont le monde est affligé. Le désir enfin de donner une bonne constitution aux enfants, l'engagent à defendre aux hommes, sous des peines très graves, de voir leurs femmes pendant qu'elles allaitent, ou qu'elles ont leurs évacuations périodiques 3).

Zoroastre porte ensuite son attention sur des vertus d'un autre ordre, dont il ne prescrit pas moins sévérement la pratique. Telles sont la bonne foi

---

1) Nom des disciples d'Ormusd.

2) Priere, dans la quelle on releve la grandeur de celui a qui on l'adresse Zend-Avesta T. 2. p. 705. Id. T. 1. p. 81.

3) Zend-Avesta T. 1. p. 294. 562. 564 & 399.

foi, la douceur, la bonté, le pardon des injures, dans le cas seulement ou l'aggresseur se repent.

„Les livres Zends & Pehlvis, dit M. Anquetil, que nous laisserons encore une fois parler lui même, présentent donc d'un coté l'univers creé par Ormusd, & corrompu par Ahriman, de l'autre le rétablissement de la nature. Zoroastre paroit; la loi qu'il annonce renferme les moyens qui doivent opérer ce grand événement.

Le Parse instruit par ce législateur, se regarde comme un soldat, qu'Ormusd envoye sous la conduite des bons génies, combattre l'auteur du mal. La prieres qu'il récite en se réveillant, lui mettent devant les yeux le terme & le prix des combats qu'il va livrer, la resurrection & la gloire des saints dans le ciel; l'eau *Zour* 1) & les branches de l'arbre auquel *Hont* 2) préside broyées dans un mortier, lui fournissent un jus ou il puise des forces, en se rappellant le prémier Apôtre de sa loi.

La ceinture & l'espece de chemise, qui forment le sceau du vrai disciple de Zoroastre, sont ses habits de combat.

Il a pour arme la prière, par laquelle il se concilie la protection des esprits célestes; la parole qui a créé l'univers; les cérémonies légales qui entretiennent la pureté de son corps, & une soumission absolue à celui de qui il a reçu l'être, qui lui donne la pureté de l'ame. Les préceptes qu'il execute, rendent fertiles les pays qu'il habite, multiplient les hommes, les arbres & les troupeaux, augmentent ses richesses, son bien être, maintiennent la paix & la sureté publique: préparé à tout evenement, il réçoit les maux, sans se laisser

---

1) Elle a été donne a Zoroastre pour purifier les pecheurs, on voit dans le T. 1. P. 2. p. 90. du Zend-Avesta comment elle se prepare.

2) Personage celebre, qui a seconde L' Ized Taschter dans la distribution de la pluye. Il preside à l'arbre Hont, qui est sacré chez les Parses, & auquel ils attribuent la vertu de donner l'immortalité. Le Farhang d'Jehauguiri dit, que cet arbre croit en Perse, & qu'il ressemble à la Bruyere, ses noeuds sont près les uns des autres & ses feuilles sont comme celles du Jasmin, Id. p. 4. 97. & 39. T. 2. p. 150. 398. 404. 333. & 535.

laisser abbatre. Ce seroit pécher contre Ormusd, & se rendre indigne du titre de soldat du principe du bien, que de donner alors des marques d'une douleur excessive. D'un autre coté, il jouit sans scrupule, mais toujours avec modération de ce que la nature lui offre de légitime, & croit entrer par la dans le plan d'Ormusd. S'écarter de ce plan, c'est augmenter les forces d'Ahriman, multiplier ses productions. *Je trompe*, dit le principe du mal, *dans quatre endroits differents, & alors je conçois comme celle qui a eu commerce avec un homme.* Aussi les crimes, comme l'adultère, la sodomie, le viol, la fornication, le meurtre, la violence, le vol, le mensonge, la mauvaise foi, les infractions volontaires à la loi, sont-ils punis par des supplices, & quelque fois par la mort même. Les chatimens sont rigoureux, par ce que les les pechés sont la cause des maux, qui affligent les Parses de la corruption qui régne parmi eux; par ce qu'ils attaquent, comme je l'ai deja dit, la majesté divine, en diminuant la gloire d'Ormusd; & fournissent à son ennemi le moyen de bouleverser l'univers. Mais au milieu de cette sévérité extrême, on demêle toujours le second objet de Zoroastre. S'il ordonne des punitions qui contribuent au bien de la société; il veut en même tems, que la nature jouisse de ses droits. Après avoir reglé ce qui regarde les biens du coupable, on doit, selon ce législateur, donner de quoi vivre à sa femme, avant que de payer les prêtres chargés de prier pour lui 1). „

On peut juger par cet extrait, de la beauté du sistême religieux et politique de Zoroastre, ainsi que de l'etendue de son génie. Nul homme, avant lui, (si on excepte les vrais prophetes) n'avoit porté aussi loin la sagesse humaine, & aucun, après lui, ne le surpassa; né dans un pays soumis au despotisme, il chercha à l'adoucir, en lui donnant un frein. Un code de loix, descendu du ciel, fut l'expédient qu'il imagina pour lier également le souverain & ses sujets. Si d'une part, il prèscrit l'obeissance, de l'autre, il exige la justice; le Roi tient sur la terre la place de L'Amschaspand *Bahman*, mais en dévenant injuste & par là sujet d'Ahriman, il perd à l'instant toute autorité sur les créatures du bon principe. La connoissance profonde en un mot, que ce legislateur avoit du coeur humain, lui a fait employer, avec un succès prodigieux, les opinions superstitieuses, pour consacrer celles qui sont utiles, & celles ci pour maintenir les autres, de maniere qu'il a sçu rendre sa réligion aussi respectable aux yeux des sages, qu'à ceux du peuple.

Nous

1) Zend-Avesta T. 2. p. 616. 617 & 618.

Nous ne devons toute fois pas diffimuler deux reproches graves; qu'on lui fait, & dont nous allons rendre compte. Le prémier eft rélatif aux medecins; il veut qu'ils apprennent leur art fur les adorateurs des Dews, de crainte que leur ignorance ne coute la vie aux fectateurs de la vraie loi. On a régardé cette maxime comme contraire à l'humanité, parce qu'elle fuppofe, que la diverfité des opinions peut changer quelque chofe à la nature des êtres raifonnables, & aux liens, qui doivent les unir 1). Mais ce qui doit juftifier Zoroaftre c'eft, qu'il penfoit fans doute, qu'on pouvoit très bien faire accorder ce précépte avec l'amour de la patrie, qui n'eft pas une injuftice moins grande, ce fentiment étant fondé fur la préférence exclufive, qu'on donne à fon pays fur tous les autres pays de l'univers.

Si cependant on confidére, que la prémier but de toute affociation, eft l'avantage de ceux qui la compofent; que plus cet avantage eft partagé, plus il s'affoiblit; qu'il eft phyfiquement impoffible, qu'un grand nombre d'hommes nés dans des climats differents, placés à de grandes diftances les uns des autres, parlant chacun une autre langue, ayant des moeurs & des ufages oppofés, ayent jamais un intérêt commun; on fera obligé de convenir, que cette forte d'injuftice étoit d'une néceffité abfolue lors de la uniffance des focietés, puisqu'il eft évident, qu'elles ne peuvent fe former, qu'en raprochant les individus, & en ifolant les nations.

Cet amour univerfel des hommes, cette philantropie, qui nous rend citoyen de l'univers, & étranger dans tous les pays, eft donc la difpofition de l'ame la plus contraire à la civilifation, & un bon légiflateur ne fauroit l'écarter avec trop de foin. La préférence que chaque membre d'un état donne à fa nation fur toutes les autres, eft une extention de l'amour de lui même, qui en dévenant collectif par le noeud d'un intérêt commun, fe généralife & s'applique alors de peuple à peuple. Mais puisqu'un état eft d'autant mieux conftitué, que les parties qui le compofent font plus étroitement unies, tout ce qui peut tendre à confolider, cette union doit être regardé comme jufte & raifonnable, & c'eft pofitivement le cas, où fe trouvoit Zoroaftre, quand il a porté la loi, dont il eft ici queftion; loi qui dérive immédiatement de l'amour de la patrie. Nul doute, qu'en perfuadant aux Parfes, qu'ils étoient la feule nation cherie du ciel; la feule à qui Ormusd avoit daigné fe communiquer, par une révélation pofitive, tandis que les autres peuples de la terre étoient reftés dévoués à Ahriman, ils ne duffent fe regarder comme des hommes

---

1) Zend-Avefta T. 2. p. 608.

mes privilégiés, comme des créatures d'un ordre supérieur au commun des mortels. Cette fraternité, que la religion avoit établie entre eux, les rendoient étrangers au reste de l'éspèce humaine, & des ce moment, ils ne pouvoient plus regarder les essais faits sur des hommes abandonnés aux mauvais génies, que comme une chose très agréable à Ormusd, puisqu'elle tendoit à conserver ses adorateurs aux depens de ceux d'Ahriman. Cette loi si dure au prémier coup d'oeil, cette loi cruelle, n'est donc qu'un développement de l'amour de la patrie, appliqué au cas particulier dont nous parlons.

Le second reproche qu'on fait à Zoroastre, tombe sur la guerre qu'il suscita à Gusdasp contre le Roi de Touran, & nous avouons sans peine, qu'il n'est pas aussi aisé de le justifier à cet égard. Car si d'un côté la religion est exclusive, & voue à l'anathème tous ceux qui ne l'ont pas embrassée; d'un autre coté le soin qu'il prend d'adoucir les moeurs des Parses, & de porter leur principale industrie au paisible métier d'agriculteurs, n'anouce pas qu'il ait eu le dessein, d'en faire des conquérants; d'ou l'on doit induire avec M. Anquetil, que les succés de ce législateur, l'ayant enfin enivré, il perdit de sa modération ordinaire, & ne fut pas faché de voir allumer une guerre, que pouvoit servir à augmenter le nombre de ses proselites 1).

On raconte diversement la mort de Zoroastre. Les uns prétendent, qu'il fut tué pendant les hostilités, auxquelles il avoit donné lieu, d'autres croyent au contraire, qu'après la victoire qu'Espendiar fils de Gusdasp remporta sur le Roi de Touran, il se retira à Balkh, où il mourut tranquillement agé de 77 ans 2).

Nous finirons cet article par une remarque, qui nous paroit assés intéressante, pour trouver place ici. Jamais le législateur des Parses n'employa le raisonnement, pour engager les hommes à obeir à ses loix. Il n'ignoroit pas, combien un pareil moyen auroit été foible & impuissant aux yeux d'une multitude toujours ignorante & grossière. La crainte & l'espérance, ces deux eternels mobiles des actions humaines, sont dont les armes, dont il se sert, pour enchainer les volontés. Ce n'est pas sur l'avantage & l'utilité générale, qu'il ap-

1) Zend-Avesta T. 1. P. 2. p. 54.
2) Id. p. 57. 60. 61 & 62.

appuye uṅ précepte important : il eut été bientôt méconnu ; c'eſt au contraire ſur un dogme ſouvent ridicule ou inintelligible, qui en remuant avec force l'imagination du peuple, l'attache d'autant plus ſurement, que c'eſt l'unique endroit par lequel on puiſſe avoir priſe ſur lui. Le fanatisme une fois développé, les hommes n'ont pas beſoin de raiſonner pour être perſuadés, ils croyent & croyent longtems. Ainſi Zoroaſtre afin d'encourager la population & l'agriculture, declare, comme on a deja vu, que les enfants ſont une eſpece de Pont qui conduit au ciel ; & que de planter un arbre, ſemer du grain, deſſécher des champs innondés, c'eſt faire une action agréable à Dieu, attendu que la terre, étant fille d'Ormusd, & ſous la protection de l'Amſchaspand *Sapondomad*, elle fait des ſouhaits pour celui qui la cultive, ou des imprécations contre celui qui la néglige.

Section

Section féconde.

Confucius.

A peine un fiecle s'etoit écoulé depuis la mort de Zoroaftre, qu'on vit paroitre à la Chine un fage, qui fembloit n'avoir été donné aux hommes, que pour les conduire au bonheur.

Confucius, appellé par les Chinois *Coum-tfe*, naqnit dans la province de Chanton, la 37 année du regne de l'Empereur *Kin*, 483 ans avant Jefus Chrift. Il tiroit fon origine de Fi-y, 27 Empereur de la féconde race 1).

A cette epoque, le gouvernement de la Chine étoit très-different de ce qu'on le voit aujourd'huy, l'etat divifé en un grand nombre de petits royaumes tributaires, gouvernés par des tyrans fubalternes, étoit fans ceffe agité par leur ambition & leur jaloufie mutuelle. Les Empereurs de la maifon de *Cheva*, en donnant des provinces entieres pour apanage aux princes de leur fang & à des favoris, avoient étrangement affoibli leur autorité. Borné aux états qui leur étoient refté immediatement foumis par tout ailleurs, la puiffance imperiale étoit méconnue ou méprifée. Le fiftême féodal, qui fe renouvella depuis en Europe, y avoit enfin jetté des racines fi profondes, qu'il fallut la révolution de plufieurs fiécles, avant que les monarques chinois puffent ramener fous leur obéiffance des vaffaux devenus trop fiers, pour fe plier à aucune efpéce de joug.

On fe formeroit toute fois une très-fauffe idée de ce gouvernement, fi on s'imaginoit, que l'efprit d'indépendance, qui regnoit entre les grands vaffaux, s'etoit également communiqué à leurs fujets; ceux-ci au contraire étoient reftés

dans

---

1) Nouveaux Mémoires fur l'état préfent de la Chine par le P. le Comte, T. I. p. 405.

dans l'esclavage le plus servile. Les motifs de cette singularité, méritent d'être développés.

Deux causes contribuent en général au maintien de la liberté; une extrême pauvreté, & l'influence du climat. Tant que les hommes ne possedent rien en propre, & qu'ils ne peuvent se procurer le nécessaire qu'à force de peines, la liberté est le seul bien qui les indemnise des miseres de la vie. Toujours occupés de leurs besoins, les dangers continuels auxquels ils sont obligés de s'exposer pour y pourvoir, exercent leur courage, & élevent leurs ames au dessus de la crainte. Ils n'ont rien à perdre & peu à espérer. Comment dans ces circonstances les soumettre, comment les obliger à fléchir devant un de leurs semblables? C'est la situation des Arabes & des Sauvages de tous les pays: C'est celle de l'homme, aussi longtems qu'il n'a pas été amolli par le luxe & les plaisirs, compagnons ordinaires de la servitude, car il est bon d'observer, qu'il n'y à point de chaines, qui dans les commencemens n'ayent été couvertes de fleurs. Si l'on ajoute à cela un climat froid & dur, qui donne aux corps & aux ames toute l'énergie, dont ils sont susceptibles, on sentira, que de pareils hommes ne doivent pas être facilement tentés de se donner un maitre. La dépendance est fille du besoin: pour qu'elle naisse, il faut qu'un individu ait des ressources qui manquent à tous les autres, & qu'il veuille partager avec eux. Mais où la misere est universelle, l'impuissance est égale, & la superiorité impossible.

Les climats les plus favorisés de la nature, sont dont ceux, où la liberté se conserve le moins longtems. D'abord habités par un grand nombre d'hommes, la civilisation fait des progrès plus rapides, & le partage des terres, amène bientôt la nécessité de faire des loix, & d'établir un gouvernement.

Je n'examinerai point, dans quel tems le sud de la Chine commença à être peuplé, ni si ses premiers habitans furent des Scythes descendus du plateau élevé, qui forme la Tartarie orientale. Quelle que soit l'hypothèse, qu'on veuille adopter rélativement à un fait aussi eloigné de nous, il n'en est pas moins certain, que l'extrême fertilité de ces belles régions, dût réduire à peu de chose le travail nécessaire à la subsistance des premiers habitans, & que la chaleur excessive d'un soleil toujours brulant, joint à cette première cause, fut plus que suffisante, pour énerver leurs ames, & les porter à la paresse & à l'indolence. Ces dispositions les plus favorables au despotisme, ne tardèrent pas à produire

duire leur effet, & on conçoit aisement, que le gouvernement d'un seul fut celui qu'ils durent préferer.

L'histoire fait rémonter à Xin-ung second Empereur de la Chine, qui vivoit 2837 avant nôtre Ere, l'invention de l'agriculture, 1) preuve certaine de l'antiquité de la civilisation de ce grand empire.

C'est dans ces tems de troubles & de calamités, que parut Confucius, persuadé dit le Pere le Comte, 2) que jamais les peuples ne seroient heureux tandis que l'intérêt, l'ambition, la fausse politique, regneroient dans toutes ces petites cours, il resolut de precher une morale severe, d'inspirer le mépris des richesses & des plaisirs, une estime infinie de la justice, de la temperance, & des autres vertus; une grandeur d'ame à l'epreuve des respects humains; une sévérité incapable du moindre déguisement, même à l'egard des plus grands Princes; enfin un genre de vie, qui combatit toutes les passions, & qui cultivat uniquement la raison & la vertu. Mais tant de soins furent inutiles. Vainement il instruisit un grand nombre de disciples, qu'il envoya dans les differentes provinces de l'Empire, pour ramener les hommes à leurs devoir; vainement il fut lui même premier Ministre du Roi de Lou; la sévérité de ses maximes ne tarda pas à revolter, & le souverain & ses courtisans; abandonné, proscrit par ceux dont il vouloit faire le bonheur, il fut obligé de fuir de province en province, & mourut à l'age de 73 ans dans la plus affreuse misere. *Les Rois*, disoit il, pendant sa derniere maladie, *ne suivent pas mes maximes: je ne suis plus utile au monde, ainsi il est tems que j'en sorte* 3). Plus regretté après sa mort qu'aimé de son vivant, on rendit de steriles honneurs à sa mémoire, mais on ne suivit pas ses conseils; son influence fut à peu près nulle sur le siécle ou il vecut, & quoique ses ecrits, qui respirent la morale la plus pure, soient encore aujourd'huy entre les mains de tous les Chinois, le gouvernement n'y est pas moins profondement corrompu, & les moeurs moins dépravées.

Après

1) Histoire de la Chine du P. Martini, T. 1. p. 32.

2) Nouveaux Mémoires sur la Chine, T. 1. p. 410.

3) Id. p. 417 & 418.

Après avoir vu combien Zoroastre avoit eu d'empire sur l'esprit des peuples, chez lesquels il avoit prêché sa religion, on me demandera sans doute, pourquoi Confucius n'obtint pas les mêmes succès? en voici la raison. Il n'y a jamais eu, & il n'y aura jamais une nation de sages. Quoique tous les hommes désirent d'être heureux, qu'ils soient bien certains, qu'on ne peut le devenir, qu'en pratiquant constamment la vertu: cette grande vérité est trop élevée, trop au dessus du vulgaire, pour qu'elle puisse être la règle de ses actions. Il faut au peuple des idées plus grossières, qui, en agissant materiellement sur ses sens, lui fassent adopter, par une espèce de supercherie, les principes sublimes, qui doivent le mener à la félicité.

Cette assertion ne sera pas difficile à démontrer: il n'y a aucune fausse réligion sur la terre, qui ait été reçue uniquement à cause de l'utilité de sa doctrine. Le merveilleux, les macérations, les mistéres, les contradictions, les pratiques gênantes & continuelles d'un culte liturgique, la crainte des punitions éternelles, ou l'espérance d'un bonheur sans fin, furent l'échafaudage ordinaire, dont on se servit pour en élever l'edifice. Le peuple ne raisonne point, il sent; son imagination une fois enflammée par ces êtres fantastiques, il s'y livre avec un enthousiasme inconcevable. Plus les dogmes, qu'il a embrassés, sont absurdes, plus il y tient. La vérité enfin ne peut arriver jusqu'à lui, que sous le manteau de l'erreur, par ce que la religion est le seul sistême de morale, qui, en obligeant de croire, dispense de raisonner 1).

Si nous appliquons actuellement ce principe à Confucius, nous découvrirons aisément, pourquoi il n'a pas eu une plus grande influence sur son siecle.

Le déisme étoit, des tems les plus reculés, la seule réligion connue à la Chine. *Laotan* à la verité, vers l'an 612 avant Jésus Christ, avoit cherché à y introduire une secte, qui avoit beaucoup de rapport avec la philosophie d'Epi-

---

1) On sent bien, que nous ne parlons ici que des réligions fausses, & non de celle qui a été divinement revélée pour le salut des hommes.

d'Epicure 1), mais il est évident, que n'y le déïsme, ni les opinions de ce Laotsu, ne pouvoient devenir la réligion dominante du peuple. Cette grande nation, dont on a fait des éloges si outrés, étoit donc restée sans aucune espéce de morale publique, & reglée depuis le regne de Fohi; tout se réduisant quant au culte, à quelques sacrifices, qu'on offroit au maitre du ciel, & à des préceptes généraux, qui établissoient des peines pour le vice, & promettoient des récompenses à la vertu.

De pareils moyens étoient trop foibles, pour avoir une grande influence sur le caractére national. Aussi quand on parcourt les annales Chinoises, pendant ce long intervale, est on effrayé, de n'y rencontrer, qu'une suite presque non interrompue de meurtres, de perfidies & de crimes. Les Rois y sont toujours despotes; les sujets, laches, avilis & sans foi. Quelques sages brillent de loin en loin, mais ce n'est que pour faire paroitre sous un aspect plus odieux le reste de la nation. Malgré la fiction de l'amour paternel, que les Empereurs devoient avoir pour tous leurs sujets, & qu'ils n'avoient pas; malgré la tendresse filiale qui devoit être le partage de ceux ci, & qu'ils ne ressentoient pas mieux; il est sur, que le defaut d'une réligion reprimante & professée avec ardeur a toujours été la vraie cause du peu de moralité, qu'on remarque dans les actions des Chinois. Les trois faits suivants, qu'on ne peut revoquer en doute, prouvent d'une manière incontestable, qu'il n'est peut-être pas sur la terre une nation plus barbare & plus dépravée.

1. L'infanticide est permis à la Chine 2); la nature y a perdu tous ses droits. Tandis qu'une tigresse aime & nourrit ses petits, le Chinois détruit les siens. Son crime est même d'autant plus révoltant, qu'il n'y est pas contraint par une nécessité dure & impérieuse. Car on sçait, qu'il n'en coute presque rien à la Chine, pour élever un enfant, & que tout l'intérieur de ce vaste empire, où l'on pourroit établir avantageusement des colonies, est un vrai desert.

2. On

---

1) Histoire de la Chine par le P. Martini, T. 1. p. 305 & 306.

2) Nouveaux Mémoires de la Chine du P. le Comte, T. 2. p. 357. Fortuna Reise nach China, fünfter Brief.

2. On y trouve pour de l'argent des personnes, qui subissent la peine, qui à été infligée à un coupable, & les Mandarins le permettent 1).

3. La justice y est tellement venale, que le riche est toujours sûr (de l'impunité 2). Confucius ne changea rien à la réligion, qu'on professoit de son tems; il est aisé de s'en convaincre par l'extrait de ses ouvrages, que le Pere Martini nous a laissé. Voici comme il s'exprime 3).

„La grande doctrine c'est à dire la doctrine des grands hommes, consiste selon Confucius à se rendre assés parfait, pour travailler à la perfection des autres, afin d'arriver à la possession du souverain bien. Or cette perfection n'est autre chose, qu'un bon usage de ses lumiéres naturelles, & une application continuelle à les suivre sans jamais s'en écarter; mais comme cette pratique à besoin du sécours des connoissances acquises, il est necessaire d'étudier la philosophie, pour mieux savoir ce qu'on doit suivre, & ce que l'on doit eviter. Cette science qui forme le jugement, & qui régle la volonté, perfectionne tellement ces deux facultés de notre ame, que nous ne concevons, & ne voulons rien, qui ne soit conforme à la droite raison. Les sens y trouvent aussi leur avantage, puis qu'ils ne sauroient se bien acquiter de leurs fonctions, que par un juste concert des vertus acquises & naturelles, qui rendent l'ame heureusement féconde.

Ce philosophe qui considére prémièrement le ciel, l'homme, & la terre, partage sa doctrine en céleste, humaine, & terrestre. La science des choses naturelles, est comprise dans les traités du ciel & de la terre, aux quels se rapportent encore la connoissance des bons & des mauvais genies. Celle de la génération & de la corruption, le mouvement des corps celestes, la diversité des saisons, celle des terroirs, leurs differentes expositions, le partage des terres la plus commode à l'agriculture, & plusieurs autres matiéres

---

1) Nouveaux Mémoires &c. p. 86 & suivantes.

2) Idem p. 314 & suivantes.

3) Histoire de la Chine du P. Martini, Tom. 1. p. 339 & suivantes.

res du même genre. Le traité de l'homme, comprend toute la philosophie morale, il s'etend fort au long sur les devoirs de la societé civile reduits à cinq.

Le prémier regarde les pères & les enfants. Le second les maris & les femmes. Le troisieme les souverains & les sujets. Le quatrieme règle la mutuelle amitié, & le cinquieme instruit de la manière dont les frères doivent vivre ensemble. Il appelle ces cinqs devoirs, les grands & les fondamentaux, & donne ensuite d'autres régles touchant les moindres, qui sont la modéstie, la bienséance dans les actions & dans les habits, la civilité avec la quelle on doit recevoir les visites de ses amis, & quantité d'autres, qui passent le nombre de trois mille.

Il traite après des trois principales vertus: la prudence, la piété & la force. La prudence donne une connoissance entière de tout ce que l'homme doit faire, la force le met en pratique, la piété l'inspire & le rend naturel. Il n'entend pas seulement par ce nom de pieté, l'amour que les hommes ont pour dieu, ni celui qu'on a pour soi même, ou pour ses proches; mais ce même sentiment pour tous les hommes en général: c'est pour quoi il l'appelle la vertu du coeur, & la règle de la charité qui nous acquiert l'amitié de tout le monde, quand nous en savons pratiquer les véritables maximes. Il explique encore ce que c'est que la justice & la fidelité, & comment il faut juger des sentimens d'autrui par les siens propres; il recommande très-souvent, de ne pas faire souffrir aux autres ce qu'on ne voudroit pas endurer soi-même, & c'est en quoi il fait consister la plus grande perfection. Quand il parle de la vengeance, il ne blâme ni n'approuve qu'on fasse du bien à ses ennemis: il veut seulement faire entendre, qu'on ne doit par celes aimer comme ses amis, qu'il faut faire du bien à ceux-ci, & qu'il suffit de ne point faire de mal aux autres. „ Nous ajouterons enfin, qu'il n'y avoit anciennement aucune Idole dans les temples Chinois; qu'on y voyoit seulement un tableau, sur lequel étoit écrit en gros caractères ces paroles: *c'est ici la demeure du gardien spirituel de la ville* 1).

Si

---

1) Histoire de la Chine du P. Martini, T. 1. p. 6. Voyez aussi le Chou-King, traduit par Mr. de Guignes.

Si on compare actuellement l'indifférence des Chinois pour cette morale simple & sublime, à l'empressement avec lequel ils embrasserent le culte ridicule de Foë, qu'on leur apporta de l'Inde l'an 32 de nôtre Ere 2), on ne pourra s'empecher d'en être frappé, & de réconnoitre l'erreur dans laquelle étoit tombée Confucius, en penfant, que la vérité dépouillée de tout ornement, auroit affés de charmes, pour entrainer une multitude ignorante & ftupide. Il étoit d'autant plus inexcufable dans cette occafion, qu'il avoit foutenu le contraire, en avouant, que le peuple ne pouvoit pas entendre la fageffe profonde, contenu dans les anciens livres chinois; que s'il la comprenoit mieux, il l'eftimoit moins; que cette dépendance des efprits, par laquelle les plus groffiers font foumis aux plus eclairés, étoit très utile à la focieté; qu'en un mot fi les hommes étoient également favans, tout le monde voudroit gouverner, & perfonne ne fe croiroit obligé d'obéir 2).

Après avoir été auffi loin, il eft fingulier, qu'il fe foit arreté, & qu'il n'ait pas fenti la néceffité indifpenfable, où eft réformateur, d'etonner d'abord l'imagination, s'il veut laiffer une impreffion forte & durable. Des hommes foumis à la verge du defpotifme, ne peuvent pas, comme dans un état républicain, prendre un intèrêt bien vif à la chofe publique : ils n'ont befoin envers le fouverain, que d'une obeiffance paffive ; & envers leurs concitoyens, d'une morale douce & paifible. Or, de l'aveu même de Confucius, les Chinois étoient incapables d'entendre les preceptes confignés dans les livres canoniques, il falloit, felon lui, qu'il fe laiffaffent conduire par les lettres, qui en avoient medité le fens & qui leur expliquoient. Mais à quel titre ceux cy pouvoient ils efperer une confiance auffi aveugle de la part d'une nation entiere ! pour qu'elle eut été fondée, n'auroit il pas fallu, où fuppofer une miffion divine, ou que chaque individu fut affés eclairé, pour juger par lui même de l'utilité & de la bonté des leçons qu'on lui donnoit ; autrement le peuple fe feroit vu continuellement expofé à devenir la dupe d'un fourbe adroit, qui auroit eu interêt à le tromper. Tranchons le mot, une réligion, dont la morale eut été pure, & les dogmes accommodés à la groffierté des

Chi-

---

1) Nouveaux Mémoires fur la Chine par le P. le Comte, T. 2. p. 152 & fuivantes.

2) Id. T. 1. p. 408 & 409.

Chinois, étoit le seul moyen d'obvier à ces inconvenients. Confucius inspiré, Confucius imposteur pour le bien de l'humanité, moins estimable sans doute, mais plus utile, auroit donné des moeurs à une grande nation, qui n'en eut, & n'en aura peutêtre jamais. Ceci nous fait connoitre la vraie cause des différentes opinions, qui regnent sur les Chinois. Ceux qui les jugent d'après leurs livres, les regardent comme un des peuples les plus sages de la terre; ceux qui les jugent d'après leurs moeurs, les regardent avec justice comme un des plus méprisables.

ESSAI
SUR
L'HISTOIRE DU SABEISME,

PAR

Mr. LE BARON DE BOCK,

MEMBRE DE LA NOBLESSE IMMEDIATE DE L'EMPIRE AUX CANTONS DE KOCHER
EN SOUABE ET DU HAUT RHIN; LIEUTENANT DES MARECHAUX DE FRANCE;
GOUVERNEUR POUR LE ROI DE LA VILLE DE SIERCK, ET MEMBRE
HONORAIRE DE LA SOCIETE DES ANTIQUITES
DE CASSEL.

1786.

Table des Matières.

Chap. 1.

Comparaison de la Religion d'Odin avec celle des Indiens. Ressemblances qui s'y trouvent. Elle a plus de rapports avec celle des Brahmes, qu'avec celle des Parses.

Chap. 2.

Durée du monde suivant les Indiens. Ils n'ont adopté le dogme de la Métempsycose, que depuis 5000 ans, & avant ce temps ils sacrifioient aussi bien que les Celtes, des victimes à leurs Dieux.

Chap. 3.

Le Sabéïsme étoit dans la haute antiquité, la Religion universelle des hommes. Il s'est corrompu à la longue, & a donné naissance aux différentes sectes, qui subsistent encore parmi eux.

Chap. 4.

Le Temple de Persépolis étoit consacré au Sabéïsme, & non à la Religion moderne des Guèbres. Explication des différens basreliefs qu'on y voit, ainsi qu'à la montagne des sépulcres.

Chap. 5.

Continuation du Chap. précédent. Conjectures sur l'ancienne langue de Persépolis.

Chap. 6.

Pagodes de Djegréseri, de Kéneri & d'Eléphanté sur la Côte de Malabar.

Table des Matières.

Chap. 7.

Les Indiens vivoient autrefois de la piraterie. Loi rélative au partage des effets volés. Ils ont été instruits par les Tatares, ou au moins par un peuple qui avoit les mêmes moeurs.

Chap. 8.

Conclusion.

Supplément à l'Essai sur l'Histoire du Sabéisme.

Chap. 9.

Conformité entre l'Ecriture Runique & l'Ecriture Pehlvi. Runes magiques qui remplacent chez les Peuples du Nord les Talismans de ceux de l'Orient. Notice sur quelques Médailles Persanes.

Chap. 10.

Description du tombeau d'Osimandué, Roi d'Egypte. Sa ressemblance avec les monumens de Persépolis.

Essai

Essai
sur
l'Histoire du Sabéïsme.

Chapitre 1.

Comparaison de la Réligion d'Odin avec celle des Indiens. Reffemblances qui s'y trouvent. Elle a plus de rapports avec celle des Brahmes, qu'avec celle des Parfes.

Les Indiens & les Celtes reconnoiffent également un Dieu unique, tout-puiffant, éternel, rémunérateur & vengeur 1). Ils admettent l'immortalité de l'ame, & fa réunion au grand être, après qu'elle a été purifiée des différentes fautes, dont elle peut s'être fouillée pendant fon féjour fur la terre.

Une idée auffi belle & auffi fublime, ne pouvoit pas être faifie par tous les efprits; il falloit au peuple des images plus groffières, & qui fe raprochaffent d'avantage de la foible intelligence: on perfonifia donc les différents actes de la volonté du tout puiffant; on en fit des demi-dieux, qui avoient chacun une partie du gouvernement de l'univers, & on les adora féparément fous des noms particuliers. Les géants, les bons & les mauvais génies, les Deverkels, les Rochaders, les Dives, les Péris, les Fées prirent naiffance;
&

---

1) Voyages aux Indes & à la Chine de Mr. de Sonnerat, edition in 4to, T. 1. p. 198. Evenements intereffants rélatifs au Bengale par Mr. Holwel, T. 2. p. 38. Hiftoire du Dannemarc de Mr. Mallet, T. 2. contenant l'Edda, p. 60.

& insensiblement tous les élements furent remplis de ces puissances secondaires, dont une partie protégeoit les hommes, & l'autre cherchoit à leur nuire. Il n'y a pas jusqu'aux feux follets, aux quels on attribuoit le dessein d'égarer les voyageurs, & de les faire tomber dans des précipices, dont on ne retrouve des traces dans la mythologie des Indiens, aussi bien que dans celle des Celtes 1).

Les uns & les autres croyoient, que le monde devoit finir par une inflagration générale, & qu'à cette époque les demi-dieux & les génies périroient. Le grand Dieu, l'être unique & éternel, resteroit seul concentré en lui même après cette catastrophe, jusqu'à l'instant ou il lui plairoit de créer un autre monde semblable au précédent, qui après des milliers d'années devoit finir & renaître de même 2).

Odin le premier des dieux inferieurs des Celtes, occupoit un paradis périssable, qu'on appelloit le Valhalla: là étoient reçus les guerriers, qui terminoient glorieusement leur carrière les armes à la main; les lâches ou ceux, qui étoient morts de maladie & de vieillesse, ne pouvoient y avoir accès. Ils alloient habiter jusqu'à la fin des tems une espèce d'enfer, ou sous la garde de *Héla* (la mort) ils étoient exposés à la langueur, aux maladies, & à d'autres infirmités. Le moment de la grande révolution étant arrivé, l'être éternel prononçoit d'une manière définitive sur leur sort, & alors on ne tenoit plus compte, que de la bonne foi de la justice, de l'integrité, & de la chasteté 3).

Même opinion chez les Indiens: Ils ont deux paradis, qui n'ont d'autre durée que celle de la vie de leurs dieux inferieurs; celui de Brouma s'appelle *Satialogam*; la matière, dont l'homme est composé s'y subtilise & se change en corps universel; de la on passe dans le *Sorgon*, puis enfin dans le *Vaiiondon* pour les sectateurs de Vichenou, & dans le *Caïlasson* pour ceux de Chiven. Ce

---

1) Voyage aux Indes de Mr. de Sonnerat, T. 1. p. 189 & 190. Histoire du Dannemarc T. 2. p. 111 & 413.

2) Histoire de Dannemarc, T. 2. p. 208 & suivantes.

3) Histoire de Dannemarc, T. 2. p. 142 & 143.

Ce font les feules demeures, où les bien-heureux jouiffent enfin de l'immortalité 1).

Il eft vrai, que fuivant les Celtes, l'enfer eft éternel, tandis que chés les Indiens, il n'eft qu'un lieu de purification, d'où l'on fort pour aller fous de nouvelles formes, mériter une meilleure deftinée 2). Dans l'opinion de ce bon peuple, les punitions font paffagères, & le bonheur fans fin; mais n'eft-il pas évident, que cette différence accidentelle eft une fuite néceffaire du fiftême de la métempfycofe, embraffé par les Indiens, & inconnu des peuples du Nord, quoique la religion des uns & des autres paroiffe leur être venue de la même fource. Suivant la mythologie Indienne, les éclipfes de lune font produites par un Dragon qui la pourfuit fans ceffe 3).

Les Celtes attribuent le même Phénomene à un loup, qui veut la dévorer 4).

Les Druides menoient dans les forêts une vie contemplative & folitaire; ils obfervoient le célibat 5).

Les Saniaffis, efpèce de religieux Indiens, feul refte des anciens Bramanes, en font autant 6). Vichenou dans le fiftême des Indiens, fauva le genre humain en transportant quelques hommes dans une barque fur une montagne vers le Nord 7); cet évenement a donné lieu à fa métamorphofe en poiffon 8).

La

---

1) Voyages aux Indes de Monfieur de Sonnerat, T. 1. p. 269 & 228.

2) Idem, p. 270. 271 & 272.

3) Idem, p. 284.

4) Hiftoire du Dannemarc, T. 2. p. 89 & 93.

5) Voyages aux Indes de Monfieur de Sonnerat, T. 1. p. 256.

6) Idem, p. 256.

7) Transact. Philof. Ann. 1701. n. 268.

8) Lettr. edif. T. 13. p. 97.

La même barque, reparoit dans l'Edda, pour sauver Belgemer & sa femme, après l'inondation générale, à la quelle le sang, qui coula des blessures du géant Ymer, donna lieu: inondation dans laquelle périt le genre humain 1).

Si nous passons actuellement aux funérailles de ces deux peuples, nous y trouverons les mêmes traits de ressemblance: personne n'ignore l'importance que les anciens mettoient à ce triste & dernier devoir: le bonheur de leur vie avenir, dépendoit souvent de la manière dont il étoit rempli; aussi voyons-nous les Egyptiens, & les anciens Perses 2), s'en occuper vivement; chacun voulant laisser après lui un long souvenir, faisoit pour y parvenir les plus grands efforts, les souverains élevoient des Pyramides; les particuliers, se contentoient d'être enbaumés, ou renfermés dans des cercueils de bois incorruptible. La vanité des hommes avoit le plaisir de se repaitre de l'admiration des siecles futurs, & un puissant monarque croyoit, que sa mémoire seroit aussi respectée, quand il ne seroit plus, que sa personne avoit inspiré de crainte à ses contemporains.

Vaine erreur! le tems, qui détruit tout, a emporté avec lui le nom des auteurs de ces masses énormes, qui surchargent les déserts de l'Egypte, & ces édifices étonnants, ne montrent plus aujourd'hui, dans ceux qui les ont faits, que de lâches tirans, qui ont sacrifié l'interet de leurs peuples à celui de leur orgueil.

La seule gloire digne d'envie, la seule qui soit inaltérable, c'est, lorsqu'on commande à ses semblables, de s'oublier soi-même, pour ne s'occuper que de leur bonheur. Les lettres, dont l'assemblage formoit le nom d'un pareil souverain, peuvent impunement se perdre, sa grande ame flotte toujours au dessus des monuments, qu'il a consacrés à l'utilité publique, & arrachera jusqu'à la fin des siecles aux cours sensibles & généreux, des larmes de regrets & de reconnoissance: le soleil, cet astre bienfaisant, qui anime & vivifie la nature, a t'il jamais été méconnu, & peut il être oublié! Rois maitres de la terre, voilà vôtre modele, imitéz-le, si vous voulez être chéris & loués de

---

1) Rudbeck de Atlantica, T. I. p. 541 & suivantes.

2) Voyages de Chardin, T. 9. p. 162.

la postérité: ne croyez point aux basses adulations de vos courtisans! ils vous tromperont: lisez plutôt l'histoire de Neron & de Marc Aurele, puis choisissez celui des deux, auquel vous désirez de ressembler!

L'histoire est le seul maitre des Rois; le seul ami sur lequel ils puissent compter. C'est une triste vérité, mais elle est la suite nécessaire du pouvoir. Suprême, & le contrepoid des plaisirs attachés à ce rang, le jugement que porte l'histoire des Prédécesseurs d'un prince vivant, est le miroir fidèle de ce que diront de lui les races futures: en effaçant les dattes, le tems passé devient le moment présent: les passions des hommes étant toujours les mêmes, rien ne change dans leurs actions, que le nom de ceux, qui les commettent. Les cérémonies funèbres étant donc un des points les plus intéressants de la Religion des peuples anciens, c'est aussi un de ceux, qui doit le plus contribuer à en attester l'identité: or si nous comparons les funérailles des Indiens avec celles des Celtes, nous y trouverons la plus parfaite ressemblance.

Ecoutons ce qu'en dit Monsieur Mallet dans son Introduction à l'histoire du Dannemarc.

„Dans les tems les plus anciens, les cerémonies funèbres de ces peuples étoient fort simples. Les Scandinaves, avant l'arrivée d'Odin, se contentoient de poser le corps du defunt sous un monceau de terre ou de pierres, en y joignant les armes dont il s'étoit servi, mais Odin introduisit dans le Nord plus de magnificence & des pratiques nouvelles. Dans ses âges qui suivirent son arrivée en Dannemarc, on élevoit un bucher, & l'on y reduisoit le corps du mort en cendres, ces cendres étoient recueillies dans une urne, qu'on ensevelissoit sous une coline; mais cet usage étranger ne fut jamais absolument universel, & le premier prévalut de nouveau cinq ou six cens ans après, à ce qu'on peut conjecturer. Ces deux especes de rites funèbres, ont donné lieu à la distinction de deux âges différents dans l'ancienne histoire du Nord: le premier étoit nommé l'âge du feu, & le second l'âge des collines. Celui ci dura jusqu'à ce, que le christianisme fût devenu dans ces contrées la Religion dominante.

C'était surtout lorsqu'un heros ou un Prince avoit péri glorieusement dans les combats, qu'on déployoit toute la magnificence possible pour lui rendre les derniers devoirs d'une manière digne de lui: on accumuloit sur le bucher, tout ce qu'il avoit le plus chéri pendant sa vie, ses armes, son or, son argent, son cheval & ses domestiques. Ses chiens étoient sacrifiés, ses amis mêmes se faisoient souvent un devoir & un honneur, de mourir avec lui, pour l'accompagner dans le Palais d'Odin. Enfin sa femme étoit ordinairement brulée sur le même bucher; & si le défunt en avoit eu plusieurs, ce qui arrivoit souvent, c'étoit celle qu'il avoit le plus chérié, qui avoit en suite le droit de le suivre au tombeau.

Nanna mourut ainsi consumée par les flammes du bûcher; où l'on avoit placé le corps de son mari *Balder*, un des Compagnons *d'Odin*. Dans l'histoire d'*Olaus Tryggurson*, qu'un ancien Islandois nous a laissée, on lit un trait remarquable, qui a rapport à cette étrange coutume. *Eric*, Roi de Suede, dit cet auteur, renvoya *Sigride*, sa femme, parcequ'il ne pouvoit souffrir son humeur insolente & impérieuse, mais d'autres prétendent, que ce fut elle-même, qui voulut se separer de lui, parcequ'elle avoit appris, qu'il n'avoit plus que dix ans à vivre, & qu'elle auroit été obligée de se faire ensevelir avec lui, suivant la loi du pays. En effet, *Eric*, avoit fait voeu dans une bataille, de se tuer au bout de dix ans.

On peut juger, de là, que les femme des Scandinaves n'étoient pas toujours fort disposées à faire ce sacrifice cruel & absurde à leurs epoux 1). La même opinion est établie chez les Gentoux. Il est convenable, dit le Code de leurs loix, qu'une femme soit brûlée avec le corps de son mari 2), & cette coutume n'est point tombée en désuétude comme le prétendent beaucoup de gens 3).

„La cérémonie de leurs funérailles, dit Monsieur de Sonnerat, se fait avec beaucoup de faste. Les préparatifs varient dans chaque province; mais l'usage le plus commun est qu'aussitôt après la mort du mari, s'il est Bramine, on place la femme devant la porte de sa maison dans une espece de chaise, dont la converture est ornée; on bat le tambour, ou sonne continuellement de la trompette, la femme ne mange plus, ne fait que mâcher du Betel, & prononce sans s'arrêter le nom du Dieu de sa secte. La victime se pare chez elle de tous ses

---

1) Histoire du Dannemarc, T. 1. p. 319 & suiv. mes.

2) Code des loix des Gentoux, p. 51 de la préface, & p. 287 du livre.

3) Code des loix des Gentoux, p. 51 de la préface.

ses bijoux & de ses plus superbes habits, comme si elle alloit se marier; ses parents & ses amis l'accompagnent au son des tambours, des trompettes & autres instruments, les Brames l'encouragent à s'immoler, l'assurant qu'elle va jouir d'une felicité sans bornes dans le paradis, où elle deviendra la femme de quelque dieu, qui l'epousera pour la récompenser de sa vertu. Il lui promettent enfin, que son nom sera célebré par toute la terre, & chanté dans tous les sacrifices; ce qui en determine encore quelques-unes à se brûler; mais la loi ne les y oblige pas. Pour la disposer à cette action heroïque ou plutôt insensée, les Brames employent des breuvages dans lesquels ils mêlent de l'opium; c'est ainsi qu'ils animent & échauffent l'imagination de cette victime infortunée de l'amour conjugal. L'espèce de fureur, avec laquelle elle court à une mort certaine, prouve assez, qu'il faut qu'elle ait la tête troublée par les fumées de cette liqueur forte & enyvrante; le fanatisme peut bien la faire consentir à un pareil sacrifice; mais il faut avoir perdu la raison pour le consommer.

Pendant qu'elle s'avance vers le théatre funeste, où elle va laisser sa vie souvent à la fleur de l'âge, & lorsqu'elle arrive à ce lieu d'horreur, les Brames ont grand soin de la distraire de ses regrets, par des chants où l'éloge de son héroïsme est mêlé; ce concert homicide soutient son courage, au milieu des avant-coureurs de la mort. Le bandeau de la superstition couvre ses yeux; le moment fatal approche où elle va être dévorée par les flammes: alors d'une voix entrecoupée de sanglots, elle fait ses tristes adieux à ses parents, qui la félicitent, les larmes aux yeux, du bonheur qui l'attend. Elle leur distribue ses joyaux, les embrasse pour la dernière fois, & après avoir fait trois fois, selon l'usage, le tour de la fosse ardente, elle s'élance & disparoît au milieu des flammes: aussitôt quantité d'instruments font retentir l'air des sons les plus aigues, pour empêcher le peuple d'entendre les cris lamentables, qu'un si cruel supplice doit arracher à ces malheureuses victimes. On augmente l'activité du feu, en y répandant une grande quantité d'huile, & l'héroïne est bientôt consumée. Dans le Bengale, le spectacle est encore plus horrible; les femmes ont assez de force & de courage pour se faire attacher sur le cadavre de leurs maris; elles le tiennent embrassé jusqu'à ce qu'on allume le bûcher, & attendent ce moment avec la plus grande tranquillité 1).

---

1) Voyages aux Indes de Monſ. de Sonnerat, T. 1. p. 93. 94 & 95.

Quand on compare ces cérémonies si ressemblantes, à celles qu'observent les Guèbres dans la même circonstance, on ne peut pas s'empêcher d'être frappé de l'extrême différence, qui s'y trouve: voici comme s'exprime à ce sujet Monsieur Anquetil.

„Lorsqu'un homme est prêt à rendre le dernier soupir, on récite pour lui le *Vadjserosch*, & plusieurs autres prières: quand l'ame est censée sortir du corps, on fait le *Sagdid* (c'est à dire, le chien voit) en présentant un chien au moribond: & pour que d'animal dirige sa vue sur lui, ou jette du pain de son côté, ou bien, on en met près de lui quelques morceaux. - - - Il est ordonné à ceux qui présentent le chien, de se tenir à 9 pieds du moribond, & d'avoir aux mains des sais, si l'homme est mort. - - - Cette pratique paroît si nécessaire aux Parses, que lorsqu'ils rencontrent le cadavre d'un homme, ou celui d'un chien, ou quelque chose de souillé par un cadavre, ils se croyent obligés, avant tout, de lui faire le *Sagdid*.

Quand le *Sagdid* est fait, les *Nisasalards*, (c'est à dire, les chefs des morts,) unis par une corde, & ayant des sais aux mains, déshabillent le mort, le lavent, & lui mettent un vieil habit; car s'il y avoit un seul poil, ou un seul fil neuf dans l'habit du mort, ce seroit le plus grand crime. - - - Monsieur Anquetil décrit encore ici plusieurs autres cérémonies de la même nature, après lesquelles, les Nisasalards portent le mort au *Dakhmé*, qui est leur cimetière, là ils l'arrangent dans un *Kesche*, de manière qu'il ne touche pas les autres corps: puis ils sortent du Dakhmé - - - Les Nisasalards & ceux qui les ont aidés, rompent les liens qui les unissent, & déchirent les sais à main, qui leurs ont été fournis par les parents. Ils en mettent les morceaux dans un trou pour qu'ils pourrissent, - - - on appelle *Dakhmé*, les cimetieres des Parses. La loi de Zoroastre ordonne, de porter les corps morts sur des montagnes, ou dans des endroits éloignés des villes & de toute terre habitée. - - - Il faut surtout, qu'ils soient situés de manière, que les animaux carnaciers ne puissent pas porter dans les lieux habités, les portions de cadavres, qu'ils en auroient enlevés. - - -

Le Dakhmé est un lieu découvert, entouré de murs, & élevé d'un pied & demi au dessus du niveau du terrein où il est construit; - - - le premier mort qu'on y porte, doit être un enfant pur & fils de Mobed; - - - on y laisse les cadavres exposés aux oiseaux carnassiers, & c'est un bonheur pour eux, comme du tems d'Agathias, que d'en devenir la proye. La loi ordonne,

de

de détruire les Dakhmeés tous les cinquante ans, & d'en remuer la terre, pour que le soleil la voye, mais cela ne se fait pas 1). - - - -

Chapitre 2.

Durée du monde suivant les Indiens. Ils n'ont adopté le Dogme de la Métempsycose que depuis 5000 ans, & avant ce tems ils sacrifioient aussi bien que les Celtes des victimes à leurs Dieux.

Nul peuple sur la terre n'attribue au monde une aussi haute antiquité, que les Indiens; suivant leur chronologie il y a déja 3,892,883 ans, que nôtre globe existe, & il doit encore durer 427,117 ans; après quoi il finira, comme nous l'avons déjà dit, par une inflagration générale, pour recommencer tout de nouveau, & subir éternellement les mêmes destinées 2). Quelqu'étrange, que paroisse cette assertion, la dernière partie est trop étroitement liée au sistême religieux des Celtes, pour n'y pas reconnoître une même origine. Mais nous ne devons pas dissimuler une difficulté, qui pourroit jetter des doutes raisonnables sur l'identité de la croyance de ces deux peuples, s'il étoit impossible d'en donner la solution, je veux parler des victimes sanglantes en usage chez les Celtes & rejettées des Indiens.

„Dans les premiers tems, dit Monsieur de Sonnerat, l'Inde n'étoit divisée, qu'en deux sectes; celle de Chiven, & celle de Brouma. Celle de Vichenou ne datte, que de 5000 ans, & même ne fut considérée, que lorsque ses sectateurs unis aux Chivenistes, eurent massacré les partisans de Brouma. D'après les livres sacrés Tamouls, il est impossible de remonter à l'origine des deux premieres. La secte de Chiven paroit être de tems immémorial: quant à celle de Vichenou, l'histoire de sa dixième incarnation sembleroit attester, qu'elle prit naissance au royaume du Siam. On y voit Brama quitter son trône, pour se faire pénitent, ou *gymnosophiste* des anciens. Il traverse le Gange & la montagne *Sitrecondon* à la côte de Orixa. Sa doctrine, qu'il répand dans tou-

---

1) Zend-Avesta de Monsieur Anquetil, T. 2. p. 581 & suivantes.
2) Voyages aux Indes de Monsieur de Sonnerat, T. 1. p. 291 & suivantes.

toute cette contrée, lui attire une foule de profélites. Ennorgueilli par fes premiers fuccès, il parcourt l'Inde entière, & veut s'y faire adorer le glaive à la main: après avoir enfeigné de cette manière fes opinions dans le royaume, d'*Endagarenion*, il paffe au défert de *Pangiavadi*, qui paroit être le Maduré de nos jours, & traverfe le bras de mer, qu'on appelle encore le *pont aux Singes*; delà cet ambitieux fectaire, fe rendit à Ceylan: Ravanen, Roi de cette isle, ne voulut point adopter ces dogmes; ils fe firent une guerre cruelle, & ce ne fut qu'après la mort de Ravanen, qu'il parvint à s'y faire adorer. Il plaça fur le trône *Vibauchanen*, frere de ce Géant, qui lui avoit réfifté pendant quatre ans, enfin après avoir employé quatorze ans à fonder fa religion, dans l'Inde & dans les pays circonvoifins, il retourna triomphant dans fes états. C'eft vraifemblablement alors, que la métempfycofe s'introduifit chez les Indiens, & Kempfer a écrit mal à propos, qu'elle y fut apportée par les prêtres de *Memphis*. Il eft vrai, que ces derniers s'y refugièrent lorsque *Cambife* eut détruit leurs temples en Egypte, & maffacra la plus part d'autre eux; mais Pythagore qui voyageoit dans l'Inde, longtems avant cette époque, y trouva ces dogmes déja établis; ce qui défigne affez, que Brama ou Vichenou eft le même que Foë, *Sommonocodon*, le Xaca des Japponois, & *le Boudda des Chingulais*.

On lit dans l'hiftoire de la Chine, que Foë gouvernoit un petit pays à l'oueft de ce royaume, qu'il époufa une reine, qu'il eut une concubine d'une grande beauté, & qu'il lui fit deux divinités, comme Vichenou fit deux Déeffes de *Latchimi* & de *Boumidevi*: qu'après avoir fouffert plufieurs irruptions des peuples voifins, il quitta fon royaume, pour embraffer la vie folitaire, & prêcher la métempfycofe, qu'il avoit embraffée.

Pendant douze ans, qu'il répandit fa doctrine dans les états circonvoifins, il attira à lui un grand nombre de difciples, qui lui aidèrent à remonter fur le trône, & à étendre les limites de fon royaume; il eft dit encore qu'il devint très-puiffant, & qu'il eut une nombreufe poftérite 1).„

Cette hiftoire ne diffère en rien de celle de Rama, quoique Monfieur le Gentil foit ici en contradiction avec Monfieur de Sonnerat, en affurant d'après le rapport de quelques Tamouls, que la religion de *Baouth*, autrement *Foë*,

dont

---

1) Voyages aux Indes de Monf. de Sonnerat, T. 1. p. 203. 204 & 205.

dont il a vu dans la plaine de *Virapatnam* une ftatue de granit, enfoncée dans les fables, étoit l'ancienne religion établie dans la péninfule de l'Inde, avant que les Brames n'y euffent apporté la leur 1). Nous croyons devoir nous en tenir à l'opinion de ce dernier; & parceque Monfieur le Gentil ne parle, que fur des bruits populaires, tandis que fon adverfaire s'appuye des livres facrés de ces peuples; & parceque l'hiftoire de la Chine, qui eft un des monuments le plus autentique de ces tems reculés, eft entièrement d'accord avec lui fur ce point.

C'eft donc ici l'époque d'une des plus mémorables altérations qu'ait éprouvée l'ancienne religion des Indiens. Car avant ce tems, non feulement les facrifices d'animaux étoient en ufage, mais même ceux de victimes humaines.

„La métempfycofe, dit à ce fujet Monfieur de Sonnerat, établie par Vichenou dans l'Inde, abolit tous les facrifices; on n'offre plus maintenant à la divinité que de l'argent, du riz, de l'encens, des fruits, des Cocos, du Laitage, des grains & des fleurs. Leurs livres facrés enfeignent cependant la manière de faire le facrifice du cheval, & même celui de l'homme, mais comme les cérémonies qu'ils exigent, obligent à des dépenfes confidérables, il n'y a que les Rois qui puiffent les accomplir; ce qui arrive très-rarement. La fête de *Vigiaiechemi*, & celle du fecond jour du *Pongol*, ou de la chaffe des dieux, ont fauffi des efpèces de facrifices, puifqu'on y tue des animaux pour tirer les augures.

Abraham Roger dit, que c'eft une ancienne tradition dans le pays, qu'autrefois on facrifioit tous les ans un homme au diable *Ganga*, (c'eft Mariatale déeffe de la petite vérole), mais que par la fuite, on réduifit cette divinité à fe contenter d'un buffle ou d'un boeuf fauvage. Cet ufage a fubfifté longtems chez d'autres nations. Les Carthaginois facrifierent au diable deux cents enfants de la premiere nobleffe. Paufanias dit, qu'Ariftomène fit immoler cinq cents hommes en l'honneur des Dieux. Les Danois & d'autres peuples feptentrionaux, avoient coutume, de facrifier au diable, tous les ans au mois de Janvier, quatre vingt dix neuf hommes, avec autant de chevaux & de coqs. Les Druides, lorsque quelque perfonnage confidérable tomboit malade, ou étoit dans un danger éminent, faifoit voeu de facrifier à leurs Dieux un homme, afin d'en

---

1) Voyages aux Indes par Monfieur le Gentil, T. 1. p. 223 & fuivantes.

d'en obtenir la guérifon, perfuadés qu'on ne pouvoit écarter le danger, que par la mort d'un autre homme. Les anciens Germains, les Suèdois, les Goths, faifoient de femblables facrifices. Ce culte éffroyable s'étoit répandu par toute la terre, comme fi c'étoit honorer la divinité, que de détruire fon ouvrage.

Les Latins, facrifioient à Saturne des hommes, qu'ils égorgeoient devant fes autels, ou qu'ils jettoient dans le Tibre. *Hercule* à fon retour d'Efpagne, leur confeilla de ne plus facrifier que des effigies d'hommes, faites de paille; & ils fuivirent dans la fuite ce confeil 1).

Chapitre. 3.

Le Sabéïfme étoit dans la haute antiquité, la Religion univerfelle des hommes. Il s'eſt corrompu à la longue, & a donné naiſſance aux différentes fectes, qui fubfiſtent encore parmi eux

Le culte de l'aſtre brillant, qui répand la lumière, & féconde la nature, a fans doute été le premier, qu'ayent imaginé les hommes. Guidés par la reconnoiſſance, ou par la crainte, ils ont du tourner d'abord leurs regards vers cette vivante image de l'Auteur de tous biens, & lui adreſſer leurs voeux. La chaleur étant la principe de la vie, & le foleil en paroiſſant l'unique fource, il étoit difficile, que les hommes fimples & groſſiers remontaſſent à une autre caufe. Longtems conduits par leurs fens, ils durent regarder le flambeau du jour, comme le fouverain maitre de l'univers; comme un Roi bienfaifant, qui ne parcouroit les voutes azurées que pour répandre en tous lieux la joye & l'abondance.

Auffi tous les peuples inſtituèrent-t'ils des fêtes au renouvellement de l'année: ou veilloit toute la nuit qui précédoit ce jour défiré, & les premiers rayons du foleil étoient falués par mille acclamations, mais fi fon apparition faifoit tant de plaifir, les éclipfes caufoient à leur tour, des frayeurs mortelles.

1) Voyages aux Indes de Monfieur de Sonnerat, T. 1. p. 206 & 207.

sur l'Histoire du Sabéïsme.

les. Chaque nation avoit imaginé une cause fatale à son obscurcissement; elles trembloient de voir périr nôtre globe avec celui qui en paroissoit le plus ferme appui. Un si profond respect pour le soleil, devoit nécessairement réjaillir sur le reste de l'armée céleste; la lune & les étoiles furent donc également adorées, & c'est ainsi que naquit le Sabéïsme, cette religion universelle, dont l'origine se perd dans la nûit des tems, & remonte peutêtre au berceau de l'univers.

Ceque nous avançons ici n'est pas une supposition hazardée. Il n'est aucun culte sur la terre, qui ne dérive de celui-ci; si nous exceptons le véritable. On le retrouve dans l'Inde, chez les Parses, les Tartares, les Phéniciens, les Caldéens, les Egiptiens, les Grecs, les Romains, les Celtes, les Arabes, & même en Amérique. Tous ces peuples ont eu des feux sacrés; ils adoroient sous cet emblême le Dieu de la nature, & croyoient que de la conservation de ce feu, dépendoit leur bonheur, présent & avenir.

Quoique le culte du feu ne soit plus aujourdhui aussi généralement répandu dans l'Orient, qu'il l'étoit autrefois, il y subsiste cependant encore chez les Guèbres, & quelques peuplades qui habitent les Montagnes & les bois de l'Indostan, les Brames adressent des prières, au feu tous les matins, en faisant le *Sandivané*; ils ont un Dieu particulier, qui représente cet élement, & ils entretiennent un pyrée sur la Montagne de *Tironnamaley*, pour le quel ils ont une grande vénération 1).

Les deux derniers pouranons de leurs livres sacrés, sont employés à célébrer le soleil & le feu, sous le nom *Daguini*, l'un comme Dieu vivifiant, & l'autre comme Dieu destructeur 2).

Ces hommages ne sont pas les seules traces que le Sabéïsme ait laissées dans l'Inde, on y a institué dit, Monsieur de Sonnerat une fête publique pour en consacrer le souvenir; „elle s'appelle *Nerpontirounal*, par ce qu'on marche sur cet élement. Sa durée est de dix huit jours, pendant lesquels ceux qui font voeu de l'observer, doivent jeuner, se priver de femmes, coucher sur la

terre

---

1) Voyages aux Indes de Monsieur de Sonnerat, p. 196 & 197.

2) Idem, p. 213.

terre fans natte, & marcher fur un brafier. Le dix huitième ils s'y rendent au fon des inftruments, la tête couronnée de fleurs, le corps barbouillé de fafran, & fuivent en cadence les figures de *Darma-Raja* & de *Drabedé* fon époufe, qu'on y conduit proceffionellement: lorsqu'ils font auprès du brazier, on le remue pour ranimer fon activité; ils prennent un peu de cendres dont ils fe frottent le front, & quand les Dieux en ont fait trois fois le tour, ils marchent plus ou moins vite felon leur dévotion, fur une braife ardente, étendue fur un efpace d'environ quarante pieds de longueur. Les uns portent leurs enfants fous le bras, les autres des lances, des fabres, & des étendars 1).„

Nous venons de dire, que les Brames adreffoient tous les matins leurs prières au feu, en faifant la *Sandivané*, on fera peutêtre bien aife de connoitre, en quoi confifte cette cérémonie, nous laifferons toujours parler Monfieur de Sonnerat.

„Le *Sandivané* eft une cérémonie que les Brames feuls font tous les jours pour les Dieux en général, & le matin pour Brouma en particulier; comme auteur de leur origine, ils vont au lever du foleil puifer de l'eau dans un étang avec le creux de la main; ils la jettent tantôt devant, tantôt derriere eux, & pardeffus l'épaule, en invoquant Brouma, & en prononçant fes louanges; ce qui les purifie & leurs mérite fes graces. Ils en jettent enfuite au foleil, pour lui temoigner leur refpect, & leur reconnoiffance, de ce qu'il a bien voulu reparoître, & chaffer les ténébres; puis ils achèvent de fe purifier par le bain. Cette efpèce de culte, fut établi par les premiers hommes, & les Indiens l'ont toujours confervé. Les anciens prêtres Egyptiens fe purifioient de même le matin par le bain, & fe plongeoient dans les eux facrées du Nil, culte, qu'ils avoient fans doute reçu des Indiens 2).

L'ufage, dit encore Monfieur de Sonnerat, de bruler les cadavres, peut avoir eu pour principe non feulement l'adoration du feu, mais encore la néceffité de prévenir les effets funeftes, que la putréfaction des corps auroit occafionnés, dans un pays auffi peuplé, que l'Indoftan. Les Indiens font le plus ancien peuple, chez le-quel on trouve cette coutume. *Le Dieu Quichena*, felon eux, fut brulé, avant l'époque où nous fixons le commencement du monde,

---

1) Voyages aux Indes de Monfieur de Sonnerat, p. 248.
2) Idem, p. 252.

de, & dans le tems à peu près, où une colonie Indienne s'établit à la Chine 1). »

Nous avons déjà cité un exemple semblable dans la mythologie des Celtes, suivant lesquels, le Dieu *Balder* fut brulé avec sa femme & son nain 2), dans la description enfin, que Chardin nous a laissée du temple de Persépolis, consacré au feu éternel, où voit sur les bas reliefs, qui répréfentent un sacrifice, des figures revêtues d'habits très-differents & notamment de peliffes, à la manière des Tatares, & des habitans des climats les plus septentrionaux. Il est évident, que des habits auffi peu propres à celui de la Perse, annoncent un concours extraordinaire d'hommes & une religion généralement repandue 3).

On retrouve également chez les Tartares des traces du Sabéïfme; lorsqu'ils s'affemblent pour se réjouir, ils jettent quelques goutes de liqueur fur les ftatues de leurs Dieux, enfuite un domeftique en verfe trois fois du côté du midi en l'honneur du feu; du côté de l'Orient & du couchant en l'honneur de l'air & de l'eau; & du côte du nord en l'honneur des morts 4). Quelques variés que foient tous ces ufages, il eft aifé d'y reconnoitre une origine commune des fettes. Il étoit impoffible que le Sabéïfme en fe propageant auffi univerfellement, confervât toujours fa première pureté. Cette religion dut nécessairement éprouver fes altérations qui dépendoient de la nature des climats, & du caractère des peuples, qui l'avoient embraffée. Douce & compatiffante fous la Zone torride, où les hommes font énervés par la chaleur, & avilis par le Defpotifme de leurs tyrans, elle devint fière & cruëlle fous le Pole, ou elle avoit trouvé des nations robuftes, libres & fanguinaires, qui ne voyoient le plaifir, qu'au milieu du carnage; & le bonheur, que dans l'indépendance.

Les unes adoptèrent donc la métempfycofe, qui favorifoit leur foibleffe, & exclurent pour quelque tems du Paradis ceux, qui périffoient d'une mort

---

1) Voyages aux Indes de Monfieur de Sonnerat, p. 97.

2) Hiftoire du Dannemarc, par Monfieur Mallet, T. 2. p. 195.

3) Voyages de Chardin, T. 9. p. 62. 66 & 67.

4) Voyages aux Indes de Monf. de Sonnerat, T. 1. p. 201.

violent; les autres, au contraire, rejettèrent ce dogme, ou pour mieux dire, ne le connurent jamais. Le ciel fut chez les Celtes le prix d'une action courageuse, & pour le mériter, il fallut méprifer la vie; tous ces peuples enfin en admettant les mêmes principes, en tirerent des conféquences différentes, qui étoient plus ou moins analogues à leurs conftitutions, leurs gouts, & leurs paffions favorites.

Chapitre 4.

Le Temple de Perfépolis étoit confacré au Sabéïfme, & non à la Religion moderne des Guèbres. Explication des différens bas reliefs qu'on y voit, ainfi qu'à la Montagne des fépulcres.

Le tems, qui dans fa courfe rapide emporte les hommes & leurs vains projets; le tems, qui femblable à un torrent impétueux, fuit toujours, fans jamais s'arrêter; a cependant refpecté quelques monuments de la puiffance & de l'induftrie de nos ayeux.

La grandeur des maffes, leur folidité, les a prefervés jufqu'à préfent d'une deftruction totale, mais n'a pas empêché cet agent dévorant, d'y laiffer des traits de fon empire univerfel. C'eft au milieu de ces magnifiques décombres; de ces triftes reftes de l'orgueil inutile, & trompé d'un Roi fuperbe, qu'on peut fe former une jufte idée, de la briéveté de nôtre exiftence, & de nôtre extrême foibleffe.

En éffet, fi on refléchit au nombre prodigieux des générations, qui ont du fe fuccéder depuis celles qui ont élevé les piramides d'Egypte; aux viciffitudes inévitables, qu'elles ont du éprouver pendant une fi longue fuite, on ne fera pas étonné de voir, que le nom même des plufieurs monarques, qui ont cru par là s'immortalifer, foit à jamais éffacé des annales du monde.

Parmi les auguftes ruïnes, dont nous parlons, il n'en eft point, qui foient plus d'gne d'infpirer une vive curiofité, que celles *d'Eftakre*, appellées par les Grecs *Perfépolis*, & par fes Arabes *Tchilminar*. Le vafte étendue de ces monuments,

ments, les colonnes & bas reliefs, dont ils font ornés, leurs inscriptions dans une langue qu'on regarde comme perdue 1), peuvent mener aux découvertes les plus nouvelles & les plus intéressantes. Si d'un autre côté, on considere la situation de cette Persépolis, placée au 30 degré 40 minutes de latitude septentrionale, longtems capitale d'un empire florissant, la religion qu'on y professoit autrefois, & celle qu'on y professe aujourdhui, il se présente naturellement trois questions à examiner:

1. A quelle secte a pu appartenir le temple d'Estakre?
2. Quand fut-il bâti?
3. La langue des anciennes inscriptions de Persépolis, est elle entièrement perdue, & n'est il plus possible d'en retrouver l'intelligence?

Nous croyons avoir suffisamment établi dans les chapitres précédents, que l'adoration du feu avoit été, dès la plus haute antiquité, la religion universelle, & que l'altération la plus considérable, qu'elle ait éprouvée dans tout l'Orient, fut celle, qui arriva il y a cinq mille ans, à l'occasion de Vichenou, qui vint y prêcher la métempsycose. Cette proposition une fois admise, il ne nous sera pas difficile de prouver, que le temple, dont nous parlons, ne pouvant convenir ni à la croyance des Guebres, telle, qu'elle existe depuis la réformation de Zoroastre, ni à celle des Gentoux, depuis la réformation de Vichenou, il a au contraire tous les caractères, qui doivent le faire regarder, comme un des derniers restes du Sabéïsme.

Les Persans modernes appellent *Kabreston-Gauron*, ou cimétière des Guebres, les tombeaux, qu'on voit à la montagne des sepulchres, située à deux lieues de Persépolis 2). Une dénomination aussi contraire à ce que pratiquent les Parses depuis près de deux mille sept cent ans, dans leurs cérémonies funèbres, me l'a fait regarder, comme une tradition respectable, qui ne pouvoit devoir son origine, qu'à des usages anciens, très-différents de ceux, qu'on a adoptés depuis, & l'on verra bientôt, que ma conjecture étoit fondée.

Si

---

1) Histoire de l'Acad. des Inscriptions, in 4to, T. 29. p. 132 & 137.

2) Voyages de Chardin, Tom. 9. p. 117.

Si nous confiderons la planche 70 des Voyages de Chardin, où il donne la figure de ces tombeaux, nous appercevons d'abord fur la partie la plus élevée de leurs frontifpices un bas relief, qui repréfente un homme appuyé fur un arc, ayant devant lui un autel, d'où fort une flamme. Derrière cet autel eft le foleil, & entre le perfonnage & l'autel, dans la partie la plus élevée du tableau, la figure d'un vieillard ailé, tenant dans la main un cercle, fymbole de l'éternité 1).

Il eft facile de reconnoitre ici,

1. Les hommages rendus à la divinité;
2. Le foleil & le feu accolés à l'être fuprême, & confidérés comme en étant la vive image.

L'ordre dans lequel ces trois objets d'adoration font préfentés dans le tableau, ne peut laiffer aucun doute fur l'intention: on y voit d'abord l'image de la divinité au premier rang, enfuite celle du feu; puis enfin le foleil, c'eft une efpèce de fymbole hiérogliphique de l'ancien magifme.

Remarquons encore, que la figure du veillard ailé, tenant un cercle, & portant la barbe pointue, qui eft, comme nous le dirons ci-après, une des marques du pouvoir fuprême, doit néceffairement être l'emblême de la divinité, & parcequ'on la retrouve dans tous les bas reliefs de Perfépolis, non feulement dans le lieu le plus élevé, qui eft la place d'honneur dans l'Orient, mais même au deffus de la repréfentation des Rois; & par ce que les hommes ayant toujours fait Dieu à leur image, ils n'ont pu le repréfenter d'une manière plus énergique, qu'en ajoutant au principal attribut de la royauté, dont il eft ici décoré, le cercle emblématique de l'éternité & les ailes, qui annoncent, qu'il fe trouve en tous lieux.

Nous pouvons donc regarder avec affurance ces maufolées, comme les tombeaux des anciens Souverains du pays, qui étoient bien réellement adorateurs du feu, conformément à l'ancien magifme, mais non fuivant les nouveaux rites introduits par Zoroaftre.

La

---

1) Voyages de Chardin, Tom. 9. Planches 67 & 68. p. 96.

La coutoume d'enterrer les morts, étoit même si générale dans ces tems reculés, que Chardin assure avoir entendu dire à *Mirza-Chéfy*, Intendant du Corassau, qui est la Bactriane, que pendant son séjour dans cette province, on lui avoit fait voir des momies enbeaumées, semblables à celles d'Egypte. On les trouve dans des puits creusés dans le sable, où elles se conservent parfaitement, la Bactriane étant un pays tres chand, sec & sablonenx 1). Pour entendre encore mieux, ce que nous venons de dire rélativement à la figure ailée, qui se retrouve dans tous les bas reliefs de Persépolis, il faut remarquer, 1. que la valeur de cette figure étant bien connue par les planches 50 & 64 des Voyages de Chardin, nous sommes en droit de supposer la figure entière partout où nous retrouvons ses ailes.

2. Que dans tous les bas reliefs, les ailes sont toujours placées au dessus de la représentation des Rois, & jamais au dessous, or c'est un usage général dans l'Orient, que les Souverains aussi bien que leurs Ambassadeurs, habitent le lieu le plus élevé d'une maison, & ne souffrent personne au dessus d'eux. Ils n'accordent cette prérogative, qu'à Dieu, dont ils placent constamment le nom avant le leur, soit dans les inscriptions des bâtiments, qu'ils construisent, soit dans les écrits qui émanent d'eux. On peut en voir plusieurs exemples dans les passeports des Rois de Perse, rapportés par les Voyageurs que ce viens de citer 2).

3. Que le parasol de plumes de Paon, qu'on tient sur la tête du personnage assis dans un fauteuil, représenté dans la planche 64 des Voyages de Chardin, Tom. 9. ne peut laisser aucun doute, que cette figure ne soit celle d'un Roi, puisque, dans l'Orient, les Souverains seuls ont droit de se faire couvrir avec un pareil instrument 3).

Ces tombeaux au reste ne conviennent pas d'avantage à la religion des Gentoux, dans l'état où elle se trouve aujourdhui, qu'à celle des Parses, car 1. l'usage de bruler les morts, qu'ont adopté les premiers depuis 5000 ans

---

1) Voyage de Chardin, Tome 9. p. 162.

2) Idem, Tome 2. p. 168 & suivantes, Tome 3. p. 271 & suivantes.

3) Code des Loix des Gentous, p. 12.

ans au moins, eft auſſi contraire à la deſtination de ces tombeaux, que les *Dackmés* des Guebre.

2. Les ſacrifices d'hommes & d'animaux, qui font repréſentés dans les bas reliefs de la planche 63 des Voyages, que nous venons de citer, ſont trop oppoſés au ſyſtème de la métempſycoſe, pour laiſſer préſumer, que ce temple ait été bâti depuis la réformation de Vichenou.

3. La religion des Indiens n'ayant éprouvée aucune variation, depuis l'inſtitution de cette ſecte poſtérieure à celle de *Chiven*, d'un grand nombre d'années, 1) il faut néceſſairement rapporter à des tems plus anciens, la conſtruction du temple & des tombeaux de Perſépolis.

Quoiqu'il ſoit ſans doute difficile, de fixer d'une manière poſitive le moment de cette conſtruction, il ne l'eſt pas également de prouver, que l'époque doit en être plus reculée, que l'an 3209 avant Jeſus Chriſt, indiquée par Monſieur Bailly 2), ſi en effet, le temple de Perſépolis, a été conſacré à l'ancienne & univerſelle religion des Mages, il eſt impoſſible de faire coincider l'inſtant de ſa conſtruction, avec celui de l'établiſſement de la métempſycoſe, & de toutes les nouvelles opinions introduites par Vichenou dans les Indes ; or Vichenou a commencé ſa réformation, il y a 5000 ans ; l'édification du temple ſelon Monſieur Bailly datte de la même époque ; il faut donc néceſſairement la rapporter à un tems beaucoup antérieur.

On peut à la vérité faire à ce ſyſtème l'objection ſuivante : ſi la réformation de Vichenou datte1 de 5000 ans, celle de Zoroaſtre eſt beaucoup plus nouvelle, puiſqu'elle ne remonte qu'à 2700 ans ; il eſt poſſible, que le Sabéïſme ſe ſoit conſervé plus longtems dans ſa premiere pureté en Perſe, que dans les Indes, il reſteroit donc alors 2300 ans d'intervalle, entre la conſtruction du temple & des tombeaux de Perſépolis, commencés ſous le Roi d'Jemſchid, & le moment de la réformation de cette religion ſous *Gudaſp*. Mais je réponds à cela ;

1. Que

---

1) Voyages de Sonnerat, Tom. 1. p. 294.

2) Hiſtoire de l'Aſtronomie ancienne de Monſieur Bailly, p. 354.

1. Que dans la procession ou sacrifice d'homme & d'animaux représentés dans la planche G. des Voyages de Chardin, Tome 9, on y remarque des figures très-diversement habillées, parmi les quelles on distingue des Indiens; ceux-ci étant parfaitement reconnoissables par les colliers dont ils sont décorés; colliers que portent encore aujourd'hui toutes les idoles de l'Inde, aussi bien que leurs adorateurs: d'où il suit que le temple avoit été bâti avant la réformation de Vichenou, sans cela ils n'auroient pas osé assister à un sacrifice aussi opposé aux nouvelles opinions, qu'ils venoient d'embrasser 1).

2. Que les Egyptiens embaumoient leurs morts de tems immémorial. Leurs pyramides & leurs temples sont de la plus haute antiquité; & cependant il est incontestable, qu'ils ont tiré toutes leurs connoissances & leur religion de la Perse & des Indes 2). Ces faits posés n'est il pas évident que le temple d'Estackre a été le modèle des temples Egyptiens; & les momies de la Bactriane, les modèles de celles d'Egypte. Il faudroit donc peut-être remonter d'une ou de plusieurs périodes, l'époque, que Monsieur Bailly a voulu fixer à la construction de ces monuments.

Chapitre 5.

Continuation du Chapitre précédent. Conjectures sur l'ancienne langue de Persépolis.

Ce que nous avons dit dans le Chapitre précédent, acquérera un nouveau degré de vraisemblance, si l'on réfléchit au tems prodigieux, qui a du ne-

---

1) Voyages de Chardin, Tome 9. pag. 66 & 67.

2) On en a découvert de nos jours une nouvelle preuve. Monsieur Chevalier, ancien Gouverneur de Chandernagor ayant reconnu dans le Temple d'Ismandés situé dans la haute Egypte, les Dieux Jagrenat, Genez & Vichnou; ils y sont représentés de la même manière, que dans les Pagodes de l'Indostan. Lettres sur l'Egypte de Monsieur Savary, Tome 2. p. 92.

nécessairement s'écouler, pour faire oublier trois langues parlées par un grand peuple, & enfin remplacées, par trois autres, qui n'ont que des rapports très-éloignés, avec celles qui les ont précedées. Des hommes grossiers ne quittent pas aisément l'idiome de leurs ancêtres, temoins les Chinois, si souvent conquis par les Tatares. De grandes révolutions des siecles sans nombre accumulés les uns sur les autres, peuvent seuls produire un pareil changement, mais s'il faut un aussi long intervalle, pour établir chez une nation un langage nouveau, combien n'a-t-il pas fallu de tems, pour en établir successivement plusieurs? La langue des inscriptions de Persépolis, a été remplacée par le Zend; le Zend par le Pellevis, & celui-ci par le Persan moderne; l'Arabe & le Turquesque. Qui osera après de tels faits, fixer une époque précise? L'esprit se confond en y réfléchissant, & la pensée se perd dans l'abime du passé. Dans ces circonstances on me pardonnera sans doute les conjectures, que je vais hazarder sur cette ancienne langue oubliée. Plus une chose est éloignée de nous, plus elle pique vivement nôtre curiosité, & le jour que pourroit jetter sur les sciences & l'histoire la découverte de cette langue précieuse, doit faire excuser les erreurs dans lesquelles je pourrois tomber.

Monsieur l'Abbé Barthelemy croyoit, il y a déjà longtems, que les hommes avoient eu originairement dans l'Asie un seul & même langage, qui s'étoit à la fin corrompu, & avoit donné lieu, aux différens dialectes qu'on y parle encore aujourd'hui. Il pensoit avoir aperçu parmi les langues & leurs caractères, les mêmes conformités que nous avons observées entre les usages, les loix & les religions de ses habitans.

Monsieur Court de Gébelin, poussé par son génie, a dévelopé encore d'avantage cette idée : en comparant les langues de l'Orient avec celles des autres parties du monde, il en est résulté des ressemblances si frappantes, qu'elles l'ont conduit à établir d'une manière fixe & invariable, les principes de la langue primitive, dont toutes les autres ne sont que des dérivés.

On croit pouvoir assurer d'avance, qu'une pareille découverte aménera nécessairement l'explication des monumens de Persépolis. Voici quelques unes des raisons qui nous portent à adopter cette opinion.

1. Quoi-

sur l'Histoire du Sabéisme.   411

1. Quoique les plus anciennes de ces inscriptions soyent écrites en deux espèces de caractères très-différens 1), les premiers ont cependant un rapport si marqué avec les caractères Hébreux, Chaldéens, Syriaques, Samaritains, Phéniciens, Arabes &c. qu'il est impossible à l'aide de la table comparative des alphabets, que Monsieur de Gébelin a inséré dans le Tome 3 de son monde primitif, de ne pas parvenir à les déchifrer.

2. Monsieur Court de Gébelin a découvert en Suède & en Islande, un modèle de comparaison, qui doit singulièrement faciliter l'intelligence de la seconde espèce de caractères, dont on ne connoissoit jusqu'à présent rien d'analogue dans aucune langue. Ecoutons le parler lui-même à ce sujet. Après avoir rapporté l'explication d'un monument Runique, trouvé dans la province d'Helsing, & déchifré par André Celsius, Professeur d'Astronomie à Upsal, il ajoute, „que ce Professeur pensoit, que les seuls caractères auxquels on pourroit comparer ceux, dont il s'agit ici, sont les caractères en formes de cloux, qu'on voit sur les ruines de Persépolis; mais que ceux-ci avoient plus de rapport aux anciens caractères Islandois appellés *Ogham*, qui ne consistent que dans l'unité, répetée jusqu'à cinq fois, & dont la valeur change suivant la manière, dont elle est placée, rélativement à une ligne imaginaire. Ainsi lorsque l'unité, est au dessous de la ligne, elle vaut I, B; II, L; III, f; IIII, s; IIIII, N; les unités sont elles au dessus, elles valent h, D, Tc, q; sont elles coupées par la ligne même, & posées sur elle obliquement, elles valent m, G, Ng, p, Q. Perpendiculaires & coupées également en deux par la ligne, ce sont les cinq voyelles, a, o, u, E, i, Ce mot par exemple, II. IIIII. III. IIIII II. forme le nom des *Druides*." On voit par la Grammaire Islandoise par Monsieur le Major *Vallencay* 2), qui vient de s'illustrer par ses découvertes sur cette langue 3), le nom d'un homme de lettres Sir *James Ware*, qui possé-

doit

---

1) Voyer la Planche 69 des Voyages de Chardin Tome 9, & le Tome 2 des Voyages de Corneille Bruyn, edition in Folio, où il raporte un grand nombre d'inscriptions tirées des monumens de Persépolis, dont les caractères ont la forme de cloux.

2) Grammar of the Iberno-Celtic, Dublin 1777 in 4to.

3) An Essay of the antiquity of the Irish language being a Collation of de Irish with the Punic language &c. Dublin 1772 in 8vo.

doit d'anciens parchemins écrits de cette manière, & qui probablement n'existent plus.

Les caractères de Persépolis ne vont pas non plus au delà de cinq, & l'on voit, qu'ils diffèrent également par la manière qu'ils sont combinés, & par celle dont ils sont placés. Il ne seroit pas étonnant que les Druides & les Mages eussent eu dans l'origine une écriture différente de l'alphabet ordinaire & appliquée à d'autres objets.

Il est même à présumer, que dans une contrée aussi adonnée à l'astrologie que la Perse, les inscriptions à cloux de Persépolis étoient destinées à fixer le sort de l'empire, par le charme qui devoit en résulter 1). Il paroit, que les caractères en usage dans la Taprobane, aujourd'hui Ceylan, dont parle Diodore de Sicile, avoient aussi une analogie très-marquée avec ceux de Persépolis, copiés par Chardin, & rapportés dans la Planche 69, Tome 9 de ses Voyages. Voici comme s'exprime Diodore 2) d'après le témoignage d'Yambule Historien de l'île de Taprobane. "Ils se servent (les habitans) de sept caractères dans leur écriture; mais chacun de ces caractères a quatre positions différentes, ce qui donne en tout vingt huit lettres. Ils conduisent leurs lettres, non de gauche à droite, comme nous, mais de haut en bas." Le même usage se retrouve chez les Scandinaves, qui non seulement écrivent de haut en bas; mais même en tournant à gauche, & remontant jusqu'au point, dont ils etoient partis, ce qui est parfaitement conforme aux inscriptions a cloux de Persépolis 3).

On nous permettra d'observer en passant, que la conformité qui se trouve entre ces deux anciennes écritures, l'une des Mages, l'autre des Druides, n'est pas une des choses les moins singulières que nous ayons rencontrées, & devient un nouveau témoignage de la source commune, où les Scandinaves & les Persans ont puisé leurs sciences & leur religions.

3. Il y a encore aux environs de *Bassora* dans *l'Irack Arabie*, des sectaires connus sous le nom de Chrétiens de St. Jean; ils professent le Sabéïsme pur,

qui

---

1) Monde primitif de Msr. Court de Gébelin, T. 3. p. 505 & 506.
2) Diodore de Sicile Traduction de l'Abbé Terasson, T. I. p. 254.
3) Histoire de Dannemarc par Monsieur Mallet, T. I. p. 351.

qui est l'ancien Magisme, & ont un livre liturgique, qu'ils appellent *Sidra-laadam*, ou la révélation adressée à Adam 1).

Ce livre est peut-être le même, que les vingt six volumes conservés, au rapport de *Chardin*, dans le Chateau d'*Ispahan*, qui, suivant la tradition des Guèbres, doivent contenir toute la science des Mages 2). Ils sont du même caractère que les inscriptions de *Persépolis*, & si *Sidra-laadam* étoit écrit avec des lettres dont la valeur fût connue, il pourroit être d'un grand secours, pour l'interprétation de ces inscriptions, ainsi que des vingt six volumes, dont nous venons de parler.

On peut enfin tirer des lumières utiles des trois manuscripts rélatifs à la religion *Sabéenne*, qui sont conservés à la bibliotèque du Roi de *France*, & dont parle Monsieur de Fourmont dans le Tome 12 des Mémoires de l'Académie des Inscriptions.

D'après ces réfléxions, nous croyons être autorisés à penser:

1. Que le Temple d'*Estakre* a été bâti du tems de l'ancien Magisme, & non depuis la nouvelle réformation de *Zoroastre*.

2. Qu'il est impossible de fixer une datte précise à sa construction, le tems prodigieux qui a été nécessaire pour faire oublier successivement trois langues parlées par un grand peuple, étant au dessus de tout raisonnement.

3. Que la langue des Inscriptions de *Persépolis* n'est pas entièrement perdue, qu'au contraire les nouvelles découvertes de Monsieur de Gébelin doivent nous faire espérer, qu'on en retrouvera bien-tôt l'intelligence.

Chapitre

---

1) Histoire critique de Mr. *Simon*, Livre 1.
2) Voyages de *Chardin*, T. 9. p. 138.

Chapitre 6.

Pagodes de Djeguéferi, de Kéneri, & d'Eléphante, fur la Côte de Malabar.

Quelqu'imparfaite que foit, faute de Planches, la Defcription, que Monfieur *Anquetil* nous a donnée de ces trois fameufes Pagodes, ce qu'il en dit fuffit pour prouver, qu'elles ont été deftinées au culte, qui eft aujourd'hui en ufage dans les grandes Indes, & non à l'ancien Magifme, qui étoit profeffé à Perfépolis, parmi les figures que ce voyageur a trouvées dans le temple de Djeguéferi, il cite entre autres celle de *Gores* à la tête d'Eléphante 1). Il eft impoffible de méconnoitre ici *Pollear*, un des quatre fils du Dieu *Chiven*, celui-là même, qui préfide aux mariages; „on le repréfente toujours, dit Monfieur de Sonnerat, avec une tête d'Eléphant, & c'eft une des idoles, pour laquelle les Indiens ont le plus de refpect. Ils ne bâtiffent pas une maifon fans avoir porté fur le terrein un Pollear, qu'ils arrofent d'huile, & fur lequel ils jettent des fleur tous les jours. Sans cette cérémonie, ils croiroient que ce Dieu leurs feroit perdre la mémoire de ce qu'ils veulent entreprendre, & qu'ils travailleroient inutilement. On le place auffi au coin des rues & fur les grands chemins, afin que les voyageurs puiffent lui adreffer en tout tems leurs prières, & par là fe le rendre favorable 2).

Dans une autre excavation du même temple, Monfieur Anquetil a vu un *Lingam*, placé vis-à-vis la figure d'un boeuf 3).

---

1) Zend-Avefta de Monfieur *Anquetil*, Tom. I. Part. I. p. 388.

2) Voyages aux Indes de Monfieur de *Sonnerat*, Tom. I. p. 181 & 182.

3) Zend-Avefta de Monfieur *Anquetil*, Tom. I. Part. I. p. 389.

On fçait que le Lingam eft la repréfentation des parties fexuelles de l'homme, unies avec celles de la femme, c'eft la forme la plus facrée, fous la quelle on adore Chiven. Ses fectateurs ont cru, qu'ils ne pouvoient pas peindre le maître de l'univers d'une manière plus énergique, que fous la figure d'une partie, qui eft l'inftrument de la réproduction du genre humain. Cette figure au refte eft une efpèce de Trinité, car elle eft compofée des trois grande dieux des Indiens. Le baffin, qui eft la partie fexuelle de la femme, repréfente Vichenou; de fon milieu s'élève Chiven fous la forme d'une colonne arondie par le bout, qui eft la partie fexuelle de l'homme. Le tout eft porté fur un Piédeftal, qui repréfente Brouma. Les Indiens donnent deux explications à cette fingulière métamorphofe, mais toutes les deux également ridicules.

C'eft au culte du Lingam, continue Monfieur de Sonnerat, qui chez ces peuples eft de la plus haute antiquité, que le Phallus répréfentant le nombre viril d'*Atis*, amant de *Cybèlle*, doit fon origine; il en eft de même du culte de Bacchus dans le temple d'*Hiéropolis*, & de celui, que les Egyptiens, les Grecs & les Romains rendoient au Dieu Priape 1).

Dans toutes les Pagodes, où l'on trouve Chiven fous la forme du Lingam, on ne manque jamais d'y placer *Darmadevé*, Dieu de la vertu, qui eft repréfenté fous la figure d'un boeuf; cette divinité fert de monture à la première, & a fans doute donné lieu au boeuf Apis, adoré par les Egyptiens, & au veau d'or érigé par les Ifraélites auprès du mont Sinaï 2).

On retrouve également le Lingam dans la Pagode de *Kênery*, quoi que fous une forme différente de celle, qu'il a dans le temple précédent 3).

Pago-

---

1) Voyages aux Indes de Monfieur de *Sonnerat*, Tom. 1. p. 175. 176 & 179.

2) Idem, Tom. 1. p. 184.

3) Zend-Avefta de Monfieur *Anquetil*, Tom. 1. Part. 1. p. 398. 406 & 407.

Pagode d'Eléphante.

Il est très-vraisemblable, que le buste à trois visages, dont parle ici Monsieur *Anquetil* 1), n'est autre chose, que le *Trimourti* ou la trinité des Indiens.

Il est d'usage de représenter ainsi dans une même idole, Brouma, Vichenou, & Chiven, ou pour mieux dire, les attributs réunis de la divinité: savoir sa toute puissance, désignée par l'acte de la création, dont Brouma est regardé comme l'auteur: sa providence, par celui de la conservation, qui est le partage de Vichenou; & sa justice, par celui de la destruction, qui regarde Chiven.

Cette figure a ordinairement dans une main un cercle, emblême de l'immortalité; et dans l'autre une flamme, car tout retrace dans ce pays l'adoration du feu.

Le dogme dont il est question dans ce paragraphe, est de la plus haute antiquité, & l'on célébre dans l'Inde en l'honneur du *Trimourti*, la fête d'*Anandavourdon*, qui est fixée à la veille de la pleine lune du mois *Prétachi* ou d'Octobre 2), on voit aussi dans ce temple, *Gonés* à la tête d'Eléphant, ou plutôt Pollear & le Lingam 3).

Si on considère, que plusieurs des idoles de ces différentes pagodes, sont les mêmes que celles, qu'on adore aux Indes, depuis la réformation de *Vichenou*, arrivée il y a 5000 ans, on aura de la peine à si persuader, que ces temples ayent une aussi haute antiquité, que Monsieur *Bailly* a voulu leur attribuer 4), & on en sera encore plus convaincu, quand on les comparera

---

1) Zend-Avesta de Monsieur *Anquetil*, Tom. I. Part. I. p. 421.

2) Voyages aux Indes de Monsieur de *Sonnerat*, Tom. I. p. 150 & 151.

3) Zend-Avesta de Monsieur *Anquetil*, Tom. I. Part. I. p. 422 & 423.

4) Lettres sur les Sciences de Monsieur *Bailly*, Tom. I. p. 313.

sur l'Histoire du Sabéïsme.

rera avec celui de *Persepolis*, où l'on ne retrouve ni Lingam, ni aucun vestige du culte actuel des Brames, particularité importante, & à laquelle on ne sauroit faire trop d'attention. D'ailleurs les plus anciennes inscriptions de *Djeguéseri*, de *Keneri*, & d'*Eléphante* sont en caractères Sans-Crétans, qui quoique tombés en défuétudine, sont cependant pas entièrement oubliés, tandis qu'on a cru jusqu'à présent, que la langue & les caractères des Inscriptions de *Persepolis*, n'avoient plus de rapport avec aucune langue connue de l'univers.

Chapitre. 7.

Les Indiens vivoient autrefois de la pirâterie. Loi rélative au partage des éffets volés. Ils ont été instruits par les Tatares, ou au moins par un peuple qui avoit les mêmes moeurs.

Le code des loix des Gentoux, nous a conservé un témoignage précieux de l'ancienne manière de vivre des Indiens; nous transcrirons cet article en entier.

Voici, dit ce code, *le partage qu'observeront les voleurs. Si quelques voleurs, par l'ordre ou avec l'aide du Magistrat, ont commis des déprédations dans une autre province, & en ont apporté du butin; le Magistrat recevra un sixième du tout; s'ils ont agi sans ordre ou sans l'aide du Magistrat, ils donneront au Magistrat un dixième pour sa part; & leur chef aura quatre parts du reste: celui d'entre eux qui est habile au pillage, en aura trois; celui qui est très-fort & très-robuste, en aura deux, & les autres en recevront chacun une; quand quelqu'un de la troupe des voleurs est pris; s'il est relaché de la cour de justice, en payant une certaine somme d'argent, tous les autres voleurs contribueront à cette somme par égales parts* 1).

Mon-

1) Code de Loix des Gentoux, p. 155 & 156.

Monsieur *Hallud*, traducteur Anglais de cette compilation, nous apprend dans sa préface, „qu'il n'est pas question dans cette loi, des fripons domestiques, qui troublent la tranquilité de leurs compatriotes, mais uniquement de ces aventuriers courageux des premiers âges, qui alloient lever à la manière des *Arabes* & des *Tatares*, des contributions chez leurs voisins. Cet usage quoiqu'aboli aujourd'hui, subsistoit autrefois dans les Indes, comme chez tous les peuples encore à demi barbares 1)."

On est effrayé, quand on songe au nombre de siècles, qui ont du s'écouler depuis l'époque dont nous parlons jusqu'à nos jours: quoi? ce peuple si doux, si pacifique, à qui depuis 5000 ans, qu'il a adopté le dogme de la métempsycose, il est défendu de détruire même un insecte; qui a bâti des hôpitaux pour servir d'azile a la vermine la plus incommode & la plus dégoutante; chez lequel c'est un acte méritoire, de planter un arbre, ou de sauver la vie au moindre des animaux, a été autrefois cruel & guerrier!

C'est peut-être ici le dernier vestige du berceau de la plus ancienne nation civilisée qui soit au monde, & il est impossible, de ne pas reconnoître dans cette loi, les moeurs des *Tatares* leurs ancêtres, ou du moins leurs instituteurs, que la fertilité du beau Pays, qu'ils venoient de conquérir a du adoucir.

Quand on peut sans péril se procurer le nécessaire, on n'est point tenté de l'arracher par la force. Les descendants de ces hommes courageux, insensiblement énervés par le soleil brulant de la Zone torride, ont du à la longue perdre leur goût pour la rapine & le brigandage, mais avant d'être affoiblis à ce point, ils ont sans doute envoyé des Colonies en Perse, & dans tout l'Orient, où elles portèrent avec elles leur langue, leur religion, & leurs sciences.

Cette assertion n'éprouvera point de contradiction, si on réfléchit à ce qui s'est passé en *Europe*, dans des circonstances entièrement semblables; or on ne peut nier, que les *Scandinaves*, après avoir envahi l'*Allemagne*, la Fran-

---

1) Code des Loix des Gentoux, Préface, p. XLII & XLIV.

France, l'Angleterre, & plusieurs autres états considérables, ne s'y soyent établis, & n'y ayent naturalisé leur religion, leur langue & leurs coutumes. Ces provinces plus fertiles que celles, qu'ils avoient quittées, rendirent la piraterie inutile, & les *Normands*, lassés de carnage, devinrent, comme les *Tatares* aux *Indes*, des Citoyens paisibles, lorsqu'ils purent trouver le bonheur avec le repos.

Je ne crois pas, qu'on puisse imaginer un parallelle plus frappant, que celui que nous venons de faire, & il paroit d'autant plus concluant, qu'en supposant l'histoire ancienne des Orientaux aussi bien connue que la nôtre le seroit peu, le jugement que nous porterions de l'ancien état de l'*Europe* d'après l'histoire de l'*Inde*, seroit exactement le même, que celui que nous portons ici de l'*Inde*, d'après la connoissance que nous avons de ce qui s'est passé en *Europe*.

Il n'est donc pas plus difficile de concevoir, comment on a retrouvé dans tout l'Orient, une religion, une langue, & des usages presqu' universels, qu'il ne l'est de comprendre, comment la fureur des duels, l'extrême respect pour les femmes, si contraires aux usages des Romains 1), peuvent se retrouver encore aujourd'hui dans toute l'*Europe*, les *Tatares* septentrionaux, qui conquirent l'Orient, y ayant laissé leurs connoissances, comme les *Celtes* donnèrent les leurs à l'*Europe*, en la subjuguant. Monsieur *Bailly*, a tres-bien remarqué à ce sujet, qu'il ne falloit pas moins, qu'un événement aussi considérable, pour engager les habitants d'un pays entier à abandonner leur langue & leur croyance, il seroit en effet ridicule de supposer, que le commerce, des voyageurs, où une guerre passagere, pussent avoir une telle influence sur les moeurs d'une grande nation.

Nous observerons encore, que les termes dans les-quels cette loi est énoncée, ne peuvent laisser aucun doute sur l'esprit d'indépendance & de piraterie, qui formoient dans ces tems reculés le caractère général des Indiens.

---

1) Monsieur *Mallet* prouve incontestablement ce fait; voyés son histoire du Dannemarc, T. I. p. 297 & suivantes.

On voit à cette époque regner dans l'Orient, dans ces climats paisibles, qui semblent n'avoir été créés, que pour être éternellement le centre du despotisme & de la tyrannie, la même liberté, la même énergie, qui a été autrefois l'apanage des peuples actifs & inquiets du Nord. Si le souverain protege ou ordonne une incursion; il a une portion plus considérable du butin. Si elle se fait sans son aveu; il en a une moindre. Le plus adroit, est le mieux payé; & le plus fort, a une part double des autres. Cet état continuel de guerre, n'annonce-t'-il point une nation belliqueuse & conquérante, qui après avoir envahi de vastes contrées, n'a pas encore été soumise elle même par l'influence & les délices du climat?

La peinture que nous venons de faire, convient traits pour traits aux figures gigantesques, qui sont représentées sur la montagne des sépulchres près de Persépolis 1): tout respire dans ces basreliefs, qu'on n'a jamais expliqués, les premiers âges du monde; & ces tems heureux, où l'indépendance jointe au plus beau ciel, sembloit concourir à l'envi au bonheur des hommes. Inutilement me diroit-on, que ces instants ont été courts, je repondrois qu'ils ont peut-être assez duré, pour produire les superbes monuments dont nous parlons, monuments d'autant plus respectables, qu'ils paroissent avoir été élevés par des mains libres, & fortunées, & pour quoi la reconnoissance, n'auroit-elle pas quelques fois sur les ames généreuses le même empire, que la crainte a toujours sur les ames flétries par la servitude?

La tradition de ces peuples, vient encore à l'appui de ce que j'avance, car les Poëtes Persans assurent, que ces personnages représentent un Roi des Indes, & un Roi de Perse, tous deux héros célèbres; le premier nommé *Rustem*, fils de Zal le Blanc, fils de Zam, fils de Noraymon l'Indien; le second Rustem, fils de Tahmour; lesquels après une longue & sanglante guerre, convinrent de la terminer par un combat singulier, que ce combat consistoit à empoigner un anneau de fer, & à l'arracher à son adversaire. Celui à la main duquel il restoit, étoit réputé vainqueur, & donnoit la

___
1) Voyages de Chardin, T. 9. Planche 74. p. 218. & suivantes.

loi 1). Les Orientaux, dit à ce sujet Monsieur *Chardin*, attachent au mot *Ruftem*, la même idée que les Grecs à celui *d'Hercule*, & les *Européens* à celui de *Roland* 2).

Il n'eft pas difficile, de reconnoître dans ces fables, qui font la feule hiftoire des tems héroïques, l'origine des Géants, des Dives & des Péris, pour les-quels les Indiens & les Perfans ont confervé un fi profond refpect. Des hommes lâches & ignorants, fubjugués par une nation courageufe & inftruite, doivent néceffairement, comme les Américains, au moment de la conquête, trouver quelque chofe de divin dans ces nouveaux maîtres: leurs connoiffances, la vigueur de leurs corps, fi peu commune dans les climats chauds, leur donnoient trop d'avantages fur ces peuples amollis, pour qu'ils n'en fuffent pas regardés comme des créatures d'un ordre fupérieur, & cette idée tranfmife d'âge en âge, pendant une longue fuite de fiecles, a été plus que fuffifante, pour produire, dans leur imagination exaltée, ces génies puiffants, qui tour-à-tour leur avoient fait tant de bien & tant de mal. A mefure que les événements s'éloignent, ils produifent, fur l'efprit des hommes, les mêmes illufions, que le foleil en baiffant fur l'horizon, aux approches de la nuit; les ombres deviennent plus grandes, & ne repréfentent les objets, que fous des formes gigantefques & exagérées.

Chapitre 8.

Conclufion.

Les loix civiles des *Celtes* & des *Indiens*, n'ont pas moins de rapport entre elles, que leurs ufages religieux; nous en donnerons ici quelques exemples.

On

1) Voyages de Chardin, Tome 9. p. 120.
2) Idem, p. 117.

On avoit recours chez les *Celtes* au jugement de Dieu, pour découvrir les choses cachées, & cette épreuve se faisoit par le moyen du feu & de l'eau 1). Même usage chez les *Indiens*, où l'on appelle cette épreuve *Punikeh* 2).

Le vol chez les Angles, étoit racheté par la restitution du Triple de ce qu'on avoit pris, tandis que chez les *Saxons* il étoit puni de mort 3).

Quand un vol avec effraction ne passe pas chez les Indiens la somme de cent Roupies, il n'est puni, que par l'amputation d'un membre, qui est cependant rachetable avec une amende de 50 *Ashrufies*. Tout vol, qui va au delà de cent Roupies, est puni de mort 4).

Les coups ou blessures chez les *Celtes*, étoient rachetées par une amende, même le meurtre, à quoi il faut ajouter, que les blessures faites à une fille, se payoient au double 5). La même chose est en usage chez les *Gentoux*, à l'exception du meurtre, qui est puni de mort, si le coupable ne peut pas se racheter en payant la somme de cent *Ashrufies*. 6).

Nous croyons donc pour nous résumer, avoir suffisamment établi:

1. Que la religion des *Celtes* a bien plus de rapport, avec celle des *Indiens*, qu'avec celle des *Guèbres*.

2. Que

1) Histoire du Dannemarc de Monsieur Mallet, T. 1. p. 174.
2) Code des Gentoux, p. 105 & 141 & de la Préface, p. 43.
3) Histoire du Dannemarc, Tom. 1. p. 172.
4) Code des Loix des Gentoux, p. 249 & 310.
5) Histoire du Dannemarc, T. 1. p. 170 & 171.
6) Code des Gentoux, p. 249 & 310.

2. Que la métempsycose n'ayant été adoptée par les Indiens que depuis 5000 ans, ils sacrifioient, avant ce tems aussi bien que les *Celtes*, des victimes à leurs Dieux.

3. Que toutes les Religions fausses ont eu pour souche commune, le Sabéïsme, qui dans les premiers âges du monde a été universellement professé.

4. Que le temple de *Persépolis* a été bati du tems de l'ancien Magisme, & non depuis la réformation de *Zoroastre*.

5. Qu'il est peut-être possible de retrouver un jour l'intelligence des caractères & de la langue des inscriptions de Persépolis.

6. Que les Pagodes de *Djegueseri*, de *Keneri* & *d'Eléphante*, sont d'une datte très postérieure au temple de Persépolis, vû que l'on n'y retrouve ni Lingam, ni aucune des idoles, qui sont adorées dans les Indes depuis la réformation de Vichenou arrivée il y a 5000 ans.

7. Que les *Celtes* & les *Indiens* ont été instruits par les *Tatares*, ou du moins par un peuple qui avoit les mêmes mœurs, fait, qui est attesté par l'identité de leurs loix civiles & religieuses, qui toutes concourent à prouver une origine commune.

Supplément
à l'Essai sur l'Histoire du Sabéisme.

Chapitre 9.
Conformité entre l'Ecriture Runique & l'Ecriture Pehlvi. Runes magiques qui remplacent chez les Peuples du Nord les Talismans de ceux de l'Orient. Notice sur quelques Médailles Persanes.

Les passages suivants, tirés du troisième volume du monde primitif de Monsieur *Court de Gébelin*, ont un rapport trop direct avec la matière que je traite, pour que je puisse les passer sous silence; je les transcrirai donc ici tout au long avec mes observations.

§. I.

„L'Alphabet Runique, dit Monsieur *Court de Gébelin*, que nous donnons en entier dans la planche sixième, est tiré de l'Atlantique d'Olaus Rudbek. Monsieur de Kéralio, Major de l'Ecole Royale militaire l'a rendu plus commun, en le faisant entrer dans les morceaux qu'il a donnés au public sur la littérature Suédoise."

„On ne peut douter, que ce ne soit l'ancien alphabet connu sous le nom des Pélages, & qui se conserva dans divers cantons du Nord, lorsque les *Grecs* s'en furent éloignés, en adoptant celui de 22 lettres. Des lors se terminent toutes les disputes élevées à ce sujet. Si l'on a cru que cet alphabet étoit antérieur au déluge, on a raison, en admettant une écriture avant le déluge, conservée dans cet alphabet. Ceux qui en fixent l'invention quelques siècles après le déluge, ont raison, puisque cette écriture devient alors l'alphabet de 16 lettres."

„Ceux

„Ceux, qui les attribuent à *Odin*, peuvent avoir raison, en ce que la Colonie d'*Odin* les avoit apportées avec elle quand elle vint en *Suède*; aussi *Sturleson* n'en attribue par l'invention à *Odin*.

„On ne peut donc se dispenser, de voir dans ces lettres l'alphabet *Scythique*, porté en *Grèce* par les *Pélages*, longtems avant *Cadmus*, & qu'admet Monsieur *Ihre* 1), ce qu'avoit déjà soupçonné le Père *Mabillon* & *Fréret*.„

„Un seul ordre de personnes perdent à cet accommodement; celles qui ont soutenu, que ces lettres étoient fort postérieures à *Odin*, & même au commencement de nôtre Ere chrétienne 2), sentiment qui a été adopté sous la présidence de Monsieur *Ihre*, trop honnête pour vouloir forcer ses disciples à ne juger que d'après lui; mais qui dut être attaqué par des raisons, auxquelles il semble qu'il n'y a rien à répondre, en envisageant cet alphabet sous le point de vûe le plus général, comme ayant existé avant l'arrivée d'*Odin* en *Suède*, qui y vint d'une contrée, où cet alphabet s'étoit conservé depuis des tems antérieurs à l'alphabet des 22 lettres. Il ne seroit pas même difficile d'indiquer ces contrées: elles étoient peu éloignées de la mer Caspienne; là dut se conserver pendant longtems l'alphabet primitif, tandis qu'il s'augmentoit dans le Midi. Le *Pehlvi* qui n'à que 19 lettres en est une preuve sans replique, s'il s'étoit formé de l'alphabet de 22 lettres, elles s'y trouveroient toutes; ajoutons que l'alphabet *Pehlvi* & l'alphabet Runique appartiennent à des peuples, dont les langues ont de très-grands rapports, & qui furent certainement voisins les uns des autres dans leur première origine.„

„Quant à la discussion, si les *Suédois* & les *Germains* eurent des lettres avant *Odin*, elle ne peut se résoudre, que par des monuments qui n'existent peut-être nulle part; il est cependant bien difficile de croire, que tandis que les *Pélages* & les *Scythes* connoissoient l'écriture, les peuples du Nord, liés avec ceux-là n'en eussent aucune connoissance 3).„

1) Analecta Ulphilana.
2) Entre autres Monsieur Uno von Troil dans les Theses soutenues sous Monsieur Ihre en Upsal en 1769.
3) Monde primitif de Monsieur Court de Gébelin, T. 3. p. 460. 461 & 462.

On voit par ce morceau intéreſſant, combien il eſt facile en adoptant nôtre ſyſtême, d'expliquer les conformités qui ſe trouvent entre l'écriture des *Scandinaves*, & celle des anciens *Perſans*. Egalement conquis par le peuple antidiluvien de Monſieur *Bailly*, qui venoit de la haute *Tatarie*, il étoit tout ſimple de rencontrer chez les uns & chez les autres, quoiqu'à des diſtances aſſés conſidérables, avec une même religion, les mêmes loix & les mêmes moeurs, les mêmes caractères dont ſe ſervoit cette nation courageuſe & inſtruite. En briſant les ſceptres elle éclairoit les hommes, quoiqu'elle ſçut vaincre, elle ne mérita pas d'être haïe.

§. 2.

„N'omettons pas, dit encore Monſieur de Gébelin, un uſage particulier, que les anciens habitans du Nord faiſoient de leurs caractères Runiques, à l'imitation de preſque tous les peuples, qui s'imaginèrent que certains mots avoient le pouvoir de produire des effets étonnans; ils les employoient comme des charmes & un art magique: les peuples du Nord attribuoient une pareille vertu aux mots tracés en caractères Runiques. „

„C'eſt cet uſage des Runes, qui a égaré ceux qui ont cherché l'etymologie de leur nom dans un mot, qui ſignifie *ſortilège, magie*. *Thomas Bartholin* 1) rapporte pluſieurs exemples des prétendues merveilles produites par ce moyen, ſurtout pour rendre ou pour ôter la ſanté. Ainſi la fille de *Thorfin* fut tour à tour attaquée & guérie d'une dangereuſe maladie par des Runes. Il y en avoit ainſi de bonnes & de funeſtes, on en avoit pour la victoire, pour ſe rendre les belles favorables, pour faciliter les accouchements, pour ſe garantir du naufrage, &c. mais malheur à ceux aux-quels tomboient en partage des caractères fautifs; loin de produire d'heureux éffets, ils avoient les ſuites les plus funeſtes, juſqu'à ce qu'un Enchanteur plus adroit eut fourni des runes faciles avec plus d'exactitude 2). „

Je

---

1) Antiquités Danoiſes, Coppenh. 1689 in 4to, p. 630 & ſuivantes.

2) Monde primitif, T. 3. p. 507.

Je demande, s'il est possible de méconnoître dans ces runes magiques les Talismans si universellement répandus, chez tous les peuples de l'Orient; mêmes opinions, même crédulité, de part & d'autre. Les sorciers du Nord sont remplacés dans le Midi par les Dives & les Péries. Ici c'est *Odin*, c'est le premier des Dieux inférieurs, qui apprend aux hommes une manière mystérieuse & sur-naturelle d'asservir les élémens; là c'est *Gian-ben-Gian*, Roi des Genies. Ce sont des Dives, des Péries, des Pénitents, qui par la force de leurs charmes renfermés dans des Talismans, trouvent le moyen de commander à la nature, & de la subordonner à leurs loix. Le sceau de la vérité, qui ne s'altère jamais, paroit empreint sur ces conformités frappantes, & le tems, malgré sa faux meurtrière, n'a pas pu détruire en entier les bornes & les signaux de reconnoissance, que les générations passées avoit posés de loin en loin, pendant le cours rapide des siècles qui se sont écoulés jusqu'à nous.

§. 3.

„Les médailles des numeros 10. 11. 15 & 16, continue Monsieur de Gébelin 1), sont comme nous l'avons déjà dit, des Rois *Parthes*, successeurs des anciens Rois de *Perse* 2). On y voit d'un côté la tête du Prince, qui les fit frapper, au revers un autel avec le feu sacré & des Gardes des deux côtés, des inscriptions qu'on n'a pas encore déchiffrées; mais qu'on expliquera surement des qu'on aura plusieurs de ces médailles, dont les caractères auront été mieux conservés, en les comparant avec l'ancien alphabet *Persan*, qu'a donné Monsieur *Anquetil*, & même avec les anciens caractères Syriaques, & avec les médailles Grecs des mêmes Rois. C'est ainsi que Monsieur *Swinton* a déjà expliqué heureusement une de ces médailles, au moyen des alphabets Caldéens & *Palmiriens* 3), d'où il résulte qu'elle fut frappée par Mannefer qui monta sur le trône l'an 166 de nôtre Ere."

---

1) Monde primitif, Tom. 3. p. 486. Planche 14.

2) Froelich Annales des Rois de Syrie in folio, & son Ouvrage intitulé Numismata anecdota in 4to, de même que Khévenhüller Reges Persici in 4to, Tab. 2.

3) Transact. Philos. Tom. 1. Anno 1757. p. 176.

Les caractères, qui font empreints fur ces médailles, font autant que nous avons pu en juger, à l'infpection de la gravure qu'en donne Monfieur de *Gébelin*, les mêmes que ceux du corps des infcriptions de *Perfepolis*, rapportées par *Chardin*, que nous avons déjà citées, fur quoi nous obfervons, que ce morceau étant compofé de deux efpèces de lettres très-différentes entr'elles ; celles de l'infcription proprement dite, qui font parfaitement femblables à celles de la médaille expliquée par Monfieur *Swinton*, & celles de la bordure, qui font les caractères à cloux, dont nous avons parlé précédemment ; il feroit peut-être poffible, avec ce fecours de déchiffrer la première partie de cette infcription, dont la datte eft néceffairement auffi ancienne, que celle de la conftruction du temple de *Perfepolis*, & pourroit jetter un grand jour fur la matière que nous traittons. Il eft au moins certain, que l'alphabet dont s'eft fervi Monfieur *Swinton*, peut être parfaitement adopté aux caractères de l'infcription de *Perfepolis*, & que fi par hazard la bande de lettres en forme de cloux, qui fert de cadre à cette infcription, n'en étoit que la répétition fous une autre forme, (ce qui n'eft pas hors de vraifemblance,) on parviendroit à retrouver la valeur de de ces caractères finguliers, & oubliés depuis un fi grand nombre de fiècles.

Chapitre 10.

Description du tombeau d'Osimandué, Roi d'Egypte. Sa ressemblance avec les monumens de Persépolis.

Pour ne rien omettre de ce qui est relatif au sujet que je traite, je donnerai ici, d'après *Diodore* de *Sicile*, la description du tombeau d'*Osmandué*, Roi d'*Egypte*. Les rapports multipliés, qui se trouvent entre ce monument, & celui de *Persépolis*, décrit par *Chardin*, ne peuvent laisser aucun doute, que le premier n'ait été bâti sur le modèle du second; & on ne lira peut-être pas, sans quelque intérêt, un morceau aussi précieux, le seul qui puisse nous donner, après la révolution de tant de siècles, une légère idée de la grandeur, & de la magnificence de ces fameux édifices, ainsi que des progrès, que les hommes avoient déjà faits, à cette époque dans les sciences & les arts : nous nous servons de la traduction de Monsieur l'Abbé Terrasson.

„Le tombeau du Roi d'Egypte, surnommé *Osmandué*, étoit placé à dix stades de la clôture des premiers tombeaux, qu'on a dit être des concubines de *Jupiter*. L'entrée du tombeau dont nous parlons, est un vestibule bâti de pierres de plusieurs couleurs ; sa longueur est de deux cens pieds, & sa hauteur de quarante cinq coudées, au sortir de la on trouve un Péristile quarré, dont chaque côté a quatre cens pieds de long; mais ce sont des animaux, chacun d'une seule pierre, taillée à l'antique, & de seize coudées de haut, qui tiennent lieu de colonnes. Des pierres de dix huit coudées ou de vingt sept pieds, en tout sens forment la largeur du platfond,

fond, qui dans toute fa longueur eft femé d'étoiles fur un fond bleu, au de là de ce Périftile eft une autre entrée & puis un veftibule bâti comme le précédent, mais plus orné de toutes fortes de fculptures, ou y voit d'abord trois figures qui ne font enfemble que d'une feule pierre, de la main de *Memnon Syénite*. La principale, qui repréfente le Roi, eft affife, & eft la plus grande de l'Egypte, un de fes pieds, qui a été mefuré, paffe fept coudées, les deux autres repréfentent fa mère & fa fille appuyées fur fes genoux, l'une à fa droite, l'autre à fa gauche; mais elles font plus petites que le Roi. Tout l'ouvrage eft recommandable tant par fa grandeur énorme, que par la beauté du travail, & par le choix de la pierre, qui, dans une furface fi étendue, n'a pas le moindre deffaut, ni la moindre tâche. On a gravé ces mots fur la ftatue. *Je fuis Ofimandué, Roi des Rois; fi quelqu'un veut favoir combien je fuis grand, & où je répofe, il faut qu'il détruife quelqu'un de ces ouvrages.* Il y a une autre ftatue de fa mère feule, de vingt coudées de haut d'une feule pierre. Trois Reines font repréfentées fur fa tête, comme pour marquer qu'elle a été fille, femme & mère de Roi. De ce veftibule, ou paffe dans un autre Périftile bien plus beau que le premier. On y voit gravé fur la pierre, l'hiftoire de la guerre d'*Ofimandué* contre les révoltés de la *Bactriane*. On dit qu'il avoit mené contre eux quatre cens mille hommes d'infanterie & vingt mille chevaux: cette armée étoit partagée en quatre corps, commandé chacun par un de fes fils. On voit donc fur la muraille du devant le Roi, qui attaque les remparts dont le fleuve bat le pied, & qui combat contre quelques troupes qui fe font avancées, ayant à côté de lui un lion terrible qui le défend avec ardeur. Quelques uns difent, que le fculpteur a fuivi en cela la vérité, & que le Roi avoit apprivoifé & nourri de fa main un lion, qui le foutenoit dans les combats, & qui avoit mis fouvent fes ennemis en fuite: mais d'autres prétendent, que ce Roi étant extraordinairement fort & courageux, avoit voulu marquer ces qualités, dont il étoit fort vain, par le fymbôle du lion. Sur la muraille à droite, font repréfentés les captifs que le Roi avoit amenés de cette expedition. Ils ont les parties naturelles, & les mains coupées, comme pour leur reprocher, de n'avoir été ni affés courageux ni affez agiffans dans leur défenfe. Sur la muraille à gauche, font toutes fortes de figures très-parfaites, qui expriment ce triomphe, & les facrifices, que le Roi avoit ordonnés au retour de cette guerre. Au milieu du veftibule, & à l'endroit où il eft découvert, on avoit dreffé un autel d'une très-belle pierre, d'une grandeur étonnante, & admirablement bien travaillée. Enfin, con-

contre la muraille du fond font deux ſtatues, chacune d'une ſeule pierre de vingt ſept coudées de haut, qui répréſentent des perſonnes aſſiſes.

On ſort de ce Périſtile par trois portes, dont l'une eſt entre les deux ſtatues, & les deux autres a leurs côtés; & l'on entre dans un édifice poſé ſur de hautes colonnes, qui a l'air d'un magnifique théâtre de deux cens pieds de profondeur. Il y avoit là une infinité de figures en bois, qui répréſentoient un grand auditoire, attentif aux déciſions d'un Sénat occupé à rendre la juſtice. Sur un des murs étoient les Sénateurs au nombre de trente, au milieu d'eux étoit le chef de la juſtice, ayant un amas de livres à ſes pieds, & portant pendue à ſon cou la figure de la vérité, qui avoit les yeux fermés; cela marquoit, qu'un juge doit porter la vérité dans le coeur, & n'avoir point d'yeux pour les préſens. De là on paſſoit dans une place environnée de palais de toute ſorte de deſſeins, dans lesquels on voyoit repréſentés ſur des tables tous les mets qui peuvent flatter le gout; dans l'un étoit le Roi en habits magnifiques, offrant aux Dieux l'or & l'argent, qu'il tiroit chaque année des Mines de l'Egypte; on voyoit écrit au bas la valeur de ce revenu, qui, rapporté à nôtre monnoye d'argent, montoit à trente deux million de Mines. Dans un autre étoit la bibliothéque ſacrée, avec cette inſcription: *les Remèdes de l'ame*. Dans un troiſième étoient les images de tous les Dieux de l'Egypte, & le Roi qui offroit à chacun d'eux les préſens qui leur convenoient, atteſtant Oſiris & tous les Rois ſes prédéceſſeurs, qu'il avoit exercé la pieté envers les Dieux, & la juſtice envers les hommes. A côté de la bibliothéque, un des plus beaux palais de la place, contenoit vingt tables entourées de leurs lits, ſur lesquels étoient les images de Jupiter, de Junon, & du Roi même; on croit que ſon corps repoſoit là. Pluſieurs bâtimens étoient joints à celui-la, dans lesquels ou voyoit les repréſentations de tous les animaux ſacrés. De là on montoit dans le lieu, qui étoit véritablement conſtruit en tombeau: on avoit élevé ſur la tombe une couronne d'or, d'une coudée d'épaiſſeur, & de trois cent ſoixante cinq coudées de tour. Chaque coudée repondoit à un jour de l'année, & l'on y avoit marqué le lever & le coucher des aſtres pour ce jour là, avec les indications aſtrologiques, que la ſuperſtition des Egyptiens y avoit attachées. On dit que Cambiſe enleva cette couronne, quand il pilla l'Egypte. Tel étoit le tombeau du Roi *Oſimandué*, qui ſur

paſſoit

passoit tous les autres, & par l'étendue immense qu'il lui avoit donnée, & par le travail des ouvriers habiles, qu'il y avoit employés 1). „

1) Histoire universelle de Diodore de Sicile, traduite par Monsieur l'Abbé Terrasson, Tom. 1. p. 81 & suivantes.

Plan

Plan
zur bessern Einrichtung
der
Armen = Casse,
und
der Vertheilung der Allmosen,
in Berlin,

entworfen

von

Herrn Thomas Philipp von der Hagen,

Präsident des Oberconsistoriums, des churmärkischen Amts = Kirchen = Revenüen = und des Armendirectoriums zu Berlin, Chef des Ober = Collegii Medici, des Collegii Medico-Chirurgici, und der gesammten Medicinalanstalten, zweytem Director der churmärkischen Landschaft= und Städte=Casse ꝛc. des Johanniterordens Rittern, Domherrn zu Brandenburg, Erbherrn auf Hohennauen, Rhinow u. s. w.

---

1 7 8 6.

Vorrede.

Ein guter Plan für das Armenwesen einer grossen Stadt, ist weder etwas Leichtes, noch etwas Geringes. Von dem folgenden las ich im Anfang des jetzigen Jahrs eine kurze Nachricht in dem eilften Stück des historischen Portefeuille vom vorigen Jahr, S 528. welche mich begierig nach demselben machte. Ich suchte ihn also zu bekommen, er gefiel mir sehr, und ich bat mir die Erlaubniß aus, ihn drucken lassen zu dürfen, damit er bekannter, vielleicht in einem und dem andern Stück noch vollkommener gemacht, und alsdenn seine Ausführung allgemein begehret würde, und ich bin meines Wunsches theilhaftig geworden. Hier ist er. Berlin, am 16ten Jänner 1787.

Büsching.

Obgleich die hiesigen Armenanstalten dergestalt eingerichtet sind, daß sie in- und ausserhalb Landes zum Muster dienen, so verstatten solche doch noch Verbesserungen. Diese sind bereits beym Arbeitshause 1774, und beym Waisenhause 1777 geschehen, *) und sollen auch bey der Armencasse noch vorgenommen werden.

Die zweckmäßige Vertheilung der Allmosen, daß nemlich dadurch nur wahre Arme oder Elende in ihrer Noth verhältnißmäßig unterstützet, unwürdige Müßiggänger aber durch dieselben nicht gehäget werden, ist mehr Schwierigkeiten unterworfen, als man sich gewöhnlich vorstellet. Es gehöret dazu die genaueste Untersuchung und Ausmittelung der Grade der Dürftigkeit der sich zu Allmosen meldenden Personen, weil der Müßiggänger alle Kunstgriffe anzuwenden weiß, um Allmosen zu erhaschen, und sie den wahren Armen zu praeripiren. Hiernächst ist es nothwendig, daß man bey Vertheilung der Allmosen nicht zu milde sey, weil sich sonst die Leute von Arbeiten entwöhnen, und zum größten Nachtheil des Staats Müßiggänger werden.

Ich werde zuförderst die bisherige Einrichtung der Armencasse kurz anführen, und demnächst Vorschläge zur bessern Einrichtung beyfügen.

Bey dieser Casse sind bisher, ausser dem Rendanten und Controlleur, welche bloß die Geldauszahlungen besorgen, und die Cassenrechnung führen,

    a) zwey Armen-Inspectores und
    b) ein Chirurgus

angestellet, welche die Umstände aller zu Allmosen, oder Aufnahme in ein Armenhaus, oder zur unentgeldlichen Cur in der Charité, sich gemeldete Personen in ihren Wohnungen näher untersuchen, und davon dem Collegio schriftlichen Bericht erstatten. In diesem Bericht soll die Religion und das Gewerbe der Armen, ihr Alter, ob sie verheirathet, Witwer oder Witwen sind, ob und wie viel Kinder sie haben, wie lange sie hieselbst sich aufhalten, ob sie wegen körperlicher Fehler oder hohen Alters zu arbeiten ausser Stande sind, imgleichen wie ihre Krankheit beschaffen ist, bemerket, und das Zeugniß eines Predigers von ihrer Armuth und bisherigen Lebensart, welches unentgeldlich ertheilet, und von den Armen herbey geschaffet werden muß, beygeleget werden.

*) Die Plane, wegen Abstellung der Betteley und Einrichtung des Arbeitshauses, auch wegen besserer Einrichtung des Waisenhauses finden sich in diesem Magazin Th. 12. S. 505 u. 525.

Plan zur beſſern Einrichtung der Armencaſſe,

Nach Eingang dieſes Berichts beſtimmet das Collegium entweder

a) die den Armen monatlich zu gebende Beyhülfe
 α) an Gelde, zu 4. 6. 8. 12. bis 16 Gr. welches Quantum ohne ganz beſondere Umſtände nicht leicht überſchritten wird, weil die Fonds nicht zu Mehrern hinreichend ſind;
 β) an Brodt, weil ſeit 1746 die Einrichtung gemacht worden, daß den Armen zum Theil ſtatt baaren Geldes gewiſſe Brodte, welche in der Bäckerey des Arbeitshauſes gebacken werden, gegeben werden, oder

b) die Aufnahme in das Hoſpital des Arbeitshauſes oder der Charité, oder

c) freye Medicin, und die unentgeldliche Cur durch den Chirurgus der Armencaſſe, oder

d) freye Cur und Verpflegung im Lazaret der Charité.

So gut und regelmäßig dieſe Einrichtung iſt, ſo bleibt es doch unvermeidbar, daß die Umſtände der Armen und Kranken nicht gehörig unterſuchet, und alle erforderliche Nachrichten eingezogen werden, folglich auch die Vertheilung der Allmoſen nicht allemal verhältnißmäßig nach den Bedürfniſſen des Armen geſchiehet.

1) Denn erſtlich ſind die zwey Armen-Inſpectores, wegen Größe der hieſigen Reſidenzien, (welche bekanntlich 2¾ Meile im Umfange haben*), und wozu die auſſerhalb der Ringmauer angebaueten Vorſtädte Voigtland ꝛc. mit gerechnet werden,) auſſer Stande, die ſich meldenden oder angezeigten Armen und Kranken in ihren Wohnungen zu beſuchen, alle Umſtände gehörig zu erforſchen, und davon einen detaillirten gutachtlichen Bericht zu erſtatten. Sie begnügen ſich daher, von den Umſtänden derſelben einen kurzen und ſeichten Bericht einzureichen, und viele ſich meldende Arme gleich auf der Armencaſſe zu vernehmen, und deren Anzeige nieder zu ſchreiben.

2) Der Armen-Chirurgus muß zweytens bey ſeiner geringen Bezahlung ſich hauptſächlich von ſeiner Praxi nähren, und kann daher weder die vorgeblichen ſehr ſchwächlichen Geſundheitsumſtände, noch die Krankheiten der Armen gründlich unterſuchen, noch auch die in unentgeldliche Cur genommene, zumal wenn ſie ſehr entfernt, und weit von einander wohnen, gehörig abwarten; daher wird von demſelben ofte angezeiget:

daß der Kranke nicht auſſer der Charité curiret werden könne,

*) S. Nicolai Beſchreibung von Berlin Th. 1. S. 43. der Einleitung.

da doch dessen Cur in der Wohnung füglich mit sehr geringen Kosten möglich wäre.

Die Anstellung der 2 Armen-Inspektores und des Chirurgi geschahe zu einer Zeit, da die hiesigen Städte halb so groß als gegenwärtig waren, und bey weitem nicht so viele Einwohner hatten. Indessen konnten schon damals die Revisionen der Allmosen-Empfänger von denselben nicht allein bestritten werden, sondern die sämmtlichen Controlleurs der Haupt- und Armencassen mußten ihnen helfen. Dieses ist aber gegenwärtig bey den vermehrten und gehäuften Cassenarbeiten unmöglich.

3) Sind die von den Herren Predigern den Armen ertheilte Atteste mehrentheils sehr unvollständig. Sie beweisen nur, daß der Arme sich zum Abendmahl halte; aber seine hülfsbedürftigen Umstände und Lebensart zc. werden nicht attestiret, folglich beweisen sie größtentheils nicht dasjenige, warum sie ausgestellet worden sind.

4) Werden von den Polizey-Commissariis oder Commissairs de Quartier, welche die Umstände der Armen mehrentheils besser als die Herren Prediger kennen, gar keine Atteste gefordert und beygebracht, oder deshalb mündliche Erkundigung eingezogen. Die eingekommene Berichte werden daher nur dahin abgefaßt, daß der Arme sich nicht völlig oder gar nicht ernähren könne, und hiernach entweder die Aufnahme im Armenhause, oder die monatliche Beyhülfe an Gelde und Brodt, nach der bey der Casse vorhandenen Observanz, verwilliget; wobey zum Grundsatz angenommen worden,

    a) daß eine gesunde Mutter ein Kind ernähren, folglich

    b) sie nur in dem Falle, wenn sie mehr kleine Kinder hat, auf dieselben Brodt erhalten kann;

    c) daß gesunde Eltern alle ihre Kinder ohne Beyhülfe ernähren müssen;

    d) daß eine 55 bis 60jährige Person sich noch durch ihre Arbeit erhalten, und

    e) daß ein Kind, welches noch den Vater oder die Mutter am Leben hat, nicht ins Waisenhaus aufgenommen werden könne zc. zc.

Bey diesen Umständen ist es der größten Sorgfalt des Collegii ungeachtet, weil es sich auf die einkommende Berichte lediglich verlassen muß, und das Detail jedes Armen nicht übersehen kann, unvermeidlich gewesen, theils, daß unwürdige Almosen-Empfänger sich mit eingeschlichen haben, und theils, daß den wahren Armen nicht allemal nach dem Maaß ihrer Dürftigkeit Almosen gereichet worden.

Verschiedene sind z. B. in das Hospital entweder der Charité oder des Arbeitshauses, weil sie nach dem Bericht der Armen-Inspectoren sich gar nicht mehr ernähren können, aufgenommen, wovon sich das Gegentheil bey den Revisionen der Häuser gezeiget hat; dagegen sind oft diejenigen Personen, welche sich, da sie wegen Krankheit oder gänzlichem Mangel an Arbeit in Noth gerathen, zu Almosen gemeldet haben, deshalb abgewiesen worden, weil sie sich, nach den Berichten der Inspectoren, mit ihren Familien noch ernähren könnten, und haben nachher mit grössern Kosten unterstützet, und zum Theil völlig erhalten werden müssen. Ferner sind bisweilen nach dem Ableben der Almosen-Empfänger die monatlichen Beyhülfen von derselben Bekannten noch einige Monate abgeholet worden, weil das Absterben der Armen der Casse nicht angezeiget war.

Indessen hat man wegen Mangel der Fonds bisher nicht mehr Armen-Inspectores anstellen wollen, obgleich die Anzahl der Armen sich sehr vermehret hat.

Vormals hatte eine gewisse Anzahl der hiesigen ersten Bürger, unter dem Namen der Deputirten der Armencasse, es übernommen, die Umstände der in ihren Revieren wohnenden Armen und Almosen-Empfänger mit zu untersuchen und zu revidiren, wodurch nach der ihnen 1738 ertheilten Instruction alles genauer eruiret werden konnte. Sie waren gleichsam die Controlleurs der Armen-Inspectoren, und das Armen-Directorium wurde dadurch mehr in den Stand gesetzet, die den Armen zu leistende Beyhülfe nach dem Verhältniß ihrer Bedürfnisse zu bestimmen. Da aber diese Deputirte weder Besoldung noch andre Emolumente erhielten, sind sie nach und nach abgegangen, und seitdem haben sich dergleichen Männer zur unentgeldlichen Uebernehmung dieser Besorgung nicht finden wollen. Wollte man aber angesehene Bürger zu dieser Arbeit von Obrigkeitswegen anhalten, so würde solches nicht nur zu gerechten Beschwerden, daß sie dadurch ihre Geschäfte und Nahrung versäumten, Anlaß geben, sondern auch der Endzweck verfehlet werden, weil der Zwang bey Uebernehmung dieser Arbeiten dem hiebey vorzüglich nöthigen Eifer und der gewissenhaften Sorgfalt hinderlich seyn würde.

Sollten sich in der Folge dergleichen Männer von der Bürgerschaft wieder finden, welche die Umstände der in ihren Straßen und Revieren wohnenden Armen, zugleich mit den Inspectoren und Chirurgis, recherchiren und revidiren wollten, so würden die Untersuchungen zweckmäßiger geschehen, und die Wahrheit desto leichter

leichter herausgebracht werden können, weil diese Deputirte die Armen und deren häusliche Verfassung zum Theil kennen, und solche öfters nachsehen können.

Es sind zwar vom Directorio zur Verhütung der Mißbräuche die Geld- und Brodtallmosen größtentheils nur auf eine gewisse Zeit, nemlich auf 6 Monate oder ein Jahr verwilliget, und den Empfängern ist aufgegeben worden, sich nach Verlauf dieser Zeit wieder zu melden, damit die Umstände von neuem untersuchet, und bey deren Veränderung auch die Allmosen entweder vermehret oder vermindert werden könnten:

Allein diese Vorsicht hat nicht den erwarteten Nutzen bewirket, weil die Armen-Inspectores wegen Zeitmangel mehrentheils keine besondere Untersuchung vorgenommen, sondern nur dahin berichtet haben, daß der Zustand des Armen sich nicht verändert habe.

Durch eine Haupt-Revision sämmtlicher Allmosen-Empfänger würden zwar verschiedene Mißbräuche entdecket werden; allein dieselbe könnte nur auf die Art bewirket werden, daß die Armen nach und nach auf der Armencasse von einigen Räthen des Collegii vernommen würden, und daß darüber ein Protocoll gehalten würde. Dieses kann man aber von den Räthen des Directorii nicht verlangen, weil sie bekanntermaßen unentgeltlich beym Armen-Directorio dienen, daher andere Aemter verwalten, welche sie beschäftigen, und ihnen zu den Revisionen der Armen keine Zeit übrig lassen. Der Endzweck würde dadurch auch nicht einmal erreicht werden, weil die Revisionen, wenn sie gründlich und von Nutzen seyn sollen, in den Wohnungen der Allmosen-Empfänger geschehen müssen; und hierzu fehlt es an qualificirten Revisoren. Dem Secretario Collegii können solche um so weniger übertragen werden, weil er bereits die Revision der Kostkinder des Waisenhauses besorget.

5) Sind von den Allmosen-Empfängern darüber Beschwerden geführet worden, daß sie an dem zur Abholung der monatlichen Beyhülfe den Armen bestimmten Tage, oft nicht sämmtlich abgefertiget, sondern einige den folgenden Tag wieder zukommen beschieden worden.

6) Gleichermassen ist solches in Ansehung des Freyholzes, daß solches nicht an die ärmsten Familien vertheilet worden, geschehen.

7) Klagen die Armen, welche wöchentlich gewisses Brodt für ihre Kinder empfangen, daß solches nicht hinreiche, und verschiedene wünschen, daß ihnen statt des Brodts Geld gegeben werde, weil ihnen das wöchentliche Abholen desselben zu beschwerlich sey.

Bey

Bey Vertheilung der Almosen kommt es darauf an, daß diejenigen Personen, welche keinen hinlänglichen durch Arbeit zu erwerbenden Unterhalt, zumal bey einer starken Anzahl Kinder, haben, vorzüglich aber die, welche durch Unglücksfälle, Krankheiten und Leibesschäden zurück gekommen sind, imgleichen diejenige einzelne Personen, die Alters, Unvermögens, Kränklichkeit oder besonderer Gebrechen halber, entweder nichts, oder doch nicht viel verdienen können, oder kleine Kinder haben, nach dem Grade ihrer Bedürfniß mit dem nothwendigen Almosen unterstützet werden.

Hierbey wird man einwenden, daß die erste Art der Armen, welche nemlich gesund sind, und nicht hinlänglichen Unterhalt durch Arbeit erwerben können, wenn sie gleich Kinder haben, nicht zur Verpflegung der Armencasse gehören. Dieses ist gegründet, und dergleichen Leute sind auch, wenn sie sich gemeldet haben, bisher abgewiesen worden, weil die Finanz- und Polizey-Collegia eigentlich dafür sorgen müssen, daß den armen Fabrikanten, Handwerkern ꝛc. Arbeit verschaffet werde. Da aber solches der dieserhalb mit gedachten Collegiis geführten Correspondenz ohngeachtet nicht geschiehet, so bleibt dergleichen Leuten nichts anders übrig, als entweder zu betteln, und alsdenn werden sie auf 3 Monate nach dem Arbeitshause gebracht, wodurch sie ihre Nahrung und Kunden völlig verlieren; oder sie versetzen ihre wenige Mobilien, Betten und Handwerkszeug, und fallen in der Wucherer Hände, da sie denn endlich in solchen Grad der Armuth versinken, daß sie entweder wegen Kränklichkeit der Armencasse und den Armenhäusern beständig zur Last bleiben, oder sie laufen aus Berlin, und die Armenanstalten müssen die Kinder ernähren. Bey diesen Umständen ist es also besser, dergleichen Familien auf einige Zeit eine Beyhülfe zu geben.

Um das Bedürfniß der Armen gehörig zu bestimmen, ist zuvörderst genau auszumitteln und festzusetzen;

> wie viel eine Person hieselbst zum nothdürftigen Unterhalt täglich und monatlich unumgänglich gebrauche.

In den hiesigen Armenhäusern hat nach einer 6jährigen Fraction

S. Beylage No. 1.

a) im Hospital der Charité die Person täglich . . 2 Gr. $1\frac{1}{2}$ Pf.
b) im Arbeitshause . . . . 1 Gr. $6\frac{77}{184}$ Pf.
c) im Irrenhause . . . . 1 Gr. $7\frac{1}{2}$ Pf.

gekostet, und man kann im Durchschnitt 1 Gr. 8 Pf. rechnen.

Im Waisenhause kosten die Kinder wegen der daselbst befindlichen Officianten, Lehrer ꝛc. und wegen der Kleidung zu viel, als daß man solches zur Regel nehmen könnte.

Ob nun gleich die in der Stadt wohnende Personen noch Hausmiethe, ingleichen das ihnen zu geringen Preisen assignirte Brennholz, und überdem das Brodt beym Bäcker theurer bezahlen müssen, als es in den Armenhäusern gebacken wird, so muß man andrer Seits in Betrachtung ziehen, daß in den Armenhäusern die Erhaltung der Officianten und Domestiquen ein Ansehnliches kostet, und daß die Armen in diesen Häusern täglich Fleisch und 2 Maaß schwaches Bier erhalten, welches die in der Stadt wohnende Armen nicht haben können, weshalb sich die Kosten ziemlich compensiren werden. Ich rechne daher

a) auf einen Mann

täglich 2 Gr. also monatlich, den Monat zu 30 Tage . 2 Rthlr. 12 Gr. —
    als, 1¾ Pf. Brodt im Durchschnitt . 7 Pf.
    zu Gemüse, Fleisch, Salz, Getränke . 9 :
    zu Miethe . . . 6 :
    zu Holz . . . 2 :
                       . 2 Gr. —

b) Auf eine Frau, welche beym Mann ist, und daher weder Quartier noch Holz bezahlen darf,

täglich 1 Gr. 1 Pf. und monatlich . . . 1 Rthlr. 8 Gr. 6 Pf.
    als, 1¾ Pf. Brodt . . 7 Pf.
    Gemüse, Fleisch ꝛc. ꝛc. ꝛc. . 6 :
                       . 1 Gr. 1 Pf.

c) Auf eine Witwe mit 4 und mehr Kindern, welche sich wegen der Kinder allein einmiethen muß,

täglich 1 Gr. 9 Pf. und monatlich . . . 2 Rthlr. 4 Gr. 6 Pf.
    als, 1¾ Pf. Brodt . . 7 Pf.
    Gemüse und übrige Bedürfniß . 6 :
    Miethe 6 Pf. Holz 2 Pf. . 8 :
                       . 1 Gr. 9 Pf.

d) Auf eine Witwe mit 2 bis 3 Kinder, welche mit einer Familie zusammen in einem Quartier wohnen, muß man nehmen, täglich 1 Gr. 5 Pf. und monatlich . . . 1 Rthlr. 18 Gr. 6 Pf.
als, Brodt = = = 7 Pf.
Gemüse und übrige Bedürfniß . 6 -
Miethe und Holz zur Hälfte, weil sie mit
einer andern zusammen wohnt = 4 -
----
1 Gr. 5 Pf.

e) Wenn Eltern oder Witwen mehr Kinder haben, auf ein Kind im ersten Jahr, da es an der Brust ist, nichts weiter, als daß der säugenden Mutter täglich 4 Pf. mehr gegeben werden, theils
 1) weil sie etwas bessere Nahrungsmittel, als Hafergrütze ꝛc. die erste Zeit nehmen muß;
 2) wegen Wartung des Kindes wenig arbeiten und verdienen kann, und
 3) dem Kinde, besonders die letzte Monate, täglich etwas Semmelsuppe geben muß, um es zum Essen zu gewöhnen.

f) Auf ein Kind von 2 bis 5 Jahr,
täglich 9 Pf. und monatlich . . . — 22 Gr. 6 Pf.
als, ½ Pf. Brodt = = = 3 Pf.
Gemüse und übrige Bedürfniß . 6 -
----
9 Pf.

g) Auf ein Kind von 5 bis 12 Jahr,
täglich 1 Gr. und monatlich . . . 1 Rthk. 6 Gr. —
als, 1 Pf. Brodt = = 5 Pf.
Gemüse ꝛc. ꝛc. . = 7 -
----
1 Gr. —

Man wird zwar hierwider einwenden, daß der tägliche Bedarf zu geringe gerechnet sey; allein
 1) kann eine Familie, wenn sie zusammen wohnt und isset, wohlfeiler leben, als wenn jede Person für sich besonders lebet und kochet.
 2) Kommt es nur auf den nothdürftigen Unterhalt an, und daher ist wöchentlich auf eine erwachsene Person ein halb Pfund Fleisch und das schwächste Getränke (Kovent genannt,) gerechnet worden.*) So gut als vorgedachtermassen die alten
und

*) In den Hospitälern zu Paris bekommt die Person täglich nur 1 Pfund Brodt und 2 Unzen oder ein sechstel Pfund Fleisch, und zwar nur um den andern Tag; die andern Tage aber

und gebrechlichen Armen in den Hospitälern gehalten werden, womit ein in Nahrung stehender Handwerksmann sich gern begnüget, können die Stadtarmen freylich nicht leben.

3) Ist das Brodt im Durchschnitt ziemlich hoch gerechnet, weil es bey mindern Kornpreisen wohlfeiler ist.

4) Erhalten einige Arme unter der Hand kleine Beyhülfen von Verwandten oder andern Leuten.

5) Wird den Armen das Holz zu geringen Preisen, als der Viertelklafter Klobenholz zu 2 Rthlr. 15 Gr. und das Viertel Knüppelholz zu 2 Rthlr. 9 Gr. gegeben, welches aufs ganze Jahr täglich ohngefehr nur 2 Pf. beträget.

6) Wird für die armen Kinder das Brodt aus dem Arbeitshause gegeben, wovon das Pfund bey hohen Kornpreisen 3 Pf. und sonst nur 2 Pf. kostet.

7) Ist um deswillen kein Schulgeld für die Kinder gerechnet, weil sie bey den Armen-Schulhaltern Freyschule bekommen.

Werden nun diese Sätze angenommen, so ist künftig die Ausmittelung des Grades der Bedürfniß des Armen, ob er nemlich die Hälfte, ⅓ oder ¼ seines Unterhalts noch zu verdienen im Stande sey, hiernach genau vorzunehmen, und ihm das fehlende an Geld oder an Brodt zu geben, so wie solches bereits in dem 1774 gemachten Plan, wegen besserer Einrichtung des Arbeitshauses, bestimmt worden ist. *)

Hierbey setze ich zum voraus, daß ein jedes Individuum, welches Almosen erhält, nach den Kräften seines Alters und seiner Gesundheit arbeiten muß. Sollten Personen wegen Alters oder wegen andrer Leibesfehler oder Kränklichkeit nicht mehr ihre gewöhnliche Arbeiten, z. B. der Woll- und Seidenweber auf dem Stuhl zu arbeiten, und ein Profeßionist sein erlerntes Handwerk zu treiben, nicht mehr im Stande seyn, so können sie doch Wolle spinnen, spuhlen, und dergleichen leichte Arbeit verrichten. Ein jedes Kind von 5 bis 6 Jahren muß auch zum Wollspinnen angeführt und angehalten werden. **) Diese Arbeit ist die allgemeinste, leichteste, und für beyde Geschlechter und Kinder auszuführen; und da das Materiale wegen der guten Schäfereyen in der Mark vorhanden ist, so werden auch die Wollfabriken vor allen

---

aber bloß etwas Erbsen oder Bohnen. S. Gentlemens Magazin von 1763, Monat Junius S. 292. und Tableau de l'humanité en precis historique des Charités qui se font dans Paris, 1769. duodetz, S. 15 und 32.

*) S. dieses Magazin a. a. O. S. 503 u. 411.

**) Es ist daher auch in dem kurzen Unterricht von der Nothwendigkeit und Weise, die umlaufenden Bettler abzuschaffen, und den Mitteln, die würdige Armen zu versorgen, welcher 1770 in Wien in 8vo gedruckt worden, festgesetzet, daß in den Armenhäusern nur Wollspinnen vorgenommen, und die Kinder gleichfalls dazu angehalten werden sollen, S. 104.

allen andern stets im Flor bleiben, und die Wollspinnerey wird den Armen beständig Arbeit gewähren.

Ein Almosenempfänger muß sich daher gefallen lassen, daß man ihm, falls er nicht fleißig ist, oder sich wohl völlig dem Müßiggang ergiebet, oder seine Kinder ausser den Schulstunden zur Arbeit anhalten läſſet.

Bey dieser Einrichtung wird mancher Faullenzer zur Arbeit zurückkehren müſſen, und die Erfahrung hat 1774, bey Abstellung der Gaſſenbettelen, gezeiget, daß unter 8 bis 900 öffentlichen Bettlern sich noch nicht 200 wahre Hülfsbedürftige befanden, die übrigen aber theils im Arbeitshause ihr Brodt verdienen konnten, theils in ihren Wohnungen zur Arbeit zurückkehrten, und die Fremden sich wieder nach ihrer Heimath zurück begaben.

So schwer indeſſen auch diese Ausmittelung zu seyn scheinet, so ist sie doch auszuführen. Denn die Armen-Inspectores müſſen künftig es nicht bloß bey den Angaben der Armen bewenden laſſen, und solche als Wahrheiten annehmen, sondern bey den Eigenthümern der Häuser, woselbst die Armen wohnen, bey den Nachbaren, ferner bey den Viertels- oder Polzey-Commiſſariis, oder bey den Stadtverordneten, und wenn es Handwerker oder Fabrikanten sind, bey den Altmeistern, sich erkundigen, wie viel der sich gemeldete Arme nach seinem Alter und Gesundheitsumständen, entweder durch sein erlerntes Metier, oder durch andre Handarbeiten, täglich oder wöchentlich zu verdienen im Stande sey? ob und wie viel er von Verwandten, Wohlthätern, oder aus andern Caſſen, monatlich oder wöchentlich ꝛc. erhalte? um zu beurtheilen, wie viel nach vorgedachten Grundsätzen noch zugeschoſſen werden müſſe.

Ueberdem müſſen sie von sämmtlichen Armen eine genaue Liste, welche nach den Straſſen und Häusern eingerichtet ist, halten.

Der Chirurgus muß gleichfalls die Gesundheitsumstände, imgleichen die vorgeblichen körperlichen Fehler und Gebrechen der Armen, auf das sorgfältigste untersuchen, deshalb bey andern Nachfrage halten, und nach genauer Prüfung sein pflichtmäßiges Gutachten dahin abgeben, ob der Arme, der ihm zugestoſſenen Zufälle und Fehler ungeachtet, seinen Unterhalt nach dem vorgeschriebenen Maaßstabe ganz, halb, oder zu einem mindern Theil, durch Arbeit zu erwerben vermögend sey?

Ferner hat der Chirurgus zu untersuchen, ob der Kranke, welcher mit der Gicht oder Fußschäden behaftet, oder mit Haemorrhoidal-Anfällen beschweret ist, dennoch auf einem grossen Rade Wolle spinnen kann, weil die Arbeit stehend geschehen muß,

muß, oder ob solches nur auf einem kleinen Rade im Sitzen geschehen könne? Im ersten Fall wird das Stück wollen Garn inclus. der Zubereitung, mit 1 Gr. 6 Pf. und im letztern nur mit 11 Pf. bezahlt. Es ist also bey dem Verdienste nothwendig darauf Rücksicht zu nehmen.

Alles dieses verstehet sich indessen nur von Leuten, welche beständig sich mit ihrer Hände Arbeit ernähret haben. Im Fall aber Personen von besserm Stande, z. B. Witwen eines in königl. Diensten gestandenen Raths, oder eines Officiers ꝛc. dergestalt verarmet sind, daß sie zu den öffentlichen Fonds ihre Zuflucht nehmen müssen, so ist zu untersuchen, wie viel dieselben durch Baumwollespinnen, Nähen, Seidewickeln, ꝛc. täglich verdienen können? weil dergleichen Personen schwere Arbeiten zu verrichten nicht im Stande sind.

Daß ein Kind von 6 Jahren, ausser den Schulstunden, durch Wollespinnen täglich etwas verdienen kann, bestätiget die Erfahrung, weil sich im Arbeitshause kleine Kinder befinden, welche ausser den täglichen 6 Schulstunden wöchentlich 3 bis 6 Stücke wollen Garn spinnen, und dadurch ihre Kost ziemlich verdienen, wie die Special-Spinnlisten des Hauses ausweisen.

Viele Allmosen-Empfänger werden zwar vorwenden, daß weder sie noch ihre Kinder Wolle spinnen könnten, allein sie müssen solches eben sowohl als alle in das Hospital des Arbeitshause aufgenommene Personen, ohne Unterscheid des Alters und des Geschlechts, lernen. Die in diesem Hause befindliche Arme bestehen größtentheils aus alten, abgelebten, gebrechlichen Personen, und aus Kindern, und dennoch verdienet jede Person im Durchschnitt täglich über 11 Pfennige.

Im Fall in einer Familie ein Kind von 7 bis 8 Jahren zur Wartung eines ganz kleinen noch kein Jahr alten Kindes gebraucht wird, und also nicht spinnen kann, so ist dieses gleichfalls im Bericht zu bemerken, und erwächset dadurch wenigstens der Nutzen, daß die säugende Mutter in diesem Fall desto mehr Zeit zur Arbeit erhält.

Auf Kinder können nur bis in das 12te Jahr Allmosen gegeben werden, weil solche alsdenn entweder bey andern Leuten in Diensten, allenfalls nur gegen freye Kost, untergebracht werden, oder ihren Unterhalt durch Spinnen verdienen müssen. Dafern auch bey der ersten Untersuchung nicht allemal genau ausgemittelt werden sollte, wie viel eine Person nach ihren Kräften durch Arbeiten zu verdienen im Stande sey, so wird bey den wiederholten Revisionen der Allmosen-Empfängere solches immer mehr rectificirt, und genauer bestimmet werden können.

Um

Plan zur bessern Einrichtung der Armencasse,

Um diesen Endzweck zu erreichen, ist ad 1) vorläufig noch ein Armen=Inspector anzustellen, und wenn sich in der Folge zeiget, daß drey die Arbeit nicht bestreiten können, wird noch einer angenommen werden müssen.

Unter diese 3 Inspectores sind die Reviere der Stadt dergestalt zu vertheilen,

    daß einer Berlin, die Spandower=Königs=und Stralower Vorstadt,

    der andere Alt=und Neu=Cölln, den Werder, und den daran stossenden Theil der Friedrichsstadt bis an die Jerusalemsstrasse, imgleichen die Cöllnische oder Cöpenicksche Vorstadt, und

    der dritte die Neustadt, und den übrigen Theil der Friedrichsstadt, besorget.

Ein jeder muß nicht nur in diesem ihm angewiesenen Viertel wohnen, sondern auch die darinn befindlichen Armen näher kennen zu lernen suchen, und diese müssen, wenn sie nach einer andern Gegend der Stadt hinziehen wollen, solches dem Armen=Inspector ihres Reviers anzeigen, um sie auf seiner Liste zu löschen, und den Inspector des Viertels, wohin sie ziehen, davon zu benachrichtigen, damit dieser sie nun auf seiner Liste der Almosen=Empfänger setze.

ad 2) Da auch schon vorher angeführet worden, daß ein Chirurgus die sämmtlichen Almosen=Empfänger und Kranke zu besorgen ausser Stande sey; so ist nothwendig deshalb eine Aenderung zu treffen, und diese Besorgung 6 Stadt=Chirurgis zu übertragen, auch jedem derselben jährlich 50 Rthlr. zu geben. In jedem vorgedachten Revier des Armen=Inspectoris müssen zwey Chirurgi wohnen, welche nicht nur den Untersuchungen und Revisionen der Armen allemal mit beywohnen, und die Gesundheitsumstände derselben auf das sorgfältigste recherchiren, sondern auch die Kranken besuchen, und mit der nöthigen Medicin versehen.

Von dieser Einrichtung würden die Armenanstalten ausnehmenden Nutzen haben, weil gegenwärtig, da der Chirurgus die Patienten nicht abwarten kann, viele Kranke zur Cur nach der Charité geschicket werden, welche bey gehöriger Verpflegung in ihren Wohnungen, bey einer während der Krankheit zu gebenden Beyhülfe aus der Armencasse, curirt werden könnten. Diese Chirurgi würden auch die kranken Kinder vom Waisenhause, welche bey Leuten in ihren Revieren in Kost gegeben sind, curiren müssen, weil der Chirurgus des Waisenhauses solche sämmtlich gehörig zu besuchen nicht im Stande ist, wogegen dieser einen Theil der kranken

Almo=

Almosen-Empfänger in dem Revier der Stadt, wo er wohnet, in Cur nehmen müßte.

In der Charité ist die Cur und Verpflegung weit kostbarer; und da die Kranken verschiedener Art, wegen Mangel des Platzes, in ein Zimmer zusammen geleget werden müssen, so gehet die Cur oft langsam von statten. Hiernächst gefällt es dem Armen, welcher reconvalesciret, in der Anstalt, und er gehet nicht eher heraus, als bis er wieder seine Kräfte gesammlet hat. Seine Wirthschaft wird dadurch nicht nur versäumet, sondern er würde auch, wenn er zu Hause geblieben wäre, beym Reconvalesciren einige Arbeit vornehmen. *)

Da die Medicin für die armen Kranken aus der Schloßapotheke unentgeldlich gegeben wird, so sind diese Chirurgi besonders zu verpflichten, daß sie die Medicin an keine andere, als an die kranken Almosen-Empfänger geben, und damit sparsam umgehen.

So lange indessen der zeitige Armen-Chirurgus seinem Posten vorzustehen noch im Stande ist, muß man denselben dabey belassen, und ihn künftig in zwey von vorerwehnten Revieren, als in Berlin, Cölln und dem Werder und Vorstädten, die nöthige Recherchen der Armen, imgleichen die Curen der Kranken, besorgen lassen, in dem vorgedachten dritten Revier aber, nemlich der Neustadt und Friedrichsstadt, würden 2 Stadt-Chirurgi vorerwehntermassen anzustellen seyn. Es ist nicht zu zweifeln, daß die Stadt-Chirurgi diese Arbeit gegen ein Douceur zu übernehmen sich bereitwillig finden lassen werden, theils, weil sie dadurch bey ihren Nebenbürgern viel Gutes stiften können, theils auch, weil verschiedene nur geringe Praxin haben, und diese Arbeit füglich abwarten können.

Was die vorgedachte observanzmäßige Grundsätze ad a. b. c. d. und e anbetrift, so leiden solche, meines Dafürhaltens, sehr viele Ausnahmen, und können daher nicht zur allgemeinen Regel dienen, sondern in jedem besondern Fall ist nach den Umständen zu verfügen; denn

ad a. und b. ist sehr oft eine gesunde Mutter ausser Stande, ihr Kind zu ernähren. Da sie Miethe und Holz bezahlen muß, so kann sie bey gehöriger Wartung eines Kindes selten so viel verdienen, daß 2 Personen ohne einige Unterstützung davon leben können. Daher ist auch bereits 1774 die Einrichtung getroffen worden, daß die in der Charité accouchirte Personen, wenn sie sonst nicht unter

---

*) Selbst in Spanien hat man anerkannt, daß es besser ist, die armen Kranken in ihren Wohnungen, als in den öffentlichen Krankenhäusern curiren zu lassen. S. Gazette littéraire.

unter zu kommen wissen, 3 Monate in das Hospital des Arbeitshauses aufgenommen werden*). Es würde also jedesmal nur genau zu untersuchen seyn, ob dergleichen Personen von Verwandten, oder, wenn es Geschwächte sind, vom Vater des Kindes, Beyhülfe erhalten, und wenn dieses nicht ist, würde man nach den Umständen denselben, wenn sie sich deshalb melden, eine Beyhülfe zufliessen lassen müssen. Geschiehet solches nicht, so wird das Kind nicht gehörig ernähret und verpfleget, es wird kränklich, zehret ab, und stirbt, und der Staat verliert dadurch einen Menschen, welcher mit wenig Kosten hätte erhalten werden können.

Ad c. sind die Gründe, weshalb gesunde Familien auch oft unterstützet werden müssen, bereits vorher angeführet worden.

Ad d. dieser leidet sehr viel Ausnahmen. Eine Person von 50 Jahren ist oft weit schwächlicher als eine von 70, und es kann daher nicht sowohl aufs Alter, als auf die Gesundheit und übrige Umstände in jedem Fall Rücksicht genommen werden.

Ad e. findet es sich sehr oft, daß Kinder, welche entweder noch einen Vater oder eine Mutter haben, weit hülfsbedürftiger sind, als diejenigen, welche völlig elternlos sind. Es würde also diesen Kindern in dergleichen Fällen die Wohlthat des Waisenhauses nicht versaget werden können, zumal da kein besonderes Gesetz vorhanden ist, daß nur Kinder, welche keinen Vater und Mutter haben, in dasselbige aufgenommen werden sollen. Ueberdem ist durch ein Hof-Decret bereits 1778 festgesetzet worden, daß auch nur halbelternlose Kinder, reformirter Confession, in das Haus aufgenommen werden sollen. Indessen würde es besser seyn, dergleichen Kinder bey den noch lebenden Müttern oder Vätern oder bey andern Leuten in Kost unter zu bringen, als sie in das Haus aufzunehmen, und daselbst zu erziehen.

Ad 3. wäre das lutherische Ober-Consistorium und das reformirte Kirchen-Directorium zu ersuchen, den Predigern bekannt zu machen, die den Armen zu ertheilende Atteste nach einem gewissen Formular einzurichten, und

ad 4. das Polizey-Directorium und der Magistrat wären zu requiriren, den Viertels-Commissarien, Stadt-Verordneten, Handwerks-Aeltesten ꝛc. zu intimiren, daß sie den Armen-Inspektoren und Chirurgis, wenn sie wegen der Umstände der Armen sich Auskunft erbitten, solche ertheilten, auch erforderlichen Falls deshalb schriftliche Atteste gäben; imgleichen sich die Armen, welche in den ihrer Aufsicht anvertrauten Revieren wohnen, mehr bekannt machten, und deshalb von Zeit zu Zeit Nachricht einzögen.

*) S. dieses Magazin Th. XII. S. 405.

Ad

Ad 5) ist es nothwendig, daß diejenigen Almosen-Empfänger, welche an einem bestimmten Tage zur Abholung derselben bestellet sind, solche auch ohnfehlbar erhalten. Die Officianten der Armencasse wissen aus Erfahrung, wie viel Personen an jedem Tage die Almosen erhalten können, sie müssen daher schlechterdings nicht mehrere bestellen, als abgefertiget werden können, und noch weniger in der zur Vertheilung bestimmten Zeit andre Arbeiten vornehmen. Die Armen, welche von der Casse entfernet wohnen, gebrauchen einen halben Tag Zeit zur Abholung des Geldes, und würden, wenn sie zweymal kommen müßten, monatlich einen Tag in ihrer Arbeit verlieren. Hiernächst hat der Arme auch seine Einrichtung bereits darnach gemacht, für das am bestimmten Tage zu empfangende Geld nothdürftigen Unterhalt zu kaufen. Er geräth also in die äusserste Verlegenheit, wenn er einen Tag länger warten muß, und kann dadurch Mangel an Brodt und am Nöthigsten leiden. Es sind daher künftig von den Inspectoren diejenigen Armen namentlich zu bestimmen, welche an jedem Tage zum Empfang des Geldes sich einstellen sollen, und diese müssen solches auch sämmtlich, ohne Einwendung und Ausnahme, jedesmal erhalten. Dieses wird künftig weit leichter zu bewirken seyn, weil jeder Inspector nur die Armen in dem ihm angewiesenen Stadt-Revier zu besorgen hat, folglich können an einem Tage nur die unter Aufsicht eines Inspectoris wohnende Armen bestellet, und den 2ten und 3ten Tag die aus den andern Revieren zur Abholung beschieden werden.

Uebrigens verstehet es sich von selbst, daß, obgleich ein jeder Inspector eine besondre Liste von den in seinem Revier wohnenden Almosen-Empfängern hat, und genau fortführet, dennoch das Hauptverzeichniß aller Almosen-Empfänger, wie bisher, unverändert continuirt werden muß.

Ad 6) würde den Beschwerden wegen des Holzes dadurch abgeholfen werden, wenn künftig einer jeden Familie, ingleichen einer Witwe mit 4 und mehr kleinen Kindern, welche Almosen empfängt, $\frac{1}{2}$ Haufen Holz zu geringerm Preise, zwey Witwen, welche nur 3 Kinder haben, und zusammen wohnen müssen, gleichfalls $\frac{1}{2}$, und also einer jeden $\frac{1}{4}$ Haufen Holz, gegeben, das übrige aber von den Herren Predigern unter die anderen Armen ihrer Parochie vertheilet würde.

Ad 7) es sind, vorangeführtermaßen, ehemals sowohl erwachsenen Armen als deren Kindern gewisse Brodte, und zwar auf die Person monatlich 4 Stücke, jedes zu 4 Pfund, welche wöchentlich abgeholet werden müssen, gegeben worden. 1771 wurde aber die Einrichtung getroffen, daß nur auf Kinder Brodt gegeben werden, und künftig jedes Brodt nur $3\frac{1}{2}$ Pfund wiegen sollte. Nun ist nicht zu leugnen, daß ein Kind von 4 bis 12 Jahren, täglich mehr als $\frac{1}{2}$ Pfund Brodt zu seiner Nahrung gebraucht, und gewöhnlich täglich 1 Pfund verzehret, weshalb auch auf jedes Kind im Arbeitshause so viel gerechnet wird: daher würde es künftig zwar bey Kindern von 2 bis 4 Jahren täglich bey ½ Pfund Brodt bleiben, Kindern von 4 bis 12 Jahren aber täglich 1 Pfund gegeben werden müssen. Dieses kann auch um so leichter geschehen, da das Pfund Brodt dem Armen-Directorio 3 Pfennige, und bey geringern Kornpreisen nur 2 Pfennige kostet. Für die Armen aber ist die Brodtvertheilung eine grosse Wohlthat, weil das Brodt, welches sie sonst beym Becker kaufen müssen, weniger schmackhaft und minder kräftig ist, und dennoch doppelt so hoch bezahlt werden muß. Indessen haben verschiedene, sehr weit vom Arbeitshause wohnende Brodt-Empfänger angetragen, statt des Brodts, Geld-Almosen zu erhalten, weil

 a) zum Abholen der Brodte wöchentlich fast ein halber Tag erforderlich sey, wodurch sie alle Monat 2 Tage in ihrer Arbeit verlören.

 b) Wenn sie das Brodt durch andre Personen abholen liessen, dafür theuer bezahlen müßten, und

 c) wenn sie Kinder zum Abholen schickten, solche die Schule versäumten, in der Stadt umher liefen, und Schuhe und Strümpfe zerrissen.

Die Gründe sind erheblich, und ich finde daher kein Bedenken, den Armen die Wahl zu lassen, ob sie die monatliche Beyhülfe lieber an Gelde, oder an Brodt, haben wollen. Dagegen würde den erwachsenen Armen, welche darum bitten, statt des Geldes Brodt zu geben seyn.

Ob nun gleich diese Einrichtung zum Theil Kosten verursachte, so würde die Casse dennoch bey einer genauern Recherche der Armen, und zweckmäßigen Vertheilung der Almosen, solches auf der andern Seite wieder gewinnen.

Die vorläufige Ansetzung des Armen-Inspectoris, und der zweyen Chirurgorum, könnte ohngefehr 300 Rthlr. kosten. Dagegen würde nach diesem Plan nicht nur durch die zweckmäßigere Vertheilung der Almosen schon vieles erspart, sondern auch besonders dadurch gewonnen werden, wenn künftig weniger Personen in die Hospitäler, und weniger Kranke in die Charité zur Cur aufgenommen würden. Denn ich nehme nicht ohne Grund an, daß jährlich ungefähr

 16 Personen, welche sich noch mit einer Beyhülfe ernähren, und

 20 Kranke, welche in ihren Wohnungen mit einer Unterstützung aus der Armencasse unentgeldlich curiret werden könnten,

nach

und Vertheilung der Almosen, in Berlin.

nach den Berichten der Inspectoren und des Chirurgi, in die Hospitäler und das Charité-Lazareth recipiret werden, woselbst jede Person im Durchschnitt jährlich 34 Rthlr. kostet, zusammen also jährlich 1224 Rthlr. mehrere Kosten verursachet werden. Wenn nun erstere monatlich 1 Rthlr 8 Gr. und also jährlich 16 Rthlr. die Kranken aber bey der freyen Cur während der Krankheit und bis zur Erholung, auf 2 Monat monatlich 2 Rthlr. und also jeder 4 Rthlr. aus der Armencasse erhält, welches zusammen 336 Rthlr. beträget, so ersparen die Armenanstalten schon dadurch jährlich 888 Rthlr. Ob aber die Ersparung bey der Charité oder bey der Armencasse geschiehet, ist gleich, weil im erforderlichen Falle eine Casse der andern aushelfen, und zuschiessen muß.

Da aber die Anzahl der Armen sich bey zunehmenden Luxus und Immoralität sehr vermehret hat, und noch täglich höher anwächset, so ist es nothwendig, auf Mittel zu denken, die Einnahme der Casse zu verstärken.

Dieses kann folgendermassen geschehen.

1) Die monatlich eingesammlete Hauscollecte, welche eine Haupteinnahme der Casse ist, hat seit einiger Zeit unglaublich wenig, und im sechsjährigen Durchschnitt, jährlich nur 1220 Rthlr. 2 Gr. 4 Pf. exclusive der kleinen Bücher, deren Einnahme sich auf 2532 Rthlr. 2 Gr. 8 Pf. beläuft, betragen. Dies erregt um so mehr Verwunderung, weil bereits von 1715 bis 1721, nach den Rechnungs-Extracten, im Durchschnitt jährlich 4332 Rthlr. 2 Gr. 7 Pf. eingekommen sind. S. Beylage No. 2. u. 3.

S. Beylage No. 4.

Berlin hatte 1716 nur 4545 Häuser, worunter bekanntermassen sehr viele kleine und niedrige befindlich waren, und 60,000 Einwohner; wogegen es gegenwärtig 6223 Vorderhäuser (3223 Hinterhäuser nicht mit gerechnet,) die wegen ihrer Grösse, da in einigen 16 Familien wohnen, fast für doppelt so viel als 1716 gerechnet werden können, und 140000 Einwohner hat. Es müßte die Collecte daher gegenwärtig wenigstens doppelt so viel betragen. Der Grund davon liegt nicht in der Gesinnung der berlinschen Einwohner, welche ihre Mildthätigkeiten bey andern Gelegenheiten, und besonders bey der seit 1775 eingeführten Neujahrs-Collecte, zeigen, sondern lediglich an der Art der Einsammlung.

Es sind nemlich gewisse Personen als Büchsenträger bestellet, welche, unter Begleitung eines hiesigen Bürgers, die verschlossenen Büchsen bey der monatlichen Einsammlung Haus vor Haus herumtragen, und des Abends auf der Armencasse abgeben sollen. Für diese Bemühung sind denselben von jedem Thaler 2 Gr. bewilliget worden. Die Bürger, welche die Einsammlung der Collecten eigentlich besonbesorgen sollen, werden dazu von den Stadt-Hauptleuten und Polizey-Commissariis commandiret, und ihre Anzahl beläuft sich jährlich auf 494 Personen, welche dagegen von den Feuerwachen befreyet sind. Diese verrichten aber das Einsammlen der Collecten nicht selbst, sondern nehmen dazu einen andern armen Mann, gegen ein geringes Tagelohn, an, welcher nach seiner äussern Gestalt oft einem Bettler ähnlich siehet, und sich um die Collecte wenig bekümmert, sondern es sich so bequem als möglich zu machen suchet, um den Tag hinzubringen, und sein Tagelohn zu verdienen. Der Büchsenträger ist daher sich selbst überlassen, und wird von niemanden controlliret; er gehet nicht in alle Häuser, und noch weniger zu allen in jedem Hause wohnenden Miethsleuten; überdem bleibt es zweifelhaft, ob die Beyträge sämmtlich gleich in die verschlossene Büchse gestecket worden sind, und viele Eigenthümer der Häuser und Miether gestatten nicht einmal, daß der in elender Gestalt sich darstellende gedungene Tagelöhner in ihr Haus oder in ihre Wohnung kommen darf, und die so äusserst geringe Einnahme der Collecte ist eine natürliche Folge davon.

Das Polizey-Directorium würde daher zu requiriren seyn, es dahin anzuordnen, daß die zur Einsammlung der monatlichen Collecte angesetzte Bürger solche persönlich verrichten müßten, und wenn sie durch Krankheit oder andere dringende Umstände verhindert werden, dieses Geschäfte von dem in der Reihe folgenden Bürger übernommen werden, und ersterer hernach für diesen einsammlen müßte.

Hiedurch würde der Betrag dieser Collecte sich ausnehmend vermehren. Die Einwohner könnten diese zum Theil angesehene Männer nicht so, als den Tagelöhner, abweisen. Die Collectanten würden durch dienstsame Vorstellungen die Mildthätigkeit zu erwecken suchen, weil sie die Vermögensumstände der in ihrer Gegend wohnenden Personen kennen, und mancher Einwohner und Miethsmann würde sich schämen, zu dieser so nothwendigen Collecte nicht mit beyzutragen, und solches bekannt werden zu lassen.

Zur bequemen Einsammlung dieser Collecte würde die Anordnung zu treffen seyn, daß so wie die Reviere der Stadt unter die Verordneten vertheilet sind, auch die Einsammlung nach dieser Einrichtung geschähe. In Berlin sind nach dem Adreßkalender

3 Verordnete, es ist also in	3 Theile,
Alt- und Neu-Cölln in	5 —
Die Neustadt in	2 —
	10 —

Der

und Vertheilung der Almosen, in Berlin.

Von voriger Seite	10 Theile,
Der Werder in	3 —
Die Friedrichsstadt in	6 —
Die Spandauer Vorstadt in	2 —
Königs Vorstadt in	2 —
Stralower Vorstadt in	2 —
Cöllnische Vorstadt in	2 —
	zusammen in 27 Theile,

getheilet, und so viel Büchsen müßten auch zur Einsammlung der Collecten vorhanden seyn. Vielleicht fänden sich in jedem dieser Reviere 12 gutgesinnete Männer, welche den Armen zum Besten einmal im ganzen Jahr in einem Theile der gedachten Städte von Haus zu Haus die Einsammlung der monatlichen Collecte übernähmen, wodurch die Sache nicht nur erleichtert, sondern auch die Collecten-Einnahme ausnehmend vermehret werden würde. Die Collectanten können aber nicht in jedem Theile der vorgedachten separirten Städte zugleich sammlen, sondern es müßte zum Beyspiel in den 3 Theilen von Berlin festgesetzet werden, welchen Tag in jedem Monat in No. 1. No. 2. und No. 3. gesammlet werden sollte, und darnach würden die Büchsenträger von den Collectanten beschieden, wenn und bey wem sie sich jeden Monat zu melden hätten.

Da die Friedrichsstadt sehr weitläuftig ist, so hat ein Büchsenträger zeither die Einsammlung nicht füglich in einem Monat besorgen können, weshalb noch einer angestellet werden müßte.

Bey der nicht zu bezweifelnden Vermehrung der Collecten-Gelder würde jedem der Büchsenträger künftig statt der 2 Gr. vom Thaler, welches im Durchschnitt jährlich ungefähr 15 Rthlr. betragen hat, dieses Quantum als ein Gehalt zu geben seyn, weil sie nach der bisherigen Einrichtung zu viel erhalten würden.

2) Die monatlichen Kirchen-Collecten, welche durch ein an der Kirchthür hingestelltes Becken eingesammlet werden, sind zeither, verhältnißmäßig, eben so geringe als die Hauscollecten gewesen, und haben im sechsjährigen Durchschnitt jährlich nur 1041 Rthlr. 5 Gr. 3 Pf. betragen.

S. Beylage No. 5.

Der Grund davon liegt darin, daß theils die aus der Kirche gehende Personen das Becken nicht beobachten, theils nichts darinn legen wollen, weil solches von niemanden bemerket wird. Wenn daher bey jeder Kirche einige angesehene Männer

Männer ausgemittellt werden könnten, welche auf die Weise, als in den deutsch-reformirten und französischen Kirchen geschiehet, mit einer verschlossenen Büchse vor den Kirchenthüren beym Herausgehen der Kirchengänger die Beysteuer einheben wollten, so würde die Einnahme der Casse dadurch sehr vermehret werden.

Ob dies gleich verschiedentlich in Vorschlag gekommen ist, so hat man es doch zeither nicht zu Stande bringen können.

Hiernächst ist es

3) der monatlichen Collecte sehr nachtheilig gewesen, daß so viel andre und zum Theil privat-Hauscollecten gesammlet werden, weshalb die Einwohner sich über deren Menge mit Recht beschweren, und wenig für die Armen geben. Es würde daher das General-Directorium zu ersuchen seyn, dergleichen Collecten künftig nicht zu gestatten. Dafern aber solche nicht völlig zu verhindern wären, so ist doch die Einrichtung zu treffen, daß solche nicht mit der Collecte für die Armen zu gleicher Zeit, wie bisher oft geschehen ist, eingesammlet werden, sondern da diese in den ersten Tagen des Monats colligiret wird, die anderen Collecten bis gegen das Ende des Monats ausgesetzet werden müßten.

4) Würde es von grossem Nutzen seyn, wenn die den hiesigen Armen extraordinarie auszutheilende Neujahrs-Brennholz- und andre dergleichen Gelder, (exclus. derer, wo die Stiftungen andere Vorschriften geben,) durch das Armen-Directorium vertheilet würden. Dieses kennet die wahren Hülfsbedürftigen, und wird bey den anzustellenden Recherchen derselben Bedürfnisse künftig noch genauer kennen lernen; wogegen es fast unvermeidlich ist, daß bey denen durchs Polizey-Directorium, durch die Herren Prediger und privat-Gesellschaften vorzunehmenden Vertheilungen sich Unwürdige mit einschleichen, und den wahren Armen dadurch die Wohlthaten entzogen werden.

Sollten dem Polizey-Directorio, den Herren Predigern und andern Wohlthätern vorzüglich hülfsbedürftige Personen bekannt seyn, so würden solche nur dem Directorio namhaft gemacht werden dürfen, um denselben die zugedachte Beyhülfe auszahlen zu lassen. Es ist nicht zu zweifeln, daß des Königs Majest. wenn Allerhöchstdenenselben deshalb Vortrag geschiehet, solches auch genehmigen werden.

Man wird hiewider anführen, daß durch diese privat-Vertheilungen manchen armen Familien und Personen, welche nicht bekannt seyn wollen, in der Stille geholfen werden kann; allein erstens wird eben der Endzweck dadurch erreicht, wenn angeführtermaßen dergleichen Personen von den Herren Predigern dem Armen-Directo-

und Vertheilung der Almosen, in Berlin.

rectorio empfohlen werden, und zweytens kann es niemanden zum Nachtheil gereichen, wenn er durch widrige Schicksale in Armuth kommet, und sich beym Armen-Directorio um Unterstützung melden muß. Indessen ist auch beym Directorio bereits die Einrichtung getroffen, daß den Pauvres honteux, wenn deren Armuth dargethan worden, eine Beyhülfe von einigen Thalern mit einmal assigniret und gegeben wird, und daß sie die Almosen-Gelder nicht monatlich von der Casse abholen dürfen.

5) Könnte dadurch vieles ersparet werden, wenn, wie vorher schon ausgeführet worden ist, künftig weniger Arme in die Hospitäler der Charité und des Arbeitshauses aufgenommen, denselben aber hinlängliche Beyhülfen aus der Armencasse gegeben würden. Nur für diejenigen Personen, welche entweder wegen Alter und Leibesgebrechen, oder langwieriger chronischen Krankheiten, entweder gar nicht, oder doch nur äusserst wenig arbeiten könnten, und keine Pflege hätten, würden die Hospitäler ein Zufluchtsort seyn, und sie in dieselben aufgenommen werden können.

Da ich, nach Ausweisung der Acten, bereits 1771 noch verschiedene andere Vorschläge zur Vermehrung der Einnahmen der Armencasse gethan habe, so will ich solche hier nicht wiederholen.

Wenn aber auch durch diese Einrichtungen die Einnahmen der Armencasse vermehret, und die Ausgaben vermindert werden, so fehlt es derselben doch an Fonds, die Armen und Kranken zweckmäßig zu unterstützen: denn die Fonds und die Einnahmen der Armenanstalten sind zeither nicht nach der gewachsenen Menschenzahl verhältnißmäßig vermehret worden; dagegen hat die Anzahl der Armen und Kranken gegen den Menschenzuwachs ganz verhältnißwidrig zugenommen.

Die Ursachen davon sind, ausser dem in allen Ständen eingerissenen Luxus, daß

a) aus den entferntesten Gegenden, z. B. aus Westpreussen ꝛc. arme und kranke Personen und Familien, imgleichen Colonisten, hieher kommen, und den Armenanstalten zur Last fallen.

b) Viele fremde schwangere Personen wegen des freyen Accouchements in der Charité, sich hieher begeben, um entbunden zu werden, und wenn sie sterben, die Kinder ernähret und erzogen werden müssen.

c) Vom Lande und aus kleinen Städten viele junge Personen hieher kommen, um bey Herrschaften in Dienste zu treten, und da sie nicht alle unterkommen können, das Wenige, was sie haben, verzehren, und dadurch in Elend und Armuth
gera-

gerathen. Besonders sind hier einige hundert herrschaftslose Mägde, welche sich quovis modo zu ernähren suchen. Werden diese krank oder schwanger, so müssen sie in die Charité aufgenommen, und nachher von der Armencasse unterstützet, und wenn sie sterben, die Kinder im Waisenhause erzogen werden.

d) Die Duldung der sogenannten Spinnstuben, woselbst die Spinnhalter, welche für die Fabrikanten Wollgespinnst liefern, theils verarmte, theils liederliche Leute aller Art, unter vielen Versprechungen, auch wohl gegen Geld-Vorschüsse, an sich zu ziehen, und in ihre Arbeit zu bringen suchen, da sie denn nicht nur bey einem geringen Verdienst arbeiten müssen, sondern auch, weil sie Vorschuß haben, und solchen nicht bezahlen können, sklavenmäßig gehalten werden. Die meisten auf ihre eigene Hand sich hier aufhaltende Mägde kommen, wenn sie das Ihrige zugesetzet haben, in dergleichen Spinnereyen; und endlich fallen die meisten darinn sich befindende Personen entweder wegen Krankheit, weil es ihnen am Nothdürftigsten fehlet, oder wegen Schwangerschaft, oder venerischer Infection, den Armenanstalten zur Last.

Diesen Uebeln ad c. & d. mögte abgeholfen werden können, wenn nicht gestattet würde, daß sich so viele Herrenlose Dienstboten, besonders Mägde, hier aufhalten und einmiethen dürften, zumal da dadurch den kleinen Städten und dem platten Lande so viele nothwendige Arbeiter entzogen werden; im Fall auch die Spinnstuben nicht gänzlich aufgehoben werden sollten, sie dennoch anders eingerichtet, alle Monat visitiret, die Spinner wegen ihres Verdienstes und Behandlung vernommen, und die Spinnmeister bey verübten Ungerechtigkeiten nachdrücklich bestrafet würden.

e) Die grosse Anzahl derer, welche wegen venerischer Krankheiten curirt werden müssen. 1702 wurden nach den gedruckten Rechnungs-Extracten überhaupt sieben, und 1703 vier inficirte Personen curiret, und gegenwärtig beläuft sich deren Anzahl an 200.

Indessen kann man diese Leute, wenn sie gleich von fremden Orten hieher kommen, nicht hülflos lassen, weil widrigenfalls das Uebel durch Fortpflanzung der Infection noch allgemeiner werden würde.

f) Weil bey der starken Garnison sehr viele arme Soldaten-Witwen von der Armencasse unterstützet werden müssen.

g) Die Verminderung der Einnahmen durch die mindere Zinsen von den den Armenanstalten zugehörigen Capitalien, welche von 5 auf 4 pro Cent gesunken sind, und einen ansehnlichen Ausfall verursachen.

h)

h) Die so sehr erhöhete Preise des Brennholzes, wegen welcher viele Arme einen Zuschuß aus der Armencasse verlangen.

i) Endlich hat die hiesige Stadt bekanntermaßen viele Fabriken, besonders sind die Woll- und Seiden-Stuhlarbeiter größtentheils arme Leute, welche wöchentlich so viel verdienen müssen, als sie gebrauchen. Im Fall sie krank werden, oder es an Arbeit fehlet, fallen sie den Armenanstalten zur Last. Es ist daher nicht zu leugnen, daß dieselbst nach Verhältniß der Menschenzahl zu viel arme Familien sind, weshalb die Armen-Fonds nothwendig noch extraordinarie durch einen jährlichen ansehnlichen Zuschuß vermehret werden müssen.

Dieses kann nur von Sr. Königl. Majestät geschehen; und es ist kein Zweifel, daß Allerhöchstdieselben den Armenanstalten eine jährliche Summe aus Dero Cassen zu geben geruhen werden, da Sr. Majestät bereits 1774 versprochen haben, die Armen-Fonds zu vermehren.

S. Beylage No. 6.

Wenn diese vorgeschlagene Einrichtungen genehmiget, und genau ausgeführet werden, so ist der gute Erfolg derselben gewiß, daß nemlich die wahren Armen genauer ausgemittelt, und zweckmäßiger unterstützet, die Armenhäuser mit weniger Armen belästiget, und dadurch vieles ersparet, und endlich die Cassen mehr Einnahme erhalten werden.

von der Hagen.

Pro Memoria.

Daß ich den vor einiger Zeit entworfenen Plan wegen Einrichtung der Armencasse bisher zurückgeleget habe, ist nicht aus der Besorgniß geschehen, daß solcher nicht auszuführen seyn mögte, weil ich vom Gegentheil völlig überzeuget bin; sondern andre Gründe haben dieses veranlasset.

Da aber nunmehr eine Anzahl angesehener Bürger sich edelmüthig erkläret hat, das Amt der ehemaligen Deputirten bey der Armencasse unentgeldlich zu übernehmen, so wird die Ausführung des Plans ausnehmend erleichtert werden, und ich kann nicht länger Anstand nehmen, solchen hieby zu näherer Prüfung darzulegen.

Diesen menschenfreundlich gesinneten Männern gereichet die unentgeldliche Uebernahme der Arbeiten zum Besten der Armen zur Ehre, und sie verdienen Dank vom Directorio, indem dasselbe dadurch in den Stand gesetzet wird, die Bedürfnisse der Armen genauer kennen zu lernen, um die Almosen zweckmäßiger zu vertheilen.

Die Beschäftigungen der Deputirten werden in folgenden bestehen:

1) daß sie den veranlaßten local-Untersuchungen wegen der in eines jeden Strasse oder Revier wohnenden Armen und Kranken, welche sich zu Almosen, oder zur Aufnahme in ein Armenhaus, oder zur Cur in der Charité, gemeldet haben, mit beywohnen, und den vom Armen-Inspector und Chirurgus an das Collegium zu erstattenden Bericht mit unterschreiben, damit das Collegium um so mehr versichert werde, daß das Bedürfniß eines jeden, nach den im Plan enthaltenen Principiis, aufs genaueste ausgemittelt und bestimmet worden sey.

Zu dem Ende

2) darauf zu sehen, daß Inspector und Chirurgus von dem Gesundheits- und Vermögenszustande der Kranken und Armen, auch ob sie von Verwandten und aus einer andern Casse Beyhülfe erhalten, nicht nur die genaueste Nachrichten bey den Hauswirthen, den Nachbaren, den Viertels-Commissarien und

Stadt-

Stadt-Verordneten, den Altmeistern ꝛc. einziehen, sondern auch denselben, wie solches in jedem Fall am besten zu bewirken sey, an die Hand zu geben, und sich selbst zu bemühen haben, die Umstände zu erforschen.

Die Armen und Kranken melden sich daher zwar fernerhin, wie bisher, auf der Armencasse, oder schriftlich beym Armen-Directorio, welches nach den Umständen die nähere Untersuchung verfüget; es stehet aber den Armen und Kranken auch frey, sich zugleich bey dem Deputirten, welcher in seiner Strasse oder District wohnet, zu melden. Die Untersuchung wird demnächst vom Inspector und Chirurgus, mit Zuziehung des Deputirten, welcher zuvörderst davon benachrichtiget, und mit gegenwärtig zu seyn ersuchet worden, vorgenommen, und das vom Inspector aufgenommene Protocoll wird vom Chirurgus und Deputirten mit unterschrieben. Es ist nothwendig, daß die Inspectores bey allen Haupt-Untersuchungen mit gegenwärtig sind, weil sie von allen die Armen betreffenden Angelegenheiten unterrichtet seyn, und die special- und general-listen der Almosen-Empfänger führen müssen. Ist aber periculum in mora, so berichtet der Deputirte gleich allein zur schleunigen Verfügung an das Collegium.

3) Daß sie mit dafür sorgen, daß denjenigen Personen, welche keine Arbeit haben, und dadurch in Armuth und Elend gerathen, durch ihre Empfehlung und Fürsprache Gelegenheit zur Arbeit geschafft; wenigstens Wolle zum Spinnen gegeben werde.

4) Darauf vigiliren, daß die Almosen-Empfänger und deren Kinder, nach ihrem Alter und Gesundheitsumständen, fleißig arbeiten, auch

5) darauf, daß die Kinder ordentlich in die Freyschule geschicket werden.

6) Daß alle 3 Monat vom Deputirten, Inspector und Chirurgus die Revision der Almosen-Empfänger gehalten, und davon berichtet werde, solche auch von dem Deputirten nach den Umständen extraordinarie allein revidiret werden.

7) Durch diensame Vorstellungen es zu bewirken suchen, daß mehrere hiesige Einwohner kleine Bücher annehmen, und einen bestimmten Beytrag vierteljährig zur Armencasse bezahlen.

8) Daß die kranken Armen von dem im Revier wohnenden Chirurgo, welcher die Cur der Armen übernommen hat, gleich besuchet, und mit nöthiger Medicin versehen werden, dem Collegio aber davon Anzeige thun, damit denselben während der Krankheit eine Beyhülfe zu besserer Verpflegung aus der Armencasse assigniret werden könne. Durch eine schleunige Beyhülfe wird sehr oft

oft einer langwierigen Krankheit und Cur vorgebeuget, und mancher vom Tode errettet.

9) Daß ein gleiches bey den in ihren Straßen in Kost sich befindenden Waisenkindern geschehe.

Da künftig nach dem im Plan geschehenem Vorschlage die Chirurgi in den vorgeschriebenen Revieren der Stadt wohnen müssen, so wird dieses leicht zu bewirken seyn.

So lange aber der zeither bestellt gewesene Armen-Chirurgus noch seinem Posten vorstehen kann, können nur die 2 auf der Fridrichsstadt angestellte Chirurgi die Cur der Kranken besorgen, in den übrigen Städten aber muß resp. der gedachte Armen-Chirurgus, und der, welcher das Waisenhaus respiciret, zur Cur herbey geholet werden.

10) Daß die Deputirten die Liste von den in ihren Straßen wohnenden Almosen-Empfängern und Kostkindern des Waisenhauses genau fortsetzen, weshalb die ersteren anzuweisen sind, daß, wenn sie aus dem Revier des Deputirten ziehen wollen, sie demselben solches bey Verlust ihrer Almosen anzeigen, auch sich bey dem Deputirten, in dessen Revier sie ziehen, gleichfalls melden müssen. Den Armen-Inspectoren wird davon Nachricht gegeben, um solches in ihren special-Listen zu bemerken, weil solche mit denen von den Deputirten geführten gleichstimmig seyn müssen.

11) Wenn dieselben in Erfahrung bringen, daß einige Almosen-Empfänger auf der Gasse betteln, sie solche gleich anzeigen, damit die Bettler auf eine Zeitlang nach dem Arbeitshause gebracht werden können.

12) Daß bey der monatlichen Vertheilung der Almosen-Gelder auf dem Rathhause, imgleichen

13) bey den wöchentlichen Brodt-Austheilungen im Arbeitshause an die Armen, ein oder zwey Deputirte sich gegenwärtig befinden.

14) Daß sie den schwächlichen in ihrem Revier wohnenden Armen, welche die monatliche Almosen von der Casse nicht abholen können, solche mit den Inspectoren in ihren Häusern austheilen.

15) Daß wenn, ausser dem schon ad 5 angeführten Fall, andre schleunige Einrichtungen nöthig sind, an das Directorium sogleich Bericht erstattet werde. Die auf

Pro Memoria.

auf die Berichte vom Directorio erlassene Verfügungen werden allemal an die Armencasse remittiret, damit solche von allem benachrichtiget werde.

16) Imgleichen wenn von den Deputirten entdeckt und ausgemittelt werden sollte, daß einige Allmosen-Empfänger solche nicht bedürfen, andere hingegen eine Zulage aus besondern Gründen verdienen, solches dem Directorio schriftlich anzuzeigen.

Durch die öftere Revisionen der Allmosen-Empfänger wird der Endzweck des Collegii, nemlich von den vermehrten oder verminderten Bedürfnissen derselben von Zeit zu Zeit unterrichtet zu werden, künftig völlig erreichet. Es kann daher die in dem Plan angeführte bisherige Einrichtung, daß die Allmosen nur auf eine gewisse Zeit verwilliget werden, und nach Verlauf derselben wieder berichtet werden müssen, welches den Armen-Inspectoren viel Arbeit und Schreiberey verursachet hat, und wodurch der intendirte Zweck doch verfehlet worden, künftig völlig cessiren.

17) Daß dieselben der Einsammlung der monatlichen Collecte in ihren Revieren mit beywohnen, und falls einer oder der andere verhindert werden sollte, einen andern rechtschaffenen Mann in der Nachbarschaft ausmitteln, welcher solches übernehme.

Durch die Bemühung der Deputirten wird es leicht dahin zu bringen seyn, daß nach dem Plan in jedem der angeführten Reviere der Stadt 12, oder vorläufig nur 6 gutgesinnte angesehene Bürger die Einsammlung dieser Collecte übernehmen, da denn im ersten Fall jeder Collectant nur einmal im Jahr, im zweyten aber zweymal jährlich solche einsammeln dürfte, welches demselben nicht sehr lästig seyn kann.

18) Daß die Deputirten die Einsammlung der monatlichen Kirchen-Collecte, so wie solches bey der französischen Colonie geschiehet, durch Darhaltung der Armenbüchse an die Herausg. henden, unter dem Wunsch,

        Gott vergelte es,

übernehmen. Hiedurch würde die Einnahme ausnehmend vermehret werden, und obgleich die Anzahl der Deputirten nicht hinlänglich ist, solches bey allen hiesigen Kirchen zu besorgen, so würden sich, wenn nur erst der Anfang damit gemacht worden, mehrere ang. sehene Männer finden, welche diese Mühwaltung mit übernehmen, wozu sich z. B. der Herr Secretarius und Calculator Müller bereits erboten hat.

Da

Pro Memoria.

Da auch der Chirurgus im Waisenhause, welcher bloß die Waisenkinder im Hause, und die in der Stadt in Kost ausgethan sind, bisher respiciret hat, seinen Abschied erhalten, so könnte künftig ein in der Stadt wohnender angenommen werden, welcher

1) die Kinder im Waisenhause,
2) die leichten Kranken im Arbeitshause, weil die andern nach der Charité kommen,
3) die in Kost befindlichen Waisenkinder, exclus. der Friedrichs- und Neu- stadt, welche die dortige zwey zu bestellende Chirurgi soigniren, und
4) dagegen noch die kranken Almosen-Empfänger in der Stralower- Vorstadt, zu besorgen übernähme,

wodurch der Armen-Chirurgus Köppen, welcher diese Vorstadt mit besorgen soll, sehr soulagiret werden würde.

Wenn diese Einrichtung genehmiget wird, so ist

a) vom Secretario die Instruction für die Deputirten hernach zu entwerfen, solche zu drucken, und einem jeden ein Exemplar davon zuzustellen.

b) Ein Avertissement zu entwerfen, worinn dem Publico, mit Anführung der Namen der Deputirten, und deren menschenfreundlichen Erbieten, die Bemühung unentgeldlich zu übernehmen, nebst der dieserhalb getroffenen Einrichtung, gleichfalls durch den Druck bekannt gemacht wird.

c) Ein Schreiben an das Ober-Consistorium, an das reformirte Kirchen-Directorium, und an das französische Consistorium, nebst Communication eines kurzen Aufsatzes, zu erlassen, um diese Einrichtung durch die Herren Prediger von den Kanzeln bekannt zu machen.

d) Dem Polizey-Directorio und dem Magistrate gleichfalls davon Nachricht zu geben.

S. Beylage No. 7.

S. Beylage No. 8. u. 9.

Da indessen die Anzahl der Armen sich seit einigen Jahren so unerhört vermehret hat, daß 1780 nur 1330 gewesen, im verwichnen Jahr aber 3541, wodurch die Geldausgabe sich ausnehmend vermehret, dagegen aber die Einnahme der Hauscollecte und Kirchen-Beckengelder sehr vermindert hat: so ist es dringend nöthig, daß von Sr. königl. Majestät den Armenanstalten neue verhältnißmäßige jährliche Beyhülfe aus Dero Cassen assigniret werde. Berlin, den 16ten October 1786.

von der Hagen.

Beylagen.

N⁰ 1.

Extract

aus den Rechnungen der Charité, des Arbeits- und des Irrenhauses von 1774 bis 1779, was eine Person, im sechsjährigen Durchschnitt, der Anstalt täglich gekostet hat.

1) In der Charité hat eine Person im sechsjährigen Durchschnitt incluf. Holz, Aufwartung, Kleidung, Wäsche, täglich gekostet . . . . 2 Gr. 1¼ Pf.
2) Im Arbeitshause, ohne Abzug des Spinnverdienstes . 1 = 6 77/104 =
3) Im Irrenhause . . . . 1 = 7¼ =

Summa 5 Gr. 2 446/817 Pf.

oder ohngefähr . . 5 Gr. 2⅓ Pf.

davon ist der Durchschnitt . 1 Gr. 8⅗ Pf.

N:

Beylagen.

No. 2.

Designation

der von 1774 bis 1779 inclusive, an monatlichen Collecten aus den Armenbüchsen bey der Armencasse eingegangenen Gelder.

Im Jahr	1774.	1006 Rthlr.	21 Gr.	10 Pf.
= =	1775.	1282 —	1 —	8 —
= =	1776.	1413 —	13 —	10 —
= =	1777.	1269 —	8 —	5 —
= =	1778.	1237 —	4 —	5 —
= =	1779.	1111 —	11 —	10 —

Summa — 7320 Rthlr. 14 Gr.

Beträgt nach der Fraktion auf 1 Jahr   1220 Rthlr. 2 Gr. 4 Pf.

Beylagen.

No. 3.
Designation

der vom Jahr 1774 bis 1779 aus den kleinen Büchern eingegangenen Gelder.

Im Jahr 1774.	2188 Rthlr.	8 Gr. —
1775.	2557 —	15 — —
1776.	2883 —	5 — —
1777.	2492 —	8 — —
1778.	2552 —	20 — —
1779.	2518 —	14 — —
Summa —	15192 Rthlr.	22 Gr. —

Beträgt nach der 6jährigen Fraction auf ein Jahr   2532 Rthlr. 3 Gr. 8 Pf.

Beylagen.

N⁰. 4.

Extract

aus den Armencassen=Rechnungen vom Betrage der monatlich gesammleten Collecte hieselbst.

Im Jahr	1715.				4589 Rthlr.	22 Gr.	8 Pf.
	1716.				4451 —	21 —	3 —
	1717.				4311 —	2 —	4 —
	1718.				4309 —	15 —	9 —
	1719.				4211 —	6 —	7 —
	1720.				4118 —	19 —	—

Summa — 25992 Rthlr. 15 Gr. 7 Pf.

Beträgt nach der Fraction auf ein Jahr   4332 Rthlr. 2 Gr. 7½ Pf.

Beylagen. 467

Nº 5.

Verzeichniß

der Beckengelder, die vom 1sten Januar 1774 bis zum 1sten Januar 1780 aus den hiesigen sämmtlichen Kirchen bey der Armencasse eingegangen sind.

Im Jahr	1774.				701 Rthlr.	22 Gr.	2 Pf.
*	* 1775.	*	*	*	1260 —	1 —	3 —
*	* 1776.	*	*	*	1105 —	10 —	7 —
*	* 1777.	*	*	*	1071 —	3 —	1 —
*	* 1778.	*	*	*	1072 —	4 —	5 —
*	* 1779.	*	*	*	1036 —	14 —	2 —
				Summa —	6247 Rthlr.	7 Gr.	8 Pf.

Beträgt nach der Fraction jährlich = 1041 Rthlr. 5 Gr. 3½ Pf.

Beylagen.

N°. 6.

Seine königliche Majestät von Preussen ꝛc. Unser allergnädigster Herr, haben aus dem allerunterthänigsten Erinnerungs-Bericht Dero berlinischen Armen-Directorii vom 24sten dieses Monats die betrübte Verfassung des Armen-Wesens und dessen Fonds zwar mit mehrern ersehen, sind auch selbiger abhelfliche Maasse zu geben, allergnädigst schon gemeynet, nur will solches auf eine zureichende Art auf einmal zu beschaffen Allerhöchst-Deroselben schlechterdings ohnmöglich fallen: werden inzwischen darauf so viel und bald es Dero Umstände nur erlauben wollen, ganz ernstlichen Bedacht zu nehmen, allergnädigst ohnermangelt seyn.

Potsdam, den 25sten Jan. 1774.

Friederich.

Beylagen.

No 7.
Extract

aus den Rechnungen, von denjenigen Armen, welche Allmosen an Geld und Brodt erhalten haben, von 1780 bis 1785.

	An Geld.				An Brodt.	
	Perso-nen.	Rthlr.	Gr.	Pf.	Perso-nen.	Stück a 3½ Pf.
Im Jahr 1780.	1002	3066	14	=	328	18,507
= = 1781.	1244	4564	18	=	361	22,700
= = 1782.	1688	7010	18	=	462	29,864
= = 1783.	1241	10,470	14	=	614	47,311
= = 1784.	2558	13,003	16	=	785	55,633
= = 1785.	2762	14,549	20	=	779	56,294
Summa	11495	52,666	4	=	3329	230,309
Beträgt nach der Fraction auf ein Jahr	1916	8777	16	8	555	38,385

Beylagen.

No. 8.

Verzeichniß

der bey der Armencasse vom 1sten Januar 1780 bis zum ersten Januar 1786 aus den Armenbüchsen eingegangenen monatlichen Collectengelder.

Im Jahr	1780.				1184 Rthlr	— Gr.	9 Pf.
"	"	1781.				1401 — 20 — 11 —
"	"	1782.				1342 — 21 — 8 —
"	"	1783.				1232 — 10 — 10 —
"	"	1784.				1012 — 23 — 2 —
"	"	1785.				826 — 12 — 7 —

Summa — 7000 Rthlr. 17 Gr. 11 Pf.

Beträgt nach der Fraction auf ein Jahr   1166 Rthlr. 18 Gr. $11\frac{5}{6}$ Pf.

Beylagen.

Verzeichniß

der vom 1sten Januar 1780 bis zum 1sten Januar 1786 eingegangenen kleinen Büchergelder.

Im Jahr	1780.				2451 Rthlr.	14 Gr.	—
=	=	1781.			2455 —	7 —	—
=	=	1782.			2260 —	16 —	—
=	=	1783.			2192 —	2 —	—
=	=	1784.			2159 —	2 —	—
=	=	1785.			2040 —	22 —	—
				Summa —	13559 Rthlr.	15 Gr.	—

Beträgt nach der Fraktion auf ein Jahr . . . . 2259 Rthlr. 22 Gr. 6 Pf.

No.

Beylagen.

N° 9.

Verzeichniß

der vom 1sten Januar 1780 bis zum 1sten Januar 1786 aus den sämmtlichen hiesigen Kirchen eingegangenen Beckengelder.

Im Jahr		Rthlr.	Gr.	Pf.
1780		836	17	7
1781		840	18	2
1782		836	—	4
1783		791	7	—
1784		789	—	9
1785		768	21	3
Summa		4862	17	1

Beträgt nach der Fraktion auf ein Jahr — 810 Rthlr. 19 Gr. 10½ Pf.

Polen.

I.

Nachrichten

von dem in Warschau am 2ten October 1786 eröfneten sechswöchentlichen ordentlichen

Reichstage.

Seit langer Zeit hatte man in Polen nicht die innerliche Bewegung, nicht die Spannung so vieler geheimen Triebfedern, so viele Cabale und Partheygeist, gesehen, als gegen die Zeit der Eröfnung des letztern Reichstages in allen Provinzen der Republik bemerket worden. In Polen kann so wenig als in irgend einem andern republikanischen Staat die innere Freyheit ohne zwo entgegengesetzte Partheyen bestehen. Die harten Schicksale, welche den König und das Land in den letztern Zeiten betroffen hatten, schienen den sonst in ihrer Denkungsart getheilten Einwohnern mehr Anhänglichkeit an die Person des Königs, und eine brüderliche Einigkeit unter einander, eingeflösset zu haben; daher die friedfertige Wendung, welche alle Reichstage seit 1776, besonders aber der letztere zu Grodno, nahmen. Man that alles für den König, aber da der König nicht gegenseitig für jeden, das, was er verlangte, thun konnte: so faßte sogleich der unzufriedene Theil den Entschluß, sich dem Hofe fürs Künftige nothwendig oder furchtbar zu machen. Sechs Wochen nach dem in Grodno so ruhig geendigten Reichstage gab der bekannte ugramowsche Proceß eine gewünschte Gelegenheit dazu. Aus der Wendung, die man gleich anfänglich demselben zu geben suchte, ließ sich gar bald die Absicht der Unzufriedenen entdecken, ihre Parthey durch alle diejenigen zu verstärken, welche in einer so gehäßigen Sache auf irgend eine Art compromittirt zu seyn glauben konnten. Europa sah beynahe zu gleicher Zeit in Paris und Warschau das Schauspiel der größten weiblichen List und unternehmenden Bosheit. An beyden Orten unterlag die Betrügerin der Strenge des Gesetzes; aber wenn in Frankreich der Leichtgläubige die Strafe der Unvorsichtigkeit trägt, so hält sich in Polen der zurückgewiesene Ankläger für beleidigt; ein übel verstandenes Point d'honneur erlaubet ihm nicht das Geständniß einer Uebereilung, und da einmal jedes persönliche Mißvergnügen der Grossen des Landes seinen bestimmten Einfluß hat, so mußte natürlicher Weise der Haufe der Unzufriedenen, durch die Verschiedenheit der Meynungen in einer äusserst verwickelten Sache, sehr vermehret werden. Mit dieser Verstärkung zeigte sich die Oppositions-Parthey, an deren Spitze die angesehenen Familien Czartoriski und Potocki sich befinden, auf allen zur Wahl der Landboten in den Woywodschaften vom Könige ausgeschriebenen Landtagen. Sie erschwerte überall die Wahl der vom Hofe in Vorschlag gebrachten Candidaten, und an vielen Orten behielt sie ganz die Oberhand. In Luck und Kaminiec wurden doppelte Landtage gehalten: jede Parthey wählte ihre Landboten, und erklärte den Landtag und die Wahl der entgegengesetzten für unrechtmäßig. Dergleichen ernsthafte Zurüstungen liessen einen unruhigen Reichstag vermuthen. Er fing den 2ten October

in

in der gewöhnlichen Art mit dem Rugi, oder Untersuchung der gegen die Wahl und Activite einiger Landboten gemachten Einwendungen, an. Der König hatte selbst die zu Luck von der Hofparthey veranstaltete zweyte Wahl für unregelmäßig erkläret; die Landbotenstube sprach ein ähnliches Urtheil über den von der Opposition zu Kaminiec gehaltenen Landtag; beyden Partheyen entging dadurch ohngefähr eine gleiche Anzahl von Stimmen, aber erst bey der Wahl des Reichstagsmarschalls ließ sich die Stärke und Schwäche jedes Theils mit einiger Gewißheit beurtheilen. Der vom Hofe vorgeschlagene Herr Gadomski, Landkämmerer von Sochatzew, erhielt in der zweyten Sitzung des Reichstages den Marschallsstab durch die Mehrheit von 135 gegen 25 Stimmen. Es ist unglaublich, wie schwer es in dergleichen Fällen der Nation wird, sich an den Ausspruch der Majorität zu gewöhnen. Noch immer ist das unglückselige liberum veto dem grössern Theil heilig, obgleich seit 1775 in den mehresten Fällen völlig seiner alten Kraft beraubet. Der König kennet diese Schwäche seiner Nation. Auf den letztern 6 Reichstagen hat man durchgehends bemerket, daß der Hof unendliche Mühe angewandt, eine völlige Uebereinstimmung in Punkten zu Stande zu bringen, wo er doch im voraus die entscheidenste Pluralität auf seiner Seite zu haben sicher war. Man hatte in dem gegenwärtigen Fall ebenfalls nichts unterlassen, um der Minorität begreiflich zu machen, daß ihre Widersetzlichkeit die Wahl eines Reichstagsmarschalls zwar erschweren, aber keinesweges hindern konnte. Dem ohngeachtet bestand sie auf einer geheimen Stimmensammlung über die doppelten Landtage in Podolien. Der die Landbotenstube bis zur Erwählung eines neuen Marschalls dirigirende erste Landbote von Wilna, Herr Tysenhaus, hatte indessen die Pluralität bey der ersten Stimmensammlung so sehr überwiegend gefunden, daß er die wenige zur Marschallswahl übrige Zeit nicht mit ungewöhnlichen Stimmensammlungen verderben wollte. Ohnedem war es hohe Zeit, den gar zu lebhaft gewordenen Debatten ein Ende zu machen. An dem 3ten October erschien darauf ein förmliches Manifest eines Landboten von Chelm, worinn derselbe sich über die Direction der Landbotenstube beschwerte, jedoch ohne dem Fortgange des Reichstages, oder der Besitznehmung des neuen Reichstagsmarschalls, im geringsten hinderlich seyn zu wollen. Und so entstand das erste Beyspiel eines Manifests, wodurch ein Theil der Landbotenstube gegen den Reichstag protestirte, ohne denselben zu zerreissen. Ehemals war der Widerspruch eines einzigen genug, um alle Berathschlagungen auf einmal abzubrechen. Dies ungereimte Vorrecht, wodurch die Caprice eines einzelnen Mitgliedes, gegen Wunsch und Einsicht hundert vernünftiger Patrioten zu siegen sicher war, ist glücklicher Weise durch die im Jahr 1768 eingeführte neue Reichstagsordnung so weit eingeschränkt, daß nur in Materiis status, als Krieg und Frieden, neue Auflagen, Truppenvermehrung, die völlige Einstimmigkeit der Landboten zu einem gültigen Schlusse erforfordert wird. Alle dergleichen Manifeste und Remanifeste, die weiter keinen Einfluß auf die Berathschlagungen des Reichstags haben, verdienen keine weitläuftige Auseinandersetzung. Wichtiger war die Wahl des immerwährenden Raths, welche gleich nach Ernennung des Reichstagsmarschalls vorgenommen werden muß. In der Zwischenzeit von einem Reichstage zum andern stellet der immerwährende Rath in gewisser Art die Republik selbst vor: von ihm werden dem Könige die Candidaten zu den vacanten ersten Stellen des Landes präsentiret; ihm kommt die oberste Aufsicht über alle Landescollegia zu; das Departement der auswärtigen Affairen besteht aus Gliedern des immerwährenden Raths, der sogar das Recht, die Gesetze zu erklären, ausübet. Zwar bleiben die von ihm abgefaßten Schlüsse noch immer der Revision des Reichstages unterworfen, dies hindert aber nicht, daß ein Sitz im immerwährenden Rath nicht der allgemeine Wunsch aller derer, die in der Republik etwas bedeuten wollen, seyn sollte. Daher entstehen denn die allgemeine Bewegungen, alle die kleinen Kunstgriffe, wodurch man in einem republikanischen Staat die Gunst des grossen Haufens zu gewinnen weiß. Vor diesmal fiel auch diese Wahl größtentheils nach dem Wunsche des Hofes aus. Aus den neugewählten Gliedern des immerwährenden Raths muß wiederum durch eine besondre Wahl der Marschall oder Director desselben ernannt werden. Alle Partheyen vereinigten sich glücklicher Weise auf die Person des Grafen Przebendowsky, General=Postdirectors von Polen und Litauen. Durch seine Charge dem Hofe anhängig, durch seine Verwandtschaft mit den vornehmsten Gliedern der Opposition, derselben weniger als irgend ein anderer verhaßt, scheint dieser Patriot zur Vereinigung der Gemüther vorzüglich geschickt zu seyn. Sobald nur der immerwährende Rath formiret ist, schreitet der Reichstag sogleich zur Wahl der Schatzcommißionen von Polen und Litauen. Unter den vorigen Regierungen war der Schatz der Republik einer beynahe willkührlichen Administration der Schatzmeister überlassen; sie konnten zwar keine neuen Auflagen machen, aber in der Art, die einmal angenommenen beyzutreiben, zu verwenden, waren sie von niemanden, als unmittelbar von dem Reichstage selbst abhängig. Nun war kein einziger unter der ganzen Regierung Augusts des dritten, seit der Pacification von 1734 zu Stande gekommen; ein Schatzmeister hatte nach dem andern den Schatz in Verwirrung übernommen, und diese Verwirrung mehr oder weniger zu nutzen gewußt. Der jetzige König faßte den Entschluß, dieser Unordnung Grenzen zu setzen. Gleich bey dem Antritt seiner Regierung wurden die alten Rechnungen, so gut sichs thun ließ, abgeschlossen, und sowohl dem Schatzmeister von Polen, als dem von Litauen, eine von ihnen unabhängige Commißion an die Seite gesetzet. Dieser Einrichtung hat mans zu danken, daß die Einkünfte der Republik mit Treue und Ordnung verwaltet werden. Sonderbar ist es indessen, daß diese Commißionen, die eigentlich nur mit Administration der Finanzen beschäftigt seyn sollten, zu gleicher Zeit mit einer äusserst weitläuftigen Rechtspflege belästiget worden. Alle Zoll=Wechsel= und Handlungssachen überhaupt gehören vor dies Gericht: es entscheidet ohne weitere Appellation. Der bey demselben eingeführte summarische Proceß zieht noch eine ungeheure Menge anderer Sachen dahin, da es in Polen bey jedem Contract den Partheyen frey stehet, den Richter auf den Fall eines aus dem Contract entstehenden Streits, im Voraus zu bestimmen, ohne daß irgend ein Gericht dergleichen ihm aufgebürdete Plackereyen abzuweisen sich unterstehen darf. Aber eben durch diese ausgebreitete Rechtspflege ist das grosse Ansehen der Schatzcommißion entstanden. Die Stelle eines Schatzcommissars wird niemanden ohne die äusserste Bemühung, ohne Protection und ohne Freunde, zu Theil: die jetzige Wahl fiel nicht ganz, so wie man es vorher geglaubet, aus, und der patriotische Theil der Nation bemerkte mit Vergnügen, daß bey dergleichen Wahlen der Geist der Freyheit seine Vorrechte zu behaupten im Stande ist. Eine fünfte Wahl, womit der gegenwärtige Reichstag sich beschäftigte, betraf die Besitzer des Hof= oder Canzleygerichts. Alle vorige Reichstage hatten seit 1768 die Ernennung derselben dem Könige überlassen, dadurch wurde viel Zeit erspart; auf dem jetzigen fand es die Opposition für gut, die Wahl dieses Gerichts in der für die vorhergegangene Wahlen angenommenen langwierigen Art vor sich gehen zu lassen. Nachdem nun diese Wahlen 3 volle Wochen, das ist, mehr als die Hälfte der zu den Berathschlagungen bestimmten Zeit, weggenommen hatten, kam es endlich zur Vorlesung der von den Examinatoren des letztern Raths abgefaßten Berichte. Jedem Senator, so wie jedem Landboten, steht es frey, seine eigne Bemerkungen hinzu zu setzen: aus dieser Veranlassung wurde eine lebhafte Klage der Woywodschaft Kjiow über das Betragen der dort stehenden rußischen Truppen, und zuletzt gar die bekannte ugramowsche Affaire, aufs Tapet gebracht. Der König, der bis dahin nicht anders als durch den Munde seines Kanzlers geredet hatte, schien bey Erwehnung dieser verhaßten Sache die Geduld zu verlieren. Mit der ihm eigenen sanft hinreissenden Beredtsamkeit ersuchte er die Stände, von dieser elenden Geschichte, die einen Theil seiner nächsten Verwandten vo ihm entfernet hätte, nichts weiter zu erwehnen; er habe selbst dem Reichstagsmarschall den Entwurf zu einer völligen Beylegung der daraus herrührenden Zwistigkeiten zustellen lassen. Niemand konnte dem Verlangen eines so edel denkenden Königs widerstehen; alle Partheyen waren in dem Augenblicke vereiniget, und die zum Streit bewafnete Opposition brach in lauten Danksagungen aus. In der folgenden Sitzung waren die Berathschlagungen, so wie die Gemüther, in völliger Ruhe, als ein böser Geist dem Landboten von Lentzhitz den unglücklichen Eifer eingab, womit er sich einfallen ließ, die Gnade des Königs und den Undank der vornehmsten der Opposition neben einander zu stellen. Noch ehe

diese

diese unzeitige Rede geendiget war, äusserten sich schon die convulsivischen Bewegungen, welche sie nothwendig veranlassen mußte. Das Geschrey über persönliche Beleidigung ward so allgemein, daß der König für gut befand, die Seßion abzubrechen. Die folgende wurde von dem Reichstagsmarschall mit einer an den König gerichteten Entschuldigung wegen der am vorigen Tage vorgefallenen Unordnungen eröfnet. Ein Landbote, der in der Hitze zu laut geworden war, bat am Thron persönlich um Vergebung; destoweniger aber konnte ein gewisser zur Oppositionsparthey gehöriger Minister seine Empfindlichkeit über den ihm gemachten Vorwurf der Undankbarkeit zurückhalten; seine Vertheidigung selbst war Undank: ein Urtheil, das man in der Mine jedes Anwesenden las, wenn gleich der Partheygeist solches unter dem Vorwande abgezwungener Erklärungen zu mildern suchte. Nachdem nun noch verschiedene Senateurs ihre Meynung über die vom Thron gemachten Propositionen, zu genauerer Belehrung der Landboten, erkläret hatten, erfolgte die sogenannte Trennung der Stuben: die Landboten gingen in die ihrige, um daselbst in völliger Freyheit an Abfassung neuer Gesetze zu arbeiten. Ihr erstes Geschäft war, die bey dem immerwährenden Rath seit dem letztern Reichstage bestandene Schlüsse genauer zu prüfen, und dem Befinden nach abzuändern. Dies loos traf einen zum Vortheil der abgeschiedenen Ehefrauen gegen ihre Männer ausgefallenen Bescheid, so wie noch ein Paar minder beträchtliche Resolutionen in Privatsachen; die wichtigste Abänderung aber ging mit dem für die Armee entworfenen neuen Reglement vor. In den Hauptstücken enthält solches nichts, als eine Nachahmung der bey auswärtigen Armeen eingeführten Einrichtungen; da aber die polnische Armee eigentlich aus zweyerley Truppen, nemlich aus den Fahnen der alten National-Cavallerie, und aus denen von August dem zweyten nach ausländischem Fuß errichteten Cavallerie- und Infanterie-Regimentern bestehet, so ist es unendlich schwer, vielleicht gar unmöglich, den Geist der Unabhängigkeit, auf welchen sich der Muth des einen Theils gründen soll, mit der strengen Disciplin, welche für die Seele des andern gehalten wird, in einem und demselben Regiment zu vereinigen. Die alte Cavallerie besteht aus lauter adelichen Reutern, wovon jeder einen Gemeinen zu Pferde unterhält, so daß jede Fahne oder Escadron, welche von einem Rittmeister und einem Lieutenant commandiret wird, zur Hälfte aus Edelleuten, zur Hälfte aus unadelichen Soldaten bestehet. Die erstern sind durchgehends unter dem Namen Towarzysze (Cameraden) bekannt, jeder von ihnen glaubt dem andern, wenn er gleich einen höhern Rang hätte, vollkommen gleich zu seyn. Mit desto mehrerer Verachtung sehen sie auf die zweyte Classe herab, denen natürlicher Weise, wo nicht die Gefahren, so doch die Beschwerlichkeiten des Dienstes in grösserem Maasse zugetheilet werden. Nun schien das neue Reglement auf Vermehrung der letztern nicht nur besonders

ge-

gesehen zu haben, sondern auch die Towarzysze durch Anstellung neuer Staabs-Officiere, in ihrer bisherigen Verfassung, geniren zu wollen. „So unterdrückt „man die Vorzüge und zugleich den Muth eines Corps, welches bey seiner alten „Verfassung der Schrecken der Türken und die Bewunderung von Europa war!" Dieses Geschrey mogte Ernst oder Vorwand gewesen seyn, genug, das Reglement wurde mit den bittersten Anmerkungen verworfen, und in dem Eifer gegen allen ausländischen Zwang proponirten einige gar zu hitzige Patrioten, die Lehrmeister desselben vom Dienst der Republik zu entfernen. Bloß die Entschlossenheit des Reichstagsmarschalls, welcher auf einmal dem Lerm und der Sitzung ein Ende machte, ersparte der Republik den Vorwurf, gegen eine Menge verdienter Ausländer, die ihr Leben und manche andere Aussicht ihrem Dienst geopfert hatten, ungerecht gehandelt zu haben. Ueberdem kam dem König allein das Recht zu, die Officiere der Armee nach Gefallen zu ernennen: ohne seine Einwilligung konnten also die Ausländer von den Officierstellen in der Armee nicht ausgeschlossen werden; und sie erfolgte erst den folgenden Tag, mit der ausdrücklichen Bedingung, daß die gegenwärtig schon im Dienst stehenden Ausländer das neue Gesetz, nach welchem sämmtliche Officiere der polnischen und litauischen Armee geborne Polen oder litauische Edelleute seyn müssen, auf keine Art präjudiciren solle. Einer Versammlung, die aus lauter Edelleuten bestehet, muß man es zu gute halten, wenn sie bey jeder Art von öffentlicher Bedienung mehr die Gelegenheit, einen Mitbruder zu versorgen, als die Ausübung der damit verbundenen Pflichten, in Betrachtung ziehet. Zudem ist die Armee so klein, die Anzahl junger adelichen Leute, die darinn angestellet zu werden wünschen, so beträchtlich, daß auf das Unterkommen derselben wohl einige Rücksicht genommen werden mußte. Aber Undank gegen den Fremden, der zum Theil ins Land gezogen, zum Theil schon in demselben geboren war, der so lange mit Treue und Eifer gedienet, hätte ewige Schande auf das Land, vielleicht Fluch und Rache, nach sich gezogen. Die Zeit wird es lehren, ob eine gänzliche Ausschließung der Ausländer von den Kriegsdiensten der Republik, so wie die grosse Anhänglichkeit an die uralte Einrichtung der National-Cavallerie, den künftigen Glanz der polnischen Waffen befördern werde. Mit dieser millitairischen Operation wurde die Untersuchung über das Verhalten des immerwährenden Raths geendigt, und die Rechnungen der beyden Schatzcommißionen von Polen und Litauen wurden vorgenommen. Den darüber ausgefertigten Quittungen gab man auf eine ungewöhnliche Weise den Anhang, daß nach Ablauf der jetzigen Contrakte die Tabacksfabrik und Lotterie für Rechnung der Republik administriret, und nicht mehr verpachtet werden sollten. Die ganze zweyjährige Einnahme des Kronschatzes, vom 1sten September 1784 bis dahin 1786, beträgt . . . 26,661,971 poln. Gulden. 13¼ Pf.

Die ganze zweyjährige Ausgabe   24,500,614 p. G. 23 Gr. 8¼ Pf.

Bleibt Bestand   2,161,356 p. G. 7 Gr. 5 Pf.

Die zweyjährige Einnahme des litauischen Schatzes, inclusive des bey letzterm Reichstage liquidirten Bestandes von 498,853 poln. Gulden, beträgt für die Jahre vom 1sten September 1784 bis dahin 1786   10,800,670 poln. Gulden

Die Ausgabe   10,774,360 —

Bleibt Bestand   26,310 poln. Gulden.

Zuletzt kam auch die Reihe an die Erziehungs-Commißion: sie wurde ebenfalls nach genauer Untersuchung ihrer Rechnung quittiret, und die Glieder derselben wurden von neuem auf 6 Jahre bestätiget. Kein einziges Land in Europa kann sich mit einer gleichen Anstalt in Ansehung der öffentlichen Erziehung rühmen. Der von den eingezogenen Jesuiten-Gütern dazu angewiesene Fonds besteht aus einer jährlichen Einnahme von anderthalb Millionen poln. Gulden. Man muß der Commißion die Gerechtigkeit wiederfahren lassen, daß sie diese ansehnliche Einkünfte mit der größten Ordnung und Uneigennützigkeit verwalte, besonders setzet der Präsident derselben, der jetzige Fürst Primas Poniatowsky, Bruder des Königs, vorzüglich seinen Ruhm in Ausführung des von ihm selbst zur öffentlichen Erziehung entworfenen Plans. Ein edler Stolz, der unendlich weit den unthätigen Hochmuth, die gewöhnliche Eitelkeit grosser Herren, hinter sich zurückläßt.

Nachdem nun endlich alle diese Rechnungen und Quittungen zur Richtigkeit gebracht waren, wurden die vom Thron gemachten Propositionen in Ueberlegung genommen. In der ersten verlangte der König die Ratification einer zwischen dem kaiserl. königl. Hofe und dem Fürsten Primas, als Administrator des Bisthums

Cracau, getroffenen Convention. Sie betraf die Abtretung des in Gallizien eingeschlossenen Theils der Cracauer Diöces, und der dazu gehörigen bischöflichen Güter, welche beyde der Kaiser zu Errichtung eines neuen Bisthums zu Tarnow bestimmet hat. Man hatte polnischer Seits gerettet, was sich retten ließ, und von dem kaiserl. Hofe die gegenseitige Abtretung einiger in Polen liegenden, und bisher an gallizische Klöster gehörigen Grundstücke, imgleichen die Auszahlung eines baaren Capitals von hundert tausend Kaisergulden, bewirket. Dem ohnerachtet kam die verlangte Ratification nicht anders, als nach den lebhaftesten Debatten zu Stande. Die dagegen gemachten Einwürfe hätte man wenigstens nicht von einer Opposition erwarten sollen, die auf dem jetzigen Reichstage vorzüglich unter dem Schutze des östreichischen Hofes ihr Panier erhoben hatte. Eben so laut waren anfänglich die Widersprüche gegen die in der zweyten Proposition geforderte Ratification der wegen Berichtigung der Grenzen zwischen Schlesien und Polen im November d. J. mit dem preußischen Hofe geschlossenen Convention. Man schien nicht begreifen zu wollen, daß bey der jetzigen Verfassung des Landes jede Berichtigung streitiger Grenzen, jedes Mittel, künftigen Streitigkeiten mit mächtigen Nachbaren vorzubeugen, wahrer Gewinn für Polen sey. Endlich kam auch diese Ratification zu Stande, und es wurden zugleich funfzigtausend Rthlr. zur Entschädigung der poln. Einsassen, welche durch diese Grenzziehung gelitten haben sollen, angewiesen. In der dritten Proposition schlug der König den Ständen vor, den Cours der vollwichtigen Ducaten von sechszehn dreyviertel auf achtzehn poln. Gulden zu erhöhen. „Der Schluß fiel dahin aus, daß die Erhöhung des Ducaten auf achtzehn poln. „Gulden festgesetzt, und den beyden Schatzcommißionen aufgegeben würde, „mit der Münzcommißion gemeinschaftlich innerhalb zween Monaten den Cours „des Silbergeldes, nach dem in den benachbarten Ländern angenommenen Münzfuße, „zu proportioniren." Unter allen auf diesem Reichstage verhandelten Materien, war diese ohne Zweifel die wichtigste. Aus dem Langen und Breiten, welches darüber geredet wurde, zeigte sich, daß die allgemeine Meynung dahin ging, der bisherige Münzfuß wäre die einzige Ursache, warum das Land von allem Silbergelde, welches unter der jetzigen Regierung geschlagen worden, entblößet wäre. Je schlechter Geld, glaubte man, desto weniger Gefahr es ausgeführt zu sehen. Ueberhaupt aber fand man es bequem, dem Schatze den Ducaten zu achtzehn Gulden anzugeben, da er bisher zu sechszehn dreyviertel in den Cassen der Republik angenommen wurde. Wäre in Polen die Finanzwissenschaft nicht weniger als jede andere cultivirt, es würde nicht schwer gefallen seyn, so manche aufs Gerathewohl angenommene Meynung zu den einfachen Grundsätzen zurückzuführen; daß 1) jede Erhöhung des Münzfusses das Land, in Beziehung auf die Nachbaren, ärmer mache, und die öffentlichen Einkünfte in eben dem Maaße vermindere, als der Preis der mehresten zum gemeinen Leben nöthigen Artikel steigen müsse; 2) daß die Ausfuhr des Silbergeldes auf keine Art besser verhütet werden könne, als wenn dem Ducaten niemals über seinen einmal bestimmten wahren Werth zu coursiren erlaubet würde. So lange Polen keiner fremden Münze innerhalb seiner Grenzen den Cours verstattet, oder wenigstens solche sogleich auf ihren wahren Werth herabwürdiget, kann das poln. Silbergeld schlechterdings nicht anders als gegen Ducaten ausgekaufet werden. Nun mag der Münzfuß so gut wie in Wien, oder so schlecht wie in Danzig seyn, das Silbergeld wird immer verschwinden, sobald der Wechsler den Ducaten zu einem Cours erheben kann, welcher die richtige Verhältnisse des Goldes gegen das Silber übersteiget. Nicht der bisherige Münzfuß, so unbequem er auch sonst in Berechnungen gegen Gold gewesen seyn mag, war die Ursache der heimlichen Ausführung des Silbergeldes, sondern die Nachsicht der Schatzcommißionen, welche den Ducaten von sechzehn dreyviertel auf achtzehn Gulden, mithin fünf Gr. über seinen wahren Werth, steigen ließ. Der künftige Münzfuß mag immer achtzehn Gulden für den wahren Werth des Ducaten annehmen, die neue Münze wird so wie die alte unsichtbar werden, wo man nicht mit gehörigem Nachdruck den Cours der Ducaten auf achtzehn Gulden zu erhalten bedacht seyn wird. War doch die Danziger Münze, der Ducaten zu vier und zwanzig poln. Gulden, (vier Rthlr.) also um ein Viertel schlechter als die benachbarte Münze ausgepräget, dem ohngeachtet würde sie längst aus der Stadt gegangen seyn, wenn der Magistrat nicht den auf dreyzehn preußische Gulden gestiegenen Ducaten ein für allemal auf zwölf preußische oder vier und zwanzig polnische Gulden herunter zu setzen, sich entschlossen hätte. Und welches wird denn eigentlich der benachbarte Münzfuß seyn, nach welchem sich künftig der polnische richten soll? Der östreichische ist von dem preußischen, so wie der preußische vom rußischen unterschieden; jeder hat noch einen merklichen Unterschied zwischen Cassengeld und Schreibemünze angenommen. Bey uns ist eigentlich keine silberne Scheidemünze, denn die kleinsten Stücke sind von eben dem Gehalt, als das grobe Courant: in zwey und dreyßig guten Groschenstücken, befindet sich nicht nur eben so viel reines Silber, als wie in einem acht Guldenstücke, sondern noch ein Zusatz von sieben und ein drittel poln. Groschen an reinem Kupfer. Wird man es wagen können, ohne ausdrückliche Erlaubniß des Reichstages, das Beyspiel der Nachbaren in Ansehung der Scheidemünze nachzuahmen? und überhaupt, scheinet nicht die Annahme irgend eines benachbarten Münzfusses einen Vergleich über gegenseitiges Gehalt und Circulation des Geldes in beyden Staaten voraus zu setzen? Ausserdem wird der vom Reichstage vorgeschriebene Termin von zwey Monaten die Schatzcommißion in nicht geringe Verlegenheit setzen. Das Gerüchte von einer bevorstehenden Erhöhung des Silbergeldes hat es schon jetzt beynahe unsichtbar gemacht; der Reiche hält es in grossen Haufen, der Arme in einzelnen Stücken auf, und es läßt sich voraus setzen, daß gegen den Ablauf des Termins der Mangel an Silbergelde aufs höchste steigen werde. Das einzige Mittel, den daraus entstehenden Unbequemlichkeiten abzuhelfen, wäre wohl in Beschleunigung der von dem Reichstage vorgeschriebenen Maaßregeln zu suchen. Wenn in andern Ländern Veränderungen dieser Art mit der Münze vorgenommen werden, so sucht man gemeiniglich durch plötzliche Bekanntmachung des neuen Münz-Courses, und bey Erscheinung der neuen Münze, durch gänzliche Verrufung der alten, wenn sie gleich besser als die neue wäre, den Speculationen des Wuchers zuvor zu kommen. So viel ist gewiß, daß nunmehr innerhalb wenig Wochen der Ducaten, der künftig achtzehn Gulden gelten soll, auf seinen wahren verhältnißmäßigen Werth gegen die alte Silbermünze auf sechzehn dreyviertel Gulden zurückfallen wird. Ein deutlicher Beweis, daß der anfänglich vom Hofe beliebte Plan, nach welchem der Cours des Ducaten auf achtzehn Gulden erhöhet, der bisherige Münzfuß aber nicht abgeändert werden sollte, das Publikum der größten Verwirrung aussetzen mögte. Ist das Gehalt des jetzigen Silbergeldes wirklich so gut, daß der Ducaten nicht höher als zu sechzehn dreyviertel Gulden ausgemünzt werden kann, was soll man denn von einer Erhöhung denken, die den Ducaten über seinen wahren Werth erhebet? Was hieben von dem veränderten allgemeinen Verhältniß des Goldes gegen das Silber gesagt wird, klinget mehr kunstmäßig als überzeugend. Polen hat so wenig Gold- als Silber-Bergwerke; für unsere Producte giebt man uns Gold, für unser Gold kaufen wir Silber. Das Silber muß also bey uns als das theuerste Metall angesehen, und folglich der Ducaten gegen dasselbe lieber zu niedrig, als zu hoch gehalten werden, das heisset mit andern Worten, wir müssen dafür sorgen, daß der Kaufmann mehr Vortheil findet, den Ausländer mit Gold, als mit unserm Silbergelde zu bezahlen. Es ist schon vorher gezeigt, daß hieben nicht die innere Beschaffenheit des Silbergeldes, sondern einzig und allein der Cours der Ducaten in Betrachtung zu ziehen sey. In Frankreich und Oestreich war der Fall umgekehrt, um die Ausfuhr des Goldes zu verhindern, erhöhete man in beyden Ländern den Cours desselben, und seit dieser Erhöhung sind alle Briefe aus Paris und Wien mit Klagen über den zunehmenden Mangel der Silbermünze angefüllet. Am sichersten ist, unsern gegenwärtigen Fall durch die tägliche Erfahrung zu entscheiden. Jedermann weiß, daß über die Gränze für tausend acht hundert poln. Gulden Silbermünze, ohngefähr hundert zwey bis hundert drey Ducaten bezahlet werden; wer hundert Ducaten nach Polen bringt, und sie gegen tausend acht hundert Gulden verwechselt, ist

aber

sicher, bey der Ausfuhr ein Paar Procent zu verdienen. Die vorgeschlagene Erhöhung der Ducaten auf achtzehn Gulden jetziges Silbergeld ist also nicht dem wahren Verhältniß des Goldes gegen das Silber gemäß, wie könnte denn ein dem Lande so nachtheiliger Cours der Ducaten autorisirt werden? Bisher wurde noch der wenige Ueberrest des Silbergeldes zu Bezahlung der öffentlichen Abgaben aufbehalten. Die Cassen der Republik forderten königl. Münze, oder Ducaten zu sechzehn dreyviertel Gulden: sobald sie Befehl erhalten, den Ducaten zu achtzehn Gulden anzunehmen, wird ihre ganze Einnahme in Golde bestehen, und dem Ausflusse des Silbers der letzte Damm entzogen werden. Wer siehet nun nicht, daß die Erhöhung des Ducaten mit dem jetzigen Münzfuße schlechterdings nicht bestehen könne, und daß, um die künftige Ausfuhr der neuen Münze zu verhindern, der Cours der Ducaten schlechterdings in seinem bestimmten Werth erhalten werden müsse. In wenig Wochen wird man sehen, wie die vereinigten Commißionen den mißlichen Auftrag, den Cours der Münze gegen das Gehalt der benachbarten Münze zu proportioniren, verstanden haben.

Ausser dieser Münzsache, und den beyden vorgedachten Ratificationen, sind die übrigen vom Thron gemachten Propositionen in der Landbotenstube gar nicht zur Deliberation gekommen. So wenig langte die zu den Berathschlagungen ausgesetzte Zeit, bey der rednerischen Weitschweifigkeit, zu, womit jeder seine Meynungen vorzutragen gewohnt ist.

Es wurde zwar noch ein Versuch gemacht, die vierte Proposition, welche die Erlaubniß für bürgerliche Personen adeliche Güter zu besitzen, enthielt, wenigstens zu Gunsten einiger Particuliers, durchzusetzen, aber vergebens. Noch scheint der größte Theil der Nation nicht aufgeklärt genug über sein wahres Interesse zu seyn. Zu einer Zeit, da andere Länder, und besonders die reichsten Republiken, die Naturalisation wohlhabender Ankömmlinge auf alle Art erleichtern, da man den Capitalisten vor jeder Versuchung, sein Geld ausser Landes anzulegen, zu bewahren suchet, fürchtet der polnische Edelmann, den bürgerlichen, den Ausländer in seine Nachbarschaft aufzunehmen. Diese Abneigung rühret nicht aus Stolz, nicht aus Mißtrauen, sondern einzig und allein aus der Besorgniß her, daß das Geld der neuen Käufer, ihre grössere Thätigkeit und Kenntniß in Benutzung der Landgüter, den Werth derselben gar zu geschwind erhöhen wird. Je höher, je besser! mögte es anderswo heissen; aber hier fürchtet der kleine Adel ausgekauft zu werden: er will noch nicht begreifen, daß wenn der Werth aller Güter überhaupt steiget, jeder einzelne Besitzer reicher wird. In Litauen hat man dies früher ein-

eingesehen, man verweigert dort, so wie in der Krone, dem Fremden adeliche Güter, aber nicht adeliche Besitzungen. Noch hatte der König in den übrigen Propositionen die Reinigung einiger Flüsse; die Errichtung eines Lombards; eine bessere Art die Armee zu recrutiren; Magazine und Polizeywachten, vorgeschlagen; Vorschläge, welche die unbearbeitete Seite des Staats verrathen, und desto weniger Aufschub zu leiden scheinen. Man gab den Berathschlagungen dieses Reichstages ungewöhnlicher Weise einen ganzen Tag zu, aber bey dem sonderbaren Gange der Reichstagsgeschäfte würde zu gehöriger Beendigung derselben kaum ein Vierteljahr zugelanget haben. Am Ende ging die ganze Sorgfalt des Königs nur dahin, daß wenigstens die gegen einander aufgebrachten Gemüther besänftiget, und durch gänzliche Unterdrückung der ugramowschen Affaire ein Vorwand weiterer Zwistigkeiten aufgehoben würde. In dieser Absicht wurden, nach langen Unterhandlungen, zwey Projecte bewilliget, wovon das eine mit der Aufschrift, Deklaracija, Erklärung, den Kronmarschallsgerichten befiehlt, die Acten und das Decret des ugramowschen Processes niemanden weiter zu communiciren, sondern selbige, nachdem die darin verordnete Criminalstrafen bereits executiret worden, als für jedermann verschlossen und annulliret anzusehen. Außer dieser Erklärung wurde noch in einer besondern Constitution, unter dem Titel: Czulose Obywatelska, zur Beruhigung der Mitbürger, die Versicherung ertheilet, daß die Erwehnung, welche in den Acten des erwehnten Criminalprocesses von drey hohen Personen geschehen, schlechterdings nicht dem guten Namen derselben auf irgend eine Art nachtheilig seyn, sondern als völlig aus den Acten eliminiret angesehen werden solle. Beyde Erklärungen waren das Resultat einer während des ganzen Reichstages, unter dem Einflusse beyder kaiserl. Höfe, mit unendlicher Mühe gepflogenen Unterhandlung. Schwerlich dürfte man sich davon, so wie von der ganzen Veranlassung, ausserhalb eines republikanischen Staates, einen rechten Begrif machen können! Genug, man schien von allen Seiten befriediget zu seyn, und das Ende des Reichstages war so ruhig, als der Anfang desselben stürmisch gewesen war.

Wird diese Ruhe von langer Dauer seyn? werden die vor jetzt besänftigten Gemüther, gegen den über zwey Jahren wieder bevorstehenden Reichstag, ihre Kräfte zur Rettung des Vaterlandes vereinigen? werden alsdenn einmal Handlung, Gerechtigkeit und Landespolicey die ganze Aufmerksamkeit der Berathschlagenden firiren? wird eine respectable Nation, in der die Natur den muntern Geist des Galliers mit den festen Nerven des Deutschen verband, die noch durch Sprache, Kleidung und Sitten Nation ist, wird diese niemals die Augen über den

Ab-

Abgrund öfnen, dem sie Vorurtheile, Sorglosigkeit und Mißbrauch der Freyheit mit jedem Jahre näher führen? Ist die Erhaltung des so viel Stürmen ausgesetzten Schiffes der Klugheit des Steuermanns, oder bloß der Vorsehung zuzuschreiben? Wichtige Fragen! deren Beantwortung mit der Untersuchung verbunden zu werden verdiente, in wie weit das gegenwärtige Verhalten einer jeden benachbarten Macht gegen uns, den Tractaten von 1775, und ihrem eignen wahren Interesse, gemäß sey? Warschau, den 18ten November 1786.

2.

D. Anton Friedrich Büschings
neueste Geschichte
der
Evangelischen beyder Confeßionen
im Königreich Polen und Großherzogthum
Litauen,

und

besondere Geschichte
der
evangelisch-lutherischen Gemeine zu Warschau;
Dritter Theil,
welcher die Geschichte der Jahre 1785 und 1786
begreifet.

Etwas nachgeholtes aus Litauen von 1784.

Zur Vollständigkeit der vor zwey Jahren gelieferten Fortsetzung dieser Geschichte, so weit ich dieselbige zu verschaffen im Stande bin, gehöret noch dasjenige, *) was nach der im Augustmonat zu Birsen in Litauen von einigen Gemeinen gehaltenen Versammlung, welche sie eine Provinzial-Synode nenneten, unterschiedne Glieder der evangelisch-lutherischen Gemeine zu Wilna in ihrer Versammlung verabredet haben, um sich gegen die Versuche der golzisch-

---

*) Extract aus dem Kirchen-Protocoll, Wilna 1784 den 25sten October. In Beyseyn folgender Seßionsglieder, Herrn Jantzen, Herrn Strasburg, Herrn Schulz, Herrn Wagner. Senioren bürgerlichen Standes, Herrn Keyda, Mubach, Sommer, Truchlau, Kannengießer, Niszkowski, Wellewerz, Zeydler, Leyko, Klipstein, Schubert, Kirstein, Bachmüng, Hahn, Zwanzigmänner; Herrn Bittner, Krol, Laberus, Vorsteher.

Nach Eröfnung einer hochlöblichen Generalseßion wurde von mir, dem Präside der Gemeine, den zahlreich versammleten Seßionsgliedern vorgetragen, daß mir heute des Morgens ein versiegelter Brief vom Herrn Generalsenior und Pastor Krupinsky, durch den Campanator Hannewski, eingehändiget worden, welcher hier zur Eröfnung vorgelegt wurde.

Bey Entsiegelung waren im Couvert folgende Schriften:

I. Ein Brief von des Herrn von Grothus Hochwohlgebornen, Synodal-Bevollmächtigten und Secretair, darinnen er anzeiget,

   A. daß er der Gemeine einige Synodalschriften zustelle, welche nachhero angezeiget werden sollen.

   B. Daß er der Gemeine die Instruction der hochwürdigen Synode für ihn, auch noch andere Synodalschriften zusenden wolle, so bald sie aus der Presse kämen.

   C. Daß er Willens sey, die Diarien aller Synoden in Litauen, nebst den dazu erforderlichen Beylagen, in Druck zu geben, es müsse aber eine Anzeige von den Gliedern der Gemeine geschehen, wie viel Exemplaria sie von diesem Werke zu nehmen gesonnen wären, und daß darauf pränumeriret werden müsse.

   D. Auch sey er entschlossen, aus Dankbarkeit und Liebe für die Ehre der Provinz, so lange er noch gesund sey, die Geschichte der lutherischen Kirche im Großherzogthum Litauen

gesinnten Parthey in Sicherheit zu setzen. Es ist nicht abzusehen, wenn der Zwiespalt ein Ende nehmen werde; denn die bürgerlichen Mitglieder der Gemeinen

zu entwerfen. Er erbitte sich zu dem Ende von der Gemeine Nachrichten und Documenta in Ansehung ihrer Stiftungs-Privilegien, ihrer Schicksale und ihrer gegenwärtigen Verfassung. Dabey hoffet Herr von Grothus, daß dieses Werk der Confeßion in dieser Provinz Ehre machen, und zur Erweisung ihrer Gerechtsame jeder Gemeine nützlich seyn werde.

II. Ein Extract ex Diario Synodi Provincialis Birsnensis vom August 1784, darinnen beschlossen worden, daß der beständige Secretair, Herr von Grothus, ein beständiges Salarium von 200 Thaler Albertus haben solle, dazu die wilnische Gemeine jährlich 50 Thaler hergeben müße.

Zur Liquidation seiner vorigen Ausgaben aber soll die wilnische Gemeine 25 Albert. und also in allem 75 Rthlr. zahlen, und für diesen Extract ex Diario, Siegel- und Schreibgebühr sollen gezahlet werden   9 Fl. — Gr.

III. Die gedruckte Canones der hochw. Synode von 1784 davor gezahlet werden soll, an Druckerlohn und Siegel   8 - 24 -

IV. Ein Synodal-Rescript Siegel und Druckerlohn   8 - 24 -

                                                              26 Fl. 18 Gr.

2) Ersuchten der Präses sämmtliche versammlete Glieder unserer Kirchensession, die vorgetragenen Sachen in genaue Ueberlegung zu nehmen, und einen Schluß zu fassen, in wie weit wir dem Verlangen E. hochw. Provinzialsynode satisfaciren könnten oder nicht?

Die ganze hochlöbl. Seßion versicherte, wie sie für eine hochwürdige Provinzialsynode zu Birsen alle gebührende Hochachtung hege, auch nie gesonnen wäre, sich guten und nützlichen Anstalten zu widersetzen, sondern alles mögliche zu dem heilsamen Endzweck der Aufrechthaltung der uns von Sr. Majestät und der durchlauchten Republik zugestandenen Rechte und Freyheiten, welche wir mit unterthänigster Dankbarkeit erkennen und verehren, beyzutragen. Allein da es das Ansehen gewinne, daß eine hochwürdige Synode die Desiderata der wilnischen Gemeine gar nicht hören, sondern diese Gemeine geringschätzig behandeln, und ihr absolut gebieten wolle, wie es der Brief de dato Birsen in der Synodalversammlung den 10ten August 1784 deutlich ausweiset: so sehen sich die sämmtlichen Glieder unserer Kirchensession genöthiget, wider ein solches Verfahren zu protestiren, und zwar aus folgenden Gründen.

I. Wir haben uns nie zur Contribuirung eines immerwährenden Salarii für den beständigen Secretair der hochw. Synode erkläret, es ist dieses auch von einer hochwürdigen Synode niemals gefordert worden.

Es lautete davon der 8te Deliberationspunct von denen uns zugesandten aus der birsenschen Synode, also:

„Dem

nen wollen sich in Litauen eben so wenig, als in Masuren, von den adlichen, nach derselben Belieben, auf den Synodalversammlungen und in Consistorien willkühr=

> „Dem verdienstvollen Herrn Kammerherrn von Grothus wurden auf der letzten
> „Provinzialsnode zu Birsen für seine gehabte und noch jetzt habende viele
> „Aufträge und Geschäfte als Correspondenten ein hundert Ducaten, und ausserdem
> „an selbigen die zeithero gehabten Unkosten und Postrechnungen zu entrichten ver=
> „sichert. Die respect. Gemeinen werden es gar deutlich erkennen, wie ein solcher
> „Mann, von dessen Verdiensten und Arbeitsamkeit allgemeine Beweise sind, der
> „sich beeifert hat, für das allgemeine Wohl, mit Hintansetzung seiner eigenen
> „Wohlfahrt, die wichtigsten und schwersten Geschäfte zu übernehmen, verdiene,
> „daß ihm die gegebene Versicherung durch die Herren Deputirte der Gemeine er=
> „füllet werde.

Unsere Antwort war darauf folgende:

> „Eine hochlöbliche Kirchensession zu Wilna erkennet die vorzüglichste Verdienste
> „des Herrn Kammerherrn, immerwährenden Synodal-Notarii und Secretairs, Herrn
> „von Grothus Hochwohlgebornen, mit gebührender Erkenntlichkeit, und wird nicht ent=
> „stehen, ihr Contingent zu liefern, sobald es die andern Gemeinen gethan haben.

Damit war mit nichten erkläret, daß wir zu einem beständigen Salario desselben concurriren können oder wollen. Es ging unsere Meynung nur dahin, zu dem diesen verdienstvollen Manne ein= vor allemal bestimmten freywilligen Geschenk von 100 Ducaten, ein billiges Quantum beyzutragen, wann alle Gemeinen auch dazu concurriren würden. Und dazu sind wir auch noch bereit; keinesweges aber werden wir uns dazu verstehen, daß man über uns eine Taxe mache, und willkührlich behandele.

II. Es ist einer hochw. Synode wohl bewußt, wie unsere Casse gänzlich geschwächet, sowohl durch den unglücklichen Proceß mit dem Herrn Pastor Nicolai und mit den Herren Reformirten, als auch durch die willig und ohne Murren übernommenen Einrichtung des Consistorii, dazu keine andere Gemeinen etwas beygetragen.

Ja die Besorgung der nöthigen Zimmer zu Consistorialsessionen und Logis der Herren Präsidenten und Räthe, bey Hegung der Consistorialgerichte, dieses alles fällt lediglich auf unsere Gemeine, darüber wir uns auch nie beschweret. Wir glauben also zum allgemeinen Besten vor allen anderen Gemeinen das Unsrige beygetragen zu haben, und tragen es noch bey, hätten uns also am allerwenigsten überdem noch eine Taxe vermuthet.

III. Weil uns das Verfahren einer hochwürdigen Synode, deren löbl. Einrichtungen wir uns doch noch nie widersetzet, empfindlich schmerzt, nach welchem diese Gemeine offenbar geringschätzig behandelt wird, denn alle Desiderata sind uns entweder geradezu abgeschlagen, oder man hat uns selbige so beantwortet, daß wir damit unmöglich zufrieden seyn können.

Wir

führlich behandeln, und insonderheit nicht mit Abgaben, die der Adel für gut findet, belästigen lassen; sie wollen auch aus ihrem Mittel, eben sowohl als der Adel und

Wir verlangten einen bürgerlichen Generalsenior. Abgeschlagen. Warum? Weil das synodalisch angenommene Kirchenrecht das Generalseniorat nur dem Ritter- und geistlichen Stande zuerkannt.

Da es doch in dem 5ten Canon der diesjährigen Synode heißt: So erklären und bestimmen wir, auf Veranlassung der preiswürdigen warschauischen General-Synodalcommißion, durch diesen Canon nochmals unsere völlige Uebereinstimmung, Beruhigung und Gleichförmigkeit in dem obgesagten allgemeinen dißidentischen Kirchenrechte, nach unsern Anmerkungen, mit den übrigen Provinzen der U. A. C. Verwandten zur einmüthigen Beobachtung zc. Ist nun nach diesem Kirchenrechte es der Provinz Masuren recht, einen bürgerlichen Generalsenior zu haben, warum nicht dem Großherzogthum Litauen?

Wir übergehen mit Stillschweigen die Beantwortung auf unsere Desiderata wegen eines Assessoris im Synodalausschuß, und in Ansehung der Stimmen auf der Synode.

Wir gedenken nur, daß man uns gar diese Kleinigkeit abgeschlagen, die Briefe einer hochwürdigen Synode, entweder vom Notario oder Ausschuß, geradezu an unsere Seßion zu schicken, welches wir aus hinlänglichen Gründen erbeten.

Ja es scheinet fast, daß man uns, wegen unserer mit hochachtungsvollen Ausdrücken abgefaßten wohlgemeinten Beantwortung, auf die uns sine dato und Unterschrift zugeschickte Deliberationspuncte, noch zum Besten haben wollen. Dieses nöthiget uns auf unserer Huth zu seyn, und solche Maßregeln zu ergreifen, welche uns bey der tractatenmäßigen Freyheit erhalten, und uns vor allen gewaltthätigen Auflagen sicher stellen mögen.

Dabei wir nochmalen aufs feyerlichste versichern, daß, sobald eine hochwürdige Provinzialsynode zu Birsen unsere Desiderata hochgeneigt erfüllen, und uns als Mitbrüder mit mehrerer Freundschaft behandeln, auch keiner den Rechten unserer Gemeine entgegenstehende Forderungen machen wird, wir uns keiner guten Anordnung widersetzen, sondern darinn alle gebührende Folge leisten wollen.

Sollte aber wider Vermuthen eine hochwürdige Synode unsere ganz billige Vorstellungen und ganz billige Forderungen nicht hören, und uns fernerhin gebieterisch behandeln, so sehen wir uns gedrungen, wiewohl wider unser Wünschen und Wollen, solche Maßregeln zu unserer grössesten Betrübniß zu nehmen, die uns wider Unterdrückung und Gewalt schützen, und in rechten Wegen da Hülfe zu suchen, wo wir sie den Landesgesetzen gemäß finden werden.

Concordat cum Actis,
Daniel Gottlieb Hertel,
Praeses.

und der Kirchenlehrer-Stand, einen Generalsenior haben. Da der Bürgerstand in allen 3 Provinzen solcher Generalsenioren seines Standes verlanget, und

Beylagen.

Num. 1.
Deliberatoria und Puncte

über einige wichtige Gegenstände, die zur Berathschlagung und Entscheidung auf der künftigen den 2ten August 1784 zu Birsen zu hegenden Provinzialsynode des Großherzogthums Litauen, unveränderter augspurgischer Confeßion, vorzunehmen, und zur vorläufigen Erwegung den sämmtlichen respect. Gemeinen dieser Provinz und Confeßion gehörig mitgetheilet worden sind.

Primo. Da bey gegenwärtiger Lage der dißidentischen Angelegenheiten noch einige wichtige Gegenstände nicht völlig beendiget, hauptsächlich aber den Dißidenten ein ganz bestimmter Modus executionis der dißidentischen Decrete noch nicht hinlänglich gesichert worden ist, so werden die respect. Gemeinen durch ihre Herren Deputirten der Synode ihre Meynung über diesen Punct wissen lassen.

Secundo. Da die zweyjährige Amtsführung der Herren Assessoren bey den königl. dißidentischen Assessorialgerichten dies Jahr exspiriret, so werden die respect. Gemeinen die neuen Candidaten zur Wahl einer hochwürdigen Provinzialsynode vorschlagen lassen; doch werden die respect. Gemeinen Sorge tragen, solche Candidaten vorzuschlagen, die vorher dieses Amt auch zu übernehmen und vorzustehen willig gemacht sind, das mit der Synode bey ihrer Wahl keine Hindernisse in den Weg kommen dürften.

Tertio. Weil gegenwärtige Einrichtung zur dauerhaften Gründung einer sowohl dem Staat als der Kirche heilsamen Gesetzgebung und Kirchenregierung getroffen worden, so ist es nöthig, daß die respect. Gemeinen ihre bey sich eingeführte Kirchenordnungen zur synodalischen Bestätigung einschicken, auch ein Exemplar derselben zu den Synodalacten legen lassen, und auf solche Art ihre domesticalischen Anordnungen in eine sichere und rechtskräftige Verfassung setzen.

Quarto. Schulen sind das erste Augenmerk weiser Gesetzgeber; von ihnen hängt die Glückseligkeit tausender Menschen ab. Es wird daher auch die hochwürdige Provinzialsynode sich eifrigst angelegen seyn lassen, für das Aufnehmen und für die Verbesserung der Schulanstalten so viel zu thun, als ihre Kräfte vermögen. Sie verlangt zu dem Ende von den sämmtlichen respect. Gemeinen dieser Provinz und Confeßion eine gewissenhafte Anzeige:

a) Ob bey ihren Gemeinen öffentliche Schulen vorhanden?

b) Wie viel Lehrer bey denselben angestellet sind?

c)

und da die Provinz Kleinpolen schon 1777 in der Person des Herrn Peter Tepper einen solchen bewilliget hat: so scheinet es, daß der Adel wohl daran thue, und

den

c) Wie groß der Umfang der Lehranstalten sey? und
d) welcher Lehrbücher man sich beym Religionsunterricht bediene?

Nur denn, wenn die Synode das Locale und Eigenthümliche der Schulen dieser Provinz und Confeßion genau und umständlich kennet, wird es ihr leicht und möglich seyn, treffende und heilsame allgemeine Schulgesetze abzufassen, Mißbräuche zu verhüten, schwachen Anstalten aufzuhelfen, grössere in Ansehen zu erhalten, und überhaupt der Aufklärung und der Bildung des edlen menschlichen Geistes die Bahn zu erleichtern.

Quinto. Die etwa obwaltende tractatwidrige Mißhelligkeiten und Irrungen, die dem dißidentischen Körper nachtheilig werden können, werden die respect. Gemeinen zur Prüfung, und, im nöthigen Fall, zur weiteren Nachsuchung, an die Provinzialsynode einberichten.

Sexto. Sollte eine Gemeine, die bisher keine Kirche gehabt, eine anlegen und erbauen wollen, so ist es nach den Tractaten nothwendig, daß sie sich, zu Regulirung ihrer Parochie sowohl als auch zu Erhaltung der Erlaubniß, eine neue Kirche zu bauen, und eine neue Parochie errichten zu können, an ihre Provinzialsynode wende, und werden daher alle dergleichen Gemeinen tractatmäßig aufgefordert, auf der künftigen Provinzialsynode mit ihren Petitis zu erscheinen, und billige Entscheidung zu gewärtigen.

Septimo. Da keine andere Collecten im Namen einer Gemeine dieser Provinz und Confeßion erlaubt sind, als solche, welche von der Provinzialsynode nachgegeben und bestätiget sind; so werden die Gemeinen, die Collecten zu veranstalten gerechte Ursache haben, aufgefordert, mit ihrem Ansuchen sich bey der künftigen Provinzialsynode gehöriger Weise zu melden, da man für die Zukunft die sichersten und besten Maaßregeln treffen wird, die Ehre dieser Provinz und Confeßion in diesem delicaten Stück in Sicherheit zu setzen, und es ganz so zu veranstalten wissen, daß weder in- noch ausserhalb Landes eine Collecte dieser Provinz und Confeßion Fortgang und Gewinn haben kann, die nicht von der Provinzialsynode derselben Provinz und Confeßion authoriſiret worden ist.

Octavo. Dem verdienstvollen Herrn Kammerherrn von Grothus wurden auf der letzten Provinzialsynode zu Birsen, für seine gehabten und noch jetzt habenden vielen Aufträge und Geschäfte als Correspondenten, ein hundert Ducaten, und ausserdem an selbigem auch die zeithero gehabten Unkosten und Postrechnungen zu entrichten versichert. Die respect. Gemeinen werden es gar deutlich erkennen, wie ein solcher Mann, von dessen Verdienst und Arbeitsamkeit allgemeine Beweise sind, der sich beeifert hat, für das allgemeine Wohl, mit Hintansetzung seiner eigenen Wohlfahrt, die wichtigsten und schwersten Geschäfte zu übernehmen, verdiene, daß ihm die gegebene Versicherung durch die Herren Deputirten der Gemeinen erfüllet werde.

den Bürgerstand dadurch sehr gewinnen würde, wenn er sich desselben Begehren nicht länger widersetzte. Die Zeiten ändern sich, und die Menschen in denselben än-

Num. 2.
Beantwortung
der dem hiesigen hochlöblichen Kirchencollegio ohne Unterschrift, nach Aussage des Herrn General-Senioris Krupinski, von des Herrn General-Senioris, Starosten und Ritter von der Ropp Excellence, zugeschickten acht zu überlegenden Puncte.

I. Da die evangelische Kirche U. A. C. zu Wilna Canones von 1648 bey königl. Privilegien besitzt, welche seit der Zeit bis jetzt von allen dreyen Ständen unterschrieben und practicirt sind, also kann sie keinen besseren Modum executionis annehmen, als wie sie in unseren Canonibus deutlich enthalten, anbey wir zugleich wider alle andere Modos executionis, die nicht tractatenmäßig sind, in unserer Gemeine, obgleich mit schuldigster Bescheidenheit, auf das feyerlichste protestiren, und sie nie anerkennen werden noch können.

II. Den zweyten Punct erkennet sie für sehr löblich. Es sind aber die jährlichen ordentlichen Ausgaben bey dieser Gemeine sehr groß die Defrayirung der zu erwählenden hohen Assessorial-Richtern durch Beyträge zu unterstützen.

III. Da laut des allgemeinen dißidentischen Kirchenrechts, wie es von Litauen U. A. C. angenommen ist, die Gemeinen bey ihren alten Kirchengebräuchen geschützet werden sollen, so bleibt diese Gemeine dabey, und hat deswegen auch ein Exemplar von diesen Kirchenordnungen an des Herrn Kammerherrn und immerwährenden Synodal-Notarius und Secretärs von Grothus Hochwohlgebornen geliefert, und braucht also diese Kirchenordnung weiter keine Bestätigung, als die, welche wir schon in dem Kirchenrechte und Canonibus haben.

IV. Da die Schulanstalten in Wilna, wie sie die nämlichen Kirchenordnungen beschreiben, nach Maßgebung der Umstände und des Orts zur möglichsten Vollkommenheit gebracht sind, so wünscht eine hochlöbliche Kirchen-Session hierin die andern Schulen der hiesigen ähnlich zu sehen, sobald es keinen Einfluß hat auf unsere Cassen, es sey denn bey liebreichen Vorstellungen, und wie es sich bey uns schicken wird, eine Beysteuer zu geben.

V. Tractatenwidrige Mißhelligkeiten sind hier eigentlich nicht bekannt, doch wäre ein aufmerksames Auge auf die andere Confession immer ersprießlich, da es gewiß ist, daß die andere Confession aus ihren Mitteln Personen nach Grodno gewählet und bevollmächtiget hat, so würde in dieser Sache auch möglich seyn, Deputirte nach Grodno zu schicken, so bald von allen dreyen Ständen welche dazu erwählet würden, und wozu denn auch eine jede Gemeine das Ihrige beytragen würde.

ändern sich auch. Selbst Kaiser und Könige reden heutiges Tages Personen bür-

VI. VII. Diese beyde Puncte sind sehr billig und tractatenmäßig.

VIII. Eine hochlöbliche Kirchensession zu Wilna erkennet die vorzüglichsten Verdienste des Herrn Kammerherrn, immerwährenden Synodal-Notarii und Secretärs, Herrn von Grothus Hochwohlgebornen, mit gebührender Erkenntlichkeit, und wird nicht entstehen, ihr Contingent zu liefern, so bald es die andern Gemeinen gethan haben.

Num. 3.

Hochwohlgeborner Herr Director, hochwohlgeborne, hochehrwürdige, hochedelgeborne, gnädige und hochzuehrende Herren!

Laut Bericht des Herrn General-Senioris Krupinsky sind die von ihm uns eingereichte Deliberatoria und Puncte zur nächstkommenden Synode vom 2ten August, unter seinem Couvert ohne Namens Unterschrift hier angekommen, und unerachtet wir die Addresse geradezu an uns gewünschet hätten, und für die Zukunft selbige auch an uns gerichtet erwarten, so ist die gegenwärtige Zeit und die Sache selbst zu wichtig, als daß wir nicht mit unserer schuldigsten Beantwortung einkommen sollten, welche wir die Ehre haben einer hochwürdigen Synode mit dem gebührendsten Respect im Anschluß zu unterslegen, da wir durch mehr denn einen Umstand behindert, für diesesmal keine Deputation zu einer hochwürdigen Synode schicken können. Hiebey haben wir das Zutrauen zu einer hochwürdigen Synode, daß sie in der Kirche, wo Glaubensbrüder sind, den bürgerlichen Stand nicht heruntersetzen, und da alle drey Stände durch die Tractaten gleicher Rechte in der Kirche fähig sind, denselben keine Gelegenheit zum Miß-vergnügen und Zwiespalt geben werde, weil davon die allgemeine und besondere Ruhe und Wohlfahrt im Ganzen und seinen Theilen abhängt, und da das Gegentheil die allerbetrübtesten Folgen in andern Provinzen erzeuget hat. Wir können mit Erkenntlichkeit gegen Gott nicht anders sagen, als daß die Bausker und Birsener Synode viel Herrliches und Gutes gestiftet hat, und so haben wir zu der nemlichen hochwürdigen Synode, die sich vor den andern durch ihre Verhandlungen und die daher erwachsenden Früchte vorzüglich ausgezeichnet, das schmeichelhafte Zutrauen, daß sie die Ruhe und Wohlfahrt der U. A. C. im Großherzogthum Litauen, unter dem Beystande Gottes, durch die weisesten und besten Maßregeln für die gegenwärtigen und künftigen Zeiten gründen, und wie überhaupt, so insbesondere dem bürgerlichen Stande, Folgendes nicht entziehen werde, 1) das Generalseniorat, so wie es in Kleinpolen und dem Herzogthum Masovien ist, wozu wir den Herrn Postmeister von Essen, den Herrn Doct. Med. und Hofrath Staug in Wilna, und den Herrn Director Reuß in Kauen vorschlagen; 2) daß der bürgerliche Stand in einem hochwürdigen Synodalausschuß einen Angesessenen aus seinem Mittel habe; 3) daß eine hochwürdige Synode auch wechselsweise in den bürgerlichen Gemeinen sich hegen, und 4) daß das Stimmenrecht nach der Zahl der Gemeinen bestimmt werden mögte. So wie alle diese Desideria nichts anders als Billigkeit, und die daher fliessende Ruhe, und den nöthigen

Kir-

bürgerlichen Standes eben so, wie Personen des adelichen Standes, und beyde

Kirchenfrieden zum Grunde haben: so zweifeln wir gar nicht daran, daß eine hochwürdige Synode nicht nur alles dieses beherzigen, sondern uns auch vollkommen zufrieden stellen wird. Die wir die Ehre haben, mit allem gebührenden Respect zu verharren rc. Wilna, den 31sten Julius 1784.

Num. 4.

Hochedelgeborne hoch= und wohledle Herren, werthgeschätzte Freunde und Glaubensbrüder!

Ew. Hochedelgebornen Hoch= und Wohledlen Schreiben ist uns richtig eingehändiget, und wir haben daraus ihre Petita ersehen, die wir in plena Sessione zur reiflichen Berathschlagung genommen, und Folgendes zu ihrer nähern Wissenschaft, laut unserer tractat= und landesgesetzmäßigen Zuständigkeit, resolviret haben.

Ad 1mum. Das Gesuch ist schon in dem synodalisch angenommenen Kirchenrecht resolviret, und das General=Seniorat nur dem Ritter= und geistlichen Stand transferiret.

Ad 2dum. Daß dies wichtige Richteramt kein anderes Subject als ein Rechtsgelehrter bekleiden kann, in hiesiger Gegend aber kein possessionirter Rechtsgelehrter vorhanden, so wird es einer hochwürdigen Provinzialsynode sehr angenehm seyn, wenn die löbliche wilnische Gemeine uns ein Subjectum aus ihrem Mittel zu diesem Amte vorschlagen will, der unentgeldlich dies Officium übernehme, zu Bekleidung desselben würdig sey, und zugleich auf jedesmaliges Erfordern auf eigne Kosten die Reise hieher nach Birsen zu machen, sich verbindlich machen will, welches Subject alsdenn gewiß keine Schwierigkeit finden wird, auf künftiger Provinzialsynode zu diesem Posten erwählet, und in demselben bestätiget zu werden, da ohnehin der jetzige Herr Assessor des Synodalausschusses ex ord. civili dies Amt gegenwärtig feyerlichst niedergelegt hat; aber auf vielfältige dringende Vorstellungen E. H. P. S. es weiter, doch nur pro Tempore, zu übernehmen sich bewegen lassen.

Ad 3tium. Haben wir aus sehr triftigen Gründen Bedenken getragen, in dieser Sache etwas auf immer geltendes gegenwärtig festzusetzen, wozu auch die Herren Deputirte und schriftliche Vollmachten der übrigen Gemeinen jetzt nicht instruiret waren. Laut der gegenwärtigen Convenienz, da die ersten Synodalämter mit Mitgliedern aus den hiesigen beyden Gemeinen besetzt sind, und denen die Reise nach einem entfernten Ort zu kostbar und beschwerlich fallen würde, haben wir die nächstkommende ordinaire Provinzialsynode wieder allhier zu Birsen zu hegen per Canonem einmüthig beschlossen.

Ad 4tum. Bestimmet das Kirchenrecht die Stimmgebung dergestalt, daß jedes Mitglied der Synode seine Stimme einzeln giebt, daß aber die Mehrheit der Stimmen eines Standes nur ein Votum ausmachet, so daß auf der Synode nur drey Stimmen existiren, und zwey gegen eine decidiren.

beyde viel höflicher, als vor Zeiten gewöhnlich war, an, und verlieren nichts da=

Nach Anleitung der Tractaten und Landesgesetze haben wir diese ihre besondere Desideria dergestalt resolviren müssen; was aber die Meynung der löblichen wilnischen Gemeine geistl. und bürgerl. Standes über die erhaltene Deliberatoria betrift, so müssen wir bekennen, daß der erste Punct derselben uns befremdend ist, indem nicht wir, nicht die lößliche wilnische Gemeine, den Modum executionis zu bestimmen Befugniß haben, sondern dies ein ausschliessendes Recht der allerhöchsten Landesherrschaft und gesetzgebenden Gewalt ist, der wir insgesammt in diesem Stücke zu gehorsamen bereit seyn werden.

Den 2ten Punct betreffend, haben wir solche Herren Beysitzer der königl. litauischen Assessorie erwählet, von deren Edelmuth wir versichert sind, daß sie dies Geschäft unentgeldlich übernehmen werden.

Ad Deliberatorium 3. ist die Antwort der löblichen wilnischen Gemeine dem Kirchenrecht, auf das sie sich berufen, ganz und gar entgegen, indem das Kirchenrecht ausdrücklich gebietet, daß die Kirchenverordnungen bey den Synoden confirmiret werden müssen.

Ad Deliberatorium 4. ist die Antwort der löblichen wilnischen Gemeine gar nicht anpassend auf die an sie gerichtete Frage. E. H. P. S. hat nur einen Bericht von den dortigen Gemeine=Schulen verlangt, folglich weder ihr Votum zur Einrichtung der Schulen bey andern Gemeinen verlangt, noch Ansprüche auf ihre Cassen gemacht.

Ad Deliberatorium 8. stimmet die Antwort der löblichen wilnischen Gemeine mit den Vollmachten aller andern Gemeinen völlig überein. E. H. P. S. hofft also gewiß, daß die löbliche wilnische Gemeine das auf ihr fallende Quantum zur jährlichen Besoldung des beständigen Synodal-Secretairs, in den per Canones synodalisch bestimmten Terminen, an den Herrn Obereinnehmer von Kloppmann zu bezahlen nicht säumen werde. Der Modus, dieses Geld in den Gemeinen beyzutreiben, wird jeder Gemeine, nach ihrer besten Kenntniß von ihrer inneren Lage, frey überlassen. Birsen in der Synodalversammlung, den 10ten August 1784.

Num. 5.

Der hochlöblichen Gemeine zu Wilna.

Waldzunin, den 26sten September 1784.

Hochwohlgeborne, hoch= und wohl=ehrwürdige, hochedelgeborne, hoch= und wohledle Herren, höchst= und hochzuehrende Herren!

Der Druck beyliegender Synodalschriften, hat sich durch die Langsamkeit des mitauschen Buchdruckers bis jetzt verzögert; ich habe also nicht die Ehre haben können, Ew. Hochwohlgebornen, Hoch= und Wohlehrwürden, Hochedelgebornen, Hoch= und Wohledlen diese Sachen früher zuschicken zu können. Sobald meine Instruction, so ich von der

dabey. Doch es wird hernach von dieser Materie ein Mehreres vorkommen.

Groß,

Synode erhalten, aus der Presse kommt, wie auch einige andere Schriften der Synode, so werde ich nicht säumen, auch diese zu communiciren. Auch bin ich Willens, die Acten aller Synoden in Litauen, nebst den dazu erforderten Beylagen, in Druck zu geben. Da solches aber eine sehr grosse Geldauslage erfordert, so muß ich bey Ew. Hochwohlgebornen, Hoch= und Wohlerwürden, Hochedelgebornen, Hoch= und Wohledlen die Anfrage thun, wie viel Exemplare dieselben von diesem Werke zu nehmen gesonnen sind. Je mehr abgehen, desto wohlfeiler wird das Exemplar zu stehen kommen. Ich stehe wegen des Druckes mit einem königsbergschen Drucker in Handel, und werde nächstens den Preis eines Exemplars anzeigen können, doch muß ich dabey zum voraus erinnern, daß ich ohne Pränumeration den Druck eines so weitläuftigen Werkes nicht unternehmen kann, da die Auslage dabey zu stark ist.

Dankbarkeit, und Liebe für die Ehre der Provinz, verbinden mich, alle meine Kräfte zum Besten derselben zu widmen. Ich bin also entschlossen, so lange ich noch gesund bin, die Geschichte der lutherischen Kirche im Großherzogthum Litauen zu entwerfen. Zu diesem Ende fehlen mir Nachrichten von jeder Gemeine, ihrer Stiftung, ihren Privilegien, ihren Schicksalen und ihrer gegenwärtigen Verfassung. Da ich nun glaube, daß diese Geschichte der Confeßion in dieser Provinz durchaus Ehre machen, und zur Erweisung ihrer Gerechtsame jeder Gemeine nützlich seyn muß, so glaube ich auch berechtigt zu seyn, Ew. Hochwohlgebornen, Hoch= und Wohlerwürden, Hochedelgebornen, Hoch= und Wohledlen um Mittheilung solcher Nachrichten und abschriftlichen Documente bitten zu dürfen, die zur Geschichte ihrer Gemeine irgend etwas beytragen können. Und weil mein Wunsch, der Provinz nützlich zu werden, hiedurch eines Theils erreicht werden kann, so wird Ihnen, meine Herren! mein Herz voll Dankbarkeit und Verehrung dafür lebenslang ergeben seyn. Ich glaube, daß mein bisheriges Betragen darthun wird, wie ich hiebey keine andere als redliche Absichten hegen könne.

Beygeschlossene Papiere und Acten betragen nach der Taxe, die mir von einer hochwürdigen Provinzialsynode vorgeschrieben ist,

für den Extract ex Diario, Siegel und Schreibgebühr	9 Fl. poln.	— Gr. poln.
für die gedruckten Canones, Siegel und Druckerlohn	8	24
für das Synodal=Rescript, Siegel und Druckerlohn	8	24
	in Summa 26 Fl. poln.	18 Gr. poln.

Welches Geld ich aus Deroselben Güte durch den Herrn Obereinnehmer von Kleppmann Hochwohlgebornen, nach dem constitutionsmäßigen Geld=Cours, zu erhalten hoffe.

Großpolnische Synode im 1785sten Jahr.

In dem 1785sten Jahr sind zwey merkwürdige Synoden gehalten worden, die eine Beschreibung verdienen. Die erste war zu Fraustadt in Großpolen. Es sind die evangelisch-lutherischen Gemeinen der Provinz Großpolen unter acht Kreise vertheilet, welche heissen, der posensche, der gnesensche, der lißnische oder lissaische, der birnbaumsche, der kargische, der fraustädtische, der meseritzische, und der bojanowische Kreis. Die Synode, welche am 23sten Vormittags gewöhnlichermaßen mit Gottesdienst anfing, und zu welcher der Generalsenior Hopp durch eine Predigt vorbereitete, wurde durch eine Anrede des Generalseniors aller dreyen Provinzen, des Herrn Grafen von Unruhe, eröfnet, und der königl. Kammerherr Herr Dziembowsky, zum Director derselben erwählet. Alsdenn wurden die Vollmachten der Deputirten aus allen Kreisen vorgeleget und übernommen, aus dem Bojanower Kreise aber waren keine vorhanden. Mit diesen Geschäften wurde die erste Sitzung zugebracht. Die zweyte ward am Nachmittage eben desselben Tages gehalten. Zuvörderst unterrichtete der Herr Generallieutenant Baron von der Golz die Versammlung von der im vorigen Jahr auf dem Reichstage zu Grodno in Ansehung der Gewalt der evangelisch-lutherischen Synoden und Consistorien abgefaßten Reichsconstitution, (welche in dem zweyten Theil dieser neuesten Geschichte abgedruckt ist,) und die er vorlesen ließ. Hierauf ließ er auch die Resolution ablesen, welche der König und der immerwährende Rath am 24sten August 1784 ertheilet hat, die aber nach der natürlichen Ordnung hätte zuerst gelesen werden müssen, weil sie durch die erwehnte Constitution eine grosse und wichtige Veränderung und Einschränkung bekommen hat. Noch wurde eine zweyte Resolution des Königs und immerwährenden Raths vom 12ten April 1785 vorgelesen, deren Inhalt nicht bemerket wird, und dem Provinzialconsistorium aufgegeben, die Eintragung derselben in allen Grodkanzleyen zu besorgen. Nun wurden die Canones der sogenannten Generalsynode zu Wengrow von 1782 vorgelesen, um zu untersuchen, in wie weit sie schon vollzogen und nicht vollzogen wären? Da man nun bey dem fünften fand, daß noch nicht alle Gemeinen und Pastores mit dem Kirchenrecht versehen wären, so wurde beschlossen, diesem Mangel abzuhelfen, aber nicht die ersten, sondern die verbesserten Exemplaria, welche von den augsburgischen Confeßionsverwandten in allen drey Provinzen angenommen wären, (welches doch nicht geschehen ist,) zur Richtschnur einzuführen. Bey dem 9ten Canon gedachte man daran, daß es noch an der gleichförmigen Liturgie fehle, und es wurde beschlossen, daß die Generalsenioren geistlichen Standes die Entwürfe zu derselben den Kreisseniors abschriftlich zusenden, diese aber, ohne jemanden Abschriften davon zu geben, mit den Pastoren der Kreise dieselben reiflich überlegen,

und,

und, wo möglich, sich darüber unter einander und mit den Generalsenioren bey der Stände vereinigen, alsdenn aber das gemeinschaftlich beschlossene auf die nächste Provinzialsynode zur Entscheidung bringen sollten. In Ansehung des allgemeinen Gesangbuchs, welches in eben diesem Canon beschlossen worden, verabredete man, daß es auch Gebete haben solle, und weil die Generalsenioren geistlichen Standes dazu Entwürfe mitgebracht hatten, so sollten sie sich, vor ihrer Abreise von der Synode, mit dem Consistorium darüber vereinigen, welche Gebete unumgänglich nöthig wären, und also dem Gesangbuch beygedruckt werden müßten? Man solle sich bemühen, innerhalb 14 Tagen den Druck des Gesangbuchs mit den erwählten Gebeten zu vollenden, um es auszugeben, und wenn die erste Auflage nicht zureiche, eine zweyte, dritte, u. s. w. veranstalten zu können.

In der dritten Sitzung, am 24sten August, Vormittags, wurde dem Consistorium aufgetragen, sich einen Instigator zu erwählen und zu bestellen. Weil die Revisoren der Consistorialrechnung vom Bürgerstande nicht gegenwärtig waren, so wurden zwey andere dazu erwählet, die mit den Generalsenioren ausserhalb der Sitzung die Rechnungen untersuchen sollten. Der vorjährige Synodalbescheid, daß die Vocationen der Prediger und Schullehrer, zur grössern Sicherheit der Inhaber, in die Consistorialacten eingetragen werden sollten, wurde bestätiget, und festgesetzet, daß der Kanzley für einen geschriebnen Bogen 2 polnische Gulden bey der Eintragung erleget werden sollten. Herr Generallieutenant von der Golz erinnerte, daß seit der Local-Commissionen zur Einrichtung der Parochien, (sie geschahe 1777,) noch keine allgemeine Kirchenvisitation geschehen sey: diese ward also den Kreissenioren aufgetragen, dem Consistorium aufgegeben, ihnen die nöthige Anweisung zu denselben, dem Inhalt des Kirchenrechts gemäß, zuzufertigen, und beschlossen, daß die Kirchen die Kosten der Visitationen tragen sollten. Die Kirchen der Kreissenioren sollten durch einen benachbarten Kreissenior untersuchet werden. Weil es nöthig seyn könnte, (nemlich zu den Taxen, welche Herr Generallieutenant von der Golz schon lange einzuführen gedacht hatte,) Seelenregister der evangelischen Kirchkinder zu haben, so sollten die Visitatores sich wenigstens Register der Communicanten, Getrauten, Getauften und Begrabenen vorlegen lassen, und von jeder Pfarre einschicken. Nachmittags ward in der vierten Sitzung beschlossen, daß die Originale von den Synodalacten in ein besonderes Buch zusammengebunden, und die vidimirten Copeyen auch in ein besonderes Buch gebunden, und Register zu beyden verfertiget werden sollten. Der Kreis-Convent des Bojanower Kreises schickte eine versiegelte Schrift, mit der Ueberschrift, an die hochwürdige Synode in Fraustadt, ein, sie ward aber unerbrochen zurückgeschickt, und dabey geschrieben, daß er hätte eigne Deputirte mit derselben absenden müs-

müssen.*) Der Generallieutenant von der Golz wurde, einer vorgegebenen Verabredung auf der Wengrower Generalsynode gemäß, (von welcher hernach etwas vorkommen wird,) zum Delegirten der graßpolnischen Provinz erwählet, um als solcher der kleinpolnischen Synode beyzuwohnen. Herr Kopp legte das Generalseniorat nieder, und aus den von den Generalsenioren des Ritterstandes vorgeschlagenen Personen wurde der Consistorialrath Gerlach zum Generalsenior, die Kreissenioren Fischer und Sturzel wurden zu Generalconsenioren, Diaconus Langner zu Fraustadt aber an Gerlachs Statt zum Consistorialrath erwählet. Die übrigen Assessores und Substituten wurden von der Synode ersuchet, ihre Aemter noch 2 Jahre lang zu verwalten, und in Langners Stelle trat der Pastor Exner als Substitut. Die auf der vorigen Synode erwählten Glieder des en-

---

*) Dieses Schreiben lautet so:

Hochwürdiger Synod!

Es mußte nothwendiger Weise die traurigste Empfindung hervorbringen, wenn die Deputirten des Bojanover Kreises zu dem letztern Provinzialsynod in Fraustadt den 14ten Sept. 1784 bey heutiger Versammlung unseres Kreisconvents ihren Bericht von den ihnen aufgetragenen Geschäften dahin abstatteten, daß sie selbst und ihre vom Kreis ausgefertigte Vollmacht auf gedachten Synod schlechterdings nicht angenommen, vielmehr mit den anzüglisten Vorwürfen überhäuft und abgewiesen worden. So sehr die gegenwärtig versammleten Glieder nun auch schon überzeugt sind, daß sie bey der ganzen Sache die lautersten Abstchten gehabt haben, und folglich über eine dergleichen Behandlung den Trost in ihrem eigenen Gewissen finden können, so sehen wir uns dennoch gedrungen, unsere gemeinschaftliche Beschwerden wegen gedachten Vorganges bey einem versammleten hochwürdigen Synod schriftlich nieder zu legen, und um die nothwendige Remedur der uns widerfahrnen Beleidigung, oder Wiederherstellung unsrer eingeschränkten Gerechtsame, hierdurch auf das geziemendste anzusuchen. Denn sonst ist es mehr als wahrscheinlich, daß aus unserm Kreise so leicht kein Deputirter zu einem Provinzialsynod ernennet werden, auch sich so leicht niemand zu einem dergleichen Geschäfte wird wählen lassen wollen, bis man unsern Abzuordnenden eine bessere Aufnahme wird versichert können. Ja es steht wohl gar zu besorgen, daß die Gemeinen unsers Kreises auf diese Art die bisherigen Beyträge zur Unterstützung unserer allgemeinen Kirchenangelegenheiten zurück halten, und alle mit Tractat und Gewissen übereinkommende Mittel zu Aufrechthaltung ihrer erlangten Freyheit gebrauchen werden. Mit dieser gerechten und dringenden Vorstellung bezeigen wir zugleich unsere Beharrlichkeit, in denen so oft wiederholten und durch unsere Deputirte von Synod zu Synod bekannt gemachten Gesinnungen, und versichern zugleich einem hochwürdigen Synod die pflichtmäßige Verehrung, auch unsre möglichste Bereitwilligkeit zukünftigen Verbesserungen unseres Kirchenwesens die Hände zu bieten, die wir die Ehre haben uns allesammt eigenhändig zu unterzeichnen.

engern Synodalausschusses wurden noch auf 1 Jahr bestätiget. In Ansehung der Prediger ward, auf des neuen Generalseniors Antrag, verordnet, daß ein Prediger, welcher auf 8 Tage verreisen wolle, es dem geistlichen Senior, und zugleich dem Verweser seiner Amtsgeschäfte, anzeigen solle.

In der fünften Sitzung, am 25sten August, Vormittags, wurden Verfügungen wegen der Kirchen- und Schulvisitationen in dem Bojanower Kreise gemacht, wenn die dasigen ordentlichen Kreisseniores vom geistlichen und Civilstande solche Visitationen, nach Vorschrift des Consistoriums, in diesem Jahr nicht halten sollten; wofür sie alsdenn zu bestrafen wären. Das war Rache, deren Veranlassung sich hernach zeigen wird. Gegen diesen Schluß ist unterstehende Protestation erfolget *). Hierauf wurde die Rechnung über die

*) Diese lautet also:

Nachdem bey letzterer M. August. a. c. in Fraustadt gehaltenen preiswürdigen Synode unter andern Conclusis auch dieser abgefasset worden, daß eine allgemeine Kirchenvisitation durch alle Kirchen in Großpolen viso tempore solle veranstaltet, und Notificatio vier Wochen demjenigen Kirchspiel vorher gemeldet werden, in welchem Visitatio vorgenommen werden soll, ut verba ipsissima hujus Conclusi sonant, Visitationes auch nicht allein constitutionsmäßig, sondern auch zu guter Ordnung, wenn sie gesetzmäßig abgefasset und gehalten werden, abzwecken, und jeden rechtschaffen denkenden allemal Ordnung in seinen privat- und häuslichen Geschäften gleichsam der Nervus rerum gerendarum seyn wird: so hätte auch hiesige Communität wider dermalige vorzunehmende Kirchenvisitation nichts einzuwenden, und will ihre Hände darzu gerne und mit Freuden darbieten, wenn nur abseiten derselben ihr und dem ganzen Kreise dadurch kein Präjudiz erwüchse, daß

1) contra Tenorem obmentionirten Synodakonclusi, statt der in selbigem vorhero zugehenden vierwöchentlichen Notification, dermalen keine vier und zwanzigstündige obgewaltet, und vorhergegangen.

2) Hier, und nicht bey der Kirche, wo ein Senior Circuli sich befindet, der Anfang gemacht werden wollte. Worzu noch

3) kommt, daß da nach dem neuern und verbesserten kirchlichen Gesetzbuch die Kirchen durch ihre Kreisseniores aller dreyen Stände visitirt werden sollen. Und obwohl hier der Fall existiret, daß sich bey unser Kirche des Herrn Primarii von Geisler Hochehrwürd. qua Consenior des bojanowischen Kreises befindet, und also Visitatio durch anderweitige resp. Herren Kreisseniores nothwendig macht, und geschehen muß: so ist doch nicht abzusehen, ex quo fundamento der Herr Kreissenior des Civilstandes bey dieser Visitationscommission in resonantiam legis ausgeschlossen, und nicht zugegen ist. Da nun

4) noch

die Consistorialcasse abgenommen, und der Herr Generallieutenant von der Golz berichtete, daß der Generalsenior Kopp die gestern beschlossene Ablegung der Rechnung der Senioratscasse geleistet habe. Der Gemeine in der adlichen Stadt Rostarszewo wurde eine eigene Kirche und Schule bewilliget, doch so, daß sie Filia von der Wolsteiner Pfarrkirche bleibe, und beyde Gemeinen nur einen Pastor hätten, der an beyden Orten den Gottesdienst verwalte, und die Schulen unter seiner Aufsicht habe.

In der sechsten Sitzung, an eben dieses Tages Nachmittag, nahm man die Klagesachen zweyer Gemeinen vor, und beschloß alsdenn, in dem adlichen Ort Krotoszyn ein neues Kirchspiel zu errichten, nemlich daselbst eine Kirche zu erbauen, und bey derselben einen Prediger zu bestellen. In der siebenten Sitzung, am 26sten August Vormittags, beschloß man, in den Erbgütern der Herren von Dobrznce

4) noch darbey zu erwegen, wie daß Circulus Bojanoviensis bey allen Synoden von Conventswegen, intuitu eines Generalsenioris des Civil= und Nährstandes, gleich der Provinz Kleinpolen und Masovien, angetragen, aber niemals mit ihrem so gerecht als billigem Gesuche reussiren können, sondern immer abgewiesen worden, dergestalt, daß solche sich endlich genöthiget gesehen, diese demselben competirende Gerechtsame vor denen Reichs=Actis verwahrlich zu reserviren.

5) Auch bey letzterm Synod keine Deputati des bojanowischen Kreises zugegen gewesen, welche in die Visitation ihres Kreises mit beygestimmt, nachdem ihnen auf vorletzterem ihre von Conventswegen abgefaßte Eingabe nicht allein unentsiegelt wiederum zurük gegeben, sondern auch ihr Deputirter zum Synodo und dessen Beschlüssen nicht admittiret worden.

Bey so bewandten Umständen also, und da dermalige Visitationscommißion nicht nach dem abgefaßten Synodalconcluso und denen Gesetzen gemäß eingerichtet, der Herr Senior civilis politicus des Kreises sich nicht mit unter den Herren Visitatoren befindet, und also hieraus eine Illegalität hervorleuchtet, auch leicht in der Folge der Zeit, sowohl der hiesigen Collatur als dem ganzen Kreise, ein Praejudicat erwachsen könnte: so werden dermalige Herren Visitatores hiermit freundlichst ersucht, es nicht im Ueblen zu bemerken, wenn Dero Ansinnen vor dieses mal (so gerne als man wünschte unser kirchliches System durch ganz Polen in dem einträchtlichsten und blühendsten Zustande zu sehen, und gerne alles darzu beytragen will, was zu selbigen dienen kann,) und ehe und bevor vorgesetzten Puncten nicht in allen die benöthigte abhülfliche Maasse geschehen, nach Verlangen und Begehren nicht gefügt werden kann. Jduny, den 14ten Novembr. 1785.

v. Gunter.   Illmer.   Gabel.   Schnier.   Walter.   Mälzer.

Woschke.   Echlert.   Wehner.

Dobrznee und Pleszew auch eine Kirche zu erbauen, und zwar an dem ersten Ort, die zu Kozmin zu erbauende Kirche aber eine Filia von der Dobrzneischen seyn solle. Nachmittags ward in der achten Sitzung festgesetzt, daß ein Gnadenjahr für die Predigerwitwen aus sechs Monaten bestehen solle. Die neunte Sitzung, am 27sten August, Vormittags, wurde der Piotrower Gemeine ein besonderer Pastor bewilliget, und die Synode geendet.

Auf dieser großpolnischen Synode sind einige unleugbar gute Einrichtungen gemachet worden, zu welchen aber nicht gehörte, daß man allen und jeden Predigern und Gemeinen das sogenannte allgemeine Kirchengesetzbuch aufzubringen beschloß. Die Erwählung des Herrn Generallieutenant von der Golz zum Delegirten der Provinz Großpolen auf die kleinpolnische Synode wurde zwar auf einen Schluß gegründet, der auf der Generalsynode zu Wengrow gefasset seyn soll, (S. 504.) ich kann ihn aber unter den Schlüssen der Wengrower Generalsynode von 1780 nicht finden, und selbst unter den Schlüssen der 1782 nach der zerrissenen Generalsynode zu Wengrow in des Herrn Generallieutenant von der Golz Hause gehaltenen Versammlungen findet sich keiner, der hieher gezogen werden könnte. Gesetzt aber auch, man wollte den vierten Canon auf eine gewaltsame Weise so erklären: daß diese Absendung der von einer von den Evangelischen aller 3 Provinzen getroffenen Verabredung gemäß gewesen wäre, so hätte doch der Herr Generallieutenant auf dieser Synode weder die Person eines Directors, noch eines Mitglieds und Deputirten der Provinz Kleinpolen und des Herzogthums Masuren, eigenmächtiger Weise spielen müssen, als er doch gethan hat, wie aus der folgenden Geschichte dieser Synode erhellen wird.

Geschichte der Synode der Provinz Kleinpolen und des Herzogthums Masuren, welche am 15ten October 1785 zu Warschau ihren Anfang nahm. *)

Erste Sitzung.

Am 15ten October 1785 nahm die Synode mit Gottesdienst ihren Anfang. Nach demselben ermahnte der älteste evangelisch-lutherische Generalsenior des Ritter-

---

*) Die Einladung zu derselben lautet also:

Wir General-Seniores des geistlichen und Ritterstandes U. A. Confession der Provinz Kleinpolen und des Herzogthums Masuren thun durch dieses unser Circulair hierdurch kund

standes von Kleinpolen, Herr Günther Ernst von der Golz, königl. polnischer Kammerherr, Erbherr auf Bronow in der Woiwodschaft Lublin, zur ungesäumten Wahl eines Directors der Synode. Er erwartete aber keine Wahl, sondern schlug den Präsidenten des Provincialconsistoriums, Herrn Obristlieutenant Philipp von Stettner, vor, der kein allgemeines Vertrauen besaß, aber doch als ein einmüthig erwählter angenommen wurde. Dieser nahm das Amt eines Directors sehr gern an, verlangte die Wahl eines Notarius der Synode, und schlug dazu den Consistorial-Notarius, Herrn Joh. Jacob Patz, vor, der auch dazu ernannt wurde.

kund und zu wissen, besonders dem Ritter-geistlichen und Bürgerstande, und allen Gemeinen unserer Confession, wasmassen wir für nöthig erachtet, zu Erwählung eines neuen Consistorii U. A. C. zu Warschau, wie auch zu Vollstreckung der Canones der Generalsynode von 1782 zu Wengrow, in Ansehung der kirchlichen Ordnung, und Einrichtungen eine Provinzialsynode, aller drey Kirchenstände zusammen zu berufen, und solche auf den 15ten Oct. dieses 1785sten Jahres zu Warschau festzusetzen, und zu verordnen, wie wir denn solche hierdurch auf diesen Tag bestimmen und ansetzen. Laden zu dem Ende alle Glieder unserer Kirche vom Ritter- und geistlichen Stande, als Pastores, Archidiaconi und Priester, wie auch die Gemeinen von Warschau, Cracau, Lublin, Wengrow, Korzec, Goldzinow, Neuhof, Sieletz und Ilow dazu ein, erstere beyde Stände viritim, die städtischen Gemeinen per Deputatos, mit gehörigen Vollmachten versehen, auf den 15ten Oct. dieses Jahres zu **Warschau in der evangelischen Kirche der A. C.** zu erscheinen, denen Synodalversammlungen und Sessions mit beyzuwohnen, mit uns nach dem Kirchenrechte zu synodiren, alle nöthige Anordnungen, so christliche Ordnung und das Wohl der Kirche und aller Gemeinen erheischet, in Ueberlegung zu nehmen, und die Kirchengesetze in Erfüllung zu bringen, das evangelische Consistorium, nach Maßgebung der kirchlichen Vorschriften, mit neuen Gliedern zu besetzen und zu erwählen, oder die jetzigen zu bestätigen, wie auch die Synodalconclusa zu machen, oder zu vollstrecken, den engeren Synodalausschuß zu erwählen und zu reassumiren, überhaupt alles dasjenige zu beschliessen und zu erfüllen, was das Wohl unserer Kirche, die Aufrechthaltung unserer Gerechtsame, gute christliche Ordnung, und die Wohlfahrt der evangelischen Gemeinen unserer Confession erfordert und ersprießlich ist.

Zu dem Ende wir diese Ausschreibung an alle evangelische Gemeinen erlassen, und solches hiedurch kund und zu wissen thun. Gegeben zu Warschau, den 23sten Aug. 1785.

Christian Gottlieb von Friese,
königl. Hofrath und Generalsenior von Kleinpolen und Masuren U. A. C.

Gottlieb Ringeltaube,
Senior Generalis Ecclesiasticus.

Alexander von Unruh,
Generalsenior aller drey Provinzen.

Peter von Königfels,
königl. Obrister, und Generalsenior von Masuren und Kleinpolen U. A. C.

Peter Tepper, Senior.

wurde. Zum zweyten Notarius wurde Herr Samuel Gottfried von Tolkemit ernannt, der durch seinen gegenwärtigen Vater versichern ließ, daß er willig sey, die Geschäfte eines Secretairs zu übernehmen. Alles war schon vorher verabredet. Nun trat der Herr Generallieutenant von der Golz als Delegirter der Provinz Großpolen auf, und übergab seine Vollmacht, *) welche laut vorgelesen wurde. Als dieses geschehen war, erklärte der Director, daß man erst am 17ten wieder zusammenkommen wolle.

Zwey-

*) Diese lautet also:

Nachdem wir sämmtliche Kirchenstände der U. A. C. der Provinzialsynode in Großpolen vor nützlich befunden, aus unserm Mittel Se. Excell. den Herrn Generallieutenant von der Golz an unsere Mitbrüder und versammlete Stände der Provinzialsynode U. A. C. in Kleinpolen zu delegiren, mit dem Auftrage, ihnen unsere gemachte Synodalschlüsse und Anordnungen, vermöge der auf der Generalsynode zu Wengrow im Jahr 1782 gemachten Canonum, mitzutheilen, um mit uns in Regulirung des evangelischen Kirchenwesens einmüthig zu Werke zu gehen, auf daß unsere kirchliche Verfassung gleichförmig im Lande gegründet, und in Ordnung gebracht werde; als ersuchen wir sämmtliche Mitbrüder und Kirchenstände der augsburgischen Confeßion der Provinz Kleinpolen, besagtem unserm Deputirten in allem, was er denenselben in unserm Namen und an unserer Statt vortragen wird, vollkommenen Glauben zu geben, und dergestalt anzunehmen, als wenn es von uns selbst ihnen mitgetheilet, vorgetragen und insinuiret worden wäre.

Wir versprechen uns einer liebreichen Aufnahme unsres Herrn Delegirten, und daß in Sachen, die zum allgemeinen Wohl der Kirche U. A. C. gereichen, sämmtliche evangelische Kirchenstände auf der Synode in Kleinpolen mit uns einmüthiglich denken, handeln, und zu Werke gehen werden.

Zur Urkund dessen haben wir diese unsere Vollmacht synodaliter, vermöge des gemachten Schlusses, vom Directore und Protonotario Synodi unterschreiben, und mit dem Unionssiegel bestätigen lassen. So geschehen zu Fraustadt, den 27sten August 1785.

Boguslaw Dziembowski,
Director Synodi Majoris Poloniae A. Conf.

(L. S.)

Gottfried Nikisch,
Protonotarius Synodi Provincialis Maj. Poloniae
A. C. Pastor Ecclesiae Volstinensis. mppr.

Geschichte der Synode von Kleinpolen und Masuren,

Zweyte Sitzung.

Am 17ten October, Vormittags, nahm der Director erst dem Notarius Patz den Eid ab, und forderte hernach die Deputirten der Gemeinen zur Vorlegung ihrer Vollmachten auf. Zuerst traten die 5 Deputirten der Warschauer Gemeinen auf, und übergaben die Vollmacht, welche sie von den 48 Männern derselben empfangen hatten. *) Als sie abgelesen war, erinnerte der Director der Synode, daß

*) Sie lautet also:

Vollmacht für die zur preiswürdigen Provinzialsynode von Kleinpolen und Masuren Deputirte der evangelischen Gemeine U. A. C. zu Warschau.

Wir verordnete Aelteste, Repräsentanten, und rechtmäßig erwählte 48 Männer der evangelischen Gemeine U. A. C. zu Warschau urkunden und bekennen hiermit, daß die evangelische Gemeine, nach erhaltener feyerlicher Einladung derer hochverordneten Seniorum zu der auf den 15ten Octobr a. c. hier in Warschau zu haltenden Kleinpolnischen und masurischen Provinzialsynode U. A. C. zu ihren rechtmäßigen Deputirten die Herren Adrian Stamm, Carl Dangel, George Görtz, Johann Karaus, und Johann Burchard ernennet und erwählet.

Wie nun diese Wahl ordnungsmäßig geschehen, als ertheilen wir obbenannten Herren Adrian Stamm, Carl Dangel, George Görtz, Johann Karaus, und Johann Burchard hiermit völlige Macht und Gewalt, auf erwehnter Synodalversammlung in unserer und der evangelischen Gemeine U. A. C. zu Warschau Namen, nach der ihnen ertheilten Instruction zu handeln, die vorgeschriebene Anträge zu machen, und gegenseitige Anträge anzuhören, selbige sich schriftlich auszubitten, und mit schriftlicher Beantwortung bey der folgenden Session der preiswürdigen Synode einzukommen.

Wannenhero wir sämmtliche hochwohlgeborne, hoch- und wohlehrwürdige, hochedelgeborne und hochedle Glieder dieser hochwürdigen Synodalversammlung zu Warschau hiermit auf das geflissentlichste ersuchen, allem demjenigen, was unsre oftgedachte Herren Machthabere in unserm und unserer Gemeine Namen, ihrer Instruction zufolge, verhandeln werden, völligen Glauben beyzumessen.

Zu Urkund dessen und mehrerer Beglaubigung haben wir gegenwärtige Vollmacht mit unserer eigenhändigen Unterschrift, und unserm Kirchensiegel, bekräftiget. Gegeben Warschau, den 15ten Octobr. 1785.

Die Aeltesten, Repräsentanten und 48 Männer der evangelischen Gemeine U. A. C. zu Warschau.

Im Namen der Aeltesten.	(L. S.)	Im Namen der Repräsentanten.
Gottlieb Hartsch.		Johann Bandau.
Johann Andreas Zschernig.		Johann Martin Steller.
Johann Adam König.		George Zschimmer.

Im

daß, vermöge des Kirchenrechts, (welches aber doch von der Warschauer Gemeine nicht angenommen ist,) zwey Deputirte hinlänglich wären; es sey auch die in der Vollmacht verlangte jedesmal zur Ueberlegung zu gebende und schriftlich einzureichende Verhandlung viel zu weitläuftig und schwer, als daß sie füglich verstattet werden könne. Die Deputirten erklärten, daß sie wegen ihrer Geschäfte nicht alle gegenwärtig seyn könnten, sondern einander ablösen, und nur für 2 Personen angesehen seyn wollten. Sie wollten auch, um Weitläuftigkeiten und Zeitverlust zu vermeiden, nur über die Hauptsachen schriftlich verfahren, und dazu auch nur die Auszüge nehmen. Man antwortete ihnen aber, daß dadurch den Deputirten zu nahe getreten würde, wenn sie das, was auf der Synode entweder verhandelt werden sollte, oder verhandelt wäre, erst allemal denjenigen, welche sie bevollmächtiget hätten, zur Ueberlegung geben sollten. Die Deputirten müßten derselben Vertrauen haben, und ihren Anweisungen gemäß handeln, und solchergestalt im Namen derselben verfahren können. Herr Generallieutenant von der Golz mischte sich darein, wiederholte und bestätigte, was schon gesaget war, und die Deputirten wurden mit ihrem Gesuch abgewiesen. Nun kam der Consistorialrath Ragge, und

Im Namen der 48 Männer und der ganzen Gemeine.

Johann Gottlieb Raubach.
Anton Hinz.
Joh. Christian Winckler.
Thomas Dangel.
Johann Bulbek.
David Wittig.
Philipp Wohlschläger.
Gottfried Räppe.
Joh. Otto Menecke.
Christian Gottlieb Hübner.
Gottfried Hoffmann.
Joh. Christian Döber.
Johann Käberlein.
Johann Christian Eberlein.
Johann John.
Johann Dangel.
Johann Gandermann.

Samuel Bending.
Andreas Badonki.
Eman. Sieg. Güngling.
J. Mertzhann.
Christ. Steingraber.
Carl Friedrich Gotthold.
Johann Friedrich Liedtke.
Martin Holke.
Johann Fünck.
M. Gröll.
Johann Christ. Sips.
Michael Sattler.
Michael Melchin.
Christ. Turn.
Carl Gottfried Joseph.
Christ. Ruche.
Johann Schmeling.

Johann Heinrich Albrecht, als Inter. Notarius.

und legte die Vollmacht vor, welche die Krakauer Gemeine ihm ausgestellet hatte.*) Der Notarius las sie vor. Herr Pastor Bächer aus Ilow überreichte
die

---

*) Sie lautet also:

Wir sämmtliche Glieder der evangelischen Gemeine U. A. C. zu Cracau urkunden und bekennen hiermit, daß nachdem wir durch ein Circular vom 2ten Aug. dieses 1785sten Jahres von denen hoch- und wohlgebornen und hochwohledlen Herren Generalseniores, des geistlichen Ritter- und Bürgerstandes U. A. C. der Provinz Kleinpolen und des Herzogthums Masuren, zu einer Provinzial- zu Warschau zu haltenden Synode, auf den 15ten October desselben 1785sten Jahres mit berufen worden, auf welchem die Erwählung eines neuen Consistoriums U. A. C. zu Warschau, in Ansehung der kirchlichen Ordnung und Einrichtungen, vor sich gehen soll;

So erfoedert unsere Pflicht, an dieser Synodalversammlung Antheil zu nehmen. Da wir aber aus dringenden Ursachen uns nicht im Stande befinden, aus eigenen Mitteln Abgeordnete dahin abzuschicken, - so haben wir den Herrn Jacob Ragge ersuchet, und ersuchen denselben hiermit christfreundlich, uns auf der bestimmten Synodalversammlung zu Warschau zu vertreten, übertragen dahero demselben Herrn Jacob Ragge hiermit völlige Macht und Gewalt, in der Synodalversammlung, in unserm Namen, laut Instruction, zu handeln, alle nöthige Anordnungen, so das Wohl der Kirche und Gemeine erhetschet, in Ueberlegung zu nehmen, das evangelische Consistorium, nach Maßgebung der kirchlichen Vorschriften, mit neuen Gliedern zu besetzen und zu erwählen, oder die jetzigen zu bestätigen, wie auch die Synodalconclusa zu machen, oder zu vollstrecken, überhaupt alles dasjenige zu beschließen und zu erfüllen, was das Wohl unserer Kirche, die Aufrechthaltung unserer Gerechtsame, gute christliche Ordnung, und die Wohlfahrt der evangelischen Gemeine unserer Confession erfordert und ersprießlich ist.

Dahero versichern wir hiermit feyerlich, daß dasjenige, was bemeldeter Herr Jacob Ragge, als unser wirklicher Machthaber, in der bevorstehenden Synodalversammlung, welche der Allerhöchste mit seinem Segen und dem Geiste der Eintracht begnadigen wolle in unserm Namen verhandeln wird, von uns als gültig angenommen und gehalten werden soll.

Wannenhero wir Ew. hoch- und wohlgeborne, hochwohlehrwürdige, hochedelgeborne, und hochedle Glieder dieser hochlöblichen Synodalversammlung in Warschau hiermit auf das geflissenste ersuchen, allem demjenigen, was obgedachter Herr Machthaber rechtmäßig, und ohnbeschadet aller drey Ständen, laut unserer Instruction verhandeln wird, völligen Glauben beyzumessen.

Zu Urkund und mehrerer Beglaubigung wir diese Vollmacht mit eigenhändiger Unterschrift und mit unserm Kircheninsiegel bestätigen. Cracau, den 3ten Octobr. 1785.

(L. S.)

Jacob Billing.
Joseph Carl Straus.
Christian Traugoth Köhler.
Samuel Klug.
Nathanael Gottl. Klug.
Carl Gottlieb Kirschstein.

die von seiner Gemeine erhaltene Vollmacht, und entschuldigte es, daß ihre Glieder nicht persönlich erschienen. Die Vollmacht ward abgelesen. *) Es folgete die Voll-

*) Sie lautet also.

Dem hohen Befehl und Circulare einer hochwürdigen Synode und Kirchenversammlung in Warschau würden wir Glieder der evangelischen Gemeine zu Ilow gerne befolgen, und zwey Deputirte dazu abgefertiget haben, wenn uns nicht unsre späte noch immer fortdaurende Feldarbeit, und die strenge Hofdienste, da wir fast alle Wochen Fuhren nach Peterkau für unsern Herrn Castellan, welcher Marschall geworden, besorgen müßten.

Wir geben aber unserem Seelsorger, dem Herrn Pastor Bückert, die Plenipotence, alles was vorkommt, das uns sollte angehen, statt unserer, laut seines Gewissens, zu bewilligen, wir werden das, was er eingehet, so gültig ansehen, als wenn wir selbsten zugegen gewesen.

Anbey aber ergehet unser unterthäniges Anersuchen an eine hochwürdige Provinzialsynode, es wolle Höchstdieselbe, da wir jetzo auf die innere Einrichtung der Kirche denken müssen, und unser voriger Prediger, Herr Wille, nicht nur die Kirchencollecten, sondern auch das, was er aus andern Dörfern von denen Gemeinen, die sich zu Ilow bekennen, eingesammlet, in seinen Nutzen verwendet, wir aber durch die Ueberschwemmung unserer Felder, Wiesen und Häuser in solchen Stand gesetzt, daß wir aus unserm Vermögen, es zu bestreiten uns unfähig befinden, eine gnädige Erlaubniß ertheilen, daß wir könnten in der Residenzstadt Warschau etwas, es sey so wenig als es wolle, zur Beyhülfe collectiren, um damit unsere Kirche doch einmal zu Stande komme. Wir werden solche hohe Gnade jederzeit in aller Unterthänigkeit erkennen, und immer erweisen, und in tiefster Ehrfurcht ersterben,

Einer hochwürdigen Provinzialsynode
untertänigste Clienten.

Artschikow,
den 12ten Octobr. 1785.

Vorsteher, Schulzen und Geschworne der zu Ilow gehörigen evangelischen Gemeine.

George Taube.

Jacob Gatzke.

Vorsteher der evangelischen Gemeine zu Ilow.

Peter Strug, Schulz zu Artschikow.
Johann Christian Bernhardi.
Martin Schaafrek.

Als Richtmänner, im Namen der ganzen Ilower Gemeine. mppr.

514 Geschichte der Synode von Kleinpolen und Masuren,

Vollmacht der Gemeine zu Golendzinow und Prag, welche auf den Herrn Lieutenant Theodor von Langfort und den Salzinspector bey der königl. preußischen Seehandlungs-Compagnie, Herrn Promnitz, gerichtet war. *) Sie ward gelesen und angenommen, aber mit der Erklärung, daß die zu verhandelnden Sachen nicht erst den Gemeinen berichtet werden könnten, sondern daß die Deputirten von derselben Vollmacht und Gewalt zu verfahren haben müßten. Die letzte Vollmacht, welche über-

*) Sie lautet also:

Vollmacht vor die Herren Deputirten Golendzinower Gemeine, auf die den 15ten Octobr. 1785 in der Warschauer Kirche zu haltende Provinzialsynode.

Da das Generalseniorat aller dreyen Stände U. A. C. der Provinz Kleinpolen und des Herzogthums Masovien die hiesige Gemeine U. A. C. durch ihr Circulair vom 23sten Aug. a. c. auf die auf den 15ten Octobr. dieses Jahres in der Warschauer evangelischen Kirche U. A. C. zu haltende Provinzialsynode, durch gehörige Bevollmächtigte zu erscheinen, eingeladen haben: also sind von unserer Gemeine hierzu gegenwärtige Herren, Se. Wohlgebornen, der Herr Lieutenant Langfort, vom Pontonnircorps der durchl. Republik, und Se. Hochedelgebornen, der Herr Salzinspector Promnitz erwählt und bevollmächtigt worden, daß solche den Synodalversammlungen und Sessiones beywohnen, und was auf solchen abgehandelt werden wird, vor ihre Gemeine ad referendum nehmen sollen. Zu mehrerer Beglaubigung dessen ist diese Vollmacht von uns, wie folgt, unterschrieben, und mit unserm Gemeinsiegel besiegelt worden. So geschehen Golendzinow, den 14ten Octobr. 1785.

Tepper,
Vorsteher beym Kirchencollegio.

Johann Lorenz,
Aeltester.

(L. S.)

Joh. Benjamin Eisenmann.

C. Lehmann,
Obristl. Präses beym Kirchencollegio.

Thomas Bielinski,
qua erogatus Assessor.

Parschmann,
Vorsteher beym Kirchencollegio.

Gottfried Kästner.

übergeben, und zu den Acten genommen wurde, war von der Wengrower Gemeine. *)

Nun suchte der Herr Generallieutenant von der Golz die Versammlung zu überreden, daß seine Absendung von der Synode in Großpolen nicht zum Zweck habe, Eingriffe in das Ansehn, die Gerichtspflege, und die Gerechtsame der kleinpolnischen und masurischen Synode zu thun, sondern daß sie bloß zur Erhaltung der brüderlichen Eintracht, zum Wohl des Ganzen, und zur Vereinigung aller

Pro-

---

*) Sie lautet also:

Auf das uns communicirte Ausschreiben des Generalseniorats von Kleinpolen und des Herzogthums Masuren, wegen Haltung einer Provinzialsynode in Warschau, haben wir Hausväter der U. A. C. zu Wengrow bey einer hiesigen gehaltenen Session, der von dem ersten Aeltesten unserer löblichen Gemeine, Herrn George Runge, veranlaßten Zusammenkunft, für dienlich erachtet, per Deputatum auf gedachter Synode zu erscheinen, und Herrn George Runge zu diesem Geschäfte zu erwählen. Als ersuchen und bevollmächtigen wir unsern ersten Aeltesten, Herrn George Runge, hiemit auf der Provinzialsynode zu Warschau, so den 15ten dieses Monats und jetzt laufenden Jahres den Anfang nehmen wird, zu erscheinen, in unserm Namen die Desideria der Gemeine einer ehrwürdigen Synode vorzutragen, und um richtige und gerechte Anforderungen zu bitten, denen Conclusis der hochlöblichen Gemeine zu Warschau beyzutreten, der Synode bis zum Schluß beyzuwohnen, dieselbe zu unterschreiben, und sich die Abschrift der Synodalschlüsse, gegen Erstattung der Unkosten, auszubitten.

Zu mehrerer Beglaubigung haben wir uns sämmtlich unterschrieben, und das Siegel der Gemeine beydrucken lassen. Actum Wengrow, den 12ten Octobr. 1785.

Friedrich Meißner.
Gottfried Leinert.
Friedrich Kobielka.
George Ellmner.
George Rathke.   (L. S.)
   Wieke.
   Paworski.
   Kuntz.
   Korsch.

Rutsch.
Taube.
Gottfried Sieg. Gernsza.
Teßler.
Allert.
Forchert.
Christoph Arndt.
Peter Mahlenberg, und
August Hartmann.

Provinzen, geschehen sey *). Er fügte auch die Bitte hinzu, daß man ihm ein geneigtes Gehör geben, und gemeinschaftlich sich bearbeiten mögte, die Canones der

*) Rede des Delegirten von allen den 23sten August versammlet gewesenen evangelischen Ständen U. A. C. auf der Provinzialsynode zu Fraustadt, gehalten den 17ten Octobr. 1785 zu Warschau, in der Versammlung der Provinzialsynode von Kleinpolen und Masuren.

Nachdem bey Eröfnung gegenwärtiger hochwürdigen Provinzialsynode ich, Delegirter von sämmtlichen Synodalständen der Provinz Großpolen, die Vollmacht übergeben, und solche der ganzen Versammlung vorgelesen worden; so lieget mir ob, in der heutigen Session mich des Auftrages meiner Committenten durch Erklärung ihrer Meynung zu entledigen.

Die evangelischen Stände U. A. C. in Großpolen sind weit entfernet, den geringsten Anlaß zu einem Verdacht oder Mißtrauen zu geben, als wollten dieselben Eingriffe in die Synodalschlüsse der Provinz Kleinpolen thun, es betreffe die geistliche Gerichtsbarkeit, Local-Umstände, oder öconomische Verordnungen, sie verwahren sich vielmehr gegen diesen Verdacht, und sich ereignende Vorwürfe, auf das rechtskräftigste und feyerlichste.

Sie kommen nur durch diese Delegation denenjenigen Verbindlichkeiten nach, die sie aus der letztern Generalsynode zu Wengrow übernommen haben, nemlich in wahrer brüderlichen Liebe und Einigkeit gemeinschaftlich die allgemein angenommene evangelische Kirchenverfassung, und Vorschriften der Ordnung, aufrecht zu erhalten, und hierin thätigen Beystand zu leisten.

Sie glauben, daß, da alle evangelische Gemeinen im Lande U. A. C. zu einem Cörper und zu einer Kirche gehören, gleiche Religionsfreyheiten nach dem Maaßstab der Landesgesetze für jeden Stand sich zu erfreuen haben, auch eine jede Gemeine und jedes Mitglied gehalten sey, ohne Widerspruch demjenigen Folge zu leisten, was von so vielen gehaltenen Provinzial- und letzterer Generalsynode tractatenmäßig angenommen, festgesetzt, und allen Gemeinen im Lande U. A. C. wie kirchliche Gesetze vorgeschrieben worden, und worüber sich alle drey Provinzen vereiniget haben.

Sie hoffen demnach, daß gegenwärtige hochwürdige Provinzialsynode eben auch solche Verordnungen in Observanz setzen werde, wie sie schon in beyden andern Provinzen in genauer Beobachtung sind, auf daß gute Ordnung und Friede in allen evangelischen Gemeinen wohne, und die so schwer erworbene Religionsgerechtsame nicht durch Mißbrauch wieder verlohren gehen, indem jeder Stand seine tractatmäßige Gränzen darinn vorgeschrieben findet.

Sie sind nach den Landesgesetzen durch alle Rechtsregeln völlig überzeugt, daß diesen Vorschriften von der ganzen Kirche oder ihren Ständen, keine einzelne Glieder noch Gemeine widersprechen können, sondern solchen regalen Verordnungen nothwendig Folge geleistet werden müsse, und sich niemand im Contraventionsfalle seinem competirenden Gericht

der Generalsynode zu Wengrow vom Jahr 1782 zu beobachten und zu vollziehen, und überhaupt alles den Tractaten, den Gesetzen, und den Verordnungen des Reichstages gemäß, einzurichten. Allein der Herr General zeigte bald, daß er hier in ganz andern Absichten erschienen sey; es war ungegründet, daß er die Canones seiner zu Wengrow 1782 versammelten Creaturen, als Schlüsse einer evangelisch-lutherischen Generalsynode anpries, und zum Ausleger der Tractaten und der Reichstages Verordnung, konnte er nicht wohl angenommen werden.

Dritte Sitzung.

Am 18ten October war die dritte Sitzung, welche der Director mit der Nachricht eröfnete, daß der zum Notarius erwählte Herr von Tolkemit, wegen überhäufter Geschäfte, dieses Amt nicht übernehmen könne. Er brachte also den Oberauditeur und Hauptmann Hiller dazu in Vorschlag, welcher auch als Notarius in Eid und Pflicht genommen wurde. Sonderbar, daß in Polen die evangelischen Kirchenricht entziehen könne, zu welchem Ende eben die Tractaten, Consistorien und Synodalgerichte zu setzen, denen dißidentischen Synoden ausdrücklich vorschreiben, und der letzte Reichstag zu Grodno die Vollstreckungsmittel ihrer Erkenntnisse angewiesen hat.

Alle die nöthige Gerechtsame zur Kirchenzucht, und gute Ordnung aufrecht zu erhalten, hoffen die großpolnischen Kirchenstände werden die Hauptbemühungen der gegenwärtigen Synode seyn, und insbesondere werden die hochwohlgeborne Brüder des Ritterstandes sich solches angelegen seyn lassen, daß sie keinen Mißbrauch der Freyheit gestatten, wodurch betrübte Folgen für die evangelische Kirche erwachsen könnten, weil auf ihren Stand allein die Verantwortung fallen würde, und die durchl. Republik eben in dieser Absicht die Zwangsmittel des kirchlichen Gehorsams festgesetzt hat, auch den weltlichen Arm zu Vollstreckung der Erkenntniß darreichen will.

In dieser Absicht bin ich von der Synode der Provinz Großpolen an gegenwärtige Synode delegirt, an ihrer Stelle mit Theil, was das Generale betrifft, an den Beschliessungen dieser hochwürdigen Synode zu nehmen, und im Namen meiner Committenten zu bitten, nach Maaßgabe der Wengrower Canones, gemeinschaftlich die Wohlfahrt, gute Ordnung und Ruhe der Kirche geneigtest zu bewürken, meinen Beyträgen gütigst Gehör zu geben, und sie im frommen Verstande aufzunehmen. Da mir nun die heilsamen Absichten dieser Synodalversammlung bekannt sind, so kann ich und die ganze Kirche U. A. C. denen heilsamen Schlüssen zu diesem Zweck mit freudigen Blicken entgegen sehen, und die Nachkommenschaft wird das Andenken aller derjenigen verehren, derer Namen sie unter solchen heilsamen Verordnungen unterschrieben finden wird.

A. St. von der Golz,
G. L. mppr.

518   Geschichte der Synode von Kleinpolen und Masuren,

chensachen vorzüglich durch Hände der Officiere gehen.   Der Generallieutenant von der Golz gab seine gestern gehaltene Anrede, und die Deputirten der Gemeine zu Neuhof gaben ihre Vollmacht *) zu den Acten. Herr Ringeltaube, bisheriger geist=

---

*) Letztere lautet also:

Wir sämmtliche Glieder der evangelischen Gemeine U. A. C. zu Neuhof urkunden und bekennen hiemit, daß, nachdem wir durch ein Circulair vom 23sten August dieses 1785sten Jahres von denen hochwohlgebornen, hochwürdigen und hochedelgebornen Herren General-Senioribus des Ritter= geistlichen und Bürgerstandes U. A. C. der Provinz Kleinpolen und des Herzogthums Masuren, zu einer in Warschau zu haltenden Provinzialsynode an dem 15ten October desselben 1785sten Jahres mit berufen worden, auf welcher die Erwählung eines neuen Consistorii U. A. C. wie auch die kirchliche Einrichtung, Ordnung und Wohl der sämmtlichen Gemeinen vorgenommen und verhandelt werden soll:

So erfordert unsere Pflicht, an dieser hochwürdigen Synodalversammlung Antheil zu nehmen; weshalb wir denn unsern Mitbrüdern, nemlich den Herren Samuel Therburg und Friedrich Lietke, hiemit Vollmacht und Gewalt ertheilen, der Synodalversammlung beyzuwohnen, in unserm Namen die nöthigen Anordnungen in allen zum Wohl der evangelischen Gemeinen U. A. C. und ihrer Kirchen gehörigen Stücken machen, die Synodal conclusa mit erachten und vollstrecken zu helfen, und überhaupt alles dasjenige zu beschließen und zu erfüllen, was das Wohl unserer Kirche, die Aufrechthaltung der Gerechtsame der dißidentischen Gemeinen U. A. C. und deren Wohlfahrt erfordert und demselben ersprießlich ist. Dahero versichern wir hiermit feyerlich, daß dasjenige, was bemeldete Herren Samuel Therburg und Friedrich Lietke, als unsere wirkliche Machthaber in dieser Synodalversammlung, welche Gott segnen und begnadigen wolle, in unserm Namen verhandeln werden, von uns vor gültig angenommen und vertreten werden wird.

Wannenhero wir denn eine hochwürdige Provinzialsynode auf das geflissendste bitten, unseren genannten Herren Deputirten und Machthabern allen Glauben beyzumessen, und als solche anzunehmen, wobey wir indessen noch die so dringende als demüthige Bitte hinzufügen, daß, da auch eine ganze evangelische Gemeine U. A. C. in Neuhof, auf Anordnung Ihro fürstl. Durchl. von Poniatowski, Großschatzmeisters von Litauen, als unser gnädigster Fürst und Herr, gesonnen ist, eine neue evangelische Kirche zu stiften und zu erbauen; als ergehet hiermit unser demüthiges Bitten an eine hochwürdige Provinzialsynode, unserer evangelischen Gemeine U. A. C. mit guten Rath und Beyhülfe an die Hand zu gehen, und uns der evangelischen Gemeine U. A. C. in Gnaden anzuzeigen, wie weit sich unser Kirchensprengel erstrecken könne? desgleichen wir hiermit demüthigst bitten, uns eine Collecte der christlichen evangelischen Gemeinen U. A. C. zu vergönnen, dieweil unsere Gemeine zu unvermögend, iohne Beyhülfe einer hochwürdigen Provinzialsynode ihr Vorhaben auszuführen. Es tröstet sich eine evangelische Gemeine U. A. C. in Neuhof, daß ihr demüthiges Ansuchen nicht fruchtlos abgehe. Welche Wohlthat der mildreiche Gott ersetzen und vergelten wolle.

geistlicher Generalsenior, Consistorialrath und Pastor der Warschauer evangelisch-lutherischen Gemeine, zeigte an, daß ihn der Herzog von Würtemberg-Oels, unterm 4ten October dieses Jahrs, nach Oels zu seinen Hofprediger, Consistorialrath und Superintendenten des Fürstenthums Oels in Schlesien berufen habe, und bat um einen schriftlichen Abschied, auch, wo möglich, um den rückständigen Gehalt von drey Vierteljahren und darüber *). Man bezeigte seine Betrübniß über seinen

Zu mehrerer Urkund und Beglaubigung haben wir diese Vollmacht und respective Ansuchenschreiben eigenhändig unterschrieben. So geschehen Neuhof, den 15ten Octobr. 1785.

Andreas Weckwert.
Joh. Gottfried Hun.   George These,
J. Christ. Hintz.   Schulz aus Wiesendorf.
Joh. Heming,
als Kirchenvorsteher.

*) Diese Anzeige lautet also:

Hochwohlgeborner Herr Director!
Hochgeborne, hochwohlgeborne und hocheble Herren, zur hochwürdigen Provinzialsynode von Kleinpolen und Masuren versammlete Stände, Verehrungswürdigste Herren, Brüder, und Freunde!

Wenn eine vieljährige gemeinschaftliche Arbeit am allgemeinen Wohl nothwendig eine Vereinigung der Herzen nach sich zieht; so geschieht es nicht ohne das lebhafte Gefühl in dem Innersten meiner Seele, daß ich mich jetzt durch einen Wink der Vorsehung gedrungen sehe, der hochwürdigen Provinzialsynodal-Versammlung anzuzeigen, daß ich von nun an aufhören soll, unter den würdigsten Männern der dißidentischen Kirche an den Sorgen Theil zu nehmen, mit welchen sie die Ruhe, Ordnung und Ehre derselben, so wie den Genuß und die Erhaltung ihrer Rechte, wahrzunehmen und zu befördern sich unermüdet beeifern. Es hat Gott gefallen, das Herz Sr. hochfürstl. Durchl. des Herzogs Carl Christian Erdmann, Herzogs zu Würtemberg und Teck, auch in Schlesien zu Oels, dahin zu lenken, daß Höchstdieselben mich zu Dero Hofprediger, wirklichen Consistorialrath, Superintendenten des ölsnischen Fürstenthums, Inspector des herzoglichen Seminarii der Stadtschule zu Oels, unter den 4ten Octobr. dieses Jahres, allergnädigst zu berufen, und diesem Ruf, als einen göttlichen zu folgen, mir aufzugeben geruhet haben. Das ist das drittemal in 20 Jahren, daß mich Gott, ohne mein Zuthun, an den Ort in seinem Weinberge sendet, den er selbst für mich ausersehen hat, und so, wie in meinem ganzen Leben, hat er mir auch in diesen 20 Amtsjahren nichts als lauter väterliche Güte und Treue erzeigt, und mit Gesundheit, Kraft und Gnade zu allen meinen

nen Verlust, und Herr Generallieutenant von der Golz, dem es gar nicht zukam, rühmte seine Verdienste in einer besondern Rede, hat ihn auch, dieser Synode bis

Arbeiten geschenkt. Den Befehlen eines solchen Herrn ist es billig und recht, zu allen Zeiten, ohne allen Anstand zu folgen. Er weiß am besten was und warum er uns befiehlet. Und dazu bin ich auch jetzt freudig bereit, bey dem mir von neuem auferlegten Beruf, zu dessen Annahme unser allergnädigster Monarch, der mich mit seiner allerhöchsten Gnade zu schützen geruhet, die huldreichste Einwilligung gegeben hat. Meine Schuldigkeit erfordert es, eine hochwürdige Provinzialsynode, als meine tractatenmäßige kirchliche Obrigkeit, um die geneigteste schriftliche Entlassung von allen meinen Aemtern hiemit ganz ergebenst zu bitten; da zu deren Verwaltung mir nur noch einige wenige Wochen von Sr. hochfürstl. Durchlaucht zugestanden sind. Bey deren Ausgang ich der hochlöblichen Gemeine U. A. C. zu Warschau, in einer acht Tage vorher zu intimirenden Abschiedspredigt, als ihr bisheriger Lehrer, meinen Dank öffentlich abzustatten, nicht ermangeln werde. Ich wünsche Warschau, so wie ich rein von Schulden hergekommen bin, als ein ehrlicher Mann auch ohne Schulden zu verlassen. Da mir aber in diesem ganzen 1785sten Jahre, davon wir schon das letzte Vierteljahr angefangen haben, nur erst ein kleiner Theil meines Salarii, nemlich 20 Ducaten, bezahlt worden; so ist es sehr begreiflich, da meine ganze Einnahme nur hinlangt meine Nothdurft zu bestreiten, daß ich gezwungen gewesen bin, Schulden zu machen. Ich denke in der Mitte des 4ten Vierteljahres mein Amt öffentlich vor der hochlöblichen Gemeine niederzulegen, und meine Forderung wird alsdenn 375 Rthlr. betragen, wovon ich im Stande seyn werde, meine Creditores zu befriedigen, wenn eine hochwürdige Provinzialsynode mir diese letzte Wohlthat erzeigt, und dafür sorgt, daß ich zu rechter Zeit das Salarium erhalte, das ich mir verdient habe, und das mir mehrere male, zuletzt sogar vor einer erlauchten königl. Delegation, feyerlichst an Eidesstatt zugesagt, und durch allerhöchste königl. Confirmation versichert worden ist. Ueber diesen meinen Bitten vergesse ich nicht meine eigne Schuld, und freue mich, daß ich so glücklich bin, in der hohen Gegenwart der ersten, erhabensten und verdientesten Männer in der Dißidentischen Kirche mit dem dankbarsten Herzen zu erklären, daß mir das unverdiente Vertrauen, mit welchem ich, während meiner 8jährigen Amtsführung in Warschau, auf der Generalsynode, auf den Provinzial-Synodalversammlungen und im Consistorio beehrt worden bin, unvergeßlich bleiben wird. Mein herzlichster Wunsch wird es allezeit und an allen Orten seyn, daß Gott diese erhabenen, nebst allen um die dißidentische Kirche verdientesten Männer, bis in die spätesten Jahre, die schönsten Früchte ihrer Sorgen und Arbeiten, in der durch dieselben gegründeten Ordnung, Ruhe und Wohlstand unsrer Gemeinen, sehen lassen, und den letzten Nachkommen ihrer blühenden Häuser, ihre standhafte Liebe für die Erhaltung der Religion unsers göttlichen Erlösers, mit seinem gnädigen Segen mildiglich vergelten wolle.

Von solchen Edlen und Rechtschaffenen gekannt zu seyn war allezeit mein geheimer Stolz, der mich für allerley ungleiche Urtheile schadlos hielt; und von ihnen nicht ganz vergessen zu werden ist meine süße Hoffnung bey dieser mir empfindlichen Trennung — ist mein letzter Wunsch.

Warschau,
den 18ten Octobr. 1785.

Gottlieb Ringeltaube,
Senior General. Ecclef. I. A. C. Consistorialrath und Pastor.

vom 15ten Octobr. 1785.

bis ans Ende beyzuwohnen, und als Generalsenior auf derselben zu handeln. Das war etwas Ausserordentliches und Ungewöhnliches, aber zur Verstärkung der gelzischen Parthey sehr Nützliches. Joh. Georg Tannenberg, ein Mitglied der Warschauer Gemeine, nahm sich heraus, eine Vorstellung *) zu übergeben, ungeachtet

*) Diese Vorstellung lautet also:

Hochgeborne, hochwohlgeborne,

Hochwürdige, wohl= und hochedelgeborne und hochedle,

zu einer preiewürdigen Provinzialsynode von Kleinpolen und Masuren erwählter Herr Director und versammlete Herren Stände!

Gnädigste, höchst= und hochgeehrte Herren!

Es wurde in der gestrigen 2ten Seßion einer preiswürdigen Provinzialsynode von denen Deputirten der Warschauer seyn sollenden ganzen Gemeine eine Vollmacht eingereicht, worinn Aeltesten, Repräsentanten und 48 Männer gedacht wird, welche diese Vollmacht unterschrieben haben sollen; wir müssen aber der Wahrheit gemäß anzeigen:

1) daß unsere Warschauer Gemeine dadurch, daß ich, der Unterschriebene, und aus einem sehr grossen Theil unserer Gemeine noch 25 Männer, aus gerechten Ursachen, wider ein wohllöblich Kirchencollegium U. A. C. bey einem hiesigen hochwürdigen Consistorio klagbar werden müssen, leyder in zwey Theile getheilet ist.

2) Ist anjetzo nicht mehr als ein Aeltester, der Herr Zschernig, vorhanden, da doch 6 Aeltesten seyn sollen.

3) Sind zur Zeit nur noch 3 erwählte Repräsentanten, da die andern 3 sind aus denen nicht seyn sollenden ersten 48 Männern zu Interims-Repräsentanten gemacht worden.

4) Glauben wir die Wahl der jetzigen neuen 48 Männer mit Recht ungültig machen zu können, da dieselbe nicht von der in der Kirche versammlet gewesenen ganzen Gemeine, sondern nur, nachdem ein gewisser Capitain von der Armee, Herr Puest, verschiedene Bürger sehr beleidigte, und dahero die mehresten aus der Kirche zu gehen gezwungen waren, von denen wenigen noch übrigen Gliedern der Gemeine, mithin einseitig, geschehen.

5) Findet sich unter der producirten Vollmacht der Herr Eberlein unterschrieben, welcher gestern erklärte, daß er die Vollmacht nicht mit unterschrieben habe.

6) Hat diese Vollmacht auch der Herr Albrecht als Interims-Notarius des wohllöblichen Kirchencollegii am 15ten dieses Monats mit unterschrieben; es ist derselbe aber per Decretum

geachtet er nicht zu den Deputirten der Gemeine gehörte. Sie wurde zu den Acten genommen, aber die Berathschlagung über dieselbige bis auf die fünfte Sitzung verschoben, bey welcher er sich einfinden, und seine Angabe darthun sollte. Der wirkliche Deputirte der Warschauer Gemeine, Stamm, protestirte zwar dagegen, es half aber nichts.

Sodann ward eine an die Synode gerichtetes und versiegeltes Schreiben überreicht, welches der Director eröfnete, und verlas, da sich denn fand, daß es Herrn Teppers Niederlegung seines Seniorats, und seine Empfehlung des Consistorialraths Jacob Ragge zu demselben, enthielt *). Hingegen der Deputirte der War-

cretum Reverendi Consistorii vom 4ten dieses Monats dieses Dienstes entsetzt, welches Decret auch am 11ten hujus sub poena Bannitionis publiciret worden. Es hat der Herr Albrecht sich dahero ganz zur Ungebühr einer dergleichen Unterschrift angemaßet.

Einer preiswürdigen Provinzialsynode stellen wir dahero zur gnädigsten und höchstgeneigten Beurtheilung anheim, ob die von denen Herren Stamm, Burchard, Karaus, Görz und Dangel producirte Vollmacht, als eine im Namen der ganzen Gemeine ausgestellte, und ob sie mit der Unterschrift des Herrn Albrecht, gar als eine gültige Vollmacht angesehen werden kann, und bitten unterthänigst,

uns gnädigst zu erlauben, in der zu haltenden 5ten Session einer preiswürdigen Synode, unsere Desideria einzureichen.

Wir ersterben in tiefster Erniedrigung

Einer preiswürdigen Provinzialsynode
gehorsamste
Johann George Tanneberg,

Warschau,
den 18ten Octobr. 1785.

für mich und im Namen aller derjenigen, welche den Proceß wider ein wohllöblich Kirchencollegium geführet, und noch anderem mehr.

*) Dieses Schreiben lautet also.

Hochwürdige Provinzialsynode,

Hochgeborne, hochwohlgeborne,

Hochwürdige, hoch- und wohledle Herren!

Eine hochwürdige Provinzialsynode würde mich statt dieses Briefes in gegenwärtig sitzender Synodalversammlung persönlich sehen, wenn meine Jahre und geschwäch-

vom 15ten Octobr. 1785.

Warschauer Gemeine, Stamm, übergab ein anderes, kurzes, offenes, und auf einen Stempelbogen gesetztes Schreiben eben dieses Herrn Teppers*), in welchem der=

schwächte Gesundheit mir erlaubten, eine preiswürdige Provinzialsynode von meiner bisherigen getreuen Mitarbeitung zu überzeugen, und der hiesigen evangelischen löblichen Gemeine U. A. C. fernerhin meine Bemühungen zur Ordnung, zum Frieden und zum Besten der Kirchenverfassung, nach dem wirklichen Sinn und ausdrücklichen Worten des Tractats, anzuwenden. Weilen aber meine dermalige cörperliche Verfassung natürlicher Weise mich aus der zu solchen Geschäften nöthigen Thätigkeit setzet, der löbliche Bürgerstand aber, laut von Sr. königl. Majestät allergnädigst confirmirten Vergleich, einen Seniorem civilem haben soll, und mein ehemals in Vorschlag gewesener Groß=Schwiegersohn, Herr Arndt, mit so vielen Geschäften befasset ist, daß ihm zur Verwaltung des Senioratamts kein Tag in der Woche übrig bleibet, ich hingegen aus obangeführten Ursachen genöthiget bin, mein bisher verwaltetes Senioratamt hiemit öffentlich niederzulegen, und in die Hände einer hochwürdigen Provinzialsynode zu resigniren; so thue solches hiemit auf das feyerlichste, und vielleicht zum letzten Beweis meiner für das Wohl der Kirchen Gottes, und Ersprießlichkeit der hiesigen löblichen Bürgergemeine U. A. C. nehme mir die Freyheit, meinen einige 40 Jahr gehabten treuen Mitarbeiter, den Herrn Consistorialrath Jacob Ragge, als einen um wohlbesagte löbliche Gemeine sehr verdienten Mann, zum Seniore civili in Vorschlag zu bringen; und selbigen allen hochpreislichen Synodalgliedern aufs angelegentlichste zu empfehlen, mit herzlichem Wunsch, daß Gott der Allmächtige sowohl die gegenwärtige als künftige Bearbeitungen einer hochwürdigen Synode segnen, seinen heiligen Geist mit Einigkeit, Friede und allen denjenigen Gaben, welche den Zweck Ihrer Bearbeitung befördern können, über Sie allerseits senden, und mit thätigem Beyspiel der brüderlichen Liebe, welche uns Christus selbst gegeben und anbefohlen hat, ausrüsten, und darinnen erhalten möge.

Womit ich mich einer hochwürdigen Provinzialsynode und deren hochpreislichen Gliedern sammt und besonders zu Gnaden und Freundschaft empfehle, und mit der vollkommensten Hochachtung bin

Warschau,
den 18ten Octobr. 1785.

Einer hochwürdigen Provinzialsynode
gehorsamst=ergebenster Diener,
Peter Tepper.

*) Es lautet dasselbe also:

S. T.

Da sowohl mein hohes Alter, wie auch die dazu kommende kränkliche Zufälle mich zwingen, mein bis jetzt gehabtes Senioramt civilis Ordinis, niederzulegen, so bitte, daß

derselbe wünschte, daß Herr Hofrath Michler an seiner Statt zum bürgerlichen Senior erwählet werden mögte. Ragge überlieferte das ihm anvertraut gewesene Synodalsiegel, welches der Notarius Patz in Verwahrung nahm.

Vierte Sitzung.

Tannenberg wurde schon heute abgehöret, denn der golzischen Parthey war viel an seiner Anklage gelegen. Er versicherte zwar, daß er und andere, deren Bevollmächtigter er sey, wider die Deputirte der Warschauer Gemeine nichts zu erinnern hätten, sondern daß sie brave und rechtschaffene Männer wären: aber er müsse doch bemerken, daß Joh. Heinr. Albrecht, der durch das am 4ten October 1785 gesprochene, und am 11ten zur Vollziehung übergebene Consistorialdecret, seines Amts entsetzet sey, sich demselben und den Gesetzen entgegen, unter der Vollmacht als Interims-Notarius unterschrieben habe: daß der Hofrath Gröll und Christian Ebert das Decret der Generalsynode von Wengrow von 1782 wider sich hätten, kraft dessen sie keine kirchliche Aemter haben könnten, es müßte denn das Decret vorher gemildert werden, und dennoch stünden sie mit unter den 48 Männern; und endlich, daß J. C. Eberlein, dessen Name auch unter der Vollmacht stünde, gesagt hätte, er habe die Vollmacht nicht unterschrieben, welches Krupinsky, Suck und Fischer gehöret hätten. Gleich war Herr Generallieutenant von der Golz, dem doch dieses nichts anging, mit seiner Unterstützung des tannenbergischen Vortrags zur Hand, gab zwar zum Schein mit der ganzen Versammlung zu, was die Deputirte der Warschauer Gemeine vorstellten, daß Gröll und Ebert verdienstvolle Männer wären, es erbot sich auch Herr Graf von Unruh, Generalsenior aller dreyen Provinzen, zu allen nur möglichen Dienstleistungen für die Herren Gröll und Ebert; damit sie von dem (vermeynten) Bann der (ungültigen) Wengrower Generalsynode von 1782 befreyet würden: es war aber alles dieses kein rechter Ernst. Die Vertheidigungsschrift, welche die Deputirte der Warschauer Gemeine gegen Tannenbergs gestern übergebene und vorgelesene Vorstellung überreichen wollten, wurde nicht angenommen, weil sie anzügliche Ausdrücke enthalte; als aber Krupinski gegen Ebert das vorhin erwähnte Zeugniß ab-

---

daß zu meinem Nachfolger der Herr Hofrath Michler confirmiret würde. In der sichern Hoffnung habe die Ehre, dazu Gottes Segen zu wünschen, und bin bis ins Grab ein redlichgesinnter Mitbürger.

Warschau, den 18ten Octobr. 1785.   P. Tepper.

ablegen wollte, und dieser demselben widersprach; war die Synode so großmüthig, diese Streitsache für unerheblich zu erklären, und beyde Theile zur Ruhe zu ermahnen. Aber die übrigen tannenbergischen Angaben wider die Vollmacht wurden zur weitern Beurtheilung ausgestellet.

Hierauf legten 3 der bisherigen Mitglieder des Consistoriums, der Präses von Stettner, der geistliche Generalsenior, Pastor Ringeltaube, und Doctor Wenzke, ihre Aemter nieder, und es wurden von dem Generalseniorat 9 Personen, (3 von jedem Stande,) vorgeschlagen, aus welchen 3 neue Mitglieder erwählet werden sollten. Der Deputirte der Warschauer Gemeine, Adrian Stamm, verlangte für diese Gemeine die Präsentation der bürgerlichen Candidaten, weil diese künftige Consistorialassessoren auch die Rechte des bürgerlichen Standes beobachten und vertheidigen müßten. Das schlug die Synode ab, weil vermöge des Herkommens und der Kirchenrechte, die Präsentation aller Kandidaten bloß dem Generalseniorat zukomme, und der Adel und der geistliche Stand sich dieses gefallen lasse, daher der bürgerliche Stand solches auch thun müsse. Die Natur der Sache bringe es mit sich, dergleichen Vorschläge den Gemeinen, zur Vermeidung des Zanks und Verwirrung, nicht zu überlassen; dem Civilstand werde die ihm zugestandene Stimme gelassen; die Tractaten aber hätten die gute Ordnung bloß den Consistorien und Synoden aufgetragen. Der Deputirte Stamm protestirte laut dagegen, und verlangte schlechterdings für die Gemeinen, daß diese die bürgerlichen Candidaten präsentiren müßten. Die Synode nahm die Protestation nicht an, und die Delegirten einiger städtischen Gemeinen erklärten, daß sie mit der Wahl nichts zu thun haben wollten. Diese wurde dennoch angestellet, und vom adelichen Stande durch 13 Stimmen gegen 2, der königl. polnische Commißionsrath Herr Joh. Siegmund von Tolkemit, vom geistlichen Stande mit 16 Stimmen gegen 1, der Pastor der Warschauer Gemeine, Herr Carl Ludwig Hemmerich, und vom bürgerlichen Stande mit 14 Stimmen gegen 3, Herr Michael Gottlieb Krupinski, Kauf- und Handelsmann zu Warschau, erwählet *).

Fünf-

*) Hier ist die Wahlliste.

Candidaten zum Consistorio.

1) Vom Adel.

    Herr Commißionsrath v. Tolkemit ||||||||||||| 13 Vota.

    = Obrist v. Süßmilch ||

    = Geh. Kriegsrath v. Böttcher ||

2) Vom

Geschichte der Synode von Kleinpolen und Masuren,

Fünfte Sitzung.

Am 20sten October, Vormittags. Herr Generallieutenant von der Golz hielt schon wieder eine Rede, in welcher er die Rechte des Generalseniorats zur Präsentation der Candidaten, insonderheit zu Consistorialassessoren, behauptete, und den Director der Synode aufs angelegentlichste bat, entweder diejenigen, welche auf der Synode keine Stimme hätten, (zu welchen er vor allen andern gehörte,) nicht mitreden zu lassen, oder die Synodalverhandlungen an einem abgesonderten Ort vorzunehmen. Der Director wollte nun den neuerwählten Mitgliedern des Consistoriums den Eid abnehmen, und diese traten zu dem Ende hervor: aber im Augenblick gab der Deputirte der Warschauer Gemeine, A. Stamm, ein Manifest gegen die Wahl des bürgerlichen Consistorialassessors Krupinski ein; und da man dasselbige nicht annehmen wollte, so entstund ein lebhafter Streit. Die Deputirte der Warschauer Gemeine, Stamm und Karaus, behaupteten, vor der Wahl der Consistorialassessoren müsse die Wahl eines bürgerlichen Seniors hergehen, der für den Bürgerstand spreche, sie hätten auch seit drey Tagen vergeblich um die Wahl eines bürgerlichen Seniors gebeten. Man antwortete ihnen, es müsse alles in gehöriger Ordnung und nach den Gesetzen geschehen. Die Besetzung des Consistoriums sey laut der Tractaten das erste und nothwendigste, was geschehen müsse, die Wahl eines bürgerlichen Seniors solle auch nächstens erfolgen. Gedachte Deputirte fuhren fort, und sagten, sie könnten den Kaufmann Krupinski nicht zum Consistorialassessor machen, und sie wurden noch von andern Gliedern der Warschauer, auch von den Deputirten der Golendzinower Gemeine, unterstützet. Stamm insonderheit bat sehr inständig, daß die Synode dem Bürgerstande nachgeben, und ihm den Krupinski nicht zum Consistorialassessor aufdringen mögte. Unvermuthet kam der königl. polnische Geheimerath von Böcler dazu, stellte sich an die Spitze derjenigen, welche wider den Krupinski protestirten, und sagte, er

2) Vom geistlichen Stande

Herr Pastor Hemmerich	|||||||||||||||	16 Vota.
= = Bücher	— —	
= = Goburek		

3) Vom Civilstande.

Herr Burchard	|||	
= Schönert	— —	
= Krupinski	||||||||||||||	14 Vota.

er habe fidem publicam manquirt, und fallirt. Dieses bestätigten auch andere.*) Der Di-

*) Die Gemeinen zu Warschau, Wengrow, Neuhof und Golentzinow legten zwey Tage hernach in dem Warschauer Grodgericht dieses Manifest nieder.

Actum in Curia Regia Varsaviensi, Die vigesima secunda, Mensis Octobris, Anno Domini millesimo septingentesimo octuagesimo quinto.

Ad officium Actaque praesentia Castrensia Capitanealia Varsaviensia personaliter venientes: Nobilis Adrian Stamm, Joannes Karauz, Carolus Dangel, Georgius Görtz, Joannes Burchard, Collegii Varsaviensis; Georgius Runge, Collegii Vengroviensis; Generosus Theodorus Langfort, Praefectus in Corpore Reipublicae Pontinierorum, suo et Nobilium Samuelis Terburg et Friderici Litke, nomine agens Collegii Novodworcensis, atque Nobilis Joannes Promnitz, Collegii Golendzinoviensis Pragae existentis, ad Synodum Provincialem minoris Poloniae et Ducatus Masoviae, Varsaviae agitandam Invariatae Evangelicae Augustanae Confessionis Deputati, eidem Officio et Actis ejus Manifestationem suam polonico idiomate confectam, tenoris talis: — Vor gegenwärtigen Amt und Acten des Starosteys und Grodgerichts zu Warschau sind persönlich erschienen die Edlen Adrian Stamm, Johann Karauz, Carl Dangel, George Görz, Johann Burchard, Deputirte der Warschauer evangelischen Gemeine; ferner der Hochwohlgeborne Theodor Langfort, Lieutenant des Pontonnierkorps; in seinem, und, kraft ertheilter Vollmacht, im Namen der Edlen Samuel Terburgs und Friedrich Litkens, Deputirten der Gemeine zu Neuhof; ferner der Edle Johann Promnitz, Deputirter der Gemeine zu Golendzinow und Prag bey Warschau, alle auf gegenwärtiger Synode der Provinz Kleinpolen und des Herzogthums Masuren abgesandt, und haben in ihrem und der obgenannten evangelischen Gemeinen Namen wider Se. Excellenz, dem Hochwohlgebornen August Stanislaus von Golz, Generallieutenant der Kronarmee und commandirender General in Großpolen, welcher aus Großpolen auf gegenwärtige Synode der Provinz Kleinpolen und des Herzogthums Masuren, welche hier in Warschau den 15ten October a. c. ihren Anfang genommen, angekommen ist, und auf dieser Provinzialsynode, als Einwohner und Mitglied einer andern Provinz, und als kein Deputirter irgend eines Standes oder einer Gemeine dieser Provinz, keine Stimme habend, dennoch dieselbe dirigirt, und das Wort führet, folgende feyerliche Klage eingebracht:

Da nach den Kirchengesetzen der evangelischen augsburgischen Confession kein Mitglied einer fremden Provinz, nicht nur auf einer Synode einer andern Provinz, keinen Sitz und Stimme haben, und noch weniger sein Gutachten auf dieser Synode eröfnen kann, und Beklagter, Se. Excellenz, der Generallieutenant von Golz, welcher weder ein Mitglied einer Gemeine dieser Provinz noch Deputirter derselben ist, ja nicht einmal ein Kirchenamt in dieser Provinz bekleidet, dennoch auf gegenwärtiger Provinzialsynode, den Kirchengesetzen dieser Provinz ganz zuwider, nicht nur die Rechte eines Deputirten sich anmaßt, sondern sogar die Stimmen auf der Synode sam-

Director der Synode aber beschloß die Sitzung, und setzte die nächste erst auf den 24sten October.

sammelt, bey Wahlen der Candidaten seine Stimme giebt, Synodal-Canones und Verordnungen festsetzt und bestimmt, den Deputirten der evangelischen Gemeinen zu sprechen verbietet, überhaupt den bürgerlichen Gemeinen auf das verächtlichste begegnet, und dieselben in der evangelischen Kirche für nichtsbedeutend erklärt, Consistorialassessores selbst erwählet und bestätigt; so wie er jetzt den bey der ganzen Gemeine verhaßten Edlen Michael Krupinski schlechterdings zum Consistorialassessor, und den Edlen Jacob Ragge zum Senior des Bürgerstandes schlechterdings zu machen sich bemühet hat, obgleich die Deputirten der evangelischen Bürgergemeinen das Recht haben, aus ihrem Stande Candidaten zu Assessoren des Consistorii vorzuschlagen, so wie auch den bürgerlichen Senior zu ernennen, und andere zu diesen Aemtern gar nicht gelassen werden dürfen, ausser die, welche die Gemeinen dazu vorschlagen; der Beklagte, Sr. Excellenz, der Hochwohlgeborne von Golz aber, auf dieses alles nichts achtend, den Bürgerstand mit Verachtung begegnet, und alles imperative durchzusetzen bemühet ist: als klagen wir dieses ungerechte Verfahren Sr. Excellenz, des Hochwohlgebornen von Golz, hiermit feyerlich an; und erklären uns deshalb rechtlich zu verfahren. — Auch erklären wir hiemit feyerlich, daß wir weder Sr. Excellenz, dem Hochwohlgebornen Generallieutenant von Golz, auf dieser Synode für einen Deputirten, noch den zum Consistorialassessor vorgeschlagenen Edlen Krupinski für einen Consistorialassessor, noch den Edlen Ragge für einen bürgerlichen Senior unserer Gemeine erkennen wollen. Und da endlich der Wohlehrwürdige Pastor und Senior der Geistlichkeit, Herr Ringeltaube, am 18ten Octobr. a. c. auf der Synode, in Gegenwart aller Deputirten der evangelischen Gemeinen, sowohl für das Seniorat in dieser Provinz öffentlich gedankt, und das Warschauer Pastorat gänzlich niedergelegt hat, so daß er jetzt weder Pastor der warschauischen Gemeine noch Senior des geistlichen Standes ist, und dennoch von Sr. Excellenz, dem Hochwohlgebornen Generallieutenant von Golz, als Synodalassessor auf gegenwärtiger Synode unterstützt wird, auf derselben Sitz und Stimme hat, welches den Kirchengesetzen offenbar zuwider ist; als excipiren wir hiermit den Wohlehrwürdigen ehemaligen Pastor und Senior der warschauschen evangelischen Gemeine, und (wie er sich selbst öffentlich erklärt hat,) jetzigen Superintendenten der evangelischen Gemeinen des Herzogthums Oels in Schlesien, Herrn Ringeltaube, von dem Synodalassessorat, und erkennen ihn auf gegenwärtiger Synode bloß für einen Gast. Uebrigens wiederholen wir nochmals alle obeingebrachte Klagen und Beschwerden, und protestiren hiermit auf das feyerlichste, daß wir dieselben im Namen der Gemeinen, deren Deputirte wir sind, rechtlich betreiben werden. Zu mehrerem Glauben haben wir dieses unser Manifest eigenhändig unterschrieben: Adrian Stamm, Johann Karaus, Carl Dangel, George Wilhelm Görz, Johann Burchard, George Runge, Theodor Langfort in seinem und der Edlen Terburg und Litke Namen, als Bevollmächtigtee. G. J. Promnitz. — In parata Copia porrexerunt et manibus suis subscripserunt.

(L. S.)   Hermann. mppr.

Legit Kaniewski. mppr.

vom 15ten Octobr. 1785.

Sechste Sitzung.

Am 24sten October. Der Director der Synode redete von dem Betragen der Deputirten der Warschauer und Goleudzinower Gemeinen in der vorigen Sitzung, verlangte, daß der hieher gehörige Canon laut vorgelesen werde, die Synode aber entweder durch einen Schluß die Widerspenstigen zum Gehorsam bringen, oder alle zur Synodalversammlung nicht eigentlich gehörige Personen ganz von derselben ausschliessen mögte. Der Geheimerath von Böcler widerrief, was er am 20sten wider Krupinski beleidigendes gesprochen hatte, und erklärte ihn für seine Person für einen rechtschaffenen Mann, von welchem ihm nichts Nachtheiliges, wohl aber durch gerichtliche Zeugnisse das Gegentheil von dem, was wider ihn gesaget worden, bekannt sey; versicherte auch, daß man fälschlich vorgegeben habe, der Widerspruch gegen die Wahl des Krupinski sey auf Befehl des Königs geschehen, denn Se. Majestät wüßten nichts davon, mischten sich auch nicht in die Synodalsachen *).

Un=

---

*) Dieser Widerruf, und Versicherung, lautet also.

Bey meinem Eintritt in die den 20sten dieses gehaltenen Synodalseßion hörte ich von den Deputirten der Warschauer Gemeine laute Klagen und Protestationen gegen die Wahl des Herrn Krupinski, Kaufmanns und Bürgers allhier, zum Consistorialrath, als einer Persona notata, der man fidem publicam absprach, weil er Banquerout gemacht hätte. Dieses bewog mich, demselben diesen Vorwurf öffentlich zu machen, und ihn nicht zulassen zu wollen, den richterlichen Eid vor der Synodalversammlung abzulegen. Es entstand sogleich nachher durch den Widerspruch der Deputirten der hiesigen bürgerlichen Gemeine, und anderer Bürger, ein grosses Geschrey und Lärmen, welches die ganze Synode in ihren Geschäften und Berathschlagungen störte, daß darüber die Seßion bis auf den heutigen Tag limitiret worden. Man hat diese Einwendung, als eine, der Ehre und guten Namen des Herrn Krupinski nachtheilig, von mir selbst ersonnene Verleumdung angesehen, da sie sich doch bloß auf das Zeugniß der Deputirten der hiesigen Gemeine, in eben der Versammlung, welche meinen damaligen Vortrag angehöret hat, und gewissenhaft genug seyn wird, die wahre Beschaffenheit desselben zu bezeugen, gründete.

Da indessen einem Theil derselben doch noch einige Zweifel in Ansehung meiner Denkungsart gegen den Herrn Krupinski übrig bleiben könnten, so habe, bey heutiger Versammlung einer hochwürdigen Synode, nicht ermangeln wollen, derselben wohlbedächtlich zu erklären, wie mir für meine Person nichts, so der Ehre und guten Namen des erwehnten Herrn Krupinski nachtheilig seyn könnte, bekannt worden, und daß die gegen die Wahl desselben von mir eingebrachte Einwendung, bloß in Beziehung auf die von den Deputirten der Gemeine gemachte Protestation, deren Grund oder Ungrund denselben zu beweisen überlasse, zu verstehen sey; und da

ich

Unmittelbar nach ihm übergab der Kaufmann Krupinski eine Vorstellung, in welcher er anzeigte, daß er diejenigen, welche neulich seine Ehre angegriffen hätten, in das Kron-Marschallsgericht citiret habe, und jetzt zwey gerichtliche Extracte überreiche, einen von dem Magistrat der Altstadt Warschau, den zweyten von dem Schöppengericht dieser Stadt; er bat, daß sie laut vorgelesen, und ihm die Originale zurückgegeben werden mögten. *)

Nun ich noch über dieses von hohen Personen von Darreichung gerichtlicher Zeugnisse, welche die Unwahrheit dieses Vorwurfs darthun, benachrichtiget worden, so erkläre ihn öffentlich als einen Mann, der in Ansehung meiner von diesem Vorwurf gänzlich frey ist, und wünsche ihm hiemit gegen mich zufrieden gestellet zu haben.

Es thut mir unendlich leid, daß durch dieses Mißverständniß wider meinen Willen eine solche Störung in der letzten Synodalseßion entstanden, und bitte deswegen eine hochwürdige ganze Synode, cum Directore, und einen jeden nach Standesgebühr, mir solche nicht zuzuschreiben.

Da ich auch nachher vernommen, daß sowohl die Deputirten als zugegen gewesene Bürger dieser Stadt in der Kirche laut geschrien, als wäre mein angezeigter Widerspruch und Vorwurf nach dem Willen und Befehl Ihro Majestät des Königs geschehen; so versichere ich auf das feyerlichste, daß Ihro Majestät weder das geringste davon gewußt, noch sich in Synodalabhandlungen mengen. Ich muß daher einen jeden warnen, solche Unwahrheiten auszubreiten, vielmehr andere davon besser zu unterrichten, und um allen üblen Auslegungen inskünftige vorzubeugen, habe die Ehre, gegenwärtige Erklärung ad Acta zu geben.

J. v. Böcler.

*) Diese Vorstellung, und die beyden Extracte, lauten also.

Hochwürdige Provinzialsynode!

Da unterm 20sten October in der öffentlichen hochwürdigen Synodalversammlung, von dem Herrn Geheimenrath von Böcler, Doct. Medicinae, mir ein falscher Vorwurf, durch einen falschen, boshaften Unterricht, ist gemacht worden, als wenn ich bonam fidem publicam nicht mehr habe, weil ich einen Concurs gemacht hätte. Die Anhänger, die E. Adrian Stamm, Johann Karaus, Thomas Dangel, Johann Polz, und andre mehr ihrer Part, bekräftigten solchen falschen Vorwurf mit allen bittersten Vergehungen an meiner Ehre und Credit. Für solch strafbares, boshaftes Vergehen habe bereits selbige zum durchl. Cron-Marschallsgericht citiren lassen, um meine geraubte Ehre und Credit wiederum gerichtlich zu erhalten. Um aber die ungerechte, falsche, boshafte Vorwürfe erweislich zu machen, füge zwey gerichtliche Extracten der Requisitionum, sowohl von E. hochedlen Stadt-Magistrat, als auch von E. hochedlen Schöppengericht dieser Stadt bey, welche mir schon völlig

vom 15ten Octobr. 1785.

Nun wurde die Sitzung plötzlich aufgehoben, aus folgender Ursache. Der Herr Generallieutenant von der Golz und der Herr Graf von Unruh hatten veranstal-

lig justificiren, und meine geraubte Ehre und Credit herstellen. Einer hochwürdigen Provinzialsynode bitte unterthänigst, selbige zwey gerichtliche Extracten vorlesen zu lassen, und in die Synodalacten zu oblatiren geruhen. Ferner bekenne vor Gott und der hochwürdigen Synodalversammlung, daß ich auch nie accordirt habe; da ich reine Possessiones eigenthümlich hier besitze, und adeliche Landgüter zum Unterpfande habe; und hätte accordiret, so könnte mir jedermann für einen geheimen Dieb, der frembdes Vermögen an sich gebracht hat, halten und achten. Warschau, den 24sten Octobr.

Michael Gottlieb Krupinski.
mppr.

Erster Extract.

Actum Varsaviae, die vigesima Mensis Octobris Anno Domini millesimo septingentesimo octuogesimo quinto.

Ad Officium actaque Praesentia Consularia Civitatis antiquae Varsaviae, personaliter veniens Honoratus Michael Deodatus Krupinski, Mercator, Civis Varsaviensis, requisivit ab officio praesenti utrum Processus Concursionalis per ipsum aut quemvis alium ad substantiam ejus sit institutus? vel Relatio in Ordine ejusdem Concursus editae Citationis recognita reperiatur? Cui requisitioni officium annuendo ad Revisionem Actorum condescendit. Quibus a Die sexta Mensis Novembris Anni millesimi septingentesimi sexagesimi noni ad Actum praesentem revisis, ejusmodi Processum Concursionalem et recognitam Relationem in Ordine ejusdem Processus in Actis suis deesse testatur

Michael Deodatus Krupinski,
Civis et Mercator Varsaviae, mppr.

Ex Protocollo Relatt. Officii Consultr. Civitatis antiquae Varsaviae Extr.
Michael Swinarski,
Sacr. Reg. Majest. Secret.

Zweyter Extract.

Actum Varsaviae, Sabbatho Die, scilicet vigesima secunda Mensis Octobris Anno Domini millesimo septingentesimo octuogesimo quinto.

Ad Officium et Acta praesentia Advocat. et Scab. Civitatis antiquae Varsaviae, personaliter veniens Nobilis Michael Deodatus Krupinski, Civis, Mercator Vars[...]

staltet, daß ein Commando von der Kron-Marschallswache vor der Hauptthür der Kirche stand, welches keine andere als zu der Synode gehörige Personen in die Kirche einlassen sollte. Das verdroß die bürgerlichen Mitglieder der Warschauer Gemeine, welche sich den Eingang zu ihrer Kirche nicht versperren lassen wollten, und sie drangen vermittelst eines Nebenschlüssels zu der Seitenthür neben der Sacristey in die Kirche, und murreten zum Theil sehr laut. Die Synode wagte es nicht, dieselben durch die Wache aus der Kirche führen zu lassen, denn es wäre alsdenn ein Tumult zu besorgen gewesen; sondern der Herr Generallieutenat von der Golz rieth dem Director, die Synode für den heutigen Tag aufzuheben, und sie nach einem Ort zu verlegen, dahin die Bürger nicht kommen könnten.

Siebente Sitzung.

Am 25sten October. Sie geschahe in des Generalseniors Herrn Grafen von Unruh Wohnung in dem königl. Münzpalast. Der Director der Synode suchte diese Verlegung beym Anfang der Sitzung zu rechtfertigen, und sagte, sie sey gesetzmäßig, und die Menschenliebe und Vorsichtigkeit habe sie erfordert. Ihre Gesetzmäßigkeit bewies er dadurch, weil kein Gesetz vorhanden sey, welches verordne, die Synoden in den Kirchen zu halten. (Es ist aber unschicklich, etwas legal zu nennen, wenn in Ansehung desselben kein Gesetz vorhanden ist. Die Stelle des

viensis, requisivit ab Officio praesenti utrum Concursus per eundem Nobilem Krupinski Creditoribus suis aut per quem alium institutus, vel Citationis in Ordine promovendi ejusdem Concursus edita Relatio in Actis praesentibus, a Die sexta Mensis Novembris Anni millesimi septingentesimi sexagesimi noni ad diem hodiernum, supra in Actu contentam, recognita reperiantur nec ne? Officium itaque praesens, annuendo ejusmodi Requisitioni, Revisisque Actis Officii praesentis, nullum talem Concursum et Citationis in ordine promovendi, ejusdem Concursus editae Relationem in Actis praesentibus in temporis supra scripti spatio reperiri attestatur. Quam Requisitionem idem requirens manu sua propria his in Actis subscripsit

Michael Deodatus Krupinski,
mppr.

Ex Actis Advocat. et Scab. Civitat. antiquae
Varsaviae extrad.

Ant. Vin. Misnowski,
S. R. Majest. Sacr. Judicii Aul. et S. C. antiquae Notarius. mppr.

Gesetzes vertrit das uralte Herkommen, selbst in Polen, und das Schreiben, in welchem die Synode zusammenberufen worden, bestimmet die Kirche zu Warschau zum Versammlungsort. (s. oben S. 508.) Daß sie der Menschenliebe, (oder wie es nun hieß,) der Billigkeit und Vorsichtigkeit gemäß sey, sollte daraus erhellen, weil dadurch den Unruhen und Vergehungen zudringlicher Leute vorgebeuget werde. (Die Zudringlichkeit bestand darinn, daß weil die partheyischen Mitglieder der ersten Klassen den Deputirten der Bürgergemeinen, in Ansehung des Generalseniors und des Consistorialassessors aus dem Bürgerstande, nicht willfahren wollten, zu derselben Unterstützung mehrere Gemeinglieder sich einfanden. Die Billigkeit, deren sich die golzische Parthey der Synode berühmte, wäre darinn bewiesen worden, wenn man dem Bürgerstande nachgegeben hätte.) Unterdessen bestätigte die Versammlung den Vortrag des Directors, führte auch (vergeblich) an, daß die Synoden zu Thoren und Danzig nicht in den Kirchen gehalten wären, und Herr Generallieutenant von der Golz hielt nicht nur wieder eine Rede zur Bekräftigung dessen, was der Director behauptet hatte, sondern legte auch ein Manifest zur Beurtheilung und Genehmigung vor, welches der ganze Ritterstand unterschreiben, und das hernach zu den Acten gegeben werden sollte.

Es erschien zwar noch einmal der Deputirte Stamm, und wollte zu den Acten eine Vorstellung übergeben, sie ward aber nicht angenommen, weil sie nicht an die Synode, sondern an den Generalsenior der drey Provinzen, Herrn Grafen von Unruh, gerichtet war; dieser nahm sie zwar an, achtete aber auf ihren Inhalt nicht. Der Deputirte erinnerte, daß die Gemeinen zu einer Synode in die Kirche, und nicht nach einem andern Ort eingeladen wären, man fertigte ihn aber mit den oben angeführten Entschuldigungsursachen ab, und setzte hinzu, es könnten zwar die gesammten städtischen Deputirten, aber keine andere bürgerliche Personen, zu der Synode nach dem jetzigen Ort kommen; sollten aber keine Deputirte von den Städten erscheinen, so würde die Synode doch fortgesetzet werden. Das nahmen also die bürgerlichen Deputirten der Gemeinen für ihre Abweisung an *).

Die

---

*) Auch die zur Quitirung der Kirchenrechnung verordnete Bevollmächtigte der Warschauer Gemeine übergaben nun die gedruckte Note nicht, welche ich doch hier anbringen und aufheben will.

Einer Hochpreiswürdigen Synode

Nehmen Endesunterschriebene sich die Freyheit, mit schuldigster Ehrerbietung vorzustellen: wie sie sich durch das harte Verfahren eines hochwürdigen Consistorii gegen
die

Die Warschauer, Wengrower, Neuhofer und Golendzinower Gemeinen hatten sich der Wahl und Ernennung *des Kaufmanns Krupinski zum bürgerlichen Con-*

die bisherigen Vorsteher hiesiger Gemeine genöthiget sehen, mit denselben ihre Beschwerde gegen erwehntes hochwürdiges Consistorium zu vereinigen.

Es hat dasselbe kein Bedenken getragen, in dem Decret vom 4ten dieses Monats, die von uns Unterschriebenen, im Namen und im Beyseyn der ganzen Gemeine ausgefertigte Quitung über die Verwaltung der Kirchencassa, de facto zu cassiren.

Bey genaueren Erwegungsgründen zeiget sich gar zu deutlich, daß solche durch keine vorhergegangene Untersuchungen gehörig erwiesen worden, und daß die Gemeine in Gefahr stehet, das Recht, die Verwaltung ihres eigenthümlichen Vermögens zu untersuchen, und nach Belieben darüber zu quitiren, indirecte zu verlieren, wenn der Widerspruch einiger weniger von den geringsten Contribuenten hinreichend seyn sollte, einen förmlich abgefaßten Schluß der Gemeine umzustossen.

Auf diese Art wäre alle Untersuchung und Quitung von Seiten der Gemeine überflüßig, das hochwürdige Consistorium hätte allein die Disposition über das Vermögen der Kirche; denn es würde niemals an zwey oder drey Contradicenten fehlen, um jede abgemachte Rechnung zur nochmaligen Liquidation an das hochwürdige Consistorium zu ziehen.

Unsers Erachtens hätte in dem gegenwärtigen Fall von dem hochwürdigen Consistorio nicht so eilfertig zu Werke gegangen, sondern vorhero die Gemeine selbst, oder wenigstens die zur Abnehmung der Rechnung bevollmächtigte gewesene, sowohl wegen ihrer Unterschriften, als wegen der dabey beobachteten Formalität, befragt worden seyn sollen.

So bald nun Vollmachten und Unterschriften gehörig recognosciret werden, so machet die im Namen der Gemeine ausgestellte Quitung allem Widerspruch ein Ende; und wenn gleich wirklich in der Rechnung ein oder der andere Artikel vorkäme, gegen welche etwas zu erinnern zu seyn schiene: so muß alsdenn vorausgesetzt werden, daß die Gemeine mit denen darüber von den Rechnungsablegern gegebenen Explicationen zufrieden gewesen sey.

Wir haben zu der hohen Einsicht und Billigkeit einer preißwürdigen Synode das gegründete Zutrauen, es werde Höchstdieselbe den Besorgnissen der Gemeine in Ansehung ihrer ökonomischen Verfassung sowohl, als den Beschwerden der Kirchenältesten, abzuhelfen geruhen.

Sollten letztere etwa, aus Mangel an Rechtskenntnissen, in dem wider sie unbillig angestrengten Processe hie und da gefehlet, oder gar dem hochwürdigen Consistorio schuldigsten Respect aus den Augen gesetzt haben; so würde dieses ihr persönliches Versehen nicht auf Rechnung der ganzen Gemeine zu setzen, am allerwenigsten aber eine von derselben ausgestellte Quitung zu cassiren seyn.

Im

Consistorialassessor entgegengesetzet, weil er sich immer als ein Anhänger der goltischen Parthey, als ein processüchtiger Mann, und als ein Werkzeug des Pastor Ringeltaube gezeiget hatte: und weil die Synode sich an derselben Protestation nicht kehrete, so war daraus grosses Mißvergnügen in der Warschauer Gemeine entstanden. Diesem abzuhelfen trug Herr Pastor Hemmerich zu Warschau sehr bringend und inständig darauf an, daß Krupinsky der Stelle eines Consistorialassessors freywillig entsagen möge: die Synode wies ihn aber mit diesem Vorschlag ab. —

Der Consistorialrath Ragge, als Deputirter der Krakauer Gemeine, erklärte, daß er und diese Gemeine an den jetzigen Unruhen keinen Theil nehme.

Ein

Im übrigen scheinet es noch einige Beherzigung zu verdienen, wie die jetzt so hart behandelte Vorsteher aus der aus ihren Vorgängern entgegengesetzten Parthey, nach dem ausdrücklichen Willen der hochwürdigen Herren Senioren, gewählet worden. Sollten selbige ebenfalls das Schicksal ihrer Vorgänger haben: so läßt sich voraus sehen, daß in die Länge jeder ordentliche und begüterte Bürger sich scheuen wird, ein Amt zu übernehmen, bey dem nichts als Sorge, Verdruß, Verantwortung und Schaden, statt des Verdienstes vor Gott und Menschen, zu erwarten sind. Nun versteht es sich von selbst, und leyder! zeigt es die Erfahrung der letzteren Jahre, daß die Beyträge des kleinen contribuirenden Theils der Gemeine sich in dem Maaße verringern, als ihre Zufriedenheit und ihr Zutrauen auf die Verwaltung der Kirchencassa abnimmt.

Wir sehen mit betrübten Herzen den Zeitpunct herannahen, wo die Uneinigkeiten dieser unglücklichen Gemeine sie ausser Stand setzen werden, die nothwendigsten Ausgaben zu bestreiten, geschweige denn ihren Gläubigern gerecht zu werden.

Gebe Gott, daß endlich die sanfte Stimme des Friedens durch christlichen Rath und Ueberzeugung mehr, als durch erbitternde Strenge, die Gemüther zu den Zweck unsrer heiligsten Religion vereinigen möge!

Wir erbitten hierzu der gegenwärtig versammleten hochpreiswürdigen Synode Kraft und Segen aus der Höhe, und verharren mit schuldigster Ehrerbietung

Warschau,
den 19ten October 1785.

Einer hochpreiswürdigen Synode

treu-gehorsamste

die Bevollmächtigte der Gemeine zu Quitirung der Kirchenrechnung

Thomas Dangel.
Johann Bulbek.
Johann Polz.

Ein Schreiben der Gemeine zu Korzec vom 5ten October, welches übergeben wurde *), enthielt deren Entschuldigung, daß sie wegen weiter Entfernung, Geschäfte und Armuth die Synode durch Deputirte nicht beschicket habe.

Nun

---

*) Dieses Schreiben lautet also.

Hoch- und wohlgeborne Herren,
    Hoch- und wohlzuehrende Herren!

Sub dato den 28sten August a. c. sahen wir von Ew. Hoch- und Wohlgebornen mit einer Einladung zu der in Warschau auf den 15ten Octobr. a. c. angesetzten Synodalversammlung aller Stände unserer Confeßion in der Provinz Kleinpolen und dem Herzogthum Masuren, uns beehret.

Ueberzeugt von dem grossen Werthe und der Würde einer hochpreislichen Synodalversammlung für das politische und moralische Wohl der Kirchen unserer Confeßion, würden wir uns glücklich schätzen, als ein persönliches Mitglied derselben, bestimmten Gebrauch von der Ehre machen zu können, der Sie uns gewürdiget haben.

Allein weite Entfernung, Berufsgeschäfte eines jeden Gliedes unserer ohnehin noch sehr kleinen und armen Gemeine, welche auf eine Zeit von einigen Wochen zu verlassen, sich ein jeder mit Gründen weigern kann, und was noch das Wichtigste ist, die grosse Armuth unserer in Schulden liegenden Kirche, und in uns selbst ganz an Mitteln erschöpft, diesen und andern Bedürfnissen derselben abzuhelfen, welches alles wir bey Gott betheuren können, sind, ohne anderes zu berühren, genug triftige Ursachen zur Erstickung unserer Wünsche, und zur gerechten Entschuldigung bey Ihnen.

Es kann uns also, nach der gegenwärtigen Lage unserer Kirche und Gemeine, nur die Schuldigkeit übrig bleiben, Ihnen für die Ehre, deren Sie uns theilhaftig gemacht haben, den unterthänigsten Dank zu sagen.

Die wir mit gebührender Achtung stets sind,

Hoch- und wohlgeborne Herren,
    Hoch- und wohlzuehrende Herren,
        Ew. Hoch- und Wohlgebornen

unterthänigste Diener,

Joh. Müller, V. D. M.

Ludwig Degner.
Adolph Enelt.
August Winter.
Elias Arendt.
Simeon Hasse.

Korzeck,
den 5ten Octobr. 1785.

vom 15ten Octobr. 1785.

Nun legten die drey neu erwählten Consistorialassessoren, die Herren von Tolkemit, Hemmerich und Krupinski, den Amtseid ab. *)

Man erwählte hierauf zu Assessoren des engern Synodalausschusses, aus dem Ritterstande den Obristen von Sußmilch mit 16, den Obristlieutenant von Stettner mit 17, und der Obrist von Königsfels blieb als Substitut mit 8 Stimmen stehen. Aus dem geistlichen Stande wurden der Prediger zu Ilau, Herr Bucher, mit 19 Stimmen, und der Prediger zu Goburek mit 2 Stimmen zu Substituten erwählet. Aus dem Bürgerstande bestimmten 19 Stimmen den Banquier Schulze zum Assessor, und der Hofrath Michler blieb mit 4 Stimmen als Substitut stehen. **) Der Synodalnotarius Paß ward auch Notarius dieses engern Synodalausschusses.

Nun

───────────────

*) Dieser Eid lautet also.

Ich schwöre zu Gott dem Allmächtigen und Allwissenden einen wahren körperlichen Eid, daß, nachdem eine hochwürdige Provinzialsynode von Kleinpolen und Masovien U. A. C. mich zum Consistorialassessor gedachter Confeßion gewählet und ernennet hat, ich dieses richterliche Amt, in allen zur Competenz des preiswürdigen Consistorii U. A. C. gehörigen Sachen, mit aller möglichen Gewissenhaftigkeit und Treue führen, einen jeden ohne Ansehn der Person hören, ohne Parteylichkeit Recht sprechen, meine Rechtssprüche genau nach dem in den Tractaten gegründeten neuverbesserten allgemeinen Kirchenrecht der Dißidenten in Polen einrichten, und überhaupt dieses mein Amt so führen wolle und werde, als ich es vor Gott und meiner competirenden Obrigkeit zu verantworten mich getraue. So wahr mir Gott helfe und sein heiliges Wort, durch Jesum Christum. Amen.

**) Dieses ist die Wahlliste.

Die Herren Candidaten zum engern Synodalausschusse sind,

1) vom Ritterstande.

1. Herr Obrist von Königsfels	‖‖‖‖‖‖‖‖	8
2. Herr Obrist von Sußmilch	‖‖‖‖‖‖‖‖‖‖‖‖‖‖‖‖	16
3. Herr Obristlieut. von Stettner	‖‖‖‖‖‖‖‖‖‖‖‖‖‖‖‖‖	17
4. Herr Geheim. Kriegsrath von Böttcher	‖	1
5. Herr Cabinetssecretair von Friese	—	—
6. Herr Major v. Brodowski	‖	2

2)

Nun schritte man zu der Wahl eines bürgerlichen Seniors, und das Generalseniorat schlug dazu 3 Personen vor; Herr Hofrath Michler wurde dazu gewählet; *) Herr Generallieutenant von der Golz aber verlangte, daß deßelben Seniorat nur von dem Herzogthum Masuren verstanden werden, und den Gemeinen in der Provinz Kleinpolen vorbehalten werden mögte, ob sie entweder ihren eigenen bürgerlichen Senior verlangen, oder dem Herzogthum Masuren beytreten wollten? Dieser ungerechte und unbillige Vorschlag, zu welchem der General als Deputirter der Provinz Großpolen, gar nicht berechtiget war, wurde doch von der Synode angenommen.

Die Deputirten der obengenannten 4 protestirenden Gemeinen übergaben an diesem Tage dem Warschauer Grodgericht ein Manifest. **)

Achte

2) Vom geistlichen Stande.
    1. Herr Pastor Goburek || 2
    2. Herr Pastor Leske | 1
    3. Herr Pastor Bächer ||||||||||||||||||| 19

3) Vom Bürgerstande.
    1. Herr Banquier Schulz ||||||||||||||||||| 19
    2. Herr Consistorialrath Ragge || 2
    3. Herr Hofrath Michler |||||||||||||||||||| 20

*) Die Wahlliste zum Seniore civili ist nachstehende.

Die Herren Candidaten sind:
    1. Herr Banquier Schulz   —
    2. Herr Consistorialrath Ragge || 2
    3. Herr Hofrath Michler |||||||||||||||||||| 20

**) Dieses Manifest lautet also.

Actum in Curia Regia Varsaviensi, Die vigesima octava Mensis Octobris, Anno Domini millesimo septingentesimo octuagesimo-quinto.

Ad Officium et Acta praesentia Castrensia Capitanealia Varsaviensis personaliter venientes, Nobiles ac Spectabiles *Adrianus Stamm, Joannes Karanz, Carolus Dengel,*

vom 15ten Octobr. 1785.

Achte Sitzung.

Am 26sten October, im königlichen Münzpallast. Der Generalsenior aller dreyen Provinzen, Herr Graf von Unruh, zeigte an, daß der Banquier Herr Schulz,

gel. *Joannes Burchard, Georgius Runge, Fridericus Litke,* Generosus *Theodorus Langfort,* nec non Nobilis ac Spectabilis *Carolus Fridericus Tepper,* eidem Officio et Actis ejus Manifestationem infra scriptam Polonico idiomate confectam tenoris talis: — Vor dem gegenwärtigen Amt und Acten des warschauischen Grod- und Starosteygerichts sind persönlich erschienen, die Edlen Adrian Stamm, Johann Karaus, Karl Dangel und Johann Burchard, Deputirte der Warschauer Gemeine unveränderter augsburgischer Confeßion; George Runge, Deputirter der Gemeine zu Wengrow; Friedrich Litke, Deputirter der Gemeine zu Neuhof; der Hochwohlgeborne Theodor Langfort, Lieutenant im Pontonniercorps, und Deputirter des Ritter- und Bürgerstandes der evangelischen Gemeine zu Golendzinow und Prag bey Warschau; und der Edle Carl Friedrich Tepper, Deputirter des Bürgerstandes eben dieser Gemeine; die übrigen obgenannten Deputirten der Städte Warschau, Wengrow und Neuhof, lediglich vom Bürgerstande, alle insgesammt aber auf die seit dem 15ten October des jetztlaufenden Jahres hier in Warschau ihren Anfang genommene Provinzialsynode des Herzogthums Masuren und der Provinz Kleinpolen abgeordnet und bevollmächtigt, im Namen obgenannter Gemeinen auf dieser Provinzialsynode, gemeinschaftlich mit dem Ritterstande und der Geistlichkeit der evangelisch-augsburgischen Confeßion Berathschlagungen zu pflegen, und haben nicht allein im Namen der Gemeinen, von welchen sie deputirt worden sind, sondern auch aller im Herzogthum Masuren und der Provinz Kleinpolen existirenden evangelischen Gemeinen, wider die hochwohlgebornen Glieder des Ritterstandes, und die wohlehrwürdigen Glieder der Geistlichkeit, welche die gegenwärtige Provinzialsynode seit dem 15ten October dieses Jahrs formirt, und ohne Zuziehung der obgenannten Deputirten des Bürgerstandes ihre Sitzungen gehalten haben, folgende feyerliche Klage und Protestation erhoben: Nachdem, kraft der Tractatgesetze von 1768 und 1775, allen Gliedern eines jeden Standes die freye Uebung der evangelischen Religion ist gesichert und gestattet worden, da diese Gesetze die evangelischen Religionsverwandten mit den Bekennern der im Lande herrschenden Religion völlig gleich gemacht, und die Reichsgesetze vom Jahr 1768 dieselben, in ihrem Bürgerstande, für würkliche Einwohner dieses Landes erklärt haben; da ferner das augsburgische Religionssystem verordnet, daß Kirchen- und Synodalversammlungen mit Zuziehung sowohl des geistlichen als weltlichen Standes sollen gehalten werden, und die alleraltesten Gesetze der evangelischen Religion im Königreich Polen vom Jahr 1570 ausdrücklich enthalten, daß der Bürgerstand gemeinschaftlich mit dem Ritterstande auf Kirchen- und Synodalversammlungen gleichen Sitz und Stimme haben soll; und da dieser Bürgerstand in diesem Königreiche seit dem Jahr 1570 bis zum Jahr 1782 an allen Berathschlagungen und Kirchenversammlungen Theil genommen, und sich auf denselben befunden hat, und nun erst im gegenwärtigen 1785sten Jahre der Ritterstand und die Geistlichkeit den Bürgerstand zu unterdrücken sich bemühet, und die Deputirten desselben zu gemeinschaftlichen Berathschlagungen nicht zugelassen,

son-

Schulz, im Namen der Warschauer Gemeine den Antrag gethan habe, es mögten die Synodalsitzungen wieder in ihrer Kirche gehalten werden; sie wolle dafür sorgen und haften, daß keine Unruhe entstehen, vielmehr von Seiten der Bürger alles ordentlich und ruhig zugehen solle. Er habe es aber abgeschlagen, weil wegen zweymal erfolgten Unruhen man nicht trauen könne. Die Versammlung

sondern sogar am 24sten October jetztlaufenden Jahres den Gliedern des Bürgerstandes den Zutritt in die Kirche gewaltsam verwehret haben, obgleich eine das gemeinschaftliche Wohl einer Gesellschaft betreffen sollende Berathschlagung jedem Mitgliede dieser Gesellschaft bekannt seyn muß; und auf öffentlichen Kirchenversammlungen, besonders in der Residenz des Monarchen, Friede, Einigkeit und Sicherheit herrschen soll, oberwehnte Stände der Ritterschaft und der Geistlichkeit aber dem ohngeachtet den Bürgerstand von ihren Berathschlagungen entfernet, und gegenwärtige Synode, welche öffentlich in der Kirche sollte gehalten werden, aus der Kirche in die Wohnung des hochwohlgebornen Grafen von Unruh, Starosten von Hammerstein, und Ritter der polnischen Orden, übertragen, und daselbst, ohne Zuziehung des Bürgerstandes, nach ihrem Gefallen, strenge und zur Last fallende Canones für den Bürgerstand festgesetzt haben. Da nun obgenannte Deputirte aus solchem Verfahren des Ritterstandes und der Geistlichkeit augenscheinlich den gänzlichen Verlust der Rechte und Freyheiten ihrer Gemeinen voraussehen, welches um so ungerechter und unbilliger ist, da diese Gemeinen ihre Kirchengebäude selbst errichtet haben, und dieselben unterhalten, die Geistlichen und übrigen Kirchendiener selbst besolden; als klagen sie hiermit, und protestiren auf das feyerlichste gegen alle Verordnungen der gegenwärtigen, ohne Zuziehung des Bürgerstandes, gehaltenen Synode, und gegen alle Canones, Decrete und festgesetzte Ordnungen derselben, (wenn welche erfolgt seyn sollten,) und erklären auf das feyerlichste: daß sie keine Verordnung dieser Privatversammlung für Synodalentschlüsse erkennen wollen und können; sondern klagen hiermit alle, unter dem Namen einer Synode der Provinz Kleinpolen und des Herzogthums Masuren, gehaltenen Versammlungen hiermit auf das feyerlichste an, so wie solches auch schon in dem Sr. königlichen Majestät und dem erlauchten immerwährenden Staatsrath an dem gestrigen Tage unterthänigst überreichten Memorial geschehen; erklären alle oben ausgedrückte Klagen rechtlich zu betreiben, und haben zu mehrerem Glauben gegenwärtiges Manifest eigenhändig unterschrieben.

Adrian Stamm.	George Runge.
Johann Karaus.	Friedrich Lücke.
Carl Dangel.	Theodor Langfort, Lieutenant.
Johann Burchard.	Carl Friedrich Tepper.

In parata Copia porrexerunt et manibus suis
subscripserunt

(L. S.)   Puchala. mppr.

Legit Chroscicki. mppr.

lung billigte diese abschlägige Antwort. Der Herr Generalsenior zeigte ferner an, daß Herr Banquier Schulze für seine Person das Amt eines Assessors im engern Synodalausschuß annehme, und nicht zweifle, daß auch Herr Hofrath Michler als Substitut dazu willig seyn werde, wie er denn übernehme, ihn zur Eidesleistung vor gedachtem Ausschuß zu bewegen. Der wider dem Willen der Warschauer Gemeine erwählte Consistorialassessor Krupinski bat, das Folgende zu den Acten zu nehmen. Er sey nicht gegenwärtig gewesen, als Herr Pastor Hemmerich den ihn betreffenden Antrag gethan habe, erkläre aber jetzt, daß er erbötig sey, das Amt eines Consistorialassessors sogleich niederzulegen. Das nahm aber die Synode nicht an. Von den zu dem engern Synodalausschuß erwählten Mitgliedern legten die 2 gegenwärtigen, nemlich der Obristlieutenant von Stettner und der Obriste von Süßmilch, den Eid ab. Die Synode urtheilte, daß es nicht nöthig sey, den Notarius Paß einen besondern Eid als Notarius des Synodalausschusses ablegen zu lassen, weil dieser Ausschuß die Synode vorstelle, und er als Synodalnotarius schon geschworen habe. Der Pastor und Consistorialrath Herr Hemmerich stellte vor, daß Herr Hofrath Michler das bürgerliche Seniorat von Masuren allein nicht annehmen wolle, sondern auch, wie Herr Tepper, bürgerlicher Senior von Kleinpolen zu seyn verlange. Dieses schlug die Synode unter der Entschuldigung ab, weil ausser den Deputirten der Krakower Gemeine sonst keine bürgerliche Deputirte aus Kleinpolen gegenwärtig wären, und sie den dasigen städtischen Gemeinen nicht vorgreifen könne. Gleich darauf erschien der Hofrath Michler selbst, und erklärte eben dasselbige Verlangen, weil die Bürgergemeine zu Warschau darauf bringe. Er bekam dieselbige Antwort, und entsagte also dem bürgerlichen Seniorat; ungeachtet der Consistorialrath Ragge, als Deputirter der Krakauer Gemeine, ihm derselben Stimme zum kleinpolnischen Seniorat vorläufig gab, und an die übrigen städtischen Gemeinen in Kleinpolen für ihn zu schreiben versprach. Hofrath Michler that recht und wohl daran, daß er für die Ehre, blosser Kreissenior zu seyn, sich bedankte, und des Herrn Teppers Stelle ganz haben wollte. Es fehlte nur an dem guten Willen der Synode, welche den Mangel an demselben durch die Abwesenheit der städtischen Deputirten aus der Provinz Kleinpolen bemäntelte, die doch, so viel deren auf der Synode erschienen waren, sich in Warschau aufhielten, aber aus Mißvergnügen auf der Synode an ihrem jetzigen Ort nicht erscheinen wollten, und von welchen kein Widerspruch zu besorgen war.

Neunte Sitzung.

Am 27sten October. Der Director zeigte an, der Notarius Paß habe schon in der sechsten Sitzung, am 24sten d. M. gemeldet, daß ihm der Repräsentant

tant des Warschauer Kirchencollegiums, Martin Stettner, habe einen Extract aus einem Manifest einhändigen wollen, welches am 22sten October bey dem hiesigen bürgermeisterlichen Amt der Altstadt Warschau niedergeleget worden, und eine Protestation gegen die Wahl des Krupinski zum Consistorialrath enthalte, mit dem Verlangen, denselben zu den Acten zu nehmen, daß aber die Synode ihm dieses zu thun untersaget habe; daher es auch unterblieben sey. Nun werde er aber von vielen Personen angegangen, das erwehnte Manifest zu den Acten zu nehmen, und davon einen Extract auszustellen, bitte also um Verhaltungsbefehl. Er bekam zur Antwort: Manifeste und Protestationen einzelner Glieder oder Deputirten, wider Synodalschlüsse, müßten nicht angenommen, sondern als unstatthaft und gesetzwidrig von den Acten gewiesen werden. Dieses erörterte der Herr Generallieutenant von der Golz ausführlicher. Er erinnerte auch, daß es nöthig sey, für das Consistorium und den Synodalausschuß die Regeln festzusetzen, welche diese Gerichtshöfe bey Geldstrafen zu beobachten hätten. Es geschahe dieses dahin, daß sie in Straffällen (Luiten) sich genau nach dem richten müßten, was die Landesgesetze und Gewohnheiten mit sich brächten. Der Herr General von der Golz unterließ nicht, auf die Einführung und Beobachtung des revidirten allgemeinen Kirchenrechts zu bringen, welche auch beschlossen wurde. Hiernächst wurden Commissarien zur Untersuchung der Consistorialrechnung verordnet, und der Adel übergab das in der siebenten Sitzung, vom 25sten Octobr. beschlossene Manifest, wider die Deputirten der Warschauer Gemeine, zu den Acten.*)

Zehnte

---

*) Es lautet also.

Manifest der Ritterschaft U. A. C. wider die Deputirte der evangelischen Gemeine zu Warschau.

Wir auf der Provinzialsynode von Kleinpolen und dem Herzogthum Masuren versammlete Glieder des Ritterstandes hier zu Warschau, sehen uns gedrungen, sowohl in unserem eigenen als abwesenden Mitbrüder Namen, wider die Deputirten und Kirchenältesten, wie auch einem Theile der Warschauer evangelischen Gemeine, zu Bewahrung der tractatmäßigen Gerechtsame, ad Acta der Synode gegenwärtige Manifestation und Protestation einzureichen und beyzulegen, und zwar deshalb: daß, da wir den 15ten dieses Monats diese Provinzialsynode in der evangelischen Kirche U. A. C. mit einem feyerlichen Gottesdienste gehörig eröfnet, und zum Director den Herrn Obristlieutenant von Stettner von der Crongarde einmüthiglich erwählet, auch verschiedene Sessiones in der Kirche nach den allgemeinen kirchlichen Vorschriften und Landesgebräuchen gehalten, desgleichen vor die abgehenden Glieder drey neue Assessores zum evangelischen Consistorio per vota secreta erwählet worden, so haben den 20ten dieses in der Synodalversammlung, da die durch die Mehrheit der Stimmen erwählten Consistorialräthe vor der ganzen Synode

vom 15ten Octobr. 1785.

Zehnte Sitzung.

Am 28sten October. Man beschloß, sowohl dem Herrn Pastor Ringeltaube Zeug-
node den richterlichen Eid ableisten sollen, die Herren Deputirten der Warschauer Gemeine wider den Herrn Krupinski, aus dem Bürgerstande erwählten Assessor, excipiret, ihm vorgeworfen, daß er keinen Fidem publicam habe, weil er einen Banquerout gemacht hätte, und nachdem der Director mit dem Ritterstand den Erweis dieses Vorwurfs verlanget, sie aber kein Document darüber aufweisen können, haben sie dennoch in der Synodalseßion mit den Anwesenden von der Gemeine in grosser Anzahl, so keine Glieder der Synode sind, noch Recht haben in der Versammlung zu reden, durch ein grosses Lärmen und Geschrey diese Eidesleistung gehindert, und nicht zugelassen, und durch eine solche tumultuarische Aufführung in der tractatenmäßigen Synodalversammlung den Herrn Director Synodi genöthiget, sich zu entschliessen, die Synodalseßion von dem 20sten bis zum 24sten zu limitiren, wie auch, daß das Generalseniorat zur Sicherheit dieser Synodalversammlung bey Sr. Excellenz dem Cronmarschall durch eine Note einkommen müssen, die Marschallswache bey der Thüre der Kirche sich zu erbitten. Nachdem nun die Synodalseßion den 24sten dieses Monats wieder in der Kirche gehalten worden, und solche der Director eröfnet, vorhero aber die Verfügung gemacht, daß der Officier mit der Wache vom Cron-Marschallsamt niemanden, ohne Zeichen von ihm, daß er zur Synode gehöre, in die Kirche lassen mögte; so haben, es seyn die Herren Deputirten oder Aeltesten der Warschauer Gemeine, die Hinterthür zur Sacristey öfnen, und einen Haussen von mehr denn 150 Personen, die zu dem Ende um die Kirche versammlet gewesen, von der Gemeine hereingelassen, welche in der Kirche von Bänken und Chören Besitz genommen, sich weder vom Director noch von dem Officier der Marschallswache heraus weisen lassen wollen.

Da nun dadurch wieder die Synodalversammlung gestöret worden, und der Ritterstand wiederum ein tumultuarisches Lärmen in der Kirche bey Synodalabhandlungen besorget, auch wohl gar thätliche Vergreifung an die Marschallswache befürchtete, indem dieselbe von verschiedenen dieser Leute drohende Ausdrücke vernommen, so wurden nur von dem Herrn Consistorialassessor Krupinsky seine Gegenbeweise in Ansehung der Beschuldigung der Synode eingereichet, und öffentlich lateinisch verlesen, da dieser Herr Krupinski als ansäßiger Bürger der königl. Residenzstadt Warschau bekannt, und wie er eben von dieser Gemeine im Jahr 1782 als bevollmächtigter Deputirter auf die Generalsynode zu Mengrow geschickt gewesen.

Ob nun wohl derselbe durch zwey gerichtliche Zeugnisse von E. E. Magistrat und Schöppengericht dieser königl. Residenzstadt sich völlig vor der Synode des Vorwurfs wegen rechtfertigte, wie in sechzehn Jahren er weder von einem Creditor belanget, noch ein Concursus Creditorum über sein Vermögen gewesen; so haben dennoch die Herren Deputirten der Warschauer Gemeine ihr Vergehen in der Synode nicht gestehen, noch denselben durch Deprecation befriedigen wollen, noch der ganzen Synode die tumultuarische Aufführung abgebeten, und weil sowohl der Herr Officier von der Marschallswache, als verschiedene Glieder der Synode, von dem sich eingedrungenen Haufen sogar drohende Reden hören müssen, sahe sich die ganze Ritterschaft genöthiget, zu Vermeidung alles Unheils,
in

544 Geschichte der Synode von Kleinpolen und Masuren,

Zeugniß, Entlassung, und Rest des Gehalts, verlangtermassen, als dem Herrn Peter

in tractatmäßiger Synodalversammlung den Herrn Director zu ersuchen, die Seßion wieder zu limitiren ohne Synodalberathschlagungen vorzunehmen, welches auch erfolgte. Bey dem Herausgehen aus der Kirche mußten verschiedene Synodalglieder, sowohl von denen in der Kirche, als um dieselbe befindlichen Personen, drohende Ausdrücke mit anhören, und nachdem der Herr Director von dem Glöckner vernommen, daß der anwesende Haufen in der Kirche von ihm tumultuarisch die Schlüssel zur Kirchenthüre gefordert, und da der Herr Director solche von dem Glöckner zu sich genommen, kam dieser unverzüglich wieder zu ihm, mit dem Bericht, wie sie nicht abliessen, mit Ungestüm zu verlangen, daß ihnen die Schlüssel abgegeben würden. Worauf der Herr Director diese Schlüssel zur Kirchenthüre, durch besagten Glöckner, an die Kirchenältesten abschickte.

Da nun eine tractatenmäßige Provinzialsynode, sowohl durch besagte Deputirte als einen grossen Haufen nicht zur Synode gehörige Glieder der Warschauer evangelischen Gemeine, tumultuarisch verhindert worden, ihre Synodalabhandlungen zum Besten der evangelischen Kirche fortzusetzen; als haben wir von der Ritterschaft uns genöthiget gesehen, die in der Kirche angefangene Provinzialsynode in die Wohnung Sr. Excellenz des Herrn Grafen von Unruh, General-Senioris aller dreyen Provinzen, des weissen Adler ordens Ritter, zu verlegen, um solche gehörig zu beendigen, weil auch weder durch die Tractaten noch das vorgeschriebene Kirchenrecht der Ort zum Synodiren festgesetzet ist, wie auch auf dieser Provinzialsynode keine neue Kirchengesetze zu machen, sondern nur die von der Generalsynode in Observanz zu bringen, wie auch die abgehende Glieder vom Consistorio, und den Synodalausschuß zur geistlichen Gerichtspflege, zu erwählen haben.

Demnach verwahren wir uns auf das Rechtskräftigste, im Namen des ganzen Ritterstandes U. A. C. vermöge des 5ten Artikels des Tractats von 1768, und dem 12ten Punct der Cardinalrechte in der durchlauchtigsten Republik, wider alle widerrechtliche Exceptiones, Einwendungen und Vorwürfe, welcher Art sie auch seyn mögen, und erklären durch gegenwärtiges Manifest, ob wir gleich, nach Maaßgabe der evangelischen kirchlichen Verfassung, den Bürgerstand an unsern Synoden, Consistorien und Synodalgerichten, nach der Vorschrift und Ordination des Kirchenrechts, billigen Antheil nehmen lassen wollen, dennoch tumultuarische Aufführung unzuläßig ist, weil fromme Absichten der Grund der ganzen Synodalversammlung sind, bey welcher es ordnungsmäßig und bescheiden zugehen soll; als sehen wir uns genöthiget, die Herren Deputirten von der Warschauer Gemeine, so sich so tumultuarisch aufgeführet, aus dieser Synodalversammlung auszuschliessen, jedoch mit der Praeservation der Rechte dieser Gemeine, daß ihr solches nicht praejudiciren, und sie in Zukunft auf Synoden zwey mit gehöriger Vollmacht versehene Deputirte schicken, und mit rechtmäßiger Activität an denen Synodalberathschlagungen, Schlüssen und Consistorien, nach dem Kirchenrechte, ihren billigen Antheil nehmen könne und solle.

Behalten uns vor, diese gegenwärtige Manifestation zu verbessern, hinzuzufügen und abzuthun, was denen Rechten gemäß, dem Tractat, und evangelischen Kirchensystem angemessen und ersprießlich seyn wird.

Es

vom 15ten Octobr. 1785.

Peter Tepper die gebetene Entlassung vom Seniorat, zu ertheilen. Der Pastor
Gott=

So geschehen in der Synodalsession den 25sten Octobr. im Jahr eintausend siebenhundert fünf und achtzig.

Johann Philip von Stettner,
Obristlieutenant von der königl. Crongarde Infanterie, und Directeur der Synode vom Herzogthum Masuren und Kleinpolen.

Alexander von Unruh,
Generalsenior aller dreyen Provinzen, General-Münzdirector, Starost von Hammerstein, und Ritter des weissen Adler = Stanislaus= und St. Annenordens.

Peter von Königsfels,
Obrister und S. E. O.

Christian Gottlieb von Friese,
königl. Hofrath, Senior Ducat. Masoviae.

Johann Gottfried von Süßmilch,
Obrister.

Martin Gotthilf von Gießler,
Obristlieutenant.

Franz Cornelius von Sylbach,
Generalmajor.

A. St. von der Golz,
als Deputirter von den großpolnischen Kirchen-Synodalständen. mppr.

Alexander von Gerstenzweig,
Capitain Guardyi Litewski Purszey.

Johann Gottfried Freyer,
Hauptmann, Rittmstr. von der Crongarde zu Pferde.

Johann Siegm. von Tollemit,
Consistorialrath.

Johann Christian von Großmann = Zapolski,
königlicher Hofrath

Gottfried Lesle, hat, die Gränzen seiner Parochie Neuhof zu bestimmen, *) die Synode aber wies diese Sache an das Consistorium. Der Repräsentant des War-

Daniel von Scheel,
Stolnik Wdztwa Witebskiego.

Friedrich von Unruh,
königlich-polnischer Kammerherr.

Christian Gottfried Deybel von Hammerau,
Obristlieutenant der poln. Cronartillerie.

*) Das Schreiben, worinn diese Bitte enthalten, lautet also.

Hochpreisliche Synodalsynode!

Ew. Excell. Ew. Hochgebornen und Hochwohlgebornen Gnaden, Ew. Hochwürden, und Ew. Hochedelgebornen, Hochzuehrenden Herrn Directoris, General-Seniorum des Ritter- und geistlichen Standes U. A. C. und sämmtlicher zu dieser hochpreislichen Provinzialsynode versammleter Herren Stände

vornehmstes Augenmerk ist ohne Zweifel auf das wahre Wohl unserer Kirchen und Schulen, in den Städten sowohl als auf dem Lande, gerichtet. Dieses Wohl erfordert unwidersprechlich vor allen Dingen die Eintracht der rechtmäßig berufenen Kirchenlehrer, und diese Eintracht zu erhalten ist nichts unumgänglich nöthiger, als eine gewisse Eintheilung der Parochien und Amtsbereisungen. Mir ist von einem hochwürdigen evangel. vereinigten kleinpolnisch- und masovischen Provinzialconsistorio, laut der Bestallung vom 30sten Jan. 1781, welche das hochwürdige evangel. Consistorium U. A. C. durch verschiedene Circulare confirmiret hat, qua geistlichen Commissario und respective Missionario, die Amtbereisung aller evangelischen Glaubensgenossen längst der Weichsel, von NB. beyden Ufern, inclusive der Landschaft Dobrzyn, (ausgenommen die gräflichen lascekischen ilowischen Güter,) aufgetragen, und bey den geschehenen Eingriffen theils des ilowischen Predigers, theils der preisslichen Prediger aus Grombocin und Golubie, mit ausdrücklicher Benennung der Schulgemeinen, angewiesen worden. Wiewohl nun der vorige ilowische Prediger abgesetzet ist, so maßt sich dennoch der neueingesetzte ilowische Prediger, Herr G. Bucher, aller derer Oerter an, welche der vorige mir abwendig gemacht hat, und die preislichen Prediger, Herr P. Pantem in Grenbocin, und nunmehro Herr P. Ekstein aus Freystädtchen, fahren in ihren Eingriffen fort. Da ich nun hiernächst von Sr. fürstl. Durchl. Stanislaus Poniatowski die Vocation zu der evangelischen Gemeine in dem neuerbauten Städtchen Neuhof erhalten, so habe dennoch keine gewisse Bestimmung des parochialischen Bezirks, sintemal ein hochwürdiges Consistorium mich mit meinem oft wiederholten Ansuchen jederzeit auf eine hochpreisliche Provinzialsynode

Warschauer Kirchencollegiums, Martin Stoller, erschien, und übergab eine Note, und ward beschieden, daß er in der nächsten Sitzung Antwort auf dieselbige bekommen solle. Man übergab sie hierauf einer Commißion zur Untersuchung. Diese, welche aus dem Obristen Peter von Königsfels und Hauptmann Freyer bestund, erklärte in der

eilften Sitzung,

am 29sten October, daß diese sogenannte Note weder in der Aufschrift noch in ihrem Inhalt bestimme, an wen sie gerichtet, und von wem sie sey, auch einen unschicklichen und vermessenen Inhalt habe, so daß es unter der Würde der Synode sey, auf dieselbige zu antworten, welches aber der Director der Synode wohl thun könne. Dieser faßete die Antwort auf folgende Weise ab:

Da alle evangelische Gemeinen und Glieder, nach dem Tractat von 1768, unter den Synoden stünden, die Note aber keine an dieselbige gerichtete Bitte sey, so könne die Provinzialsynode sie weder beantworten, noch die in derselben enthaltene Materien in Berathschlagung nehmen. Die Warschauer Stadtgemeine müsse nicht von bisherigen Illegalitäten auf den Synoden reden, da sie bisher weder kirchliche noch Landesgesetze befolget habe, und den Schlüssen widerspreche, welche auf einigen Provinzial- und Generalsynoden durch ihre bevollmächtigte Deputirte mit gemacht und unterschrieben worden, auch deswegen über das Consistorium Beschwerden führe, weil sie weder dem zwischen ihren Gliedern gemachten, von dem König genehmigten Vergleich nachkomme, noch die den Kirchenbedienten gegebene Contracte halten wolle. Es müsse auch nach den Landesgesetzen der Theil, welcher über sich einen Contumacialproceß ergehen lasse, denselben in eben demselben Gerichtshofe durch Gegenbeweise zu heben suchen, und das Erkenntniß abwarten.

de verwiesen hat. — Dannenhero ergehet meine unterthänigste Bitte, mich bey meiner Bestallung eines geistlichen Commissarii, wider die geschehene Eingriffe, gnädigst und gerecht zu schützen, hiernächst die Parochie zu Neuhof, nach dem Verlangen Sr. fürstl. Durchl. und dasiger evangelischen Gemeine, zu bestimmen, und deswegen gnädigste Verordnungen zu machen. In Erwartung einer gnädigen Resolution verharre mit unterthänigstem Respect

Ew.

unterthänigster Diener,

M. Gottfried Leske. P.

mppr.

Die Synode erwählte auf einen nöthigen Fall zum Assessor oder Substituten im engern Synodalausschuß, Herrn Carl Immanuel Wolf.

Die ernannten Commissarii bestätigten die Richtigkeit der Consistorialrechnung, über welche sie den Herrn Ragge quitiret hatten. Weil die Einnahme zur Bestreitung der Ausgaben bisher nicht zugereicht hatte, entschloß sich der gegenwärtige Adel zu einem freywilligen Beytrag zu der Consistorialcasse, den er jährlich am 1sten Nov. entrichten wolle. Der Generallieutenant von der Golz empfahl die großpolnische Sporteltaxe, welche er dem Consistorium mittheilen wolle, zur Richtschnur. Herr Ringeltaube schlug vor, ein Danksagungsschreiben an die großpolnische Synodalstände, für ihre brüderliche Theilnehmung an der kleinpolnischen und masurischen Synode, und für die Mittheilung der Acten an dieselbige, abzuschicken, welche bewilliget wurde. Endlich betrieb der Herr Generallieutenant von der Golz den Beschluß der Synode, und hielt noch eine Anrede an dieselbige. *) Auf solche Weise endete sich

*) Diese Anrede lautet also.

Die Synodalstände von Großpolen der U. A. C. von welchen die Vollmacht übergeben habe, werden von mir mit Vergnügen den Bericht vernehmen, wie eine hochwürdige Provinzialsynode von Kleinpolen, über das, was das Generale unser Kirchenverfassungen betrifft, gleichgesinnet ist, mich brüderlich aufgenommen, und zu diesem Zweck gleichförmlich in ihren Synodalschlüssen gewesen. Die großpolnischen Kirchenstände werden auch auf alle Art dahin bedacht seyn, kräftig diese evangelische Kirchenverfassung zu behaupten, und dasjenige aufrecht zu erhalten, worüber sich alle Provinzen einmal vereiniget haben, und worauf die Erhaltung unserer Religionsfreyheiten beruhet. Auch unsere Nachkommenschaft, die Tractaten und Cardinalrechte berechtigen sie dazu, und setzen sie für alle Anfälle in Sicherheit.

Sind gleich auf gegenwärtige Provinzialsynoden von hiesigen Gemeinen Störungen und Aergernissen in den Synodalabhandlungen vorgefallen, erfahren wie gleich Eingriffe von hiesigem Grodgericht in die Consistorial-Jurisdiction, so sind das einzelne Vorfälle in allen Ländern, die keinen Tractat noch Cardinalrechte aufheben können, und leicht abgewiesen werden können, wann gleich zuweilen ein oder das andere Glied etwas darunter leidet; welches man doch möglichst suchen wird zu verhindern. Das ganze Wohl der evangelischen Kirche beruhet aber auf der Erhaltung der Gerechtsame, und solche werden immer deutlicher aus einander gesetzet, je öfter sie Anfälle erfahren müssen. Es ist auch keine Sache so übel, die nicht in der Folge was Gutes bringe, und vielleicht ist die Standhaftigkeit der Synode, von nichts abzugehen, was einmal synodaliter beschlossen worden, das einzige Mittel gewesen, daß sich die hiesige Warschauer Gemeine über ihre innerliche Zwistigkeiten vergleiche, und den königl. approbirten Vergleich erfüllen, ohne daß solches den Synodalabhandlungen und Schlüssen wird nachtheilig seyn können, sondern diese allemal die Cardinalrechte schützen, davon ich bey mir selbst überzeugt bin.

vom 15ten Novembr. 1785.

sich diese Synode, deren Beschlüsse ich unten liefere, *) und die so viel Unheil angerichtet hat, und auf welcher einige Edelleute (aus Kleinpolen waren keine zugegen,) so despotisch verfuhren, daß einer, um den Deputirten des Bürgerstandes Furcht einzujagen, sagte, man wird mit dem Schwerdt darein schlagen, wen es trift den trifts, und ein anderer seinen Stock in die Höhe hob, und zugleich sprach, was ihm zuerst in den Mund kam. Trau-

Es bleibet mir bey Schliessung dieser Provinzialsynode demnach nichts übrig, als allen Gliedern dieser Synodalversammlung, einem jeden nach Standesgebühr, meine rührendeste Dankbarkeit für die gütige Aufnahme, Liebe und Beystand zu bezeigen, die ich in dem Innersten des Herzens darüber empfinde, und sich schwer durch Worte ausdrücken lässet. Sie wird bey mir stets eine sanfte und freudige Empfindung bleiben. Besonders danke ich dem hochwohlgebornen Herrn Director für seine nachfolgungswürdige Bemühungen, gute Ordnung in der Synodalversammlung zu halten, und weise Vorsichtigkeit, allem Unheil vorzubeugen, dem hochwohlgebornen und hochehrwürdigen Generalseniorat, daß sie wie Bevollmächtigte zum Kirchenregiment und Vorsteher des Corps, mit so vielem Eifer an der Wohlfahrt und Erhaltung der Gerechtsame der ganzen evangelischen Kirche arbeiten, allen Synodalgliedern der Ritterschaft, geistlichen und Bürgerstandes, daß sie die Synodalsessions so fleißig mit beygewohnt, das Wohl der Kirche sehr beherziget, und so einig in ihren Entschliessungen gewesen. Die Nachkommenschaft wird sie alle dafür segnen, und die Kirchen-Annales werden ihr rühmliches Andenken der Nachwelt zum Beyspiel darstellen.

Indem ich mit ruhigem Gemüthe die Synodalversammlung sich endigen sehe, empfinde ich nur die Regungen des Leids, daß Se. Hochehrwürden der Herr Generalsenior Ringeltaube dieses würdige Generalseioratamt verlassen. Da mir Ew. Hochehrwürden erworbene Verdienste in unserer Kirche am meisten bekannt sind, kann nicht, wie schon bey Verlautbarung Dero Vocation erkläret, ohne Betrübniß daran gedenken, daß dieselben das letztemal die Synode beywohnen, und uns ganz verlassen. Sehen Ew. Hochehrwürden den Ruf Gottes in ein ander Land als den Lehn für Dero Bemühungen in hiesigem evangelisch-polnischen Zion an, und seyn sie gewiß, daß die Hochachtung und Erkenntlichkeit aller rechtschaffenen Glieder unserer Kirche sie überall folgen und begleiten, wie ich es schon von der Provinz Großpolen versichert habe.

Concordare cum Originali testor et extradidi ex Actis

(L. S.)

Joannes Jacobus Patz,
Not. jur. Syn. Prov. et Consist. Ev.
I. A. C.

*) Canones der Provinzialsynode von Kleinpolen und Masuren U. A. C. 1785.

Erster Canon.

Wir versammleten Synodalstände der evangelischen Kirche unveränderter augsburgischer Confession in der Provinz Kleinpolen und dem Herzogthum Masovien finden, nach dem Beyspiel der beyden andern Provinzen von Großpolen und dem Großherzogthum Litauen, für nöthig, nochmals zu verordnen, daß da sämmtliche gewesene

Geschichte der Synode von Kleinpolen und Masuren,

Traurige Wirkungen und Folgen dieser Synode.

Herr Generallieutenant von der Golz betrieb das Ende der Synode, weil sein und des übrigen militärischen Adels Betragen gegen die Deputirten und Glieder

ne Deputirte von dieser Provinz und Herzogthum, als Bevollmächtigte aller dreyen Kirchenstände, auf den Generalsynoden zu Wengrow im Jahr 1780 und 1782 das allgemeine Kirchenrecht der Dißidenten ohne Vorbehalt angenommen und unterzeichnet, darüber auch auf gedachten Generalsynoden einmüthiglich Canones gemachet, auf der letztern im Jahr 1782 eine General = Synodalcommißion für die Crone Polen, so wie die litauische Provinzialsynode in Litauen eine Commißion für das Großherzogthum ausgesetzet, welche Commißionen die ihnen communicirten Anmerkungen, von allen unseren Gemeinen und Gliedern der Kirchen im Lande, vorzüglich aber auch, was das Herzogthum Masovien anbetrift, die Anmerkungen, welche von denen, durch die masurische Particulairsynode dazu verordneten Deputirten, den Herrn Hauptmann Freyer, den Herrn Hauptmann und Oberauditeur Giller, an die Generalsynode in Wengrow Anno 1782 eingereichet worden sind, angenommen, mit allem Fleiß durchgegangen, und das auf der Generalsynode vorgeschriebene revidirte allgemeine Kirchenrecht, laut Vorschrift des Canons der Generalsynode von 1782, mit Beystimmung und völliger Uebereinstimmung der dazu ausgesetzten Commißion, in Litauen verbessert, erläutert, und der evangelischen kirchlichen Verfassung angemessen worden, auch darinn vorgebeuget, daß in demselben nichts wider die Tractaten und Landesgesetze ausgedehnet, oder verstanden werden könne. So sind wir sämmtliche Synodalstände von Kleinpolen und Masovien mit unsern Mitbrüdern und Glaubensverwandten U. A. C. in der Provinz Großpolen und dem Großherzogthum Litauen darinn völlig einig, daß dieses allgemeine evangelische Kirchenrecht, nach der canonischen Verordnung der Wengrower Generalsynode von 1780 und 1782, ebenfalls in der kleinpolnischen Provinz und dem Herzogthum Masuren, als die allgemeinen Vorschriften unserer kirchlichen Verfassung und Gerichtsbarkeit befolget, und in gehörige Observanz gesetzet werden soll. †)

Zweyter Canon.

Das Consistorium soll in denen Strafgefällen und Luiten sich genau an die im königl. Grodgerichte übliche Luitas binden, und so wie dieses die Condemnate anrechnen, der engere Synodalausschuß aber nach denen Landes = Judiciis ultimae Instantiae sprechen, und strafen, damit, so wie überhaupt, also auch besonders, in denen Poenis die eben genannte Gerichtshöfe des Consistorii und engern Synodalausschusses sich denen Landesgesetzen und dessen Brauch je mehr und mehr conformiren mögen.

Dritter Canon.

Nachdem Sr. Hochehrwürden, der Herr Generalsenior Ringeltaube, E. Provinzialsynode in der dritten Seßion eröfnet, und bekannt gemachet, wie dieselben von Sr. Durchl. dem Fürsten von Würtenberg=Oels eine Vocation als Superintendent,

---

†) Gegen diesen Canon protestirte Herr Ragge im Namen der Krakauer Gemeine, deren dazu erhaltene Vollmacht er vorlegte: allein die Synode drang mit Drohungen so stark in ihn, daß er ihn mit thränenden Augen unterschrieb.

der der bürgerlichen Gemeinen zu Warschau, Golendzinow, Wengrow und Neuhof, dieselben genöthiget hatte, nicht nur dagegen in der Kanzley des War-

Consistorialrath, Hofprediger und Inspector aller Schulen in diesem Fürstenthum erhalten hätten, es vor Gottes Ruf ansehen, und also demselben folgen, und mit Leidwesen sein Generalseniorat und Consistorial= nebst hiesigen Pastoralamt verlassen müßte, wobey derselbe angezeiget, daß er seit drey Vierteljahren sein in der Vocation versprochenes fixes Quantum an Gelde, zu seinem Unterhalt, von denen Kirchenältesten dieser Gemeine nicht erhalten hätte, und gedrungen gewesen Schulden zu machen,

So sehr auch eine Provinzialsynode über den Verlust eines so würdigen und in der evangel. Kirche dieses Landes verdienstvollen Manns gerühret worden, und diesen Verlust aus ihrem Generalseniorat und Consistorio bedauret; so nöthiget sie dennoch die christliche Billigkeit, seiner Hochehrwürden, dem Herrn Generalsenior Ringeltaube, in Ansehung der Niederlegung dieser hohen Aemter in der evangelischen Kirche unveränderter augsburgischer Confeßion, zu sagen, und demselben sowohl dies Generalseniorats= als bekleideten Consistorial= und Pastoralamtes, durch diesen Synodalschluß zu entledigen, wie denn sämmtliche evangelische Synodalstände den Herrn Generalsenior Ringeltaube davon entbinden und lossprechen, jedoch mit dem Vorbehalt, daß diese Dimißion nicht eher ihre Kraft und Gültigkeit haben, und derselbe seine Abschiedspredigt bey der hiesigen Gemeine nach christlicher Ordnung zu halten befugt seyn soll, als ihm sein rückständiges Salarium bis zum Termin des, von ihm acht Tage vorher zu incimirenden Abschiedspredigt von der Gemeine, baar ausgezahlet seyn wird. Eine Provinzialsynode giebet zugleich durch diesen Schluß einem evangelischen Consistorio dieser Provinz und Herzogthum auf, ex propriis Sorge dafür zu tragen, vermöge der ihm competirenden Gerichtsbarkeit, daß dem Herrn Generalsenior Ringeltaube, alle ihm von der Gemeine in der Vocation festgesetzte Gebührnisse ausgezahlet und entrichtet werden.

Wie nun der Herr Generalsenior Ringeltaube oberwehnten Aemtern mit Ruhm und Rechtschaffenheit, zum ersprießlichen Wohl unserer Kirche, acht Jahre durch vorgestanden, und Dero Beruf gemäß, mit aller Treue und Fleiß an dem zu erbauenden Zion in dieser Woywodschaft gearbeitet haben; so werden sämmtliche Synodalstände dessen grosse Verdienste nie vergessen, und versichern demselben eine immerwährende erkenntliche Dankbarkeit.

Da auch der Senior vom Bürgerstande dieses Herzogthums und der Provinz Kleinpolen, der Herr Banquier Peter Tepper, seines hohen Alters wegen, durch schriftliches Einkommen, dieses Seniorat niedergeleget, und auf dieser Provinzialsynode der Herr Samuel Michler zum Senior des Bürgerstandes des Herzogthums Masovien, mit Vorbehalt des Wahlrechts derer städtischen Gemeinen der Provinz Kleinpolen, erwählet worden, so hat eine Provinzialsynode in Betracht des sehr hohen Alters des Herrn Senior Peter Tepper, als eines sehr verdienten und würdigen Mannes, obgleich mit Leidwesen, in dessen Entlassung gewilliget, und entbindet ihn durch diesen Synodalschluß von diesem kirchl. Amte, mit der Versicherung, daß
seine

Warschauer Grodgerichts das oben mitgetheilte Manifest einschreiben zu lassen, *) sondern auch dem König und dem unterwältenden Staatsrath ein, in polnis

seine vieljährige Verdienste und Bemühungen in der evangelischen Kirche allen Synodalständen und Gemeinen unvergeßlich bleiben, und sein Ruhm auch nach seinem Tode nicht aufhören werde.

Vierter Canon.

Weilen wir aus jenen geprüften und nun quitirten Consistorialrechnungen ersehen haben, daß die Canzeley die ihr rechtmäßig gehörigen Jura Cancellaria an Copialien, der Casse berechnet und abgeliefert hat; so heben wir dieses auf, und setzen und verordnen, daß zwar die Gebühren für das Siegel, wie auch das Stempelpapier, an die Casse, dagegen die Copialien und Schreibegebühren nach Landes Brauch dem Notario anheimfallen und gehören sollen. Ferner soll das Consistorium U. A. C. so wie die Provinz Großpolen, die Sporteltaxe führen, und sich darinn in allem nach dieser reguliren, als weshalb eine beglaubte Abschrift derselben zum Archiv des Consistorii besorgt werden wird.

Johann Philip von Stettner,
Obristlieutenant von der königl. poln. Crongarde Infanterie, Directeur der Provinzialsynode vom Herzogthum Masuren und Kleinpolen.

Alexander von Unruh,
Generalsenior aller drey Provinzen, General-Münzdirector, Ritter des weißen Adlerordens, und Staroste von Hammerstein.

Peter von Königse's,
Obrister und S. E. O. U. A. C.

Christian Gottlieb von Friese,
königl. Hofrath und Sen. Ducat. Masoviae ex Speciale Commissio Günther v. d. Golz, Generalsenior U. A. C. von Kleinpolen.

Gottlieb Ringeltaube,
Sen. gen. Eccles. Past. Varsaviensis.

August Stanislas von der Golz,
commandirender Generallieutenat, als Delegirter aller Synodalstände der unveränderten augsburgischen Confession aus Großpolen.

Fran=

*) Auch die Gemeinen zu Krakau, Lublin und Korzec vereinigten sich mit ihnen, und in Großpolen erschien ein Manifest gegen diese Warschauer Synode, welches 15 Gemeinen und 18 Pastorn einlegten.

nischer Sprache aufgesetzte, und in folio gedruckte unterthänigste Vorstellung zu übergeben, welche auch in deutscher Sprache in octav gedruckt wor-

Franciscus Cornelius von Zylbach,
Generalmajor.

Johann Gottfried von Süßmilch,
Obrister.

Christian Gottfried Deybel von Hammerau,
Obristlieutenant der polnischen Crönartillerie.

Johann Gottfried Freyer,
Hauptmann.

Johann Siegmund von Tolkemit,
königl. Commißionsrath.

Friedrich von Unruh,
königl. polnischer Kammerherr.

Alexander von Gerstenzweig,
Capitain bey der litauischen Garde zu Fuß, Assessor in den königl. Assessorialgerichten des Judicii mixti von Litauen.

Johann von Brobowski,
Major.

Johann Christ. von Großmann, Zapolski,
königl. Hofrath.

Carl Ludewig Hemmerich,
Pastor Varsaviensis et Ass. in Consistorio I. A. C.

M. Gottfried Leske,
Pastor Nowidworensis, et Commiss. ecclés. I. A. C.

Carl Immanuel Wolf,
Bevollmächtigter von Ilow.

Jacob Ragge,
Bevollmächtigter einer hochlöbl. Gemeine der Stadt Cracau.

worden.*) Ihr Verfasser, ein Sachwalter, behauptet mit Geschicklichkeit und Gründlichkeit die Freyheiten und Gerechtsame der evangelischen Bürger in Kirchensachen, gegen

*) In der letzten rücke ich sie hier ein.

An Se. königl. Majestät und den erlauchten immerwährenden Staatsrath unterthänigste Vorstellung der vier evangelischen Gemeinen unveränderter augsburgischer Confeßion in Warschau, Golendzinow mit Prag, Wengrow und Neuhof. De dato Warschau, den 25sten October 1785.

Allerdurchlauchtigster, Großmächtigster König!
Allergnädigster König und Herr!
Erlauchter, immerwährender Staatsrath!

Der höchste Grad der Verachtung, womit dem Bürgerstande begegnet wird, und der gänzliche Verlust der Rechte und Freyheiten, welcher diesem Stande bey gegenwärtigen Umständen unvermeidlich drohet, wodurch die Tractate, die dem Ritter- geistlichen und Bürgerstande gleiche Rechte ertheilen, beeinträchtigt werden, nöthiget vier evangelische Gemeinen unveränderter augsburgischer Confeßion, bürgerlichen Standes, der Städte Warschau, Golendzinow mit Prag, Wengrow und Neuhof, welche in Materiis Ecclesiasticis, Dogmaticis et Liturgicis, und überhaupt in allem quod tangit Ritum Augustanae Confeßionis, dem evangelischen Consistorio, und der seit dem 15ten October a. c. in Warschau ihren Anfang genommenen Provinzialsynode untergeben sind, auch zu dem Ende aus ihrem Mittel auf gegenwärtiger Provinzialsynode zu Warschau bevollmächtigte Deputirte abgesandt haben, vor den Thron Ew. Königl. Majestät, unsers Allergnädigsten Herrn, und den erlauchten immerwährenden Staatsrath, als treue Unterthanen ihres Monarchen zu fliehen, und Ew. Königl. Majestät und dem erlauchten immerwährenden Staatsrath, als der allerhöchsten Obrigkeit, die sie über sich erkennen, mit der demüthigsten Unterwürfigkeit ihre Noth und ihre äußersten Bedrückungen, in folgenden Puncten unterthänigst vorzulegen.

Als die durchlauchtigsten Stände der Republik durch den Tractat vom Jahr 1768 allen dißidentischen Ständen eine völlige und freye Religionsübung gnädigst zu bewilligen und zu sichern geruheten, wurde dieser Tractat nicht bloß auf den Ritter- und geistlichen Stand eingeschränkt, sondern derselbe erstreckte sich auch auf den Bürgerstand und den Landmann. In dem ersten Art. §. 17. fol. 586. Vol. VII. heißt es ausdrücklich von den dißidentischen Bürgern: — Die Bürger der griechischen, disunirischen und dißidentischen Religion beyder Confeßionen, sollen völlige Gleichheit mit denen Bekennern der römisch-catholischen Kirche haben, die ihrem Stande angemessen seyn wird; das heißt: das Bürgerrecht, das Recht der Gemeinschaft genießen, Magistratsstellen zu bekleiden, und sich häuslich niederzulassen, wo es einem je-

den

gen die Eingriffe und Anmaſſungen des evangeliſch-lutheriſchen Adels, inſonderheit des militäriſchen, und hat folgenden Hauptinhalt. Die augs=
burg=

den gefallen wird, Gewerbe und Kaufmannſchaft zu treiben, Fabriken anzule=
gen, (jedoch in königlichen Städten nach vorher erhaltenem königlichen Privile=
gio, und in adelichen Städten und Dörfern nach vorher erhaltener Erlaubniß des
Erb= und Grundherrn,) und überhaupt, alle die dem Bürgerſtande eigene und
angemeſſene Arten des Lebensunterhalts zu treiben das Recht haben, und völlige
Gleichheit mit römiſch-catholiſchen Bürgern genieſſen. — Der Landmann hin
gegen, ſowohl nicht unirte Griechen als auch Dißidenten, welche auf Staroſteyen
und königlichen Gütern ſich niedergelaſſen, ſollen in ihren Bedrückungen und
Streitigkeiten vor eben den Gerichten, gleich den Römiſch-Catholiſchen dieſes
Standes, Gerechtigkeit und Hülfe ſuchen. —

Und die Reichsconſtitution eben dieſes 1768ſten Jahres, Vol. eodem, fol. 753.
unter dem Titel: — Vorbehalt und Bedinguiß für unſere königliche groſſe und
kleine Städte, ſowohl in der Krone als Litauen, — welche dem Tractat unverzüg=
liche Geſetzeskraft ertheilte, und alle, den polniſchen Städten von den alleräiteſten Zei=
ten ertheilten Rechte und Freyheiten beſtätigte, hat auch die Dißidenten beyderley Con=
feßionen zu Theilnehmern aller dieſer, den polniſchen Städten ſowohl überhaupt als ins=
beſondere ertheilter Rechte und Freyheiten, gemacht, wenn ſie ſagt: — Diejenigen aus=
ländiſchen Einwohner aber unſerer Städte, und beſonders Warſchau, welche bis=
her unter dem Schutze des Servitorats aus der Abſicht Handlung und Gewerbe
getrieben haben, weil die bürgerlichen Geſetze allen denen, welche der römiſch=
catholiſchen Religion nicht zugethan ſind, das Bürgerrecht in dieſen Städten bis=
her verſagt haben, ſollen von nun an das Bürgerrecht annehmen, und die Städte
und Innungen dafür keine Zahlungen von ihnen, bey ſchwerer Strafe und ſchar=
fer Ahndung in dieſem Puncte durch die Großkanzler der Krone und Litauen,
erpreſſen. —

Ferner erlaubt dieſe Reichsconſtitution vom Jahre 1768 im 18ten §. unter dem
Titel: — Jus Emphiteuſeos, — allen, ſowohl ein= als ausländiſchen freygebornen Ein=
wohnern dieſes Recht, und erklärt einen jeden Ausländer nach einem dreyjährigen häus=
lichen Aufenthalt, das heißt: den Bürger und Landmann, einen jeden in ſeinem Stande,
für einen im Lande gebornen Einwohner.

Dieſe für den Bürger, als einen freyen Stand, und mithin für die unter demſelben
begriffenen Dißidenten, ſo vortheilhaften und günſtigen Geſetze ſind es, welche bewürkt
haben, daß Polen in kurzer Zeit aus andern Ländern Bürger und Landleute bey ſich
ankommen ſah, die ſich in königlichen, geiſtlichen und adelichen Städten niedergelaſſen,
einige Handlung, Manufakturen und verſchiedene Gewerbe zu treiben angefangen; andere
in königlichen Städten Gründe erblich an ſich gekauft, und ihre Beſitzungen auf denſelben
gebauet; andere wieder auf adeliſchen Gütern, Juro Emphiteutico, ſich Gründe ange=
kauft, und auf dieſe Art im Lande anſäßig gemachet haben. Jedermann muß geſtehen,
daß überall, wo dieſe neue Ankömmlinge ſich im Lande niedergelaſſen haben, die Städte
volkreicher, anſehnlicher und ordentlicher geworden ſind. Manufakturen und Künſte in
den=

burgische Confeßionsverwandte, welche sich in neuern und ältern Zeiten in Polen wohnhaft niedergelaßen haben, sind wirkliche Landeskinder geworden; also allen denselben zu blühen angefangen haben, und sich noch immer mehr vermehren. Durch diese neuen Colonisten leidet weder das Land im Allgemeinen, noch die Erbbesitzer von Gütern insbesondere Schaden, sondern der, durch diese, den Dißidenten, und namentlich dem Bürgerstande, ertheilten Gesetze bewirkte Vortheil, ist augenscheinlich, und das Land kann sicher einen noch immer größern erwarten.

Und da diese so heiligen Gesetze dieses Landes die Dißidenten in actuali incolatu haben wollten, so haben sie dieselben den römisch=catholischen Glaubensgenoßen völlig gleich gemacht. Da nun also diese Dißidenten nicht nur denen Römisch=Catholischen völlig gleich, sondern überdem wirkliche Einwohner dieses Landes sind, indem jeder von ihnen in diesem Lande nicht erst seit drey, sondern seit mehr als zwanzig Jahren in demselben sich häuslich niedergelaßen, andere sogar bis in die spätesten Zeiten ihre Vorfahren in diesem Lande zählen können; so ist es offenbar, daß sie nicht mehr Ausländer, sondern wirkliche Landeskinder, mithin allen Gerichten, Obrigkeiten, Gerichtsbarkeiten und Gesetzen dieses Landes unterworfen, kurz: Sw. Königl. Majestät und des Landes Unterthanen und wirkliche naturalisirte Einwohner sind. Und durch so unerschütterte Pfeiler der Gesetze geschützet, können wir als Landeskinder wider die Uebermacht, die Bedrückungen und den Ruin ihrer Rechte und Freyheiten nirgends anders Schutz und Hülfe suchen, als bey der allerhöchsten Macht und Obrigkeit im Lande, an welche sie sich auch gegenwärtig wenden.

Die vornehmsten Klagen und dringendsten Beschwerden der obengenannten vier Gemeinen und des Bürgerstandes sind folgende.

Erstens: Der Ritter= und geistliche Stand evangelisch=augsburgischer Confeßion, welche den Bürgerstand beherrschen und regieren wollen, benehmen demselben die ganze ökonomische Verwaltung der Kirche, bemühen sich über die Kirchencaße selbst zu disponiren; mit einem Wort, alles selbst und alleinig zu regieren, da doch dieser Stand nicht dem Ritterstande, sondern dem Könige und den Landesgesetzen unterworfen ist, und die augsburgische Confeßion selbst haben will, daß die Obrigkeit der evangelischen Kirche auf Synoden, aus dem geistlichen und weltlichen Stande bestehen soll; sie begreift also unter dem weltlichen Stand alle diejenigen Stände, welche die bürgerlichen Gesetze des Landes dafür erkannt und erklärt haben.

Zweytens: Obgleich seit der allerersten Entstehung des evangelisch=dißidentischen Körpers in Polen, deßen Normalität vom Jahr 1570, als von denen in diesem Jahr zu allererst gehaltenen Synodalversammlungen anfängt, deren eine in Posen, bloß die augsburgische Confeßion betreffend, ist gehalten worden, und auf welcher der Graf von Gorka, Woywode von Posen, präsidirte; so hatte der Bürgerstand gemeinschaftlich mit dem Ritter= und geistlichen Stande, gleich auf dieser allerersten polnischen Synode in Posen, Sitz und Stimme, und sowohl die Bürgermeister der Stadt Posen, als auch die Delegirten anderer bürgerlichen Gemeinen, haben die Acten dieser Synodalversammlung von Posen unterschrieben.

Als

len Gerichten, Obrigkeiten, Gerichtsbarkeiten und Gesetzen des Landes unterworfen, und wenn ihre Rechte und Freyheiten gekränket werden, so können sie nirgends

Als in eben diesem Jahre 1570 der ganze Körper der evangelischen dißidentischen Gemeinen in Polen und Litauen, unter der Direction des Woywoden von Sendomir Zborowski, in Sendomir auf eine Generalsynode versammlet waren, so unterschrieben die Deputirten der Städte die Acten dieser Synode, und namentlich die Deputirte der Stadt Cracau. Dieses ist bis zur thornischen Conföderation unverändert beybehalten worden, auf welcher auch die Städte von dem Ritter= und geistlichen Stande sind angenommen worden; und die Acta dieser thornischen Conföderation hat die Reichsconstitution vom Jahre 1768 bestätigt. Kraft dieser, die freye Religionsübung sichernden Constitution vom Jahre 1768, haben alle evangelische Bürgergemeinen aller Provinzen im Lande, auf alle Synoden bis zum Jahr 1782 ihre Deputirte abgesandt, welche in der evangelischen Kirche den dritten Stand formirt, und mit diesen beyden gleichen Sitz und Stimme gehabt haben. Und jetzt, da die General=Seniores des Ritter= und geistlichen Standes das Circularschreiben auf gegenwärtige den 15ten October a. c. hier in Warschau ihren Anfang genommene Provinzialsynode von Kleinpolen und Masuren, mit Uebergehung des General=Senioris vom Bürgerstande, hatten ergehen lassen, haben auch diese vier Gemeinen Deputirte auf diese Synode abgesandt, aber der Bürgerstand ist von dem Militairstande mit der größten Verachtung behandelt worden.

Der Militairstand sagt zum Bürgerstande: Du hast keine Stimme, sondern wirst bloß gerufen, um die Aussprüche und Befehle des Militairstandes zu vernehmen. Niemand hat diese Verachtung gegen den Bürgerstand mehr geäussert, als Se. Excellenz der hochwohlgeborne Generallieutenant von Golz. Er schmält auf die Deputirte und Glieder des Bürgerstandes in niedrigen Ausdrücken; er verwehret ihnen den Zutritt in die Synodalversammlungen, da er doch weder ein Mitglied dieser Provinz, noch ein Deputirter derselben ist, auch gar kein Kirchenamt in diesem Herzogthum bekleidet, und mithin, nach den Kirchengesetzen, gar keine Stimme haben kann. Dem ohngeachtet thut er dem Bürgerstande das größte Unrecht und die größten Beleidigungen an. Er dirigirt die ganze Synode, und macht hierdurch Eingriffe in die Rechte des Herrn Grafen von Unruh, General=Senioris dreyer Provinzen, welcher von allen Gemeinen hochgeschätzt wird. Dieses höchst ungerechte Verfahren hat den Bürgerstand genöthigt, am 22sten October a. c. in der Kanzley des warschauischen Grodgerichts, wider Se. Excellenz den Herrn Generallieutenant von Golz ein Manifest einzuschreiben. Kurz, durch Se. Excellenz den Generallieutenant von Golz ist bey dem Militairstande das Vorurtheil gegen den Bürgerstand erwachsen, daß dieser Stand, weil er in der Republik keinen gesetzgebenden Stand formirt, auch in der evangelischen Kirche denselben nicht ausmachen könne.

Der Bürgerstand ist zu weit von dem Stolze entfernt, als daß er sich auch nur einfallen lassen sollte, aus denen denselben schützenden und begünstigenden Gesetzen beweisen zu wollen, er mache den vierten Stand in der Republik aus. Denn ganz was anders stellet er unter den gesetzgebenden Ständen der Republik vor, und ganz etwas anders in Kirchensachen, wo zwischen allen Gliedern dieser Kirche eine völlige Gleichheit statt fin-

gends Schutz und Hülfe suchen, als bey der allerhöchsten Macht und Landesobrigkeit. Die evangelischen Bürger machen, eben so wie die katholischen, einen

det. Die augsburgische Confeßion hat vom Jahr 1530 vom 20sten Junii, das heißt gleich von der Zeit an, wo sie sich ausdrücklich von der römischen Kirche absonderte, und ihre besondere protestantisch-evangelische Kirche im teutschen Reiche zu formiren anfing, festgesetzt: daß alle Kirchenversammlungen aus zwey Ständen, das heißt: dem geistlichen und weltlichen, bestehen sollten; sie hat die Verschiedenheit der Stände, welche diese Kirchenversammlungen ausmachen sollen, nicht bestimmt und ausgedrückt, obgleich die augsburgischen Confeßionsartikel meistens teutsche Reichsstände, als Churfürsten, Landgrafen, Herzoge, Fürsten, Grafen, Freyherren, Edelleute und Reichsstädte festgesetzt und unterzeichnet haben.

Ganz nach der Form dieser im deutschen Reiche gestifteten augsburgischen Confeßion, fing sich im Jahr 1570 in Polen an, ein Körper dieser Confeßion zu bilden, und es brachten demselben die drey Stände, der Ritter- geistliche und Bürgerstand zur Wirklichkeit, und a prima sua erectione ist diese Confeßion in Polen durch Gesetze und Tractaten geschützt und bestätigt worden.

Mit welchem Recht und zu welchem Ende kann der Stolz des Militairstandes in diesem Jahrhundert sich so gar sehr über den Bürgerstand erheben? da doch die polnischen Reichsgesetze die Rechte des Bürgerstandes genugsam bestimmt und gesichert haben. Die ununterbrochene Ausübung dieser Gesetze, in Ansehung des Bürgerstandes, ist ja vor den Augen der ganzen Welt sichtbar. Ist nicht bey allen Wahlen der Monarchen, von Henrico Valesio, ja noch mehr, sogar schon von Ludwig, König in Ungarn an, der Bürgerstand mit in Betrachtung gezogen worden? Sind nicht die Abgeordnete der Städte, sowohl in der Krone als Litauen, zu diesen Versammlungen gelassen, und ad Pacta Conventa der neuerwählten Könige durch die Stände der Republik deputirt worden? und alle Wahl-Diplomata, Eide und Bekanntmachungen, ergehen sie nicht an alle Stände, unter denen auch die Städte ausdrücklich genannt werden? Alles dieses beweisen die Reichsgesetze dieses Landes.

Drittens: Bisher ist bloß von den Synoden Erwähnung geschehen. Diesen durch den Tractat vom Jahr 1768 den Dißidenten bewilligten Synoden schreiben die Reichsgesetze Gränzen vor, wie weit sich ihre gesetzgebende Macht erstrecken soll. Im 5ten §. heißt es also: — Und da keine Gesellschaft ohne Subordination und ohne Zucht bestehen kann, so sollen die Dißidenten beyder Confeßionen völlige Freyheit haben, Consistoria festzusetzen, Synodalversammlungen zu halten, welche bloß die innere Ordnung ihrer Religion betreffen sollen, ohne von jemanden in denselben gehindert zu werden, dieselben so oft zusammen zu berufen, als es nöthig seyn wird, und auf denselben Streitigkeiten, die ihre Lehre, Kirchenordnung, Zucht, Gebräuche und Verhalten der Kirchenlehrer betreffen, zu entscheiden. Dispensationsfälle und Ehescheidungen zwischen Eheleuten, welche beyde der evangelischen Religion zugethan sind, sollen daselbst entschieden werden, ohne daß die römisch-catholische Geistlichkeit in diesem soll Hindernisse in den Weg legen können.

nen freyen Stand aus. Sie sind weit davon entfernet, zu behaupten, daß sie in der Republik der vierte gesetzgebende Stand wären, (obgleich die Abgeordneten

Der deutliche Sinn dieser Gesetze beweiset hinlänglich, daß die Synoden keine andere gesetzgebende Gewalt haben, als bloß die innere Ordnung dieser Religion betreffende Canones festzusetzen; das heißt: in materiis dogmaticis et liturgicis et Ritu Confessionis. Aber die Macht, bürgerliche Geschäfte zu dirigiren, Gehalte festzusetzen, Abgaben aufzulegen, Kirchenverwalter zu setzen, Rechnungen abzunehmen, Condemnate und Publicate zu formiren, haben ihnen die Gesetze nicht ertheilt. Dem Consistorio aber ist keine andere richterliche Gewalt bewilliget, als was der 5te §. enthält; das heißt: Dispensationsfälle und Ehescheidungssachen.

Aber sowohl die Synode als auch das Consistorium massen sich eine weit grössere richterliche Gewalt an, als ihnen die Gesetze ertheilet haben, indem sie sogar Civilsachen vor ihr Gericht ziehen. So z. E hat die Gemeine, wie bekannt, keine andere Fonds oder Stiftungen, als die gutwilligen Beyträge der Glieder derselben, oder im Fall einer ausserordentlichen Bedürfniß, einen besondern Zusammenschuß von Gelde. Das Kirchencollegium stellet auf einer allgemeinen Versammlung der ganzen Gemeine die Nothwendigkeit dieser und jener Ausgabe vor. Wird dieselbe durch die Mehrheit der Stimmen bewilligt, so trägt ein jeder nach Möglichkeit seiner Umstände dazu bey. Mithin ist dieser Zusammenschuß das Eigenthum der Gemeine, und sie kann bestimmen, wozu er soll angewendet werden, hat sogar das Recht, davon Schenkungen zu machen, wie und an wen es ihr gefallen wird. Denn dies ist ja kein Fond, der eins für allemal schlechterdings zu Kirchenbedürfnissen müßte angewendet werden, und von welchem die Gemeine verbunden wäre, einer höhern Obrigkeit des Consistorii oder der Synode Rechenschaft zu geben. Demohngeachtet eignet sich das Consistorium nicht allein solche Sachen, sondern sogar Streitigkeiten in facto, als Verfälschungen der Unterschriften, Quitungen und andrer Documente, Injurienprocesse, und andre diesen ähnliche zu, welche gar keinen Zusammenhang weder cum dogmaticus noch cum ritu haben, sondern schlechterdings Civilsachen sind. Ja was noch mehr ist, mit dem Proceß unbekannt, condemniren sie die Partheyen, wenn sie gleich im Gerichte gegenwärtig sind, oder sich a foro excipiren, ohne auf solche exceptiones a foro Bescheid zu ertheilen, und verurtheilen partem contumacem, welches in geistlichen Gerichten gar nicht üblich, und ganz unerhört ist, zu einer Geldstrafe von 3 Vadiis Capitanealibus, †) und nach einer dreymaligen Verurtheilung dieser Art, fällen sie in Sachen, die ihrer Gerichtsbarkeit gar nicht angemessen sind, Decrete in Contumaciem, bestimmen den Zahlungstermin sub poena publicationis, und wenn die verurtheilte Parthey an dem anberaumten Termin nicht Gnüge leistet, wenden sie sich an das Grodsgericht, legen demselben den ganzen Proceß vor, würken sich Decrets executionis aus, und bringen durch solche ungeheure Geldstrafen die Partheyen zum äussersten Verfall ihres Vermögens.

Was noch mehr ist; nachdem sich das Consistorium, den Tractaten ganz zuwider, zur Entscheidung seiner Aussprüche durch die Appellation, die Synode zur mittlern Instanz formirt hat, da doch die Synoden gar keine Gerichtsbarkeit vorstellen, sondern bloß in ritu et dogmaticis gesetzgebende Macht haben, und obgleich die letztere Reichstags-Con

ten der Städte oder des Bürgerstandes von jeher zu der Wahl der Könige, und zu den Pactis Conventis derselben gezogen worden:) aber in Kirchensachen haben

Constitution vom Jahr 1784 unter dem Titel: — Ostrzezenie — ausdrücklich sagt: daß Consistorialdecrete in Judicio composito entschieden werden sollen. — Die Gesetze überdem unter dem Titel: Proceß, verordnen: daß in Sachen welche 1000 Gulden übersteigen, oder in Causa injuriae, die Appellation zugelassen werden soll; so läßt jedennoch das Consistorium denen durch die übertriebensten Geldstrafen und höchst ungerechten Decrete sich beschwert fühlenden Partheyen die Appellation nicht zu, will sogar die Appellation ad Judicium Assessoriale mixtum nicht anerkennen. Kurz, weil die neueste Reichsconstitution ausdrücklich verboten, die Gemeinen mit Abgaben zu belästigen, so hat sich das Consistorium eine andere Art, dieselben zu erpressen, erdacht, indem es durch die schweren Geldstrafen, womit es die Bürger in ihren Decreten belegt, Tausende gewinnet, und manchen ehrlichen Mann um sein Vermögen bringt.

Es ist also ausgemacht, daß Consistoria und Synoden keine Civilsachen entscheiden und aburtheilen können. Das Tractatgesetz schreibt ausdrücklich: daß das Consistorium bloß Sachen, welche Ritum, Dogmata, Liturgica, Dispensationsfälle und Ehescheidungen betreffen, entscheiden sollen; Civilsachen aber erkennen die Tractatgesetze dem Judicio mixto zu, indem sie die Gewalt desselben unter Nro. 6. in den Worten beschreiben: — In diesem gemeinschaftlichen Gerichte also, oder dem Judicio mixto, sollen alle Sachen, tam ex Actoratu quam ex Reatu, cum Religione et Rebus Ecclesiasticis connexionem habentes, vorhero im Grod- oder Landgericht definitive decisae, wenn sie von diesen Gerichten ex Appellatione oder Remissione an dieses Judicium mixtum gelangen, entschieden werden, (mit Vorbehalt jedoch für die Hof-, Tribunal-, Kammer-, Land- und Grodgerichte aller vor ihr Forum gehörigen und mit der Religion gar keinen Zusammenhang habenden Rechtssachen,) und zwar namentlich gehören ad Judicium mixtum inskünftige alle Streitigkeiten zwischen Personen, welche der römisch-catholischen Kirche zugethan sind, so wie auch zwischen griechischen Disuniten und Dißidenten beyder Confeßionen, und allen geistlichen und weltlichen Personen, cujuscunque Status et Conditionis, ferner alle die, welche Religionslästerung, Mord und andere an geistlichen Personen verübte Gewaltthätigkeiten, die Kirche, Fonds, Schulen, Krankenhäuser, Kirchhöfe, Kirchengebäude, Eingriffe in fremde Gerichtsbarkeiten und geistliche Ceremonien, Streitigkeiten in Jure Patronatus, auch den Zehenden mit eingeschlossen, und überhaupts alle aus der Religion und den Kirchengebräuchen entspringende pacem et tranquillitatem inter Dißidentes störende Streitigkeiten betreffen; alle diese jetzt genannten Streitigkeiten soll das Judicium mixtum durch die Mehrheit der Stimmen, und zwar den Gesetzen und Gebräuchen gemäß, zu entscheiden Recht und Gewalt haben. — Ferner: Die Dißidenten unter einander, sowohl geistlichen als weltlichen Standes, sollen in allen Streitsachen obangeführter Beschaffenheit in eben diesem Gerichte Gerechtigkeit suchen.

Mit welchem Recht kann sich demnach das Consistorium oder die Synode eine größere Gerichtsbarkeit anmaßen, als die Gesetze denselben erlauben? Wenn diesem nicht vor-

ben die evangelischen Bürger von der Reformation, insonderheit von dem Normaljahre 1570 an, den dritten Stand von Rechtswegen ausgemacht, und zugleich mit

vorgebeugt würde, so würde das Land in kurzem novum Statum Dissidentium in Statu Reipublicae erblicken: die Dissidenten würden alsdann nicht mehr Einwohner des Landes, sondern eine besondere den Landesgesetzen nicht unterworfene Nation ausmachen. Und wenn diese Uebertretung und Brechung der Reichsgrundgesetze statt haben soll, so sind Stadtobrigkeiten überflüßig; weil im Fall, wenn ein Dissident der Kirche seiner Confession etwas schuldig ist, er bloß vor dem Consistorium belangt wird: daselbst ergeht evocatorie ein beschwerliches Decret über ihn; leistet er an dem anberaumten Termin nicht Genüge, so wird er publicirt, diese Publication nebst dem Decret im Grodgericht vorgelegt, und so erfolgt das Vollstreckungsdecret.

Wozu sind alsdann das Grod- und Landgericht und das Judicium compositum Assessoriale nöthig, welche durch die Tractatgesetze alle zwischen den Dissidenten vorfallende ex Religione et Rebus Ecclesiasticis entstehende Streitigkeiten zu entscheiden das Recht erhalten haben, wenn schon das Consistorium dieselben entscheiden, und die Appellation von seinen Aussprüchen an das Judicium mixtum Assessoriale nicht zulassen will?

Dies sind die Bedrückungen, dies sind die Beschwerden, welche der Ritterstand, das Consistorium und die Synoden dem Bürgerstande zufügen, und welche die evangelischen Bürgergemeinen demüthigst und aus Noth, nicht aber vom Geist des Aufruhrs beseelt, wie der Ritterstand uns beschuldigt, vor dem Throne Ew. Königl. Majestät unsers allergnädigsten Herrn, und dem erlauchten immerwährenden Staatsrath niederzulegen sich unterstehen. Der Ritterstand nennet uns deswegen Rebellen, weil wir uns von demselben nicht wollen unterdrücken lassen. Allein der Bürgerstand, weit vom Aufruhr entfernet, weinet bloß über die Gewaltthätigkeiten, welche der Ritterstand demselben zufüget, und suchet bloß Gerechtigkeit in denen demselben durch die Tractatgesetze angewiesenen Landesgerichten.

Der Bürgerstand weiß sehr wohl, daß er als Einwohner dieses Landes den weltlichen Gerichten unterworfen, und dem Könige und der Nation unterthan ist; er weiß sehr wohl, daß er den Aussprüchen dieser Gerichte gehorchen muß, und entziehet sich auch keinesweges diesen Gerichten, sondern ruft vielmehr dem Consistorio und den Synoden seiner Confession zu: Richtet uns in Materiis ritum tangentibus, in Dispensations- und Ehescheidungsfällen, aber nicht in bürgerlichen Streitigkeiten. Der Bürgerstand stehet daher unter dem Schutz der Gesetze dieses Landes, in welchem er sein Vermögen angelegt hat, und sucht bey den Obrigkeiten dieses Landes Schutz und Gerechtigkeit wider die Bedrückungen, wider die Ungerechtigkeiten und die Uebermacht seines Consistorii, und dieses leget man demselben eben für ein Verbrechen aus, da doch Rex et Lex dati sunt in protectionem oppressis. — Der Bürgerstand sucht nicht bey auswärtigen Mächten Hülfe; denn ob er gleich ehedem aus fremden Ländern in dieses Land gekommen, da er sich aber freywillig der Regierung dieses Landes unterworfen, und dadurch zum wirklichen Einwohner dieses Landes gemacht hat, so hofft er auch in diesen Landesgesetzen Schutz und Sicherheit für sich und sein sauer erworbenes Vermögen zu finden, ruft zu dieser Nation um Hülfe, und siehet die Regierung und die Obrigkeiten die

mit dem Adel und Kirchenlehrern Sitz und Stimme auf den Synoden gehabt, und die Acten derselben unterschrieben, wie z. E. die Synode zu Posen, welche die aus-

ses Landes um Gerechtigkeit für sich an; und sollte er in diesen Landesgerichten für schuldig erkannt werden, so wird er den Aussprüchen mit Lust gehorchen, und die zuerkannten Strafen mit Vergnügen ertragen.

Wir nehmen daher, Allerdurchlauchtigster, Allergnädigster König, unsere Zuflucht zu dem Thron Ew. Königl. Majestät, und dem erlauchten immerwährenden Staatsrath, und flehen um unsrer nachstehenden demüthigsten Bitten gnädige Erhörung.

Erstens: Um nähere Bestimmung der Tractatgesetze in dem Punct: Was für Materien und Sachen, ausser den Ritum, Dogmatica, et Liturgica, Dispensations- und Ehescheidungssachen, vor das Forum des evangelischen Consistorii und der Synoden gehören?

Zweytens: Auf welche Gesetze gründet sich das Consistorium, wenn es behauptet: Daß eine im Consistorio abgeurtheilte Rechtssache via Appellationis bis an die Synode gelangen kann, aber sich daselbst, gleichsam in der höchsten Instanz, endigen müsse? — Da doch weder der Tractat vom Jahr 1768 noch die Ordination des Judicii mixti eben dieses Jahres, noch der Tractat vom Jahr 1775, noch die Reichsconstitution des Jahres 1784, kein Wort davon enthalten? Die Tractatgesetze sagen vielmehr: Daß alle in primis Instantiis abgeurtheilte Streitsachen, welche mit Kirchensachen in Verbindung stehen, via Appellationis an das Judicium compositum gedeyhen sollen; kurz, alle aus der Religion entspringende Streitigkeiten. Und die Reichstagsconstitution vom Jahr 1784, unter dem Titel: — Ostrzezenie — sagt ausdrücklich: Daß wenn das Consistorium oder die Synode einen tractatwidrigen Ausspruch gethan haben sollte, so sollte eine solche Rechtssache ad Judicium compositum Assessoriale gedeyhen. Der Bürgerstand bittet daher demüthigst um Bestimmung und Erläuterung: Woher das Consistorium und die Synode solche Rechte behaupten, wie und wohin man von den Rechtsaussprüchen derselben appelliren soll? Denn wenn von der Synode und dem Consistorio keine Appellation an das Judicium compositum Assessoriale statt haben soll, wie das Consistorium behauptet, wenn es sagt: Daß es das höchste Gericht sey, von dessen Aussprüchen keine Appellation statt findet; was würde alsdann aus dem Tractat vom Jahr 1768, der Constitution vom Jahr 1784, der Ordination des Judicii mixti und dem Judicio mixto selbst, werden?

Drittens: Wenn aber eine Rechtssache, welche lediglich ad Forum Consistorii gehört, daselbst abgeurtheilt wird, und die Portheyen sich durch den Ausspruch beleidigt fühlen, soll die Appellation in diesem Falle, der Constitution vom Jahr 1784. Tit. — vom Landesproceß, gemäß; — schlechterdings ad Judicium Synodale, oder ad Judicium compositum Assessoriale gedeyhen, und zugelassen werden? oder wird es von dem Consistorio abhangen, eine solche Appellation zuzulassen oder nicht?

Viertens: Und wenn das Consistorium von seinem Ausspruch eine solche Appellation an ein höheres Gericht nicht zuläßt, sondern auch sein beschwerliches Decret und den ganzen Proceß, wider welchen schon Manifeste gemacht, und Prosecutiones ad Judicium com-

augsburgischen Confeßionsverwandten 1570 gehalten, und die Generalsynode zu Sendomir in eben demselben Jahr, bezeugen. Selbst von 1768 bis 1782 haben die

compositum ergangen sind, sich im Grod- oder Landgericht ein Vollstreckungsdecret auszuwirken bemühen wird, kann das Grod- oder Landgericht in diesem Falle, nicht achtend auf die ergangenen Prosecutiones ad Judicium supremum, ein solches Decretum Executionis bewilligen oder nicht?

Fünftens: Kann das evangelische Consistorium die Partheyen, wie ein weltliches Gericht, condemniren, und pro Poena Contumaciae die Parthey zur Strafe von 3 Vadiis Capitanealibus, irremissibiliter verurtheilen, und Aussprüche sub Poena Banhitionis thun, oder nur sub Censuris Ecclesiasticis, wie es in den geistlichen Gerichten der herrschenden Religion geschieht? Ist ferner das evangelische Consistorium verbunden, wenn es Rechtssachen an ein weltliches Gericht abschickt, hierinn das nemliche Verfahren zu beobachten, welches bisher die Consistoria der herrschenden Religion beobachten? Kurz, hat das evangelische Consistorium größere Vorzüge und strengere Vollstreckung seiner Aussprüche, als die Consistoria der im Lande herrschenden Religion?

Sechstens: Wenn das evangelische Consistorium, oder die Synode, eine vor ihr Forum schlechterdings nicht gehörige Sache zur Entscheidung annehmen, und dieselbe, ohne auf Exceptiones a foro der Partheyen zu achten, aburtheilt, und Aussprüche thut: Wo soll man das Consistorium in diesem Puncte belangen, und vor welches Gericht soll die Parthey, welche die andre vor das Forum incompetens Consistorii gefordert hat, pro Evocatione zur Verantwortung gezogen werden? Ueberhaupt: Giebt es wider dieses Gesetz- und tractatwidrige Verfahren des Consistorii und der Synode kein Gericht im Lande? Und ist für diese Synoden und Consistoria, wenn sie auch die größten Ungerechtigkeiten begehen, in diesem Lande kein Gericht und keine Gerechtigkeit?

Siebentens: Wenn dieser Militair- oder Ritterstand die Rechte des Bürgerstandes schmälert, denselben von gemeinschaftlichen Berathschlagungen entfernt, das Joch der Sclaverey und der Leibeigenschaft demselben auflegt, die dem Bürgerstande zustehenden Jura Regiminis et Patronatus demselben abnimmt, die Cassen desselben durchsucht, und mit denen für ihr eignes Vermögen aufgebauten Kirchen der Gemeine nach Gefallen schalten und walten, und Abgaben auf dieselben legen will: in welchem Gericht soll dieser Bürgerstand wider solche Gewaltthätigkeiten und Bedrückung des Ritterstandes und der Geistlichkeit Hülfe und Gerechtigkeit suchen? Ist das durch den Tractat dazu festgesetzte Judicium mixtum Assessoriale das Forum in diesem Fall? oder existirt gar keines im Lande?

Achtens: Haben die auf gegenwärtiger Synode von dem Ritterstande und der Geistlichkeit, cum praejudicio und ohne Zuziehung des Bürgerstandes, willkührlich festgesetzten Canones, zumal da sie der Bürgerstand öffentlich angeklagt hat, Kraft und Würkung? Und an welches Gericht soll der Bürgerstand sich wegen der Illegalität einer solchen Synode wenden? Oder ist auch dafür vielleicht im Lande keine Obrigkeit?

Neuntens: Eine geringe Anzahl von Gliedern des Ritterstandes hat ein protestantisches Kirchenrecht herausgegeben, welches schlechterdings den Reichsgrundgesetzen dieses Lan-

die Deputirte der evangelischen Bürgergemeinen aller Provinzen auf den Synoden Sitz und Stimme gehabt. Aber auf der Synode, welche im October dieses Jahrs zu

Landes offenbar zuwider, einen neuen Staat in der Republik formiret. Nach der Richtschnur dieses Werkes, welches in Warschau im Jahr 1782 bey Dufour gedruckt herausgekommen, thut das Consistorium seine Aussprüche, ob es gleich von der Gemeine weder angenommen, noch von der dazu festgesetzten Obrigkeit ist approbirt und censirt worden. An welches Gericht sollen wir uns wegen Prüfung dieses Buches, und entweder wegen Bestätigung oder Cassirung desselben, wenden? und wer ist in einem solchen Falle Actor competens?

Nachdem also der Bürgerstand im Vorhergehenden seine Anliegen und Beschwerden ganz mit der Wahrheit übereinstimmend vorgetragen hat, als stehet er demüthigst zu Ew. Königl. Majestät, unsern allergnädigsten Herrn, und den erlauchten immerwährenden Staatsrath, einen gnädigen Blick auf diese seine unterthänigsten Vorstellungen zu werfen, und wider die offenbaren Bedrückungen und Gewaltthätigkeiten, die man ihm zuzufügen sucht, denselben zu schützen. Wir haben uns, durch oben angeführte Reichsgesetze gesichert, in diesem Lande niedergelassen, und manche Stadt ist dadurch volkreicher geworden, und Künste und Manufacturen sind in denselben empor gekommen; haben unser Vermögen dem Schutz der Landesgesetze anvertraut, sind dadurch nicht mehr als Ausländer, sondern als Landeskinder anzusehen; haben Ew. Königl. Majestät, als Unterthanen, den Eid der Treue geleistet, sind den Landesgesetzen und allen Jurisdictionen, unter denen wir stehen, gehorsam; wollen daher auch nirgends anders Schutz und Hülfe in unsern Bedrängnissen suchen, und gründen unsre Hofnung und unser zuversichtliches Vertrauen auf nichts anders, als auf eben diese Landesgesetze. Und gleichwie sich dieser Bürgerstand schmeicheln kann, daß er seinen Monarchen jederzeit am treuesten und den Landesgesetzen am gehorsamsten gewesen ist: so bekennen auch jetzt die Deputirten und Glieder der evangelischen Gemeinen augsburgischer Confession, daß sie mit der grösten Unterwürfigkeit sind

Ew. königl. Majestät,

Unsers Allergnädigsten Herrn,

und des

Erlauchten immerwährenden Staatsraths,

Warschau, in ausserordentlicher Versammlung der Deputirten und Glieder oberwehnter evangelischer Gemeinen, den 25sten October 1785.

getreue Unterthanen,

Adrian Stamm,
Deputirter des Bürgerstandes der evangelischen Gemeine zu Warschau auf die Synode der Provinz Kleinpolen und des Herzogthums Masuren. mppr.

Johann Karaus,
Deputirter des Bürgerstandes der evangelischen Warschauer Gemeine auf die Synode der Provinz Kleinpolen und des Herzogthums Masuren. mppr.

Carl

zu Warschau gehalten worden, hat der Militärstand, oder der militärische Adel, die Deputirten der bürgerlichen Gemeinen mit Verachtung behandelt, und ihnen das

Carl Dangel,
Deputirter des Bürgerstandes der evangelischen Warschauer Gemeine auf die Synode der Provinz Kleinpolen und des Herzogthums Masuren. mppr.

George Görtz,
Deputirter des Bürgerstandes der evangelischen Warschauer Gemeine. mppr.

Johann Burchard,
Deputirter des Bürgerstandes der evangelischen Warschauer Gemeine. mppr.

George Runge,
Deputirter des Bürgerstandes der Wengrower evangelischen Gemeine auf die Provinzialsynode von Kleinpolen und Masuren. mppr.

Samuel Terburg,
Deputirter des Bürgerstandes der Neuhofer evangelischen Gemeine auf die Synode der Provinz Kleinpolen und des Herzogthums Masuren. mppr.

Friedrich Litke,
Deputirter des Bürgerstandes der evangelischen Gemeine zu Neuhof. mppr.

Theodor Langfort,
Deputirter des Ritter- und Bürgerstandes der evangelischen Gemeine zu Golendzinow und Prag bey Warschau. mppr.

Johann Promnitz,
Deputirter des Bürgerstandes der evangelischen Gemeine zu Golendzinow und Prag bey Warschau, auf die Synode der Provinz Kleinpolen und des Herzogthums Masuren. mppr.

J. G. Müller.
Johann Poltz.
Thomas Dangel.
Michael Gröll.
Ebert senior.
Ebert junior.
Johann Meißner.
H. C. Münckenbeck.
Johann Eberhard Tauber.
Johann Anton Krüger.
Daniel Gottfried Wunsch.
Lor. Friedrich Wosidlo.
Joh. Theob. Queiser.
Carl Friedrich Weichert.
Johann Mauersberger.
Johann Theodor Ulmüß.
Christian Stubenrauch.
Carl Kortum.
Johann Franz Müller.
Johann Heinrich Noltemeyer.
Jacob Heinrich Liebelt.
Michael Sattler.
Andreas Kukler.
Johann Gottlob Schultz.
Gottlieb Hartsch.
Johann Christian Döber.
Johann Otto Rennike.
Christoph Steingräber.
Carl Rudolph.
Ferdinand Staldik.
Ernst Paull.
Johann Martin Steller.
George Zschimmer.
Friedrich Helbig.
Johann George Hempel.
Christoph Reiche.
Johann Gottfried Schiffel.
Samuel Bending.
Carl Ludwig Säuberlich.

das Stimmrecht abgesprochen, und will überhaupt, in Gemeinschaft des Kirchenlehrerstandes, dem Bürgerstande die ganze Verwaltung der Oekonomie der Kirchen neh-

Johann Andreas Zschernig.
Christian Gedike.
Gottfried Räppe.
Johann Gottlob Richter.
Johann Friedrich Dangel.
Christ. Wilhelm Jacobson.
Johann Gottlieb Böck.
Johann Gottfried Perschmann.
Friedrich August Rachals.
Johann Christoph Schubert.
Carl Gottfried Joseph.
Carl Schreiber.
Carl Schildbach.
Johann Gottlob Schultz.
Gottlieb Zimmermann.
Ludwig Richter.
Christian Gottlieb Richter.
Johann Brause.
Gottlieb Straue.
Joh. Friedrich Liedtke.
Joh. Friedrich Görtz.
Johann John.
Emanuel Jüngling.
Gottfried Hausen.
Joh. Ernst Schmekel.
Johann Fuhrmann.
Jacob Lehnert.
Johann Schuster.
Johann Reinhardt.
J. Christoph Sips.
Reinhardt Wulf.
Ephraim Tepner.
Gottlob Friedrich Kober.
Joh. Friedrich Keehn.

Carl Wilhelm Liebe.
August Schwebe.
Philip Wohlschläger.
Gottfried Dembigan.
Carl Gustav Haage.
Michael Melchin.
Christian Ruswurm.
George Hücksch.
Friedrich Schweinefleisch.
Samuel Milke.
J. Christoph Fischer.
Johann Gottfried Lehmann.
Johann Köberlein.
Peter Jansen.
Ernst Christian Radzibor.
Peter Franz Deutscher.
Johann Christian Megelin.
Johann George Michaelis.
Michael Dietrich.
Gottlieb Freymarck.
Johann Liedtke.
Johann Gottlieb Liebe.
Christoph Friedrich Schaber.
Carl Schubert.
Christoph Grüber.
Andreas Badenkopf.
Johann Mathias Kraus.
Joh. Friedrich Zopf.
Gottlieb Briesen.
Joh. Daniel Heller.
Johann Wangler.
Johann M. August Heinrich von Watzdorf.
Joh. Gottl. Abraham Bernard.

Frie-

nehmen. Das ist die erste der Klagen und Beschwerden, welche die vier Bürgergemeinen zu Warschau, zu Wengrow, zu Neuhof, und zu Golendzinow und Prag bey

Friedrich Hering.
Johann Stamm.
Johann Gottfried Schippel.
E. H. Ingermann.
Ernst Ludwig Blottner.
Joh. Gottfried Meinert.
Joh. Christian Eberlein.
Jehann Finck.
Christian Naumann.
Matthias Joseph Pigulstti.
Conrad Dierks.
Johann Samuel Hoppe.
Saltzmann.
Johann Gottfried Krause.
Friedrich Korn.
Joh. Gottfried Zimmer.
Zacharias Dinkler.
Gottlieb Schönfeld.
Doctor Hoffmann.
Samuel Naumann.
Gottfried Mantel.
Andreas Roth.
Joh. Christoph Thies.
E. F. Große.
J. G. Hofmann.
G. W. Grenpner.
Johann Winkler.
G. Läppig.
Chr. Friedrich Glaser.
Gottfr. Ephraim Scholl.
Christian Schößmann.
Joh. Gottlieb Rietschel.
Joh. Peter Becker.
J. G. Karge.

Samuel Zeibler.
Michael Gleich.
J. G. Lippert.
Gottlieb Schmalfeldt.
Johann Caspari.
Gottlieb Schemmerling.
J. G. Hammer.
Daniel Pasucha.
C. G. Kloz.
Ernst Lüdeck.
Johann Przieburstti.
Johann Knöffler.
Gottfried Straus.
Nathanael Papke.
Johann Schweder.
Friedrich Röckner.
Carl Sigmund Ohnesorge.
Friedrich Joseph Griesmeyer.
Joh. Gottlob Franke.
Heinrich Jacobson.
Joh. Friedrich Fleischer.
Carl Lindner.
Johann Christian Quest, Captain in der Armee.
Chr. Hofmann.
Johann Heinrich Albrecht, Fähnrich.
Johann Gottlob Jannasch.
Christian Gottlieb Kuntzel.
Johann Adam König.
Johann George Ulrich.
Carl Gotthelf Ludewig.
Johann Friedrich Rosocha.
Michael Hempel.
Ernst Stöckert.

Jo=

568 Geschichte der Synode von Kleinpolen und Masuren,

bey Warschau, haben an den König und an den immerwährenden Rath gelangen lassen. Die zweyte gehet darauf, daß die Synoden und Consistoria ihre richterliche

Ge-

Johann Christoph Krause.
Johann Ludwig Spath.
Benjamin Käbs.
Martin Holke.
Carl Friedrich Gotthold.
Johann Bandau.
Johann Jacob Teschner.
Gottlieb Wilhelm Umminger.
Johann Sück.
Johann George Krikkel.
Johann Friedrich Fischer.
George Schwappach.
Johann Ernst Senftleben.
Carl Gottl. Bräunig.
Johann Schmeling.
Gottfried Niemann.
Johann Grübel.
Johann Caspar Hofmann.
Johann Holmberg.
August Lobeck.
Christoph Sundermann.
Johann Christian Beyer.
Michael Sokal.
Carl Tepper.
Christian Adolph.
A. Fälliner.
J. F. Braune.
Conrad Belling.
Johann Gebhard.
Jacob Ball.
Joh. Daniel Scholtz.
Michael Neubert.
Adam Mauersberger.
Christian Jacobs.

J. T. Böttger.
J. B. Bankhardt.
Johann Caspar Lehnert.
Johann Kindervater.
Johann Samuel Schmidt.
Johann Gottlob Taubenhaim.
J. C. Wunderlich.
C. A. Schultz.
Gottfried Fleischer.
Peter Pusch.
Joh. Gottl. Buttler.
L. Berdan.
Joh. Peter Menkel.
Christian Friedrich Philip.
Christian Hellwig.
Anton Hirt.
Joh. And. Bonnof.
John George Ortung.
Carl Gotthold Paul.
Conrad Beck.
Johann Gottlieb Seelig.
Johann Friedrich Jarn.
Johann Tobias Schilling.
Lorenz Normak.
Sebastian Sundermann.
Gottlieb W. Emmerich.
Johann Loran.
Heinrich Poete.
J. D. Pezske.
C. L. Zimmermann.
Gottlieb Bulgrün.
Christian Mayer.
Carl Cramer.
Johann Brammer.

Chri-

Gewalt sogar auf Civilsachen ausdehnen, die verdammeten Partheyen mit übertriebener Geldstrafe belegen, und die durch die Reichsconstitution von 1784 verord-

Christian Wilhelm Kirstein.
Daniel Krakau.
Johann Theodor Corsila.
Friedrich Barth.
Daniel Christoph Schulz.
Johann Gottfried Rathke.
Johann Christian Ritter.
Christian Leske.
Woldemar Oertel.
August Kahl.
Friedrich Mantel.
Gottlieb Hübner.
Carl Hensel.
Carl Rothenburg.
Johann George Hempel.
Friedrich Preisler.
Franz Schubert.
Heinrich Lorenz.
Carl Gottlob Solberg.
Friedrich Wilhelm Büttner.
Franz Weber.
Tobias Riedel.
Johann Gottlieb Raubach.
Andreas Lenske.
Friedrich Budell.
George Friedrich Galle.
Johann Friedrich Henning.
Matthias Pimmer.
Johann Paul Kinzel.

Nach dem Abdruck des polnischen Originals haben sich noch nachstehende Mitglieder der Gemeine unterschrieben:
Friedrich Kühn.

Carl Gottlieb Vogel.
Johann Setze.
Johann Eisenmann.
Johann Philip Barth.
Carl Weinzieher.
Michael Rose.
Carl Friedrich Hartmann.
Gottfried Banz.
Johann Heinrich Kugler.
Johann Gottlieb Tüdermilch.
Carl Gottlieb Kugler.
Peter Albrecht.
Johann Christian Cramer.
Friedrich Wilhelm Heyn.
Johann Benjamin Tränckner.
Johann Wilhelm Kestner.
Samuel Karauz.
Carl Gottfried Eckerkunst.
Lucas Janzen.
Christian Jahn.
Martin Glander.
Johann Jacob Tallay.
Friedrich Andreas Stöve.
Johann Peter Gundelach.
Johann Daniel Fritsch.
August Mengewein.
Johann Miller.
Johann Kießwetter.
Johann Petich.
Caspar Funke.
Johann Pirzel.
Carl Hanssent.
Johann Olewsky.
Johann Franz.

ordnete Appellation an das vermischte Assessorialgericht weder gestatten wollen, noch achten. Die klagenden Gemeinen nehmen ihre Zuflucht nicht zu auswärtigen Mächten, sondern zu dem König und zu dem immerwährenden Rath, und fragen, 1) welche Materien und Sachen, ausser den dogmatischen und liturgischen, Dispensations- und Ehesachen, nach den Tractaten, den evangelischen Synoden und Consistorien zugestanden worden? 2) ob die in den Consistorien abgeurtheilten Rechtssachen, welche durch die Appellation an die Synoden kommen, auf denselben als in der höchsten Instanz sich enden, oder ob sie nicht vielmehr an das Assessorialgericht gelangen müssen? 3) ob eine blosse Consistorial-Rechtssache durch die Appellation schlechterdings an die Synode kommen müsse? oder ob sie an das Assessorialgericht gebracht werden könne? 4) ob das Consistorium, wenn es die Appellation von seinem Spruch an das vermischte Gericht nicht annimmt, von einem entweder Grod- oder Landgericht Execution verlangen könne, und diese ihm bewilliget werden müsse? 5) ob die evangelischen Consistoria Geldstrafen von drey sogenannten Vadiis capitanealibus (576 polnischen Gulden,) als unerläßlich auferlegen können, und überhaupt mehrere Rechte haben, als die katholischen Consistoria? 6) ob ein evangelisches Consistorium oder eine Synode, eine vor ihr Forum nicht gehörige Sache zur Entscheidung annehmen, und ohne Rücksicht auf die Weigerung der Partheyen, diese Gerichtsbarkeit zu erkennen, Urtheile fällen könne? und ob es kein Gericht im Lande gebe, bey welchem man sich über die Anmassungen und Ungerechtigkeiten der Synoden und Consistorien beschweren könne? 7) wenn der Adel, insonderheit der Militärstand, das Recht des Bürgerstandes kränke, desselben Cassen durchsuche, mit den auf Kosten des Bürgerstandes aufgeführten Kirchen nach Wohlgefallen schalte und walte, und Abgaben auf die Gemeinen lege: in welchem Gericht der Bürgerstand dagegen Hülfe und Gerechtigkeit suchen solle? ob es das Assessorialgericht? oder ob gar keines im Lande sey? 8) ob die auf der Warschauer Synode vom Octobermonat dieses Jahr willkührlich und ohne Zuziehung des Bürgerstandes festgesetzte Canones, über welche sich der Bürgerstand beklaget hat, Kraft und Wirkung hätten? oder bey welchem Gericht der Bürgerstand sich über die Illegalität einer solchen Synode beschweren solle? 9) an welches Gericht man sich wen=

Johann Friedrich Klitzendorf.
August Frenge.
August Loch.
Jacob Fischbach.
G. F. Ribbeck.
Carl Ludwig Lübeke.

George Blich.
Joh. Benjamin Gescheidt.
Dawid Wittig.
Gottfried Bettke.
Carl Queiser.
Johann George Reitzenstein.

wenden solle, um zu erlangen, daß das berüchtigte Kirchengesetzbuch, welches man den evangelischen Gemeinen aufbürden will, geprüfet, und entweder bestätiget, oder verworfen werde?

Bald darauf, als diese Klage übergeben war, erschien zu Warschau ein in folio gedruckter Brief,*) welcher dem Herrn Generallieutenant von Golz zugeschrie-

*) Dieser lautet also.

Brief eines Herrn von Adel vom Lande an einen Mitbürger des Staats, über die eingebrachten Klagen einiger evangelischen Deputirten der dißidentischen Stadtgemeinen, augsburgischer Confeßion, wider den Adel ihrer Confeßion, der zu Warschau gedruckt und ausgetheilet worden am Ende des Monats Octobris 1785.

Mein Herr!

Ich habe sie von einer Begebenheit zu unterhalten, welche die allgemeine Neubegierde in unserem Vaterlande erwecken kann. Während meines Aufenthalts allhier in Warschau haben die Herren Dißidenten der augsburgischen Confeßion in ihrer Kirche eine Synode gehalten, die beynahe vierzehn Tage gedauert. Am Ende der Synodalversammlungen, nemlich den 27sten October, überreichten einige Bürger dieser Confeßion Ihro Majestät dem Könige und seinem immerwährenden Rath eine gedruckte Bittschrift, welche bittere Klagen wider den Adel ihrer Confeßion enthielte. Da viele Exemplaria dieser Bittschrift ausgetheilet wurden, so erhielte ich auch eines, ohne anfänglich grossen Trieb zu haben, dessen Inhalt zu lesen: allein da ich hörte, daß Personen von der Regierung davon mit Lobeserhebungen und übertriebenem Beyfall sprachen, so konnte ich mich nicht enthalten, dasselbe durchzulesen, und mit möglicher Aufmerksamkeit solches noch einmal durchzugehen. Ich fand in demselben Exemplare Klagen von der größten Folge wider die Glieder der Synode, des adlichen Standes und der Geistlichkeit, wie auch wider das evangelische Consistorium. Die Schreibart dieser Bittschrift ist, nach der Weise der Advocaten, sehr künstlich verwischet, und erweiset dasjenige nicht, was die Supplicanten sich vorgenommen zu erweisen, es sey durch den Inhalt des Tractats, oder der Gesetze des Landes. Die Kläger reden in derselben von Gewalt, Grausamkeit, Auflagen, und daß E. Consistorium sich die Macht einer Civiljurisdiction anmasse, ein willkührliches Verfahren ausübe, welches dahin abzwecke, die städtische Bürger sich unterwürfig zu machen ꝛc. Allein alle diese Klagen sind darinn weder durch ein Beyspiel, noch würkliche That unterstützt, noch auf eine wahrscheinliche Weise ausgeführet. Ich konnte es nicht zusammen reimen, wie ein adeliches Corps, das sich vor die Wiedererwerbung der Religionsfreyheiten fast aufgeopfert, und alle seine Kräfte angewendet, die dißidentischen städtischen Bürger mit denen römisch-catholischen in völlige Gleichheit, alles dessen, was die politische Gesetze des Landes denen städtischen

ben wird. Der Verfasser desselben behauptet, daß die Dißidenten, welche der Tractat von 1768 Versammlungen zu Synoden und Consistorien (welche auch

tischen Gemeinen, und einem jeden Gliede derselben, zugestehen, zu setzen, da doch niemand von ihnen zu denen thornschen und Stucker Conföderations zugetreten, welche doch allein den Tractat von 1768 hervorgebracht haben. Daß dieser Adel könnte einer Classe der Einwohner im Lande, die so nützlich als die Bürger sind, ein so grosses Unrecht zufügen. Ich begreife noch weniger, wie Synöden und Consistoria, derer Ansehen und Macht in allen protestantischen Ländern nur dahin abzwecket, die gute Ordnung in allem dem, so zur kirchlichen Gerichtsbarkeit gehöret, die Wohlfahrt der Kirchen, und der pia Corpora etc. zu befördern, einen gantzen Bürgerstand unterdrücken könnten; ich wunderte mich, daß ich nur von zwey Gemeinen Deputirte unter dieser Bittschrift unterzeichnet sahe, da dieselbe von vier Gemeinen redete; andere bürgerliche Deputirten von entfernten Gemeinen indeß, bis zum Schluß der Synode, denen Berathschlagungen mit beywohnten, und die Synodalacten und Canones mit unterschrieben haben; nicht weniger befremdeten mich in der Bittschrift die Anfragen der Supplicanten an Ihro Majestät den König und seinen immerwährenden Rath, durch welche sie denen Synoden und Consistorien keine andere Sachen zur Competenz, als die den Ritum, die Liturgie, Dispensen und Ehescheidungen betreffen, zugestehen wollen, hingegen alle andere denenselben zustehende und in dem Tractat genannte Rechts= und Kirchensachen, als: die Verfügung und Erhaltung der Subordination zwischen denen verschiedenen Gliedern, die gute Ordnung in jeder Gemeine, und alle Sachen, die davon abhangen, und sich nothwendig darauf beziehen, und welche obgenannte Sachen vorzüglich und besonders denen Erkenntnissen der erwehnten dißidentischen kirchlichen Gerichtsbarkeit zugeeignet sind, unter die Erkentnisse der Civilgerichte ziehen wollen. Es deuchte mir, daß einige Deputirte der städtischen Bürger, durch ein im Grod niedergelegtes Manifest, nicht könnten die Bescheide einer Synode, welche kraft der Tractaten versammlet gewesen, in Ausspruch nehmen, noch für ungültig erklären. Alle diese Betrachtungen brachten mich zu dem Entschlusse, die obenerwehnte Tractaten, alle sich darauf beziehende Reichsgesetze, und das Kirchenrecht der Dißidenten durchzusehen, und ich fand in diesem allen das Gegentheil von dem, was Supplicanten in ihrer Bittschrift erwiesen zu haben sich einbildeten. Sowohl mich selbst davon zu überzeugen, als auch andere, nahm ich mir vor, alle die angebrachten Klagen zu zergliedern, meine Anmerkungen darüber hinzuzufügen, und die Wahrheit zu entdecken.

Da ich aber wenig Zeit dazu übrig habe, kann ich nichts von der Rechtsgelahrtheit dazu entlehnen, derer Gründe zu weitläuftig seyn würden; ich will mich eintzig und allein auf den Inhalt des Tratats und den buchstäblichen und natürlichen Wortverstand der Reichsgesetze einschränken. Ich betrachte zuerst den Sinn der pacisirenden Theile, nemlich derer, die den Tractat gemacht, und die Absicht der Gesetzgeber, welche sie bey denen Landesgesetzen gehabt haben können, indem ich alles dasjenige, was in der Bittschrift nur zufällig ist, weglasse; und da ich nur den Tractat und die Landesgesetze darüber sprechen lasse, so können sie über mich keinen Verdacht des Vorurtheils oder der Partheylichkeit schöpfen, und sie werden daher aus denen beygefügten Anmerkungen die reine Wahrheit desto deutlicher ersehen, welche ich ihnen darlege, und bin rc.

Be=

auch Synodal- und Consistorialgerichtshöfe genennet werden, (zugestehe, die adelichen Einwohner beyder Confeßionen wären, nicht die Bürger, und daß es bloß Gunst

Betrachtungen über die gedruckten Klagen der dißidentischen städtischen Deputirten von Warschau von der augsburgischen Confeßion, wider den Adel dieser Confeßion.

Um recht zu verstehen, welcher Classe von dißidentischen Bürgern der Tractat von 1768 das Recht zugestanden, sich auf Synoden zu versammlen, und Synodal- wie auch Consistorialgerichtshöfe zu setzen, muß man von dem Stande der Personen überzeugt werden, welche der Tractat bezeichnen will, wann er von denenjenigen Prärogativen, die nur dem Ritterstande zukommen, von öffentlichen dißidentischen Zusammenkünften, von Berathschlagungen und Gerichtsbarkeit, einfach redet. Noch hat kein Nationalgesetz denen städtischen Bürgern in Polen erlaubet, sich öffentlich zu versammlen, vielmehr nennen die Gesetze alle zahlreiche Zusammenkünfte Conventicula, die verboten sind: man muß übrigens untersuchen, von welchem Stande diejenigen Personen gewesen, die unter der Protection der hohen Mächte, als Vermittlere, über die Artikel des Tractats übereingekommen sind. Solches waren die Delegirten der Generalconföderation des Staats von der durchlauchtigsten Republik, und Delegirte von denen dißidentischen thorenschen und Slucker Conföderationen.

Der Tractat von 1768 antwortet auf diese Frage in dem ersten Art. pag. 36. wann er saget:

„Da wir vermöge des gegenwärtigen abgesonderten Actus zur vollkommenen bürgerlichen "Einigkeit mit denen nichtunirten Griechen und Dißidenten gelangen;" —

Und der zweyte Art. pag. 39.

Da die adelichen Einwohner in Polen, die nichtunirten orientalischen Griechen und die Dißidenten beyderley evangelischer Confeßion sich zu Wiederherstellung ihrer alten, sowohl geist- als weltlichen Rechte und Freyheiten, consöderiret; so billigen Ihro Majestät der allerdurchlauchtigste König, und die durchlauchtigste Republik, vermittelst des gegenwärtigen Actus, ihre Conföderations, und erkennen sie für gesetzmäßig, also, daß diese consöderirte Einwohner für gute Patrioten, und Ihre königliche Majestät und der Republik treue Bürger gehalten werden sollen.

Zweyter Art. §. 2. pag. 41.

Das Grundgesetz vom Jahr 1573, und die Eidesformeln aller polnischen Könige bis auf unsere Zeit, zeigen offenbar, daß der Name Dißidenten allen christlichen Religionen auf gleiche Weise zukommt; in Erwegung jedoch, daß es seit einiger Zeit zur Gewohnheit geworden, diejenigen, die nicht römisch-catholisch sind, so zu benennen, beschließen wir, daß von nun an (ohne jedoch dem einmal in dem Eide der allerdurchlauchtigsten Könige eingeführten Puncte, die unwandelbar bleiben sollen, etwas zu benehmen,) die nichtunirten Griechen und Dißidenten unter die

Gunst der ersten sey, wenn sie die letzten an den Berathschlagungen und an der Gerichtsbarkeit der Consistorien Theil nehmen lassen. Diese Erklärung der

> diesem unmittelbar vorher ausgedruckten Namen verstanden, und so genennet werden sollen; und verordnen ernstlich, bey denen wider die Uebertreter der Gesetze verordneten Strafen, daß die weltlichen Personen, wes Standes und Würden sie seyn mögen, nicht Ketzer, Abtrünnige ꝛc. — Dißidenten oder Evangelische; die geistlichen Personen aber — bey denen Evangelischen nach Maaßgebung ihrer Aemter: Priester, Geistliche, Pastores oder Diener des göttlichen Worts — benennet werden sollen.

Der wahre Sinn dieser eben angeführten Artikel, und des folgenden zweyten Paragraphs, kann kein anderer seyn, als dieser: Art. I. pag. 36. weil die Stände der Republik völlig mit dem griechischen nichtunirten und dißidentischen conföderirten Adel einig sind: Art. II. pag. 39. die gemachte Conföderationen von Thoren und Sluck, zu Retablirung der alten dißidentischen geistlichen und weltlichen Rechte vor legal erkennt sind: die Personen der Dißidenten für gute Patrioten und treue Bürger des Staats declariret sind; und §. 2. pag. 42. obgleich das Fundamentalgesetz von 1573 (nemlich die Generalconföderation der Republik, welche den ewigen Frieden in Ansehung des Unterschieds der Religion geschlossen,) den Namen Dißidenten ohne Unterschied allen christlichen Religionen zugeeignet; so sind beyde, eben jetzt paciscirende Theile, einig geworden, daß in Zukunft der Name Dißident niemand gegeben werden soll als dem griechischen, nichtunirten, und evangelischen Adel beyder Confeßionen; und am Ende dieses §. ist verboten, keine gehäßige Benennung, weder der Religion, noch denen weltlichen oder geistlichen Personen, von denen nichtunirten Griechen und Dißidenten, wes Standes sie auch seyn mögen, beyzulegen, und die Wörter und Namen werden vorgeschrieben, welche denen Kirchen und der Geistlichkeit gegeben werden sollen, und dieser Unterschied des Standes und der Qualität ist noch deutlicher in dem folgenden §. bestimmt. Der dritte und vierte §. des zweyten Art. des Tractats sichert auf ewig die Existenz der Kirchen, Schulen, Hospitäler und kirchlichen Gründe der Dißidenten, und erlaubt ihnen neue Kirchen, Schulen und Hospitäler zu erbauen, die Vocation an ihre Prediger zu geben, befreyet gänzlich alle Kirchen und Gemeinen der nichtunirten Griechen und Dißidenten von dem Nexu der tribunalischen und bischöflichen Decrete, unter welche diese, zu der Gemeine Nachtheil, sie gezogen hatten. Hierauf saget der folgende 5te §. pag. 46.

„Und da keine Gesellschaft ohne Subordination und Zucht seyn kann, so sollen die „Dißidenten beyder Confeßionen völlige Freyheit haben, eigene Consistoria zu errichten, „ihre synodalische Versammlungen, die nur bloß die innere Kirchenordnung betreffen, ohne „irgend jemandes Verhinderung, zu halten, sie so oft zusammen zu berufen, als sie es für „nöthig erachten werden, und auf denselben alle diejenigen Sachen, die ihre Lehre, ihre „Ordnung, Kirchenzucht, ihre Gebräuche und das Verhalten ihrer Prediger betreffen, an„zuordnen und zu entscheiden, die Dispensationsfälle und Ehescheidungen zwischen dißidens„tischen Eheleuten beyder Confeßionen sollen eben daselbst beurtheilet und entschieden „werden, ohne daß sich die römisch-catholische Geistlichkeit darein mischen, noch auch die „Erbherren, als welche sich weder unmittelbar noch mittelbar, aus dem Grunde ihrer „Oberherrschaft, in das Kirchenregiment mengen sollen."

der Tractaten muß in allen evangelischen Ländern grosse Verwunderung und Unzufriedenheit verursachen, so wie es etwas ganz Unerwartetes ist, daß gleich nach der-

In allen diesen Artikeln und Paragraphen ist nicht die mindeste Erwehnung, daß die städtische Bürger an diesen Prärogativen des Adels Theil nehmen sollen, ob sie gleich sonsten die völlige Freyheit der Religion, Kirchen, Schulen, Hospitäler, und sich die Sacra administriren zu lassen, sich zu erfreuen haben, weil diese Freyheiten denen Dißidenten überhaupt in dem ganzen Umfange des Königreichs zugestanden sind. Allein sie können keine Gerichtsbarkeit pflegen über ihre Priester, und andere zur Kirche gehörige Personen, noch solche von ihren Erkenntnissen abhängen, aus der Ursache, weil sie unter dem allgemeinen Namen der Dißidenten verstanden sind. Denn in diesem Falle würden die dißidentischen Bauren eben auch dieselben Prärogativen haben, da es indessen unnatürlich ist, daß die paciscirende Theile die Gedanken können gehabt haben, eine zügellose Anarchie in das Kirchenregiment der Dißidenten einzuführen, vielmehr zum Grunde die aller menschlichen Gesellschaft nöthige Subordination und gute Ordnung ist gelegt worden. Der Tractat befiehlt Synoden und Consistoria zu etabliren, deren richterliches Ansehen und Macht diese Subordination und gute Ordnung unterhalten soll.

Die Vortheile, so der Tractat dem nichtadlichen Theil der Dißidenten zugesteht, sind deutlich in dem 17ten §. pag. 64. durch nachfolgende Worte ausgedruckt: „Die Bürger „von nichtunirten griechischen und dißidentischen Religion sollen auch in Städten eine „völlige Gleichheit mit den Römisch-Catholischen haben nach der ihrem Stande ange-„messenen Fähigkeit, als:„

„Des bürgerlichen Rechts zu geniessen und obrigkeitliche Aemter zu erlangen in den „Städten, wo es einem jeden derselben gefallen wird, sich ansäßig zu machen, wie auch „Handel und Wandel zu treiben, Fabriquen zu errichten, und auf alle Arten, die dem „Bürgerstande eigen sind, ihren Nutzen zu suchen, in völliger Gleichheit mit den Römisch „Catholischen; Leute aber vom Bauerstande, sowohl nichtunirte Griechen, als Dißidenten, „die sich in den königlichen Gütern und Starosteyen befinden, sollen bey ihren Beeinträch-„tigungen und Processen von denen Gerichten, welche denen Catholiken dieses Standes „angewiesen sind, eben sowohl als diese Gerechtigkeit erlangen.„

Findet man nun in diesem oder dem vorhergehenden §. die Spur einer Gerichtsbarkeit, oder kirchlichen Legislation, so denen Bürgern zugestanden worden? mit welchem Rechte wollen oder können sie sich das Privilegium zueignen, den Inhalt des Tractats, die canonische Erkenntnisse und Synodalverordnungen, für ungültig zu erklären, und sich der Subordination entziehen, welche sie denen Synoden schuldig sind?

Wann dieser auf den Tractat von 1768 sich gründender Beweis, davon die Ausdrücke sehr deutlich sind, und die politische Gesetze unseres Vaterlandes, noch nicht scheinen genugsam überzeugend zu seyn, so wollen wir sehen, was hierüber die Cardinalrechte des Königreichs Polen sagen: Gesetze die niemals abgeändert werden können, weder durch einen freyen noch conföderirten Reichstag, weil sie von Ihro kaiserlichen Majestät aller Reussen auf beständig garantiret sind. Man findet in dem 12ten Artikel der Cardinalrechte pag. 91. folgende Worte:

„Des

derselben behauptet wird, der Antheil an kirchlichen Anordnungen und Einrichtungen, an Synoden und Consistorien, sey den bürgerlichen Gemeinen in Polen durch

„Denen Dißidenten und nichtunirten orientalischen Griechen, Bürgern der Republik, adelichen Standes, soll die in dem ersten besonderen Actu, an seinem Orte, eben solche ihnen zugestandene Gleichheit, und die beschriebene Freyheiten dieser Religionen in ihrer vollen Kraft auf ewig erhalten werden."

Aus allen obigen wird man einleuchtend ersehen, daß die dißidentische städtische Bürger kraft des Tractats nicht einen Schatten des Rechts vor sich haben, auf denen Synoden diejenige Activität auszuüben, weshalb sie sich beklagen, daß sie der Adel davon entfernen, und sie sich unterwürfig machen wolle.

Das oberwehnte Cardinalgesetz saget ausdrücklich, daß die obbenannten Freyheiten in dem besonderen Acte dem dißidentischen Adel gesichert, und ewig erhalten werden sollen; dahingegen dieser Tractat zum Vortheil der dißidentischen städtischen Bürger nur eine völlige Gleichheit derselben mit denen städtischen Bürgern der herrschenden Religion bestätiget. Hinfolglich können die dißidentische städtische Bürger sich keine Vorrechte anmassen, welche nicht der catholische Bürger hat.

Die nichtadliche Dißidenten können sie nicht vermöge des Tractats verlangen, und die Beschwerden, so sie darüber führen, als wären sie illegal und eigenmächtiger Weise davon ausgeschlossen worden, sind zu verwegen, als daß sie einer Aufmerksamkeit werth wären. Die dißidentische städtische Bürgerschaft hat eine eben so ausgedehnte Religionsausübung, als die catholische Bürger sich der ihrigen zu erfreuen haben; sie können an den bürgerlichen städtischen Rechten eben so viel Theil haben, als die römisch-catholischen; alles dieses ist klar und überzeugend. Man wird hiewider vielleicht einwenden, daß die herrschende Religion, welche Bischöfe, Prälaten und andere Geistliche hat, die, ohne Mittheilnehmung der weltlichen Regierung, in ihren Diöcesen und Kirchen die höchste Ehirägische Autorität ganz alleine ausüben; allein nach dem kirchlichen Regierungssystem der Dißidenten augsburgischer Confession kann das Recht, Synoden zu berufen, Consistoria zu etabliren, darauf festzusetzen die Dogmata und Statuta in Ansehung des Ritus, der Liturgie, und der guten Ordnung in denen Gemeinen, desgleichen die Gerichtspflege in denenjenigen Sachen, die zum canonischen Recht gehören, nicht ohne Beyhülfe des weltlichen Arms ausgeübet werden, weil die evangelischen Glaubensbekenner in Polen weder Erzbischöfe, noch Bischöfe, noch Großvicarien ꝛc. haben, und die durch den Tractat denen Dißidenten zugestandene Gerichtsbarkeit nur die kirchlichen Streitsachen entscheiden können, hingegen das weltliche Regiment um die Vollstreckung der Decreta requiriren müssen, ohne welche Vollstreckung die Gerichtsbarkeit, wann sie gleich durch den Tractat und ausdrücklich zugeeignet worden, nur ein Sinnenbild seyn würde, und die Verweigerung der mitwürkenden Beyhülfe den Tractat in seinem Grunde untergraben würde.

Die evangelische Kirchen der augsburgischen Confession haben in Polen keine Fonds, weder in Capitalien noch in Gütern, daher müssen die Gemeinen aus ihren eige-

vom 15ten Octobr. 1785.

durch Gutwilligkeit und Freundschaft des evangelischen Adels zugestanden worden, und daß aus dem noch so sehr streitigem Kirchenrechtsbuch als ausgemacht und

eigenen Mitteln ihre Kirchen, Schulen und Priesterhäuser, wie auch Hospitäler, erbauen: desgleichen zu Bezahlung des Gehalts der Prediger, Schullehrer und aller Kirchenbedienten contribuiren, und aus diesem Grunde wäre es billig, daß die städtische Bürgergemeine zu einem Theil der durch den Tractat erworbenen Rechte von dem Adel zugelassen würde, jedoch nur in soferne, als es denen Gesetzen des Reichs angemessen ist. Es ist demnach einleuchtend, daß der disidentische Ritterstand, aus oberwehnten Ursachen, die Bürger seiner Confeßion sehr begünstiget, ohne daß diese es, wie durch den Tractat dazu berufene, haben verlangen können: und aus diesem Grunde des Regierungssystems der evangelischen Kirche lässet die Ritterschaft sie Theil nehmen an den Synodalberathschlagungen und Gerichtsbarkeit der Consistorien, Prärogativen, derer sich in vorigen Zeiten die städtischen Gemeinen nie in Polen zu erfreuen gehabt, wie solches die in diesem Jahre herausgekommene Geschichte von der Reformation derer Religionen in Polen genugsam erweiset. Die Supplicanten, über welche ich diese Betrachtungen anstelle, machen einen ausserordentlichen Paralogismum bekannt, wann sie zum Beweise ihrer Gleichheit anführen, daß die kaiserliche freye Reichsstädte ehemals mit denen Churfürsten und Fürsten, wie auch Mitständen des deutschen Reichs, die an den Kaiser Carl den Vten übergebene augsburgische Confeßion gemeinschaftlich mit unterschrieben haben.

Der Unterschied, der da zwischen denen kaiserlichen freyen Reichsstädten, die Mitstände und Glieder des deutschen Reichs sind, zu denen Ausgaben und Bedürfnissen des ganzen Reichs mit beytragen, welche durch ihre Deputirten auf dem Reichstage Sitz und Stimme haben, in ihrer Stadt und über ihre Unterthanen, obwohl unter dem Schutze des Kaisers, einen Theil der souverainen Macht ausüben, und zwischen einer Gesellschaft Bürger einer Stadt in Polen, die unmittelbar ihrem Magistrat in alle dem, was die Polizey und die Civiljurisdiction betrift, subordiniret ist, ist zu groß. Diese Vergleichung ist gar zu abfallend, als daß sie eine vernünftige Erörterung verdienete.

Es kommt allhier hauptsächlich darauf an, worinn und in wie weit die bürgerliche städtische Gemeinen in Polen, ohne Nachtheil des Tractats und dem Fandamentalgesetze des Reichs, an die collegialische Rechte, was die kirchliche Anordnungen und Einrichtungen, die Synodalversammlungen und Gerichtsbarkeit der Consistoria betrift, für einen Antheil haben können, und wie viel ihnen der Ritterstand dieser Confeßion gutwillig und freundschaftlich zugestanden hat.

Das canonische Kirchenrecht der Dißidenten löset diese Frage auf: man findet darinn wie die städtischen Bürgergemeinen der augsburgischen Confeßion durch die Deputirten, gemeinschaftlich mit dem Adel, an die kirchliche Legislation Antheil nehmen, dergestalt, daß eine Gemeine jeder Stadt zwey Deputirte aus ihren Mitteln schicken kann, welche gleichen Antheil an alle dem, so die Synode beschließet und anordnet, nehmen. Sie haben ihren Kreis oder wojwodschaftlichen Senior, und nachdem derer Stadtgemeinen in der Provinz viel oder wenige sind, auch mehrere gleich dem

und festgesetzt gezeiget und bewiesen wird, worinn diese Theilnehmung bestehe? Ferner wird in dieser Schrift behauptet, das dißidentische Corps des Adels habe

dem Adel und der Geistlichkeit. Diese Gemeinen haben ihre Beysitzer in dem Consistorio und dem Synodalgerichte; ihr woywodschaftlicher oder Kreißsenior hat seine active Stimme, sie werden zu aller Wahl derer, die zu erledigten kirchlichen Stellen und Aemter in dem Kirchenregiment erwählet werden, mit zugezogen, und die Wahlen geschehen jederzeit, wie die Synodalerkenntnisse und Decreta der Consistorien, durch die Mehrheit der Stimmen; eine grössere Anzahl der städtischen Deputirten ist nicht zulässig, um nicht der nöthigen Pluralität zu präjudiciren; weil, da der Adel seine andere Geschäfte hat, welche ihm selten erlauben, zahlreich auf die Synode zu kommen, und er doch vermöge der Constitution des politischen Gouvernements in Polen, allein alles dasjenige, was dem Tractat und denen Reichsgesetzen präjudicirlich gemachet werden könnte, zu verantworten hat. Dieses sowohl als die ausdrückliche Rechte im Tractat, hat ihn genöthiget, sich die Prärogative vorzubehalten, die Synoden zu dirigiren, und in denen Synodalausschüssen und Consistorien zu präsidiren, Generalseniores in denen Provinzen zu haben, welche amtswegen beständige Deputirte des adlichen Corps sind, die da mit gehöriger Activität in alle dem, was die gute Ordnung und Erhaltung der erworbenen Rechte anbetrift, auf die Vollstreckung sehen, und diesen Adel bey gehöriger Behörde vertreten können. Da indeß die städtische Gemeinen durch ihre Curatores oder Aeltesten für sich, die innerliche gute Ordnung und Aufsicht der Glieder ihrer Gesellschaft selbst besorgen. Sie haben das Eigenthumsrecht ihrer Kirchen, ihrer kirchlichen Häuser, ihrer Capitalien, und zur Kirche gehörigen Gründe; sie verwalten für sich alleine die Einkünfte der Kirche, von welcher Art sie auch seyn mögen; sie haben ihre Kirchenältesten und Repräsentanten der Gemeine, welche ihre Aemter zum Vortheil der ganzen Gemeine führen sollen, der sie verbunden sind, jährlich eine richtige Rechnung von ihrer Administration abzulegen. Sie können sich selbst nach Gefallen Ordnungsvorschriften und Statuta machen, die die Einrichtung der guten innerlichen Ordnung unter ihren Subordinirten betrift. Sie können ihre innerliche Wirthschaft und Verhalten ohne Hinderung in alle demjenigen, was zur Wohlfahrt der Gemeine beyträgt, derer ältesten Repräsentanten und Väter sie sind, einrichten; jedoch alles dergestalt, daß ihre Statuta nicht dem allgemeinen Nutzen des ganzen dißidentischen Corps, ihrer Confeßion, und der guten Ordnung entgegen seyn: bahero die Curatores der Gemeinen ihre Einrichtungen und Statuta der Synode zur Approbation zu übergeben gehalten sind. Kann nun wohl bey diesen Einrichtungen der Gedanke von Unterdrückung und willkührlichen Auflagen und Grausamkeit entstehen!

Wann demnach ein Theil der Gemeine an die Synoden und Consistoria Klage einbringt, daß die Einkünfte der Kirche verschwendet, und zum leichtsinnigen Gebrauch verwandt worden, zu welchem Zweck sie nicht von denen Contribuirenden bestimmt sind, soll ein Consistorium und Synodalausschuß solchen Vorfall nicht untersuchen und entscheiden! sind solche Sachen von der Competenz der Civiljurisdiction der herrschenden Religion! derer Glieder weder das Kirchenregiment, noch die Verordnungen und Gebräuche der Dißidenten kennen, und folglich keine ihnen unbekannte

habe durch den Tractat und die Reichsgesetze das Recht erhalten, alle Gemeinen ihrer (seiner) Confeßion, und allen denen, die zum Kirchenregiment gehören,

kannte Sachen noch Rechte entscheiden können; man wird unten deutlicher anzeigen, daß die Fälle, wovon hier die Rede ist, nicht Gründe, Häuser oder Activschulden, welche an die Civilgerichtsbarkeit gehören, sind, sondern kirchliche Rechtssachen, die Absonderungsweise der Gerichtsbarkeit der Consistorien zuständig sind.

Wir wollen noch ein Wort über die denen städtischen Gemeinen zugestandenen Vortheile hinzufügen; daß indem sie mit einer activen Stimme zu denen Synodalberathschlagungen zugelassen sind, so kann sie doch diese Zulassung keinesweges berechtigen, weder die Ordnung zu stören, noch die Synoden zu unterbrechen, noch durch ein Manifest die Berathschlagung einer Synode, so unter dem Schutz des Tractats rechtmäßig versammelt ist, zu zernichten; da auf allen Synoden in der Welt stets die Mehrheit der Stimmen beschließet, und diese Mehrheit keinem Widerspruch ausgesetzet ist.

Nachdem also vermöge des Inhalts des Tractats, wie auch der vorgeschriebenen Anordnungen in dem canonischen Kirchenrecht der Dißidenten, erwiesen worden, welcher Competenz und Form das Verfahren der Synoden und Consistorien ist, so bleibt noch übrig zu wissen:

Ob das dißidentische Corps von Adel durch den Tractat und die Reichsgesetze das Recht erhalten, allen Gemeinen ihrer Confeßion, und allen denen, die zum Kirchenregiment gehören, kirchliche Anordnungen vorzuschreiben? damit die Consistoria und alle Glieder der Gemeine sich derselben gemäß verhalten, um in einer solchen zahlreichen Gesellschaft eine gute Ordnung und Subordination zu erhalten, welche der Tractat für unumgänglich nöthig zu seyn gefunden hat, ohne daß diese Anordnungen die Bestätigung der politischen Regierung des Reichs zu ihrer Gültigkeit nöthig habe. Um sich hiervon durch den Inhalt des Tractats von 1768 zu überzeugen, daß denen Dißidenten diese Autorität gegeben worden, für ihre Gemeinen ein kirchliches Rechtsbuch zu verfertigen, nach welchem ihre Synoden und Consistoria verfahren, und die Erkenntnisse abmessen sollen, oder, welches einerley ist, die kirchliche, ihnen durch den Tractat zugestandene Gerichtsbarkeit vorzuschreiben, desgleichen Anordnungen und Statuta, ohne welche kein Gerichtshof sein richterliches Amt ausüben kann; weil sonst kein Richter jemals wissen würde, was rechtmäßig sey, wann er keine Gesetze vor sich hätte: so wollen wir zu dem Ende den 2ten Artikel des Tractats, und zwar den 5ten §. nochmals wiederholen.

„Und da keine Gesellschaft ohne Subordination und Zucht seyn kann; so sollen
„die Dißidenten beyder Confeßion völlige Freyheit haben, eigene Consistoria zu er-
„richten, ihre Synodalversammlungen, die nur bloß die innere Kirchenordnung be-
„treffen, ohne irgend jemandes Verhinderung, zu halten, sie so oft zusammen beru-
„fen, als sie es für nöthig erachten werden, und auf denselben alle diejenigen
„Sachen, die ihre Lehre, ihre Ordnung, ihre Kirchenzucht, ihre Gebräuche, und
„das Verhalten ihrer Prediger angehen, entscheiden und anordnen, (rozladzac y
„stano-

ren, (den Kirchenlehrern, welche sich wohl merken müssen, daß sie bloß durch die Gnade des Adels das sind, was sie sind,) kirchliche Anordnungen vorzuschrei-

„kanowic) die Dispensationsfälle und Ehescheidungen zwischen dißidentischen Ehe-
„leuten sollen eben daselbst beurtheilet und entschieden werden, ohne daß sich die
„catholische Geistlichkeit darein mische, noch auch die Erbherren, als welche sich
„weder unmittelbar noch mittelbar, aus dem Grunde ihrer Oberherrschaft, in das
„Kirchenregiment mengen sollen."

Wann demnach die Dißidenten ihre eigene kirchliche Gerichtshöfe errichten sollen, um in ihren Gemeinen die Subordination und gute Ordnung einzuführen, und die Streitsachen, so aus dem kirchlichen Regimente entspringen, oder sich darauf beziehen, zu entscheiden; so ist es sehr natürlich, daß diese, welche einen Gerichtshof errichten sollen, demselben auch die Gesetze, Ordnungen und Statuta, nach welchen der Richter seine Erkenntniß abfassen soll, vorschreiben müssen, sonst würde der Tractat denen Dißidenten nur lediglich eine Freyheit in Worten zugestanden haben. Wollte man denen Worten, die sonst sehr deutlich sind, einen anderen Sinn geben, so würde solches zu sehr der Würde und dem guten Glauben der hohen Partheyen, sowohl pacifcirenden, als garantirenden, entgegen seyn. Und da nach demselbigen 5ten §. niemand sich, weder mittelbar noch unmittelbar, in das kirchliche Regiment der Dißidenten mengen soll, so folgt nothwendig daraus, daß ihnen die ganze Direction dieses Regiments ausschließungsweise gehöre; da nun kein Regiment ohne Vorschriften weder errichtet werden, noch bestehen kann, so ist die Folge, daß die Dißidenten selbst diese Vorschrift geben sollen. Um diese ihre Facultät zweydeutig zu machen, müßte man die Worte im Tractat auslöschen. Denn da diese Legislation sich auf Rechts- und Kirchensachen der evangelischen Kirche beziehet, und die Geistlichkeit der herrschenden Religion weder die Rechte, noch Gebräuche, noch einzuführende Ordnung, und wie solche zu erhalten sey, in dieser Kirche hinlänglich kennet, so ist denen Dißidenten, damit sie der völligen Freyheiten, welche ihnen der Tractat so feyerlich gesichert, und welcher ihnen ausdrücklich aufgiebet, daß sie durch ihre Synoden und Consistorien ihr Kirchenregiment selbst, ohne daß sich jemand von der herrschenden Religion darinn mengen könne, reguliren sollen, überlassen worden.

Man kann daraus nicht folgern, daß daher alle Sachen, die im Consistorio als erstere Instanz entschieden werden, durch den Weg der Appellation an die Synoden zu einem Endurtheil gebracht werden müssen; denn außer, daß es Fälle giebt, bey welchen die Appellation und die Evocation unzuläßig, und daß diese noch dazu von Kläger und Beklagten abhängen, so versammlen sich die Synoden nur von Zeit zu Zeit, und können nicht über eine jede einzelne Sache zusammenberufen werden: Dieser Ursachen wegen hat das canonische Rechtsbuch der Dißidenten einen engern Ausschuß der Synoden benannt, der in der Zwischenzeit derselben die Synodalrechte und Gerichtsbarkeit ausübet, und die in Appellatorio zugelassenen Rechtssachen als in der letzten Instanz entscheidet.

Es erhellet aus allem obigen, daß die Synoden der Dißidenten ohne Zuthun der städtischen Gemeinen eine völlige Competenz haben, Consistoria zu errichten, Seniores

schreiben; und daß ihm die ganze Direction des Kirchenregiments und die kirchliche Gesetzgebung ausschliessungsweise gehöre. Die Synoden der (adelichen) Dißi=
niores und kirchliche Aemter zu setzen, und ohne Bestätigung, es sey von wem es wolle, ihren subordinirten Gliedern Gesetze und Vorschriften zu geben, welche ihre kirchliche Gerichtshöfe und Glieder der Gemeinen bedürfen, um solche in derjenigen billigen Subordination und guten Ordnung, welche der Tractat in aller menschlichen Gesellschaft für nöthig zu seyn erkannt hat, zu erhalten.

Wir wollen über dieses erwegen, daß die städtischen Gemeinen seit acht Jahren auf allen Provinzialsynoden und der Generalsynode zu Wengrow, so zu zwey verschiedenen Zeiten gehalten, zugelassen worden, woselbst in Gegenwart der Deputirten dieser Gemeinen das kirchliche Rechtsbuch der Dißidenten von Anfang bis zum Ende ist wiederholentlich untersuchet worden, und besagte Gemeinen solches angenommen haben, diejenigen Stellen, dawider man gründliche Einwendungen machen können, hernach durch die dazu ernannte Synodalcommißions von Groß= und Kleinpolen (zu welcher Provinz Kleinpolen man Masuren incorporiret,) und Litauen abgeändert, weggelassen oder verbessert hat; wie auch die Synoden der Dißidenten der augsburgischen Confeßion, so nachhero in allen besagten Provinzen gehalten worden, durch ihre Canones dieses kirchliche Gesetzbuch einmüthiglich bestätiget haben. Es ist demnach sehr auffallend und unverzeihlich, daß einzele Bürger sich unterfangen, sich dem zu widersetzen, was das grosse Corps der Dißidenten ihrer Confeßion angeordnet, und ihre eigene Deputirte auf der Generalsynode zu Wengrow zweymal angenommen und unterschrieben haben! als wann diese Bürger geborne Ausleger des Tractats und der Reichsgesetze wären.

Wir wollen noch erwegen, daß die Consistoria der Dißidenten die richterliche Forme der Consistorien der herrschenden Religion nicht nachahmen können, denn die müssen sich nach denen allgemeinen Rechten und Gesetzen ihrer Confeßion, denen Statutis ihrer Synoden, so denen politischen Gesetzen des Staats so viel thunlich angemessen worden, richten, sowohl in Ansehung der Erkenntnisse in ihren kirchlichen Rechtssachen, als derer Vollstreckung. Indem der grosse Bann und die körperlichen Züchtigungen, wie auch die öffentlichen Bestrafungen, als am Halseisen bey denen Kirchenthüren zu stehen, nicht mehr im Gebrauch sind, noch in Polen statt haben können; sie können dennoch die Verbrecher und Ungehorsame nicht anderst bestrafen, als durch kleinen Bann, Absetzung von kirchlichen Aemtern, es sey auf eine gewisse Zeit oder vor beständig, und mit Geldstrafen, welche letztere Urtheile nicht anders, als wie durch Beyhülfe des weltlichen Arms vollzogen werden können.

Wir wollen noch untersuchen, welche Sachen und Personen der Tractat von 1768 denen dißidentischen Synoden und Consistorien subordiniret, und angewiesen hat.

Es ist nach der Rechtsgelahrtheit ein bekannter Satz, daß derjenige, welcher eine Sache giebet oder abtritt, ohne eine Ausnahme hinzuzufügen, giebt und stehet solche mit allem, was dazu gehöret, zu; da nun der Tractat denen dißidentischen Synoden

Dißidenten hätten ohne Zuthun der städtischen Gemeinen eine völlige Competenz, Consistorien zu errichten, Senioren und kirchliche Aemter zu setzen, und
ohne

noben und Consistorien das völlige Kirchenreaiment, die Einführung und Erhaltung
der Subordination unter allen Gliedern der Gemeinen, die gute Ordnung, kirchliche Polizey, Entscheidungen der Streitsachen, die zur kirchlichen Gerichtsbarkeit gehören, unterworfen hat; ist es demnach denen Warschauer Bürgern erlaubet, die
Autorität der Synoden und Gerichtsbarkeit der Consistorien auf die Dogmata, den
Ritum, Dispensen, Ehescheidungen und Aufführung der Priester einzuschränken;
da der Tractat diese competirende Sachen nur als zufällig nennet, der Hauptzweck
dieser kirchlichen Jurisdiction hingegen vornemlich auf die Regierung der Gemeinen, die Subordination, gute Ordnung, Kirchenpolicey und Gerichtspflege gerichtet ist. Diese Bürger handeln demnach dem ausdrücklichen Inhalte des zweyten
Artikels des 5ten §. des Tractats gerade entgegen.

Wir wollen indessen fortfahren, die Sachen durch den weitern Inhalt des
Tractats in ein näheres Licht zu setzen.

Die grossen Städte in Preussen, vormals preuß. polnische, als Thoren, Danzig
und Elbing, waren, wie Mittstände dieses Landes, zur dißidentischen Thorner Conföderation getreten, weil diese Städte gleiche Rechte mit dem Adel hatten, sie wohneten stets durch ihre Deputirten denen Generallandtägen der Provinz Preussen bey,
ihre Deputirte hatten unter denen Senateurs der Provinz Sitz und active Stimme,
und dieserwegen wurden ihre Rechte in Ansehung der Religion durch den Tractat
ebenfalls festgesetzet. Die Stadt Thoren erhielt das Privilegium, ein eigenes Consistorium zu haben, und der 2te §. des dritten Artikels des Tractats saget hierüber folgendes.

„Da denen Dißidenten das Recht und die Macht gegeben worden, die Kirchen-
„und Consistorialsachen zu richten und zu entscheiden; so soll eben dieses auch wieder
„der Stadt Thoren zu statten kommen, ohnerachtet dessen, was etwa mit denen
„Bischöfen diesem zuwider möchte vorgegangen und geschehen seyn. Zu diesem Con-
„sistorio der Stadt Thoren sollen auch alle Kirchen, Bethäuser, Schulen, Kirchen-
„häuser mit ihren Predigern, Schulmeistern und allen Personen der dißidentischen
„Gemeinen, die in denen Woywodschaften Culm und Marienburg, wo die culmische
„Diocese ist, und in dem kaminschen Archidiaconat in Pommerellen befindlich sind,
„in Geistlichen, in Ehesachen, und die Kirchenzucht betreffende Sachen, gehören."

Dieser §. zum Vortheil der Stadt Thoren setzet alles dasjenige fest, was der
5te §. des 11ten Art. dem ganzen Corps der Dißidenten in Polen und Litauen zugestanden, und hat gewiß weder gewollt noch gekonnt, mehrere Vorrechte und Macht,
dieser Stadt zu geben, als dem ganzen conföderirten dißidentischen Adel; da nun der
2te §. des 3ten Art. noch deutlicher die Competenz der evangelischen Consistoria, und
der Personen, die dieser kirchlichen Gerichtsbarkeit unterworfen seyn sollen, aus einander setzet, indem derselbe ausdrücklich die Glieder dieser Confession in den Woywodschaften Culm und Marienburg, und dem Archidiaconat Kamin, von welchem Stande

ohne Bestätigung, es sey von wem es wolle, ihren subordinirten Gliedern Gesetze und Vorschriften zu geben. Es fehlt mir an Raum zur Fortsetzung der An-

de, diese Glieder auch seyn mögen, nennet, wie auch diese richterliche Macht des thorenschen Consistorii sich über alle kirchliche Sachen erstrecket, über die Kirchenzucht, nemlich Subordination, gute Ordnung, Kirchenpolizey, ꝛc. auch dieses Consistorium in Thoren alle Sachen ohne Appellation richten und entscheiden soll, da der obige §. von der Appellation nichts erwehnet; so ist es einleuchtend, daß die Gerichtsbarkeit der Provinzialconsistoria der Dißidenten weder geringer noch mehr eingeschränkt seyn könne.

Die Constitution des Grodner Reichstages von 1784, unter dem Titel Verwahrung, (ostrzczenie) erläutert die Resolution des erlauchten Conseil permanents vom 24sten August 1784, und gestehet in denen entschiedenen Consistorialsachen der Dißidenten kein Beneficium der Appellation zu, auffer in dem einzigen Falle, wann diese Urtheile die Bezahlung der Geldauflagen, so eigenmächtig auf die Gemeinen der Dißidenten und ihre Glieder gelegt worden, enthalten und anbefehlen; hingegen alle andere Consistorialerkenntnisse sollen ohne Appellation ihre Vollziehung erhalten. Um hingegen alles nöthige hierüber zu sagen, was vor Rechtssachen der Tractat der Gerichtsbarkeit des Judicii mixti, so durch das Judicium compositum in der königl. Assessorie ersetzet worden, zugeeignet hat, so sind solche in dem VIten Punct des VIIIten §. pag. 55. sehr deutlich enthalten, und genannt, wann dieser saget, „Vor „diesem gemeinschaftlichen Gerichte, oder Judicio mixto, sollen, (doch so, daß denen „königl. Hofgerichten, denen Tribunals, Kammer, Land- und Grodgerichten die „vor sie eigentlich gehörige, mit der Religion in keiner Verbindung stehende, Rechts„sachen verbleiben,) diejenigen Rechtshändel, sowohl von Klägers als Beklagten „Seiten, die mit der Religion und Kirchensachen eine Verbindung haben, wenn „sie vorher in denen Grod- und Landgerichten definitive entschieden sind, und von „da durch Appellation und Remission vor dieses gemeinschaftliche Gericht kommen, „ihr Forum haben; nemlich alle die Rechtssachen, welche in Zukunft zwischen allen „zur römisch-catholischen Kirche gehörigen Personen mit denen nichtunirten Griechen „und Dißidenten beyder Confessionen, geistlichen und weltlichen, wes Standes und „Würden sie seyn mögen, und umgekehrt, vorfallen; als da sind, wegen Lästerung „der Religion, Mord geistlicher Personen, Gewaltthätigkeit an geistlichen Personen, „Beschädigung der Kirchen, Stiftungen, Schulen, Spitäler, Kirchhöfen, geistli„chen Häusern, sie mögen nun durch irgend einen Geistlichen oder Weltlichen ausge„übet werden, Eingriffe in fremde Gerichtsbarkeit und Kirchengebräuche, Streitig„keiten wegen des Patronatrechts, auch die Zehnden mit eingeschlossen: mit einem „Worte, alle aus der Religion und Kirchengebräuchen entspringende, den Frieden „und die Ruhe zwischen denen Dißidenten störende Streitigkeiten; in Ansehung alles „dessen soll das Judicium mixtum die Macht haben, durch die Mehrheit der Stim„men zu untersuchen, zu bestrafen, und durch ein Endurtheil ohne Appellation nach „Recht und Gewohnheit zu entscheiden — auch sollen die Dißidenten unter einander, „geistliche und weltliche, in Sachen von obbenannten Beschaffenheiten, in eben „dem Foro gerichtet werden."

Anmaßungen des Adels, aber wohl zu merken, des evangelisch = lutherischen, und zwar vom Militärstande: denn daß der evangelisch-reformirte Adel eken

Da nun das Judicium mixtum keine Competenz gehabt, seine gerichtliche Autorität weiter auszubreiten, als über die obengenannte und namhaft gemachte Rechtssachen zwischen denen verschiedenen Religionsverwandten und Dißidenten selbst, mit welchem Rechte kann das Judicium compositum in der königl. Assessorie, so an die Stelle des ersteren Gerichtshofes angewiesen ist, sich eine weitere Gerichtsbarkeit zueignen? Dieses würde ein offenbarer Eingriff in die Rechte der Consistoria und Synoden seyn, weil in allen denen oben angeführten §. des Tractats nicht ein einziges Wort vorhanden, welches die Decreta der Synoden und Consistoria dem Erkenntniß des Judicii mixti unterwirft, folglich eben so wenig dem Judicio composito in der Assessorie; da indessen die Evocation der Grod- und Landgerichte in denen erwehnten Rechtsachen ausdrücklich verboten ist. Alle diese genannte Rechtssachen, enthalten sie die Fälle, so sich auf die Subordination, gute Ordnung und Disciplin, Kirchenpolicey, die Einkünfte der Kirchen, ihre Verwaltung, die Dogmata, den Ritum, die Aufführung der Prediger, Ehescheidungen und Dispensen, oder alles dasjenige, was das kirchliche Regiment der Dißidenten betrift? in welches, wie wir gesehen haben, niemand sich mengen soll, denn der 5te §. des 11ten Art. des Tractats unterwirft die Finalentscheidung aller dieser Sachen lediglich den Synoden und Consistorien.

Diese beyde kirchliche Gerichtshöfe sind die einzigen, welchen der Tractat, mit Ausschliessung aller andern, die Autorität zueignet, in der ersten und letzten Instanz alle obermehnte im 5ten §. befindliche Rechtsachen zu entscheiden, denn es wird daselbst nicht gesagt, daß sie noch von einer höhern Magistratur abhängen sollten. Es ist auch sonsten gar nicht wahrscheinlich, daß diese kirchliche Gerichtbarkeit jemals könne über die Glieder der Gemeinen einen Despotismum ausüben, weil sie über kein Eigenthum des weltlichen Guts, es sey von wem es wolle, zu erkennen hat; sondern nur lediglich über pia Corpora die Einnahme der Collecten und willkührlich zugestandene Beyträge von denen Gliedern der Gemeine, zu Bezahlung der Salaria, denen Priestern und andern der Kirche dienenden Personen, wie auch zu Unterhaltung des Gottesdienstes und der kirchlichen Gebäude, auf daß die Curatores der Gemeinen und Verwalter dieser Einkünfte über die Glieder ihrer Gemeine nicht ihre willkührliche Autorität ausüben, und nach ihrem Gefallen nicht mit diesen Geldern walten, die lediglich zu denen Bedürfnissen der Kirche angewiesen sind.

Ohnerachtet dieses untrüglichen Erweises der Rechte, welche der Tractat unmittelbar dem adlichen Corps der Dißidenten, und mittelbar den dißidentischen Einwohnern der Städte und Dörfer zugestehet; erdreisten sich die Warschauer Bürger, von Ihro Majestät dem Könige und dem Conseil permanent eine Auslegung des Tractats, und eine Resolution über folgende Anfragen zu verlangen.

1mo. Welche Sachen gehören eigentlich vor die Synoden und Consistoria? und welche davon an das Judicium compositum in der königl. Assessorie?

2do.

eben so herrschsüchtig gedenke, davon ist nicht die geringste Spur vorhanden. Dieſe Schrift ist die vollkommenste Bestätigung der Klagen der bürgerlichen Gemeinen,

2do. An welche Gerichtshöfe sollen die Erkenntnisse der Consistorien und Synoden gelangen? wann diese etwas wider die geschlossenen Conventions zuerkennen?

3tio. Vor welchem Gerichtshofe sollen die erschwerende Consistorialdecreta gebracht werden?

4to. Wann das Consistorium die an ihm gehörige Rechtssache entschieden, und keine Appellation an das Judicium mixtum in der Assessorie zulassen will, ob alsdann das Erkenntniß des Consistorii, mit Beyhülfe des weltlichen Arms, zur Vollstreckung gebracht werden kann?

5to. Ob das Consistorium in Contumaciam verfahren kann, und das in Contumaciam gesprochne Urtheil, (nemlich die Condemnata,) dergestalt bezahlet werden sollen, wie sie in denen weltlichen Gerichtshöfen bezahlet werden?

6to. Wann das Consistorium über eine Sache, die nicht an dasselbe gehöret, in Contumaciam gesprochen, und die Evocation statt findet, an welches Forum muß ein solcher Proceß gebracht werden?

7mo. Wann der Adel die Bürger von den Synodalberathschlagungen entfernet, und ihnen das Recht zu stimmen entziehet, wie auch das Patronatrecht, und ihren Antheil an das Kirchenregiment, an welche Gerichtsbarkeit sollen die Bürger wider den Adelstand und die Geistlichkeit ihre Zuflucht nehmen?

8vo. Für welches Dicasterium sollen die Bürger ihre Klagen in Ansehung der Illegalität der Synoden bringen, um daselbst entschieden zu werden?

9no. Wo und in wieferne die kirchliche Anordnungen, welche durch die Synodalstatuta und durch das kanonische Kirchenrecht denen Gemeinen der augsburgischen Confeßion vorgeschrieben sind; können sie annulliret, und dadurch verhindert werden, daß die Dißidenten, indem sie sich auf ihre kirchliche Gesetze stützen, nicht einen besondern Staat im politischen Staat formiren?

Die Antworten auf alle diese Fragen sind schon in gegenwärtigen Betrachtungen enthalten; es bleibet nur noch das Patronatrecht zu berühren übrig, zu dessen Erklärung man den 14ten §. des Tractats pag. 62 hier anführen muß.

„Da das Patronatrecht nach Gewohnheit zu denen Vorrechten der Erbherrschaft „gehöret; so soll und muß es denen nichtunirten Griechen und Dißidenten unbenom„men bleiben. Sie sollen sich daher dieses Vorrechts eben so, wie die Catholiken zu „erfreuen haben, wo ihnen dasselbe entweder in Gütern, deren immerwährenden Be„sitze sie haben, oder sonst an Orten kraft des Besitzes der Güter zu statten kommen; „— ausgenommen in Litauen an denen Oertern, wo die Stifter der Kirchen ihr „Recht, einen Pfarrherrn vorzustellen, der evangelischen Synode abgetreten."

nen, und muß nicht nur die ganze evangelische Kirche, sondern auch selbst die römisch-katholische ärgern. Hier lieget der herrschsüchtige golzische Plan deutlich vor jedermanns Augen, hier ist der Staat im Staat, dessen Rechtmäßigkeit zum Beschluß durch eine sehr übel getroffene Vergleichung mit dem Zustande der französischen Colonien in den königl. preußischen Ländern bestätiget werden soll.

Diesen Brief, der ursprünglich (vermutlich um des Hofes willen,) französisch, aber in einem schlechten Stil, geschrieben worden, hat ein anderer ungenannter Verfasser, der, wie ich weiß, eine Standesperson und Mann von Ansehn ist, überaus gut beantwortet. Es wurde die=

Dieser §. entscheidet deutlich, wem das Patronatrecht, als eine Prärogative des Adels, zukommt; auf welche Weise die Priester sollen berufen werden. In denen königlichen Städten können es Jhro Majestät der König selbst ausüben, oder es durch ein Privilegium der Gemeine inclusive des Adels ertheilen: wann eine solche Gemeine aus Edelleuten und Bürger bestehet; eben so wie in denen Erbstädten und Gütern die Erbherren ihr Recht der evangelischen Synode der Provinz oder denen Senioribus der Confeßion, für welche die Kirche gebauet worden, cediren können.

Die 9te Anfrage ist gar zu verfänglich, um sie mit Stillschweigen zu übergehen, daher der Zweifel über den Satz, einen besondern Staat im politischen Staat zu formiren, durch ein bekanntes Beyspiel zu erklären und zu benehmen seyn wird.

Die französische Colonie, so sich im brandenburgischen Lande niedergelassen hat, hat lediglich ihre Existenz in diesem Lande, und die freye Religionsübung ihrer Confeßion, der Menschenliebe und Gnade des Monarchen zu verdanken; (da doch die Dißidenten, von der Errichtungszeit der Republik an, in Polen, Glieder und Mitbrüder desjenigen freyen Adels sind, welcher die Regierungsform der Republik gegründet,) indeß hat der preußische Monarch den Flüchtlingen aus Frankreich, eine Gerichtsbarkeit bewilligt, die sich viel weiter erstrecket, als diejenige, so die Dißidenten, als Compatrioten, in ihrer Kirche haben, die sie schon seit einigen Jahren reclamiren, ob sie ihnen gleich durch einen öffentlichen und feyerlich garantirten Tractat zugestanden und gesichert sind.

Deßhalb machet die französische Colonie in dem brandenburgischen Lande weder einen abgesonderten Staat aus, noch ist solche der Regierung des Landes nachtheilig; sie übet unterdessen frey eine Gerichtsbarkeit aus, die sich auf ihre Gesetze und französische gründet, welche von denen deutschen Gesetzen und Gebräuchen unterschieden sind. Eben so sind die Dißidenten der augsburgischen Confeßion berechtiget, in Polen ihre kirchliche Gerichtsbarkeit nach ihren Canones, Gesetzen und Gebräuchen der Confeßion auszuüben; so wie die orientalische nichtunirten Griechen nach denenjenigen von ihrer Kirche, welche nicht die Canones der herrschenden Religion sind.

Diese Erweise, welche sich auf den Tractat und die Reichsconstitutions gründen, werden über die so befremdende Klagsache das Urtheil des Publici bestimmen.

diese Antwort erst in französischer Sprache gedruckt, *) in welcher sie

*) In dieser liefere ich sie hier.

Reponse à la Lettre d'un Gentilhomme de Province à un Concitoyen, sur les plaintes formées de quelques communautés bourgeoises des Dissidens, contre les Nobles de leur Confession, avec le Motto, qui a sans doute été omis par mégarde:

Cicero pro Domo sua.

Dès que l'on veut paroître en public, & paroître imprimé, il faut d'abord être intelligible, parler la langue, que l'on écrit, & ne pas garder le manteau de l'incognito pour mettre en avant des faits erronés. Ce noble Provincial qui nous a régalé de sa lettre, auroit mieux fait, de se servir tout bonnement de la langue de ses pères; mais il a voulu être lû par les étrangers. Passons lui la chose comme une gloriole. Mais ce que nous ne lui passons pas, c'est d'avoir travesti les textes originaux, & de vouloir abuser d'un Public, qui n'entend pas la langue polonoise. N'auroit-il pas été plus ingenu, même de dire: *Lettre d'un Gentilhomme Dissident.* Cela se devine, dira-t-on. Soit, mais qu'il reçoive le premier avis d'un Gentilhomme Polonois non Dissident, pas tout à fait Provincial, par conséquent d'un homme très impartial: Que dès qu'on avance de faits, dont la partie adverse peut prouver le futile & le faux au Public, les vérités les plus evidentes ne seroient plus crues, fussent-elles des vérités géométriques. Je suis Polonois, bon gentilhomme, catholique romain, attaché à ma Religion par conviction, mais néanmoins je n'ai nulle difficulté d'avouer, que je regarde la tolérance comme le premier bien de l'humanité & de chaque état. Mes chers Concitoyens, encore imbus de l'esprit intolérant, n'ont pas voulu souffrir à leurs confrères, les Dissidens, cette liberté de conscience raisonable, qu'ils auroient accepté avec reconnoissance. Les Puissances étrangères ont accordé leur protection, leur appui à ces frères opprimés. La force a fait, ce que la raison seule eut dû faire, & les Dissidens ont plus obtenus, qu'ils n'auroient jamais ambitionné, esperé: Leur droit est constaté, approuvé & garanti par les traités d'une Puissance respectable & formidable. Qui n'auroit pas dû croire, que ces concitoyens, délivrés de l'oppression, eussent voulu jouir tranquillement de leur bien-être? Non; ils se donnent en spectacle eux mêmes à l'Europe, & fournissent matière à risée à ceux qui les haissent encore en secret. Voilà l'état des Dissidens de la Confession d'Augsbourg, pendant que les Grecs non-unis & les Réformés, quoique exclus ces derniers du Corps, dont ils devoient également faire membres, donnent l'exemple de la plus parfaite tranquillité. Est-ce la Religion, qui seroit cause de ces dissensions? cette Religion, qui prêche l'union & la paix? N'abusés plus de ce nom sacré, le jouet des ambitieux, c'est l'envie de regner, de primer, d'opprimer, voila la vraie pomme de discorde. Ce sont le peu de Nobles, qui s'étayent haut à la main d'une protection si respectable, pour accabler des sujets utiles à la patrie, qu'ils traitent de populace, de rebelles. Mais l'Auguste Souveraine qui les a tirés du néant, est juste, ceux qui représentent Sa Personne sont éclairés, & les tems sont passés

sous

sie aufgesetzet worden, und hernach auch in einer deutschen und polnischen
Ueber=

sous un signe aussi glorieux, ou l'on veuille fermer l'oreille d'une part pour opprimer l'autre sans l'avoir écouté. Mais comme il est très sûr, que l'Esprit de parti agrandit les objets de deux côtés: j'ai cru une démarche digne de l'humanité, d'exposer la vérité toute nue aux yeux d'un Roi bon & juste, qui regarde tous ses sujets en Père tendre, à ceux d'un Public sage & impartial, & enfin à ceux d'un Ministre éclairé qui fera parvenir cette vérité dénuée de partialité à son Auguste Souveraine. L'entreprise est forte, je les sens; mais si je réussis à aider le parti — qui se voit opprimé, je me croirai heureux.

Venons au fait:

Ligne 5. QUELQUES BOURGEOIS &c. *) Remarqués, que cette requête est signée de 327 bourgeois, les plus notables de Varsovie, contre 24 dont le Chef est un Gantier, déserteur Prussien. Les premiers — ont fournis par un zèle, ressemblent à l'enthousiasme, plus de 20000 ducats de propre volonté; & ces derniers, — ne mettons pas la somme, mais elle paroîtra avec la liste de chaque bienfaiteur, & l'on verra, que ceux, qui crient le plus, n'ont pas donné un obole.

Ligne 10. SANS AVOIR TROP ENVIE D'EN LIRE LE CONTENU &c. Est-ce tout de bon que vous prétendés que l'on vous croie? Au reste nous devons de l'obligation aux gens en place qui ont parlé avec *emphase* de cet ecrit, puisque sans eux nous n'aurions pas été à même de vous répondre. Voici donc les plaintes que l'on fait contre vous.

1) Des Violences;
2) Des Cruautés;
3) Des Impôts;
4) Que le Consistoire s'arroge l'autorité d'une jurisdiction civile tendante à subjuguer les Bourgeois &c.

Et vous oubliés le principal grief:

Naruszenie Praw Traktatowych.

Voilà la grande question, & voilà le point qui doit interesser les Puissances garantes.

Pourquoi vous arrêter avec *emphase* à des plaintes bien moins considérables que cette dernière?

Voyons de quoi vous accusés les Bourgeois, & vos prétentions.

Vous voulés prouver, que le Traité n'a été conclu *qu'avec vous autres Nobles*, puisque c'est vous qui avés porté la parole. Un Traité avec une grande Imperatrice

&

*) On avertit le lecteur, que pour éviter tout reproche, qu'on traduit mal certains mots ou expressions allemandes, on les a ajouté en original. Il faut de la bonne foi, surtout dans les affaires; c'est là la vraie politique.

Uebersetzung. Wer nicht von der goldischen Parthey war, las sie mit

& des Nobles, d'égaux à égaux. En vérité l'idée est neuve. Vos Députés, pour avoir été nobles, n'ont-ils plaidé que vos seuls interets? N'ont-ils pas été chargés à demander la réintegration des Droits de tout le Corps Evangelique? Vous êtes ruinés par la confédération de Thorn & de Sluck? Ceux qui ont contribué aux frais, peuvent encore produire les comptes de l'argent, que vous avés touché de tout le Corps Evangelique; & vous même vous ne pouvés nier d'en avoir touché de l'étranger. Est-il naturel, qu'une Puissance aussi grande, aussi respectable ait traité avec un petit Corps de Noblesse? Les Souverains ne font, ne concluent des traités que d'égal à égal; vous autres, assemblés à Sluck & à Thorn, puisque l'on vous a dit: Assemblés vous! avés fait parvenir vos requêtes, vos plaintes aux pieds du Trône de l'Auguste Souveraine, qui a daignée avoir pitié de votre état, a voulu rompre le joug qui pésoit depuis tant d'années sur vous, & a contractée avec le Roi & la Republique de Pologne; voilà les Puissances pacifcentes, & non vous, Messieurs. Un Traité suppose toujours une pacifion réciproque. Que pouviés vous promettre à une Puissance comme la Russie? Cessés de vous pavanner que c'est vous qui avés fait un Traité: Assertion que l'Ambassadeur ne peut pas même tolérer; & ce Seigneur juste autant qu'éclairé, sans s'arrêter, que vous l'obsédés continuellement — lui montrés les faits dans un faux jour & ou les niés tout à fait, saura reconnôitre la vérité & la soutenir. Mais supposons qu'effectivement ces Nobles eussent conclu le Traité, cette Noblesse a-t-elle obtenu pour cela le droit de tiranniser l'état le plus opulent? Voyons un moment. Est-ils dit dans le Traité, qu'on casse les anciens priviléges? Non, on les réhabilite solemnellement. Quels sont-ils pour les Bourgeois, d'avoir partagé, depuis l'union de Sendomir en 1570, par une possession non interrompue, avec les Nobles, le droit de siéger avec ces Nobles dans les Sinodes & Consistoires? Il est dit dans l'article II. p. 39.

„Dorénavant le nom de Diffidents ne sera donné qu'aux Gentilshom-
„mes Grecs non-unis, & aux Evangeliques de deux Confessions.„

il n'est pas dit:

„& aux Gentilshommes Evangéliques de deux Confessions.„

ce qui auroit été clair, mais généralement aux Evangeliques; ainsi rien n'exclue les Bourgeois de porter le même nom.

Qui vous dispute, que la Noblesse ne doive avoir le premier rang? qu'elle doive représenter, présider, avoir l'oeil que rien ne se fasse, qui soit contre la teneur du Traité? Personne; elle doit être respectée, mais entre le respect, & un pouvoir absolu, il y a une terrible différence. Ici il faut encore remarquer, que c'est le *Corps de Noblesse Polonoise Diffidente Possessionnée*, qui s'est confédérée à Thorn & à Sluck, & les villes de Thorn, Danzig & Elbing n'ont pas signées comme villes états de la Prusse, mais au nom du Corps de la Bourgeoisie. Qui sont ceux qui sont aujourd'hui nombre? Des Officiers, trés braves gens assurément, mais dont la moitié n'a pas un pouce de terrain, & beaucoup qui sont étrangers & non indigénes. La Loi de Pologne est positive; j'y renvois ceux, qui veulent savoir, qui est & doit être reconnu pour un Gentilhomme Polonois; & ce sont précisément ces Messieurs, qui croient pou-

mit Zufriedenheit.   Der

pouvoir traiter d'autres Concitoyens non nobles avec une rudesse militaire; qui à
chaque parole font sentir une protection prépondérante, ce qui, selon moi, est abuser impudemment de cette protection, qui ne fera usage de son pouvoir, que pour
soutenir l'innocence opprimée. L'on prouvera même, que la plus saine partie des
Officiers, (n'en exceptons pas ceux du premier rang, reconnus bons gentilhommes &
prisés par leurs connoissances & leur probité) n'ont plus mis le pied dans aucune des
Assemblées, ayant été traitée avec si peu de ménagement des Nobles, les Chefs de
la Noblesse, les chevilles ouvrières de la dissension, qui à chaque troisiéme mot font
retentir les terribles mots d'écraser, exterminer, prison & chaines, & qui sous le
dehors d'un flegme affecté devant les personnes qu'ils craignent, s'abandonnent à une
colère refléchie, plus dangereuse que l'effervescence d'une pétulance momentanée.

Venons au §. 5. pag. 46.

Rien de plus parfait, rien de plus sage, ne fut-ce même que le conseil de
la raison & non un article du Traité, que ce qui suit: „C'est une vérité invariable,
„qu'aucune Société ne peut subsister sans Subordination & discipline." Qui s'oppose-
roit à cette base du bon ordre, seroit un méchant ou un insensé. Plus loin on continue de dire: „Les Dissidens de l'une & l'autre Confession jouïront de la pleine liberté
„d'ériger leur propre Consistoire, de tenir, sans le moindre obstacle, leurs Assemblées
„sinodales, où il ne s'agit que de l'ordre interne de leur Religion." Rien n'est plus
clair; il est par là même tacitement désigné, qu'il faut, pour suivre de loix, avoir
un code de loix ecclésiastiques; par conséquent le livre de loix est nécessaire; mais il
faut que le loix qui s'y trouvent préscrites, ne soient pas diamétralement opposées,
aux loix civiles du pays. Quand on ordonneroit à un Savant de la Pologne d'écrire
de loix ecclésiastiques pour le Paraguai, il diroit quelques bonnes choses, mais autant d'inepties, ne connoissant ni les loix civiles ni les us du pays. Le Professeur
Scheidemantel, auteur de ce livre, a été impitoiablement drappé par les Savans d'Allemagne. Qu'y a-t-il répondu? Pas une Syllabe. Le Ministère ecclésiastique & le
Presbytère des Communités évangeliques de Neu-Boïanova & de Schlemsdorf ont fait
la censure de ce livre: elle est faite de main de maître, voyez *Büsching* pag. 69 —
93. & plus bas, pag. 234 — 240. par Mr. *Büsching* lui-même. Comment a-t-il
dû être introduit, ce livre, par la force, par la violence? Les protestations les plus
solemnelles n'ont point été entenduës; un seul exemple: Le Sieur *Ragge*, muni de
pleins pouvoirs des Dissidens de Cracovie, reçoit une lettre la veille, avant la conclusion du Sinode, où ses Committants lui recommandent, de protester contre ce
Code. Il paroit à l'assemblée; montre sa lettre inhibitoire, on l'obsède, on a
l'intimide, & on force ce pauvre homme, baigné de larmes, de signer. Ce
sont des faits; qu'on les nie si l'on peut. Peut-on, dans un écrit publique,
dire, que c'est par simple bonté, qu'on a accordé à la Bourgeoisie une influence
dans le gouvernement consistorial. Il faut qu'une porte soit ouverte ou fermée.
On dit, que c'est contre les loix, que le Bourgeois se mêlent, aient de l'influence,
& puis l'on dit, que c'est par bonté qu'on leur a accordé cet avantage, une bonté
contre les loix! Le pouvoit-on? ou si on le pouvoit, pourquoi vouloir de nouveau
retirer ce qui a été accordé une fois. Si l'on cite l'*Histoire de la Reformation en*
                                                                              Polo-

vom 15ten Octobr. 1785.

Der König ernannte wieder eine Commißion zur Unterſuchung und

Pologne, imprimée à Leipzig pendant le cours de l'année préſente, il ne ſeroit pas moins utile de citer également celle de *Buſching*. Les Intereſſés à ne pas vouloir que leur façon de traiter les affaires de Religion devienne publique, ont fait des démarches auprés du Miniſtre Pruſſien, pour que le livre ſoit défendu: ils n'ont fait que de l'eau claire. Le livre exiſte avec privilége du Roi, & toute l'Europe connoit & révére *Buſching*, malgré qu'on le traite de gueux & de fou. Aſſerer que les loix propoſées ſont tyranniques, contre les loix civiles du Royaume, ſans le prouver, ſeroit une calomnie, & toute calomnie, une malhonnêteté. Il eſt donc néceſſaire de mettre ſous les yeux du Public ces mêmes loix, extraites du livre corrigé; que devoit donc être ce livre avant de l'avoir été? Quand on veut juger d'un ouvrage, il faut le lire. J'en épargne la peine à mes lecteurs, & ils n'auront que la peine de voir le renvoi des pages. Je ne touche à aucune matière de Religion; mais uniquement à ce qui eſt contraire aux loix civiles du Pays. *)

Ar-

*) Qu'on liſe ici la quatrième Seſſion du Sinode de Liſſa, le 6. Sept. l'après midi 1775. On y a décidé les matières qui apartiennent au Conſiſtoire.

1) Tout ce qui apartient à la Diſcipline Eccléſiaſtique, & à la Police de nôtre Egliſe, à quoi l'on doit comper les plaintes des Communautés ou des Anciens contre leurs Paſteurs.

2) Le Reglement du Service Divin dans les Egliſes & Communautés.

3) Le Salaire des Prêtres & des Deſſervans les Egliſes en cas des Diſputes, provenantes du Salaire.

4) La Fondation des Ecoles & Hopitaux de nôtre Confeſſion.

5) D'accorder des conſentemens pour bâtir de nouvelles Egliſes, & de leur former de Paroiſſes; à cette fin on nommera de la part du Conſiſtoire une Commiſſion ſur les Lieux.

  NB. Où il s'agit d'établir des Egliſes ſimultanées, c'eſt du Reſſort des Conſiſtoires communs.

6) Les Viſitations d'Egliſes; la Reviſion des Comptes.

7) Et tout ce qui *in Caſu ſpeciali* peut arriver, qui regarde ſeul notre Confeſſion, de le regler & décider; excepté tout ce qui nommément appartient au Conſiſtoire commun.

En dernier Lieu a été décidé, que, *in abſentia quorundam membrorum Conſiſtorii*, trois voix préſentes pourroient decider.

Et enſuite:

Voyés l'union de la petite Pologne avec les Communautés des deux Rits du Palatinat de Mazovie, Sielec le 2. May 1777.

Il eſt dit, Ordonance de Judicature pour le Conſiſtoire.

1) Ce Jugement Conſiſtorial eſt rendu à juger les cauſes ſuivantes:

  a) Toutes les Diſputes entre les Prêtres & les Communautés & *vice verſa*. Celles qu'ils pourroient avoir avec des Particuliers, ou celles qui pourroient naître, (ce que Dieu préſerve) de Communauté à Communauté.

  b) Dans ce qui regarde *ſcandale de vie* des Prêtres ou Anciens de Communautés, le Fiſcal peut évoquer ces cauſes devant le Conſiſtoire.

  c) Les affaires de mariage entre des Individus de l'une ou des deux Confeſſions.

Geſchichte der Synode von Kleinpolen und Maſuren, und Abhaltung der Beſchwerden der Gemeinen, welche aus dem Fürſten

Article IV. pag. 17.

Damit man die rechtlichen Folgen der heiligen Taufe nicht mißbrauche, ſo wird hierdurch ausdrücklich erklärt: daß die Taufe den Verbrecher nicht von der Lebensſtrafe — befreye.

Pour ne point abuſer de la vraie Suite du Saint Baptême, on explique ici le plus expreſſement, que le Baptême ne ſauve pas les Criminels de la peine de mort.

Eſt-ce de la compétence du Sinode, de décider de la peine de vie, & n'eſt-ce pas s'ingérer évidemment dans la Juriſdiction civile & criminelle? Que fait le Baptême en juſtice? Le Juge civil fera exécuter le Criminel catholique, Juif & Diſſident, ſelon les loix du Pays.

Pag.

d) Les matières de divorce.

e) Diſpenſes des bans.

f) Tout ce qui apartient aux Veuves & aux Orphelins des Prêtres ou autres Perſonnes deſervans les Egliſes, & le Conſiſtoire eſt obligé de ſe charger de la ſuprême tutéle.

2) Toutes les Diſcuſſions de Dogme entre les deux Confeſſions, ſont reſervées aux Sinodes généraux &c.

3) On doit avant de juger, tacher, d'accomoder les parties &c.

4) Pour éviter la perte du tems, les plaintes doivent être données par écrit &c.

5) Après la ſentence prononcée, le Conſiſtoire ne peut empêcher les parties d'appéller au Sinode; bien au contraire, il eſt obligé de donner le reçu: *De interpoſita appellatione.*

6) (*Remarqués cet article, s'il vous plaît,*) La Taxe des Amendes (Gerichtsſporteln) & des Revenants-bons tant pour le Jugement que pour les Subalternes, de même que les Diſpenſes du Conſiſtoire, appartiennent aux Communautés *Civilis Ordinis* (cela eſt-il clair?) ayant les frais de louer un endroit décent à Varſovie, à lever ſur la tenuë du Conſiſtoire & ceux de payer les Subalternes.

7) a. b. c. d. e. f. g. renferme les Taxes qu'on a fixés.

8) On fixe une ſomme pour les Aſſeſſeurs nobles pour les défrayer de leurs voyages à faire à Varſovie à lever ſur la Caiſſe commune des Communautés Civiles &c.

9) Le nombre des Voix néceſſaires.

10) La même choſe.

11) Le droit de ſe ſervir de la riguer de l'amotion contre un Conſeiller du Conſiſtoire élu par le Sinode, qui ſe trouveroit à Varſovie & n'aſſiſteroit pas aux Séances, ſans raiſon légale.

12) Comme les Jugemens conſiſtoriaux ſont fixés à deux termes dans l'année à Varſovie, & par conſequent ne ſont pas toujours en activité, nous concédons aux Conſeillers préſens *cum referentia ad Senior Civil* (de la Bourgeoiſie) de diſpenſer ſelon la taxe &c.

Y a-t-il dans tous ces articles une ſeule infraction de la Loi civile? Non. Et ceux qui ont ſignés, étoient 19 Gentilshommes *bene poſſeſſionati.*

sten August Sulkowski, dem Generalfeldzeugmeister Herrn Grafen von Brühl,

Pag. 24. — 7.

Wenn das höchste polnische Oberhaupt die Feyer eines ausserordentlichen Festes anbefiehlt, wollen wir solches Fest nach unserer Kirchenordnung feyern, in so fern es den Grundsätzen unserer Kirche unbeschadet geschehen kann.

Quand le Chef suprême de la Pologne (das höchste polnische Oberhaupt, Expression louche, qui désigne un étranger ignare, qui ne sait pas, qui, en Pologne, a le droit d'ordonner des Fêtes,) ordonnera de fêter une Fête extraordinaire, nous nous obligeons de la célébrer selon le rit de nôtre Eglise.

Bon, si on avoit terminé ici cet article, puisqu'il est clair, que par là on ne sauroit comprendre des Fêtes dogmatiques, seules reconnues dans la Religion Catholique Romaine, & qu'il ne peut être question que de jours de Pénitence ou de Grace générale dans le Pays, tous les autres étant contraires au rit du Protestantisme, mais ajouter, *tant que cela ne sera pas contraire & nuisible aux Principes fondamentaux de nôtre Eglise, qui sont* — — —

Pag. 25. — Sect. 3. Art. 1. — 1.

Voici un article trés curieux qui renferme des réstrictions mentales bien moins artistement gazées que l'on ne croit.

Sowohl unsere Religion überhaupt, als auch insbesondere die evangelisch-dissidentische Kirche in Polen, leidet kein willkührliches und der weltlichen Majestät nachahmendes Zwangsregiment in geistlichen Sachen. —

Tant notre Religion en général, que l'Eglise Diffidente Evangélique en Pologne, ne souffre point un moyen coactif arbitraire, & assimilant à la Majesté seculiere dans les matieres Ecclesiastiques.

Retenés ceci & ce qui va suivre, Messieurs. Au reste, chaque Religion & non pas la vôtre seule, doit se régir sur ce principes. Mais écoutons la fin:

Unsere Kirche greift niemals in die weltlichen Hoheitsrechte. Nur ausser den Gewissenssachen findet verhältnißmäßiger Zwang durch Umwege, oder auch bisweilen gerade zu, statt.

Nôtre Eglise ne s'arroge & n'empiéte à personne les droits d'une Régence seculiere: excepté dans les affaires de conscience, une coaction proportionnée peut trouver lieu ou par des détours (Umwege) ou même quelque fois directement.

N'est-ce pas là le principe le plus ouvert de l'Inquisition, qui a fait crier les Protestans contre l'Intolérantisme des Catholiques Romains? C'est afficher l'Intolérantisme le plus ouvert haut à la main, & je demande, quels sont ces moyens coactifs? Peut-être d'exclure un Membre gangreneux? non; mais nous les montrerons plus bas ces moyens. Finissons:

Brühl, und dem Legationsrath und General-Postcommissar, Herrn von

Wenn man die Erhaltung und die erhabene Absicht der Kirche, oder (soll vermuthlich heissen, wider) die ungerechten und gewaltsamen Angriffe dieser Menschen, sie seyn nun Mitglieder oder andere, vertheidigen muß.	Quand il s'agit de la conservation de l'Eglise, & de son but élevé, ou quand il faut se defendre contre l'attaque injuste & violente d'hommes méchans tant de notre communauté que d'autres.

Discutons sans prévention cet article, & nous y trouverons encore les loix civiles lézées. Les hommes méchans sont subordonnés aux loix. Est-ce à un Consistoire à les punir? qui sont ces *autres* qui se soumettront à leur Jurisdiction?

Dans l'Art. II. pag. 39. du Traité, il est prohibé, de donner des denominations odieuses ni à la Religion, ni aux Personnes tant Ecclesiastiques que Seculiéres. Si un Catholique Romain désigné ici sous la Dénomination d'*autres*, se portera à une telle prévarication: c'est vous qui vous porterés à une coaction proportionnée; vous n'en avés qu'une: C'est de le citer à son Jugement; vous refuse-t-on justice? alors plaignés vous. Un Livre de Loix, qui n'est pas clair, est une laniére de cuir que l'on étend & retrécit à volonté.

Ce qui suit ibid. — 2. — donne une définition juste du Droit Ecclesiastique: Le Pouvoir de l'Eglise est un droit, d'ordonner & de procurer tout ce qui tend au but sacré de l'Eglise, c'est à dire, le Service divin directement & indirectement, mais toujours suivant les Regles; ce droit Ecclesiastique est collegial & d'origine une proprieté de toute l'Eglise. La Coaction, la Décision de la peine de mort, le Mien & le Tien, les Héritages, les Contracts civils, est-il parlé de cela?

Pag. 28. — §. 7.

Alle Mitglieder, ohne Ansehen des Standes, sind in geistlichen und Seelensachen der Anführung des nach evangelischen Grundsätzen verfahrenden ordentlichen Priesters und seiner geistlichen Gewalt subordinirt.	Tout les membres sans distinction d'état, sont commis à la Direction du Prêtre, agissant d'après les principes de la Religion Evangelique, dans toutes les affaires spirituelles & de l'ame, & sont subordonnés à son Pouvoir Ecclesiastique.

Quel est donc ce Pouvoir Ecclésiastique du Prêtre? Est-ce peut-être celui de diffamer à volonté un honnête Citoyen du haut de sa chaire? Il faut s'expliquer clairement; il doit être permis au Prêtre d'admonêter en secret ses ouailles avec charité; mais n'est-ce pas donner par là autentiquement aux Prêtres le pouvoir de tiranniser les consciences, tomber dans le defaut qu'on a tant reproché à l'Eglise Romaine, d'empiéter trop de pouvoir? Cet article, s'il n'est pas mieux expliqué & éclairci, est onereux aux sujets de l'état.

Pag. 31. — §. 3.

Ici vient une question d'état: Si même nous accordons au Sinode Général la faculté d'être indépendant de personne en matiére de Religion, malgré la denomination

von Sartorius, bestund, der sich aber der Herr Generallieutenant von

nation modeste de *Regence suprème*, (höchstes Regiment) devant qui doit repondre ce Sinode Général, si contre le sens exprés de la loi il s'ingére dans des décisions civiles? s'il péche ouvertement lui-même contre ce qu'il dit?

Ibidem — 5.

Daß die Generalsynode die jedesmalige rechtmäßige Staatsverfassung in Polen und Litauen, die Hauptgrundsätze der dißidentischen Kirche und deren gemeinschaftliches Wohlsein allezeit als die ersten Gesetze vor Augen haben, und niemals überschreiten oder sonst willkührlich behandeln solle.

Que le Sinode général doit à chaque fois avoir devant les yeux pour premiére loi la constitution de l'état tant en Pologne qu'en Lithuanie, & son bien être général, & jamais outrepasser cette Regle, ni agir arbitrairement.

Vous êtes par tout l'Advocat pour & contre. Comment? Il lui sera même permis de choisir dans l'Etranger des Systémes de Religion sans replique, (unabhängig) & ces Gentilshommes qui veulent exclure l'état des Bourgeois, où surement se trouve la classe des Lettrés, disposeront à volonté de leur conscience? Cela est-il raisonnable, faisable, practicable? Est-ce que les consciences peuvent être commandées à la baguette? Peut-être les Legislateurs n'ont pas eu cette idée tyrannique en vue; mais dans un Code de Loix il faut être clair & ils sont le contraire, peut-être exprès pour laisser une porte de derriere. En général il est necessaire que vous vous expliqués une bonne fois nettement. Qu'est-ce que ces Canons, dont vous parlés si souvent? quel est votre Droit Ecclesiastique? quel Rit suivés vous? Si c'est absolument selon le Systéme de la Confession d'Augsbourg, faites imprimer vos dogmes, vos rits: c'est par là que vous auriés dû commencer, au lieu de penser à faire des Loix très civiles & mondaines. Personne n'auroit pu y trouver à redire; au moins vos confréres auroient sçu à quoi se tenir & vous n'auriés pas été vagues.

Pag. 32. — §. 3.

Die Kirchenordnungen müssen durch verhältnißmäßigen Nachdruck unterstützet werden, und deswegen kann die Generalsynode Belohnungen und Strafen bestimmen.

Les Reglemens ecclésiastiques doivent être étayés par une force analogue (mit Nachdruck) & par cette raison le Sinode Général peut fixer des récompenses & des punitions.

Punitions Ecclesiastiques, à la bonne heure, quand on aura fixé ce que c'est qu'une Punition Ecclesiastique. Je suppose, que ce sont des Admonitions, Amendes, en cas de désobeissance une Suspension, des consolations ecclésiastiques; enfin, en retranchant un tel membre du Corps Evangelique, voilà le *Non plus ultra*; mais des Punitions civiles, comme un triplex *vadium capitaneale* avec exécution à la premiére condemnate, comme le cas est arrivé tout de suite à Wilna, de 1584 fl. ceci est faire beaucoup plus que les loix même du Royaume ne permettent; & cela s'appelle être à la curée de la bourse de son prochain.

Pag.

von der Golz, und der Herr Graf von Unruh, nach Möglichkeit wider-

Pag. 35. — §. 12.

Proceßſachen einzelner Perſonen, ſo lange ſie noch das Privatintereſſe betreffen, gehören für die Conſiſtoria, und werden von der Synode ſogleich abgewieſen.	Les affaires de procès de perſonnes iſolées (einzelner Perſonen) tant qu'elles ne regarderont qu'un INTERET PARTICULIER, appartiennent au Conſiſtoire, & ſeront renvoyées du Sinode.

N'eſt-ce pas encore s'arroger une Juſtice civile, *un interet particulier*? Sous ce titre tout peut-être attiré à ce tribunal. Vous ne voulés pas être clair: dites, toutes les affaires *d'un particulier*, regardant les dogmes, diſcipline eccléſiaſtique, & rits, ſeront jugées par le Conſiſtoire, ſoit; mais les termes vagues offrent un Sens louche, & toute loi dictée ſous cette empreinte, eſt l'origine de la diſſenſion; mais ici, d'être obſcur, ſeroit encore un ſubterfuge, qui pourroit maſquer vos intentions. Achevons cet article, & voyons ce que vous dites.

Wird aber ein Mitglied unſerer Kirche Religions wegen angegriffen, oder betrift der Streit unſere ganze Verfaſſung und allgemeine politiſche Vereinigung: da nimmt ꝛc.	Mais ſi un membre de nôtre Egliſe eſt attaqué pour affaire de Religion, ou ſi la diſpute regarde une affaire touchant notre Conſtitution: alors le Sinode Provincial &c.

La Loi dit, que vous ne pouvés vous mêler qu'à juger des affaires de Religion; ici vous les évoqués devant le Sinode provincial, & les affaires particuliéres civiles, vous les laiſſés au Conſiſtoire. Peut-on voir plus clairement l'intention d'un Gouvernement déſpotique? L'intention de la Nobleſſe, de former un Etat dans l'Etat? d'agir contre la teneur des Traités?

Pag. 46. §. 3.

Und der weltliche Richter iſt nach den Geſetzen verbunden, auf geziemende Conſiſtorial-Requiſition die Urtheile zu vollſtrecken, wenn ein Zwang nöthig iſt, welchen das geiſtliche Regiment ſeiner Natur nach nicht ſelbſt ausübet.	Ici on dit, *que le Juge Séculier eſt obligé, ſelon les loix, d'executer les ſentences coactives du Gouvernement ſpirituel, que celui-ci par ſa nature ne peut pas exécuter.*

Ne diſcutons pas la queſtion, quoique très eſſentielle, ſi un juge ſéculier peut toute-ſuite exécuter, en voyant des Decrets écrits contre la forme des loix. Qu'on liſe à cet effet la Réſolution du Conſeil Permanent du 4. Nov. 1785 qui défend d'exécuter un Decret du Jugement mixte, (compoſiti Judicii) jusqu'à ce que le Tribunal ſéculier en ait décidé. Mais quelles ſont ces punitions? Sur la bourſe, ſans doute, ſur la liberté, peut-être? Les Jugemens Eccléſiaſtiques décideront donc arbitrairement, puis-qu'ils ſe réſervent plus bas le droit de proportionner les punitions aux délits de la liberté, le plus grand bien de l'humanité, de leurs concitoyens. Dés

qu'il y

versetzten, so daß insonderheit der zweyte mit ben Commissarien, vor=
nem

qu'il-y a de le violence sur jeu, le jugement n'est plus de votre ressort; ainsi c'est à la bourse que vous visés; effectivement c'est aller au solide. Mais pour mieux entendre cet article, sautons à la *Pag.* 86. *Art.* 5. Là on verra en plein ce que vous demandés.

Sollten Zwangsmittel nöthig seyn, welche die Kirche theils nicht gerne selbst vollstrecken will, theils auch, wegen der weltlichen Competenz, nicht vollstrecken kann: so wird der weltliche Richter oder Obrigkeit zur Hülfe Rechtens ersucht, daß er auf Requisition die Urtheile vollstrecke.	Des moyens coactifs seroient-ils nécessaires, que l'Eglise ne voudroit pas volontiers exécuter elle-même, ou qu'elle ne peut exécuter à cause de la Compétence Séculière: alors on demandera l'aide du Juge séculier ou de la Magistrature séculière, pour que sur requisition il exécute les Sentences.

Quoi vous prétendés qu'un Juge séculier, qu'une Magistrature exécute les Sentences que vous avés portées? & si on appelle de la sentence du Consistoire au Comité (engeren Ausschuß) composé de quatre personnes: qu'arrive-t-il? Ce qui est arrivé. Le Lieut. Colonel Stettner, sans doute noble Etranger, mais pas possessionné, se trouve Président du Consistoire. On trouve sa sentence injuste; on appelle au Comité; qui y preside? Le même Stettner, qui est Président du Sinode Provincial. *Cryia Sprawa? Woyta; kto Sadzi? Woyt.* C'est assurement le meilleur moyen, de n'avoir jamais tort.

Pag. 47. §. 5.

Dagegen hat der engere Ausschuß der Synoden in geistlichen Sachen kein höheres Gericht über sich zu erkennen. Man kann von dessen Ausspruch nicht appelliren.	Ici vous dites, *que ce Comité ne connoit en matière ecclésiastique aucun jugement au dessus de Soi, & l'on ne peut appeller de ses sentences.*

Après l'exemple allégué, que l'on juge ce que c'est que ce Comité. Quelle Judicature, quel arrangement? Et l'on traitera de Populace, de Rebelles, les gens sensés, qui osent s'adresser à leur Roi, reclamer la Sainteté des Traités &c.

Pag. 47. §. 6.

Ob nun gleich die Consistorien in geistlichen Sachen unter keinen Befehlen des weltlichen Richters stehen ꝛc.	Quoique le Consistoire en matière ecclésiastique ne depende d'aucun ordre du Juge séculier.

Qui veut se mêler en *matières ecclésiastiques?* Mais énoncés clairement & distinctement, ce qui est mis sous cette étiquette & les punitions dictées par vos loix, & ne laissés pas par tout à vôtre Consistoire un pouvoir arbitraire, de taxer religieusement les bourses de vos concitoyens, de vos frères.

nemlich mit dem Herrn Grafen von Brühl, sich stark überwarf. Hier=

Pag. 53. §. 14.

Abgabe der Capital=Verbrecher an den weltlichen Arm.

A remettre les Criminels, dans les crimes capitaux, au bras féculier.

Comment? vous prétendés, que c'est vous qui jugerés les crimes capitaux, & qu'ensuite ayant décidé, s'ils le sont ou non, vous les rendrés quand vous les aurés jugés tels, au bras féculier? N'est-ce pas s'arroger un jugement civil & criminel? Les crimes sont portés devant justice ou par un délateur qui devient acteur, ou poursuivis par l'Instigateur, & vous voulés, qu'on cite un Criminel devant votre Consistoire; réflechissés à cette prétension: y a-t-il là dedans une etincelle de Religion? Parlons même des crimes religieux capitaux, d'un blasphême, (Gotteslästerer) hé bien, alors vous serés pourtant obligé d'agir contre lui devant un Juge féculier, de devenir acteurs, & d'attendre la punition, qui lui sera infligé par celui-ci.

Pag. 55. §. 3.

Keine Provocation oder Renunciation von den Consistorien an den weltlichen Richter kann hier gültig seyn.

Ici vous défendés toute évocation à un juge féculier &c.

Quelles sont-elles? Nommés les.

Pag. 60. §. 9.

Bey allen diesen aber haben sie keine geistliche Gerichtsbarkeit.

Les Anciens ecclésiastiques (Seniores,) n'ont point de Jurisdiction ecclésiastique.

Très bien: surtout en Matières ecclésiastiques, elles sont trop angustes, pour les soumettre à la decision d'un seul individu; mais néanmoins vous donnés

Pag. 28. §. 7.

à vos Prêtres un pouvoir, auquel vous subordonnés chaque individu sans exception, pendant que vous dites ici sur cet article:

Denn diese Befugnisse sind allein denen Consistorien vorbehalten.

Que ce droit de punir & relaxer des peines (le Jus aggratiandi) est entierement reservé au Consistoire.

Accordés vous & ne vous contredisés point.

Pag. 65. Art. VII.

Gesetze in Kirchenjustitzsachen betreffen theils das Mein und Dein, oder die streitigen Rechte einzelner Mitglieder in der Kirche &c.

Des loix dans les affaires de la Justice ecclésiastique, regardant le Mien & le Tien (das Mein und Dein) principalement touchant l'interêt des membres séparés &c.

C'est

vom 15ten Octobr. 1785.

Hierauf besprach sich der König mit dem rußisch-kaiserlichen Am-

C'est assurement quelque chose d'inoui, qu'un Jugement ecclésiastique prétende de s'approprier la connoissance *du Mien & du Tien*, d'oser le dire sans même se donner la peine de gazer cette intention très religieuse, & l'explication que vous en donnés, est un rabachi qui ne détruit en rien le hardi de l'etiquette. N'est ce pas l'acte le plus autentique de la justice civile de décider sur le Mien & le Tien? Quoi? des Gentilshommes n'iront pas sur leurs affaires *d'interêt*, plaider (w Ziemstwach) les bourgeois devant leurs Magistrats, les paysans devant leurs Seigneurs? & vous soutiendrés, que vous n'empiétés pas sur les loix & Jurisdictions civiles du pays? que vous vous arrogés des droits que les sujets Catholiques Romains n'ont pas, aux quels on a voulu vous assimiler, mais point, vous accordés plus que ceux-ci n'ont eux-mêmes. Si ceci ne fait pas ouvrir les yeux à ceux qui vous protégent, tout est dit, & il ne reste qu'à baisser la tête, & à brûler toutes les loix, privileges, sanctions, coûtumes, us & constitutions.

Pag. 66. §. 4.

Comment est-il possible de s'expliquer plus clairement qu'ici, que le Consistoire se reserve une jurisdiction civile, quand on dit:

Deswegen werden auch grosse Verbrechen, welche mit Lebensstrafe zu belegen sind, nach vorgängiger Untersuchung des Consistorii, dem weltlichen Richter zur Verurtheilung und Vollstreckung überliefert.

Que les crimes, qui meritent la mort, seront remis au jugement séculier, vû après que le Consistoire les aura préalablement examiné.

Remarqués ceci, qu'alors on en remet seulement l'exécution à ce juge séculier. (Vollstreckung) Peut-on exécuter une Sentence de mort avant de juger? L'exécution présuppose un jugement: on remet l'exécution au Juge séculier, par consequent le Consistoire prononcera comme en Angleterre, coupable ou non coupable; & alors droit au gibet, car vous avés déclaré plus haut, que le Juge séculier devoit exécuter vos Sentences, sans même oser les examiner.

Ibidem §. 5.

Es versteht sich von selbst, daß man die Grösse der Strafe nach der Grösse des Verbrechens abmessen müsse.

Cela s'entend de soi même qu'il faut proportionner la grandeur de punition selon la grandeur du crime.

Arbitrairement: rien de mieux vû. Quoi, le sort d'un citoyen dependra donc arbitrairement du microscope du fanatisme, d'un jugement où il n'y a qu'un prêtre & un notaire, gens de lettres, & les autres des officiers & des négociants; que l'on me dise à quel crime est proportionné la menace de la canne levée & des paroles les plus outrageantes, dont s'est servi le Président Stettner en plein Consistoire? & de tels gens doivent proportionner les peines aux délits? Cela sent la Dragonnade. Un code de loix doit énoncer les punitions preportionnées aux délits. Laisser à chaque Consistoire composer des peines à son goût, c'est remettre le bien-être des citoyens entre les mains du pouvoir arbitraire.
Pag.

Ambassadeur, Grafen von Stackelberg, über diese Sache, der sich vor=

Pag. 67. §. 7.

Und — bey dem gottlosen Hausgesinde ist es frey, denen Vorgesetzten oder Hausherrschaft, durch gemäßigte Privatzüchtigung dem Bösen zu steuern und die Untergebenen zu bessern.

Un maitre est en droit de punir sa valetaille par des punitions privées, modérées, pour la corriger de sa mechanceté.

Monsieur le Lieutenant Colonel, l'Ex- président trouvera cinquante coups de baton aussi modérés que la bourgeoisie un soufflet sur la joue de sa cuisinière. De quel droit ce Legislateur peut-il permettre des voyes de fait? Si c'est un gentilhomme, la loi du pays parle; un bourgeois à son magistrat; les Domestiques des militaires appartiennent à la jurisdiction du Regiment; & vous de pleine autorité vous levés tous ces entraves, que la loi a mise à la cruauté des maîtres? Mais voyons, si nous ne pouvons pas decouvrir la raison de cette dispense: La voilà: Le maître n'aura pas dans sa main la portée juste du mot de punition privée & moderée, le Domestique ira sans doute au Consistoire; car je ne doute pas que c'est là que vous voudrés juger cet acte phisico-Spirituel: le maître sera condamné à une amende pécuniaire, & cela ne laisse pas que de faire venir l'eau au moulin.

Pag. 86. §. 6.

Vous êtes pour le coactif; il est vrai que cela est commode. Ici vous dites:

Bey Vollstreckung der Urtheile, welche einem Mitgliede auferlegen, etwas an andere zu entrichten, das sich mit Recht erzwingen läßt. Denn die Consistorien und Senioren müssen in soweit eine Gewalt haben, als es zur Gerichtsbarkeit nöthig ist.

Que pour exécuter une Sentence du Consistoire, obligeant un individu, de payer à un autre, on doit se servir du coactif.

Remarqués, que vous ne parlés pas ici des matières ecclésiastiques; quelles peuvent donc etre ces causes ecclésiastiques? Des voyes de fait? Cela appartient au Grand-Maréchal. Des injures? Ibidem. Des demandes de payement de dettes? Au jugement civil. Ou est-ce que vous suriés peut-être promis des recompenses aux délateurs contre ceux qui manquent à la pratique stricte de la Religion? alors il faudroit donner un nom à l'enfant; celui d'Inquisition, d'Auto da fé pécuniaire, seroit assés homogène.

Ibidem §. 7.

In allen Vertheidigungsfällen wider Gewalt.

Des moyens coactifs dans toutes les occasions, où il s'agit de se défendre contre la violence.

En vérité, ceci paroit fort; ou je n'entends pas ce que je lis, ou il y a un contresens, ou un sens enveloppé. Moyen coactif (Zwangmittel) est une force qui obli-

vorbehält, die Streitigkeiten zwischen dem Adel, und den bürgerlichen Gemei-

oblige à faire une chose, qu'on refuse de faire de bon gré. Qui voulés vous forcer en vous defendant? Si l'on vous attaque, c'est en corps ou en detail. Est-ce en corps comme Assemblée des Dissidens Evangeliques, vous avés le Roi, la Republique, la Sainteté d'un Traité, enfin l'auguste & puissante Garante, sous le bouclier de laquelle vous pouvés vous reposer tranquillement. Est-ce un particulier perturbateur du repos public, qui en veut à vôtre sûreté, les loix civiles sont pour vous: accusés lo, & le juge civil & criminel à Varsovie, le Grand-Maréchal vous défendra, vous vengera.

Pag. 95. §. 7.

Die Witwen sind gleichfalls mit einem Vormunde zu berathen, und müssen begünstigt werden.	Les veuves doivent être pourvues de tuteurs.

Est-ce un acte de discipline d'Eglise, une matière de Religion? En tout cas ce n'est qu'un acte de charité chretienne, mais la loi civile y a pourvu.

Pag. 99. Article V. §. 5.

On parle de contracts faits devant justice & on dit:

Die Subtilitäten und ängstlichen Wendungen, welche in den römischen Gesetzen bey Verträgen und Contracten vorkommen, sind bey uns ungültig.	Les Subtilités & les tournures pleines d'angoise de la loi Romaine, sont sans valeur chez nous.

Græca non legentur nec intelligentur. — Qu'est ce que cela veut dire? de quelle loi parle-t-on? de quelle loi Romaine? Celles, qui ne sont pas autorisées par les loix du pays, ne sont pas des loix pour nous; ainsi pourquoi les nommer? Seroit ce peut-être des loix Catholiques Romaines, qu'on a sous entendu sans les nommer, cela ne laisseroit pas que d'être rejouissant. Enfin encore une fois, voilà un Legislateur bien indéchiffrable, ou plutôt que trop clair.

Pag. 100. §. 6.

Est-ce que des Procès d'heritage, de Successions sont aussi des matières ecclésiastiques? Toutes celles qui ne surpassent pas la Somme de 100 fl. sont laissées au Juge séculier; toutes celles qui passent cette somme, doivent être faits devant le Consistoire, & vous voulés nous faire voir les étoiles en plein midi, & nous faire accroire, que vous n'empiétés pas sur les jugemens civils. Croyés vous donc, qu'un contrat d'heritage, de Succession, un arrangement pécuniaire, même de Prêtre, soit un acte de Religion? Vôtre code n'est qu'un tissu continuel d'obscurité, ou une prévarication ouverte des loix de vôtre Patrie.

Gemeinen genau zu unterfuchen. Niemand wäre, wegen feines groſſen
An=

Pag. 153. Article III.

Die Erbverträge müſſen vor dem competirenden Confiſtorio gerichtlich und ordnungsmäßig geſchloſſen, oder doch wenigſtens daſelbſt inſinuiret werden.

Les Compacts d'heritage, (Erbverträge,) *doivent être conclus juridiquement devant le Confiſtoire competent.* —

Apparemment encore une matière de Religion? Dites moi, eſt-ce qu'une cour de juſtice eccléſiaſtique des Catholiques Romains peut ou oſe s'approprier des tels priviléges? Eſt-ce qu'un Eccléſiaſtique Catholique, qui fait une donation, un acte d'interêt civil, le fait devant le Confiſtoire, ou au Grod, à la Mêtrique? Et vous qui annoncés toujours vos Confiſtoires comme un Jugement eccléſiaſtique, vous lui donnés autorité à connoître Du Mien & du Tien; voulés qu'un acte de compactation d'heritage ſoit conclu devant ce Confiſtoire. Vous vous découvrés ouvertement. Allés, ſi on vous laiſſoit faire, vous ſeriés bientôt plus intolérant, plus avide d'attirer tout ſous vôtre Juriſdiction eccléſiaſtique, que les Eccléſiaſtiques Catholiques, auxquels vous faites ces reproches. Vous devenés Prêtres, & vous finirés par être Moines.

Pag. 188. §. 6.

Comment? un Prêtre chez vous, qui ne fait pas voeu de pauvreté, qui épouſe des femmes qui lui apportent des dôts, un tel Prêtre contracteroit donc des dettes impunément? *Sans que l'on pût jamais mettre un arrêt juridique ſur les biens?* Si vous parlés de ſa priſe de corps, ſoit, mais parlés clair & diſtinctement. Si ce Prêtre faiſoit, malgré vôtre défenſe, des dettes ſur lettres de change, comment? il ne peut être arreté chez vous, à la fin pour être ſûr de ſa perſonne? Faites une loi civile approuvée par l'Etat: que les lettres de change de vos Prêtres ſoient nulles & d'aucune valeur, alors ſa perſonne ſera ſacrée, & lui hors d'état de déſobéir à la loi. Un livre de loix, je le repéte & le repéterai toujours, qui préſente à chaque pas un ſens louche, fournit à tout moment des diſputes, des querelles, & c'eſt le malheur de la Société.

Pag. 218. §. 5.

Voici encore un de ces paſſages fameux, qui ſappent toutes les loix civiles. Les dix commandemens de Dieu renferment les uns, contre les prevaricateurs; des punitions, dont Dieu ſeul, le perſcrutateur des ſentimens les plus cachés, s'eſt réſervé la punition. D'autres qu'il a abondonné à la rigeur des loix de ce monde. Quoi? un aſſaſſin, un voleur ſera traduit devant le Confiſtoire, & l'exécution du coupable ſeule ſera remiſe au Juge ſéculier? *remiſe ſeulement alors* (nur dann) quand le Juge eccléſiaſtique l'aura reconnu coupable. Quel eſt l'article du Traité qui vous céde ce pouvoir? Un pouvoir plus grand que celui d'aucune Juriſdiction eccléſiaſtique ſur la ſurface de la terre. Non content de celui-ci, vous vous en arrogés un plus grand, que celui d'aucune Cour de juſtice même ſéculière.

Anſehns, zum Mittler tüchtiger geweſen, als dieſer Herr, wenn er weder

Pag. 229. Art. IX. §. 2.

Das Staatsrecht und Jus Canonicum verbinden ihn, das Urtheil der Conſiſtorien nach dem Buchſtaben zu vollſtrecken; es wäre denn, daß der Synodalausſchuß von ſeiner Confeßion und Provinz einen Erlaß oder Verminderung beſchlieſſen ſollte.

La loi de l'état, (ou eſt-elle) & le *Jus Canonicum* (le Romain que vous avés déclaré, il n'y a qu'un moment pag. 99. Art. V. §. 5. plein des Subtilités.) oblige le Juge civil d'exécuter à la lettre la Sentence du Conſiſtoire, à moins que le Comité Sinodal de Sa Confeſſion & de Sa Province ne relâche ou n'allége la peine.

Peut-on plus ſolemnellement s'approprier le *Jus aggratiandi*, le droit le plus Auguſte du Souverain & n'eſt-ce pas empiéter ſur les droits civils? Rappellés vous, que le Traité, qui vous rend l'exiſtence, ne vous met qu'au rang des autres concitoyens, mais ne veut pas vous élever au deſſus, ni veut vous égaler aux Souverains. C'eſt une charmante hiſtoire que les Métamorphoſes d'Ovide, auſſi peu canonique que vos loix à la vérité: mais liſés y les exemples de Phaëton & d'Icare.

Pag. 272. Art. II.

Die Gerichtsbarkeit (geiſtliche) betrift aber auch — das Mein und Dein, Thun und Laſſen der Mitglieder.

La Juriſdiction Eccléſiaſtique regarde auſſi le Mien & le Tien & les actions (Thun und Laſſen) des membres.

A quel dogme appartient cet article eccléſiaſtique? Au même que ce qui ſuit.

Pag. 279. Sect. III.

Von der Gerichtsbarkeit in ſtreitigen Sachen, die vornemlich das Mein und Dein betreffen.

De la Juriſdiction des Diſcuſſions, qui regardent particuliérement le Mien & le Tien.

Ainſi non ſeulement la vie, l'honneur, dépend de ce Jugement conſiſtorial: mais même la fortune, le Mien & Tien de chaque Citoyen. Et vous vous étonnés, qu'on crie à haute voix à la tyrannie, à l'oppreſſion? Un des membres (*ibidem*) du Conſiſtoire, qui m'auroit fait tort ſur le Mien & le Tien, n'eſt qu'un particulier, qui dépend des loix civiles; il m'arrache mon bien, ou par aſtuce ou par violence: dans le premier cas, ce ſeroit un fourbe; dans le ſecond, un perturbateur du repos publique. Les loix civiles prononcent; ce n'eſt plus matière de Religion, c'eſt une matière des plus civiles. La qualité de Prêtre ne diſpenſe pas des loix civiles; dégradés le de ſa qualité de Prêtre: cela dépend de vous. Mais eſt-ce un Scélérat, les loix civiles le puniront au reſte, dégradé ou non. Et que ſerviroit même une telle plainte au Conſiſtoire, dont le Préſident eſt de même Préſident du Comité, & du Synode provincial.

Pag. 293. §. 4.

Bisweilen ergehet auch zugleich ein Befehl oder Inhibition in Anſehung des Beſitzes ꝛc.

Quelque fois il peut y avoir un ordre ou inhibition ſur la Poſſeſſion &c.

En

weder der Beschützer der Parthey des herrschsüchtigen militärischen Adels gewe-

Encore un acte ecclesiastique!

Ibid. — 5.

Sehr gut ist es, wenn man bey jeder Citation zur Antwort der Clausel gedenket: „Es soll Beklagter den Kläger befriedigen ꝛc."

Ce seroit très bien fait, si à chaque citation on ajouteroit en reponse la clause: Que l'accusé doit contenter l'accusateur.

J'avoue que c'est la premiere fois, que j'entends qu'on fait reponse à un citoyen. C'est une nouvelle forme judiciaire inconnuë jusqu'à présent.

Pag. 299. Art. VIII. §. 1.

Ceci est encore un Acte de Jurisdiction civile de plus avérés, qui ne regarde en rien la Religion, mais le bien séculier de l'accusé à la petite charité chrétienne près:

— als welche Bestimmung nach dem Glücks- und Unglücksfall des Beklagten einzurichten ist, damit man diesen nicht vor der Zeit zu Unmöglichkeiten und völligen Ruin bringt.

De ne pas vouloir le ruiner tout à fait, puisque l'on doit proportionner les moyens à la fortune & aux malheurs de l'accusé.

Toujours des jugemens arbitraires.

Pag. 303. §. 7.

Encore une maniére d'attirer le plus que l'on peut d'actions civiles sous la Jurisdiction ecclésiastique.

Pag. 339. §. 9.

Geldschulden werden, im Mangel der Zahlung, durch öffentlichen Verkauf der Güter des Schuldners, oder gerichtlich eingetrieben.

Des Dettes pécuniaires, faute de payemens, seront payées par la vente publique des biens du débiteur.

Est-ce encore une matiere ecclésiastique, que vous avés declarée tant des fois appartenir seule au Consistoire? voulés vous que l'on fasse l'extrait des passages où vous l'avés dit? Rélisés cet extrait & vous le trouverés. Mais faites mieux: rélisés les Traité.

Pour couronner l'oeuvre vous dites:

Pag. 340.

Die Güter eines flüchtigen Schuldners werden in gerichtlichen Beschlag und Verwaltung genommen.

Que le biens des débiteurs, qui ont pris la fuite, seront saisis & mis en depôt. (in Beschlag genommen).

Rollo

vom 15ten Octobr. 1785.

gewesen wäre, noch zum Unterhändler mit den bürgerlichen Gemeinen ber=

Reste-t-il un seul doute, après ce qui a été dit, que ce livre, que l'on veut obtruder aux citoyens d'une Communauté, contre leur volonté, leur gré, n'est qu'une prépondérance ouverte, qui léze les loix civiles & fondamentales du Pays, garanties également par les hauts Garants, & que loin d'établir l'ordre & la Subordination, c'est une source de procés nouveaux, qui engloutiront bientôt l'argent de la partie oppressée? On ne veut pas nier qu'il ne s'y trouve de bonnes choses; mais mon cher Provincial, le vouloir obtruder tel qu'il est, sans lui faire passer l'etamine, c'est faire avaler à un malade un elixir mêlé de grains d'arsenic.

Après avoir détaillé les articles, qui arrogent aux Consistoires une autorité civile, passons à ceux qui regardent les impôts (Auflagen) que nous analiserons avec la même vérité.

Pag. 94 §. 4.

Die Glieder der Gemeinen sollen zum Unterhalt der Kirchen, Schulen, Priester und Schuldiener willig, ohne Eigennuz, und bald dasjenige abgeben, was in der Gemeine regulirt ist.

Les membres des Communautés doivent fournir de bonne volonté, sans interêt privé & promptement pour l'entretien des Eglises & des Ecoles ce qui aura été reglé dans les Communautés.

Ici l'on dit, que ce sont les Communautés qui doivent regler les impôts. Remarquons qu'il n'est pas dit un mot ni du Consistoire ni du Sinode. Voyons si ce langage se soutiendra. Il est ridicule de soutenir ou de nier, que des contributions ne soient pas absolument nécessaires, pour avoir un fond pour entretenir les Prêtres, & tous ceux qui sont gagés pour desservir les Eglises, & tant d'autres dépenses; alors un Sinode peut fixer la Somme en tout cas annuellement nécessaire, sur les rémontrances de chaque Consistoire, & les Communautés se taxent entre elles mêmes; mais de taxer par le Sinode chaque individu, c'est un droit royal (*Jus regale*) dans une Republique, attaché aux Etats assemblés, au lieu que montrer aux Communautés les dépenses justes & inévitables, qu'ils fournissent par une répartition volontaire, c'est un acte (*bonae voluntatis*) parceque qui a dit, A. je veux avoir des Eglises, dit par le même, B. je veux fournir ma quote part pour l'entretien. Que les Consistoires ont déja commencé à mettre des impôts publics, nous le prouveront par un exemple notoire.

Le Sinode de Birzen a taxé les Bourgeois d'après leurs maisons, les Paysans d'après leurs cheminées, & ceux qui ont des Capitaux, à raison de leurs Capitaux; ainsi un Sinode disposera arbitrairement du bien, de la fortune de ses concitoyens, pendant que le Roi pour le bien urgent de l'Etat, ne peut souvent point obtenir la plus modique conttibution; & ce sont des Nobles, qui veulent exclure tous les Bourgeois des délibérations, & disposer haut à la main de leur fortune. Hommes éclairés, faits pour porter la vérité aux Trônes, soyes pour un moment d'aucune Religion: mais soyés hommes, ayés un coeur compatissant, & sentés ce que c'est que de gémir sous l'oppression de quelques particuliers, dont la plûpart ne possedent que l'épée & la cappe, & devenés les Advocats, les défenseurs de l'innocent opprimé.

Pag.

bekannten Gegner derselben, den rußischen Herrn Legationsrath von Königsfels.

Pag. 165. Art. IX.

Des Contributions: (von den Beyträgen) Après avoir dit, que le livre des loix parlera plus bas en son lieu sur cette matière, on ajoûte:

Es wird hier nur für jetzo angemerkt, daß die Beyträge nach den Vermögensumständen eines jeden Mitgliedes gegeben werden.

On ne fait que remarquer maintenant, que ce qui doit être reglé à payer, sera proportionné à l'état de la fortune de chacun.

Et qui peut connoître, taxer la fortune des individus? Voulés vous donc perscruter les secrets de familles? Prétendés vous que chaque individu fasse preuve de ses moyens, le négociant produise ses livres? Un tel impôt, que les bourgeois porteroient seuls, monteroit à Varsovie à des Sommes immenses; puisque sans cela la Contribution des Officiers, que l'on regarde toute suite sans autre preuve, comme Nobles, pour aggrandir le parti peu riche, sera bien légère; dans le fond ils ne peuvent se séparer de la classe civile, tant que leur noblesse polonoise n'est duement prouvée, & cette discussion devient aussi nécessaire, que d'imposer silence à tout Gentilhomme aux Sinodes provinciaux, qui n'est pas possessionné dans la province, & alors on verra que ceux, qui ont le plus crié au Sinode de la Masovie, qui ont traité leurs concitoyans avec dureté, n'avoient le droit que de se taire, & point celui de maltraiter personne, bien moins de diriger. Un Palatin d'un autre Palatinat sera toujours admis aux Diétines d'un autre District comme spectateur; on peut même demander son avis, son conseil: mais dominer là où l'on n'est qu'étranger, c'est violer tous les droits & le repos publique, à moins de porter la thiare & la croix.

Pag. 246. §. 4.

Rien n'est plus vrai que le principe, que l'on établit ici, & je l'ai dit plus haut, qu'une société, qui veut avoir des droits, consent *eo ipso* à toutes les dépenses qui y sont annexées; mais pourra-t-on encore douter que l'on ne veuille taxer à des impôts publics, en lisant l'article suivant:

Ibidem.

Die Beyträge, welche auf den Synoden oder Kreisconventen rechtskräftig verwilliget und beschlagen worden sind, können im Weigerungsfall mit gerichtlichen Zwang von einem widerspenstigen Mitgliede eingetrieben werden.

Les contributions, qu'on aura décidé aux Sinodes ou aux Assemblées de Cercle, (Kreisconvent) *peuvent être exigées par une coaction juridique des membres, qui s'y refuseront.*

Que dites vous à cela Monsieur le Gentilhomme Provincial? N'est-ce pas un impôt clairement énoncé sur des individus? & comme la Noblesse a toujours la pluralité des voix dans les Sinodes, il est clair, que le bien & la fortune des Citoyens est entre leurs mains. Quelle sera la sûreté du Négociant, & quelle sera la fin de cette manoeuvre? Que le Négociant qui a gagné sa fortune en Pologne, ennuyé d'être

nigfels gebrauchet hätte. Dieser schrieb schon am 30sten October, als
die

persecuté, la transportera dans l'étranger, où il sera reçu à bras ouvert, & où la tranquillité de chaque Sujet honnête est assurée. Il ne restera plus à la Pologne qu'un tas d'artisans sans nerf, sans avoir; si c'est vôtre intention de ruiner vôtre patrie: vous y réussirés parfaitement. Que deviendront vos revenus, vos villes de province, Messieurs, les Seigneurs & possesseurs de telles villes? des déserts. Les Nobles restent au pays; ils n'emporteront pas leurs terres, que ce soit Pierre ou Paul, cela est égal qui en est le possesseur: mais des émigrations de gens qui portent leur fortune en poche, c'est un tort irréparable. Que ceci ne soit pas un impôt évident; retournons à l'exemple de Birzen, voilà vôtre but demasqué & déja mis en exécution. La Communauté oppressée, a envoyé des deputés chargés de leurs plaintes à la Diète de Grodno, munis de plains pouvoirs signés. On ne veut pas ici disculper la conduite tumultuaire de quelques bourgeois; elle est blâmable, mais aussi se voir passer la corde au col, est dur. Pourquoi crier à la violation des Traités, quand c'est vous même qui les violés? N'est-il pas dit dans l'article séparé Art. II. §. 5.

Proinde Dissidentes utriusque Confessionis plenariam habebunt facultatem, propria Consistoria erigendi, Congregationes suas Sinodales, INTERNUM SOLUMMODO RELIGIONIS EORUM ORDINEM CONCERNENTES.

Ni le Roi ni la République ne peut vous accorder plus, qu'il n'est stipulé ici, sans lézer les hauts Garants; les prétentions de vôtre Livre sont donc contre les Loix, contre le Traité, & contre la Garantie. Il n'y a que deux espéces d'Eglises en Pologne; la Catholique Romaine; sous cette dénomination appartient l'Ecclésiastique, le Noble, le Bourgeois & le Paysan; & celle des Dissidents, qui renferme non le Noble seul, mais de même les autres trois Etats. Les Paysans serfs n'ont & ne peuvent jamais entrer dans la régie des affaires de Religion; mais le Tiers Etat n'est pas esclave; les Bourgeois ont eu de tout tems leurs priviléges séparés. Il n'est pas dit: *Nobiles Dissidentes*, mais, *Dissidentes plenariam habebunt facultatem*, ce qui doit s'entendre *collective pro singulis Dissidentibus*. Le droit public a établi un axiome immuable, que dans les Traités, ce qui n'est pas énoncé, ne doit pas s'entendre. Si les hauts Garants avoient demandé à la République, avec la quelle le Traité a été conclu, que les Nobles eussent exclusivement le droit de gouverner, on l'auroit clairement dit; Bien au contraire, separer l'état civile, ce seroit justement écarter les Savants & Gens de Lettres, qui sans contredit ont plus d'expérience & de connoissance, que la Noblesse moins appliquée aux études, surtout celle que l'on forme d'un Corps de Militaires. Dans la lettre de mon Compatriote Proviacial il est dit, que les loix du Pays appelloient les Assemblées particulières de l'Etat civil *des Conventicules;* Celle des Paysans, soit, mais les Bourgeois des Villes se sont assemblés de tout temps & ont présentés aux Rois des Mémoires. Vous dites que les Bourgeois Dissidens ne peuvent pas plus prétendre que les Bourgeois Catholiques; soit, mais au moins autant en matière de Religion que ceux-ci. Est-ce que les Bourgeois Catholiques ne sont pas dans les Consistoires, Chapîtres? Il est vrai qu'il n'y a que les Nobles, qui peuvent être Evêque, Archévêques, puisque ceux-ci sont presque tous Senateurs, & les Chanoines la pépinière des Evêques, quoique dans chaque Chapitre

die Gährung aufs höchste gestiegen war, einen Brief an den Banquier Herrn

pitre il y ait trois Docteurs Chanoines de l'ordre civil (*Canonici Doctores*) outre que les Bourgeois peuvent devenir *Canonici honorarii, Decani forenses, Priores, Provinciales, Generales, Abbates, Claustrales*, & vous dites que ce n'est que par grace que vous leur avez accordé une influence dans vos Assemblées Sinodales & Consistoriales; sur quoi se fonde le Traité? Les deux Confédérations de Thorn & de Sluck? Sur la base de l'Union de Sendomir 1570, où les Nobles & les Bourgeois ont eu parité de pouvoirs? Le Traité de 1768, ne dit pas, qu'on accorde aux Dissidens des Droits nouveaux; mais on réhabilite les anciens. Prouvés le contraire: j'ai la Signature sous les yeux, faite à Sendomir, dans l'Acte original, & l'on voit clairement que le Sinode de Wengrow a ses bonnes raisons pour écarter les Reformés, sous la dénomination *de paribus & mixtis*, malgré la protestation de tous les Reformés nobles & bourgeois, & celle de la plûpart des Evangéliques sensés, puisque l'on n'aime pas les gens d'esprit, qui découvrent le dessous des cartes. Comment pouvés vous donc, dite, que *les Bourgeois n'ont pas l'ombre de droit*? Si on veut les en priver par la force, alors tout est dit, & comment osés vous? Voilà un *paralogisme insigne*, puisque paralogisme y a de présenter des tableaux faux aux yeux du Public, & de surprendre la Confiance du Roi, en vous faisant donner le Privilége pour un livre, qu'on a déja été obligé de changer plus d'une fois depuis, & qui ne peut subsister, étant contraire aux loix civiles, criminelles, & à celles de l'Etat.

Il est évident, que la Noblesse veut gouverner déspotiquement le Tiers-Etat: qu'elle aura toujours la pluralité; que les Tiers-Etat sera opprimé à volonté. Ce Sinode sans appel est donc plus que le Roi même, qui entend souvent les plaintes les plus injustes contre Sa Personne Sacrée, & il faudra souffrir que *quelques Gentilshommes* dictent des loix, taxent des citoyens à volonté, élisent des membres selon leur caprice, n'ayent aucun égard à des protestations, sans pouvoir se plaindre. C'est donc près Dieu le pouvoir le plus illimité en Pologne. Réfléchissés, mes Concitoyens, & voyés si on a pu, ou voulu fonder un pouvoir aussi illimité & aussi déspotique.

Il reste encore un Article pour la bonne bouche.

Pag. 247. Art. II. §. 2.

Wenn ein freyer Besitzer seines Eigenthums im wahren Ernst, ohne Uebereilung, List oder Gewalt, der Kirche einen rechtmäßigen Vortheil oder Sache verspricht; so soll diese Zusage als eine völlige Donation angesehen werden.	Quand un possesseur libre de sa propriété, sérieusement, sans s'être pressé, & sans violence ni astuce, promet un avantage ou une chose juste, on doit regarder sa promesse comme une Donation plénière.

Cet article est sans doute échappé des cendres de la feuë Société, au moins des reproches qu'on lui a faits. Est-ce ainsi que parlent les loix du Pays? Est-ce *So uinmodo Religionis eorum ordinem concernentes*? mais je finis de parler de ce livre de loix, étrangéres au Pays & à sa constitution.

Qu'est

Herrn Schulz. Denselben eröfnete er unter andern, wie gerne er es sähe, daß die-

Qu'est-ce que vôtre expréssion, mon Gentilhomme Provincial, *que c'est vous qui devés répondre à la Russie de la teneur du Traité.* Vous! & qui est ce Vous, pour vouloir toujours jouer le Grand Seigneur, & traiter de pair & compagnon avec les Souverains? Avés vous appris dans vôtre enfance la fable du pot de terre & celui de fer? Gare les éclats. Vous répondrés, oui, aux questions que l'on pourroit vous faire; Où voulés vous dire que vous êtes nommé Délateur, pour accuser directement vôtre Souverain, vôtre Patrie à une Puissance étrangère? Apparement c'est une suite de la douceur avec la quelle un de vos Chefs s'est annoncé derniérement vis-à-vis d'un homme de marque de l'Etat, *que tout aille au diable, pourvu que nous réussissons.* Mais au moins ce qui est de bon, on connoit le fond de l'honnêteté des principes de celui qui l'a dit, & ses paroles ne tuent personne; que d'occis sans cela! Croyés vous vos arrêts des oracles? Pensés vous, qu'une Puissance si respectable, une Souveraine, modèle de la Sagesse n'écoutera que vous? Vous soufflés le venin, qui distillé de vos lèvres; vous travaillés au malheur de vos concitoyens, & vous marchés un chemin de traverse, contraire aux devoirs du Citoyen, du Sujet. L'exercice libre de votre Religion, la Réhabilitation de vos anciens priviléges, devroient ranimer en vous l'esprit de reconnaissance pour vôtre Roi, pour vôtre Patrie. En revanche pouvés vous vous plaindre de quelque violation de Traité? C'est un bisbille entre vous autres, entre le premier état & le second de vôtre Confession. Les Bourgeois ont fait la démarche convenable: ils s'adressent au Roi & à Son Conseil. Vous, bien au contraire, vous tachés d'exciter un haut Garant, vous criés à la violation du Traité, & vous répondés par la voie de votre Gentilhomme campagnard très futilement aux questions faites par les Bourgeois au Conseil Permanent. Mais comme vous traduisés mal, à contre-sens, & même vous défigurés bien souvent le Texte, pour lui prêter un autre sens nécessaire à vos vues: on est obligé de mettre la traduction litterale à côté de la vôtre. La mienne est la premiere.

1) *Quelles sont les causes separées par le Traité de 1768. Nro. VI. que les Grods, les Ziemstwa & le Judicium mixtum doit juger? Et quelles sont celles selon le Traité, qui outre le Rit, le Dogmes, la Liturgie, les Dispenses & les Divorces, peuvent être jugées par le Sinode & le Consistoire Evangelique?*

1) „Quelles causes sont proprement du „Ressort des Sinodes & Consistoires, „& les quelles appartiennent aux Ju-„gemens Assessoriaux mixtes & com-„posés —

Vous énoncés vous même plus haut l'article qui specifie les causes qui appartiennent à ce Jugement mixte, mais le tiers voyant que vous vous appropriés Jurisdiction civile, criminelle, le droit des Impôts, temoin, l'affaire de Birzen, a droit de demander au Conseil de l'Etat, si vous êtes autorisé par le Traité d'agir comme vous faites.

diese Streitigkeiten, durch Vermittelung einiger gutgesinnter Männer, endlich ein-

2) Quelle est la Legislation qui donne droit au Consistoire de dire, qu'une cause, qui se juge au Consistoire, peut aller, via appellationis, au Sinode où elle doit être terminée, quand on n'en lit pas un mot ni dans le Traité de 1768, ni dans l'ordination du Judicii mixti de la même année, ni dans la Constitution de 1775, ni dans celle de 1784. Bien au contraire le Traité dit: que toutes les causes examinées dans la première instance, cum rebus Ecclesiasticis connexionem habentes, doivent aller via appellationis aux jugemens communs en un mot, toutes les causes, provenant de la Religion. La Constitution de la Diète de Grodno 1784. dit Tit: Ostrzezenie, que, si le Sinode ou le Consistoire, portoit un Jugement contraire à la Convention, qu'une telle cause trouvera son forum dans les Jugemens Assessoriaux mixtes.

L'Etat bourgeois supplie humblement, que l'on détermine & décide, comment & où l'on doit appeller du Sinode & Consistoire, & que si, comme dit le Sinode & le Consistoire, qu'il n'y a pas d'appellation possible de ses jugemens à l'Assessorie des Jugemens mixtes, se déclarant un Jugement suprême sans appellation, que deviendra le Traité de 1768. la Constitution de 1784, l'ordination du Jugement mixte & ce Jugement lui-même?

3) Si une cause appartenant PURE au Consistoire y sera finalement jugée & que, si ce decret, s'il étoit aggravant, auroit sa valeur, ou si, selon la Constitution de 1784, Tit.: O processie Kraiowym — la cause doit être absolument évoquée au Jugement Sinodal, ou portée au Jugement de l'Assessorie mix-

2) „A quelle Jurisdiction doivent res-„sortir les decisions des Sinodes & „Consistoires, lors-qu'elles sont con-„tre les Conventions conclues?„
Je me sers de vos termes &

3) „Par devant quelle Cour judiciaire les „décrets aggravants des Consistoires „doivent ils être portés?„
Il a été prouvé précédemment, que non seulement vous avés la pluralité dans les Sinodes, mais que vous voulés même écarter tous ceux qui pourroient dire leurs raisons; pouvés vous trouver étrange que
les

vom 15ten Octobr. 1785.

einmal zu einem erwünschten Ende kommen mögten. Er sub demnach in be-
meld=

te, ou si cela dépendra uniquement de la volonté du Consistoire de la permettre ou non?

les opprimés veuillent savoir, à qui s'adresser pour faire sentir, que vous agissés ouvertement contre le Traité, & s'informent, si vous êtes des Legislateurs sans appel, qui puissent faire des Loix contraires à celles du Pays. Des que l'on aura répondu; Vous êtes faits pour souffrir & vous taire, la question sera decidée, & les bourgeois raisonnables se retireront avec leurs biens. Vous dirés à la troisiéme demande; les appellations vont du Consistoire au Sinode; mais vous avés oublié que ces Sinodes ne s'assemblent que très rarement comme vous le dites vous même; ainsi appellation au Comité Sinodal, & là le Président étant le même que dans le Consistoire, il est évident, qu'il saura soutenir ce qu'il aura décidé une fois. Voyés l'Exemple cité du Lieutenant-Colonel Stettner.

4) Et si dans une cause ou l'on aura appellé, le Consistoire n'admet pas l'appellation à un Jugement Superieur, mais que bien au contraire il remet son Jugement, contre lequel on a manifesté & appellé au Jugement mixte, au Grod ou do Ziemstwa, demandant le décret d'exécution, si ces Jugemens seculiers sans avoir égard à l'appel au Jugement mixte, doit pourtant exécuter la Sentence?

5) Si le Consistoire Evangélique peut condamner selon la forme de la Justice civile & pour une Condemnate dicter & punir de trois Zaklady Staroscinskie irremissiblement, & s'il a le droit de porter des Décrets, sub poena banitionis, ou s'il doit se contenter de la Censure Ecclésiastique comme dans les Jugemens Ecclésiastiques de la Religion dominante, & s'il doit observer les mêmes formes que les Consistoires de la

4) Trouvés vous étrange, quand vous mettés des impôts à volonté sur les individus (il n'est pas question d'amendes pécuniaires) mais des impôts comme à Birzen, on fasse la question: "Si "les Decisions Consistoriales doivent "être exécutées par l'assistence du bras "séculier?„ je trouverois bien plus étrange que l'on vous laissa tranquillement jouer les Déspotes.

5) "Si les Condemnates doivent être "payés dans la Jurisdiction civile?„
Avés vous même decidé cette question dans aucun de vos Sinodes, pendant que dans la Justice civile ils sont même differents entre eux? Les *Vadia Capitanealia*, & ceux des autres Jurisdictions, ont des Taxes differentes.

6)

Religion dominante, en renvoyant leurs décrets aux Jugemens seculiers? En un mot, si le Consistoire Evangélique a plus des Droit, & peut se servir d'une plus grande rigueur dans ses décrets, que celle qu'ont les Consistoires de la Religion dominante?

6) Si le Consistoire ou le Sinode veut décider & connoitre d'une affaire qui n'appartient pas très distinctement à sa Jurisdiction, malgré l'exception d'une des parties, & continue le procès, ou il faut s'adresser & à quel Jugement pour citer le Consistoire, & la partie qui s'est adressée à un Jugement non convenable; en un mot, s'il y a un Jugement qui puisse juger le Consistoire ou le Sinode, quand il se porte à des démarches contraires aux loix fondamentales du Pays & des Traités; ou si le Consistoire ou le Sinode, commettant même les plus grandes injustices ne doit repondre à aucun Jugement dans le Pays de sa conduite?

6) „Si le Consistoire ayant jugé par con-„tumace une cause qui n'est pas de son „ressort, l'évocation doit être admise & „dans quel for (ce mot doit sans dou-„te signifier forum) un tel procés doit „être porté?„

En vérité les Bourgeois ont grand tort de faire une telle question, puisqu'aujourd'hui par vôtre livre de loix projeté tout devient de votre ressort.

7) Comme l'Etat des militaires ou des nobles détruit les priviléges de l'Etat civil ou bourgeois, le repousse des déliberations réciproques, lui impose le joug de l'esclavage & de la servitude, lui enlève jura Regiminis & Patronatus, fouille dans ses caisses, veut régir les Eglises construites de leur propre argent, & lui imposer des impots: dans quel jugement cet Etat civil peut trouver un forum contre les Nobles & les Prêtres, & demander justice, si c'est dans le Jugement mixte de l'Assessurie, nommé dans l'Article VI. du Traité; ou s'il n'en existe point du tout dans le Pays contre eux?

7) „A quelle Jurisdiction doivent „récourir les Bourgeois contre l'Ordre „équestre & le Clergé?„

Vous êtes bien hardis, Messieurs de la roture, de croire, que les Nobles puissent avoir tort vis-à-vis de vous; baisés la verge qui vous frappe.

8)

den Tag zu einer Unterredung mit dem Herrn Großbotschafter ein, und machte

8) *L'Etat militaire & noble ayant écarté l'Etat civil des déliberations Sinodales, & ayant composé des Canons selon son bon plaisir, cum praejudicio de l'Etat civil, lequel Acte Sinodal a été publiquement attaqué par l'Etat civil, si cet ouvrage, contre le quel on porte plainte, peut être mis en exécution, & dans quelle cour de justice on peut plaider contre illégalité, ou s'il n'existe pas dans le Pays un Jugement, qui en puisse décider?*

9) *Une petite partie de la Noblesse a écrit des loix d'Eglise pour les Evangéliques, contraires aux loix cardinales de la Nation, formant un nouvel Etat dans l'Etat, imprimées à l'Imprimerie de Dufour à Varsovie en 1782, après les quelles loix le Consistoire porte ses décisions, & quoique point reçues, sans permission & réquisition de l'Etat, les veut obtruder. Où faut-il s'adresser pour la Révision de cette loi, pour la casser ou la confirmer? Quelle est la cour de justice & qui doit agir dans une matière entièrement contraire à tout le Gouvernement?*

8) „Par devant quel Dicastére les Bour-
„geois doivent porter leurs plaintes
„contre l'illégalité des Sinodes?"

On peut regarder toute question pour precaire, faite sur un sujet encore non advenu, mais quand on peut prouver par le *Casum in terminis*, que ce dernier Sinode est dans ce cas, la question est sage, & l'on prouvera plus bas que ce Synode Provincial l'a été.

9) Quand on veut traduire d'une langue dans une autre, il faut les entendre toutes deux; sans cela on présente un sens louche. J'ai traduit pour mon compte d'après le Polonois, & le Public jugera qui des nous deux fait le mieux son métier. Remarqués, que le traducteur Provincial a eu soin d'omettre toujours les passages, où il est parlé de Constitution, de Traité, il n'entend pas le Polonois, il ne parle pas François, il faut lui pardonner; s'il a falsifié les passages, qui devoient être traduits littéralement, pour mettre les étrangers à même de juger de la justice des plaintes, & des demandes faites au Conseil Permanent. Voyons le 9e. Point, c'est un chef d'oeuvre de traduction. Lisés & comparés: „Si, &
„jusqu'où les ordonnances Ecclésiasti-
„ques, préscrites par les Statuts Sino-
„daux, & par le Code du Droit canon
„aux communautés, de la Confession
„d'Augsbourg, peuvent être annullées
„& empécher, que les Dissidens, s'ap-
„puyant sur les loix Ecclésiastiques, ne
„forment un Etat dans l'Etat?"

Monsieur le Noble Provincial! Cela sent la mauvaise foi, ou bien si l'on vous fait grace, que vous n'entendés
pas

pas ni l'une ni l'autre langue. Voyons actuellement où est le crime, que les Bourgeois se soient adressés au Roi & au Conseil? leurs questions sont justes, Le Roi & Son Conseil, qui gardent saintement les Traités, communiquera avec le hauts Garans, ou discutera, pésera le pour & le contre, & voilà la marche des affaires. Ces Bourgeois ont-ils tort? C'est à leur Souverain à les condamner, à leur imposer silence. C'est ce Souverain qui a conclu le Traité; & vous tant nobles que Bourgeois n'êtes que de sujets, soumis aux loix, aux Constitutions, également garanties. Je sais, quand on parle aux defenseurs de ce Code, qu'alors à chaque Article ils vous disent, cela doit être entendu ainsi, mais pour lors, Messieurs, soyés intelligibles, parlés au moins une langue, mais parlés la clairement, distinctement; je ne me lasserai pas de répéter, que toute Loi, qui a besoin d'être expliquée, peut fournir plusieurs sens, laisse des subterfuges, donne pouvoir au Juge de la tourner & retourner dans l'occasion, est une mauvaise loi, fausse, erronée, & la peste de la Societé. Personne ne demande, que vous jettiés tout le Livre au feu, tel qu'il est; non, mais condamnés ce qui y a de mondain, d'interessé, d'odieux à la liberté, à la fortune du Concitoyen, au bucher, & ce qui restera, sera bon & excellent.

Pour répondre à ce 9e. Article vous parlés d'une Colonie Françoise établie dans le Brandebourg; comme on leur donneroit sur les doigts, s'ils voudroient s'ingérer à se mêler de la judicature civile. Le Salomon du Nord n'opprime pas des sujets utiles;

vom 15ten Octobr. 1785.

damals aus dieser Unterredung nichts. Ich füge diesen Brief des Herrn
von

on les laiſſe paiſiblement adorer la Divinité ſelon leur rit; Voilà à quoi vous & tous les Diſſidens pouvés prétendre également en Pologne. Le Dieu, que nous adorons, eſt le Dieu de paix, & l'ennemi de la domination injuſte, & de l'eſprit de cabale.

Venons actuellement à diſcuter quelle a été votre conduite au dernier Sinode Provincial. D'abord rémontons plus haut à l'acte *d'Union* des Diſſidens avec ceux de la petite Pologne.

Article 7.

On y conſtitue le Sieur Tepper *Senior Général de l'Etat Civil.*

Article 9.

Il eſt dit: La Nobleſſe, comme auſſi l'Etat civil, ne doivent avoir chacun *qu'un Senior.*

Voilà donc trois Séniorats établis; le Noble, l'Eccléſiaſtique, & le Civil ou Bourgeois.

Les Priviléges de trois Séniorats marchent d'un pas égal.

Article 12.

Il eſt dit, que le Directeur du Sinode doit agir conjointement avec les Séniors Eccléſiaſtique & Civil.

Article 14.

Il eſt dit, que les trois Seniors doivent convenir enſemble, pour convoquer les Sinodes.

Cette Union a été confirmée par le Sinode Général de Wengrow en 1780.

Si donc le Sinode Général a le pouvoir d'approuver: il eſt très ſur, que tout le Corps Evangélique a admis, reconnu le Repréſentant des Bourgeois (le Sénior) qu'il a ſiégé comme tel, & que rien ne peut plus déroger à ce droit ſans un autre Sinode Général, où tout le monde conſente à ce changement.

Au préſent Sinode Provincial le Sieur Tepper a renoncé à ſa charge, de même que le Paſteur Ringeltaube au Séniorat Eccléſiaſtique, qui a obtenu une vocation étrangée. La renonciation du Sieur Tepper a été reçuë; celle du Paſteur Ringeltaube ne l'a point été. On a dit, que, puisqu'il avoit ſigné, il falloit, quil ſiégeat encore dans ce Sinode; comme ſi Tepper n'avoit pas également ſigné la Convocation; première prévarication. On a demandé d'abord, avec juſtice, que la Place de Sénior Civil fut remplacée, avant de traiter toute autre matiére. Les Nobles poſſeſſionés (quoique le Comte d'Unruh ſoit le ſeul qui ait un pouce de terre dans cette Province) & les non poſſeſſionés, ont tous criés, que cela ſe feroit après, & qu'il falloit
pro-

procéder à l'élection des Membres du Consistoire, pendant qu'il est notoire, que c'est le Sénior Civil qui fait élire par son Etat Civil trois Candidats, de quels le Sinode choisit. On cria à l'innovation: personne ne fut écouté. On proposa trois Candidats, le Conseiller Michler, l'Architecte Schütze, & le Sieur Sattler; le Sinode les recusa, & choisit contre la coutume & la regle du Sinode Général de Wengrow & de l'Union, qui y avoit été confirmée, de propre volonté les Sieurs Ragge & Krupinski, malgré les protestations contre ce dernier, qui, s'il n'a d'autre defaut, ne jouit pas de la confiance de la Communauté qu'il doit réprésenter. On proposa à Michler la place de Sénior de Cercle, qu'il refusa, ajoutant que, si sa place ne devoit pas avoir les mêmes Priviléges, que le Sieur Tepper avoit eu, il ne l'accepteroit pas. Pourquoi s'est fait cette violence? parce que l'on ne vouloit plus avoir un Général Sénior Civil, & priver par là le Tiers-Etat de son Réprésentant selon l'exemple de la grande Pologne, où il existe un Manifeste de 15 Eglises & de 18 Prêtres. N'etoit-ce pas agir dans un Sinode Provincial directement contre l'acte d'Union, reçue a Wengrow par le Sinode Général? Les Nobles se portérent en menaces ou propos injurieux contre les Bourgeois, au point qu'un des Chefs dit ces propres paroles aux Préposés de l'Eglise (die Kirchenvorsteher): Man wird mit dem Schwerdt drein geschlagen, wen's trifft, den trifft. "On frappera maintenant du glaive; "tant pis pour celui qui sera frappé." Qui étés-vous pour menacer vos Concitoyens du glaive? Un étranger au Sinode Provincial. Est-ce assés montrer la violence ouverte? Ceux qui auroient droit de tenir de pareils discours, veulent entendre la justice, & vous voulés menacer du glaive?

On pourroit encore parler ici des Gardes, mises aux portes de l'Eglise, du Sinode transporté dans une maison Royale, la Monnoye, contre la teneur de la Convocation, & l'entrée ne fut permise que par billets d'entrée. Le Gantier Tanneberg, le Cordonnier Müller, & 22 de leurs Compagnons de leur trempe, ont eu tous de ces billets, au lieu que pour les cinq Députés de tout le Corps des Marchands, des Lettres & des Bourgeois, on n'en a donné que deux. Je m'arrête; si je n'ai pas assez dit, tout ce que je pourrois ajouter, seroit superflu. On demande des Juges, même Gentilshommes Dissidens, mais point interessés, qui ne soient point Juge & partie; point de ceux qui, puisqu'ils voient le Soleil de plus près, se croient déja armées de ses rayons, pour réduire en poudre tout ce qui s'oppose à leur volonté arbitraire. Qui sont les oppresseurs? deux ou trois Individus, même desapprouvés de ceux, pour les quels ils parlent, contre tout un Corps réuni du Tiers-Etat, que l'on n'envisage que comme des Serfs & des esclaves.

Nous avons parlé vrai, sans aucun interêt particulier, nous en attestons la Religion & l'honneur, il n'y a pas une parole écrite, dont on ne puisse prouver la vérité par actes autentiques. Bien loin de vouloir recriminer contre le Traité, nous avons prouvé, qu'on n'attaque de front. C'est au Roi & à la République que ce Tiers-Etat appelle, & on supplie de traiter avec les Garants, pour que les articles du Traité soient éclaircis, constatés, expliqués, & l'Etat-Tiers délivré du pouvoir arbitraire de la Noblesse, qui les opprime despotiquement dans un Pays libre.

DIXI, & animam salvavi!

unten bey. *) Der Bürgerstand schrieb unterdessen den gleichfalls hier
unten stehenden Brief **) an Herrn Schulz, in welchem er ihm bat, da-

*) Er lautet wie folget.

    Billet de Msr. Königsfels a Msr. Schultz, Negociant d'ici.

Le Prince Sulkowski ayant prié hier S. E. Mgr. l'Ambassadeur en Votre nom,
Monsieur, de vouloir bien fixer une heure, ou Vous puissiés Vous rendre ches lui,
pour lui exposer les griefs d'une partie de la Bourgeoisie de la Confession d'Augsbourg contre la Noblesse. S. E. dont le seul but est de suivre la Justice & la Teneur
des Traités, m'a chargé en consequence de Vous faire savoir, Monsieur, qui Vous
pouvés venir ches Elle de main matin à 10 heures, & qu'il depend même de Vous
d'amener encore quelqu'un avec Vous, qui connoisse parfaitement & les droits de la Communauté, & des loix de pays, car Mgr. l'Ambassadeur ne desirant rien que d'être mis
entièrement au fait de tout, & d'entendre de part & d'autre les argumens peur &
contre, afin de prendre ensuite un parti dicté par la justice & par la necessité, de vi-
eller au maintien des Traités, & de l'ordre en general.

    Je suis avec une très-parfaite Consideration

à Dimanche, 30 Oct. 1785.   Monsieur, Votre très-humble & très-obeïsant Serviteur

                                    A. de Königsfels.

**) Dieser Brief lautet also.

    Hochedelgeborner,
      Insonders hochzuehrender Herr!

    Wenn es noch vorgeschlagnermassen zu einer Unterredung zwischen dem hoch-
wohlgebornen Ritter- und dem löblichen Bürgerstande evangelischer Religion U. A. C.
wegen obwaltender Jerungen, kommen sollte: so wünschet der Bürgerstand, daß
solches in Gegenwart Sr. Durchl. des Fürsten Wojewoden August von Sulkowski,
Sr. Excellenz des Herrn Generalfeldzeugmeisters Grafen von Brühl, und Ihrer
Hochwohlgebornen derer Herren, des Herrn Obrist von Grätsch, und Herrn Legationsrath von Sartorius, geschehen mögte; als welche respective höchste und hohe
Personen, die beste Kenntniß von der Verfassung der evangelischen Kirche, vorzüglich
hiesigen Landes, dabey den Ruf der Unbefangenheit vor sich haben, folglich von dem
Gewicht der Anführungen jeder Parthey eine völlige Erläuterung zu geben im Stande seyn, die die ganze Angelegenheiten einer jeden Parthey in ihr wahres Licht zur
nähern Uebersicht setzen können.

    Ew. Hochedelgebornen gelieben dieses gütigst gehörigen Ortes zu eröfnen, und
der vorzüglichsten Hochschätzung derer evangelischen bürgerlichen Gemeinen versichert
zu seyn. Wir bleiben

                      Ew. Hochedelgebornen

Warschau, den 12ten Nov. 1785.   ergebenste Diener,
                            Die Deputirte des löblichen Bürgerstandes
                              der vier Gemeinen der U. A. C.

dafür zu sorgen, daß bey der Unterredung der Bürgerdeputirten mit dem Adel, der Fürst von Sulkowski, *) und die andern vom König ernannten Commissarien, zuge-

---

*) Wie groß das Vertrauen zu diesem Herrn gewesen sey, zeigt folgendes Schreiben an denselben, welches zugleich den jetzigen Zustand des evangelischen Kirchenwesens sehr deutlich und richtig zeiget.

Durchlauchtigster Herzog,
Gnädigster Fürst und Herr,

Seit jenem glücklichen Zeitpuncte, da die Dißidenten in Polen von der durchl. Republik durch einen feyerlichen Tractat in Schutz genommen, und mit besondern Freyheiten begnadigt worden, hat denselben kein größer Heil wiederfahren können, als ihnen gegenwärtig dadurch angedeihet, daß Ew. herzogl. Durchl. sich von des gnädigsten Königs Majestät zum Chef einer Commißion ernennen lassen, welche den zeitherigen Irrungen in unserer dißidentischen Kirche, und den Klagen der evangelischen Gemeine in Warschau abhelfen soll. Jeder rechtschaffene Dißident frohlocket bereits in der Stille darüber, und preiset die göttliche Vorsehung deswegen; denn ihm geht hierdurch ein neues Licht der Hofnung auf, daß durch Ew. hochfürstl. Durchl. weiseste Maaßregeln und gerechteste Entscheidungen unsre Kirche endlich einmal zu dem ungeschmälerten Genuß der erlangten Religionsfreyheiten kommen werde, welches bis jetzt unbegränzter Stolz, Eigennutz und Herrschsucht einzelner Mitglieder dieser Kirche verhindert hat.

Es ist nicht bloß Aeusserung unsrer eignen Freude, daß wir uns unterfangen, Ew. herzogl. Durchl. dieses zu bezeugen, sondern wir sind damit zugleich Dolmetscher von den frohen Empfindungen aller redlicher Dißidenten in der Provinz Großpolen, und besonders in unsern gesammten Zduner oder Rawiczer Kreise, der eben im Begriff ist, auf einem Convent mit andern Gemeinen zusammenzutreten, und, gemeinschaftlich mit der Warschauer Gemeine, alle Klagen und Beschwerden vor dem Throne des Königs und zu den Füßen Ew. herzogl. Durchl. niederzulegen. Damit aber durch den hierzu nöthigen Aufschub unser Vortheil nicht verschlafen werde, so wagen wir uns mit einer vorläufigen Privatnachricht von dem zeitherigen Verhältniß unsers kirchlichen Kreises gegen die angemaßten Kirchenregenten in der Provinz Großpolen vor Ew. Durchl. zu erscheinen.

Seit 10 Jahren sind dißidentische Synoden genug in unserer Provinz gehalten worden, aber leider ist bey dem allen nichts in Ansehung der eigentlichen Kirchenverfassung verbessert, vielmehr alles bey dem alten Schlendrian geblieben. Alle Bemühungen auf unsern Synoden, und alle unsere Consistorialanstalten haben zur Zeit keinen andern Zweck verrathen, als Gelder zusammen zu bringen, von denen jedoch bisher keine öffentliche Rechnung ist abgelegt worden, und so wie das der dißidentischen Kirche aufzudringende Kirchenrechtsbuch absichtlich darzu eingerichtet worden, dem Ritterstande die Alleinherrschaft über die ganze Kirche zu sichern, so hat dieses durch die mehresten Synodalschlüsse noch mehr einleuchtend werden müssen. Es klingt paradox, daß Synodalschlüsse dem Adel solche Praerogative ein-

zugegen wären. Es verzögerte sich aber alle Unterhandlung bis gegen das Ende des Novembermonats, vermuthlich weil der rußisch-kaiserliche Großbotschafter

einräumen sollen, und doch geht es damit sehr natürlich zu: denn unsere sogenannte Synodalschlüsse sind nicht etwa Canones, die durch die Mehrheit der Stimmen in allen drey Ständen festgesetzt worden, wie es die Natur der Sache erfordert, sondern es sind insgeheim entworfene, und öffentlich gethane Vorschläge, mit welchen die Evangelischen vom Ritterstande die unvorbereiteten Gemüther der Synodalglieder überraschen. Wenn nun sogleich kein feyerlicher Widerruf stehenden Fusses geschehen kann, so dictirt der Proponent seinen Vorschlag ad Protocollum, und nennet ihn Canon, Synodalschluß, oder Gesetz für die dißidentische Kirche. Unser Kreis hat es nun freylich an Protestationen gegen diese und andere Illegalitäten von Synod zu Synod nicht ermangeln lassen, auch durch ein im fraustädtischen Grod eingelegtes Manifest Anno 1783 sich seine Gerechtsame zu verwahren gesucht, und besonders immer darauf gedrungen, dem Civilstande in unserer Provinz einen Generalsenior zu bewilligen, der mit den Generalsenioren des adlichen und geistlichen Standes gleiche Rechte und Macht in der Kirche haben muß, weil auf diese Art allein das Gleichgewicht bey unserer collegialischen Kirchenregierung hergestellet und erhalten werden kann; allein man hat auch unsern Kreis vor andern überaus schlecht behandelt. So hat man z. E. A. 1784 die Deputirten unsers Kreises von dem Synod zu Fraustadt auf eine unanständige und beleidigende Art entfernet, und zum Vorwand genommen, weil unser Kreis vor gut ansähe, denen Deputirten in ihre offene Vollmacht die allgemeine Instruction hinnein zu setzen, daß sie vor allen Dingen bey dem Synod auf die Erwählung eines General-Senioris Civ. Ord. antragen, die Annahme des berüchtigten Kirchenrechts geradezu verweigern, alle Puncte und Vorträge, davon dem Kreise keine vorläufige Nachricht gegeben worden, ad referendum und deliberandum nehmen, und sonderlich auch gegen die Einführung eines neuen kostbaren Gesangbuches in unserer Kirche, öffentlich protestiren sollten, weil solches unseren verarmten Gemeingliedern zu lästig werden würde, und z. B. unsere Zdunische Gemeine wenigstens 4000 Fl. poln. verwenden müßte, ehe Exemplaria genug seyn würden, um das neue Gesangbuch bey dem Gottesdienst einführen und gebrauchen zu können. Diese obgedachte Instruction unsrer Deputirten, welche denen Directoren der Synode ein Wink und Fingerzeig von ihren Pflichten seyn können, machte man unserm Kreise zum Verbrechen, und schloß um deswillen die Deputirten unsers Kreises von dem Synod aus. Die Folge hiervon war, daß sich zu dem diesjährigen im Monat August gehaltenen Synod in Fraustadt niemand aus unserm Kreise deputiren lassen wollte, und die in Rawicz versammleten Glieder unsers Kreises wurden schlüßig, diesen letztern Synod ganz unbeschickt zu lassen, statt dessen aber mit einer schriftlich abgefaßten Klage über den Vorgang des letztern Synods einzukommen, und um eine Art von Genugthuung anzusuchen, ehe wir an denen Synodalgeschäften Antheil nehmen könnten. Allein man mogte den Inhalt dieses unsers Kreisschreibens entweder bloß muthmaßen, oder auch durch einen sichern Kanal zuverläßig vorher erfahren haben, genug, man hielt es synodaliter für rathsam, unsern Brief, den wir durch den damaligen geistlichen Generalsenior dem Synod übergeben lassen, gar nicht erst zu entsiegeln, sondern ihn unerbrochen an den Kreis zurückzusenden zu lassen, welche

schafter von seinem Hofe erst neuen Verhaltungsbefehl erwartete; wenigstens sagte man, daß er am 24sten November mit einem Courier aus S. Petersburg

Resolution auch ins Werk gerichtet worden, jedoch ohne darüber die anwesenden Glieder des Synods zum votiren aufzufordern. Indeß haben die Häupter des Synods die Abwesenheit unsers Kreises (der in Großpolen der größte ist, und bis 14 Kirchen und 17 Prediger unter sich begreift,) aufs möglichste zu benutzen gewußt, zumal die zur Zeit des Synods fortwährende Erndte eine Ursache gewesen, daß auch aus andern Kreisen nur sehr wenige den fraustädtischen Synod besuchen können, und man hat hier alles mögliche versucht, dem dißidentischen Adel, oder vielmehr einzeln Personen aus diesem Stande, die Alleinherrschaft in der Kirche, mit Unterdrückung des Civilstandes, zuzueignen. Denn um diesen vorbesagten Zwecke näher zu kommen, hat man auf diesem Synod das mehrgedachte Kirchenrecht als das alleinige Gesetzbuch von denen Anwesenden durch Unterschrift der Synodalacten autorisiren lassen, und, als von allen Kreisen angenommen, denen Kirchen und Gemeinen der Dißidenten aufdringen wollen. Nächstdem sind die ersten geistlichen Würden und Aemter in unserer Kirche an lauter solche Personen vergeben worden, die weder Fähigkeit noch Muth haben, dem reissenden Strome sich entgegen zu stellen, und den unbilligsten Anforderungen zu widersprechen. Ferner hat man die Einführung des neuen Gesangbuches in unsrer Kirche aufs neue betrieben, und um diesen und allen übrigen sogenannten Synodalschlüssen das Gewichte zu geben, eine Kirchen- und Schulvisitation bey allen Gemeinen angeordnet, da man seit 10 Jahren nicht mehr daran gedacht hat. Dies letztere hat nun einen Vorfall hiesigen Orts veranlasset, den wir nicht übergehen dürfen. Unserm Kreise, der am Synod keinen Theil nehmen können, wurde von dieser beschlossenen Visitation durch Circularbriefe Nachricht gegeben, und wir waren sämmtlich schlüßig, dieselbe anzunehmen, nicht weil sie der Synod befohlen, sondern weil es Tractat- und zweckmäßig ist, Kirchen und Schulen zu visitiren. Alleine in unserm Kreise war die Stelle eines bürgerlichen Kreis-Senioris eben vacant geworden, dem nebst dem adelichen und geistlichen Kreissenior das Recht der Visitation zustehet. Es wurde daher auch ungesäumt die Anstalt getroffen, vermittelst einer Currende die Vota aller Kirchen und Gemeinen wegen des zu wählenden Kreis-Senioris Civ. Ord. einzuholen. Doch ehe dieses Geschäfte beendiget werden konnte, erscheint auf einmal am 13ten Nov. a. c. der Herr Hauptmann von Szarzynski in Gesellschaft des Herrn Pastor Wolfs aus Schmiegel allhier in Zduny, und zeigt ein Commissoriale des Consistorii vor, unsere Kirche und ganzen Kreis zu visitiren. Wir sahen uns dahero mit Zustimmung der Communität genöthiget, diese Visitation vor jetzt nicht anzunehmen, theils weil sie nicht ordnungsmäßig 4 Wochen zuvor der Gemeine insinuirt worden, theils weil der neue bürgerliche Kreissenior noch nicht erwählet und vereidet werden können; und solche Ausschließung des Senioris Civ. Ord. von der Visitation ein Präjudicat für die Zukunft worden wäre.

Auf diesem kritischen Fusse stehen jetzo unsere kirchlichen Angelegenheiten, doch fassen wir neuen Muth und Hofnung, es wird alles bald gut werden. Durchl. Herzog, gnädigster Fürst und Herr, noch erkennen wirs mit der stärksten Rührung des Herzens, daß Dero wirksamen und Weisheitvollen Verwendungen die dißidentische

burg die Nachricht bekommen habe, es sey der Kaiserin Wille, daß das Verlangen des Bürgerstandes von der unveränderten augsburgischen Confeßion genau untersuchet werde, damit demselben Gerechtigkeit wiederfahre.

Die königliche Synodalcommißion.

Am 29sten November nahm die sogenannte königliche Synodalcommißion ihren Anfang, und weil der Herr Generalfeldzeugmeister Graf von Brühl, wegen des zwischen ihm und dem Herrn Grafen von Unruh vorgefallenen Zwistes, nicht mit zu derselben eingeladen war, so bestand sie aus dem Fürsten Sulkowski, dem Herrn Legationsrath von Sartorius, dem Herrn Generallieutenant von der Golz, dem Herrn Grafen von Unruh, dem Herrn Obristen von Königsfels, dem Herrn Obristlieutenant von Stettner, dem Herrn Legationsrath von Königsfels, dem Herrn Hauptmann Freyer, und unterschiedenen Gliedern der Gemeinen im Namen des Bürgerstandes, und sie ward in dem Hause des Fürsten Sulkowski gehalten. In der ersten Sitzung wurde den Repräsentanten des Bürgerstandes erkläret, sie sollten ihre Klagen und Beschwerden, und ihre Einwendungen gegen das Kirchengesetzbuch genau vortragen; weil sie aber antworteten, daß sie dazu nicht vorbereitet wären, so wurde

sche Kirche in Polen größtentheils die erlangte Religionsfreyheit zu danken hat, um so zuversichtlicher können wir demnach auch hoffen, daß wir nunmehro durch einen so erlauchten Schiedsrichter und Vermittler in den ungekränkten Genuß dieser Freyheit werden eingesezt werden. Unter so frohen Aussichten und Erwartungen empfehlen wir uns und unsere Kirche in den vielvermögenden hohen Schutz Ew. hochfürstl. Durchl. hierdurch im voraus, bis wir es nächstens gemeinschaftlich mit andern dißidentischen Gemeinen hiesiger Provinz auf eine feyerliche Art wiederholen werden, und wenn Gehorsam, brünstige Wünsche, und herzliche Gebete zu Gott für das Wohl Ew. Durchl. hohen Person und Familie, würdige Dankopfer seyn können, so kann uns nie der Vorwurf des Undanks treffen, die wir in tiefster Ehrfurcht sind und bleiben

Durchlauchtigster großmächtigster Fürst und Herr,
Ew. herzogliche Durchlaucht

Zdany, den 23sten Nov. 1785.

Auch von Magistrats wegen Höchst
Dero treue und unterthänige Stadt
Zdany A. C.
v. Guinter. Ilmer. Gabel, Schnier,
Walter. Mälzer.

unterthänig gehorsame

von Geißler, Primar.,
P. E. Matthiä, P. See.

de die Commißion auf 8 Tage ausgesetzt. Während dieser Zeit, nemlich am 5ten Dec. schickten die Gemeinen und Pastoren des Bojanover und Lissaer Kreises in Großpolen ihr Manifest gegen die letzte zu Warschau gehaltene Synode ein, davon schon oben (S. 552) Erwehnung geschehen ist. *) Am 6sten

*) Wie man damals in Großpolen gedacht habe, zeiget folgendes Stück einer Rede, welche am 29sten Nov. 1785 in einer Versammlung einiger evangelischen Gemeinen zu Rawitz von einem Deputirten gehalten worden.

Erinnern sie sich, daß schon in der Lißner Synode 1776 ein Canon zum October betrage, und zur Collecte zum Decembermonat gemacht worden, und man brachte es dabei nicht nur in Vorschlag, sondern man suchte es auch auf eine listige Art durchzusetzen, daß jeder Glaubensgenoße alle Jahr eine festgesetzte Summa geben sollte. Hatte man nicht hier zuverläßig die größte Rücksicht auf den Civilstand genommen? Reihen wir nun dieses zusammen, so würde jährlich eine grosse Summa Geldes zusammen gebracht werden, und diese Gelder sollten nun alle in die sogenannte Consistorialcassa fliessen. Ist der Civilstand in Activität, so müssen jährlich für alle Stände, ohne das Licht zu scheuen, Rechnungen öffentlich abgelegt werden, ist aber der Bürgerstand ein= für allemal ausgeschlossen, so wird alsdenn der Ritterstand mit dem geistlichen Stande auch bald fertig werden, und ihm zuletzt nichts mehr als die Canzel übrig lassen. Wir würden zwar unsere Gelder hingeben, aber nie gründlich erfahren haben, wo sie eigentlich hingekommen sind. Um aber allen diesen Abgaben einen Schein des Rechts zu geben, und dem Civilstande Klagen zu versperren, ist der Ritterstand auf den Einfall gekommen, ein Gesetzbuch ausser Landes verfertigen zu lassen, worin diese Abgaben und andere Bedrückungen, theils mittelbar, theils unmittelbar, ausgedrücket seyn.

Erlauben sie mir, daß ich wegen des Gesetzbuches ihnen allerseits auch meine Betrachtungen vorhalte; wozu brauchen wir ein Gesetzbuch? haben wir nicht die heilige Schrift? haben wir nicht die augsb. Confeßion in Händen? und besitzen wir nicht zugleich gute und wohleingerichtete Kirchenordnungen? und dies ist meines Erachtens ja alles, was wir bey unserer Confeßion nöthig haben. Kommts etwa auf Ehescheidungen an, so haben wir das allgemeine protestantische canonische Kirchenrecht für uns, und mehr, glaube ich, brauchen wir ja nicht. Zeigen sie mir ein einziges Land, wo ausser gedachtem canonischen Rechte ein dißidentisches Gesetzbuch vorhanden ist. Der grosse Joseph hat in allen seinen weitläuftigen Staaten die Toleranz eingeführet, und hat viel tausend Protestanten zu Unterthanen, hört man aber da etwas von einem kirchlichen Gesetzbuche? kein Wort! und wir, wie sollen nur unglücklich seyn in unserm Vaterlande, daß man unter der Larve der Gesetze, uns unser Vermögen abnehmen, und uns noch dazu zu Kindern und Sclaven machen will.

Nicht genung, daß man uns so bis in den Staub herabniedriget, sondern man sucht auch durch dieses Gesetzbuch eine grosse Summa Geldes einzutreiben, es soll jede Gemeine, jeder Geistlicher, jedes Kirchencollegium, jeder Presbyter, jeder Advocat ein Exemplar, und zwar, wie es im Anfange war, für 10 Fl. polnisch kaufen; dazu kommt noch

6ten December fing sie wieder an, und die Repräsentanten der Gemeinen trugen nun ihre Klagen vor. In Ansehung des Kirchengesetzbuchs erklärten sie

noch, daß man durch das neue Gesetzbuch festgesetzte neue Gesangbuch, welches anjetzt zur Welt kommt, eine grosse Summe Geld zusammen scharren will. Wir wollen annehmen, daß in der Crone Polen und Litauen nur 100,000 evangelische Christen wohnen, wir wollen annehmen, daß nur der dritte Theil davon neue Gesangbücher kaufen wird, rechnen wir nur jedes Exemplar zu 4 fl. so kommt eine halbe Million Gulden heraus, hingegen kostet das neue Berlinsche Gesangbuch nur 2 fl. dazu kommt noch, daß der preußische Monarch es keinen aufdringen läßt; wo bleibt nun bey so bewandten Umständen der so gepriesene Eifer für die evangelische Kirche in Polen! Ich muß mich aber hierbey gegen einen Einwurf, den sie mir machen könnten, schützen, sie können sagen, alle meine Reflectiones sind nur blosser Verdacht und leere Muthmassungen; wenn ich ihnen aber allerseits zeigen werde, wie wir bereits behandelt worden sind, so hoffe ich, daß sie mich von diesem Verdacht lossprechen werden. Im Jahr 1778 den 9ten Julii wurde auf der Lißner Synode durch einen Canon, welchen Se. Excellenz der Herr Gen. Goltz dem damaligen Synodal-Notario Herrn Pastor Nikisch von Wollstein selbst in die Feder dictirte, festgesetzt, daß der Civilstand auf der nächsten Synode sich einen Sprecher oder General-Senior Civilis, mit Sitz und Stimme am Synodaltische, aus denen 7 Creis-Seniores selbst wählen sollte. Daß dieses keine Erdichtung oder Unwahrheit sey, beweisen nicht allein die deswegen ausgegebenen Extracte, sondern man kann es auch gottlob durch glaubwürdige noch lebende Zeugen beweisen. Allein wie ist es uns nach der Zeit mit diesem Canon gegangen? leyder sehr schlecht, denn der General-Senior Equest. ordinis fand es nach der Zeit für rathsam, eine Conferenz in Beyseyn derer Herren Consistorialräthe in Ritsche zu halten, hier wurde, nachdem man die Synodalacten revidirt, und zuletzt auf oben gedachten Canon kam, erwehnter Synodal-Notarius mit vielem Ungestüm den 23sten August 1778 Abends als ein Missethäter vorgefordert, man beschuldigte ihn, daß er die Acten verfälschet habe, man schalt ihn einen Meyneidigen, ja man behauptete, daß er sich vom Civilstand habe bestechen lassen, und also wurde dieser Canon, durch welchen man vielleicht glaubte dem großpolnischen Bürgerstand zu viel Ansehen und Ehre in der Kirche eingeräumt zu haben, nicht allein für null und nichtig erkläret, sondern auch, welches allen Glauben übersteigt, aus dem Synodalprotocoll ausgeschnitten, und ein anderer an dessen Stelle eingeschrieben. Hier will ich weiter kein Wort mehr sprechen, nur erstaunen will ich, wie Männer, die die Welt überreden wollen, sie arbeiten zum Besten der Kirche Gottes, wie Männer, die uns lehren sollen, rechtschaffen und redlich vor Gott und Menschen zu wandeln, gleichwohl eine solche schmutzige, und in der Kirche fast unerhörte Handlung begehen können. Da wir nun solche traurige Erfahrungen gehabt haben, und an unsern masurischen und kleinpolnischen Glaubensbrüdern noch dergleichen Handlungen fortgesetzet werden, so wollen wir uns hier mit einander vereinigen, und aus allen Kräften dahin arbeiten, damit man uns nicht noch mehr unterdrücket, und zuletzt ganz noch in Ketten der kirchlichen Sclaverey einschmiedet, und

1) gegen alle Synodalschlüsse, in welchen man die natürlichen Rechte des Civilstandes geschmälert, feyerlichst protestiren;

2) das

sie sich diesmal dahin, daß die Untersuchung desselben nicht ihnen, sondern der Nation und den Rechtsgelehrten derselben zukomme. Das nahmen der Herr Generallieutenant von der Golz und der Herr Graf von Unruh sehr übel. Nachher ließen sie sich doch in Bemerkungen über dieses berüchtigte Buch ein, und der Herr Generallieutenant von der Golz beantwortete dieselben. Weil aber seine Erklärung und Rechtfertigung der beleuchteten Stellen des Kirchengesetzes weder dem Text, noch den Landesgesetzen gemäß waren, der Fürst Sulkowski und der Herr von Sartorius ihre Schwäche sehr deutlich einsahen, und er also keine Ehre mit denselben einlegte, so gerieth er mit seinem Anhang in Verlegenheit, und bemühete sich, nicht nur, nach Abbrechung der Conferenzen, (welche auch am 13ten Dec. erfolgte,) sondern auch nach Unterdrückung des Protocolls von denselben, damit seine Blöße nicht an das Licht komme. Er setzte also die untenstehende Note *) an den Fürsten Sulkowski auf, welche er auch von dem

2) das Gesetzbuch, wie es jetzt beschaffen, nicht annehmen;
3) das neue Gesangbuch für diese Zeit noch nicht eingestehen;
4) keinen Beytrag bis zur ausgemachten Sache geben;
5) keine Synodal- noch Consistorialbefehle, die unseren Rechten zuwider, Gehör geben;
6) keine Gemeine soll von der gegenwärtigen Versammlung unter diesen Umständen Deputirte auf die Synoden schicken;
7) gegen die uns beschuldigte Geldbestechung wollen wir uns manifestiren;
8) und mit den masurischen und kleinpolnischen Gemeinen verbinden. Hierbey wollen wir so lange felsenfest stehen bleiben, bis wir in alle unsere natürliche Kirchenrechte eingesetzt sind, und nicht nur einen Sen. civilem mit allen Prärogativen erhalten haben, sondern es muß auch ein = für allemal festgesetzt werden, daß im Synodo nur 3 Stimmen seyn, das heißt, der adeliche, der geistliche und der Bürgerstand, und das solche per plurima Vota gültig und kräftig seyn. Dieses wäre also dasjenige, was ich ihnen allerseits, zwar in Einfalt, doch aber aus einem redlichen Herzen vorhalten wollte, mit dem beygefügtem Wunsche, daß der Gott des Friedens bey diesen kirchlichen Berathschlagungen uns durch und durch erleuchten und segnen wolle, damit wir auch hier unsträflich erfunden werden mögen. Rawicz ut supra.

*) Diese Note lautet also.
Nachdem die Herren Deputirte von der hiesigen evangelischen Gemeine 4 Puncte ihrer vermeinten Beschwerden, obwohl von niemanden unterschrieben, an Ihro Excellenz den kaiserlichen russischen Ambassadeur übergeben, und gebeten, sie abhören zu lassen, mit dem Erbor, solche beweisen zu wollen, und Ihro Excellenz der Ambassadeur Ihro Durchl. den Fürsten Woyewoden von Posen dazu erbeten, solche abzuhören, und den kaiserlichen Canzeleys

dem Herrn Grafen von Unruh und von dem Obristen von Königsfels unterschreiben ließ. Ich habe zwar eine Abschrift der Erinnerungen gegen das Gesetzbuch, und der Gegenantworten, (deren schriftliche Mittheilung der Herr Generallieutenant Baron von der Goltz verweigerte,) halte aber die letzten des Raums,

Canzeleyrath Baron von Königsfels von der Ambassade dazu mit ernannt, auch Ihro Excellenz der Ambassadeur zugleich verlanget, daß Endesunterschriebene mit zugegen seyn, und Sr. Durchl. wie auch dem Herrn Baron von Königsfels über alles, was auf denen tractatmäßigen Synoden in kirchlichen Ordnungssachen gemacht worden, die nöthige Auskunft geben mögten.

So haben Endesunterschriebene gleich anfänglich praecaviret, daß ihre Explications über der Bürger Beschwerden weder wie eine Controvers mit ihnen, noch wie etwas Authorisirtes angesehen werden, weil solche Kirchensachen vor die Synoden oder an das ganze Corps des dißidentischen Adels gehörten, und sie von selbigen nicht dazu ernannt noch bevollmächtiget wären, noch es daher für eine Art eines Vergleichs könne betrachtet werden.

Die 4 Puncte der vermeinten Beschwerden sind demnach durchgegangen worden, und die anwesende Herren Deputirte haben nichts erwiesen, noch gegen die Beantwortung derselben Gründe anführen können. Hierauf haben sie erzwungne Vorwürfe, Einwendungen wieder viele einzelne Stellen aus dem Kirchenrechte vorgebracht, derer Sinn sich ganz anders gezeiget, sobald die ganze Artikels sind vorgelesen worden, wie solche nicht wider die Civilgesetze gezogen werden können; dagegen nicht nur in dem Kirchenrechte selbst, sondern auch durch einen besondern Canon der Generalsynode genugsam prospiciret ist, auch Kirchenrechte auf keine andre Sachen angewendet werden, als auf solche Consistorial-Synodalsachen, so der Tractat von 1768 zu ihrer Competenz erwiesen hat; damit die Civil-Dicasteria sich nicht mit selben befassen mögten.

Der Herr Legationsrath Sartorius haben auf jeden Vorwurf über einzelne Stellen mit wenigen Worten angemerkt, was der ganze Artikel oder §. im Kirchenrechte verstehet. Da aber alle diese erzwungene Vorwürfe und Einwendungen entweder im Grunde unrichtige oder böse Absichten zu Verdrehungen enthalten; so kommen besondre Contracte oder fehlerhafte Antworten heraus, wann die wenige Worte darneben gesetzt werden.

Da nun Endesunterschriebene vernommen, daß man sie durch eine Unterschrift von der kaiserl. rußischen Ambassade authorisiren lassen will, woraus in der Folge erst Stoff zu unendlichen Streit und Auslegungungen in ihren Gemeinen entstehen werden, so sehen Endesunterschriebene sich genöthiget, zu Vermeidung des Mißbrauchs, da sie sich gleich anfänglich dawider prospiciret haben, und es nach dem Tractat lediglich denen Synoden zukommt, die kirchliche Vorschriften abzuändern, zu verbessern und zu erläutern, von welchen sie nicht dazu authorisiret sind, sich im Namen aller ihrer Mitbrüder aufs rechtskräftigste durch diese Note wider alle Mißdeutungen, Authorisirungsgesuch und Vorwurf für die Zukunft zu verwahren, beziehen sich lediglich auf den klaren Inhalt des Tractats, und wollen nur diesen als den Grund ihrer kirchlichen und Civilgerechtsame kennen; vermöge

Raums, den sie einnehmen würden, nicht werth, und lasse also das Protocoll weg. Herr von der Golz und seine Anhänger begegneten in den Conferenzen den Repräsentanten der vier Gemeinen sehr unhöflich: da sie nun auch fünf bis sechs Stunden lang stehen mußten, so blieben einige derselben ganz weg. Noch während der Conferenzen gaben ein Paar der Repräsentanten der 4 Gemeinen am 12ten Dec. die untenstehende Vorstellung *) bey dem rußisch-kaiserlichen Großbot-

möge welcher sie sich kraft der Guarantie Ihro kaiserl. Majestät aller Reussen an Se. Excellenz den Ambassadeur wenden werden. Geschehen zu Warschau, den 13ten Dec. 1785.

Alexander von Unruh,
Generalsenior aller drey Provinzen.

August Stanislaus von der Golz,
G. L. mppr.

Peter von Königfels,
Obrister und Generalsenior der kleinpolnischen und masurischen Gemeinen A. C.

*) Sie lautet also.

Erlauchter Reichsgraf,
Gnädiger Herr Großbotschafter!

Zuförderst unterwinden wir uns, im Namen derer zur letztern Synode deputirten Glieder des Bürgerstandes, Ew. Erlauchten den unterthänigsten Dank für die gnädige Gesinnungen abzustatten, deren Ew. Erl. dem dißidentischen Bürgerstande versichern zu lassen, geruhet haben. Wir sehen die letztern Conferenzen als einen Beweis derselben an, und zweifeln nicht, ein unpartheyischer Rapport werde Ew. Erl. überzeugt haben, daß nach dem buchstäblichem Inhalte des Kirchenrechts unsere Erinnerungen und Besorgnisse nichts weniger als ungegründet gewesen: dagegen gestehen wir auch gerne, daß die darüber gegebene Erklärungen in den mehresten Fällen vollkommen beruhigend seyn würden, wenn solche nur in gehöriger Art, besonders in denen Stellen, wo die Erklärung gar zu sehr den Text erweitert, oder einzuschränken scheint, autenticiret werden mögten.

Indessen dürften bey dieser eilfertigen Untersuchung noch verschiedene Punkte übergangen seyn, deren nähere Bestimmung einer künftigen Synode überlassen bleiben mag. Uns sind nur noch zwey Hauptpuncte übrig geblieben, zu deren Berichtigung wir Ew. Erl. Schutz und gnädige Verwendung erbitten.

Der erste betrift den Kirchenbann, welcher nach denen in allen protestantischen Ländern allgemein angenommen Grundsätzen für unnöthig, in vielen theologischen Schriften für lächerlich, und, unser geringen Meynung nach, in denen Händen des Consistoriums für höchst gefährlich zu halten ist.

Zweytens ist dem Bürgerstande, durch das Kirchenrecht indirecte, das ihm förmlich zugestandne Seniorat genommen worden. Die

vom 15ten Octobr. 1785.

botschafter ein, und als keine Antwort auf dieselbige erfolgte, überreichten ihn am 24sten Dec. die beyden Deputirten der Gemeinen, Herr Hofrath Michler, und

Wir wissen sehr gut, von was für einer gehäßigen Seite man diese Sache Ew. Erl. vorgestellet hat. Wir erklären aber hiermit auf das feyerlichste,

„daß wir weder adeliche Vorrechte, noch eine leere Titulatur, sondern nur schlecht-
„weg einen Senior civilis von Kleinpolen und Masuren verlangen, so wie solches
„Seniorat A. 1777 nicht etwan dem alten Herrn Tepper für seine Person, son-
„dern ausdrücklich dem Bürgerstande, bewilliget, und bisher ohne die geringste
„Einwendung verwaltet worden."

Dies Recht gründet sich

a. auf die Synode von 1777.
b. Auf die Beytrittsacte des lutherischen Adels von Masuren von 1778.
c. Auf die Confirmation der Synode von 1779, welche NB. unter dem Vorsitz eines lutherischen Directors und dreyer lutherischen Senioren, nemlich zweyer von Adel und eines vom geistlichen Stande, gehalten worden.
d. Auf die Art, wie solches von dem Herrn Tepper auf den Synoden von 1778. 1779. 1780. 1781 und 1782, und noch besonders bey der Suspension des Cerulli, exercirt worden.
e. Auf den von Sr. königl. Majest. confirmirten Vergleich von 1783 und dem Concluso der königl. Commission N. 6. vom 4ten Junius 1783.

Wir nehmen uns die Freyheit, hierbey zu erinnern, daß sowohl die Einführung als auch die Verwaltung des bürgerlichen Seniorats von Ew. Erl. schriftlich approbiret ist.

Ein so förmlich dem Bürgerstande versichertes Recht wollen die Verfasser des Kirchenrechts pag. 55. ad 60. indirecte aufheben.

Ist das Kirchenrecht eine Sammlung der Synodalschlüsse, so kann es nichts denen selben zuwiderlaufendes enthalten.

Es kömmt dem Bürgerstande auf keinen leeren Titel, sondern bloß darauf an, daß sein Senior, so wie Herr Tepper bisher gethan, über die Rechte des Bürgerstandes bey der Synode wache, die Verwaltung der gemeinschaftlichen Cassa untersuchen, und bey den Wahlen die Candidaten des Bürgerstandes präsentiren, auch dafür sorgen könne, daß diesem Stande keine obrigkeitliche Person aufgedrungen werde, auf deren Einsicht oder Denkungsart er nicht das nöthige Zutrauen hätte.

Dies sind kürzlich die Rechte und Bewegungsgründe, welche den Bürgerstand auf die Beybehaltung eines ungetheilten Seniorats und aller damit verbundnen Vorrechte zu bestehen veranlasset.

Ew. Erl. geruhen daraus zu ersehen, daß wir weder adeliche Rechte, noch etwas dem Tractat zuwiderlaufendes verlangen, nichts, als was 8 Jahre lang recht gewesen, soll

der königl. Hofbaumeister Herr Schütze, eine andere. *) Der Herr Graf zeigte sich in Gegenwart des Legationsraths von Königsfels sehr liebreich und billig, und

weiterhin recht seyn, und uns nicht durch ein Kirchenrecht genommen werden, über dessen unregelmäßige Einführung der grösseste Theil der Gemeinen aus allen drey Provinzen auf das feyerlichste protestiret hat.

Wir könnten noch Vieles von der sonderbaren Art, wie man den Adelstand in der letztern Synode formiret, um den Bürgerstand bey den Wahlen zu überstimmen; von der unregelmäßigen Wahl des letztern Consistoriums; von denen Drohungen, wodurch man uns Ew. Erl. Schutz und Gerechtigkeit eher anzuflehen abgeschreckt hat, anführen, es wird aber obiges schon hinreichend seyn, Ew. Erl. die wahre Lage unsrer Sache zu schildern, und Hochdieselben überzeugen, daß wir der Protection Ew. Erl. die wir mit unterthänigstem Vertrauen erwarten, nicht unwürdig sind.

Nur sey uns noch erlaubt, den Versicherungen unsrer tieffsten Dankbarkeit, die Betheurung hinzu zu fügen, daß wir niemanden persönlich durch unsre Klage zu beleidigen, sondern je eher je lieber denen bisherigen Mißverständnissen ein Ende zu machen wünschen.

Wir ersterben mit der schuldigsten Ehrerbietung

Ew. Erlauchten

gehorsamste.

Warschau, den 12ten Dec. 1785.

*) Von derselben, und der ganzen Unterhandlung bekömmt man aus dem folgenden Extract aus dem Protocoll der Warschauer evangelischen Gemeine einen Begriff.

Actum Warschau, den 26sten Dec. 1785. In Gegenwart der hochlöblichen Herren 48 Männer und Mitglieder der Gemeine.

1) Trugen der Herr Hofrath Michler und der Herr Hofbaumeister Schütz den versammleten 48 Männern vor, daß Sr. Excellenz dem erl. rußisch kaiserl. Großbotschafter eine Supplique den 24sten Dec. von ihnen eingereichet worden, von welcher gedachter Herr Copia deutlich vorlas.

a. Selbige enthielt die Bitte, daß das Seniorat des Bürgerstandes bewilliget werden mögte, auf die Art, wie selbiges der Herr Tepper verwaltet.

b. Daß aus dem Kirchengesetzbuche der Kirchenbann weggethan, und dem Consistorio, als eine unnütze und gefährliche Sache, nicht überlassen werden mögte.

Der Herr Hofrath meldete hierauf, daß darauf von Sr. Erl. Excellenz, dem rußisch kaiserlichen Großbotschafter, zur Resolution gegeben worden:

1) Daß Sie darauf sehen würden, daß das Gesetzbuch nicht zum Nachtheil der Gemeine angewendet werden solle, und daß der Bürgerstand sich bey allen Vorfällen, und im Fall drückender Auflagen, gerade an ihn wenden, und seiner Protection versichert seyn solle.

2) Der

und versicherte, daß dem Bürgerstande auf einer nahen Synode ein bürgerlicher Senior bewilliget und erwählet, hingegen das Kirchengesetzbuch nicht zum Nachtheil

2.) Der bürgerliche Senior solle der Gemeine bey erster Synode bewilliget werden.

3) Die Hausordnung soll an die Gemeine zurückgegeben, und durch Deputirte der Gemeine mit Zuziehung einiger Glieder des Consistorii, abgeändert werden.

4) Auf den Antrag, den Herrn Krupinski vom Consistorio auszuschliessen, habe sich der Herr Ambassadeur erzürnt, und habe versichert, daß er dem Krupinski sowohl als der Gemeine Protection gegeben, und verlange, daß dieser Herr Krupinski als Consistorialrath sitzen solle, widrigenfalls würde er sich an Sr. Excellenz den Cron-Großmarschall wenden, und die Sache aufs höchste treiben.

Es wird beschlossen.

An Se. Erl. Excellenz eine Supplique im Namen des Bürgerstandes durch Deputirte einreichen zu lassen, welche des Inhalts seyn soll;

a) Daß in derselben Sr. Erl. Excellenz für die Versicherung Dero gnädigen Protection der unterthänigste Dank abgestattet werden soll.

b) Vorzustellen, daß die Beschwerden wegen des Seniorats und Gesetzbuchs nicht von der Warschauer Gemeine allein, sondern von den Gemeinen des ganzen Landes herrühren.

c) Communication des Original-Protocolls, so wie selbiges bey denen Conferenzen bey Sr. Durchl. dem Fürsten August Sulkowski geführet worden, besonders in Ansehung der wider das Gesetzbuch gemachten Einwendungen zu erbitten.

d) Ferner vorzustellen, daß der Bürgerstand lieber aller Gemeinschaft mit dem Adel entsagen wolle, als sich fernerhin bey Synoden so verächtlich, als bey der letzteren, begegnen zu lassen.

e) Und da der Herr Krupinski illegal erwählet, und der Gemeine aufgedrungen worden, so bittet die Gemeine, daß Se. Excellenz die Gnade haben, und erlauben mögten, daß dieser Mann sich diesem Amt nicht unterziehe, sondern seine Stelle einem andern beliebteren Mitgliede überlasse.

f) Zum Schluß, durch alles, was heilig ist, Se. Erl. zu beschwören, daß dieselben durch Wiederherstellung der bürgerlichen Rechte, die Ruhe, den Flor der Kirche, die Erziehung der Jugend, die Versorgung der elenden Kranken und Dürftigen zu befördern geruhen mögten. Im Gegentheil könnten die üblen Folgen lebhaft geschildert werden.

g) Um eine Provinzialsynode spätestens in 4 Monaten zu bitten, bey welcher die Irrungen gänzlich gehoben, und die Art und Weise der regulairen Stimmung aller drey Stände festgesetzt werde.

h) Die Deputirten sollen sich übrigens auf die den 24sten Dec. eingegebene Bittschrift beziehen.

i) Die Herren Deputirten werden alle diese Puncte mit den submissesten, doch aber bestimmtesten Ausdrücken abzufassen suchen.

theil der Gemeinen angewendet, auch der Warschauer Gemeine das Original ihrer Kirchenordnung wieder gegeben, und von einigen Mitgliedern aus der Gemeine festgesetzet werden solle, was in demselben etwa zu verändern sey. Als aber die beyden Deputirten verlangten, daß der den Gemeinen aufgedrungene bürgerliche Beysitzer des Consistoriums, Krupinski, wieder von demselben ausgeschlossen werden mögte, wurde der Herr Großbotschafter unwillig, und versicherte, daß er sein ganzes Ansehen für die Erhaltung desselben anwenden wolle. Die Warschauer Gemeine beschloß nun, am 26sten Dec. dem Herrn Grafen von Stackelberg eine neue Vorstellung übergeben zu lassen, *) welche auch durch Deputirte

*) Der genehmigte Entwurf zu derselben ist dieser.

Ew: Erlaucht hohen Erlaubniß zufolge ist der am vorgestrigen Tage versammleten Gemeine vorgetragen worden, wie Ew. Erlaucht den evangelischen Bürgerstand Ihrer hohen Protection zu versichern, und die Beruhigung desselben zu beherzigen geruhet haben.

Es ist hierauf Endesunterzeichneten durch einen förmlichen Schluß der Gemeine Nachstehendes aufgetragen worden.

1) Ew. Erlaucht unterthänigst für die gnädige Versicherungen zu danken.

2) Mit tiefstem Respect vorzustellen, wie die Beschwerde wegen Einführung des Gesetzbuchs und Abschaffung des bürgerlichen Seniorats nicht bloß von der Warschauer Gemeine, sondern von allen kleinpolnischen Gemeinen, sogar vom ganzen Bürgerstande aus Groß- und Kleinpolen, imgleichen aus Litauen, geführet werde.

3) Inständigst um Communication des über die Erklärungen unserer Erinnerungen gegen dies Kirchenrecht gehaltenen Protocolls zu bitten. Es wurde in den Conferenzen immer mit so vieler Eilfertigkeit verfahren, daß wir diese Erklärungen weder recht zu begreifen, noch zu notiren Zeit hatten.

Wenn nun nach Ew. Erlauchten gnädiger Absicht diese Erklärungen die Beruhigung dieser Gemeinen bewürken sollen, so müßten solche uns nicht allein so wie sie in den Conferenzen abgefaßt worden, vorläufig communiciret, sondern auch noch in der Folge dergestalt autorisiret werden, daß wenigstens bis zur nächsten Synode keine nachtheilige Auslegung des Kirchenrechts zu befürchten wäre.

4) Verspricht sich der Bürgerstand von Ew. Erlaucht großmüthigem und gerechten Denkungsart, daß Sie es ihm zu Gnaden halten, wenn er aus einer Art von Verzweifelung gemeinschaftlich den Schluß gefaßt hat, lieber aller Gemeinschaft mit dem dissidentischen Adel zu entsagen, als sich von demselben auf den Synoden beständig willkührliche Gesetze vorschreiben, und bey den Wahlen der Kirchenobrigkeit sich mit so vieler Verachtung, als auf der letzten Synode geschehen, tractiren zu lassen.

Um nicht mit obrigkeitlichen Personen, zu denen man kein Zutrauen hat, zu thun zu haben, will keiner von den bemittelten und angesehenen Gliedern der Gemeine irgend ein Kirchenamt annehmen; dadurch fallen alle Beyträge weg, die Kirchen werden bankerout, und an Schulen und Hospitäler ist leider nicht zu gedenken. Wir sollen also

5)

tirt überbracht wurde. Allein der Herr Graf sprach sie nicht selbst, sondern ließ sie durch den Legationsrath von Königsfels mit ihrer Schrift abweisen, der ihnen auch ihre vorige Vorstellung zurückgab, die günstigen Erklärungen, welche der Herr Graf am 24sten gethan hatte, gänzlich leugnete, die Deputirten beschuldigte, daß sie der Gemeine einen falschen Bericht abgestattet hätten, und überhaupt sich sehr unhöflich gegen dieselben bezeigte. Die Ursache dieses Betragens war, weil der Herr Großbotschafter schon unter dem 17ten Dec. dem immerwährenden Rath eine Note *) zugeschicket hatte, welche voller ungegründeter beschul=

5) Ew. Erl. bey allem was heilig ist, beschwören, die Ruhe und den Flor der Kirchen, die Erziehung der lieben Jugend, und das Elend der armen Kranken und Dürftigen in gnädige Erwegung zu nehmen, und dem Bürgerstande durch Wiederherstellung des ihm mittelst des Kirchenrechts indirecte genommenen Seniorats wieder Muth und Lust zu geben, einen Theil seines Vermögens, so wie beym Kirchenbau geschehen, gutwillig zu frommen Absichten darzu bieten Wir verlangen, wie schon öfters erklärt worden, nicht die Vorrechte eines adelichen Generalseniors, sondern nur für den Nachfolger des Herrn Zeppels bloß dasjenige, was 8 Jahre lang den Landesgesetzen und Tractaten gemäß, als Senior civilis von Kleinpolen und Masuren, exerciret worden.

Ew. Erlaucht haben diese Würde selbst zu verschiedenen malen erkannt, wir unterstehen uns also zu hoffen, daß Sie, zu Beruhigung des Bürgerstandes, ihm den fernern Genuß seines Vorrechtes zu assecuriren geruhen werden.

6) Ist es nicht abzusehen, wie ohne eine Synode den bisherigen Irrungen recht gründlich abgeholfen werden könnte; wir haben aber leider bemerkt, daß die gegenwärtige Herren Seniores solche Jahre lang zu verschieben Willens sind. Es geht also unser unterthänigstes Ansuchen an Ew. Erlauchten, daß Sie die Convocation einer neuen Synode spätkens innerhalb 4 Monat anzusetzen geruhen mögten; bey einem längern Verschube würde es gar zu schwer seyn, den allarmirten Bürgerstand zu beruhigen.

Schlüßlich sollen wir die unterm 12ten und 13ten dieses Monats überreichte Bittschrift nochmals zu hoher Erwegung unterthänigst empfehlen, und Ew. Erl. von dem demüthigen Vertrauen auf Dero unpartheyischen Fürsorge für das wahre Wohl der dißidentischen Gemeinen ganz gehorsamst versichern. Wir haben die Ehre zu verharren.

*) Sie lautet so.

Le soussigné Ambassadeur extraordinaire & plenipotentiaire de S. M. I. de toutes les Russies, prie S. E. Mr. le Comte Malachowski, Chancelier de la Couronne, en qualité de Président du departement des affaires etrangères, de mettre sous les yeux, de S. M. le Roi de son Conseil ce qui suit.

Il y a quelques années, qu'il s'est élevé une contestation, entre les Bourgeois protestans de Varsovie, en usurpent une sorte de jurisdiction arbitraire. Le College de l'Eglise lutherienne, ajoute à cette irregularité une autre, dans l'administration des deniers, inconveniens, qui s'est perpetué par l'emploi de l'argent, des pau-

Beschuldigungen gegen die bürgerlichen Gemeinen, insonderheit gegen die Warschauer, und voller unrichtigen Vorstellungen der streitigen Sachen, waren, und die gewalt-

pauvres Bourgeois à de projets inutiles. La cause fût portée au Consistoire, magistrature constituée par les traités, de la la d'obeissance, des accusées, leur refus de connoître une jurisdiction legitime, de la, des plumes trempées dans le fiel de l'imposture, & de la calomnie, & toutes les scenes sur le caractère & l'importance des quelles la classe éclairée du public a pu se méprendre, aussi peu qu'à l'egard des sources qui ont fait naitre, de cette misère des questions sur les traités & un parallele entre la participation, de la Bourgeoisie au maintien de l'ordre, & celle de la Noblesse, partie contractante avec la confèderation de Radom. La penetration de S. M. le Roi & de son Conseil apprecieront la necessité, de terminer toutes ces clameurs oiseuses, & le soussigné demande au nom de sa Cour, l'observation des traités. Il n'a pas manqué de suivre & d'approfondir le caractère de cette affaire, depuis que l'interêt & les passions de quelques Bourgeois insurgents & refractaires, ont trouvées utile, d'ennoblir leur querelles, en la generalisant, ayant l'honneur de représenter cette auguste souveraine, dont l'amour de la justice, & les principes de tolerence ont protegé le corps des Dissidents en general. Le soussigné s'est tenu soigneusement en garde contre le moindre trait de partialité. Si la Bourgeoisie dissidente etoit persécutée, il seroit le premier, à voler à son secour sollicité par elle d'entrer dans le detail de leur griefs, & nommement de ceux, qui regardent le livre des reglemens interieures de l'Eglise, que la malignité voudroit revetir de l'importance d'un code civil & criminel. Il a été établi des conferences pour cet effet, chaque point a été debatue, éclairci, & expliqué, de maniere que la deputation en à temoigner, sa reconnoissance, & sa satisfaction dans l'avantderniere seance. Le souffle de la discorde ayant inspirée la derniere, le vertige de l'égalité s'est manifesté, & un nouveaux pamphlet peu exact dans ses assertions à rabaché toutes les objections, victorieusement refutées dans la conference, objections dont la partie essentielle, est, que l'apprehension affectée des impôts, trouve sa reponse dans la constitution de 1784. Il est tems d'en imposer à ce choc de passion, la Noblesse a plus fait qu'elle n'a été obligée de faire, sa fraternité a admis les Bourgeois partout, sans y être engagée, ni par les traités, ni par l'usage ancien. Si l'insurrection de la Communauté de Varsovie se perpetue, il faudroit la priver de cette jouissance, & ne l'abandonner qu'aux Communautés tranquilles du païs. Qu'on lise le traité, ses principes sont fondes sur l'égalité, la Bourgeoisie a son article, quand un autre traité avec un changement deforme de Gouvernement, dicteroit à la Noblesse catholique d'autres rapports, d'autres relations avec la Bourgeoisie. La Noblesse dissidente se felicitera, d'entendre s'il le lui est permis tout ceux, dont la ligne de démarcation est tracée dans le traités de 1768. Le soussigné, etant en devoir de veiller au maintien de ce même traité, ne sauroient se dispenser de prier S. M. le Roi & son Conseil, de vouloir bien renvoyer le plus serieusement la Communauté Varsovie à la subordination, & à l'obeissance en vers leurs Synodes & Consistoires, dans toutes les causes ecclésiastiques, assignez à ces jurisdictions par le §. 4. de l'article second du traité de 1768. Outre cela, il est indispensablement necessaire, de faire comprendre serieusement aux Bourgeois dissidents, de ne pas l'arroger des presogatives, dont leur état les exclue, attendû qu'ils ne sauroient avoir plus de privileges,

gewaltthätigſte Unterbrückung der Patrioten in einem gebieteriſchen Ton verlang=
te. Durch dieſe Note expreßte er von dem immerwährenden Rath, der auf die
Vorſtellungen der vier Gemeinen keine Reſolution ertheilet hatte, das untenſte=
hende Univerſal, *) welches aber doch, in ſo fern, als es befiehlet, daß den
Diſſi-

ges, que ceux de la religion dominante, & comme ils ſe ſont laiſſer ſeduire à evoquer
au jugemens civils des cauſes eccleſiaſtiques, aſſignées aux Synodes & Conſiſtoirs, il
faudroit les reprimer a cet egard, & ſa Maj. le Roi & ſon Conſeil, voudront bien
defendre le plus poſitivement à tous les Dicaſtères civils, de ne pas empieter ſur les
droits des jugemens eccleſiaſtiques diſſidens, dans les affaires que le §. 5. de l'Article
ſecond de l'Acte ſeparé, reſervé expreſſément à leur juriſdiction, mais de renvoyer ces
cauſes ſans y entrer, à leur jugement. Competant, en puniſſants les refractaires ſuivant les loix, provocatio ne fori. Il reſte encore au ſouſigné de renouveller ſes inſtan-
ces auprès de S. M. le Roi & de ſon Conſeil, afin que par une reſolution claire &
expreſſe, il ſoit intimé aux dicaſteres civils, d'accorder ſans difficulté l'éxecution des
decrets conſiſtoriaux & ſynodaux, ſuivant la reſolution du Conſeil du 24 Août 1784
& la conſtitution de la Diette de Grodno. Le ſouſigné ne doutant nullement de l'attention ſcrupuleuſe que S. M. le Roi & Conſeil porteront à l'obſervation des ſtipulations
ſollemnelles avec S. M. ſa très-gracieuſe ſouveraine, eſpere qu'il ſera pris inceſſamment
les meſures les plus convenables & les mieux combinées, afin que tout ce qui a été lega-
lement ſtabli par les differens Synodes & le Synode general, conformement au traité, &
en preſence d'un Mandataire muni d'un plein pouvoir, de la part de S. M. le Roi
même, pour veiller à l'obſervation des loix & traités ſoit maintenu en vigeur, & que
par une ſubordination & obeiſſance reglée, l'ordre & la tranquilité dans les communautés fuſſent retablis pour toujours. Fait à Varſovie en date du 17 Decembre 1775.

*) Es lautet alſo.

Stanislaus Auguſtus ꝛc. ꝛc.

Thun kund denen es zu wiſſen oblieget, daß da Uns und Unſerm Uns zur Seite ge=
ordneten immerwährenden Rath angezeiget worden, wie die Einwohner und Bürger der
augsburgiſchen Confeſſion Unſrer Stadt Warſchau aufs neue zu Streitigkeiten über bloß geiſt=
liche Materien ſich verleiten laſſen, und namentlich über ſolche, welche die geiſtliche Ob=
waltung dieſer augsburgiſchen Confeſſion betreffen, auch in verſchiedenen Gerichtshöfen des=
wegen ſchon gerichtliche Verhandlungen unternommen worden ſind: Wir aber denen
fernern Mißhelligkeiten und Trennungen der Bürger, die aus dieſer Quelle entſpringen
können, zuvorkommen, und in Unſern Städten eine vollkommene Ruhe erhalten haben
wollen; ſo erklären Wir, mit Zuziehung Unſers Uns zur Seite geordneten immerwähren=
den Raths, kraft dieſes Univerſals, und befehlen allen ohne Ausnahme, daß ſie die aus
dem Tractat von 1768 Art. 2. §. 5. entſpringenden Obliegenheiten aufs ſtrengſte zu
beobachten ſich angelegen ſeyn laſſen, nach welchen alle Vorfälle, die auf die Handhabung
und Aufrechthaltung der in einer jeden Geſellſchaft nothwendigen Subordination abzielen,
(als Lehren, Anordnung, Diſciplin, Gebräuche und Vergehen der Prieſter der Diſſi=
denten, Eheſcheidungen, Diſpenſationen,) vor die geiſtlichen Gerichtshöfe der Diſſiden=
ten, das iſt, vor ihre Synoden und Conſiſtorien, zur Unterſuchung und Entſcheidung ein=

Diſſidenten (dem Adel und der Bürgerſchaft) ihre Rechte genau nach den Tractaten zuerkannt werden ſollten, nichts Beſtimmtes ſaget. Es hatte aber die Wirkung, daß die evangeliſchen Gemeinen der 3 Provinzen, in ihren Verbindungen unter einander und gegen den herrſchſüchtigen Adel, langſamer und vorſichtiger zu Werke gingen.

Die beyden Schiedsrichter, der Fürſt Sulkowski, (der bald hernach ſtarb,) und Herr Legationsrath von Sartorius, zeigten, inſonderheit in der letzten Conferenz, ſo viel Einſicht und Entſchloſſenheit zur Aufdeckung der fehlerhaften Seite einer jeden der beyden Partheyen, daß der golziſchen Parthey, ungeachtet des ſtarken Beſchützers, den ſie an dem rußiſch-kaiſerlichen Großbotſchafter hatte, dabey bange wurde. Sie wendete alſo alle erſinnliche Kunſtgriffe an, um die Conferenzen abzubrechen, (welches ihr auch gelung,) und um zu verhindern, daß das Gutachten der Schiedsrichter, welches anfänglich von ihnen verlanget worden, nicht bekannt gemacht würde. Ich habe aber doch Gelegenheit gefunden, dasjenige, welches der Herr Legationsrath dem König überreicht hat, zu erlangen, und theile es unten *) zum Unterricht und Vergnügen der unpartheyiſchen Menſchenfreunde

zig und allein gehören ſollen, aber vor kein weltliches Gericht gebracht werden können. Ferner, daß alle Mitglieder der evangeliſchen Gemeinen in den obenangeführten Fällen denen Synodalgeſetzen dieſer Confeßion untergeordnet ſeyn ſollen. Befehlen demnach und vorzüglich allen Civiljurisdictionen, kraft dieſes Univerſals an, daß ſie alle Klagen und Rechtsfälle, die in dem angeführten Tractat, Artikel und Paragraph benannt, und der geiſtlichen Gerichtsbarkeit nur allein zur Unterſuchung vorbehalten ſind, an dieſe geiſtliche Gerichtsbarkeit verweiſen ſollen, und dies laut der Conſtitution von 1784, die von dergleichen Rechtsmaterien keine Unſerm Aſſeſſorialgericht unterwirft, als einzig und allein die, welche Geldauflagen betreffen. Den Einwohnern und Bürgern Unſer Stadt Warſchau aber, die dieſer augsburgiſchen Confeßion zugethan ſind, befehlen Wir, mit Beyſtimmung Unſers immerwährenden Raths, ernſtlich, und zur genauen Befolgung an, daß ſie nach dem Inhalt des angeführten Tractats von 1768 und der Conſtitution von 1784 zufolge, in allen obangeführten Fällen ſich ihrer geiſtlichen Gerichtsbarkeit ſchlechterdings gehorſam bezeigen ſollen, keiner Rechte, die dem Bürgerſtande nicht zukommen, ſich anmaſſen, ſondern ſich mit den Privilegien, die im Tractat Art. 2. §. 17. den diſſidentiſchen Bürgern zugeſtanden worden, in Ruhe begnügen laſſen, auch keinen Evocationsproceß anzuſtellen ſich unterſtehen ſollen, unter der Androhung der in den Geſetzen beſtimmten Strafen, auf Empörer gegen die Geſetze, und Stöhrer der öffentlichen Ruhe in Unſern Städten. Dieſes Unſer Univerſal, damit es zu jedermanns Wiſſen gelangen möge, verlangen Wir, daß es in allen Grods oblatirt werde. Gegeben Warſchau, den 3ten Jänner 1786.

*) Es lautet alſo.

Reſumé de l'affaire des Diſſidens.

En refléchiſſant avec impartialité ſur la nature des objets, qui deſunißent les Pro-

freundt mit. Es beleuchtet die verworrenen Streitigkeiten mit so vieler Mäßigung und Unpartheylichkeit, daß ein jeder Leser wünschen wird, es möge der Vorschlag

Proteftans de la Confeſſion d'Augsbourg en Pologne, il n'eſt pas difficile de démêler à travers les reproches reciproques des Parties, la véritable Origine des diſſenſions auſſi ſcandaleuſes que prejudiciables à la cauſe commune. D'abord l'entrepriſe des anciens de l'Egliſe de Varſovie, de rogner le revenu trop largement ſtipulé dans la Vocation du Paſteur *Ringeltaube*; leur prétention de s'eriger en Aréopage Eclefiaſtique, fit venir aux Protecteurs du Paſteur irrité, l'idée de former un parti à oppoſer aux anciens. Il parut pour la premiere fois lors de la conſecration du nouveau Temple, exigeant à cor & à cri l'introduction de la *Liturgie Saxonne*, inconnuë dans l'ancien Oratoire. Ce coup imprévû, déconcerta les anciens, ils cederent d'aſſez mauvaiſe grace, tandis que leurs adverſaires crioient à l' *Hétérodoxie*, au *Crypto-Calvinisme*, & cette quérelle reſſembloit encore à la plûpart des Diſputes Eclefiaſtiques. On ſe chamailloit pour des objets auſſi graves, que l'habillement du Predicateur, les Cierges, & l'intonation latine du *Credo*.

Du moment qu'il y eut deux partis dans la principale Communauté du Roïaume, il étoit à prévoir, que l'introduction du *Droit Eclefiaſtique des Diſſidens*, rencontreroit des obſtacles. C'étoit l'ouvrage de prétendus Ortodoxes, pouvoit-il être reçu ſans contradiction? On craignoit ſurtout, que les Reformés prépondérans aux Synodes de la petite Pologne, n'épouſſaſſent la cauſe des gens accablés du reproche, d'avoir penché vers le Calvinisme.

Il faut avouer, que les meſures qu'on s'eſt permiſes, pour écartez cette oppoſition, ne portent pas l'empreinte de regularité & de moderation, qui devroient caracteriſez les premieres démarches d'une Egliſe paſſant de l'oppreſſion à la liberté. Qu'on me diſpenſe de relever ici ce qu'il y a d'irrégulier, de préjudiciable dans la convocation & les actes du Synode de Varſovie de 1782. Il eſt impoſſible d'y méconnoitre un plan formé dès-lors, pour déchirer les liens de l'Union, cimentée en 1777 entre les Diſſidens des deux Confeſſions, de la maniere la plus ſolemnelle, & ſous l'autorité la plus reſpectable.

A peine eût on renvoyé les Reformés de Wengrow, que le Synode Général deploïa toute ſon autorité, pour écraſer les Anciens de l'Egliſe de Varſovie, qui, de concert avec les Reformés, avoient oſé s'oppoſer à la réception du nouveau Droit Eclefiaſtique. Peut-être ces Martyres d'un zéle mal entendu auroient-ils mieux fait, de s'épargnez les peines, & les frais de la perſécution. Si le Droit Eclefiaſtique tel qu'il étoit alors, renfermoit la moitié des anomalies qu'on lui reprochoit; il devoit tomber de lui même.

En effet, l'approbation indéciſe, pour ne pas dire équivoque, du Synode de 1780, la cenſure de preſque toutes les Academies d'Allemagne, & plus encore, les retranchemens, les corrections conſidérables, qu'on y a faites dans la ſuite, ne prouvent que trop, qu'on eût tort dans le tems, de ſe formaliſer des remonſtrances des perſonnes impartiales; qu'il auroit mieux valu d'examiner de ſang froid, les defauts

du

schlag seines Verfassers in Warschau befolgt worden seyn. Es hat ihn einer der Minister gefraget, wie es möglich gewesen, daß eine so gut aus einander ge-

du livre, que de l'introduire de fait, en présentant au Roi l'Edition de 1780, comme *synodalement reçuë de toutes les Provinces*, & en faisant prétez serment là dessus aux Consistoires comme aux Anciens des Eglises.

Une nouvelle Edition revuë & corrigée, parut vers la fin de l'année 1784. On a cru devoir mettre à execution les nouveaux reglémens qu'elle renferme, par l'abolition du *Seniorat*, exercé jusqu'alors par le St. *Tepper*. L'election des membres roturiers du nouveau Consistoire, fut faite au Synode tenu en Octobre dernier, sans aucun égard à ses protestations contre un homme, qu'il declaroit ne posseder nullement sa confiance.

Ce coup d'autorité, fut accompagné d'une declaration formelle, que la noblesse ne permettroit plus longtems à la Roture, d'empiéter sur ses prerogatives; que la legislation lui appartenoit exclusivement dans l'Eglise comme dans l'Etat, & que dans le cas ou la Bourgeoisie se croiroit lézée par les dispositions du *premier ordre*, il ne lui restoit plus d'autre parti à prendre, que celui de la soumission & de la patience, à moins qu'une revolution générale dans la forme du Gouvernement, n'assignat un jour à la Roture quelque part dans la legislation. Maximes inouïs jusqu'alors, désavoués par la pratique constante de l'Eglise. On eut l'adresse de les énoncer d'une maniere propre à allarmer la noblesse Catholique, sur un pretendu projet d'ériger un nouvel etat dans le Gouvernement de la Republique.

De son coté la Bourgeoisie poussée à tout, eut recours au *Conseil Permanent*. Plus de vingt Manifestes prouvent, qu'elle a fait cause commune d'un bout du Roianme à l'autre; un entousiasme général de liberté s'est emparé des gens capables de renier Prêtre & autel plutot, que de se ranger sous la loi *despotique* de leurs freres ainés dans l'Eglise.

Par bonheur la sagesse du Ministre representant de la premiere puissance Garante du Traité de 1768, a trouvé moien de désarmer la discorde, en amenant les parties à des explications reciproques en présence des arbitres. Bien de griefs n'ont pu soutenir l'analyse, mais quand d'une part il y en a de suggerés par une defiance peu raisonnable, il faut avouer de l'autre coté, qu'avec plus de clarté & de précision, le Droit Eclesiastique auroit pu se passer de bien des interpretations forcées, & peu conformes à la lettre.

Enfin l'esprit de douceur & de conciliation qui presidoit à ces conferences, seroit venu a bout d'applanir toutes les difficultés, si l'article du *Seniorat Civil*, aboli par le nouveau Droit Eclesiastique, n'en presentoit une de plus embarrassantes. Cette pierre d'achoppement pose sur deux questions prejudicielles.

Le Droit Eclesiastique peut il deroger à des concessions faites par les Synodes precedens, & confirmés par un exercice non interrompu de plusieurs Années?

La Roture peut elle avoir voix active aux Synodes?

Ceux

vom 15ten Octobr. 1785.

gesetzte Sache nicht völlig nach seinem Plan zum Ende gebracht worden sey? und er hat geantwortet: man mögte ihm die Erlaubniß geben, beyde Partheyen

Ceux qui combattent pour l'affirmative de la premiére question, se fondent sur les plein-pouvoirs des Commissaires delegués par le Synode General de 1782, pour la Revision du Droit Eclesiastique; ils reprochent à l'ordre Civil d'avoir obtenu par la connivence des *Reformés* en 1777 le Seniorat, qui selon eux n'étoit cependant qu'une prérogative personnelle accordée au Sr. Tepper, en egard à son merite particulier dans l'Eglise ainsi, qu'aux terres nobles qu'il possede dans l'Etat.

„Mais, repond la Bourgeoisie, cette Commission établie par un Synode, con-
„tre le quel plus de la moitié des Assistans nobles & roturiers ont protesté au Gròd de
„Liw en 1782, pouvoit elle abroger des Canons, qui devroient servir de base & de
„regle à ses redactions? Peut on mettre sur le compte de Reformés, ce qui a été
„approuvé solemnellement par l'Acte d'accession de la noblesse Lutherienne du Duché
„de Masovie, par le Synode de 1779, tenu sous la Direction d'un Gentilhomme
„& de trois *Seniores* la de Confession d'Augsbourg? qu'on relise le canon de 1777,
„ses motifs ne contiennent pas un mot du merite personnel du Sr. Tepper, encore
„moins de ses Possessions nobles, qui d'après la Constitution de 1775 ne donnent à sa
„personne aucune espece de prerogative de la noblesse. C'est en simple Roturier,
„qu'il a exercé dans les Synodes de 1778, 1779, 1780, 1781 & 1782 dans l'affaire
„de Cerulli, sur une requisition expresse de la part de Mr. l'Ambassadeur de Russie,
„la charge de *Senior de la petite Pologne & du Duché de Masovie*. Nous ne deman-
„dons pour son Successeur que ce, qui a été si longtems reconnu juste & conforme
„au Traité, au Droit de la noblesse, à l'ordre interieur de l'Eglise, aucun titre,
„aucune nouvelle prérogative, mais une digue contre des procedures aussi arbitraires
„que celles du dernier Synode. Le droit de presenter & de concurrir à l'election
„des membres roturiers du Consistoire, d'empecher une cabale préponderante, de
„deposer le repos de l'Eglise, la Caisse, & ce qui plus est, les foudres de l'excom-
„munication entre les mains des personnes, que nous ne trouvons pas dignes de nos
„respects, ni de notre confiance. D'ailleurs la convention de 1783 confirmée par le
„Roi, de l'aveu de Mr. l'Ambassadeur, & de toute la Noblesse domiciliée à Varso-
„vie, a clairement decidé le cas de la vacance du Seniorat par la mort, ou la re-
„signation du Sr. Tepper; comment donc la Commission, au lieu de faire attention,
„ainsi que le portent ses instructions, aux arrangemens particuliers de chaque commu-
„nauté, pouvoit elle les renverser, & établir de sa propre autorité un nouvel ordre
„des choses? qu'elle sache, que des Bourgeois libres, ne sont ni sous sa legislation,
„ni sous sa tutele!„

Delà la seconde question, *sur l'activité du tiers état aux Synodes*

Ceux d'entre les Gentils-hommes Dissidens, qui regrettent de l'y voir figurer, prétendent que son admission n'est qu'un abus souffert jusqu'a présent par pure complaisance. Les Actes des Synodes du siecle passé, parlent cependant des trois ordres; les convocations, les Canons prouvent un droit de possession imprescriptible, sans que jusqu'à ce jourd'hui ni la noblesse Dissidente, ni la noblesse Catholique y ait trouvé

theyen zu versammlen, und jeder Parthey die Freyheit, 6 Personen von der andern gegenseitig von den Berathschlagungen auszuschliessen, so werde der Friede in 6 Stunden gemacht seyn. Mögte es doch bald dazu kommen!

Es à redire. Soïons sincers! les loix du Païs ne sont pas si cruelles à l'egard du Bourgeois qu'on voudroit nous le faire accroire. Elles ne lui refusent nulle part, cette espece d'activité politique, que paroit demander son suffrage decisif au Synode. S'il failloit la mesurer sur le droit de concourrir à la legislation publique, que deviendroit cette noblesse Dissidente de Masovie à une Dietine? un seul resteroit en activité, il seroit le Dictateur du Synode. Ces vieux Indigénes de la petite Pologne, qui traitent les Bourgeois en freres dans l'Eglise, ne sont assurément pas les moins zelés pour les prerogatives de leur état, ils ne dedaignerent cependant pas d'admettre aux Synodes le *Senior de l'Ordre Civil*. C'est qu'ils savent, que dans les elections de nos Rois, les Deputés du Corps de la Bourgeoisie signent les *Pacta Conventa* avec le Primat & les autres Commissaires de la Republique. Pourquoi seroit il donc honteux à de simples Gentils-hommes Dissidens, de siéger avec le Roture dans les Synodes? & les Predicateurs, auxquels on accorde tout ce que des pretendus principes politiques sont refuser aux Bourgeois, activité, Seniorat, sont ils d'extraction noble?

Je ne me mêle point d'interpreter le Traité, c'est le Cheval de bataille de l'un & de l'autre Parti. Posons pour un moment, que tout ce qu'il stipule en faveur des Dissidens en general, ne regarde que la noblesse Dissidente; qu'en suivra-t-il? Les Bourgeois renonceront à la Protection de cette noblesse plutot, que de se donner de nouveaux maitres; ils s'attacheront aux anciens plus que jadis éclairés sur les avantages de la tolerance. L'ordre qui renferme le plus de gens instruits, opulens, & utiles, ne manque pas de moïen de s'isoler, il laisseroit faire aux Synodes, mais les Villes les Eglises tomberoient en ruine, les Predicateurs resteroient sans pain, tout le Corps des Dissidens sans nerf & sans consideration.

C'est ainsi que le Droit Eclesiastique, ou plutot la Commission chargée de le rediger, feroit manquer le principal but du bienfait le plus immortel de l'Imperatrice.

Depuis la retraite du Pasteur *Ringeltaube*; les plaignans paroissent plus faciles a manier; ils desavouent tout ce qu'il y a d'inconsequent ou d'irregulier dans les discours & la conduite de quelques uns de leur parti: mais il n'y a pas moïen de les tranquilliser sur l'article du *Seniorat*, qu'il regardent comme le Bouclier du tiers état contre la preponderance du premier. Le refrain ordinaire de leurs lamentations, c'est de renvoyer l'affaire au *Jugement composé*, & ils établissent cette competence non seulement sur le Traité, mais encore sur un *Praejudicatum* de 1781. Qu'il seroit a souhaiter! qu'une personne respectable, dont le merite infini pour l'Eglise Dissidente a été meconnu, peut etre dans un moment d'animosité, renonçat au ressentiment qu'on soupçonne d'avoir dicté l'abolition du Seniorat civil. Alors plus de procès, plus de parties. Une *Declaration* de la part de la Puissante Guarante, rassureroit les Bourgeois sur le vrai sens du Droit Eclesiastique, sur la possibilité de remedier dans un Synode prochain à tout ce qu'il pourroit contenir d'allarmant, ou de préjudiciable. Aussitôt la paix rentrera dans tous les Coeurs, & cet exemple de moderation, vrâiment chretienne; aura couronné une longue suite de travaux, & de sacrifices pour le bien de la Religion. Varsovie, ce 15. Decembre 1785.

vom 15ten Octobr. 1785.

Es ist nachher, nemlich am 19ten May 1786, zu Warschau mit der Post aus Großpolen, ein Brief ohne Unterschrift an den König angekommen, und von demselben zu gleicher Zeit eine Copey dem Fürsten Primas, dem Herrn Großkanzler, dem Herrn Grafen von Stackelberg, und der Warschauer Gemeine zugeschicket worden. Da ich auch von diesem eine Abschrift zu meinem Archiv von diesen Streitigkeiten bekommen habe, so lasse ich sie unten abdrucken. *)

Von

*) Er lautet also.

La Communauté des dissidents Bourgeois de la Confession d'Augsbourg, habitans dans les trois Provinces du Roiaume, expose, tréshumblement à Sa Majesté, & à Son Conseil, que le nombre des Marchands, des Fabriquants, & des Ouvriers Dissidents de cette Confession, s'augmente tous les ans, qu'ils y ont été attirés dans ce Païs par cette liberté de Religion, que la République leur a accordée par la Puissante intercession de Sa Majesté Impériale, & par un Traité avec la Republique, au quel les Puissances Dissidentes alliées de la Russie ont accedé.

La ditte Communauté ne peut se dispenser de prendre part aux plaintes de ses Confrères de Varsovie, dont elle est allarmée par la crainte, de n'etre pas généralement exposée aux desagrémens, que les Dissidents Gentils-hommes, quoique de la même Confession, leur causent. Les Dissidents de la Confession d'Augsbourg des trois Provinces, adressent leur prière à Sa Majesté & au Conseil, representant les pertes irréparables, que le Païs feroit par la quantité aujourd'hui considérable des Dissidens de cette Confession, Marchands, Fabriquants & Ouvriers de toute sorte, qu'on forceroit de sortir du Païs, qu'ils admet. Ils n'ont donné jusqu'a présent aucun sujet de leur reprocher de donner la moindre atteinte au Traité, dont Sa Majesté l'Imperatrice leur a procuré la protection; ils esperent de la grace & bonté de Sa Majesté Impériale, qu'en attendant qu'elle prenne avec les Etats de la Republique les mesures, qu'elle jugera necessaires pour obvier aux inconvenients qui menacent, des suites fort nuisibles, elle trouvera bon, que Sa Maj. le Roi de l'avis du Conseil permette aux dissidents Bourgeois de la Confessions d'Augsbourg, de jouir de la même tranquillité & liberté de Religion, dont ils ont joui jusqu'à present, dont jouissent les Dissidents Réformés, les Grecs non-unis, & que Sa Majesté Imperiale dans Sa Residence de St. Petersbourg accorde à tous les habitants Etrangers, qui ne sont point de la Religion dominante. Les Dissidents de la Confession d'Augsbourg Bourgeois habitans dans les trois Provinces, au cas que leurs confrères habitans de Varsovie n'aient point le bonheur d'obtenir cedont, ils prient pour eux Sa Maj. Imperiale, Sa Maj. le Roi & Son Conseil, a fin de conserver pour une Nation aussi noble, génereuse & hospitalière, un nombre aujourd'hui très considérable de sujets très utiles au Païs, exhortent leurs confrères de Varsovie de déclarer publiquement que dorenavant, pour s'aquitter du devoir, que le premier commendement de Dieu & leur bon coeur leur imposent. Ils iront dans telle autre eglise quelconque, qui est consacrée au culte de Dieu, abandonnant la lutherienne quoique batie en partie à leurs frais, à l'entière disposition des Dissidents Gentils-hommes de la même Confession d'Augsbourg.

Von der evangelisch-lutherischen Warschauer Gemeine insonderheit.

Von dieser Gemeine habe ich nichts Wichtiges, das sie allein beträfe, und nicht oben schon vorgekommen wäre, zu sagen, als daß Johann George Tannenberg, ein Mitglied dieser Gemeine, zugleich mit andern Mitgliedern derselben, einen Proceß mit den Aeltesten und Vorstehern, auch andern das Kirchencollegium ausmachenden Personen, bey dem Consistorium zu Warschau angefangen habe, der Kirchengelder betroffen, die zweckwidrig angewendet seyn sollten: daß die Aeltesten und Vorsteher diesen Proceß von dem Consistorium in das zusammengesetzte Hofgericht gebracht, daß aber dieses solche sogenannte Evocation durch ein Decret *) gemißbilliget, und die Sache an das Consistorium zurückgewiesen habe,

von

---

*) Dieses lautet also.

Wir Stanislaus August, von Gottes Gnaden, König in Polen, Großherzog in Litauen, Reussen, Preussen, Mazovien, Samogitien, Kiovien, Vollhinien, Podolien, Podlachien, Liefland, Smolensk, Severien und Zschernikowien ɾc.

Thun mit diesem Unserm Briefe allen insgesammt, und jedem besondern, denen es zu wissen nöthig, kund und zu wissen.

Wie in dem zusammengesetzten Kron-Hofgericht die Sache zwischen dem ehrbaren Johann Gottlob Jannasch, und andern Vorstehern und Repräsentanten der Warschauer Gemeine ungeänderter augsburgischen Confession, die durch den ehrbaren Hartzsch, Vicepräsidenten, der in seinem und anderer in der Comparition mit Namen und Vornamen ausgedrückten Personen, Namen erschienen, einer, und dem ehrbaren Johann George Tanneberg, und anderer, als Glieder dieser U. A. C. der Warschauer Gemeine, die gleichfalls in der Comparition mit Namen und Zunamen genennet sind, und durch den ehrbaren Tanneberg, als der in seinem und ihrer Namen vortritt, anderer Seits, ingleichen mit dem vorigen und jetzigem Consistorio dieser U. A. C. so auch dazu vorgeladen worden, dritter Seits, hier zu Warschau, in dem Palais der Republik, am Dienstage, das ist, den 28sten März jetztlaufenden Jahres, vorgekommen. Da nun dieses zusammengesetzte Kron-Hofgericht, nach geschehenem Vortrage der Sache, und bey weiterer Untersuchung und Erkenntniß derselben, auf erfolgte Gleichheit der Stimmen, alle Partheyen mit ihren sämmtlichen in verschiedenen Terminen wechselweise vorgebrachten Klagen und Anbringen, mit Beybehaltung der Termine für die Partheyen, in Unser eigenes Gerichte abgesendet hat, wie gedachtes Decret hiervon weitläuftiger handelt: da auch am heutigen Termine wegen gedachter Absendung der Sache von dem zusammengesetzten Gerichte, der ehrbare Johann George Tanneberg, und andere, als Glieder der Warschauer Gemeine U. A. C. als Kläger und Beklagte, durch den ehrbaren Johann George Tanneberg, der in seinem und anderer Namen stehet, vor Uns und Unserem Gerichte persönlich erschienen; so haben Wir mit denen Uns zur Seiten sitzenden Reichsräthen und

Mi-

vom 13ten Octobr. 1785.

von welchem ein weitläuftiges, auf 17 Folioseiten gedrucktes richterliches Decret aus=

Ministern der Krone, und des Großherzogthums Litauen, und die von dem zusammenge= setzten Kron=Hofgerichte, auf die erfolgte Gleichheit der Stimmen, in Unsre Gerichte ge= schehene Abschickung, zu entscheiden; obgleich in diesem zusammengesetzten Kron=Hofgerich= te, in denen zwischen dem Ehrbaren Johann George Tanneberg, und andern Gliedern der Warschauer Gemeine U. A. C. und denen Aeltesten oder Vorstehern, und andern, das Kirchencollegium ausmachenden Personen, von Seiten dieser Aeltesten oder Vorsteher und andern, so die Kirchenversammlung der augsburgischen Confeßion ausmachen, laut den ersten zu diesem Gerichte gegebenen Vorladungen, um die Abänderung des Consistorial= decrets, und um die Entscheidung der Sache, wegen der Ausgabe der Kirchencasse, gebeten worden, hingegen von Seiten des Ehrbaren Tanneberg, und anderer Glieder der War= schauer Gemeine U. A. C. der sich, vermöge der von seinen Mitklägern ihm ertheilten Vollmacht gestellet, erwiesen; daß, gleich wie die Consistorien und Synoden, laut dem Inhalt des Tractats von 1768 im zweyten Artikel und fünften Paragraph, dem Judicio mixto ganz und gar nicht untergeben gewesen, solche gleichfalls, da nachdem durch den 1775 erfolgten Tractat dieses Judicium mixtum in die Hofgerichte beyder Nationen ver= setzet worden, die Consistoria und die Synoden dem zusammengesetzten Hofgerichte nicht untergeben seyn; und vorgetragen, daß also auch die Sachen, so die Subordination, die gute Ordnung, die Kirchenzucht, die zur Kirche gehörigen Personen, die Untersuchungen und alle Berechnungen der Kircheneinkünfte, als welche laut dem gedachten Gesetze zur Ordnung gehören, mit einem Worte, die Entscheidung des Consistorial= oder Synodal= gerichts, in dergleichen, und andern in dem Tractat von 1768 vorgeschriebenen Sachen, (ausser dem in der Anno 1784 erfolgten Constitution erwehnten Vorfall,) einzig und al= lein der Gerichtbarkeit und Untersuchung der Consistorien und Synoden, keinesweges aber dem zusammengesetzten Hofgerichte, untergeben seyn, und daß bey dergleichen Vor= stellungen die Gleichheit der Stimmen, wie oben gesaget, in dem zusammengesetzten Hof= gerichte erfolget. So resolviren Wir, mit denen Uns zur Seite sitzenden Reichsräthen und Ministern beyder Nationen, die erfolgte Gleichheit der Stimmen, und erklären: daß in Ansehung der Tractaten von 1768 und 1775, ingleichen der Constitution von 1784, welche nur einen einzigen Vorfall ausnimmt, bey welchem sich die Partheyen an das zu= sammengesetzte Hofgerichte wenden können, daß die Sache wegen der Ausgaben aus der Kirchencasse, als eine, so die gute Ordnung betrifft, zur Untersuchung und Entscheidung des Consistorii gedachter U. A. C. gehöre, und schicken solche mit allen Partheyen, die in die erste Termine mit eingeflochten worden, zu diesem geistlichen Gerichte der U. A. C. zurücke, bestimmen auch zugleich, daß sie dieser Kirchengerichtbarkeit untergeben seyn sollen, und verbieten auf immer, daß Sachen von dergleichen Art, so die Subordination, die gute Ordnung, die Kirchenzucht, und die zur Kirche gehörige Personen betreffen, vor kein weltliches Gericht gebracht werden sollen, und das bey denen in den Gesetzen wider die Evocation bestimmten Strafen. Was aber die Bestimmung der Strafe wegen der Evocation dieser Sache anlanget, ob solche gleich, vermöge der Gesetze, allerdings erfolgen sollte, so schenken Wir solche dennoch, aus Unserm besondern Mitleiden, vermöge dieses Unsers Decrets.

Mmmm

ausgegeben worden, welches ich seiner Weitläuftigkeit wegen hier nicht anbringen kann.

Zu mehrerer Beglaubigung dieses alles, haben Wir das Kronsiegel beyzudrucken befohlen. Geschehen zu Warschau in Unserm Schlosse, Mittwoche, das ist, den 19ten April 1786. Unserer Regierung im 22sten Jahre.

Hiazinth Mallachowski,
Kron=Unterkanzler.

Unter Gerichtsbarkeit und dem Vortrag Sr. Excellenz des hochwohlgebornen Herrn Hiazinth Grafen Nalecz von Mallachowic Mallachowski, Kron=Unterkanzlers, Starosten von Radoszyce, Grodeck, Sannick ꝛc.

(L. S.)

Andreas Przezbziecki,
der königl. Kron=Hofgerichte Notarius. mppr.

Decret, zwischen dem Ehrbaren Tanneberg und andern, als Gliedern der Warschauer Gemeine U. A. C.

Einige Anmerkungen
über die vorhergehende Geschichte.

Die Streitigkeiten unter den evangelischen Dißidenten, werden nicht eher aufhören, als bis der Adel den Bürgern in jeder der dreyen Provinzen einen Senior bewilliget, und der Herr Generallieutenant Baron von der Golz mit seinen Unterstützern und Anhängern aufhöret, auf die allgemeine Annahme und Befolgung des von ihm veranstalteten Kirchenrechts zu bringen.

In kirchlichen Sachen, haben die Bürger mit dem Adel und den Kirchenlehrern gleiche Rechte, und es ist ganz vergeblich, daß diejenigen, welche ihnen dieselben mißgönnen, aus der polnischen Staatsverfassung das Gegentheil beweisen wollen. Man hat nicht nöthig, ihnen ein mehreres zu antworten, als dieses, daß eine andere Verfassung die politische, und eine andere die kirchliche, und daß jetzt von der letzten, und nicht von der ersten die Rede sey. Die Masau gehöret nach

des

Anmerkungen über die vorhergehende Geschichte.

der politischen Verfassung zu Großpolen, nach der kirchlichen die Evangelischen zu Kleinpolen. Sobald die Kirche mit dem Staat etwas zu unterhandeln hat, richtet sie sich nach der politischen Verfassung, und da kann der Adel die Ehre haben, sie zu vertreten. Er verlieret gar nichts an Ansehen, wenn der Bürgerstand auch seinen Provinzialsenior, ja einen Generalsenior hat. Es sind auch nur sehr wenige wirkliche und angesessene Edelleute, welche ihnen jenem streitig machen, die meisten Widersprecher sind Deutsche von bürgerlicher Herkunft, die sich in Polen als Officiers für Edelleute ausgeben, und halten lassen: und in dieses Licht gestellet, sollten sie sich wohl ihres schnöden und herrschsüchtigen Betragens schämen. Ueberhaupt gehöret zu den augenscheinlichen Fehlern der dißidentischen Kirchenverfassung in Polen und Litauen, und namentlich in der Masau, daß die kirchlichen Sachen meistens durch Officiers regieret werden. Will man ja, wegen der Ehre und des Ansehns, die Directoren der Synoden und Consistorien aus dem Adel erwählen, so geschehe es, aber man ziehe nicht diejenigen vor, die Officiers sind, und man entscheide die Sachen, nachdem sie hinlänglich untersuchet worden, durch die meisten Stimmen. Ich gestehe, daß nach meinem Urtheil auch dieses eine fehlerhafte Einrichtung sey, daß der Ausschuß von Gliedern einzelner Gemeinen, welcher die Kirchensachen regieret, ein Kirchencollegium, und der Vorsteher desselben, wenn er gleich ein bürgerlicher ungelehrter Mann, ohne politischen Character ist, Präses oder Präsident desselben genennet wird, wie in der Warschauer evangelischen Gemeine gewöhnlich ist. Es wäre besser, wenn man zum Vorsteher des Kirchenconvents einen Mann von bürgerlichen Ansehn, allenfalls auch einen vornehmen Officier, erwählte, der aber über alle abzuhandelnde Sachen die Stimmen der Mitglieder ablegen ließe, und sammlete, und im Fall der Gleichheit derselben, eine entscheidende hätte.

Auf den Synoden wird bloß nach der Golzianer Zweck und Plan verfahren: daher werden sie von vielen Edelleuten, ja von ganzen Kreisen, nicht besuchet. Die Consistorien werden bloß mit Golzianern und gehorsamen Dienern derselben besetzet, und der Bürgerstand wird mit seinen Vorstellungen und Protestationen nicht gehöret. Beyde Versammlungen, maßen sich ein despotisches Ansehn an.

Es ist unwidersprechlich bewiesen, daß das Kirchenrechtsbuch, welches Herr Generallieutenant von der Golz veranstaltet hat, ein sehr fehlerhaftes, anstößiges, und unstatthaftes Werk sey; und ungeachtet so viel schon daran verbessert worden, so ist es doch in der Anlage so übel gerathen, daß es ohne eine gänzliche Umarbeitung nicht recht brauchbar werden kann. Und dennoch bemühet sich Herr von der Golz theils unmittelbar, theils mittelbar, auf allen Synoden, um dieses ihn schon bey seinem Leben verunehrende Buch allen Gemeinen aufzubringen. Eitle Bemühung!

mühung! Mögte er doch noch während seines Lebens auf Erden von derselben abstehen! Das wäre Weisheit!

Beständigkeit und Standhaftigkeit ist etwas Ruhmwürdiges, wann dasjenige, worinn sie bewiesen wird, etwas Gutes ist. Man kann es aber wahrhaftig nicht zu den guten Dingen rechnen, daß angesehene Personen von der evangelischen Kirche den römisch-catholischen Hof zu Warschau bewogen haben, sich in die evangelischen Kirchensachen durch Cabinetsbefehle und Rescripte zu mischen; daß ein fremder Minister eben diesen Hof zwinget, gerechte Urtheile des zusammengesetzten Hofgerichts durch Machtsprüche aufzuheben, und daß der Hof sich dazu nöthigen läßt; daß eben dieser fremde Minister, der ein Mitglied der evangelischen Kirche, wenigstens dem Namen nach, ist, einigen Lieblingspersonen zu gefallen, Geld- und Herrschsucht, und gewaltsame Behandlung der evangelischen Gemeinen eines ihm fremden Landes unterstützet. Alles dieses kann, muß, und wird nicht bestehen; und wie wird die Nachwelt von diesen Anmassungen urtheilen? Gewiß nicht anders, als ich reymüthiger gleichzeitiger Geschichtschreiber derselben, und diese gegründete Erwartung, ist mir eine hinlängliche Belohnung meiner Bemühung und Freymüthigkeit.

Verbesserungen.

p. 365. l. 9. *est* l. *etoit*. *trouvat* l. *trouvoit*. ib. l. 1. de la note *acquera* l. *acquère*. p. 368. l. 10. *parlent* l. *partent*. *joue* l. *pur*. ib. l. 12. *doie* l. *doit*. p. 369. l. 14. *ou* l. *on*. ib. l. 20. *o Ormusd* l. *d' Ormusd*. ib. l. 21. *d' Ormusd*, l. *ô Ormusd!* ib. l. 1. de la note *quent* l. *que*. *donne* l. *donnent*. p. 371. l. 12. *Hont* l. *Hom*. ib. l. 4. de la note *Hont* l. *Hom*. p. 374. l. 12. *la* l. *sa*. ib. l. 30. *dont* l. *donc*. p. 376. l. 6. *Fi-y* l. *Ti-y*. p. 377. l. 22. *dont* l. *donc*. p. 379. l. 10. *ou* l. *on*. ib. l. 25. de *deisme* étoit *des* ajoutés, *les*. p. 383. l. 15. la nécessité indispensable ou *est* ajoutés, *un*. p. 389. l. 8. *dont* l. *donc*. p. 390. l. 9. *resteroit* l. *restois*. ib. l. 10. *plairoit* l. *plaisoit*. ib. l. 25. *voiioudon* l. *voicondon*. p. 391. l. 16. *Bramanes* l. *Bracmanes*. p. 392. l. 13. la vanité des hommes avoit, ajoutés, *ainsi*. ib. l. 25. *flotte* l. *plane*. ib. l. 27. *Cours* l. *Coeurs*. p. 399. l. 6 & 7. le l. *les*. *autentique* l. *autentiques*. p. 400. l. 15. *les* l. *des*. p. 403 l. 18. *Effacés des sides*! ib. l. 20. *ses* l. *des*. p. 404. l. 1. *violent* l. *violente*. ib. l. 17. *traits* l. *traces*. l. 21. *des* l. *de*. l. 19. pendant une si longue suite, ajoutés, *de siecles*. L 20. le nom même *des* l. *de plusieurs*, ajoutés *des monarques*. p. 405. l. 4 effacés *cette*. l. 5 de latitude septentrionale, ajoutés &. p. 407. l. 2. *Chefy* l. *hefy*. l. 19 & 20. rapportés par *les voyageurs que ce*, & l. *le voyageur que je viens de citer*. p. 413. l. 6. & 11. ajoutés, *le Sidra-ladam*. p 414. l. 6 & 7. *gores*, l. *gones*, à la tête *d' Eléphante* l. *d' Eléphant*. p. 416 l. 20. *si* l. *se*. p. 417. l. 4. *Suns-Crétans* l. *Sams Cretans*. l. 5. *desuetudine* l. *dissuetude ne sont*. p. 418. l. 1. *Hallud* l. *Haled*. p 421. l. 8. *doivent* l. *devoient*. l. 11. *ces* l. *des*. l. 15. *a mesure* l. *à mesure*. p. 426. l. 6. effacés, &. l. 7. les mêmes moeurs, ajoutés, &. L 9. elle ne mérita, ajoutés, *donc*. p. 427. l. 12. effacés, &.

CPSIA information can be obtained at www.ICGtesting.com
Printed in the USA
BVOW06*2306260116
434279BV00012BA/74/P